SUL DE MINAS EM URBANIZAÇÃO

modernização urbana no início do século XX

SUL DE MINAS EM URBANIZAÇÃO

modernização urbana no início do século XX

Alexandre Macchione Saes
Marcos Lobato Martins
Thiago Fontelas Rosado Gambi
(orgs.)

Alameda

Grafia atualizada segundo o Acordo Ortográfico da Língua Portuguesa de 1990, que entrou em vigor no Brasil em 2009.

Edição: Haroldo Ceravolo Sereza
Editora assistente: Cristina Terada Tamada
Assistente acadêmica: Bruna Marques
Assistente de produção: Dafne Ramos/Jean Freitas
Projeto gráfico, diagramação e capa: Cristina Terada Tamada
Revisão: Julia Barreto
Imagem da capa: Estação ferroviária da cidade de Varginha na década de 1920. Disponível em: < www.estacoesferroviarias.com.br/rmv_cruz_jureia/varginha.htm>

Este livro foi publicado com o apoio da Fapesp.

CIP-BRASIL. CATALOGAÇÃO NA PUBLICAÇÃO
SINDICATO NACIONAL DOS EDITORES DE LIVROS, RJ

S947

Sul de Minas em urbanização: modernização urbana no início do século XX
Organização Alexandre Macchione Saes, Marcos Lobato Martins,
Thiago Fontelas Rosado Gambi. - 1. ed.
São Paulo: Alameda, 2016.
500 p.: il. ; 23 cm

Inclui bibliografia
ISBN 978-85-7939-398-3

1. Urbanização - Minas Gerais - História. 2. Planejamento urbano - Minas Gerais - História. 3. Minas Gerais - História. I. Saes, Alexandre Macchione. II. Martins, Marcos Lobato. III. Gambi, Thiago Fontelas Rosado.

16-33309 CDD: 918.151
CDU: 913(815.1)

ALAMEDA CASA EDITORIAL
Rua Treze de Maio, 353 – Bela Vista
CEP 01327-000 – São Paulo – SP
Tel. (11) 3012-2403
www.alamedaeditorial.com.br

SUMÁRIO

PREFÁCIO

A abordagem das *questões* acerca *do modo de vida urbano* tem ganhado cada vez mais força no mundo contemporâneo e os estudos relacionados ao tema se fazem sob os mais diversos prismas de abordagem. Do ponto de vista mais geral, a *globalização* tem contribuído para intensificar o crescimento das cidades, muitas vezes trazendo como resultado o agravamento da qualidade de vida das populações envolvidas nesse processo.

Nas regiões subdesenvolvidas, ou mesmo as hodiernamente chamadas de emergentes, o principal corolário da urbanização pode ser apreciado pela ótica do crescimento desordenado das cidades, que é o caso, por exemplo, de: Nairóbi, Manila, Mumbai, Lima e São Paulo, entre outras.

Frequentemente, tal processo de *megalopolização* das cidades tem se caracterizado mais pela conjugação de problemas como: pauperismo, violência, poluição, favelização e caos logístico; do que por eventuais soluções organizacionais do espaço, melhoria nas condições de vivência e desenvolvimento societário.

Não menos importante é o fato dos problemas da *megalopolização* afetarem, em cada caso, outras aglomerações urbanas que se vinculam e que se subordinam a complexas dinâmicas de mudança e novas interações presentes nesses ambientes de crescente urbanização da vida.

No Brasil, desde meados do século XX, observam-se dois movimentos correlatos: o crescimento significativo do número de cidades e o aumento exponencial da população urbana. A mudança nos padrões sociais trouxe consigo, além da marcante tentativa de abandono das características e das heranças rurais de nossa gente, uma necessidade congênita: a de se repensar os próprios instrumentais analíticos dessa sociedade. A cidade, como uma unidade que concretiza as formas de viver do e no mundo urbano, como objeto histórico e como cenário de entrelaçamento das esferas de convivência tem atraído, assim, cada vez mais reflexões.

Por isso, vários campos do saber, da história à filosofia, passando pela política e pela economia, têm privilegiado a *questão urbana*, na tentativa de melhor apreender as linhas de força que coadjuvam nessa transformação civilizacional. Deste modo, pensar tal campo do saber revela-se de suma importância não só a fim de aclarar o tema, mas também para auxiliar na melhoria das formas de organização da sociedade e das cidades brasileiras no século XXI.

É nesse contexto que ganha relevo a obra em mãos. Ela nasceu de uma série de debates travados, desde 2012, no âmbito do XVIII Encontro Regional ANPUH-MG, realizado em Mariana; tais debates tiveram continuação e ampliação, ao longo de 2013 e 2014, por meio das sessões, seminários e colóquios realizados na Universidade Federal de Alfenas, campus de Varginha, sempre sob a liderança dos professores Marcos Lobato Martins, Thiago Fontelas Rosado Gambi e Alexandre Macchione Saes.

A propósito do resultado dessas iniciativas, resultaram reflexões que estão aqui presentes no livro *Sul de Minas em urbanização* e que podem, também, ser encaradas como continuação do livro que o precedeu: *Sul de Minas em transição: a formação do capitalismo na passagem para o século XX*, lançado em 2012, pela Edusc. Tanto o primeiro, quanto o segundo volume, organizados como livros, foram gestados a partir das inúmeras questões lançadas pelo NEHEEP (Núcleo de Estudos em História Econômica e Economia Política), da Unifal-MG.

O presente volume discute o caminho percorrido pelo sul de Minas em seu processo peculiar de urbanização, destacando, sobretudo, temas como: o papel dos atores locais frente aos projetos de modernização urbana; a importância da constituição de malhas de mercado – envolvendo mercados externos e mercados internos, que possibilitaram o processo de acumulação de capitais na região e forjaram as possibilidades dessa modernização com: dotação de infraestrutura, industrialização, diversificação dos negócios, estruturação dos serviços etc. Essas dimensões se destacaram aqui e acolá, na medida em que se ajustaram as peculiaridades de cada uma dessas cidades de pequeno porte.

O volume discute, ainda, a atuação política encabeçada pela elite local no jogo de poder entre as diversas "partes" de Minas Gerais; enfim, aborda um rol temático amplamente debatido no campo da história econômica brasileira, mas que ganha novos contornos quando analisados pelo prisma regional sul mineiro.

Pode-se dizer que o fio condutor que enlaça e perpassa os artigos é dado pelo olhar sobre como se constituíram as relações capitalistas na região, responsáveis pela formação de um grande capital urbano que, no fundo, sustentou as obras e os ideais de melhoramento apresentados nas cidades do sul de Minas. As condições de produção e reprodução, bem como a configuração desse grande capital urbano, guardam íntima relação com a economia cafeeira, por isso a importância dada à cafeicultura regional nesse conjunto. Embora tenham aparecido atividades que podem ser entendidas como complementares, uma vez que tipificavam essa ou aquela aglomeração urbana e os domínios rurais desses municípios. O que os estudos aqui apresentados evidenciam é que essas atividades complementares não apresentavam discrepâncias significativas porque o todo e as interações possíveis eram fortemente marcados pela cafeicultura.

Outra questão fulcral analisada pelo livro é o papel desempenhado pela localização da região frente ao desenvolvimento dos estados limítrofes de São Paulo e Rio de Janeiro. Tais economias extrínsecas – mais robustas e dinâmicas, do ponto de vista industrial – teriam se sobrepujado e configurado, com isso, um lugar secundário ou mesmo periférico para o sul de Minas?

Portanto, precisamente, os artigos tentam compreender se foi o grande capital urbano gestado no sul de Minas o responsável pelas obras de melhoramento urbano inauguradas nas cidades da região, ou, se tais obras de infraestrutura foram levadas a cabo pelo capital cafeeiro paulista, por exemplo?

Nesse contexto de indagações coube, além do mais, atenção especial a um tópico considerado característico do processo de urbanização, não só do sul de Minas, mas também evidente no âmbito nacional, a saber: a importância dos investimentos públicos para a construção das obras de melhoramentos urbanos.

Na região estudada, há indícios de que o poder público Municipal e o Estadual tenham atuado de forma contundente, suprindo a falta do capital privado quando este se mostrava incapaz de se apresentar como alternativa; viabilizando, desse modo, os ideais modernizantes da vida urbana, tão comuns à época.

Deste modo, o estudo da região, frente ao avanço de relações capitalistas, na passagem e no início do século XX, pode trazer preciosas contribuições para o conhecimento do processo de urbanização da sociedade brasileira. E isso, de fato, acontece na medida em que os estudos aqui apresentados revelam aprofundamento no tratamento de marcadores das especificidades locais e regionais.

Entender o passado, nesse caso, pode ajudar sobremaneira na compreensão do presente e, até mesmo, na resolução das questões futuras atinentes à questão urbana e seus desdobramentos, pois mesmo que as especificidades sejam aquilo que vinca os trabalhos e vincula os autores, o movimento geral, marcado pela necessidade de trazer os elementos da modernização e da urbanização da vida para próximo daqueles que nesse tempo viviam, ao ser tratado como melhoramentos, era assim também protagonizado nos circuitos de negócios, na administração pública, nas ideias sobre os limites e possibilidades de então, muitos desses ainda salientes na atualidade.

Portanto, um legítimo convite à leitura e à reflexão.

Pedro Geraldo Saadi Tosi

APRESENTAÇÃO

As décadas que marcam a fase de transição do século XIX para o XX representam período de intensa transformação da economia brasileira. O abundante fluxo de capital disponível na economia internacional, chamado por uns de "primeira globalização", ou conhecido por outros como expressão do "imperialismo", permitiu que o Brasil pudesse expandir seus laços comerciais e financeiros com o centro do capitalismo. Conduzido internamente pela nova dinâmica econômica estabelecida pelo rápido crescimento da economia cafeeira desde meados do oitocentos, esse processo de transformação permitiu que a sociedade brasileira buscasse absorver os mais modernos padrões de consumo dos países da Europa e dos Estados Unidos, incorporando assim as inovações difundidas a partir da Segunda Revolução Industrial. O Brasil, contudo, como país continental e com grandes desigualdades sociais e regionais, não conseguiria passar por esse processo de maneira a produzir uma difusão homogênea, atendendo aos mais diversos estratos da sociedade e aos distantes rincões do território brasileiro. Inerente aos processos de crescimento econômico e de absorção de padrões mais adiantados de consumo estava a contradição manifestada pela busca incessante da modernização do Brasil que, portanto, não poderia ser desfrutada por toda a sociedade.

O livro *Sul de Minas em urbanização*, nesse sentido, enfrenta essa temática de modernização de uma região do estado de Minas Gerais, observando como o processo de absorção dos novos padrões de consumo alcançaram as cidades da região. Acreditamos que a urbanização foi a manifestação mais evidente desse processo de modernização no início do século XX, apesar de decerto não conseguiu se revelar de maneira uniforme por todas as cidades. Isso porque sua efetivação dependia da estrutura econômica de cada município, de como foram enfrentados eventos como o fim da escravidão, a transformação dos sistemas de comunicação com a chegada das ferrovias, a introdução da cultura do café na região, entre tantos outros. Em suma, cada elite conduziu o projeto de construção de sua cidade por esse ciclo de inovação dependendo das condições materiais, isto é, do perfil da produção local e da capacidade de arrecadação dos municípios; das condições políticas, isto é, das articulações existentes entre as esferas locais, estaduais e até mesmo nacionais; e, por fim, das condições culturais, isto é, do peso das tradições e da manutenção dos padrões aristocráticos face ao desejo da modernidade. Por isso, se existe um quadro que pode ser considerado geral, que reflete o contexto histórico – as possibilidades e condições materiais daquele período –, por outro lado, não podemos deixar de lado as especificidades de cada cidade, da sua trajetória e de seus personagens, para compreender quais foram as respostas dadas aos desafios lançados pela conjuntura histórica.

Assim, *Sul de Minas em urbanização* aprofunda o estudo iniciado por um grupo de pesquisadores em 2010, cujo primeiro resultado foi a publicação do livro *Sul de Minas em transição* (Edusc/Fapemig) em 2012. Naquela oportunidade, buscava-se apresentar esse olhar mais amplo sobre a região, observando fenômenos como a expansão das ferrovias, a instalação dos bancos e a constituição das primeiras indústrias, tentando compreender efetivamente a nova dinâmica econômica alcançada pela região a partir do último quarto do século XIX. Os artigos eram resultado, em grande medida, do simpósio organizado por Marcos Lobato Martins e Alexandre Macchione Saes sobre o sul de Minas no Encontro Regional da ANPUH. O livro que apresentamos agora, por outro lado, apesar de ser constituído por parcela representativa do mesmo grupo de pesquisadores – incorporando novas contribuições e que se reuniu em outras duas oportunidades –, teve como ponto de partida o tema da trajetória das cidades sul-mineiras nessa transição para o século XX.[1] Tentando responder o que seria o *sul de Minas em urbanização*, cada autor deveria refletir sobre como os determinantes de cada localidade teriam condicionado o processo de urbanização.

Como sugestão aos autores foi proposto que seus artigos deveriam tentar dialogar com o trabalho introdutório desta coletânea, "O processo de urbanização no sul de Minas em transição", de Alexandre Saes, Thiago Gambi e Luiz Felipe Bruzzi Curi. No artigo é fixada a temática central que dá unidade às contribuições particulares, isto é, a reflexão a respeito das dinâmicas de urbanização no sul de Minas. Nessa reflexão, procura-se alinhavar os traços comuns da dinâmica econômica regional e os fatores locais específicos – decorrentes tanto das diferenças geográficas quanto dos rumos do povoamento e da formação das economias locais –, envolvidos na formação das cidades sul-mineiras, como expressão do processo de modernização em curso na transição do século XIX para o XX. Partindo da análise dos ritmos e formas de urbanização, os autores propõem uma hipótese de interpretação mais geral da urbanização do sul de

1 Os eventos foram o Encontro Regional da ANPUH realizado em Juiz de Fora em 2012 e o seminário sobre o sul de Minas realizado na Unifal-MG, no campus de Varginha, em 2014.

Minas. A hipótese – o processo de urbanização do sul de Minas teria sido conduzido pelo Estado, a partir de iniciativas municipais e estaduais, com alguma participação, ainda que limitada, do "grande capital urbano" – sugere a construção de uma tipologia que opõe São Paulo a Minas Gerais e, no território mineiro, a Zona da Mata ao sul de Minas. O grande capital urbano menos dinâmico e rico, uma periferia da periferia, precisou de outros mecanismos para alcançar seu projeto de modernidade.

Na condição de introdução geral da coletânea, o texto coloca outra questão crucial, a de explicar a permanência na região de um padrão de formação de cidades medianas, com fragmentação da população e ausência de centro irradiador das atividades econômicas. A dispersão e a ausência de um centro aparecem como o resultado de linhas de força do processo histórico regional: a contínua e miúda ocupação da fronteira agrícola na direção oeste; a conformação bastante autárquica das fazendas; a imposição geográfica, por causa da hidrografia e da orografia, de caminhos de tropas e vias navegáveis paralelos no sentido Norte-Sul; as polarizações em torno de rivalidades políticas ao longo do período imperial (como a que existiu entre Campanha e Pouso Alegre ou entre Campanha e São João del Rei, centro externo com pretensões hegemônicas sobre parte extensa do sul de Minas); a expansão competitiva de companhias ferroviárias na região, com linhas-tronco e ramais distintos subdividindo-a em áreas de influência diferentes conectadas diretamente ao Rio de Janeiro ou a São Paulo; os impactos do silvianismo com sua estratégia de multiplicar municípios e acomodar uma pletora de chefes locais para construir sólido reduto político regional, visando à conquista da hegemonia na política mineira. O próprio traçado das ferrovias regionais, esgarçado em malhas praticamente sem comunicação no interior da região, induziu o grande capital externo a pulverizar suas filiais em muitos pontos, como se vê claramente no caso das firmas compradoras de café (cariocas, paulistas e santistas) e das agências de bancos (do Rio de Janeiro, de Belo Horizonte e de Juiz de Fora). Ainda no caso das ferrovias, elas estimularam no sul de Minas a itinerância de serviços (envolvendo fotógrafos, dentistas, médicos, corretores etc.) e a mascateação, cujos impactos limitadores sobre o desenvolvimento de segmentos de atividade urbana não devem ter sido desprezíveis.

Partindo dessa primeira contribuição, os artigos do livro foram organizados fundamentalmente em duas partes. Na Parte 1, "Condições socioeconômicas na urbanização do sul de Minas", buscou-se retomar os temas mais amplos, relativos aos determinantes da urbanização na região: se, de um lado, a expansão da cafeicultura é central para compreender a divisão do território e a diversificação de sua economia, por outro lado, o estudo dos projetos políticos e das comparações com a modernização ocorrida em São Paulo ajuda a entender a estrutura cultural que sustentou tais transformações regionais. Na Parte 2, "Sul de Minas em urbanização: estudos de caso", é aberto o espaço para a análise de nove cidades do sul de Minas, daquelas que mais foram influenciadas pela expansão da cafeicultura, como das que se mantiveram apegadas à economia de abastecimento; daquelas que pouco sofreram com o fim da escravidão, como das que seguiram apegadas ao trabalho escravo até seus últimos dias; daquelas que foram centros políticos decisivos em meados do século XIX, como das que emergiam no início do século XX como novas forças políticas regionais.

A Parte 1 do *Sul de Minas em urbanização* é aberta com uma viagem ao longo de todo século XIX por meio de três visões do sul de Minas. Marcos Lobato Martins apresenta os relatos e os projetos políticos de três importantes personagens que pensaram a região em diferentes momentos do oitocentos: os textos do militar, político e fundador e diretor da Sociedade Auxiliadora da Indústria Nacional, Raimundo José da Cunha Matos (1776-1839), do magistrado Francisco de Paula Ferreira de Rezende (1832-1893) e do integrante da tradicional e influente família campanhense, Bernardo Saturnino da Veiga (1842-1901). As avaliações das três personagens avançam uma descrição geográfica e social, mas discutem os desafios e limitações existentes na região que deveriam ser enfrentados pelo Estado. Lobato introduz, desta forma, uma dimensão intelectual de um projeto de intervenção que será colocado em ação no início do século XX, quando o Estado precisa ampliar sua participação na realização de projetos, fossem estes como desejados por João Pinheiro, no Congresso Agrícola de 1903, ou pelas elites municipais nos seus projetos de urbanização em curso nas primeiras décadas do novecentos.

Outros dois artigos desta Parte 1, por sua vez, dialogam intensamente no sentido de perscrutar as condições materiais do sul de Minas na transição do século XIX para o XX. Alexandre Macchione Saes e Fábio Francisco de Almeida Castilho com "Cortando a Mantiqueira: entre café e abastecimento no sul de Minas (1880-1920)" e Marcos Lobato Martins com "A marcha do café no sul de Minas, décadas de 1880-1920: Alfenas, Guaxupé, Machado e Três Pontas" destacam o avanço da cafeicultura no território sul-mineiro. Se o primeiro constrói um olhar mais panorâmico, observando a estrutura produtiva do conjunto dos municípios da região por meio do censo de 1920, o segundo artigo avalia, de uma maneira mais apurada, a introdução do café em quatro municípios, destacando o perfil das fazendas e dos negócios relacionados ao comércio cafeeiro.

Adotando a perspectiva comparativa, a contribuição "Entre o sul de Minas e o Oeste paulista: o processo de urbanização de Varginha e Casa Branca no limiar do século XX" de Pedro Tosi, Rodrigo Fontanari e Marcel Pereira da Silva discute os melhoramentos urbanos nas cidades de Casa Branca e Varginha enfatizando os mecanismos empregados por estas municipalidades para financiar o processo de modernização de suas áreas centrais. Desta forma, emergem as mediações pelas quais os capitais gerados pela expansão cafeeira impactaram os processos de urbanização em partes do oeste paulista e do sul de Minas. Dialogando diretamente com o artigo inicial da coletânea, os autores concluem que no caso de Casa Branca o capital cafeeiro atuou de maneira mais direta e decisiva, por meio de sua fração urbana. No caso de Varginha, o Estado (Governo Estadual e Municipalidade) esteve mais presente, mobilizando recursos calcados, em última instância, nas rendas geradas pelo café. O artigo demonstra como a ideia de um projeto de modernização era algo dominante no período, ultrapassando fronteiras estaduais, e estabelecendo experiências de um mundo urbano que partiam das idealizações de moderno presentes em todo o país.

A Parte 1 se encerra com mais um artigo de Marcos Lobato Martins, "Paisagens do passado no sul de Minas: os ambientes rurais regionais e sua transformação pelo avanço da cafeicultura (décadas de 1870-1920)", em que o autor discute a profunda alteração da paisagem rural da região conforme a introdução da agricultura cafeeira tomava parte das fazendas da localidade. Observando a trajetória da produção de Alfenas, o território do município é reconstruído por Marcos Lobato Martins para reforçar os impactos da expansão de uma atividade monocultora (assim como dos pastos para invernadas), reduzindo a biodiversidade local, assim como as matas e campos naturais de toda a região.

A Parte 2 do livro analisa a trajetória de nove municípios do sul de Minas, sempre tentando apresentar as marcas particulares da história de cada localidade, mas avançando para a compreensão de um processo mais geral de urbanização que ocorria no país. De uma maneira não muito precisa, poderíamos dividir os nove munícipios em dois grandes grupos: o primeiro daqueles constituídos pela dinâmica da economia de abastecimento da Corte no Rio de Janeiro, como Campanha, Lavras, Pouso Alegre e Itajubá, enquanto o segundo grupo mais influenciado pela expansão da economia cafeeira já das décadas finais do século XIX, com municípios como São Sebastião do Paraíso e Guaxupé, na fronteira da região mogiana, e Varginha e Alfenas mais ao centro do sul de Minas e com seu comércio ainda mais articulado com o Rio de Janeiro. Lambari, um caso bastante especial, município formado no início do século XX, representa as cidades balneárias do circuito das águas do sul de Minas.

Assim, se de um lado foi possível abarcar municípios bem distribuídos por todo o sul de Minas (Mapa 1), por outro lado, é possível afirmar que foram selecionadas expressivas trajetórias de cidades sul-mineiras: cada um dos municípios selecionados consegue representar uma estrutura produtiva ou política da região, assim como acaba por abarcar parcela representativa da população em cada período (Tabela 1).

Mapa 1– Mapa do sul de Minas 1900 (em destaque municípios com estudos abarcados pelo livro)

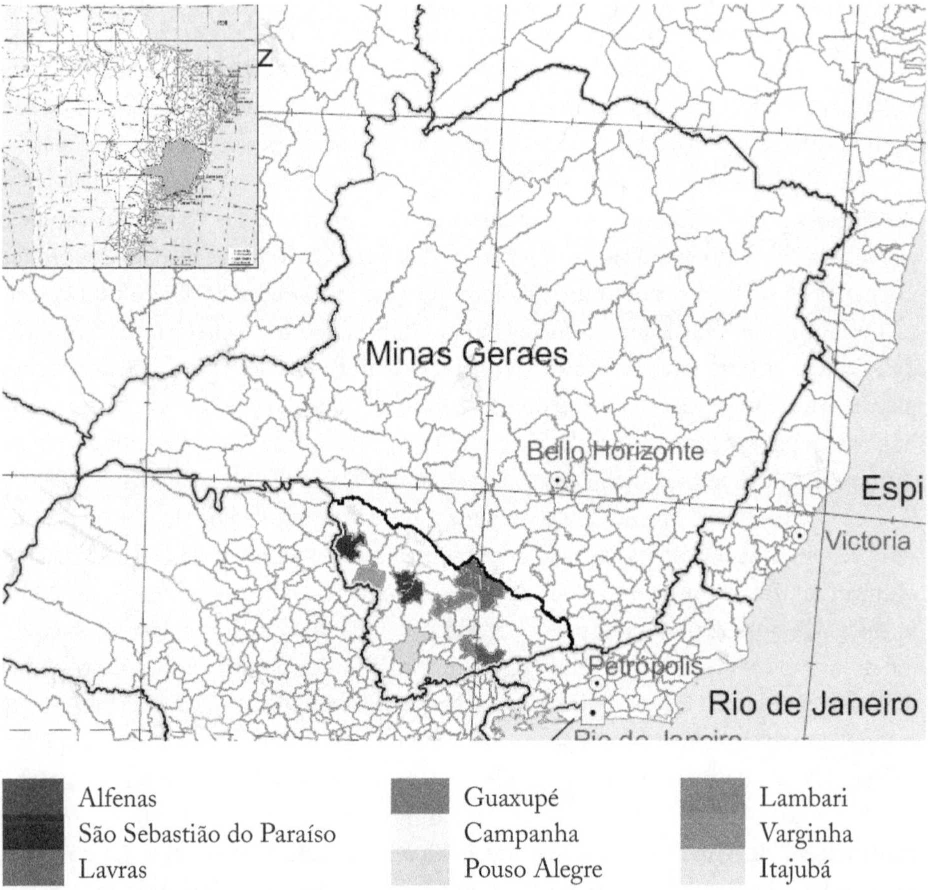

Fonte: IBGE. Evolução da Divisão Territorial do Brasil 1872-2010. Documentos para disseminação (Memória institucional. V 17. 2011. (Adaptado)).

Tabela 1 – População das cidades abordadas no sul de Minas em urbanização, 1872-1920

Anos	Campanha	Guaxupé	Itajubá	Lambari	S.Sebastião do Paraíso	Varginha	Pouso Alegre	Alfenas	Lavras	Total no sul de Minas
1872	27.521	*	18.765	*	18.338	*	22.004	25.305	31.810	276.041
1900	19.120	*	28.941	*	25.623	29.322	31.863	25.132	38.685	-
1907	8.231	*	30.432	12.914	31.975	31.967	35.363	29.282	71.456	773.142
1912	8.867	19.671	31.544	5.911	36.222	25.359	18.594	22.660	43.350	856.276
1920	12.367	16.701	45.259	9.025	37.537	22.457	67.401	29.434	42.869	1.057.734

Fonte: Para 1872, 1900 e 1920: IBGE. *Evolução da Divisão Territorial do Brasil 1872-2010, 2011*; Para 1907-1912: IBGE. *Anuário estatístico do Brazil 1908-1912*. Rio de Janeiro: Diretoria Geral de Estatística, v. 1-3, 1916-1927.

A Parte 2 do livro inicia-se com o município mais antigo da antiga comarca do Rio Verde: Campanha. No artigo de Pérola Maria Goldfeder e Castro, "Município de Campanha: representação política e ordenamento territorial no século XIX", a autora discute a divisão de atribuições entre os poderes imperial, provincial e municipal durante o século XIX no que diz respeito ao atendimento das necessidades urbanas. Com a restrição das atribuições e do poder financeiro municipal a partir do Ato Adicional de 1834, Pérola reforça o argumento dos limites da atuação local na condução dos projetos das cidades. É deste limite, e da pobreza dos municípios do século XIX, que as Câmaras Municipais vão partir para lutar por seus projetos de urbanização durante as três primeiras décadas do século XX.

A temática iniciada por Pérola se desenvolve, posteriormente, no artigo "Dr. Jefferson de Oliveira, ideias de urbanismo e perspectivas de intervenção urbana – Campanha/MG (1927-1930)" de Patrícia Vargas Lopes de Araújo, em que o cerne é a concepção de urbanismo de um Agente Executivo Municipal de Campanha na passagem dos anos 1920 para os anos 1930, reconstruída a partir da análise de escritos deste político e médico na *Alvorada – Revista Literária, Ilustrada, Humorística e de Atualidades*, editada na cidade. Demonstra-se que o dr. Jefferson de Oliveira absorveu e adaptou às realidades das urbes sul-mineiras os princípios do urbanismo europeu, conferindo maior peso ao saneamento – pilar do higienismo – do que ao embelezamento das cidades e à racionalização dos seus espaços. A proposição de ações referentes ao abastecimento de água, ao esgotamento sanitário das habitações e ao recolhimento dos detritos gerados nas cidades dominou o discurso do administrador campanhense para seus conterrâneos e para seus confrades administradores sul-mineiros. Patrícia toma este fato como clara comprovação de que, no interior do país, estava em curso um debate sobre a modernização urbana temperada pelas especificidades locais.

"Produção, comércio e acumulação de riqueza em Lavras-MG (1870-1888)", de Eduardo José Vieira, analisa as linhas mestras da economia de Lavras nas décadas finais do Império, com base nos dados do Censo de 1872 e de inventários. Desta forma, delineia-se a estrutura ocupacional do município e, de outro lado, a composição das maiores fortunas locais. O quadro que emerge é o de uma hegemonia inconteste da agropecuária diversificada, dominada por proprietários de "riqueza antiga", isto é, fundamentalmente por imóveis rurais e escravos. Assim, o antigo e poderoso município criado na primeira metade do século XIX e disputado pelas comarcas do Rio das Mortes e do Rio Verde (ou posteriormente Sapucaí), veria, com a abolição, parcela importante de sua riqueza se dissipar, perdendo "substância" no momento de transição para o século XX.

A cidade de Pouso Alegre, emancipada também na primeira metade do século XIX e presente no circuito das atividades mercantis com a Corte no Rio de Janeiro, teria uma trajetória um pouco diferente de suas coevas Campanha e Lavras. Essa é a sugestão presente no artigo de Fernando Henrique do Vale, Alexandre Macchione Saes e Rafaela Rodrigues da Silva Carvalho, "Pouso Alegre: uma economia de abastecimento numa sociedade exportadora (1880-1920)", em que os autores apresentam uma cidade que aparentemente não esteve muito apegada ao trabalho escravo e, por isso mesmo, sua elite conseguiu superar mais facilmente o ocaso do Império brasileiro. Pouso Alegre, em direção oposta, ascende ao início do século XX como uma cidade em profundo crescimento populacional, em que os laços com o estado de São Paulo parecem garantir o protagonismo da cidade no comércio regional. Outra particularidade: apesar de mostrar-se como uma cidade em transformação, pujante, não foi a economia cafeeira que lhe conferiu essa estrutura material, pelo contrário, o município permaneceu vinculado ao comércio e produção de gêneros de abastecimento. Certamente um modelo bastante *sui generis* de modernização.

O artigo "Escravidão, liberdade e os abolicionismos no sul de Minas (Itajubá, 1880-1888)", de Juliano Custódio Sobrinho, aborda a "cidade luz" do sul de Minas e coloca em perspectiva seu comportamento no interior do movimento abolicionista dos anos finais do Império. A principal contribuição é justamente colocar em xeque a memória local do "movimento libertador espontâneo" que teria singularizado Itajubá na província e no país. O artigo explora fontes ainda pouco empregadas por historiadores mineiros, especialmente documentação policial, para investigar o processo de desintegração do escravismo e/ou transformações sociais e urbanas que caracterizaram o último quartel do século XIX na cidade.

No artigo de Marcos Lobato Martins, "A trajetória de Alfenas no período 1830-1930: de centro de invernada a 'Atenas do Sul'", mais uma vez é possível observar as contradições do arcaico e do moderno no processo de urbanização da cidade. O artigo apresenta detalhadamente a construção do espaço urbano, com suas atividades econômicas, seus aparelhos públicos e as transformações urbanísticas realizadas no período, construindo aquilo que ficou chamado no período de "Atenas sul-mineira". Entretanto, ao mesmo tempo é demonstrada a permanência do passado, pelas dificuldades de disseminar tais benefícios do mundo moderno para toda a população, da dificuldade de levar as inovações a todos os distritos dos munícipios.

Na perspectiva da história política, o artigo de Fábio Francisco de Almeida Castilho, "A construção da estância balneária de Águas Virtuosas do Lambari (1870-1920)", centra-se na formulação e implantação do projeto balneário de Lambari no âmbito da construção da hegemonia silvianista na política mineira. Desta forma, a trajetória urbana é atrelada aos rumos das lutas políticas internas no PRM e aos novos ideais difundidos pelo higienismo e sanitarismo, importados da Europa. O artigo organizava-se ao redor de dois momentos: o da harmonia entre os aquáticos e os silvianistas, que favoreceu imensamente Lambari e, em seguida, o do conflito entre Américo Werneck os sucessores de Silviano Brandão, que lançou Lambari numa situação de abandono por parte do governo estadual. O desvelamento da maneira como os conflitos coronelísticos no interior da hegemonia do PRM impactaram a trajetória da cidade não nos deixa dúvidas do componente político como determinante das possibilidades de realização destes projetos de urbanização.

Explicitada já no título, "Café e a Cia. Mogiana: a cidade de Guaxupé entre 1860-1920", a sinergia entre café-ferrovia-urbanização em Guaxupé é realçada e analisada no artigo de Leandro Lopes. O avanço avassalador da cafeicultura em Guaxupé, catalisado pela aproximação da estrada de ferro, e a própria presença do meio de transporte moderno como fator decisivo de desencravamento regional deram os contornos do processo de crescimento e de modernização da cidade. O lugarejo que havia adquirido algum papel ao sediar uma nova Recebedoria Provincial tornou-se, nesta dinâmica de expansão do café e da Mogiana, espaço de "vertiginoso progresso" que buscava amoldar-se a São Paulo em crescimento ainda mais acelerado, nas palavras do autor, "assumindo logo um novo aspecto, parecendo mais uma capital em miniatura que uma cidadela do interior". A trajetória de Guaxupé é, portanto, plasmada pelo café e pela ferrovia, o que faz dela caso bem distinto de lugares mais antigos como Campanha, Pouso Alegre, Itajubá e mesmo Alfenas.

A rápida transição rumo à hegemonia cafeeira em São Sebastião do Paraíso, catalisada pela aproximação dos trilhos da Cia. Mogiana é o tema da análise empreendida no artigo "São Sebastião do Paraíso: o café e o gado na segunda década do século XX" de Paulo Roberto de Oliveira. Com determinantes bastante parecidos com aqueles de Guaxupé, as seções iniciais do artigo apontam as especificidades do município: a mudança econômica na sub-região de São Sebastião do Paraíso partiu da criação de gado na formação do município e, apenas posteriormente, a cafeicultura ganha um novo papel na economia. A coexistência do gado e do café é sublinhada, mas se afirma claramente a preeminência cafeeira no processo de modernização do município e da cidade, cujo atrelamento à economia paulista também é inequivocamente descrito. Essas seções colocam São Sebastião do Paraíso no rol das "cidades do café", em contraposição àquelas que, no sul de Minas, tiveram suas trajetórias mais longamente comandadas pela agricultura de abastecimento diversificada.

A coletânea *Sul de Minas em urbanização* é encerrada com o artigo de Natânia Silva Ferreira e Alexandre Macchione Saes sobre Varginha. O artigo "Expansão da cafeicultura e modernização em Varginha, 1882-1920" apresenta a trajetória de outra cidade para a qual se pode fazer um paralelo com o modelo analítico do "grande capital cafeeiro paulista". Com a emancipação do município em 1882 e a chegada da ferrovia na década seguinte – chegada garantida por uma das maiores lideranças políticas locais – a cidade iniciaria um processo de concentração de atividades ligadas ao comércio de café: casas comissárias, bancos, empresas de beneficiamento. Assim, na década de 1920, Varginha tinha se tornado um relevante município regionalmente, empreendendo um processo de transformação urbana intenso, mas que, cotejado com as experiências paulistas, revela os limites dessa modernização no sul de Minas.

Acreditamos que, com mais essa contribuição ao estudo do sul de Minas, fornecemos mais material não somente para refletir sobre a trajetória das localidades exploradas nesta coletânea, como também lançamos uma proposta de interpretação de como a sociedade brasileira, nas suas mais diversas experiências específicas, buscou atingir um ideal de modernização com o alvorecer do século XX.

Os organizadores,
fevereiro de 2015.

O PROCESSO DE URBANIZAÇÃO NO SUL DE MINAS EM TRANSIÇÃO

uma proposta de interpretação

Alexandre Macchione Saes
Thiago Fontelas Rosado Gambi
Luiz Felipe Bruzzi Curi

ENTRE A MODERNIDADE E O ATRASO RELATIVO

As abordagens sobre o significado da constituição do mundo urbano moderno alcançam as mais diversas áreas das ciências sociais: o mundo urbano proporciona o desenvolvimento do ser político, da vida cultural e religiosa cristalizadas entre as novas instituições urbanas e, ainda, das relações sociais e econômicas que tendem a se tornar mais complexas entre os mercados e as ruas, resultantes do crescimento das cidades. Por isso, as cidades, como objeto complexo, podem ser pensadas a partir de diversos pontos de vista.

Tomando o caso da sociologia urbana como exemplo, podemos distinguir duas visões que, de certo modo, se opõem: a mais tradicional pensa a cidade como objeto de consumo e material simbólico, como uma realidade já dada, e que, portanto, estuda o comportamento cultural e racional de seus habitantes. São os seres humanos nas cidades o objeto relevante na análise e, assim, o pesquisador dirige o seu olhar para espaços de sociabilização e estuda seus elementos.[1] Essa é uma visão válida, mas nela a preocupação fundamental não está no processo de formação das cidades ou na estruturação do espaço urbano a partir de relações econômicas e sociais.

O estudo das cidades, e mais especificamente das dinâmicas de urbanização como processos econômicos e sociais, por outro lado, só se estabeleceria na literatura

1 Cf. Simmel (1987), Park (1987).

sobre o tema no final dos anos 1960. Nessa linha, a cidade é vista como resultado de um processo de produção que se movimenta por contradições. O espaço deixa de ser um dado para se tornar algo formado (espontaneamente) ou construído (intencionalmente) por relações sociais. Então, o pesquisador olha para o espaço e estuda os processos que o estruturaram considerando todo o conjunto de relações internas e externas que contribuíram para defini-lo como tal.[2] Enfatiza-se, neste caso, o processo de urbanização e, por conseguinte, as relações econômicas e sociais que produzirão a formação ou construção do espaço. As cidades e a dinâmica do mundo urbano são vistas como agentes transformadores das relações econômicas ao longo do tempo; como os personagens que permitem uma aceleração das atividades mercantis e, consequentemente, da sociedade moderna.

A partir de uma perspectiva histórica das transformações urbanas, essa introdução ao *Sul de Minas em urbanização* procura entender as cidades como todos complexos que significam interações dinâmicas entre pessoas e espaços determinados; entre cultura e economia; entre transições e estruturas. Em suma, cidades como unidades de concretização de um mundo urbano que permite a expansão das relações econômicas, mas que, ao mesmo tempo, reproduz as relações sociais específicas de uma determinada sociedade.

É nesse sentido que se discute o processo de urbanização do sul de Minas em sua transição para o capitalismo no final do século XIX e início do XX.[3] Não há dúvida de que esta é uma região construída também a partir dos rios e montanhas de sua geografia, do Rio Grande às encostas da Mantiqueira, mas especialmente pelos elementos econômicos, políticos e sociais de sua história, da emancipação da comarca do Rio das Mortes à sanha separatista de Campanha. Nessa época de mudanças externas e permanências internas, o sul de Minas buscou criar uma nova identidade frente às articulações contemporâneas do país com a economia internacional numa fase chamada também de primeira globalização. Era o momento de incorporar novas técnicas de produção, realinhar as funções na divisão internacional do trabalho e consolidar as relações capitalistas na periferia. Para a região isso significou caminhar para a urbanização e ampliar o espaço para atividades mercantis.

---

2 Cf. Topalov (1978), Harvey (1978).

3 No Estado de Minas Gerais inteiro, apenas três regiões até a década de 1920 conseguiram cumprir essa transição: o sul de Minas, na divisa com São Paulo e Rio de Janeiro; a Zona da Mata, também na divisa com o Rio de Janeiro; e mais fracamente o Campo das Vertentes, no centro do estado. Eram as três regiões dinâmicas nesta perspectiva aqui considerada de transição, isto é, regiões com ferrovias, bancos, indústrias e que concentravam não somente o maior número de cidades como as maiores densidades populacionais do estado. Assim, o sul de Minas em transição foi definido pelos aspectos representativos de uma sociedade que se integrava ao mercado capitalista. Cf. Saes, Cosentino e Gambi (2012).

Essa introdução ao *Sul de Minas em urbanização* procura refazer esse caminho, primeiro com uma discussão histórico-conceitual, que relaciona o processo de urbanização à transição para o capitalismo em perspectiva mais ampla, e traz essa discussão para o Brasil ao abordar a formação peculiar de suas cidades. A seguir, trata da existência de um grande capital urbano como ator importante da transformação qualitativa da economia brasileira, de maneira geral, e do processo de urbanização de grandes cidades, em particular. Discute, então, os elementos históricos que caracterizam a peculiar urbanização do sul de Minas, a meio caminho entre as iniciativas estatais e a dinâmica do grande capital urbano. É um processo peculiar porque se refere à urbanização de cidades pequenas e médias. Dessa forma, o conceito de grande capital urbano não se aplica plenamente a essas cidades, mas sua urbanização pode ser pensada a partir desse conceito. Se o grande capital urbano foi essencial para o financiamento da urbanização das grandes cidades brasileiras, o que ocupou seu lugar nas cidades pequenas e médias, em particular, nos municípios do sul de Minas? Finalmente, o texto conclui com as questões que amarram a problemática da urbanização ao conceito de grande capital urbano, propondo rumos para pesquisas posteriores.

A TRANSIÇÃO URBANA NO BRASIL: A ESPECIFICIDADE DE MINAS GERAIS

A cidade em si, cuja origem é muito anterior ao processo de transição do feudalismo para o capitalismo, constituía uma das primordiais formas de divisão do trabalho: aquela entre campo e cidade. Entretanto, no capitalismo essa característica de especialização de atividades seria ainda mais desenvolta. A cidade moderna passa a ser o local em que a divisão social do trabalho e a construção de *valores de uso complexos*[4] são peças intrínsecas à própria existência da vida urbana e à reprodução do capital acelerada pela concentração tanto da força de trabalho como dos meios de produção. Inicialmente fundadas por meio de sua vocação comercial, cidades de mercadores no alvorecer da Idade Moderna passaram a expandir sua área de influência para além das rotas comerciais.[5] Foi somente mais tarde que, internalizando os processos manufatu-

4 De acordo com Topalov (1979), valores de uso complexos significam infraestrutura e equipamentos coletivos de consumo, tais como saúde, educação, formação técnica, necessários à acumulação de capital.

5 Cf. Pirenne (1968). Para o debate da transição do feudalismo ao capitalismo, a interpretação de Pirenne – e o predominante papel das cidades e do comércio como elemento da transição – seria recuperada por Paul Sweezy (1977). Para as críticas conferir Dobb (1980). Na síntese, John Merrington (1989) lembra que a cidade "capitalista" foi resultado do pecado original, da necessária acumulação de capital, assim como o posterior desenvolvimento da indústria britânica. Portanto, a cidade capitalista exige mais do que o capital mercantil pode oferecer. A produção de mercadorias e capitais baseado na circulação não era suficiente para gerar o capitalismo.

reiros e industriais, a longa transição para o capitalismo tomaria forma definitiva, com a internalização da realização da renda por meio do processo produtivo.[6]

A cidade era a maior manifestação da emergência do capitalismo. Se o mundo rural e a relação de subordinação entre camponês e senhor era a expressão da sociedade feudal, no mundo urbano, com a ideia de liberdade (apenas formal) presente dentro dele e a expansão das relações comerciais, as relações sociais teriam o significado explícito do nascimento de uma nova sociedade.[7] A multiplicação das necessidades humanas, a ampliação do consumo e a dependência entre cidadãos em função da divisão social do trabalho imputavam ao sistema econômico posição determinante na organização da vida urbana. O campo, orientado a fornecer as mercadorias para os habitantes da cidade, passou a se modernizar.[8] A busca pelo lucro, a orientação tomada pelos comerciantes, minava as estruturas feudais prévias.

Assim, nos estudos sobre a economia política da cidade,[9] o significado do mundo urbano na transformação da economia é reforçado. Para Milton Santos: "A circulação dos produtos, das mercadorias, dos homens e das ideias ganhou uma tal expressão, dentro do processo global de produção, que a urbanização passou a ser um dado fundamental na compreensão da economia"(2009, p.113). Paul Singer (1978), por seu turno, lembra que a origem da cidade advém do desenvolvimento das forças produtivas; é preciso que exista produção de excedente para que o mundo urbano possa existir e se reproduzir. Mas a partir de sua formação, a cidade incorpora as forças de reprodução da economia capitalista, produzindo amplo progresso técnico e concentração de capitais. A contradição intrínseca ao processo se verifica com a crescente desigualdade regional.

Logo, a *urbe* moderna é o *locus* da socialização capitalista: cidade como lugar de consumo, da divisão social do trabalho, do meio de produção material e de ampliação da produtividade. Por isso mesmo, no mundo colonial português, as cidades responderiam a desígnios particulares em função da própria subordinação colonial, não respondendo adequadamente à construção de relações econômicas mais modernas. Foi somente em fins do século XIX, em suma, que as cidades brasileiras entrariam num processo intenso de urbanização, tornando-se *locus* privilegiado da constituição do capitalismo periférico. Aos poucos, a urbanização permitiu dar andamento à rup-

---

6 Esse processo foi captado por uma diversidade de determinantes. No que diz respeito aos aspectos sociais, esse mundo urbano teria um significado de libertação do homem: liberdade jurídica plena, decisiva tanto na formação de uma base psicológica metropolitana e individualista como no desenvolvimento da intelectualidade (SIMMEL, 1967).

7 A cidade como o local do mercado; da ruptura com a economia natural (WEBER, 1967).

8 A cidade moderna é aquela que passa a definir o funcionamento da produção do campo. Cf. Marx (1975), Smith (1996).

9 Cf. Santos (2009) e Singer (1978).

tura com dois problemáticos impasses na formação do capitalismo brasileiro: de um lado, ao incorporar parcela da população rural, as cidades criavam pela primeira vez no país um mercado de trabalho livre nacional e, paralelamente, com a expansão do transporte ferroviário e a interligação regional brasileira, iniciava-se a constituição de um mercado interno no país.

O estudo econômico do fenômeno urbano, portanto, fortalece os elementos para compreender como o capitalismo nacional pôde se consolidar. Afinal, o transcorrer do século XIX já se revestiria de aspectos sintomáticos da constituição do capitalismo no Brasil: a promulgação da Lei de Terras em 1850 no que diz respeito à existência de uma regulamentação da propriedade privada no país; a abolição da escravidão na constituição de um mercado de trabalho livre; a Constituição de 1891, como organização do aparato jurídico burguês; e, ainda, o desenvolvimento dos fatores de produção, tanto em função dos setores de infraestrutura – com a construção das estradas de ferro e a formação das companhias de energia elétrica – quanto com a expansão da produção fabril.[10] Mas, ainda assim, os nexos sociais e econômicos da sociedade não permitiam a efetivação de uma reprodução social capitalista. Afinal, a gênese do capitalismo nas mais variadas regiões deve ser resultado das "realidades sociais, políticas, econômicas, culturais e naturais nas quais emergem" (PAULA, 2002, p. 24).

No Brasil, particularmente, o que faltava ainda no século XIX era a constituição de um mercado propriamente capitalista, que é qualitativamente distinto dos mercados prévios. Como destaca Ellen Wood (2001) para a transição ao capitalismo na Inglaterra, o mercado teve que ser encarado não como oportunidade para agentes econômicos favorecidos por quaisquer razões extra econômicas, mas como um mercado cuja função era de ser imperativo e coercitivo aos agora agentes econômicos capitalistas. Assim, a riqueza capitalista devia ser encarada não como realizada pela força coercitiva, ou pela condição monopolista nas relações comerciais, mas pelo crescente aumento da produtividade do trabalho. O mercado concorrencial, tanto para regular as relações comerciais, como pelas relações no mercado de trabalho, passou a ser imperativo. Para Florestan Fernandes (2008), essa condição poderia ser encarada como a formação de uma "ordem social competitiva".

O lucro comercial, portanto, ainda pré-capitalista e dominante no Brasil do século XIX, não conseguia transpor as barreiras para a construção dos elementos próprios da acumulação de capital. Assim, a formação das cidades brasileiras seguiu um percurso particular, todavia não menos decisivo do que aquele responsável pelas transformações na Europa (LANNA, 1995, p. 21). O caráter colonial da economia brasileira havia reduzido, no limite, as funções das vilas e cidades a núcleos de exportação de produtos.

10 Cf. para mercado de terras, Lígia Osório (2008); para mercado de trabalho, Jacob Gorender (1978); para aparato jurídico-político, Décio Saes (1990); e, para forças produtivas, João Manuel Cardoso de Mello (1982).

Isso explicava a localização litorânea das principais cidades brasileiras até o século XIX, em que o porto era a região de onde irradiavam as estruturas urbanas. As funções das cidades eram poucas e dependentes do comércio de exportação (COSTA, 1999); e a massa da população estava localizada no campo, junto aos latifúndios, enquanto os centros urbanos eram pequenos, pobres e sujos (PRADO JR., 1969, p. 350).

Por isso mesmo, a abolição em fins do século XIX rompia com o violento regime de trabalho escravo, mas não garantia a transição do trabalho livre para todo o país:passava-se a incorporar tecnologia e fatores de produção tipicamente capitalistas, mas o mercado nacional ora não permitia a constituição de setores modernos pelo limite técnico e financeiro frente aos produtos estrangeiros, ora não garantia que os elementos coercitivos do mercado impulsionassem as transformações econômicas dos setores emergentes nacionais.

Essa será a maior colaboração do mundo urbano moderno ao desenvolvimento do capitalismo dentro do país. Mediante a impessoalidade, a complexidade das relações econômicas e a expansão de um mercado competitivo nos centros urbanos, o capitalismo pôde iniciar sua dinâmica intensa de reprodução econômica. Ao que parece, ainda mais importante do que na transição clássica do feudalismo ao capitalismo, as cidades tornaram-se os pontos difusores da formação do capitalismo periférico. É na cidade, de forma mais pronunciada do que no campo após a abolição, que fundou-se, enfim, um mercado de trabalho assalariado – e muito em função do aumento do número de imigrantes. É das atividades como ferrovias, bancos, empresas de serviços públicos, que surgem as maiores oportunidades de trabalho, bem como as maiores fontes de rentabilidade econômica para a elite nacional.

Além de produzir esse amplo progresso técnico e da divisão social do trabalho, a expansão do mundo urbano na periferia gerou também uma aceleração na contradição entre as relações regionais. Funcionando como ímã de atração do capital e trabalho, acabou por gerar um processo cego da concentração espacial dos capitais. Mas a concentração do capital no espaço se dá em diferentes escalas e, por isso, Castells (1983) enfatiza as relações externas ao considerar a urbanização em países periféricos. Para ele, os processos de urbanização em países dependentes são peculiares, posto que inseridos num contexto de dominação pelos países do centro do capitalismo, e expressam a dinâmica social resultante de relações capitalistas assimétricas. Processos como este não seriam expressão de "modernização", mas a manifestação no espaço da acentuação das contradições sociais inerentes ao desenvolvimento determinado por uma dependência específica no interior do sistema capitalista mundial.[11]

11 Castells se refere à dominação colonial, capitalista-comercial e imperialista industrial e financeira. As peculiaridades a que se refere são 1) população desenraizada, desempregada, exército de reserva de uma indústria inexistente; 2) concentração em grandes aglomerados sem integração numa rede urbana (há rede urbana no sul de Minas

Dentro desse quadro mais amplo da transição do mundo rural para o mundo urbano no Brasil, vale retomar alguns atributos particulares do processo de urbanização que teve lugar em Minas Gerais. A urbanização das Minas ocorreu, por assim dizer, na periferia da periferia: a zona mineradora originária se encontrava, no dizer de Roberto Simonsen, "além-Mantiqueira", isto é, separada da cidade portuária colonial mais próxima, o Rio de Janeiro, por uma cadeia montanhosa de difícil transposição. A ocupação urbana da região foi resultante da corrida ao ouro que se iniciou em fins do século XVII e se intensificaria ao longo da primeira metade do século XVIII, sendo caracterizada por especificidades que escapam à concepção, cara à economia política, de uma urbanização decorrente dos excedentes produzidos no campo. Roberto Monte-Mór (2001) trabalha com a ideia de que, em Minas, a cidade cria o campo. O argumento, baseado na hipótese formulada por Jane Jacobs (1969) para o estudo da cidade turca de Çatal Huyuk, é que a existência de um recurso mineral abundante inverte a equação clássica do processo de urbanização, pela qual os excedentes originados na agricultura permitem a existência de contingentes de pessoas não dedicadas à obtenção de alimentos, conformando um espaço de diversificação ampla das atividades humanas. A extração mineral faz com que a população se aglomere rapidamente em torno da fonte do metal, podendo "importar" boa parte daquilo que necessita para sua subsistência. O mundo rural seria criado, por exemplo, por meio da importação de sementes e de animais, que viriam a reboque da atividade extrativa central.

O esquema de Monte-Mór parece coerente com a tese de que a economia mineradora foi responsável pela integração das regiões meridionais da Colônia aos circuitos internos de comércio, por meio do comércio de gado muar, que, demandado na zona extrativa mineral, viajava desde o Extremo Sul, passando pelo litoral do atual estado de Santa Catarina e sendo redistribuído a partir de feiras na região de São Paulo.[12] O sul de Minas rural, nesse sentido, pode ser visto num primeiro momento como um resultado desse mundo urbano que cria sua própria hinterlândia. Sua urbanização, todavia, ocorrida num momento posterior e sem o atrativo da riqueza mineral, teria características distintas da que se processou nesse núcleo central de Minas. Neste novo momento, a Colônia já não existia – e os centros urbanos dominantes do país eram o Rio de Janeiro e, de forma incipiente, São Paulo, cidades que capitaneavam o processo acelerado de modernização em curso.

---

em transição?); 3) ausência de um continuum na hierarquia urbana; 4) distância social e cultural entre urbano e rural; 5) convivência da cidade autóctone com o que ele chama de cidade ocidental).

12 Essa ideia é desenvolvida por Roberto Simonsen (1937) e retomada por Celso Furtado (1959): ambos autores concordam que a região mineradora teve maior papel integrador dos circuitos econômicos internos à colônia do que a economia açucareira.

MODERNIZAÇÃO, URBANIZAÇÃO E O GRANDE CAPITAL URBANO NO BRASIL

A urbanização intensa que ocorreu no Brasil entre finais do século XIX e o início do XX pode ser vista como parte do processo maior de modernização em curso. O conceito de modernização, utilizado aqui para auxiliar no entendimento desse mundo urbano em transformação, refere-se a um processo modernizante que possui características específicas. É necessário diferenciar, nesse sentido, o advento mais geral da modernidade, que se refere à superação de estruturas arcaicas ou tradicionais, da modernização periférica ocorrida no Brasil, entre os séculos XIX e XX. Um dos principais traços desse processo modernizante periférico é seu caráter de imitação: modernizar-se era tornar-se semelhante aos países centrais e isso significava copiar suas instituições, seus hábitos, seus padrões de consumo – e suas cidades. Como lembra Raymundo Faoro (1992, p. 8), em economias periféricas, os conceitos de modernidade e modernização não devem ser confundidos: a *modernidade* é o projeto coletivo, que compromete toda a sociedade, expandindo e revitalizando o papel de todas as classes, enquanto a *modernização* possui um toque voluntário, sendo construída por um grupo condutor, "que privilegiando-se, privilegia os grupos dominantes".

Esse processo de modernização periférica não somente teria dificuldades para reproduzir de maneira fiel o modelo de mundo moderno importado, como também, e ainda mais trágico para as consequências dessa tentativa de mimetizar o padrão estrangeiro, recolocaria as contradições econômicas e sociais internas de forma mais violenta. Na pena de Florestan Fernandes: "A economia brasileira ganhara, em poucas palavras, certos substratos materiais ou morais e os dinamismos econômicos básicos para assimilar os modelos de organização econômica predominantes nas economias centrais". Mas, como continua o autor, esse não era um processo natural de reprodução dos padrões estrangeiros, afinal "dada sua própria condição de economia periférica e dependente, não iria assimilar tais modelos reproduzindo, pura e simplesmente, o desenvolvimento prévio daquelas economias. Ao contrário, os referidos modelos tenderiam a ser saturados, historicamente, de acordo com as possibilidades socioeconômicas e culturais de expansão do mercado interno" (2005, p. 86).

Esse fenômeno é o que Celso Furtado (1972) define como promessas não realizadas pela modernização, que por não ser modernidade, é a manifestação oposta ao desenvolvimento, entendido por este autor como a mudança da estrutura produtiva global de uma sociedade, por meio da incorporação de novas técnicas produtivas. Afinal, mesmo que promovendo transformações econômicas, garantindo uma profunda imersão no padrão de consumo "moderno", a modernização não abalaria as estruturas socioeconômicas arcaicas, sendo apenas a assimilação do processo tecnológico por meio dos padrões de consumo e não do processo produtivo. Isso significa que, ao invés do desenvolvimento, como expressão da difusão dos benefícios do excedente para toda a população, com a incorporação dos novos padrões de consumo, as elites das sociedades periféricas promoviam a concentração da renda e recolocavam a situação de dependência em nova fase. Em suma, em oposição ao desenvolvimento característico dos países centrais, formava-se um novo caminho para a integração na economia capitalista mundial: o subdesenvolvimento. Fruto do desequilíbrio na assimilação de novas tecnologias produzidas no centro do capitalismo industrial, o subdesenvolvimento forneceria condições de ampliar a produtividade das economias periféricas, mas ao incidir acima de tudo no estilo de vida, nas inovações voltadas ao consumo, tal processo pouco contribuiu para reduzir a heterogeneidade social (FURTADO, 1992, p. 41-42 e 45).[13]

Ainda que seja caracterizada por limitações importantes, a modernização certamente foi um veículo de transformações que mudaram as feições do Brasil: a implantação do capitalismo, como forma de organização da sociedade, foi uma transformação catalisada pelo processo modernizante. Como já reconhecera Florestan Fernandes, o período da Primeira República, considerado uma fase de intensa modernização, foi favorável à disseminação da ordem social competitiva e de maior aproximação com a estrutura econômica capitalista: ao menos um "capitalismo como estilo de vida". É a construção desse novo estilo de vida que parece ter orientado o processo de urbanização em curso no Brasil pós-imperial: reformas como a de Pereira Passos no Rio de Janeiro, a construção de teatros e de amplas avenidas em diversas cidades, a instalação de serviços de iluminação elétrica e de bondes – tudo isso era parte da tentativa de (re) produzir o mundo urbano europeu nos trópicos.

É nesse tipo de cidade constituída em fins do século XIX, desenvolvida com os diversos planos de urbanização dos mais variados municípios do país no início do século XX, que o capitalismo criou suas tramas, para se constituir no âmbito da sociedade brasileira. O mercado difunde-se como meio de transpor as relações capitalistas dos centros urbanos, tanto para as atividades rurais, como para o interior do país. Assim, a competição e o mercado como elemento coercitivo, que garantem a superação das relações tradicionais herdadas da colonização, emergem das novas instituições deste novo mundo urbano moderno brasileiro. Enfim, é na ruptura com a cidade tipicamente colonial que a economia periférica consegue alcançar aquilo que, nas palavras de Topalov (1978, p. 20), podemos chamar de *socialização capitalista das forças produtivas*.

Num processo que se acelera ao longo do século XIX, a incorporação do setor comercial às estruturas nacionais possibilitou que as cidades passassem de simples portos exportadores à função de centros comerciais de relevante peso. O mercado interno cresceu, e consequentemente, também o volume de importações e de relações

13 Esse argumento já estava explícito em obras anteriores como Furtado (1974).

comerciais. O crescimento das cidades foi reforçado com o início da construção das ferrovias nos anos 1850 e a mudança paulatina do mundo rural para as cidades. Emergia um novo grupo social formado pelos fazendeiros e pelos grandes comerciantes de importação e exportação que no meio urbano passariam a diversificar seus investimentos: nascia o *grande capital urbano.*[14]

O grande capital urbano, sendo originário das atividades mercantis, tendeu a estender-se e criar novas formas de empregar os ganhos em empreendimentos característicos do mundo capitalista: ferrovias, bancos, empresas de serviços urbanos, e ainda, as primeiras indústrias. É preciso salientar que, com a abolição em 1888, os ativos urbanos valorizaram-se, libertando capital para novos investimentos. Mesmo que subordinado e dependente das atividades mercantis, o grande capital urbano inclinou-se a se diferenciar das atividades agrícolas e controlar importantes redes de decisão política: era a decadência do tradicional coronel com poder local (LEAL, 1997). Esse processo de diversificação do capital se disseminou por todo o país. Capitais e centros econômicos regionais como Salvador, Recife, Manaus, Rio de Janeiro e São Paulo foram exemplos categóricos dessa expansão do capital mercantil para setores ligados ao mundo urbano.

Não foram casos isolados. Cidades que se beneficiavam de avanços econômicos, como o caso do interior paulista, viram também transformações das formas de investimento dos grupos locais. Os municípios, com a Constituição de 1891, assumiam maior autonomia financeira sobre sua administração, garantindo uma expansão vigorosa das reformas urbanas. A partir de então: "competiria ao governo municipal decretar impostos para custeio dos seus serviços, organizar o orçamento de sua despesa e receita, e em geral promover e zelar, conforme mais conveniente entender, tudo o que se refere à sua vida econômica a administrativa" (BRASIL, 1891, p. 6). As freguesias e paróquias, domínios administrativos da Igreja vigentes no Brasil colonial e monárquico, abrem espaço para a ascensão definitiva dos distritos e municípios: uma cidade com preceitos jurídicos e políticos modernos, controlada por novos grupos sociais, e resultante da separação entre Igreja e Estado.

Nas palavras de Emília Viotti da Costa (1999, p. 256), "cresceu a tendência em promover melhoramentos urbanos. Aumentou o interesse pelas diversões públicas, a construção de hotéis, jardins e passeios públicos, teatros e cafés". E como continua a autora: "melhorou o sistema de calçamento, iluminação e abastecimento de

14 O *grande capital urbano* é uma alusão ao conceito de "grande capital cafeeiro", conceito bastante disseminado pela literatura sobre a economia cafeeira paulista, com trabalhos como de Sérgio Silva (1976) e Flávio Saes (1986). Nosso caso, entretanto, busca ampliar a aplicação do conceito para o país, assumindo que no período a diversificação das atividades econômicas foi recorrente e, no caso, seguiu preponderantemente para atender os desígnios da modernização urbana.

água. Aperfeiçoaram-se os transportes urbanos. O comércio urbano ganhou novas dimensões, bem como o artesanato e a manufatura". Na longa lista de atividades sob jurisdição municipal, constavam: instrução primária, saúde pública terrestre, limpeza da cidade, remoção e destruição do lixo, arrasamento de morros, aterro de pântanos, canalização de rios e valas, iluminação pública, abastecimento de água, esgoto e construção de casas para habitação de operários e classes pobres. Conforme Victor Nunes Leal, o desenvolvimento urbano era uma oportunidade de ampliar as atividades comerciais e industriais do município e, com isso, as rendas locais (1997, p. 198).

E, enfim, as cidades possuíam maiores recursos financeiros e autonomia para recorrer aos empréstimos estrangeiros, como fez o prefeito Pereira Passos para o Distrito Federal em 1906 ou presidente de estado Júlio Bueno Brandão para Minas Gerais em 1910. No caso de Minas Gerais, o relatório de Júlio Bueno Brandão ao congresso mineiro não deixava dúvidas:

> Com o intuito de ocorrer as necessidades sempre crescentes de melhoramentos reclamados pelos Municípios do Estado, o Congresso, mediante solicitação do poder executivo, em mensagem que lhe foi dirigida, votou a lei n. 546, de 27 de setembro de 1910. Por essa lei ficou o governo autorizado a promover obras de saneamento de reconhecida utilidade nos municípios que se propunham a assumir a responsabilidade e satisfazer, com suas rendas, os encargos da operação de crédito destinada a realização desse serviço. (...) Com a execução da lei 546 teremos conseguido o saneamento completo das localidades mineiras, a possibilidade de aproveitamento de novas industriais locais e o desenvolvimento das existentes e, consequentemente, a valorização da propriedade urbana e, indiretamente, a da rural pela animação da vida local.[15]

Para além de medida de reforço do processo de modernização urbana, essa lei pode ser interpretada como exemplo da tutela do poder estadual sobre os municípios, cujo objetivo, em última análise, era mais político do que econômico. Victor Nunes Leal (1997, p. 210-211), em seu estudo clássico sobre o coronelismo, argumenta que esse sistema, oficializado na Primeira República com a política dos governadores, baseava-se sobretudo na fraqueza econômica do município como instância administrativa. No caso do auxílio financeiro aos municípios, objeto da lei de 1910, a ideia é que esse recurso poderia atender menos ao interesse púbico e mais, na expressão de Leal, "às conveniências da militança política". Em outras palavras, o governo estadual poderia tornar os municípios dependentes de sua tutela, privilegiando aqueles em

15 Relatório do presidente de estado Julio Bueno Brandão. Belo Horizonte: Imprensa Oficial, 1911.

que obtivesse apoio político do chefe local. Desse modo, os empréstimos viriam para atender aos interesses modernizadores dos políticos locais – coronéis – que, por sua vez, garantiriam, em seus respectivos municípios, os votos necessários à manutenção dos governos situacionistas estaduais.

Assim, aproveitando a ampliação de recursos internos, a abundância de capitais externos e, no caso de municípios menores, valendo-se da tutela financeira estadual, as cidades na segunda metade do século XIX procuravam vias para aprofundar a modernização. A tentativa de introduzir as novidades dos padrões de consumo e das melhorias da infraestrutura urbana existentes na Europa, caraterística do processo de modernização periférica, tinha maior êxito conforme a riqueza das elites locais.[16] Mas o grau de urbanização, isto é, de melhoramentos urbanos e recursos materiais do município era dependente, por sua vez, do grau de conexão da economia local com o mercado mundial: o ciclo da borracha, por exemplo, permitiu uma rápida modernização de Belém e Manaus. O café, em especial no estado de São Paulo, condicionou a remodelação urbana paulista, como em Santos, Campinas, Ribeirão Preto e Araraquara, entre tantos outros exemplos.[17] Ana Lanna (1995) considera o Palácio da Bolsa do Café, em Santos, como a concretização do projeto social das elites cafeeiras, para a qual a cidade, europeizada, era o lugar do dispêndio de uma riqueza produzida no campo. Imponentes prédios públicos eram erguidos, teatros luxuosos construídos, modernas linhas de bondes, primeiramente movidos por meio da tração animal, mais tarde por eletricidade, cortavam as ruas das cidades, que também começavam a receber iluminação pública. A energia elétrica facilitava a instalação de fábricas mais modernas. Em síntese, a modernização buscada pelas elites urbanas brasileiras tinha sua forma mais delineada nos contornos modernos das cidades: a intensidade dessa modernização urbana, entretanto, dependia dos avanços econômicos de cada região que alimentaria com recursos a importação dos padrões de consumo tidos como mais avançados.

---

16 Era uma cadeia de importação de padrões de consumo: a *belle époque* parisiense estimulava as elites latino-americanas, que reproduziam tais padrões para as elites nacionais, estas para as regionais e, finalmente, estas para as locais (Burns, 1979). A modernização tornou-se um projeto bastante amplo que atingia os países da América Latina concomitantemente quase que por completo. Entretanto o impacto desses efeitos foi desigual pelas cidades da região: capitais, cidades portuárias ou sedes de atividades econômicas eram aquelas que mais claramente apresentariam suas transformações urbanas. Rio de Janeiro, Montevidéu, Buenos Aires, Cidade do México e Santiago do Chile eram centros comerciais e políticos, incorporaram mais rapidamente as ondas de transformação (ROMERO, 2009).

17 Sobre a modernização das cidades paulistas: sobre São Carlos (DEVESCOVI, 1987), Santos (LANNA, 1995 e 1999), sobre Batatais (PEREIRA, 1999), sobre Araraquara (VARGAS, 2000), sobre Ribeirão Preto (PAZIANI, 2004) e sobre Santa Bárbara d'Oeste, entre outras cidades, (ALMEIDA, 2005).

Por isso é possível afirmar que a transição para o século XX foi o momento em que a urbanização tornou-se um projeto político da elite brasileira (Saes, 2010). Com os acordos financeiros entre Campos Sales e os credores estrangeiros em 1898, abria-se um projeto de modernização do país. Tais resultados foram vistos especialmente nas duas primeiras décadas do século XX, quando o cenário econômico austero auxiliaria os administradores municipais na realização dos projetos de modernização das cidades. Era a manifestação da vitória política do grande capital urbano como condutor da política econômica nacional. As reformas econômicas promovidas em fins do século XIX, tanto o saneamento monetário como a renegociação das dívidas estrangeiras, facilitavam a inserção brasileira no circuito dos investimentos dos países industrializados: beneficiando-se do cenário internacional de abundância de recursos e da valorização da moeda nacional – culminando com o padrão-ouro em 1906 – barateava-se o custo dos projetos de urbanização. Vale dizer que essa inserção no circuito internacional se baseava na lógica da modernização periférica: transformava-se, sobretudo, o estilo de vida, pouco alterando-se a estrutura produtiva do país – os investimentos não visavam, por exemplo, à instalação de indústrias que contribuíssem para a internalização de setores ausentes da economia brasileira.[18]

O acelerado processo de urbanização em que o Brasil se engajou – como parte do projeto de modernização liderado pela emergente elite urbana – levaria a profundas distorções na organização da sociedade brasileira. Se por um lado o acelerado processo de modernização auxiliou na incorporação de fatores de produção e, inclusive, na constituição de um mercado de trabalho no país, de outro lado, ao serem condicionadas por elementos estranhos à realidade nacional, tais transformações não foram controladas por grupos nacionais; não acontecendo de maneira minimamente homogênea, elas ampliavam as disparidades sociais e regionais.

URBANIZAÇÃO NO SUL DE MINAS: ELEMENTOS HISTÓRICOS

Qual é, então, a especificidade da urbanização do sul de Minas? Não se trata de um processo conduzido pela busca de recursos naturais preciosos, como foi a urbanização da zona central de Minas, ainda no período colonial. Também não se pode considerar a formação de cidades na região, na transição dos séculos XIX e XX, como reflexo direto da ação do grande capital urbano, como nas grandes cidades brasileiras: este capital teve impacto bastante limitado na região, em relação a outros locais, que

18 Nas palavras de Victor Nunes Leal fica evidente essa preocupação quase universal dos municípios brasileiros em privilegiar a cópia do padrão de consumo estrangeiro via modernização urbana: "O fenômeno é também das pequenas cidades do interior. Água, esgoto, calçamento, jardins, energia elétrica – benefícios essencialmente urbanos – consomem a maior parte das receitas dos municípios menores. (...) Escolas, estradas, hospitais têm ficado em segundo plano" (1997, p. 198).

ofereciam maior possibilidade de valorização e se prestavam mais ao tipo de modernização vivido pelo Brasil no momento. A hipótese levantada neste artigo é que o processo de urbanização do sul de Minas teria sido conduzido também pelo Estado, a partir de iniciativas municipais e estaduais, com alguma participação, ainda que limitada, do grande capital das localidades. Como resultado, veremos que há a produção de elementos de um espaço urbano moderno em várias cidades, porém sem nenhuma que de fato lidere esse processo ou irradie a modernização para todas as outras.

A urbanização do sul de Minas se dá no contexto contraditório em que a economia brasileira ainda é majoritariamente agrícola e mercantil e, ao mesmo tempo, vê a construção do mundo urbano moderno do início do século XX atrelado ao avanço do capitalismo nos países centrais. Esse contexto contraditório é característico da transição: o rural, atrasado como base econômica, ao mesmo tempo estimula e limita o avanço do urbano moderno, criador de uma "vida de cidade pequena" (SIMMEL, 1987, p.12) e de uma infraestrutura básica para atender às necessidades do capital. As condições para sua reprodução chegam, via provisão de infraestrutura, mas de modo limitado, respeitando os contornos impostos pela interação entre o rural e o urbano. Aquelas cidades ou partes de cidades que não outorgam ao capital as condições gerais de sua valorização simplesmente permanecem inexploradas (TOPALOV, 1979, p. 32).

Já é possível notar nas cidades do sul de Minas em transição a produção de valores de uso complexos, e extrair delas uma "quantidade de consciência" diferente da que a vida rural extrai. Na virada do século XIX para o XX, muitas dessas cidades assistem à construção de praças, teatros e cinemas (MINAS GERAIS, 1909). Acompanham, em certa medida, o processo de modernização que vinha ocorrendo nas maiores cidades do país, cujo caso mais exemplar é o do Rio de Janeiro. As cidades da região, apesar de não apresentarem um padrão demográfico muito diferente de outras regiões nesse período de transição, não geravam grandes *efeitos úteis de aglomeração*,[19] nem chegavam a constituir o conjunto frenético de impressões da metrópole, o turbilhão de fenômenos responsável por sua diversidade (SIMMEL, 1987). As maiores cidades no sul de Minas, como algo recorrente entre outras experiências, contavam entre 30 e 40 mil habitantes nessa época[20] (MINAS GERAIS, 1909). Mantinham ainda o caráter simples da vida mental de pequena cidade,

19 Benefícios decorrentes da concentração espacial (TOPALOV, 1978).

20 Se considerar a comparação com São Paulo, conforme o censo de 1912, o perfil populacional das cidades do estado, de maneira geral, era muito próximo ao paulista. Em Minas Gerais encontramos apenas uma cidade com mais de 100 mil habitantes (em São Paulo eram duas); quatorze cidades entre 50 e 100 mil habitantes (em São Paulo eram sete); e, 77 cidades com população entre 20 e 20 mil habitantes (em São Paulo eram 52). IBGE. *Annuario estatistico do Brazil 1908-1912*. Rio de Janeiro: Directoria Geral de Estatistica, v. 1-3, 1916-1927.

> que descansa mais sobre relacionamentos profundamente sentidos e emocionais. Estes últimos se enraízam nas camadas mais inconscientes do psiquismo e crescem sem grande dificuldade ao ritmo constante da aquisição ininterrupta de hábitos. (SIMMEL, 1987, p. 12)

Apesar dessa mentalidade hipotética de vida de pequena cidade, as condições para a expansão da produção capitalista vão se formando no sul de Minas: as cidades entre final do XIX e início do XX começam a se dotar da infraestrutura que garantirá seu predomínio sobre o mundo rural.[21] Concretamente, não é possível dissociar o crescimento da população na região das transformações decorrentes da transição para o século XX. Com uma população de aproximadamente de 260 mil habitantes em 1872, o sul de Minas em 1907 já apresentava quase 730 mil habitantes e, finalmente, mais de 1 milhão em 1920. Região que sustentava cerca de vinte por cento da população do Estado de Minas Gerais, ela teve dois grandes "ciclos econômicos" que incentivaram o crescimento urbano: uma primeira fase, por conta dos circuitos de abastecimento da Corte, e uma segunda fase, por conta da expansão econômica cafeeira.

Assim, com a ampliação das atividades econômicas e da população, nasciam os novos municípios. Alfenas, Boa Esperança, Três Corações e Varginha, por exemplo, faziam parte dessa segunda fase de emancipação de municípios, entre as décadas de 1860 e 1880, como resultado da introdução do café na região (Anexo 1). Com a disseminação da produção cafeeira entre os municípios, novo movimento de formação de municípios, ainda mais vigoroso, teria início nas duas primeiras décadas do século XX. O ano de 1911, por exemplo, seria o ano de formação de doze novos municípios no sul de Minas, resultado da emancipação de antigos distritos que cresciam e reivindicavam sua autonomia política (Mapas 1 e 2).

---

21 Embora haja predominância do urbano, a formação da cidade é resultado de um processo histórico e não de uma geração espontânea, o que mistura o rural com o urbano, pois há permanência dos comportamentos anteriores que, se não eram urbanos, eram rurais. Assumindo aqui que o rural vem primeiro e depois o urbano. Mas é preciso atentar para o processo contrário, já mencionado no caso da gênese da cidade mineradora: o rural que sai do urbano. Cf. Jacobs (2009).

Mapa 1

Fonte: para as cidades formadas até 1890: Minas Gerais. *Álbum Chorográfico do Estado de Minas Gerais*. Belo Horizonte: Serviço de Estatística Geral, Secretaria de Agricultura/Imprensa Oficial, 1927. Para as ferrovias: CEFFB, Rede Sul Mineira, Plantas da Linha de Tráfego (1910), suplemento da *Revista Ferroviária* de 1961. Disponível em: <www.tsfr.org/~efbrazil/cmef_map.html>. Acesso em: 17 set. 2014.

Mapa 2

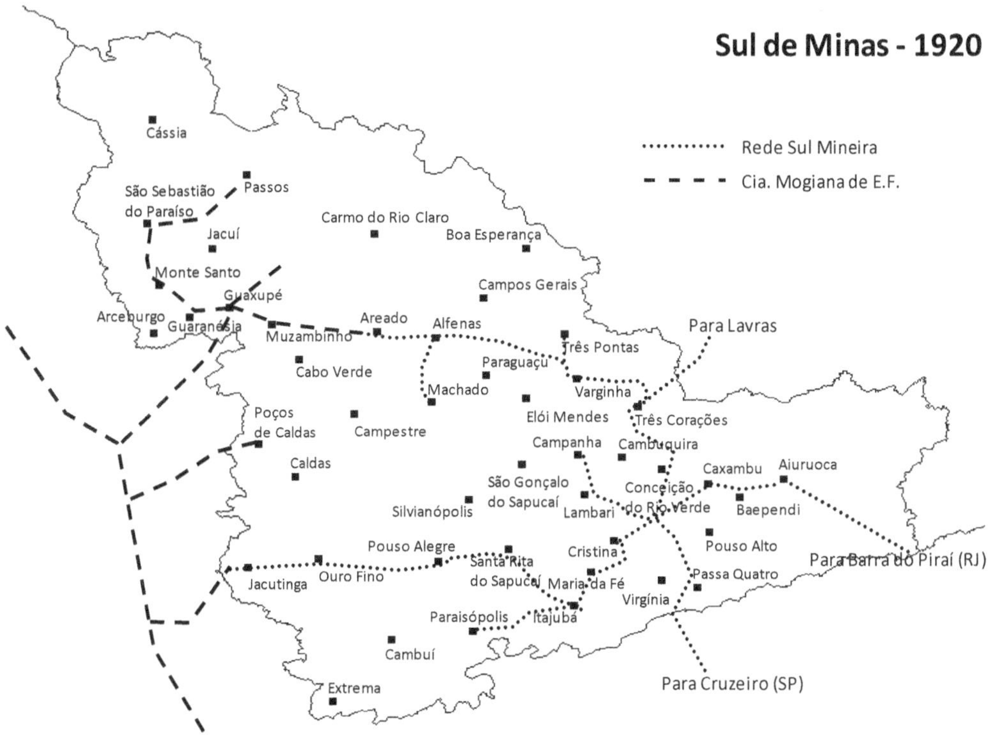

Fonte: para as cidades existentes em 1920: IBGE. *Anuário estatístico do Brazil 1908-1912*. Rio de Janeiro: Diretoria Geral de Estatística, v. 1-3, 1916-1927 e Minas Gerais. *Álbum Chorográfico do Estado de Minas Gerais*. Belo Horizonte: Serviço de Estatística Geral, Secretaria de Agricultura/ Imprensa Oficial, 1927. Para as estradas de ferro: SANTOS, Wélber Luiz. *A estrada de ferro Oeste de Minas: São João del Rei (1877-1898)*. Dissertação de Mestrado, UFOP, Mariana, 2009.

A formação de novos municípios significava também a abertura de novos currais locais, a reprodução da política de compromisso da política estadual. A região administrativa passava, então, de 36 para 48 municípios. Por meio desta tendência de formação de novos municípios, o sul de Minas se destacava como uma região dinâmica na expansão das atividades urbanas em comparação ao restante do Estado de Minas Gerais. Em 1872, a concentração de municípios na região era de 22%, alcançando 27% na primeira década do novecentos.[22]

22 IBGE. *Annuario estatistico do Brazil 1908-1912*. Rio de Janeiro: Directoria Geral de Estatistica, v. 1-3, 1916-1927.

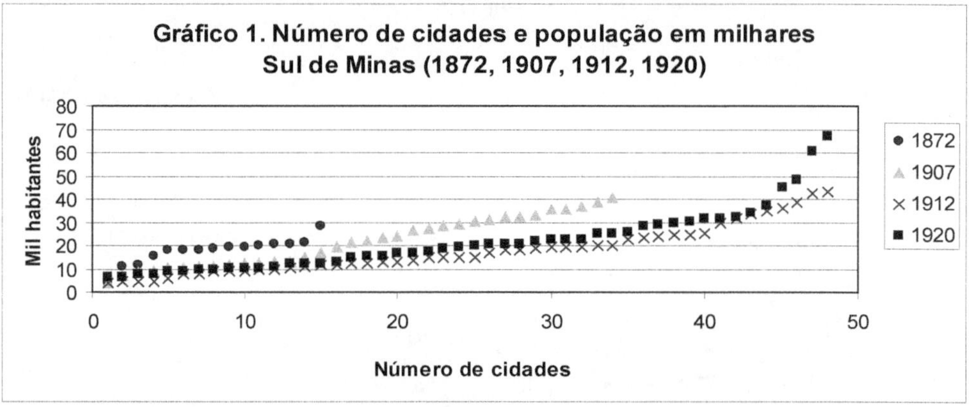

Fonte: IBGE. *Annuario estatistico do Brazil 1908-1912*. Rio de Janeiro: Directoria Geral de Estatistica, v. 1-3, 1916-1927.

Como indicado acima, os dados coletados nos censos demográficos, entre 1872 e 1920, indicam esse aumento significativo do número de cidades no sul de Minas, isto é, novas cidades se formaram ou se desmembraram de outras já existentes ao longo do período. Ainda mais importante, entretanto, é considerar que, apesar de a população aumentar em várias dessas cidades, o que indica um processo de expansão urbana em curso, foi mantido na região um padrão de formação de cidades medianas. Como é possível observar no gráfico acima, as cidades para todos os censos permanecem sem grande disparidade entre suas populações. Porém, é relevante notar que, mesmo com uma ligeira expansão populacional, estes municípios medianos não parecem constituir vidas efetivamente urbanas.

Seguindo a classificação tomada por Yves Leloup, o sul de Minas em 1920 não teria nenhuma cidade (como núcleo urbano) com mais de 20 mil habitantes. Para o autor, o núcleo urbano do município era a população total deste menos os cidadãos referentes aos distritos e, ainda, eram consideradas apenas como centros urbanos as sedes de cidades que apresentariam mais do que 5 mil habitantes. Em suma, apesar de 48 municípios, segundo o critério de Leloup, o sul de Minas teria em 1920, apenas cinco cidades com população entre 7 e 12 mil habitantes, outras quatro entre 5 e 7 mil habitantes e, finalmente, mais três entre 4 e 5 mil habitantes (LELOUP, 1970). Diferentemente da Zona da Mata com Juiz de Fora, da área central a partir da década de 1920 com Belo Horizonte e de Teófilo Otoni para o Vale do Mucuri, a região do sul de Minas seria marcada por uma profunda fragmentação de sua população em cidades pequenas e medianas, sem um centro irradiador das atividades econômicas.

Ainda que sem a criação de uma grande cidade irradiadora de dinamismo, o crescimento populacional e a concentração de municípios na região foram acompanhados por mudanças qualitativas na infraestrutura urbana. Como vimos, ao outorgar maior autonomia financeira aos municípios, a constituição de 1891 fomentou a tendência de aumento nos investimentos em melhorias urbanas (COSTA, 1999). Em Minas Gerais, particularmente, a lei n. 546, de 27 de setembro de 1910, garantia empréstimos do Estado para melhoramentos urbanos (MINAS GERAIS, 1914). Ademais, esse auxílio econômico estadual tinha uma forte dimensão política na Primeira República, conforme ressaltamos com Victor Nunes Leal (1997): o fomento à modernização urbana servia como moeda de troca para garantir às situações estaduais o apoio político dos potentados locais, cujos municípios eram, via de regra, carentes de recursos para investir. Esse movimento regional em compasso com o movimento nacional atesta a existência de um projeto político mineiro, seguido à risca pelas cidades do sul, que passava pela proposta de valorização do mundo urbano encabeçada pelo Estado. Aos municípios, esse projeto proporcionava a modernização que se demandava; ao governo estadual, garantia o apoio político eleitoral que reforçava sua estabilidade.

Costa (1999) diz que, nesse contexto de preocupação governamental com o urbano, foi estimulada a construção de hotéis, jardins, teatros e cafés, e destaca as melhorias nos sistemas de calçamento, iluminação, transportes e abastecimento de água. Essas seriam, portanto, características que indicariam certo processo de urbanização. É o que também diz Wirth para o caso de Minas Gerais (1982, p. 93):

> A predominância da cidade, especialmente da grande cidade, poderá ser encarada como uma conseqüência da concentração, em cidades, de instalações, e atividades industriais e comerciais, financeiras e administrativas, de linhas de transporte e comunicação e de equipamento cultural e recreativo como a imprensa, estações de rádio, teatros, bibliotecas, museus, salas de concerto, óperas, hospitais, instituições educacionais superiores, centros de pesquisa e publicação, organizações profissionais e instituições religiosas e beneficentes.

Se tomarmos as descrições do anuário histórico-corográfico de Minas Gerais de 1909 para as cidades do sul do estado podemos vislumbrar justamente esse processo. Vejamos o caso de Campanha, município com mais ou menos 20 mil habitantes em 1900. O anuário (1909, p. 295-6; p. 303) destaca o teatro, a biblioteca, os hotéis, o abastecimento de água, o serviço de correios e a ampla cadeia pública:

> A cidade possui um hospital de caridade (...); uma praça de mercado, boa iluminação pública, o Colégio Sion, o Noviciado dos Padres Jesuítas, teatro, uma excelente biblioteca pública, 5.000 volumes (...), estação férrea da Cia Muzambinho, cemitério público, vários templos e prédios excelentes (...). Há na cidade

> regular suprimento de água para as necessidades da população, sendo proveniente de fontes públicas e particulares, cisternas, etc. A municipalidade possui um encanamento, obra de valor, e que hoje não se faria com poucas centenas de contos, e que é destinado a trazer água aos pontos mais elevados da Campanha. (...) Foi criada a diocese de Campanha por decreto pontifício de 8 de setembro de 1907. (...) Publica-se na cidade a mais velha das folhas do Estado, o "Monitor Sul Mineiro", com 35 anos de existência. (...) A sub-administração dos Correios da Campanha compreende todas as agências postais do sul e sudoeste do Estado de Minas. (...) O teatro São Cândido existente na cidade foi reconstruído em 1907. (...) A cadeia de Campanha é uma das melhores de Minas e tem capacidade para guardar 100 presos.

Itajubá, uma das cidades mais prósperas do sul de Minas à época, com uma população de mais de 40 mil habitantes, já contava com a energia elétrica, que impulsionava o dinamismo do município. Diz o mesmo anuário (1909, p. 518-23) sobre a cidade:

> A cidade de Itajubá (...) é iluminada à luz elétrica, instalada a 12 de janeiro de 1907, com grandes festejos populares, e por iniciativa da Câmara Municipal presidida pelo farmacêutico sr. José Manso Pereira Cabral. (...) Possui a cidade um Instituto de Educação secundária equiparado ao Ginásio Nacional. Itajubá tem três igrejas (...). Tem o lugar um cemitério que era pequeno, mas que vem sendo aumentado (...) Contava a cidade cerca de 450 casas, das quais 59, seguramente, feitas nos últimos 10 anos; tem um bom teatro com o nome de *Santa Cecília* (...), uma cadeia com acomodações para 20 presos, tendo no pavimento superior sala para as sessões do júri e da municipalidade; uma praça de mercado (...), pretendendo-se substituí-la por um edifício melhor (...), tinha banda de música boa (...) As ruas são bem calçadas (...) Nos subúrbios da cidade existem fontes de água boa, havendo em diversas casas cisternas. (...) Em 1884, fora fundada na cidade, a Biblioteca Machado de Assis (...) Havia então na cidade uma "Sociedade Dramática", a loja maçônica "Deus e Humanidade", 2 tipografias, colégios, fábricas e outros melhoramentos locais".

Pouso Alegre também contava com energia elétrica desde 1907 e tinha, segundo o anuário, o melhor teatro do sul de Minas, com capacidade para quase mil pessoas. Era sede da diocese, com uma catedral para cerca de 3 mil pessoas, e, em 1904, havia sido inaugurado o Ginásio Nacional, com cursos superiores de medicina, direito, engenharia, seminário maior, farmácia e odontologia (MINAS GERAIS, 1909, p. 844-58). Interessante notar a referência às mudanças ocorridas na cidade após a proclamação da República:

> Depois da República, foi grande a transformação material e moral operada em Pouso Alegre: a comarca subiu de entrância, criou-se a diocese católica, fundaram-se seminário, catedral, colégios e fábricas; apareceram jornais novos, foi instalada a iluminação elétrica, e estendeu-se por maior área a cidade. (Minas Gerais, 1909, p. 845-6)

As transformações da cidade de Espírito Santo da Varginha, por exemplo, poderiam ser vislumbradas num curto período de tempo: inicialmente como parada das tropas de muares, a cidade foi emancipada de Três Pontas em 1881, como resultado da expansão da economia cafeeira. Em 1892, a estrada de ferro Muzambinho – chamada de Princesa do Sul –, já transformava Varginha num pequeno centro comercial da região. Em 1884 o *Almanach Sul Mineiro* relatava a existência de algumas fábricas de licores, cerveja, vinho e, inclusive, velas para exportação. Em 1907, Francisco Lentz de Araújo descrevia Varginha como possuidora de um comércio "muito animado" com grande exportação de café, gado e laticínios (ARAÚJO, 1907). Na década de 1910 estavam em funcionamento fábricas de gelo, de doces, de ladrilhos, mosaicos e telhas e sabonetes. Finalmente, já na década de 1920 seria aberta a grande fábrica de cerveja Ártica e a fábrica de Malhas Colibri (Sales, 2003). Ainda para as duas primeiras décadas do século XX, a cidade receberia o Banco do Brasil e o Teatro Capitólio, destacado núcleo cultural da região com uma arquitetura nos moldes da Belle Époque e o Banco do Brasil. Neste período, a cidade de Varginha contava com 113 estabelecimentos de beneficiamento de café e cerca de vinte indústrias (LEFORT, 1950).

É possível que Três Corações não tivesse nem a importância comercial nem mesmo o controle dos estabelecimentos de beneficiamento de café como Varginha, mas a cidade concentrou algumas atividades centrais para o desenvolvimento da região, como, por exemplo, o entroncamento ferroviário – estrada de ferro Minas & Rio e Muzambinho – ligando o sul de Minas com a cidade de Cruzeiro na província de São Paulo, a hospedaria dos imigrantes e a maior feira de gado da América Latina. Tais atividades possibilitaram que a cidade fortalecesse alguns dos setores comerciais e industriais, também se transformando e urbanizando no início do século XX (FONSECA, 1984; SOUSA, 1975).

De maneira geral, é recorrente a presença de teatros, praças, igrejas, hospitais, colégios, ferrovias e bondes, hotéis, calçamento, iluminação pública e outras características citadinas nas descrições das cidades sul-mineiras apresentadas no anuário de 1909. Apesar do caráter impressionista de muitas dessas descrições, elas são ilustrativas do processo de urbanização que estava em curso na região, combinado com o avanço da indústria, das ferrovias e dos bancos (SAES, COSENTINO, GAMBI, 2012).

Mas afinal, qual é o impacto da formação de suposto novo mundo urbano na construção das relações capitalistas no sul de Minas? As mudanças quantitativas e qualitativas apontadas acima indicam o fortalecimento do meio urbano, das atividades comerciais citadinas, e da necessidade de construção de aparatos políticos que sustentassem os municípios. Portanto, a urbanização de transição para o século XX possui um significado ainda mais particular do que aquele presente nos sinais de modernidade existentes nas origens de Minas Gerais, ligados à sua "vocação urbana", motivada pela rápida constituição dos núcleos mineradores (PAULA, 2007, p. 42). Apesar de a província durante os séculos XVIII e XIX ser "a região mais urbanizada e populosa do Brasil", com níveis de urbanização e dinâmica demográfica que se sobressaíam em comparação com o padrão urbano do conjunto do Novo Mundo e da Europa (PAULA, 2007, p. 39), isto não garantia a superação das amarras escravistas e coloniais na construção de um mercado interno pleno. Em outras palavras, a cidade que teria, como sua extensão, atuado como fator integrador das atividades econômicas (rurais) da Colônia, ainda funcionava sob a dinâmica da economia colonial.

A urbanização do sul de Minas se inseria num outro contexto, marcado pela construção do mundo urbano moderno de início do século XX e permeado pela crescente monetarização das atividades econômicas, pela incorporação das técnicas e padrões de consumo modernos resultantes da Segunda Revolução Industrial. O crescimento do número de cidades e de suas populações, a formação da malha ferroviária e a formação de bancos e indústrias indicam que a região seguia os rumos da integração periférica da economia brasileira com o mercado externo, internalizando as relações capitalistas para seu território.

De acordo com as estatísticas domiciliárias do Censo de 1920, é possível identificar alguns padrões de especialização na urbanização, ainda que não muito claros. A cidade de São José dos Botelhos, por exemplo, possuia o maior número de fábricas e oficinas (63 no total) entre os municípios recenseados na região e não figurava entre as dez mais populosas, nem entre as maiores produtoras de café, nem entre aquelas com mais estabelecimentos comerciais ou casas de negócio. A cidade com maior número de casas de negócio (176) era Poços de Caldas, que se destacava também no item fábricas e oficinas (25 estabelecimentos), ocupando a terceira posição no sul de Minas. O município que, em 1920, possuia o maior número de pés de café era Monte Santo (com cerca de 16,2 milhões), sendo que tal cidade era a 11ª mais populosa e não estava entre as maiores possuidoras de fábricas e oficinas. Cássia é um caso interessante: a cidade parece se destacar em vários ramos mais "urbanos". Possuia o quarto maior número de casas de negócio, o sexto maior número de fábricas e oficinas e a nona maior população. Seu número de pés de café (cerca de 1,3 milhão), todavia, não era tão expressivo, se comparado aos municípios com maior produção cafeeira. O município mais populoso – Pouso Alegre – destacava-se no comércio, com número expressivo de casas de negócio (146, 2ª posição), mas a quantidade de fábricas e oficinas (9) é pequena. A tabela abaixo mostra, para alguns itens recenseados no Censo de 1920, as dez cidades do sul de Minas que possuiam o maior número deles.

Tabela 1 – Posição das dez principais cidades do sul de Minas em atividades econômicas, população e pés de café, 1920.

	Casas de Negócio	Fábricas e Oficinas	Fazendas	População	Pés de café
1º	Poços de Caldas	S. Jose dos Botelhos	Campos Gerais	Pouso Alegre	Monte Santo
2º	Pouso Alegre	Jacutinga	Jacutinga	Paraisópolis	S. S. do Paraíso
3º	Alfenas	Poços de Caldas	Cássia	Ouro fino	Jacutinga
4º	Cássia	Três Corações	Muzambinho	Itajubá	Machado
5º	Passos	Alfenas	S. S. do Paraíso	S. S. do Paraíso	Guaranésia
6º	Arceburgo	Cássia	Carmo do Rio Claro	Muzambinho	Ouro fino
7º	S. G. do Sapucaí	Campestre	Ouro fino	Aiuruoca	Guaxupé
8º	Ouro fino	Campanha	Campanha	Passos	Varginha
9º	Jaguary	Arceburgo	Varginha	Cássia	Elói Mendes
10º	Três Corações	São Gonçalo do Sapucaí	São Gonçalo do Sapucaí	Monte Santo	Muzambinho

Fonte: Brasil; Diretoria Geral de Estatística. *Recenseamento do Brasil realizado em 1 de setembro de 1920.* Rio de Janeiro: Tipografia da Estatística, 1922.

Esses dados corroboram a ideia de um padrão de urbanização baseado na ausência de uma única centralidade, de uma cidade que polarize a totalidade da região. Ainda assim, é possível discernir municípios que se destacam em alguns ramos: é o caso de São José dos Botelhos, nas fábricas e oficinas; Pouso Alegre e Poços de Caldas, no comércio; Monte Santo e São Sebastião do Paraíso, na produção de café. Algumas cidades, como Cássia, Alfenas e Poços de Caldas poderiam ser consideradas mais "urbanas", ou mais especializadas em atividades que se desenvolvem em núcleos urbanos do que, por exemplo, Monte Santo e São Sebastião do Paraíso, que possuem produção de café, mas números inexpressivos de casas de negócio e oficinas.

Mas o que permite considerar o sul de Minas com essa dinâmica própria, e por isso, pensar em sua regionalização e urbanização, é certa homogeneidade no perfil das cidades e a intensidade das transformações econômicas do período. A região, não há dúvidas, integrou-se no mercado capitalista nacional, mas, diferentemente da Zona da Mata e Central, não conseguiu criar uma plena hierarquização de suas cidades. Permaneceu com um perfil citadino muito homogêneo: pequenas e medianas cidades, mercados consumidores restritos e, consequentemente, atividades econômicas de caráter local. Por isso um grande número de indústrias, mas pequenas. Por isso um grande número de bancos, mas também pequenos. Assim, as relações econômicas capitalistas avançavam, mas vagarosamente (e com uma intensidade limitada).

CONSIDERAÇÕES FINAIS: ENTRE O GRANDE CAPITAL URBANO E O ESTADO

O processo de urbanização das cidades brasileiras na passagem para o século XX assumiu característica distinta para cada região. As capitais e maiores cidades do país, impulsionadas pelas possibilidades de investimento que se abriam com a abolição da escravidão, experimentaram concretamente o transbordamento do capital mercantil para atividades relacionadas ao mundo urbano. O Brasil, nessa época, vivia sua *belle époque*. O grande capital urbano cumpria o seu papel na dinamização da economia nacional ao promover as condições de produção e circulação de mercadorias e de reprodução da força de trabalho necessárias ao funcionamento de uma economia capitalista. Em outras palavras, é ele quem garantira a necessária socialização capitalista das forças produtivas nas grandes cidades brasileiras.

No interior, as cidades que se beneficiavam dos avanços econômicos do país também se transformavam, ainda que de modo limitado. Cidades do interior mineiro e paulista viram a chegada da modernização por meio do investimento na construção de teatros, cafés, hotéis, praças e calçamento de ruas, e no fornecimento de iluminação, água e transportes. Assim, foi na mistura do urbano com o rural que as cidades do sul de Minas promoveram sua transição para o capitalismo. As condições de reprodução do capital do sul de Minas respeitavam os contornos impostos pela interação entre o rural e o urbano e eram dadas, ainda que de modo limitado, pela provisão de uma infraestrutura urbana que significava o processo de modernização das cidades da região. Na transição do século XIX para o XX, apesar do peso da ruralidade e do café como principal atividade econômica da região, já era possível extrair das cidades sul-mineiras uma "quantidade de consciência" diferente da que a vida rural extraia.

Entretanto, as atividades urbanas, a indústria, o comércio e até mesmo os transbordamentos econômicos da produção de café aparentemente não tinham força para atuar tão intensamente na modernização nosul de Minas, cumprindo com o papel histórico do grande capital urbano.

Nesse sentido, uma das contradições da urbanização capitalista é de que o capital não produz certos valores de uso complexos necessários à acumulação. Assim, abre-se também um espaço para os investimentos do setor público no provimento da infraestrutura urbana. No caso da Primeira República, com a constituição de 1891 e, sobretudo, com a lei estadual de 1910, os investimentos públicos têm importante dimensão política: ao auxiliar financeiramente a modernização dos municípios, o governo estadual garantia apoio político-eleitoral. O financiamento privado dos aparelhos urbanos, por outro lado, só será feito onde houver atividades econômicas que irão utilizar essa infraestrutura, quer dizer, onde houver rentabilidade suficiente para o capital. Como vimos, as cidades do sul de Minas receberam melhoramentos urbanos. No entanto, o seu tamanho e seu desenvolvimento posterior nos levam a considerar limitada a acumulação de capital gerada nessas cidades. Por isso, o papel do financiamento privado da infraestrutura urbana pode ter ficado restrito a casos muito específicos. O sul de Minas não era, de modo algum, uma região inexplorada pelo capital, pois lhe oferecia condições para sua valorização. Mas era, sem dúvida, uma exploração limitada, suficiente para fazer avançar as relações capitalistas até certo ponto. Em suma, a urbanização em transição reflete um processo que talvez tenha ficado a meio passo, entre o grande capital urbano e o Estado, entre a modernidade e o atraso relativo.

FONTES

BRASIL. Diretoria Geral de Estatística. *Recenseamento do Brasil realizado em 1 de setembro de 1920.* Rio de Janeiro: Tipografia da Estatística, 1922.

BRASIL. Ministério do Interior. *Relatório apresentado por Dr. João Barbalho Uchoa Cavalcanti.* Rio de Janeiro: Imprensa Oficial, 1891.

MINAS GERAIS. *Annuario Historico-Chorographico de Minas Gerais.* Belo Horizonte, 1909.

MINAS GERAIS. *Minas segundo o recenseamento de 1920.* Belo Horizonte: Secretaria da Agricultura, 1924.

MINAS GERAIS. *Relatório de presidente de estado. Julio Bueno Brandão.* Belo Horizonte: Imprensa Oficial, 1914.

REFERÊNCIAS BIBLIOGRÁFICAS

ALMEIDA, Osana de. "José Gabriel: uma ponte entre o 'arcaico' e o 'moderno' na modernização urbana de Santa Bárbara d'Oeste (1892-1918)", *Territórios e Fronteiras*, v. 6, n. 2, Cuiabá, UFMT, 2005.

ARAÚJO, Francisco Lentz. *Geografia do Estado de Minas Gerais*. Belo Horizonte: Editores Paes & C., 1907.

BURNS, E. Bradford. "Cultures in conflicts: the implication of modernization in Nineteenth-Century Latin America". In: BERNHARD, Virginia. *Elites, masses and modernization in Latin America, 1850-1930*. Texas: University of Texas Press, 1979.

CARDOSO, Fernando Henrique. "A cidade e a política: do compromisso ao inconformismo". In:______. *Autoritarismo ou democratização*. Rio de Janeiro: Paz e Terra, 1975.

CASTELLS, Manuel. *A questão urbana*. Rio de Janeiro: Paz e Terra, 1983.

COSTA, Emília Viotti da. "Urbanização no Brasil no século XIX". In:______. *Da monarquia à República: momentos decisivos*. São Paulo: Editora Unesp, 1999.

DEVESCOVI, Regina. *Urbanização e acumulação: um estudo sobre a cidade de São Carlos*. São Carlos: Ufscar, 1987

DOBB, Maurice. *A evolução do capitalismo*. Rio de Janeiro: Zahar, 1980.

FAORO, Raymundo. "A questão nacional: a modernização", *Estudos Avançados*, v. 6, n. 14, 1992.

FERNANDES, Florestan. *A revolução burguesa no Brasil*. São Paulo: Globo, 2005.

FRANCO, Maria Sylvia de Carvalho. *Homens livres na ordem escravista*. São Paulo: Ática, 1974.

FONSECA, João Garcia da. *Três Corações e sua história*. Belo Horizonte: Imprensa Oficial, 1984.

FURTADO, Celso. *Análise do modelo brasileiro*. Rio de Janeiro: Civilização Brasileira, 1972.

FURTADO, Celso. *O mito do desenvolvimento econômico*. Rio de Janeiro: Paz e Terra, 1974.

FURTADO, Celso. *Brasil: a construção interrompida*. São Paulo: Paz e Terra, 1992.

GORENDER, Jacob. *O escravismo colonial*. São Paulo: Ática, 1978.

HARVEY, David. "The Urban Process Under Capitalism", *International Journal of Urban and Regional Research*, v. 2, n. 1-4, p. 101–131, mar./dez. 1978.

HOLANDA, Sérgio Buarque. *Raízes do Brasil.* Rio de Janeiro: José Olympio, 1969.

JACOBS, Jane. *Morte e vida de grandes cidades.* São Paulo: Martins Fontes, 2009.

JACOBS, Jane. *The Economy of Cities.* Nova York: 1969.

KUGELMAS, Eduardo. *A difícil hegemonia.* Tese de doutorado – USP, São Paulo, 1986.

LANNA, Ana Lúcia Duarte. *Uma cidade na transição – Santos: 1870-1913.* São Paulo: Hucitec, 1995.

LEAL, Victor Nunes. *Coronelismo, enxada e voto.* São Paulo: Alfa-Ômega, 1997.

LEFORT, José do Patrocínio. *Varginha: monografia histórico-geográfica e estatístico-religiosa pelo centenário da paróquia a 1 de junho de 1950.* São Paulo: São José, 1950.

LELUP, Yves. *Les villes du Mines Gerais.* Paris: Logabax, 1970.

MARX, Karl. *Formações econômicas pré-capitalistas.* Rio de Janeiro: Paz e Terra, 1975.

MELLO, João Manuel. *O capitalismo tardio.* São Paulo: Brasiliense, 1982.

MERRINGTON, John. "A cidade e o campo na transição para o capitalismo". In: Sweezy, Paul *et al. A transição do feudalismo para o capitalismo.* Rio de Janeiro: Paz e Terra, 1989.

MONTE-MÓR, Roberto Luís de Melo. "Gênese e estrutura da cidade mineradora". Texto de discussão n. 164. Belo Horizonte: Cedeplar; FACE; UFMG, 2001.

MORSE, Richard. *Rethinking the LatinAmericanCity.* Washington: WoodrowWilsonCenter, 1992.

MUMFORD, Lewis. *A cidade na história.* São Paulo: Martins Fontes, 2008.

PARK, Robert Ezra. "A cidade: sugestões para a investigação do comportamento humano no meio urbano". In: VELHO, Octávio (org.). *O fenômeno urbano.* Rio de Janeiro: Guanabara, 1987.

PAULA, João Antônio de. "Urbanização e modernização em Minas Gerais". In:______. *Relatório de pesquisa Urbanização e Formação do Mercado Interno em Minas Gerais 1831-1930.* Belo Horizonte: Fapemig; UFMG, 2007.

PAULA, João Antônio de. "O mercado e o mercado interno no Brasil: conceito e história", *História Econômica e História de Empresas,* v. 5, n. 1, p. 7-39, 2002.

PAZIANI, Rodrigo. *Construindo a "Petit Paris": Joaquim Macedo Bittencourt e a Belle Époque em Ribeirão Preto (1911-1920).* Tese (doutorado) – Unesp, Franca, 2004.

PEREIRA, Robson Mendonça. *O municipalismo em Washington Luís em sua atuação em Batatais (1893-1900): aspectos da modernização urbana no interior paulista na República Velha.* Dissertação (mestrado) – Unesp, Franca, 1999.

PIRENNE, Henri. *História econômica e social da Idade Média.* São Paulo: Mestre Jou, 1968.

PIRES, Júlio; Costa, Iraci. "O capital escravista-mercantil". In:______. *O capital escravista-mercantil e a escravidão nas Américas.* São Paulo: Edusc, 2010.

PRADO JR., Caio. *Formação do Brasil contemporâneo.* São Paulo: Brasiliense, 1969.

ROMERO, José Luis. *América Latina: as cidades e as ideias.* Rio de Janeiro: Editora da UFRJ, 2009.

SAES, Alexandre. *Conflitos do capital.* Bauru: Edusc, 2010.

______; COSENTINO, Daniel do Val; Gambi, Thiago. "Sul de Minas em transição: opção por uma regionalização como ponto de partida". In: SAES, Alexandre; Lobato, Marcos (orgs.). *Sul de Minas em transição: a formação do capitalismo na passagem para o século XX.* Bauru: Edusc, 2012.

SAES, Décio. *A formação do estado burguês no Brasil (1888-1891).* Rio de Janeiro: Paz e Terra, 1990.

SAES, Flávio Azevedo Marques de. *A grande empresa de serviços públicos na economia cafeeira.* São Paulo: Hucitec, 1986.

SALES, José Roberto. *Espírito Santo da Varginha (1763- 1920).* Varginha: Gráfica Sul-Mineira, 2003.

SANTOS, Milton. *Por uma economia política da cidade.* São Paulo: Edusp, 2009.

SILVA, Lígia Osório. *Terras devolutas e latifúndio: efeitos da lei de 1850.* Campinas: Ed. da Unicamp, 2008.

SILVA, Sérgio. *Expansão cafeeira e origem da indústria no Brasil.* São Paulo: Alfa-Ômega, 1976.

SIMMEL, Georg. "A metrópole e a vida mental". In: VELHO, Octávio (org.). *O fenômeno urbano.* Rio de Janeiro: Guanabara, 1987.

SINGER, Paul. *Economia política da urbanização.* São Paulo: Contexto, 1978.

SMITH, Adam. *A riqueza das nações.* São Paulo: Nova Cultural, 1996.

SOUSA, Benefredo de. *Boiada vai, máquina vem!...* Pouso Alegre: Tipografia Profissional, 1975.

SWEEZY, Paul *et al.* *A transição do feudalismo para o capitalismo.* Rio de Janeiro: Paz e Terra, 1977.

TOPALOV, Christian. *La urbanizacion capitalista.* Cidade do México: Edicol, 1978.

VARGAS, Claudia Regina. *As várias faces da cidade: Bento de Abreu e a modernização de Araraquara (1908-1916).* Dissertação (mestrado) – Unesp, Franca, 2000.

WEBER, Max. "Conceito e categorias da cidade". In: VELHO, Octávio (org.). *O fenômeno urbano.* Rio de Janeiro: Zahar, 1967.

WIRTH, John. *O fiel da balança: Minas Gerais na federação brasileira (1889-1937).* Rio de Janeiro: Paz e Terra, 1982.

WOOD, Ellen. *A origem do capitalismo.* Rio de Janeiro: Zahar, 2001.

ANEXO 1

População total, imigrantes, área cultivada total e de café e pés de café em 1920

	Total da área cultivada (ha)	Área cultivada de café (ha)	Pés de café	Imigrantes	População total
Aiuruoca	4.193	119	89.605	254	31.963
Alfenas	5.258	1.723	1.292.200	502	28.434
Arceburgo	5.724	4.672	3.504.366	808	6.645
Areado	2.862	1.396	1.047.150	247	10.261
Baependi	2.877	650	487.800	144	20.680
Boa Esperança	5.962	1.375	1.031.250	136	22.348
Cabo Verde	6.387	3.560	2.669.983	258	19.425
Caldas	6.840	539	404.551	287	28.951
Cambuí	8.341	768	576.332	82	25.252
Cambuquira	1.343	99	74.300	169	7.744
Campanha	3.378	1.698	1.273.200	208	12.367
Campestre	5.330	2.742	2.056.600	137	15.254
Campos Gerais	5.892	1.262	946.200	168	21.810
Carmo do Rio Claro	4.661	1.283	962.283	248	17.729
Cássia	3.590	1.725	1.293.966	486	31.596
Caxambu	545	33	24.400	371	12.079
Conceição do Rio Verde	1.414	354	265.800	121	6.258
Cristina	4.639	52	39.216	157	18.445
Elói Mendes	8.276	5.522	4.343.866	198	13.138
Extrema	8.847	1.398	1.045.478	290	8.919
Guaranésia	12.724	10.024	7.310.800	1991	25.135
Guaxupé	10.846	7.020	5.309.833	1649	16.701
Itajubá	12.754	1.490	1.117.800	588	45.259
Jacuí	2.078	745	658.400	96	10.341
Jaguary	21.524	639	479.200	146	27.584
Jacutinga	14.603	11.084	8.313.250	2230	20.615
Lambari	1.876	36	27.199	222	9.025
Machado	14.569	10.127	7.595.133	658	29.357
Maria da Fé	1.724	3	2.599	169	7.770
Monte Santo	27.241	21.670	16.252.866	1806	30.570

Muzambinho	12.043	5.384	4.037.733	857	33.985
Ouro fino	22.513	8.930	6.697.570	2274	48.467
Paraguaçu	3.860	3.397	2.547.799	134	10.546
Paraisópolis	31.113	3.314	2.485.399	155	60.817
Passa Quatro	774	8	6.175	195	9.648
Passos	4.118	1.480	1.109.900	547	31.815
Poços de Caldas	1.572	1.022	766.700	2017	14.587
Pouso Alegre	29.347	1.685	1.263.800	605	67.401
Pouso Alto	3.283	137	102.600	302	22.770
Sta. Rita do Sapucaí	11.165	4.438	3.328.199	333	16 595
S. G. do Sapucaí	5.561	1.298	973.171	226	25.865
S. Jose dos Botelhos	4.345	2.245	1.683.800	221	10.793
S. S. do Paraíso	23.046	19.653	14.739.633	1854	37.537
Silvianopolis	10.152	756	567.199	65	20.764
Três Corações	1.826	518	388700	336	12.262
Três Pontas	5.689	4.125	3.094.116	507	19.979
Varginha	7.684	5.859	4.394.600	1030	22.457
Virgínia	4.789	9	7.000	29	9.791
Total	399.178	158.066	118.689.720	26513	1.057.734

Fonte: Minas segundo o recenseamento de 1920. Belo Horizonte: Secretaria da Agricultura, 1924

PARTE I

Condições socioeconômicas no processo de urbanização do sul de Minas

TRÊS VISÕES OITOCENTISTAS DO SUL DE MINAS

situação e perspectivas regionais

Marcos Lobato Martins

Mas que céu pode satisfazer teu sonho de céu?
(Manuel Bandeira, *A Morte Absoluta*)

INTRODUÇÃO

O século XIX foi marcado por transformações importantes. Na Europa, experimentou-se o rápido avanço do capitalismo, da industrialização e da urbanização, em meio a revoluções sociais e crises políticas. A época também foi de surgimento, assimilação e difusão de novas ideias científicas e de tecnologias que alteraram significativamente a vida cotidiana. No plano internacional, o oitocentos assistiu aos movimentos de independência e consolidação de estados nacionais no Novo Mundo, e, mais tarde, ao início da corrida imperialista na África e na Ásia. Por todo o globo, estendeu-se nova rede de relações comerciais e nova divisão internacional do trabalho nos quadros da hegemonia europeia (HOBSBAWM, 1979, 1981 e 1988). No Brasil, a crise do sistema colonial e a Independência colocaram às elites proprietárias novos desafios: a administração do Império, a manutenção da integridade territorial, a preservação do escravismo, a construção de boas relações diplomáticas e comerciais com as potências europeias, principalmente a Inglaterra, e a defesa dos interesses brasileiros na conturbada região do Prata (GRINBERG; SALLES, 2010).

Internamente, o debate sobre o desenvolvimento do Brasil ganhou intensidade, desde o período joanino. Tal debate concentrou-se nos temas do *laissez-faire*, da escravatura e do comércio de escravos. José da Silva Lisboa (1756-1835), Visconde de Cairu, ideólogo do livre comércio e defensor do poder centralizado, acreditava que o Brasil não iria se desenvolver sem a criação de uma força de trabalho livre, e sem a europeização ou embranquecimento da população (ROCHA, 2001). José Bonifácio de Andrada e Silva (1763-1838), o "Patriarca da Independência", pensava que o futuro de progresso do Brasil dependia da abolição do tráfico e extinção da escravidão, modificação do regime de propriedade (subdivisão das terras improdutivas pelo Estado), preservação das florestas, exploração das minas, promoção da instrução, reforma do governo, desenvolvimento do povoamento do interior e localização adequada das novas vilas, tudo isso realizado sob a égide da racionalidade e do emprego das técnicas modernas (CALDEIRA, 2002). Outros cidadãos se preocuparam com o estado e as perspectivas da agricultura brasileira, esteio econômico da Nação. Antônio Muniz de Souza (1782-1857), autor de *Viagens e observações de hum brasileiro que desejando ser útil à sua Pátria, se dedicou a estudar os usos e costumes de seus patrícios*, obra editada em 1834, apontou os graves problemas decorrentes da força do latifúndio. Muniz de Souza criticou o modo de exploração agrícola, os desmandos dos administradores, os maus usos e costumes dos proprietários, clamando contra os latifundiários que se assenhorearam das melhores terras e as mantiveram incultas, impedindo que lavradores laboriosos as cultivassem. Carlos Augusto Taunay (1791-1867), por sua vez, julgou a instituição da escravidão necessária à economia brasileira, propôs o paternalismo e a disciplina estrita como princípios da gestão eficiente das escravarias. Na sua obra *Manual do agricultor brasileiro*, publicada em 1839, Taunay defendeu ainda a diversificação da agricultura de exportação e o aumento da produção de alimentos.

Após 1850, o debate econômico sobre o futuro do Brasil, pautado por temas como a industrialização, o câmbio, o comércio e o desenvolvimento do setor bancário, gerou acesas polêmicas entre metalistas e papelistas, agraristas e industrialistas, livre-cambistas e protecionistas: todas estas correntes encontraram lugar nas tribunas e nas páginas da imprensa, tanto na Corte como nas capitais das principais províncias (FONSECA, 2004).

À medida que as mudanças se aceleraram, trazendo o desgaste do regime monárquico, no seio das elites letradas desencadeou-se intenso movimento de formulação de projetos para "refundar" o Brasil. A geração de 1870, sobre a qual, no dizer de Sílvio Romero (1910), "um bando de ideias novas esvoaçava", tornou-se famosa pela quantidade e diversidade de propostas que apresentou visando a orientar o desenvolvimento da sociedade brasileira (ALONSO, 2002). No plano das províncias, também surgiram personalidades destacadas envolvidas com a construção de projetos de modernização e desenvolvimento.[1]

---

1 Neste trabalho, o termo desenvolvimento é tomado no sentido de "uma ideia referente à superação intencional de uma situação de atraso relativo. Envolve, portanto, uma clara dimensão política, que se traduz em ações governamentais – mediante graus variáveis

Em Minas Gerais, as preocupações com o futuro, a modernização e o desenvolvimento adquiriram relevo considerável. Lideranças políticas, empresariais e intelectuais lançaram-se no debate sobre as potencialidades regionais, arrolaram os entraves ao crescimento provincial e alinhavaram propostas de ação objetivando acelerar e direcionar o crescimento mineiro. José Murilo de Carvalho, em um pequeno ensaio, afirma existir na história das Minas Gerais três vozes bem nítidas, referentes a tipos distintos de economia e sociedade, que vocalizavam projetos regionais diferentes: as vozes do ouro, da terra e do ferro (CARVALHO, 2005). A voz do ouro, predominante no século XVIII e na primeira metade do século XIX, falaria de liberdade, liberdade do país, liberdade individual, representação livre dos cidadãos. Seria a voz do americanismo. A voz da terra, que comandou a segunda metade do século XIX e as primeiras décadas do século XX, enfatizaria a tradição, a ordem social estável, a valorização da família, o paroquialismo, o gradualismo da ação política, a preeminência do Estado. Avessa ao conflito e à competição, a voz da terra seria a voz do iberismo. A voz do ferro, vigorosa desde os anos 1940, estaria visceralmente comprometida com a busca do progresso, da modernização econômica. Conforme José Murilo de Carvalho, "cada uma teve seus representantes típicos. Felipe dos Santos, Tiradentes e Teófilo Otoni foram os portadores da primeira; Silviano Brandão e Bias Fortes, da segunda; Israel Pinheiro e Juscelino, da terceira" (CARVALHO, 2005, p. 56). E João Pinheiro teria sido a ponte entre a voz da tradição e a voz do progresso, na virada do século XIX para o século XX.

O objetivo deste trabalho é passar em revista os escritos de três ilustrados – o brigadeiro Raimundo José da Cunha Matos, o magistrado Francisco de Paula Ferreira de Rezende e o jornalista Bernardo Saturnino da Veiga – sobre o sul de Minas oitocentista, examinado suas visões da região e as propostas que delinearam para seu futuro progresso, de maneira a apontar as semelhanças e diferenças entre elas. Trata-se de textos que, apesar de excessivamente descritivos, constituem esforços de apreensão e interpretação da realidade regional, que possuem uma dimensão instrumental na medida em que, por um lado, não ficam alheios aos problemas econômicos e sociais da região e, por outro lado, preconizam, em graus variáveis, intervenção politicamente orientada com a finalidade de estimular o crescimento da economia e a melhoria das condições de vida da população. São textos que indicam caminhos para a superação das dificuldades enfrentadas pelo sul de Minas oitocentista, que examinam a situação e possibilidades regionais e formulam propostas para um genérico projeto de desenvolvimento da área localizada entre a Serra da Mantiqueira e o arco leste-noroeste formado pelo curso do Rio Grande.

---

de intervenção – e também articulações de classes e grupos diversos (sobretudo as elites políticas, econômicas e intelectuais) em torno de superação do atraso" (DULCI, 2005, p. 114).

Escritos em três momentos diferentes do século XIX, os textos de Raimundo José da Cunha Matos, Francisco de Paula Ferreira de Rezende e Bernardo Saturnino da Veiga sugerem debates sobre o desenho político, econômico e social das Minas Gerais. De início, abafados como um cochicho, no tempo do Primeiro Reinado, em que as tarefas da consolidação da Independência ocuparam a atenção das elites brasileiras e sul-mineiras; depois, bastante audíveis, como conversa de muitas vozes firmes e eloquentes, na passagem da Monarquia para a República, quando as estratégias de desenvolvimento do sul de Minas circularam mais amplamente para a apreciação dos seus contemporâneos, graças às páginas dos numerosos periódicos regionais.

Antes de prosseguir, convém fazer uma ponderação. Emprega-se aqui o termo "projeto" de maneira um pouco abusiva. De fato, na virada do século XIX para o século XX, não existiam nem a ideia nem a prática de planejamento econômico, entendido como "esquema em que a organização dos fatores de produção é controlada ou direcionada por uma autoridade central" (SANDRONI, 1985, p. 327-328), que implica na elaboração de diagnóstico dos principais problemas de uma região, na definição de objetivos e na formulação de uma estratégia de desenvolvimento. Estritamente falando, não se pode encontrar tudo isso nas propostas que serão examinadas neste artigo.[2]

Todavia, há que se considerar que elas configuram ideários nos quais se fazia a defesa de uma ação racional com o propósito de construir um futuro desejável para o sul de Minas. Esses ideários dialogavam com a tradição de circulação de informações públicas em Minas Gerais, exemplificada nas muitas memórias e diversos inquéritos que perscrutaram a realidade mineira em variados momentos desde fins do século XVIII. Como lembram Marcelo Godoy e Lidiany Barbosa (2008, p. 337), os inquéritos provinciais feitos a partir de 1850 buscaram atender necessidades administrativas do governo, bem como "instruir distintos procedimentos públicos: dotação de recursos, realização de obras, lotação de funcionários, resolução de conflitos de jurisdição, instrução de políticas de desenvolvimento, elaboração de estatísticas básicas, exação fiscal, dentre outros". O mesmo vale para as memórias escritas tanto no período colonial como no tempo do Império. As impressões contidas nestes documentos, que se tornaram conhecidos pelas elites políticas mineiras, representaram tentativas de compreensão da situação regional e incitaram reflexões sobre o processo de modernização que, a partir dos anos 1850, alcançou o Brasil e exigiu reposicionamento das Minas Gerais. Dessa forma, especialmente no último terço do século XIX o debate sobre o desenvolvimento regional entrou para a pauta da Assembleia Legislativa, do governo e da imprensa mineira. No âmbito desse debate, ganhou corpo tanto a percepção do

---

2 Somente no pós-1930, Minas Gerais e o Brasil entraram na "era do planejamento", na qual se destacam órgãos públicos que produziram estudos tecnicamente orientados com a finalidade de intervir no processo de construção e implementação de políticas públicas, setoriais e intersetoriais. Ver Ianni (1979) e Diniz (1981).

atraso de Minas frente a São Paulo (IGLÉSIAS, 1958) quanto o hábito de apresentar "planos", com graus distintos de detalhamento e consistência. Alguns destes planos, como os planos de viação de 1835, 1864 e 1871, foram discutidos no parlamento provincial e sancionados em leis, embora não alcançassem a projetada tradução prática.

A seguir, examinam-se esses projetos, a começar pelo do brigadeiro Cunha Matos, cujos delineamentos têm em comum o fato de que enfatizavam circuitos mercantis internos (inter e intra-regionais), a diversificação da produção, a mão de obra nacional, enfim, processos de modernização alternativos ao modelo agrário-exportador, francamente hegemônico no Brasil oitocentista.

A COMARCA DO RIO DAS MORTES PERCORRIDA POR CUNHA MATOS

Raimundo José da Cunha Matos (1776-1839), nascido em Portugal, é nome conhecido da produção corográfica brasileira oitocentista. Militar (governador das armas da província de Goiás), político (deputado geral vinculado à ala liberal), fundador e diretor da Sociedade Auxiliadora da Indústria Nacional (em 1827), Cunha Matos foi autor da *Corografia histórica da província de Minas Gerais*, publicada em 1837. Este português, entusiasmado com os estudos geográficos, também ganhou destaque como fundador e vice-presidente do IHGB, em 1838. Suas funções militares o fizeram percorrer o interior do Brasil na época da Independência, especialmente as terras mineiras e goianas. Entre 1823 e 1826, Cunha Matos percorreu Minas Gerais quatro vezes, indo e voltando do Centro-Oeste.

A primeira viagem do Rio de Janeiro a Goiás, passando por Minas Gerais, realizou-se de 8 de abril a 16 de junho de 1823. No ano de 1825, Cunha Matos retornou de Goiás, onde fora governador das armas, para o Rio de Janeiro, viagem que se estendeu de 24 de março a 23 de abril. Chegando ao Rio, recebeu quase imediatamente ordens para voltar a Cuiabá, pois havia temores de que tropas lusas invadissem a região. Cunha Matos retomou o caminho para Goiás em 21 de maio de 1825, chegando à província mediterrânea no dia 19 de julho. Pouco depois, em 9 de março de 1826, Cunha Matos retornou ao Rio de Janeiro, visando assumir seu posto na Assembleia Geral, chegando à Corte em 30 de abril. Dessas andanças por Minas Gerais e Goiás resultou a obra *Itinerário do Rio de Janeiro ao Pará e Maranhão pelas províncias de Minas Gerais e Goiás*, dedicada a Diogo Antônio Feijó, e publicada no Rio de Janeiro em 1836.

Logo na introdução do *Itinerário*, Cunha Matos expõe seu método e seu objetivo ao redigir o trabalho, escrevendo:

> O meu Itinerário não é uma simples carta de nomes, nem uma coleção fastidiosa de algarismos! Sem perder de vista a série sucessiva dos tempos e dos lugares, eu apresento detalhes e informações, que interessam na parte científica e temperam a aridez

> própria dos simplíces roteiros. A maior parte do que escrevo foi por mim visto e examinado: fadigas extraordinárias, perigos iminentes são a moeda que me custou esta minha obra; não afianço a perfeição dela, (...) eu fiz quanto pude, e ainda mais faria se tivesse quem me auxiliasse. (MATOS, 2004, p. II)[3]

Na primeira viagem mencionada, Cunha Matos percorreu, dentro de Minas Gerais, 77 léguas do rio Paraibuna até ao rio São Francisco, 57,5 léguas do São Francisco até ao rio Paranaíba, que constituía a fronteira com Goiás. Esta viagem pelo território mineiro alcançou, portanto, 134,5 léguas, o que equivale a 807 quilômetros. Entre 1823 e 1826, o militar português visitou diversas localidades mineiras: Chapéu d'Uva (Paula Lima), Barbacena, São José del-Rei (Tiradentes), Lájea (Rezende Costa), Oliveira, São Bento do Tamanduá (Itapecirica), Bambuí, São Pedro de Alcântara (Ibiá), Patrocínio, Carambandela (Coromandel), São Tiago, São João del-Rei, Prados, Pium-í. Observador arguto e minucioso, Cunha Matos redigiu quadro geral da Comarca do Rio das Mortes e dos sertões do São Francisco.

Especificamente na ampla região que integrava a Comarca do Rio das Mortes, alguns traços econômicos chamaram a atenção do governador de armas. Em primeiro lugar, Cunha Matos salientou o fato de que as fazendas eram bem sortidas, dedicando-se à produção de mantimentos, criação de gados e fabricação de tecidos. A propósito da onipresença das roças de alimentos, ele escreveu:

> As casas que se encontram na estrada poucas vezes ficam distantes além de um quarto de légua de umas às outras; os edifícios nem são sólidos, nem elegantes (...). As cercas são de limoeiros, pitangueiras, estacadas, valas ou muros de pedra ou adobes. A maior parte das casas tem os seus monjolos para triturar o milho, de que se faz uso em farinha (fubá) ou em canjica. (MATOS, 2004, p. 29)

Ainda a respeito da produção de mantimentos, Cunha Matos assinalou a diversificação das unidades rurais mineiras, que amiúde combinavam agricultura e pecuária, principalmente nas áreas sul-mineiras.[4] Pode-se ler no *Itinerário* que as fazendas e os sítios, situados nos fundos de vales e fora das estradas, possuíam hortas, moinhos e monjolos próximos às casas. Nas hortas, o mais comum era encontrar couves e quia-

3 Sobre a concepção de história e os métodos de trabalho de Cunha Matos, ver o artigo de Kaori Kodama (2006).

4 Essas observações de Cunha Matos foram corroboradas por historiadores contemporâneos que estudaram as áreas pertencentes à antiga Comarca do Rio das Mortes. Ver, por exemplo, Lenharo (1979), Graça Filho (2003) e Andrade (2005).

bos, bananeiras, limoeiros, laranjeiras e tabaco. As roças principais eram as de milho, cana, feijão, abóboras. Havia muitas galinhas e criação de porcos. O gado bovino pastava em campos nativos e se recolhia nos capões no tempo do calor, para escapar do sol. Por isso mesmo, os ranchos nos caminhos eram geralmente bem providos, como expressa o trecho transcrito abaixo:

> Ao sair do sítio das Galés, em 06 de maio de 1823, rumando na direção da serra de São José, Cunha Matos revela que "levava como único provimento para a jornada um pouco de açúcar refinado: assim se viaja em Minas Gerais, pois que o objeto de que menos se cuida é a comida. O eterno feijão preto e o pingo de toucinho são as delícias dos tropeiros, e estes artigos existem à venda em todos os ranchos; galinhas e leitões não faltam daqui em diante para as pessoas que querem alguma cousa mais do que o feijão". (MATOS, 2004, p. 33)

Somando-se às lavouras e aos rebanhos, a riqueza da região também incluía ofícios fabris, isto é, os de tecidos de algodão e lã grosseira, presentes em quase todas as casas (MATOS, 2004, p. 67).

Outro traço destacado da sociedade mineira era, de acordo com Cunha Matos, a hospitalidade, a polidez e a generosidade das pessoas. Os viajantes eram bem recebidos por ricos e pobres, cercados de cuidados e tratados com dignidade. Para isso, concorria bastante a fartura existente nas propriedades rurais, que fazia das refeições quase sempre banquetes. Assim, por exemplo, ao ser recebido na casa do engenho do capitão Joaquim Pinto, próximo ao arraial da Lájea (Rezende Costa), Cunha Matos foi conduzido a uma larga sala de comer que ficava à entrada da varanda junto ao oratório, onde lhe foi apresentada "uma mesa de muita extensão coberta de iguarias, doces e frutas de diversas qualidades (...), que podia fartar a cinquenta homens. (...) As iguarias não eram para hóspedes de alta qualidade, mas havia imensa carne preparada por diversos modos, muitos legumes, arroz etc. " (MATOS, 2004, p. 36).

Sinal do progresso da economia na Comarca do Rio das Mortes era, conforme Cunha Matos, a intensidade do trânsito das tropas de comércio nos caminhos regionais, notadamente na então chamada Estrada Real. No início de sua primeira viagem a Goiás, em 13 de abril de 1823, ainda no território da província do Rio de Janeiro, Cunha Matos, na fazenda do Correia (próxima a Porto da Estrela), observou que "a passagem de tropas (récuas) de mineiros é imensa" (MATOS, 2004, p. 6). Mais adiante, no Registro do Rio Paraibuna, voltou a escrever: "Aqui passam em cada dia 450 a 500 bestas carregadas", conduzidas por tropeiros mineiros (MATOS, 2004, p. 13). Já no território mineiro, o militar, ao deixar a Vila de Barbacena, em 3 de maio de 1823, chegou à casa do tropeiro Bernardo Antônio, que era o guia de sua viagem.

Ali, Cunha Matos pousou por dois dias, enquanto o tropeiro aprontava doze lotes de bestas, isto é, 84 animais cargueiros da melhor qualidade, com que entraria para o sertão (MATOS, 2004, p. 32). Um pouco adiante, nas proximidades de São João del-Rei, Cunha Matos encontrou, no dia 7 de maio de 1823, "uma grande boiada, e um rebanho de carneiros e cabras, e uma vara de porcos, que seguem para o Rio de Janeiro" (MATOS, 2004, p. 37).

Quanto à vida social dos mineiros habitantes da antiga Comarca do Rio das Mortes, o militar luso a serviço do Império ficou impressionado com duas coisas: a rusticidade no cotidiano das fazendas e o pequeno movimento nos núcleos urbanos fora dos dias de festa. A respeito da rusticidade da vida no campo sul-mineiro, basta citar o trecho no qual Cunha Matos se refere à fazenda do capitão José Teixeira, à qual chegou no dia 13 de maio de 1823, escrevendo:

> A pintura ou descrição que eu fiz desta casa, e da mobília que a ornava, é quase geral em todos os sítios, e na maior parte das fazendas depois que se sobe a serra da Estrela. Bem poucas casas conhecem o luxo e bons cômodos da vida: habitam muitos anos em uma propriedade como quem está para abandoná-la a cada hora. Nos arraiais encontra-se maior asseio, mas nas fazendas as pontas de veado são as escápulas de que pendem os quadros, e estes são selas, freios, espingardas e outras coisas semelhantes. (MATOS, 2004, p. 45)

Essa rusticidade, além de constituir aspecto da antiga moda mineira de construir e morar, apontava para o fato de que diversas zonas do sul de Minas viviam, então, a condição de fronteira aberta. Espaços recentemente ocupados por migrações, num contexto de gradual crescimento populacional e de ampliação do mercado, essas áreas ainda buscavam sua consolidação econômica e seu enraizamento social. Por isso, em muitos pontos do sul de Minas havia baixo aproveitamento das terras. No dizer de Cunha Matos, "o país que percorri acha-se mui povoado, quando se compara com outros lugares da província, mas nem por isso os campos abundam, nem conservam a milionésima parte do gado que poderiam sustentar" (MATOS, 2004, p. 48-49).

A respeito do pouco movimento nos arraiais fora da época de festas e cultos religiosos, Cunha Matos escreveu:

> Na maior parte dos arraiais do Brasil as casas acham-se fechadas durante os dias de semana, abrindo-se unicamente nos dias de missa ou de festa, que é quando os seus donos, fazendeiros, ali se demoram por espaço de algumas horas. O capelão, o oficial que serve de comandante do distrito em lugar de proprietário, o sa-

> cristão, o estalajadeiro ou rancheiro, os taberneiros ou vendeiros, o escrivão do Juiz da Vintena e algumas meretrizes que fazem as delícias dos tropeiros são as pessoas que ordinariamente habitam os arraiais nos dias da semana. (MATOS, 2004, p. 62)

Este relativo esvaziamento da vida urbana na antiga Comarca do Rio das Mortes, nas primeiras décadas do século XIX, não era suficiente para obscurecer o quadro de dinamismo da economia regional, como indica a descrição oferecida no *Itinerário*.[5] Entretanto, Cunha Matos discerniu alguns fatores que, se não ameaçavam completamente o futuro do sul de Minas, certamente limitavam a velocidade do seu progresso: a precariedade dos transportes, a bandalheira das autoridades, a ociosidade dos homens, a falta de melhoramento do gado.

As estradas eram ásperas, precárias, faltavam pontes e as que existiam frequentemente estavam arruinadas. Também havia muitos atoleiros, que perduravam mesmo no tempo de seca. Conforme o militar português, "as bestas escorregavam a cada passo quando desciam os morros" (MATOS, 2004, p. 19). Em parte, as dificuldades dos caminhos sul-mineiros decorriam da natureza regional – "os caminhos de São João Batista para o arraial da Oliveira são maus, altos, escarpados morros, muita pedra, e grandes barrancos" (MATOS, 2004, p. 40). Mas também resultavam do fato de que, conforme Cunha Matos:

> bem poucas pessoas cuidam das conveniências públicas; e estou certo que, se os mineiros não seguissem com olhos fechados no dia de hoje as mesmas picadas abertas pelos seus avós, (...) se eles quisessem abrir caminhos novos e regulares, fazendo exames nos terrenos, e procurando a direção reta mais aproximada, certamente as distâncias diminuir-se-iam de metade, ou pelo menos da terça parte; a indolência deixa tudo como estava, e os habitantes da Província viajam no meio de todas as incomodidades. (MATOS, 2004, p. 68)

Aliás, este ponto da ociosidade dos homens nas Minas Gerais é recorrente na análise de Cunha Matos.[6] Com veemente indignação, o militar escreveu: "Vi um

5 Para Roberto Borges Martins (2004), tanto texto de Cunha Matos, como nos trabalhos de outros viajantes que passaram por Minas Gerais no século XIX, aflora cenário econômico regionalmente desigual, mas não o quadro de uma província mergulhada na pobreza geral.

6 A insistência de Cunha Matos na "preguiça infernal" dos homens livres encontrou guarida em tradições intelectuais brasileiras do século XIX que viram no trabalhador nacional muitos defeitos: indolência, indisciplina, baixa produtividade, pouca higidez, hábitos de dissipação, imoralidade. Ver a respeito Lilia M. Schwarcz (1993) e Alencastro e Reanux (1997).

grande número de homens assentados todo o dia em uma indolência incomparável; não acontecendo assim às mulheres, as quais (excetuando muitas moças de boa vida dos arraiais) sempre estavam na almofada, ou na roda de fiar" (MATOS, 2004, p. 66). Graças a este mau atributo dos homens mineiros, tanto os rebanhos quanto as roças receberiam tratos insuficientes, displicentes e tradicionais. Isto limitaria, ao ver de Cunha Matos, o aproveitamento econômico da região. Para o autor esse problema ficava bastante evidente no caso do gado, pois "a falta de cuidado no melhoramento das espécies dos animais é superior a toda expressão" (MATOS, 2004, p. 66).

Outro obstáculo para o desenvolvimento do sul de Minas era, na visão do então brigadeiro, o peso dos impostos sobre a circulação de mercadorias e os abusos das autoridades fiscais. A propósito dos impostos, logo na sua primeira viagem a Goiás, quando estava na altura de Juiz de Fora, Cunha Matos anotou: "Esta manhã ouvi vários tropeiros queixarem-se do grande peso de contribuições que se pagam no Registro de Matias Barbosa, que anualmente montam a mais de 100 contos de réis. Alguns tropeiros gabavam-se de haverem sonegado várias cousas" (MATOS, 2004, p. 17). O vulto dos impostos onerava a economia mineira, bem como estimulava a prática de abusos e corrupções. Cunha Matos, por sinal, investiu vigorosamente contra autoridades que encontrou pelo caminho por causa de sua atuação deletéria – caso do capitão Pantaleão, comandante do porto de São Miguel, no rio São Francisco, que maltratava e achacava tropeiros e habitantes na qualidade de administrador dos direitos de passagem, além de praticar contagens que nunca davam interesses à fazenda Nacional (MATOS, 2004, p. 46).[7]

Haveria no *Itinerário* de Cunha Matos recomendações para o futuro da região? No primeiro parágrafo da obra, o brigadeiro expôs o que considerava importante para o desenvolvimento do país: o aumento da agricultura, o empenho na abertura de estradas e empresas de navegação, o estabelecimento de colônias agrícolas e o progresso científico dos habitantes. E após percorrer o arraial de São Tiago, em 8 de abril de 1825, Cunha Matos escreveu: "este arraial foi mui extenso e teve bons edifícios, a maior parte dos quais se acham em ruínas, e os outros, desertos, sorte de todas as povoações procedidas da mineração" (MATOS, 2004, p. 234). Dois dias depois, ao passar pela serra do Lenheiro, ele foi ainda mais enfático, escrevendo:

> Os grandes montões de calhau e cascalho que vi ontem e hoje e as covas cheias de água estagnada são os únicos benefícios que

---

7 A posição de Cunha Matos sobre a disfuncionalidade do sistema de tributos na economia regional pode ser inserida na linha das preocupações já demonstradas por d. Rodrigo de Souza Coutinho, que julgava necessário, para estimular a economia mineira, reduzir o quinto, os direitos de entrada e racionalizar a atuação do fisco. Ver o artigo de Bruno Aidar (2011).

> a mineração deixou à vila de São João del-Rei. Verdade é que a maior parte do povo pensa por outro modo; e os apologistas da mineração dizem que se não se tivessem lavrado minas deste metal, não existiria a vila de São João del-Rei, e os seus edifícios mui suntuosos. A refutação é fácil de fazer: os arraiais de São Tiago, São Gonçalo, Conceição e muitos outros são filhos da mineração, mas eles acham-se arruinados. É o comércio, é a agricultura, é a passagem contínua dos tropeiros que dão vida e crescimento à vila de São João del-Rei. (MATOS, 2004, p. 235)

A trajetória da cidade que foi a cabeça da antiga Comarca do Rio das Mortes representava, para Cunha Matos, o modelo de desenvolvimento regional que todo o sul de Minas deveria adotar, visando construir futuro de progresso e civilização.

As propostas de Cunha Matos parecem ter saído diretamente do esboço de política geral para o Império apresentado, em 1798, por d. Rodrigo de Souza Coutinho (1755-1812) ao Conselho de Estado de Portugal (MAXWELL, 1999, p. 184-185). Esse plano, elaborado com a ajuda de diversos ilustrados luso-brasileiros, partia do princípio de que Minas Gerais, como de resto todo o Império, precisava de reformas racionais e moderna tecnologia. E preconizava a adoção imediata de medidas como desoneração de impostos, melhoria das comunicações, incentivo ao ensino prático-profissional, desenvolvimento das atividades agrícolas e pastoris, reorganização administrativa visando torná-la eficiente e justa. Até mesmo a avaliação negativa que Cunha Matos fazia da mineração não diferia do ponto de vista de d. Rodrigo, que era da "opinião de que as minas eram responsáveis pela decadência de Portugal" (MAXWELL, 1999, p. 180).

O SUL DE MINAS VISTO PELO MAGISTRADO FERREIRA DE REZENDE

Natural de Campanha, o magistrado Francisco de Paula Ferreira de Rezende (1832-1893) foi observador arguto da cena sul-mineira entre as décadas de 1840 e 1880. Nascido entre a gente da "boa sociedade", parente de marqueses e grandes do Império, Ferreira de Rezende exerceu atividades diversas: atuou como juiz em Queluz (Conselheiro Lafaiete), foi deputado provincial nos anos 1864-66, depois fazendeiro de café em Leopoldina a partir de 1885 e integrou o Supremo Tribunal Federal, nos anos 1892-93. Suas observações sobre o sul de Minas ficaram registradas no livro *Minhas recordações*, publicado postumamente, no ano de 1944, pela editora José Olympio.

Logo na abertura da obra, Ferreira de Rezende adverte que ela foi feita apenas de memória e um pouco às pressas, não com o objetivo de ser simples autobiografia, mas de "fazer a descrição de alguns dos nossos costumes que ainda encontrei e que vão de dia em dia se apagando, e, ao mesmo tempo, me ocupar de algumas pessoas que fui achando pelo meu caminho" (REZENDE, 1987, p. 35). Sua atenção focava-

-se nas "pequenas ninharias desta nossa tão desprezada província", de modo que sua pena escreveu sobre fatos da vida cotidiana e familiar no campo e na cidade, viagens e transportes, eleições e disputas partidárias, afazeres de senhores e escravos, raças e mestiçagem, educação e religião. Em termos espaciais, o livro *Minhas recordações* concentra-se, à exceção da segunda parte, que é relativa à época em que o autor estudou na capital paulista, no vasto sul de Minas. Região que Ferreira de Rezende delimita nos seguintes termos:

> Esse canto tão aprazível da província, que, tendo formado outrora uma das partes integrantes da antiga comarca do rio das Mortes, hoje se chama o sul de Minas; e que, tendo de um lado o rio Grande e do outro as divisas de São Paulo, vai sempre subindo e se alargando, até que vai por fim fechar-se nesse alongado e tão majestoso muro que altíssimo lhe forma a Mantiqueira entre o Morro do Lopo e o Mirantão. (REZENDE, 1987, p. 40)

Sul de Minas que, nas palavras do magistrado campanhense, tinha uma bondade e uma boniteza. A bondade era a grande uberdade de suas terras, e a boniteza era a variedade de montes, rios, matas e campos que configuravam paisagens arrebatadoras. Sul de Minas cuja população ampliava-se, mantendo-se sob a influência civilizadora e progressista das povoações de Campanha e Pouso Alegre (REZENDE, 1987, p. 194). Todavia, a região ainda conservava, na década de 1840, enormes porções praticamente inexploradas, a exemplo da zona da serra do Picu, que causou forte impressão na memória de Rezende quando de sua primeira viagem à Corte:

> Divisa das duas províncias, do lado do Rio de Janeiro a subida [da serra do Picu] é muito curta e muito íngreme, pois que apenas tinha três quartos de légua; e quando se voltavam os olhos para trás se via o mais ameno e o mais risonho dos panoramas – era a província do Rio toda descampada e com os seus baixos e redondos morros todos cobertos de café; entretanto, que apenas se chegava ao alto e se começava a entrar no território de Minas, o espetáculo tornava-se imediatamente ou sem a menor transição inteiramente outro; pois que em vez de um descampado, eram três léguas de uma alterosa serra toda envolta em neblina e sempre a desdobrar-se toda coberta de mato. (REZENDE, 1987, p. 107)

Sendo, portanto, região cuja fronteira agrícola ainda estava aberta em meados do século XIX, o sul de Minas de que fala o magistrado campanhense era marcado pela presença de agricultura diversificada e de mineração aurífera quase residual. O aproveitamento econômico das terras ficava a cargo de fazendeiros, sitiantes, camaradas, agregados, tropeiros e pescadores. Nas grandes fazendas, havia engenhos de canas, lavouras de mantimentos (principalmente milho, feijão, arroz), algodão e tabaco, criação de porcos e bovinos. Para isso, as propriedades compunham-se de campos e matos, procuravam ter boa aguada e muniam-se de muitos escravos, cômodos e edifícios necessários (REZENDE, 1987, p. 246). Algumas delas, como a fazenda Bom Jardim, próxima da Campanha, que fora dos avós de Rezende, ainda exploravam jazidas auríferas com relativo sucesso, nos anos 1840.[8] Em praticamente todas elas a indústria doméstica de panos estava presente, uma vez que:

> A família do fazendeiro passava todo o dia em um vasto salão, onde a dona da casa, sentada sobre um estrado como uma rainha sobre seu trono, via-se cercada de toda a sua corte que eram as filhas a coser e a bordar junto dela, e em roda do salão e um pouco mais longe, uma grande fila de escravas que se empregavam em diversos misteres, mas a maior parte em coser, em fiar e em fazer renda. (REZENDE, 1987, p. 202)[9]

O quadro abaixo reúne as referências de Ferreira de Rezende a grandes fazendas existentes na área de influência da Campanha na década de 1840:

Quadro 1 – Grandes fazendas no sul de Minas – década de 1840

Fazenda	Localidade	Proprietário
Capituba	S. Sebastião da Capituba	Furriel Antônio Ferraz
Bom Jardim	Campanha	Comendador Francisco Paula Ferreira Lopes
Coroado	Sant'Ana do Sapucaí	Ten. Cel. Valério Ribeiro de Rezende
Ribeirão	Baependi	Gabriel Francisco Junqueira (Barão de Alfenas)
Estiva	Campanha	Alferes Tomé Inácio Valim
Tacho	Varginha	Capitão Antônio José Teixeira
Saco	Campanha	Comendador Francisco de Paula Ferreira Lopes

8 A propósito, Ferreira Rezende escreveu que seu avô, que fora um dos homens mais abastados da Campanha, assim como todos os seus irmãos, muito cedo se dedicou à mineração e dela tirou grandes resultados, tornando-se comerciante de fazendas secas tão logo notou o declínio das lavras (REZENDE, 1987, p. 167).

9 Análise mais detalhada da indústria doméstica de panos de algodão em Minas Gerais até os anos 1860 pode ser encontrada em Douglas Cole Libby (1988).

Nas pequenas unidades rurais, "toda a família, homens e mulheres juntos se ocupavam da maior parte dos serviços, e estavam com os vizinhos em relações muito contínuas" (REZENDE, 1987, p. 200), entre as quais se destacavam os mutirões. Nas barrancas dos rios, notadamente do Grande, Sapucaí e Verde, viviam muito modestamente numerosos pescadores, como Cirino, compadre do pai de Ferreira de Rezende, extremamente pobre, e que morava em uma pequena choça coberta de capim junto às margens do rio Verde (REZENDE, 1987, p. 81). Nos caminhos da região, o vai e vem das tropas era constante, a ponto do trânsito dos viajantes ficar embaraçado "quando muitas vezes (...) vinha pela frente uma tropa e pela retaguarda outra, e atrás da tropa uma porcada, uma carneirada e, sobretudo, uma boiada" (REZENDE, 1987, p. 106).

Curiosamente, a impressão do magistrado sobre o estado da região sul de Minas, como de toda a província, contrastava com os indícios que sua própria memória trazia aos leitores. Isto porque ele acreditava que a província de Minas Gerais, e o vasto município de Campanha, em particular, atravessavam tempos de decadência lenta, mas inexorável.[10] Em vários pontos da obra, Ferreira de Rezende reitera o mesmo ponto de vista:

> Um fato desde muito preexistente e que não pode sofrer contestação é que desde que o ouro começou a escassear ou antes a se mostrar muito mais difícil de tirar, desde logo a prosperidade da província não só estacou, mas ainda começou a ir-se convertendo em uma decadência mais ou menos pronunciada (...) Desde o ano de 1842 a província como que tem um verdadeiro desmaio; e que durante 15 ou talvez 20 anos, a não ser pelo lado da instrução e do aumento da população que foi sempre progredindo, ela quase que não deu um único passo para adiante, e a mais de um respeito talvez que se pudesse dizer até retrogradou. (REZENDE, 1987, p. 143)

Essa referência ao papel da grande província de Minas Gerais, que se apagava cada vez mais, fornece ocasião para abordar os fatores que, na perspectiva de Ferreira de Rezende, obstaculizavam o desenvolvimento regional.[11] Tais fatores seriam a precariedade das estradas, o modo rotineiro de condução dos negócios, as oscilações

10 Conforme Ferreira de Rezende, "o município de Campanha era então tão extenso, que o seu território que pelos lados de Itajubá chegava aos confins de São Paulo, abrangia uma região onde hoje [1887] se encontram nada menos de seis ou de oito municípios" (REZENDE, 1987, p. 83).

11 Francisco Iglésias (1958), em trabalho clássico, mostrou como era generalizada, nas décadas finais do século XIX, no seio das elites dirigentes mineiras, a percepção do atraso da província, sobretudo em relação à vizinha São Paulo.

bruscas do mercado interno, a escassez do crédito agrícola, o mau desempenho da Justiça e os ódios políticos.

A respeito dos transportes, ou melhor, da precariedade dos transportes no sul de Minas, basta citar a observação do magistrado sobre a estrada para a Corte, de 64 léguas de extensão, que ele percorreu em doze dias quando era criança, no ano de 1839. Ferreira de Rezende escreveu em sua memória:

> As estradas estavam cheias de atoleiros; e se se fugia do caminho mais trilhado para procurar um desvio que parecia estar um pouco melhor, era logo um – Nossa Senhora – e ventas na lama; e meu pai logo a dizer: – Nunca fuja do trilho dos burros. Quanto às serras, isto nem é bom falar. Nelas a estrada pode-se dizer que era rosário de caldeirões.[12] (...) [Nas estradas, o viajante] não sabia onde iria comer; dormia em ranchos abertos ou mesmo ao relento. (REZENDE, 1987, p. 106-107)

Mas a região também sofria com o apego de fazendeiros e comerciantes a processos econômicos tradicionais. Ferreira de Rezende criticava os mineradores que, sem perceber o esgotamento das jazidas de ouro, insistiram e persistiram nos serviços de lavra, dilapidando seus recursos a ponto de acabarem todos pobres. Quanto aos fazendeiros, o magistrado campanhense julgava que a maioria, embora dotada de boa disposição para o trabalho, não possuía noções mais sólidas sobre agricultura e pecuária. Esse conhecimento superficial levava a erros na condução das fazendas, o que tendia a reforçar o espírito rotineiro que imperava entre os proprietários.[13]

As ideias de Ferreira de Rezende sobre as propriedades rurais sul-mineiras apontam claramente no sentido de que, para desenvolver a região, seria necessário potencializar sua agropecuária, diversificar a produção primária, aumentar a produtividade nas fazendas e nos sítios, por meio da melhoria profissional do agricultor nacional. A promoção da agricultura comercial no sul de Minas, voltada para o abastecimento da província e do Brasil e também para a exportação, era uma opção estratégica para Francisco de Paula Ferreira de Rezende. Escolha que revela muitas afinidades com a proposta de modernização agrícola formulada pela burguesia paulista – a "nova civili-

12 Caldeirões eram regos que atravessavam as estradas de lado a lado, abertos pelas enxurradas, muitas vezes profundos, que impediam a marcha dos animais de carga e montaria.

13 Neste aspecto, Ferreira de Rezende estava alinhado com a posição de autores de escritos sobre a agricultura brasileira que, a partir de leituras da economia política, buscaram oferecer orientações úteis para a administração das fazendas escravistas, enfatizando duas questões: a melhoria da técnica de produção (sobretudo do café e do açúcar) e o aprimoramento da gestão das escravarias. Para detalhes, ver Rafael Marquese (1999).

zação agrícola", cujo principal porta-voz foi o cafeicultor Cincinato Braga.[14]

Para o marasmo da agropecuária regional, aliás, contribuiria muito o fraco estado da educação da região. Conforme Ferreira de Rezende, o sul de Minas carecia de escolas e nas poucas que havia "era pouco o que então se estudava" (REZENDE, 1987, p. 226). Mesmo na Campanha, apenas uma simples cadeira de latim respondia pelo ensino secundário, atraindo estudantes de Pouso Alegre, Baependi, Três Pontas, Jacuí etc. A instrução nas artes mecânicas estava, então, completamente descurada. Compreende-se, portanto, a razão do autor de *Minhas recordações* deixar elogios rasgados a Mariano Procópio, que se lhe afigurava como símbolo de inovação e ousadia, coisas tão necessárias para o desenvolvimento de Minas Gerais. Sobre o empresário juiz-forano, Ferreira de Rezende escreveu:

> Tudo quanto é hoje o Juiz de Fora, ele principalmente o deve a um dos filhos mais empreendedores que a nossa província tem tido e que ainda quando o Brasil vivia a ressonar mais ou menos narcotizado no colo do Senhor D. Pedro II e que ainda ninguém se lembrava de falar em Mauás e muito menos, ainda em atravessar a vapor a serra do Mar, e quanto mais a Mantiqueira, já havia ele sozinho se encasquetado em ligar o Ouro Preto à Corte por uma estrada que fosse estrada: e inventou essa obra monumental que veio depois a se chamar a União Indústria. (REZENDE, 1987, p. 444)

Conforme o magistrado, as fazendas do sul de Minas, esteio da economia regional, enfrentavam dois outros problemas que limitavam o potencial de crescimento. Ele os apontou com precisão ao relatar episódios que aconteceram com seu pai e com ele próprio. O primeiro episódio, ocorrido em 1842-1843, estava relacionado aos efeitos deletérios de bruscas oscilações de preços sobre os negócios de seu pai, o tenente coronel Valério Ribeiro de Rezende, então proprietário da fazenda do Saco. Apesar da qualidade da fazenda, Valério Rezende foi levado a dívidas muito altas por causa deste fenômeno, descrito pelo seu filho nos seguintes termos:

> Até então, o preço corrente e constante de um barril de aguardente ou de uma arroba de açúcar era de dois mil réis e tanto a três mil réis; mas apenas meu pai entrou para a fazenda, esse preço baixou imediatamente a mil réis e até mesmo a oitocentos réis e a duas patacas. Tendo em consequência disto, meu pai

14 Conforme Sonia Regina de Mendonça (2002, p. 171-186), a proposta dos paulistas de modernização da agricultura centrava-se na grande propriedade, difusão do ensino primário agrícola, "mediação dos agrônomos para espargir as luzes da Ciência aos campos", preferência pelo imigrante, mecanização e diversificação produtiva.

> se resolvido a buscar a passar para a cultura do fumo em rolo, deu-se com este uma baixa quase igual; tendo depois tentado de mandar o fumo em folha para a Bahia, o resultado não foi melhor; e teve afinal de voltar de novo para a cana, cujo cultivo tendo sido geralmente abandonado, de repente começou a recuperar a alta perdida. (REZENDE, 1987, p. 247-248)

O segundo episódio, ocorrido em 1864, quando Ferreira de Rezende já residia em Leopoldina, revela as dificuldades de obtenção de crédito para formar fazendas. Sem cabedal próprio, o magistrado e seu irmão Valério custaram a conseguir empréstimo de 14 contos de réis, a juros anuais de 12%, para adquirir a fazenda Córrego da Onça (rebatizada de Filadélfia).[15] Com tal ônus, liquidado ao cabo de longo período, não lhes restaram meios para comprar bons escravos. Os irmãos tiveram, pois, que se lançar na cafeicultura com poucos e maus escravos e diminuta quantidade de cafeeiros. Segundo Ferreira de Rezende, não fossem os honorários de advocacia que recebeu – em dinheiro e escravos –, dificilmente ele teria conseguido ampliar sua fazenda (REZENDE, 1987, p. 458-460). O problema que o memorialista aponta é o da limitação posta por sistema bancário caracterizado por ter feição comercial, restrito a operações de desconto e pequenas emissões de títulos, e pela prática arraigada de concessão de empréstimos pautada em critérios pessoais, na reputação de quem os solicitava ou na do avalista, bem como na garantia de hipotecas de imóveis urbanos (GRAÇA FILHO; LIBBY, 2004).

Na opinião de Ferreira de Rezende, além das imperfeições da estrutura econômica brasileira, havia dificuldades impostas pela estrutura política ao desenvolvimento do sul de Minas. Uma delas era a justiça enviesada, francamente refratária aos interesses populares, que favorecia a concentração da riqueza e da terra nas mãos das camadas abastadas da sociedade. O vigor da autoridade pública pendia diante de "tudo quanto dá força na sociedade, isto é, uma grande fortuna, família importante e sobretudo uma grande influência política com o seu partido de cima" (REZENDE, 1987, p. 179). Dessa forma, os pobres estavam de tal forma abandonados que as suas ações e possibilidades de melhorar de vida acabavam tolhidas, o que impedia a formação gradual de numeroso e ativo segmento de pequenos proprietários, capaz de demandar e apoiar a democratização do dinheiro e das oportunidades.[16] À sua maneira, o magistrado percebia que havia, no Brasil, defeitos institucionais que atrapalhavam o

15 Cumpre assinalar que o ano de 1864 é o da mais grave crise financeira do Império disparada pela falência da principal casa bancária brasileira, a A. J. Alves Souto & Cia. (GRAÇA FILHO; LIBBY, 2004).

16 Nesse ponto, convém lembrar a firme adesão de Ferreira de Rezende ao ideal da República e sua sincera admiração pelos Estados Unidos.

desenvolvimento equilibrado do país, algo que, hoje, é muito ressaltado na literatura sobre desenvolvimento que insiste em abordar temas como "ambiente de negócios" e "capital social".[17]

Porém, para Ferreira de Rezende o defeito mais grave da nossa institucionalidade seria a exaltação política ou o excesso do espírito partidário. Os ódios políticos como que paralisavam o país, amplificando ao extremo as disputas no governo, nos parlamentos, na imprensa e nas ruas. As paixões políticas eram violentas, a tal ponto que "a Campanha era então, e nunca deixou de ser mais ou menos, um dos mais inexpugnáveis baluartes do partido conservador no sul de Minas; entretanto que, em Pouso Alegre, pode-se dizer que naquele tempo não havia um só conservador" (REZENDE, 1987, p. 123). Como as rivalidades partidárias transbordavam a esfera político-administrativa, elas alcançavam o terreno dos negócios, impactando-o negativamente. Assim, conforme o magistrado, "um liberal, em regra, não comprava na loja de um conservador, e vice-versa; que cada um dos partidos tinha o seu médico, a sua botica e tudo o mais por esta forma; e que até na própria igreja era muito raro se confundirem" (REZENDE, 1987, p. 164). Os ódios políticos, na opinião de Ferreira de Rezende, atrasavam a constituição de mercado livre genuíno, alimentando o arcaísmo econômico brasileiro. Ora, essas queixas do magistrado campanhense contra a dificuldade de crédito, a Justiça e os ódios políticos trazem à mente as reflexões de Karl Polanyi sobre os sistemas econômicos anteriores ao capitalismo, que ajudam a compreender que "a economia, como regra, está submersa em suas relações sociais" (POLANYI, 2000, p. 63).

O SUL DE MINAS NAS PÁGINAS IMPRESSAS DE SATURNINO DA VEIGA

Bernardo Saturnino da Veiga (1842-1901), integrante de tradicional e influente família campanhense, foi homem de múltiplos afazeres. Empresário, político, intelectual (sócio correspondente do IHGB), tornou-se conhecido pela sua atuação na imprensa, vinculada ao jornal *Monitor Sul-Mineiro*, periódico de orientação conservadora e monarquista, que circulou entre 1872 e 1896. Bernardo Saturnino da Veiga também foi o responsável pela edição do *Almanach Sul-Mineiro* (o de 1874 e o de 1884), fonte importante para o estudo da região no final dos oitocentos. A propósito de Bernardo e seus irmãos, vale perfeitamente o que assinalou Marcos Ferreira de Andrade (2005, p. 82): "os membros da família Veiga foram figuras públicas e políticas que souberam se servir muito bem da palavra impressa para enaltecer as qualidades do sul de Minas Gerais de maneira a justificar a independência administrativa desta região".

O *Almanach Sul-Mineiro para 1874* ofereceu um quadro da região elaborado com minúcia, baseado em informações que Saturnino da Veiga recolheu em órgãos governamentais e também nas próprias localidades, com o concurso de numerosas

17 Para discussão sucinta desta literatura, ver Reis (2010).

pessoas. O trabalho, que lhe valeu a admissão no prestigioso IHGB, tinha objetivo eminentemente político. Conforme as palavras de Saturnino da Veiga, escritas logo na introdução do *Almanach*, "nós, que por outro modo não podemos servir à causa de Minas, tratamos de tornar conhecido fora o que de mais importante e curioso possuímos" (VEIGA, 1874, p. 7). Mais explicitamente, o jornalista enuncia:

> E se o bom destino permitir que um dia possa esta parte da grande província de Minas estabelecer sua economia separada, criando-se aqui um centro de administração, para melhor serem aproveitadas as imensas riquezas que possuímos, servirá este livro para mostrar que não é sem justa razão que desde muito se pugna pela criação da província de Minas do Sul. (VEIGA, 1874, p. 8)

Curiosa maneira de servir à causa de Minas, criando a província de Minas do Sul... Seja como for, o separatismo político era, em última instância, a motivação que manobrava as prensas na tipografia do *Monitor do Sul*.[18]

Esse Sul, que Bernardo Saturnino da Veiga esquadrinhou no *Almanach*, era a vasta região situada entre a Mantiqueira, ao sul, e o longo arco do rio Grande, ao leste e ao norte, compreendendo as comarcas de Rio Verde, Jaguari, Sapucaí, Cabo-Verde, Baependi, Três Pontas, Itajubá e Jacuí, às quais deveriam ser juntadas, na desejada Minas do Sul, as terras de Araxá, Sacramento e Uberaba (VEIGA, 1874, p. 22).

Essa parte de Minas, que o jornalista tratava com visível ufanismo – "mimoso jardim da natureza, quase arrabalde do céu" (VEIGA, 1874, p. 28) –, é descrita como detentora de imensos recursos naturais (terras fertilíssimas, minérios e madeiras em quantidade, águas abundantes e rios piscosos) e de povo simples, pacífico e muito trabalhador. Ao referir-se a Santa Bárbara das Canoas (atual Guaranésia), distrito de São Sebastião do Paraíso, Saturnino da Veiga tomou aquela localidade como imagem típica das aldeias do sul de Minas:

> Um templo consagrado à divindade, algumas casinhas erguidas junto dele, a rua erma de povo que saiu para cultivar a terra, a corrente graciosa de um rio, e mais longe campos em que pasta o gado e matas que o lavrador converteu em formosa seara, eis o que as mais das vezes é uma aldeia no extremo sul da província de Minas. (VEIGA, 1874, p. 361)

O jornalista julgou a economia regional dinâmica e diversificada, embora considerasse o sul de Minas relativamente pouco povoado. Conforme o *Almanach*, os principais dados econômicos regionais eram os seguintes:

---

18 Sobre o separatismo em Campanha, ver Castro (2008).

Tabela 1 – População do sul de Minas - 1862

Passos	35.508
Jacuí	22.620
Caldas	29.748
Alfenas	23.004
Pouso Alegre	50.332
Itajubá	34.128
Jaguari	23.568
Baependi	17.376
Cristina	14.972
Aiuruoca	21.984
Campanha	27.472
Três Pontas	20.222
Lavras	20.144
TOTAL	341.078

Fonte: *Almanach Sul-Mineiro para 1874*, p. 29.

Tabela 2 – Principais produtos e exportações do sul de Minas – 1874

Produto	Exportação anual	Áreas produtoras
Fumo	400 mil arrobas	Campanha, Baependi, Alfenas
Algodão	4 mil arrobas	Praticamente todos os municípios
Cana	Alguma aguardente	Praticamente todos os municípios
Café	34 mil arrobas	Pouso Alegre, Jaguari, Alfenas
Gado vacum	70 mil cabeças	Alfenas, Passos, São Sebastião do Paraíso, Caldas, Três Pontas, Dores de Boa Esperança
Gado suíno	30 mil cabeças	Praticamente todos os municípios
Toucinho	160 mil arrobas	Campanha, Passos, Alfenas
Gado lanígero	10 mil cabeças	-
Queijo	150 mil unidades	-

Fonte: *Almanach Sul-Mineiro para 1874*, p. 31-35.

Bernardo Saturnino da Veiga não perdeu oportunidade de ressaltar a abundância de víveres no sul de Minas, notadamente de feijão, milho, arroz. Ele também assinalou a boa quantidade de monjolos, moinhos, engenhos (tanto tocados a água quanto por bois) e engenhos de serra. A respeito dos rebanhos, ele escreveu: "Possuímos quantidade extraordinária, e tão superior às necessidades da população que são esses animais vendidos por ínfimo preço" (VEIGA, 1874, p. 28). Para o jornalista de Campanha, as vilas sul-mineiras eram bem supridas de artífices (pedreiros, alfaiates, sapateiros, seleiros etc.), e nelas sempre se encontrava uma botica, vendas e lojas. A indústria doméstica de tecidos era outro ramo destacado da economia regional. Conforme Saturnino da Veiga, "o fabrico de tecidos de algodão e lã é feito exclusivamente nos antigos e grosseiros teares, mas o capricho, a paciência e a perícia têm obtido mesmo neles, cortes de calças, colchas, mantas etc., que bem se assemelham a delicadas casimiras e bons tecidos estrangeiros" (VEIGA, 1874, p. 33).

Todavia, havia muito a fazer para ampliar o aproveitamento econômico da região. Em muitas partes do sul de Minas, principalmente nas áreas altas da divisa paulista, a fronteira agrícola não se fechara completamente. Por isso, Saturnino da Veiga lamentou: "Uma grande parte das terras do sul de Minas acha-se ainda inculta, mas já não existem terrenos devolutos neste lado da província, sendo certo que provém aquela circunstância especialmente da desproporção notável que há entre a população e superfície do solo" (VEIGA, 1874, p. 30).

Neste ponto, cabe realçar o elogio que Saturnino da Veiga dirigiu às iniciativas fabris que despontavam, timidamente, em localidades da região. O jornalista admirava, por exemplo, a fábrica de chapéus do Barão do Rio Verde, instalada em São Gonçalo do Sapucaí, tanto pela longa duração do empreendimento quanto pela qualidade de seus produtos. Ele também mostrou entusiasmo pela iniciativa de criação da Indústria Machadense, voltada para a produção de tecidos com máquinas a vapor, sociedade com capital de 150 contos de réis prestes a operar no distrito de Santo Antônio do Machado. E as olarias com motor hidráulico e máquinas vindas da Europa e dos Estados Unidos, que acabavam de surgir em Campanha e Santo Antônio do Machado, pareceram-lhe novidades dignas de louvor (VEIGA, 1874, p. 33). Essas passagens do *Almanach* revelam que Saturnino da Veiga destinava papel importante para as *indústrias naturais* no desenvolvimento do sul de Minas.[19]

Vale fazer um breve parêntesis. A posição de Saturnino da Veiga sobre a indústria mantinha diálogo com a dos irmãos Felício dos Santos em Diamantina, na mesma época.[20] Os liberais-republicanos Joaquim e Antônio Felício dos Santos acreditavam que a promoção da industrialização convinha ao norte de Minas, à província

19 A denominação "indústria natural" é tomada de empréstimo aos Matta Machado, políticos e empresários destacados do norte de Minas no fim do século XIX. O argumento dos Matta Machado era o de centrar esforços no favorecimento ao surto natural da agricultura e das indústrias legítimas porque coetâneas do período agrícola (fiação e tecelagem, curtumes, siderurgia e indústrias congêneres que desabrocham com a agricultura e mineração). Ver Martins (2008).

20 Nas décadas de 1860 e 1870, Joaquim Felício dos Santos foi o grande nome por trás do jornal *O Jequitinhonha*, que alcançou grande influência na província. Matérias do periódico diamantinense foram frequentemente reproduzidas ou comentadas no jornal *Monitor Sul-Mineiro*, fato que evidencia o conhecimento que Saturnino da Veiga tinha das posições políticas dos irmãos Felício dos Santos.

e ao Brasil porque eliminaria a vulnerabilidade da economia monocultora, ocuparia populações urbanas (prevenindo problemas sociais) e aliviaria a balança comercial, diminuindo as importações. Como salientou Nícia Vilela Luz (2004, p. 52), Antônio Felício (primeiro presidente da Associação Industrial, fundada no Rio de Janeiro em 1881) argumentava que somente o desenvolvimento da indústria poria fim ao "desequilíbrio real do nosso balanço de pagamentos, mascarado pelos saldos fictícios da balança comercial". Para tanto, seria preciso adotar o regime protetor da indústria, moralizar as classes pobres pelo trabalho e pela educação industrial, atrair e assimilar imigração perene de operários e pequenos capitalistas, favorecer o desenvolvimento das cidades. Em relação a esse programa, o conservador Bernardo Saturnino da Veiga, tanto no jornal *Monitor Sul-Mineiro* quanto no *Almanach*, apenas silenciou sobre a questão da proteção tarifária para a indústria nascente.

Talvez porque o jornalista campanhense preferisse a posição de Rodrigues Torres – o influente Visconde de Itaboraí, que foi presidente do Banco do Brasil, ministro da fazenda, senador e conselheiro de Estado. Este falava da superioridade da indústria e do comércio no processo de acumulação, mas, diante do agrarismo triunfante, recomendava atitudes cautelosas aos industrialistas e alertava para o risco de que políticas protecionistas alimentariam indústrias fictícias (LUZ, 2004, p. 51).

Para Bernardo Saturnino da Veiga, o desenvolvimento sul-mineiro seria dependente do trabalho agrícola e da transformação de bens primários (agroindústrias, fábricas de tecidos e siderurgias). Sobre a agropecuária, ele foi enfático: o trabalho agrícola "constituirá ainda por muito tempo no Brasil o elemento fundamental da riqueza pública" (VEIGA, 1874, p. 30).[21] Mas, para que o desenvolvimento regional viesse, seria preciso que os sul-mineiros adotassem a ideia de formar companhias. Ao referir-se à decadência de Jacuí, Saturnino da Veiga vaticinou:

> Para o progresso deste lugar, que ora definha, (...) basta que se cuide da mineração do ferro que ali se encontra em extraordinária abundância, e de superior qualidade: e isto só se terá quando se desenvolver por estas regiões o espírito de associação, pois só por meio de uma companhia poder-se-á obter os capitais preciosos para montar-se uma empresa capaz de abastecer de ferro ao sul da província de Minas. (VEIGA, 1874, p. 352)

21 Saturnino da Veiga considerava ilusória a riqueza oriunda de metais e pedras preciosas. Sobre isto, ele escreveu: "Distante poucas léguas de Passos há um povoado conhecido pelo nome de Garimpo das Canoas (...). Como acontece em todos os lugares onde se descobre diamantes, aí a cultura da terra é quase nenhuma; a ambição dos que sonham com uma grande fortuna acumulada em um só dia, não deixa ao espírito transviado paciência para arar a terra, lançar nela a semente, esperar sua germinação e algum tempo depois a colheita multiplicada do gênero que se plantou" (VEIGA, 1874, p. 321-322).

O trecho final da citação anterior permite presumir que Bernardo Saturnino da Veiga pensava em termos de crescimento econômico "voltado para dentro", isto é, para o mercado interno (mineiro e brasileiro), mais do que em termo de exportações. O foco de sua atenção foi posto sobre a produção agropecuária e industrial que o sul de Minas poderia e deveria destinar ao seu próprio abastecimento, bem como de outras regiões de Minas Gerais, Rio de Janeiro e São Paulo. O jornalista de Campanha não só reconhecia a experiência histórica do sul de Minas como espaço econômico não exportador, como também valorizava os circuitos mercantis internos.[22]

Tal tipo de desenvolvimento, porém, o autor do *Almanach* não acreditava que decorreria exclusivamente das forças da livre iniciativa e dos jogos do mercado. Caberia ao governo papel importante, até mesmo insubstituível, na busca deste desiderato. Ao governo caberia não só planejar, como também induzir e auxiliar os agentes econômicos. É o que sugerem os trechos transcritos abaixo:

> Existe [estabelecimento siderúrgico] dentro dos limites da freguesia [de São Carlos do Jacuí], e que não tem prosperado porque seus proprietários não têm obtido nenhum auxílio dos cofres públicos, e não podem eles com os recursos de que dispõem coloca-lo em condições de dispensar, aos menos nos pontos circunvizinhos, a importação de ferro. (VEIGA, 1874, p. 351)
>
> Ligando os rios mais notáveis desta parte de Minas, o Sapucaí, rio Grande e rio Verde, entre si e com dois portos do oceano, os ramais férreos já projetados hão de operar necessariamente uma mudança promissora no aspecto hoje melancólico destas formosas regiões. (VEIGA, 1874, p. 36)

Enfim, para Saturnino da Veiga, ao governo caberia garantir subsídios e apoio técnico aos empreendimentos econômicos, formular planos regionais, especialmente no campo do transporte e da comunicação, e atender a região com instrução primária e profissional. Senão, persistiriam anos a fio o abandono do sul – que ele denunciava veementemente – e a triste situação provincial – "Em Minas, dorme a riqueza sono profundo aos pés da pobreza acordada" (VEIGA, 1874, p. 48).

Quais seriam, então, conforme Bernardo Saturnino da Veiga, os fatores que criavam dificuldades para o desenvolvimento da rica e formosa região do sul de Minas? A precariedade das estradas e das comunicações, a carência de instrução pública, o ócio e a dispersão da população, a persistência de antigos e imperfeitos sistemas de produção, o descaso dos governos provinciais.

22 Para o debate sobre a caracterização da economia de Minas Gerais nos oitocentos, ver os trabalhos de Roberto Borges Martins (1982), Robert Slenes (1985) e Clotilde Paiva (1996).

O mau estado das poucas estradas existentes prejudicava grandemente o comércio. Segundo Saturnino da Veiga (p. 36), as estradas eram "trilhas feitas a casco de animal e conservadas pelo sol", caminhos "grosseiros e péssimos". O pior – pensava o jornalista campanhense – era a inércia da situação, resultante da inação do governo e da passividade da iniciativa privada. Daí, ao escrever sobre os transportes na região, ele desabafou: "Já se vê, pois, que lento e muito lento tem sido o progresso deste no sul de Minas, que só agora começa a sentir esperanças de ver um dia seus vales fertilíssimos e suas montanhas ubérrimas ligadas por vias férreas aos grandes mercados consumidores" (VEIGA, 1874, p. 35).

Outro problema grave era a falta de instrução pública, tanto primária quanto profissional. Os homens ilustrados do sul de Minas estariam "convictos, enfim, de que na difusão das luzes repousa o engrandecimento do país [e, ao mesmo tempo], envergonhados talvez do atraso desgraçado (...) que as estatísticas têm ultimamente demonstrado" (VEIGA, 1874, p. 38). Por isso, o jornalista campanhense insiste em cobrar das autoridades mineiras a criação imediata de aulas públicas primárias nas povoações sul-mineiras. Ele também apontava a necessidade de promover o ensino profissional, uma vez que, na agricultura, não se empregavam "meios racionais e a devida solicitude na criação e propagação da espécie" (VEIGA, 1874, p. 28); quanto à mineração, de ouro e de ferro, estaria praticamente abandonada por "falta de inteligência e conhecimentos precisos" (VEIGA, 1874, p. 33).

O abandono político do sul de Minas seria outro entrave sério ao desenvolvimento regional. Saturnino da Veiga não se cansou de denunciar nas páginas do *Almanach*: a província arrecadava grandes receitas em todas as freguesias e nos registros da região, mas pequenos benefícios retornavam para lá e quase nenhuma obra pública. Conforme suas palavras, "não existe entre a capital, Ouro Preto, e todo o sul de Minas mais que relações oficiais" (VEIGA, 1874, p. 97). O governo provincial faltaria com seu dever relativamente à região, sendo as principais queixas da população o peso dos impostos e a carência de pontes, de abastecimento de água, agências de correio e aulas públicas.

Por outro lado, Saturnino da Veiga enxergava na condição da população sul-mineira dois problemas que atrasavam o desenvolvimento regional. O primeiro era a existência de "certa prevenção contra o trabalho agrícola, injustamente julgado por muitos como próprio unicamente do escravo" (VEIGA, 1874, p. 30). Pior: havia muito ócio entre os homens livres. Conforme suas palavras, "infelizmente é considerável o número daqueles que, nada possuindo, passam a vida em ócio quase permanente, fornecendo aos anais do vício e do crime talvez nove décimos dos nomes que ele registra" (VEIGA, 1874, p. 30). Novamente, reencontra-se no discurso do jornalista do *Monitor do Sul* a crítica ao trabalhador nacional, considerado "preguiçoso", pouco produtivo. Saturnino da Veiga prescrevia, como remédios para o ócio, a ação da força policial, o oferecimento de instrução para as camadas inferiores do povo e a elaboração de boas leis de locação de serviços (VEIGA, 1874, p. 31). Coisas bastante similares às medidas propostas, na Zona da Mata mineira, pelos grandes cafeicultores que enfrentavam os estertores da escravidão (LANNA, 1989).

O segundo problema, que, curiosamente, o autor do *Almanach* não relacionava com o "problema do ócio" do homem livre pobre, dizia respeito à dispersão da população. Referindo-se a então recentíssima fundação e ao rápido crescimento de São Francisco de Paula do Machadinho (atual Poço Fundo), ele escreveu dura crítica:

> Tal fato, porém, (...) não deve ser agradável aos espíritos refletidos e corações patriotas. Nele vemos um novo exemplo desses frequentes êxodos, que vão dando à população do interior de Minas um caráter nômade, bem contrário às conveniências públicas e aos interesses de seus próprios descendentes. A dispersão da população, que um escritor americano (Wakefield) já qualificou de barbarizadora em sua tendência, vai de dia para dia assumindo proporções que não podem deixar de inquietar aos que pensam sobre os destinos futuros do país. (VEIGA, 1874, p. 151)

A dispersão populacional – dizia Saturnino da Veiga (1874, p. 152) – produzia enfraquecimento das forças sociais, impossibilidade de estabelecer bom sistema de estradas, custos e dificuldades crescentes para a administração pública. O jornalista não ofereceu resposta cabal para este problema, mas pode-se presumir que sua solução envolveria pelos menos duas ações simultâneas: a manutenção do monopólio da terra e a substituição do "atraso em que vivem os nossos lavradores sobre o uso dos novos e excelentes processos agrícolas" (p. 152). Daí a citação do Visconde do Uruguai, que está na mesma página 152 do *Almanach*:

> O nosso sistema de agricultura, disse o profundo escritor e abalizado estadista Visconde de Uruguai, não concorre pouco para a dispersão da população. Derribadas e queimadas as florestas, aproveitada a uberdade das camadas superficiais da terra, estrumadas pelo tempo, o agricultor, considerando esterilizado o terreno, porque exige maior trabalho e outro sistema para recuperar a fertilidade, muda-se em busca de terrenos virgens, e portanto dispersa-se.

O desenho futuro desejável para o campo sul-mineiro seria, para Saturnino da Veiga, o das áreas rurais da Inglaterra aristocrática e sua "revolução agrícola". Neste particular, há diferença de concepção sobre a distribuição dos frutos do progresso entre o conservador Saturnino da Veiga e o liberal/republicano Ferreira de Rezende.

CONSIDERAÇÕES FINAIS

Nos textos de Cunha Matos, Ferreira de Rezende e Saturnino da Veiga sobre o sul de Minas há mais do que descrições de paisagens, caminhos, fazendas, núcleos urbanos, costumes, festas e crenças do povo. Há reflexões baseadas em observações minuciosas referentes à situação regional e propostas fundamentais para se encontrar o rumo mais desejável para o desenvolvimento sul-mineiro. A despeito de entonações específicas, as vozes desses observadores oitocentistas ecoam e engrossam uma tradição que remontava a fins do século XVIII. Tratava-se do debate que, iniciado com ilustrados luso-brasileiros, nos anos 1790, propugnava a formulação e aplicação de reformas racionais – econômicas, sociais, políticas –, capazes de colocar o Brasil na direção do progresso e da civilização.

Cunha Matos, Ferreira de Rezende e Saturnino da Veiga viram na riqueza em recursos naturais e na diversificação das atividades agrícolas do sul de Minas vetores poderosos para o desenvolvimento. Essa economia, fortemente orientada para o mercado interno, deveria ser apoiada e estimulada. No entanto, eles também enfatizaram a necessidade de modernizar a economia regional, superando sistemas antigos e imperfeitos de produção. Outro ponto comum de suas visões do sul de Minas era a queixa quanto ao mau desempenho do Estado. Todos clamaram pela eficaz ingerência do governo em três pontos: liberdades (para os agentes econômicos), facilidades (redução das imposições fiscais, transportes, serviços públicos, crédito, subsídios) e instruções (ensino primário e profissional). E apostaram que, num ambiente de liberdade econômica, as camadas proprietárias seriam capazes de organizar associações para explorar as minas, as fazendas e os ramos industriais (tecelagem, siderurgia).

A leitura dos textos dos três observadores oitocentistas do sul de Minas indica quão amplo se tornara, no seio das elites letradas mineiras, certo consenso relativo aos pontos fortes e às dificuldades da economia provincial. Assim, compreende-se melhor o processo que desaguou no conhecido diagnóstico da economia mineira produzido pelo Congresso Agrícola, Industrial e Comercial de 1903, bem como as políticas conduzidas por João Pinheiro da Silva (1860-1908) e seus sucessores imediatos, no sentido de conferir realidade ao projeto mineiro de diversificação econômica (DULCI, 1999).

REFERÊNCIAS BIBLIOGRÁFICAS

AIDAR, Bruno. "Uma substituição luminosa: tributação e reforma do Antigo Regime português em d. Rodrigo de Souza Coutinho ao final do século XVIII". *Nova Economia*, Belo Horizonte, v. 21, n. 1, p. 137-156, 2011.

ALENCASTRO, Luiz Felipe; REANUX, Maria Luiza. "Caras e modos dos migrantes e imigrantes". In: ALENCASTRO, Luiz Felipe (org.). *Império: a corte e a modernidade nacional*. São Paulo: Companhia das Letras, 1997. (História da vida privada no Brasil, v. 2)

ALONSO, Angela. *Ideias em movimento: a geração 1870 na crise do Brasil-Império*. São Paulo: Paz e Terra, 2002.

ANDRADE, Marcos Ferreira de. *Família, fortuna e poder no Império do Brasil – Minas Gerais – Campanha da Princesa (1799-1850)*. 356f. Tese (doutorado) – UFF-ICHF, Niterói, 2005.

CALDEIRA, Jorge (org.). *José Bonifácio de Andrada e Silva*. São Paulo: Ed. 34, 2002. (Col. Formadores do Brasil)

CARVALHO, José Murilo de. "Ouro, terra e ferro: vozes de Minas". In: GOMES, Ângela de Castro (org.). *Minas e os fundamentos do Brasil moderno*. Belo Horizonte: Ed. da UFMG, 2005.

CASTRO, Pérola Maria Goldfeder e. "Lemos no presente, soletramos no futuro: o movimento separatista através das páginas do *Monitor Sul Mineiro* – Campanha, 1892", *Anais do XIX Encontro Regional de História: Poder, Violência e Exclusão*, ANPUH/SP-USP, São Paulo, 8 a 12 de setembro de 2008. CD-ROM.

DINIZ, Clélio Campolina. *Estado e capital estrangeiro na industrialização mineira*. Belo Horizonte: UFMG/Proed, 1981.

DULCI, Otávio Soares. *Política e recuperação econômica em Minas Gerais*. Belo Horizonte: Ed. da UFMG, 1999.

______. "João Pinheiro e as origens do desenvolvimento mineiro". In: GOMES, Ângela de Castro (org.). *Minas e os fundamentos do Brasil moderno*. Belo Horizonte: Ed. da UFMG, 2005.

FONSECA, Pedro Cezar Dutra. "Gênese e precursores do desenvolvimentismo no Brasil", *Pesquisa & Debate*, São Paulo, PUC-SP, v. 15, n. 2(26), p. 225-56 jul./dez. 2004.

GODOY, Marcelo Magalhães; BARBOSA, Lidiany Silva. "Uma outra modernização: transportes em uma província não-exportadora – Minas Gerais, 1850-1870", *Economia e Sociedade*, Campinas, v. 17, n. 2 (33), p. 331-358, ago. 2008.

GRAÇA FILHO, Afonso de Alencastro. *A princesa do Oeste e o mito da decadência de Minas Gerais*. São Paulo: Annablume, 2003.

______; LIBBY, Douglas Cole. *A economia do Império do Brasil*. São Paulo: Atual, 2004.

GRINBERG, Keila; SALLES, Ricardo (orgs.). *O Brasil Imperial*. Rio de Janeiro: Civilização Brasileira, 2010. 3v.

HOBSBAWM, Eric. *A era do capital (1848-1875)*. Rio de Janeiro: Paz e Terra, 1979.

______. *A era das revoluções (1789-1848)*. Rio de Janeiro: Paz e Terra, 1981.

______. *A era dos impérios (1875-1914)*. Rio de Janeiro: Paz e Terra, 1988.

IANNI, Octavio. *Estado e planejamento econômico no Brasil (1930-1970)*. 3ª ed. Rio de Janeiro: Civilização Brasileira, 1979.

IGLÉSIAS, Francisco. *Política econômica do governo provincial mineiro (1835-1889)*. Rio de Janeiro: Instituto Nacional do Livro, 1958.

KODAMA, Kaori. "Itinerários, corografias e escritas da história: as viagens e os registros de Raimundo José da Cunha Matos no Império do Brasil", *Escritos II*, Rio de Janeiro, p. 373-395, 2006.

LANNA, Ana Lúcia Duarte. *A transformação do trabalho: a passagem para o trabalho livre na Zona da Mata Mineira, 1870-1920*. 2ª ed. Campinas: Ed. da Unicamp, 1989.

LENHARO, Alcir. *As tropas da moderação: o abastecimento da Corte na formação política do Brasil, 1808-1842*. São Paulo: Símbolo, 1979.

LIBBY, Douglas Cole. *Transformação e trabalho em uma economia escravista: Minas Gerais no século XIX*. São Paulo: Brasiliense, 1988.

LUZ, Nícia Vilela. "As tentativas de industrialização no Brasil". In: HOLANDA, Sérgio Buarque de (org.). *O Brasil monárquico: declínio e queda do Império*. 6ª ed. São Paulo: Bertrand Brasil, 2004, p. 38-53. (Col. História Geral da Civilização Brasileira, t. 2, v. 6)

MARQUESE, Rafael de Bivar. *Administração e escravidão: ideias sobre a gestão da agricultura escravista brasileira*. São Paulo: Hucitec/Fapesp, 1999.

MARTINS, Marcos Lobato. "Os Matta Machado de Diamantina: negócios e política na virada do século XIX para o século XX", *Anais do XIII Seminário sobre a Economia Mineira*, Cedeplar/UFMG, Diamantina, 2008. CD-ROM.

MARTINS, Roberto Borges. *A historiografia sobre o século XIX em Minas Gerais: notas para um debate*. Comunicação inédita apresentada no Seminário Internacional sobre a historiografia mineira, promovido pelo Instituto Amilcar Martins (ICAM), em 19-22 de julho de 2004.

______. *A economia escravista de Minas Gerais no século XIX*. Belo Horizonte: Cedeplar/UFMG, 1982. (Texto para discussão, n. 10).

MATOS, Raimundo José da Cunha. *Itinerário do Rio de Janeiro ao Pará e Maranhão pelas províncias de Minas Gerais e Goiás*. Belo Horizonte: Instituto Cultural Amílcar Martins, 2004.

MAXWELL, Kenneth. "A geração de 1790 e a ideia do império luso-brasileiro". In:______. *Chocolates, piratas e outros malandros*: ensaios tropicais. São Paulo: Paz e Terra, 1999, p. 157-207.

MENDONÇA, Sonia Regina de. "Grande propriedade, grandes proprietários: velhas questões, novas abordagens". In: SILVA, Sergio S.; SZMRECSÁNYI, Tamás (orgs.). *História econômica da Primeira República*. 2ª ed. São Paulo: Hucitec/ ABPHE/Edusp/Imprensa Oficial, 2002, p. 171-186.

PAIVA, Clotilde Andrade. *População e economia nas Minas Gerais do século XIX*. Tese (Doutorado) – FFLCH-USP, São Paulo, 1996.

POLANYI, Karl. *A grande transformação: as origens de nossa época*. 6ª ed. Rio de Janeiro: Campus, 2000.

REIS, Cristina Fróes de Borja. "Para pensar nas implicações da produção de recursos naturais no desenvolvimento econômico", *Boletim de informações da FIPE*, São Paulo, n. 355, p. 24-27, abr. 2010.

REZENDE, Francisco de Paula Ferreira de. *Minhas recordações*. 2. ed. Belo Horizonte: Imprensa Oficial, 1987.

ROCHA, Antônio Penalves (org.). *Visconde de Cairu*. São Paulo: Ed. 34, 2001. (Col. Formadores do Brasil)

ROMERO, Sílvio. *Provocações e debates: contribuição para o estudo do Brasil social*. Porto: Chardon, 1910.

SANDRONI, Paulo. "Planejamento". In: *Dicionário de Economia*. São Paulo: Abril Cultural, 1985, p. 327-328. (Col. Os Economistas)

SCHWARCZ, Lilia Moritz. *O espetáculo das raças: cientistas, instituições e questão racial no Brasil do século XIX*. São Paulo: Companhia das Letras, 1993.

SLENES, Robert W. "Os múltiplos de porcos e diamantes: a economia escravista de Minas Gerais no século XIX", *Cadernos IFCH*, Campinas, IFCH/Unicamp, n. 17, 1985.

VEIGA, Bernardo Saturnino da. *Almanach Sul-Mineiro*. Campanha: Tipografia do Monitor Sul Mineiro, 1874.

CORTANDO A MANTIQUEIRA

entre café e abastecimento no sul de Minas (1880-1920)[1]

Alexandre Macchione Saes[1]
Fábio Francisco de Almeida Castilho

A economia cafeeira brasileira dos oitocentos pode ser historicamente dividida em dois períodos: um primeiro cujos contornos se estabelecem entre as décadas de 1860 e 1880 e, um segundo, que se beneficiará das transformações econômicas e sociais do Brasil de fins do século XIX, cuja expansão é mais destacada a partir de 1880.[2] Personificada na dicotomia entre uma cafeicultura escravista do Vale do Paraíba e aquela cultura localizada no oeste paulista, considerada mais moderna, produtiva e beneficiada do processo de imigração, esta diferença temporal de aproximadamente vinte anos foi suficiente para construir trajetórias econômicas bastantes distintas.

A província de Minas Gerais, por seu turno, também desenvolveria duas regiões produtoras de café que reproduziriam a mesma dicotomia das áreas de produção do Rio de Janeiro e de São Paulo:[3] uma região produtora, extensão da

---

1 Este texto é uma versão ligeiramente modificada do artigo publicado na *Revista Saeculum* (v.29, 2013, p.323-346). Para a presente versão, entretanto, foi feita uma importante revisão no argumento do artigo em função dos comentários recebidos por Thiago Gambi, a quem agradecemos.

2 Para uma discussão sobre os ciclos e fases do mercado cafeeiro ver: Delfim Netto (2009).

3 Comparando as duas regiões produtoras de café em São Paulo, o paralelo é semelhante: no Vale do Paraíba processou-se uma acumulação de capitais originária de atividades agrícolas anteriores, como o açúcar a produção de alimentos, sem a intervenção direta do capital mercantil, criando as bases para a transformação de pequenas e médias propriedades agrícolas em grandes empresas cafeeiras. Já no Oeste a existência de uma

produção fluminense, que alcançaria a Zona da Mata nos primórdios da introdução da cultura no país, se valendo amplamente do trabalho escravo e do circuito mercantil carioca. E, de outro lado, a região do sul de Minas, em que a produção de café somente começaria a apresentar alguma relevância durante a década de 1880, alcançando cerca de trinta por cento da produção do Estado durante as primeiras décadas do século XX.

O presente artigo pretende avaliar a expansão da produção de café no sul de Minas, região cuja disseminação da atividade de exportação se firmou em território marcado pelo comércio de abastecimento. Neste sentido, a chegada do café gerou um processo de rearticulação dos municípios sulmineiros, não somente com seus mercados externos, como também com atividades produtivas internas. A acumulação resultante desta cultura do café ampliava o espaço para diversificação de novos negócios, garantindo um ambiente para a construção de um "complexo econômico". O artigo pretende identificar e recortar o sul de Minas conforme suas atividades produtivas agrícolas, se valendo, para tanto, dos Censos Agrícolas e de dados do transporte de mercadorias das ferrovias da região nas duas primeiras décadas do século XX.

COMPLEXO CAFEEIRO COMO INSTRUMENTO DE ANÁLISE

Ao longo da segunda metade do século XIX a produção de café assumiu papel de destaque nas receitas das exportações brasileiras, garantindo a rearticulação do país com o mercado internacional, ao mesmo tempo em que possibilitava um ambiente favorável para a emergência de novas atividades. A verdade é que esse processo não ocorreu de maneira igual em todas as regiões produtoras, gerando os mesmos benefícios para todas as localidades, mas sim, a estrutura em que cada núcleo produtor de café se estabeleceu, possibilitou que este promovesse padrões de desenvolvimento regional muito desiguais.

Sem se preocupar com essa diferenciação regional das áreas cafeeiras, Celso Furtado apontou que "o fato de maior relevância ocorrido na economia brasileira no último quartel do século XIX" (FURTADO, 1995, p. 151) foi o aumento do setor assalariado e da produtividade da economia, o que para o autor era uma mudança que refletia o desenvolvimento da economia cafeeira. O assalariamento, elemento decisivo na monetarização da sociedade, na multiplicação da renda e dos negócios e da formação de um mercado interno, foi reforçado pela literatura como o ponto nevrálgico na sedimentação de uma economia capitalista no país.[4]

---

atividade exportadora açucareira anterior ao café foi que permitiu a acumulação de riquezas, possibilitando a formação dos latifúndios cafeeiros, cf. Ricardo Salles (2008).

4 Mesmo com leituras bastante particulares para o desenvolvimento da cafeicultura, variados

O trabalho assalariado, entretanto, seria apenas parte de um processo mais amplo de transformações da economia brasileira daquele contexto. O período de fins do século XIX foi o momento em que o país superaria a escravidão e, ao mesmo tempo, incorporava os benefícios técnicos da Segunda Revolução Industrial, ampliando sua relação com o mercado internacional – não somente exportando café e borracha, mas recebendo também produtos e capital – e, portanto, caminhando a passos largos para a urbanização de determinadas regiões (SAES, 2010, cap. 5; SCHWARCZ, 2012, intr.). Entretanto, a capacidade de assimilação dessas inovações dos países centrais e da aproximação com os padrões de consumo tidos como modernos dependiam da capacidade de transbordamento de rendas do núcleo da economia.

A problemática do estudo de um complexo regional, neste sentido, surge como determinante para a compreensão do desencadear de um processo dinâmico de acumulação e diversificação da economia. Considerando também o papel do trabalho assalariado, Wilson Cano em *Raízes da Concentração Industrial em São Paulo* amplia seu olhar apontando que, "ao contrário das demais regiões [produtoras de café], São Paulo contou com os elementos fundamentais para sua expansão diversificada e concentradora: avançadas relações capitalistas de produção, amplo mercado interno e, desde muito cedo, uma avançada agricultura mercantil mesmo se excluído o café" (CANO, 1977, p. 18). Em sua leitura, esse conjunto de atividades formava um "complexo econômico", atuando como um corpo de negócios econômicos integrados que promoviam o crescimento da economia mediante um inter-relacionamento de múltiplos componentes internos: "Café, agricultura, transportes, indústria, comércio e finanças, cresciam, assim, dinâmica e integradamente, ampliando consideravelmente o potencial de acumulação do complexo paulista" (CANO, 1977, p. 257).

Esses componentes internos permitiriam ora a redução dos custos de produção, ora a ampliação da produtividade, do excedente, da diversificação do investimento ou inclusive do mercado consumidor. Em suma, o cultivo do café como atividade central se irradiava para outras atividades produtivas (agricultura de alimentos e matérias-primas e indústria), de serviços (bancário, comerciário), de infraestrutura (ferroviário, elétrico, portuário), constituindo um integrado complexo de atividades econômicas. No que diz respeito, especialmente, ao mundo agrícola, Cano afirmaria que a ideia de uma "monocultura cafeeira latifundiária" era equivocada, porque o complexo cafeeiro representava na realidade uma agricultura bastante diversificada: necessária para abastecer tal economia em crescimento,

---

trabalhos passam pela questão do assalariamento do trabalhador em contraposição ao trabalho escravo, como elemento decisivo no desenvolvimento econômico do Brasil em fins do século XIX. Para essa leitura do papel do trabalho assalariado, cf. Antonio Delfim Netto (2009, p. 29); Fernando Henrique Cardoso (1960); Warren Dean (1971, cap. 1); Sérgio Silva (1976, cap. 4); João Manuel Cardoso de Mello (1982, cap. 1.3).

garantindo salários baixos e a possibilidade de formação de um mundo urbano--industrial (CANO, 1997, p. 252).

Em outro trabalho, Wilson Cano retoma a leitura de complexo para analisar os "padrões diferenciados das principais regiões cafeeiras" do sudeste – que perfaziam mais de 95% da produção nacional de café (CANO, 1985). Apesar de potencialmente todas as regiões terem condições de acumular por conta da produção de café, o autor defende que nem todas conseguiram construir efetivamente "complexos" regionais. No Rio de Janeiro, por conta das relações sociais de produção – o café fluminense, por ser pioneiro, expandiu-se fundamentalmente por meio da mão de obra escrava –, somadas às peculiaridades da comercialização e financiamento, não garantiram a constituição de um complexo nos moldes daquele de São Paulo. Em Minas Gerais, por sua vez, a produção cafeeira teria sido subordinada ao capital mercantil exterior, do Rio de Janeiro ou São Paulo, e a solução ao impasse do fim da escravidão teria sido a exploração do regime de parceria, o qual reduzia o assalariamento de sua mão de obra. Finalmente, o Espírito Santo também manteve uma produção subordinado ao porto e ao capital mercantil do Rio de Janeiro, sem constituição de relações de trabalho efetivamente capitalistas no campo.

No que diz respeito ao argumento geral de Wilson Cano sobre o complexo cafeeiro estamos de acordo. Contudo, considerando as especificidades do sul de Minas, acreditamos que boa parte dos argumentos voltados para a produção cafeeira mineira se refere especialmente àquela realizada na Zona da Mata.[5] Afinal, por de trás das limitações impostas à reprodução da atividade cafeeira para a análise em Minas Gerais está o argumento do esgotamento da fronteira agrícola. Tal leitura seria sedimentada em trabalhos formulados no Instituto de Economia da Unicamp, derivados das preocupações sobre a economia regional de Wilson Cano.[6]

Em certo sentido, tais pesquisas buscavam identificar a dinâmica cafeeira paulista (ou a inexistência de elementos de tal) e sua diversificação para setores urbano-

5 É preciso registrar que trabalhos mais recentes, como a tese de Anderson Pires, questionariam a proposição do "limitado" complexo cafeeiro da Zona da Mata. Conforme Pires, não somente há o registro de dinamismo local para o período posterior à abolição, em que as produções de café teriam avançado para a região norte do Vale do Rio Doce e afluentes, como também se valendo dos casos de empresas formadas em Juiz de Fora, o autor demonstra que a transição capitalista teria ocorrido com relativa força. Pires, entretanto, retoma alguns dos argumentos centrais de Wilson Cano, mas apresentando-os com nova roupagem. A especificidade do desenvolvimento econômico da Zona da Mata poderia ser denominada como "complexo agroexportador periférico", numa articulação subordinada ao núcleo comercial-financeiro da cidade do Rio de Janeiro. Cf. Anderson Pires (2004, introdução).

6 Para as pesquisas, cf. João Heraldo Lima (1977); Clélio Campolina Diniz (1981); Fernando Nogueira da Costa (1978); Ana Lúcia Duarte Lanna (1989).

-industriais em Minas Gerais. E, neste sentido, o foco de análise efetivou-se sobre a Zona da Mata, não por outras razões, região pioneira no desenvolvimento da economia cafeeira mineira (hegemônica no período em destaque e representando 27% da produção nacional em 1880), assim como sede de Juiz de Fora, centro desta economia, conhecida como a Manchester mineira por seu desenvolvimento industrial. Nas palavras de João Heraldo Lima: "Partindo da constatação de que em São Paulo a expansão cafeeira e a origem da indústria foram partes de um mesmo processo e, tendo-se em conta o fato de que em Minas o café foi a base de sua vida econômica durante largo período, tentaremos lançar algumas luzes sobre a cafeicultura, a indústria e a relação entre ambas em Minas Gerais" (LIMA, 1977, p. ii).

A constatação, contudo, era de que a construção do complexo não teria sido tão bem sucedida quanto ao exemplo paulista. Para João Heraldo Lima, o "complexo cafeeiro de Minas" não apresentava uma fronteira produtiva como àquela do oeste paulista, o que resultava num profundo rebaixamento da produtividade física dos pés de café, piorando a condição econômica dos fazendeiros: "na medida em que se dirigisse para o centro ou para o norte logo se depararia com a aridez das áreas mineradoras" (LIMA, 1977, p. 18). Tal cenário desestimulava a substituição da mão de obra escrava pela assalariada e impossibilitava a acumulação de capital na região. Para piorar, como retomaria Wilson Cano, parte do excedente econômico produzido na Zona da Mata mineira ainda seria desviado para a cidade do Rio de Janeiro: "Por tudo isso, foi precário o desenvolvimento de relações capitalistas de produção. Baixa rentabilidade e perda de parcela de seu excedente não permitiram que os segmentos urbanos (...) do complexo tivessem expansão satisfatória" (LIMA, 1977, p. 130).

Seguindo a argumentação acima, tanto Clélio Campolina Diniz como Ana Lúcia Duarte Lanna fundamentam suas interpretações, respectivamente, para mostrar a dificuldade da expansão industrial em Minas Gerais na Primeira República, como para debater a peculiaridade da transição da mão de obra escrava para livre na Zona da Mata. Diniz sustenta que Minas sofreria com um atraso relativo por conta de uma dificuldade de acumulação: não somente a fronteira agrário-exportadora esbarrava em obstáculos – o terreno irregular, a aridez das regiões mineradoras –, mas especialmente, "Minas não retinha os frutos do processo de comercialização do café e de outros produtos de exportação", por não ter um centro comercial que articulasse as atividades econômicas (DINIZ, 1981, p. 104). Por outro lado, em estudo específico sobre a questão da mão de obra, Ana Lanna considera: "A cafeicultura da Zona da Mata não tinha a capacidade de acumulação encontrada no Oeste Paulista" (LANNA, 1989, p. 108). Nesse sentido, a baixa produtividade dos cafezais, as estruturas de comercialização subordinadas ao Rio de Janeiro e os elevados custos monetários para a ampliação da produção cafeeira impediram que instauração das relações de trabalho livre fosse constituída por meio da opção do pleno assalariamento; a parceria ou o assalariamento temporário passaram a ser dominantes.

Em grande medida, portanto, os problemas enfrentados pela cafeicultura da Zona da Mata são os de mesma natureza daqueles enfrentados pelo Rio de Janeiro. O pioneirismo da produção cafeeira na região, com a introdução da cultura já em meados do século XIX, impôs maiores dificuldades aos fazendeiros quando da necessidade de se enfrentar o fim da escravidão. De um lado, suas estruturas de renda já estavam comprometidas com planteis de escravos e, de outro lado, no momento da abolição, seus cafezais mais antigos já não alcançavam elevados níveis de produtividade. Tal estrutura ao longo do tempo teria promovido uma fragmentação das unidades produtivas, dificultando, portanto, ainda mais a capacidade de acumulação desses fazendeiros. Assim, não somente se estreitavam as rendas dos cafeicultores, que com a baixa produtividade competiam desigualmente com produções de fronteira, como também tinham menor capacidade financeira para introduzir o trabalho assalariado ou introduzir inovações na produção por falta de recursos monetários. E, claro, ainda existia um agravante: a Zona da Mata dependia do escoamento de sua produção do porto do Rio de Janeiro, perdendo parte decisiva na acumulação de um produto exportador.

Mas esse cenário não será o mesmo enfrentado pela cafeicultura sul-mineira. Considerando que as plantações de café se expandiram somente na década de 1880, já na década da abolição, o limite da fronteira agrícola não seria um problema na região. Não no início do século XX, quando as plantações sul-mineiras estavam em plena atividade tanto em municípios fronteiriços com São Paulo, na região da Mogiana, como mais ao centro, em cidades como Machado, Três Pontas e Varginha. Pelo contrário. A chegada das estradas de ferro no sul de Minas, a Minas & Rio, a Sapucaí, a Muzambinho (integrados em 1910 como Rede Sul-Mineira), e mais tarde a própria Mogiana, ao atravessar a Mantiqueira nos limites paulistas, garantiram a abertura e viabilidade dessa fronteira. Ao mesmo tempo, estabelecido ao longo da década de 1880, o café no sul de Minas não teria que enfrentar os problemas decorrentes da substituição da mão de obra escrava. Não que a região estivesse distante dos dilemas da escravidão. Afinal, era a segunda região em número de escravos em Minas Gerais. Cidades como Campanha e Lavras eram centros com tradicionais e poderosas elites escravistas. Mas, considerando que a participação da região na produção de café do estado avançou somente ao longo do século XX, o peso da herança escrava na formação das fazendas de café foi possivelmente menor do que aquele verificado na Zona da Mata. Abaixo verificamos a produção total do estado e a participação da Mata; o restante da porcentagem é quase exclusivamente participação da produção de café do sul de Minas que assume parcela representativa da produção regional no início do século XX.

Tabela 1– Participação da produção cafeeira da Zona da Mata na produção do estado de Minas Gerais (períodos selecionados)

Período	Minas Gerais	Zona da Mata	%
1847/48	745.381	743.707	99,77
1850/51	900.264	898.184	99,76
1886	5.776.866	4.316.067	74,71
1888	5.047.600	4.433.800	87,83
1903/04	9.404.136	5.993.425	63,73
1926	12.793.977	9.105.543	71,17

Fonte: Pires (2004, p. 8).

Contudo, não é possível afirmar que o sul de Minas teria resolvido por completo a questão da mão de obra, seguindo o exemplo da transição do trabalho como ocorrido em São Paulo. A imigração, abundante e transformadora no interior paulista, não se efetivou com o mesmo peso nas cidades sul-mineiras. Trabalhos como de Norma de Góes Monteiro, Maria Lúcia Prado Costa e Fábio Castilho[7] mostraram a existência de fluxos migratórios para o sul de Minas. A região possuía uma hospedaria dos imigrantes em Três Corações e núcleos coloniais nas principais cidades da região, mas, conforme o Censo de 1920, eram em torno de 26 mil imigrantes no sul de Minas; um número bastante acanhado comparado com aqueles do interior paulista.[8]

Como é trabalhado na literatura, os imigrantes, quando possível, decidiam onde se estabelecer por meio de, basicamente, duas condições – dois grandes estímulos – que diferenciavam determinadas localidades:[9] de um lado, os salários oferecidos pelos fazendeiros, não somente pelo trabalho corriqueiro da produção de café, mas também pela possibilidade de ganhos com a produtividade da fazenda. E, de outro lado, as possibilidades de acesso à terra, isto é, possibilidades de garantir sua subsistência ou, inclusive, auferir ganhos por meio da venda de excedentes. Assim, o sistema de trabalho era um primeiro indicativo: enquanto a meação reduzia as possibilidades de

7 Para a imigração em Minas Gerais, cf.: Norma de Góes Monteiro (1973). No sul de Minas, cf. Maria Lúcia Prado Costa (2002) e Fábio Francisco de Almeida Castilho (2011).

8 O perfil da imigração, contudo, segue aquele de São Paulo. Mais de cinquenta por cento dos imigrantes eram italianos, seguidos por portugueses e espanhóis. E dentre os imigrantes, a maior parcela escolhia cidades próximas a fronteira de São Paulo e com municípios com relevante produção de café. Cf. MINAS GERAIS. "Minas segundo o recenseamento de 1920". Belo Horizonte: Secretaria da Agricultura, 1924.

9 Cf. Cano (1977); Maurício Font (1985); Rogério Naques Faleiros (2010); Cláudia Alessandra Tessari(2012).

ganhos monetários, na parceria, o colono teria uma renda monetária por conta do trato do café com uma renda extra pela produção de culturas de abastecimento. Em Minas Gerais, a grande maioria dos trabalhadores imigrantes foi fixada em Núcleos Coloniais financiados pelo governo do estado e o número de imigrantes trabalhando em fazendas privadas era irrelevante (CASTILHO, 2012).

É neste sentido que a estrutura do campo paulista na literatura passou a ser descrita como um ambiente mais complexo. O latifúndio agrário-exportador vai dividindo cada vez mais o espaço com as culturas de abastecimento (BAPTISTA FILHO, 1967, p. 100).[10] Seja como estratégia para atração de colonos, seja como defesa dos próprios produtores das variações dos preços do café. O debate tem se colocado em torno dessas rendas do comércio de abastecimento terem ficado ou não com os próprios colonos (FONT, 1985), possibilitando que eles se tornassem mais tarde pequenos proprietários de terra nas fronteiras agrícolas; ou de parcela significativa das produções de arroz, milho, feijão, mamonas e batatas terem sido concentradas pelos fazendeiros, pois estes, ao definirem os termos de contrato, estabeleciam cláusulas de preferência de venda (muitas vezes abaixo dos preços de mercado) e taxavam sobremaneira essas atividades, notadamente no transporte e beneficiamento, de modo que a pulverizada produção dos colonos do café, ao final do ano agrícola, encontrava-se em grandes quantidades nas mãos dos fazendeiros (FALEIROS, 2010).

O dilema no sul de Minas, por outro lado, era outro: ao longo do século XIX a região se consolidou como um dos mais importantes centros de produção de gêneros de abastecimento do país, atendendo especialmente à Corte no Rio de Janeiro.[11] Assim, diferentemente do que São Paulo, em que este espaço da produção de abastecimento é ensejado pela própria cultura cafeeira, no sul de Minas o café ascende como um potencial concorrente do espaço tradicional das culturas de arroz, milho, feijão, entre outros produtos. Buscaremos compreender a seguir, portanto, como foi resolvida a questão da divisão das atividades rurais na região com a introdução da nova cultura de exportação,que rapidamente se espraiava pelo território mineiro.

---

10 Como lembram Pedro Tosi e Rogério Faleiros: “Dificilmente se encontraria na região de Araraquara e São Carlos, como em quase todo interior paulista, fazendas unicamente especializadas na produção de café. Nas fazendas de maior dimensão uma parte das terras sempre era destinada à produção de ‘cereais’. Lá também, ao lado dos terreiros, das tulhas e das casas de máquinas, avistavam-se monjolos para pilar o milho, moinhos para produção de fubá, pilão para ‘socar’ arroz, pastos para criações e carroças para transportar toda esta produção para as vendas, cidades e estações”. Cf. Pedro Geraldo Tosi e Rogério Naques Faleiros (2011, p. 311).

11 Trabalhos que mostram a centralidade do sul de Minas no abastecimento do sul de Minas, não somente como percurso de abastecimento, mas como produtor, cf. Alcir Lenharo (1979); João L. Fragoso (1998); Cristiano Corte Restitutti (2006); Marcos Ferreira Andrade (2008).

EXPANSÃO DO CAFÉ NO SUL DE MINAS

Não há consenso sobre por onde se deu a chegada do café no sul de Minas: se foi uma extensão das plantações que avançavam pela fronteira de Minas Gerais com São Paulo, seguindo o traçado aberto pela Cia. Mogiana de estrada de ferro (SINGER, 1968, p. 212-3),[12] ou se era resultado da crise dos cafeicultores da Zona da Mata que avançavam em busca de novas terras (MARTINS; MARTINS, 1982). Independente dos vetores que promoveram a introdução da cultura, a verdade é que seria somente na década de 1880 que a produção na região passaria a apresentar alguma expressão nas exportações totais da província.

Evidentemente que, como é descrito na literatura, a introdução do café deve ter ocorrido logo no início da segunda metade do século XIX (ou, para alguns, ainda na primeira metade do oitocentos). O *Almanack Sul-Mineiro*, por exemplo, publicado pelo ilustre campanhense Bernardo Saturnino da Veiga, em 1874, já destacava produções de café em cidades como Pouso Alegre, Alfenas e Jaguary. Autores contemporâneos, por outro lado, relatam plantações desde a década de 1860: Ricardo Moreira Rebello (2006, p. 259) reforça que o município de Machado na década de 1870 exportava café para São Paulo e Rio de Janeiro; para Maria Lúcia Prado Costa (2002), os pés de café em Pouso Alegre e Alfenas introduzidos em 1860 já tinham investimentos consideráveis na década seguinte; Marcos Lobato Martins e André Silva de Souza (2012, p. 165) reforçam o período de introdução do café como sendo a década de 1960 e, ainda, apontam que essa cultura era dominante em chácaras e pequenas plantações, dividindo espaço com outras atividades.

Nos anos de 1880, entretanto, a dimensão da produção sofreu um salto quantitativo bastante expressivo. Não é possível afirmar categoricamente se a estrutura de produção dentro da fazenda foi alterada, isto é, se a predominância das pequenas plantações em chácaras e fazendas, dividindo espaço com outras culturas como milho, cana e feijão, ou mesmo o pasto para as tropas e o gado, deixaram de ser dominantes. Contudo, certamente o café, nas duas últimas décadas do século XIX, tomou a paisagem do sul de Minas, não sendo apenas mais uma cultura entre outras, um produto acessório para apoiar a renda agrícola familiar, mas uma atividade que ampliava substancialmente sua participação entre os produtos comercializados pela região.

Conforme dados recolhidos por Cristiano Restitutti nos registros e recebedorias de Minas Gerais durante o século XIX, o café passaria a representar cerca de 90% do valor dos produtos exportados pela Fronteira Sudoeste na década de 1880 (Mapa I, Anexo I).[13] Com um incrível salto na quantidade do que era comercializado, em uma

---

12 O autor se vale do texto de Hildebrando de Magalhães (1934) como referência.

13 Fronteira Sudoeste corresponde aos Registros e Recebedorias de Monte Santo, Jacuí, Dores de Guaxupé, Cabo Verde, Caldas, Ouro Fino, Campanha de Toledo e a Fronteira

década o café registrado anualmente nas recebedorias próximas à região Mogiana acenderia de 120 toneladas anuais para mais de 2.200. Na Fronteira do Sul-Extremo – aquela que em grande medida fazia a ligação do comércio da região com o Rio de Janeiro, por meio do Vale do Paraíba –, apesar de dobrar a quantidade de café transacionado, de uma média de 700 toneladas anuais para quase 1.500, os produtos hegemônicos no comércio local ainda eram o gado vacum e o fumo (Tabela 2).

Tabela 2 – Participação por produtos exportados pelo sul de Minas (quantidade média anual)

	Fronteira Sudoeste			Fronteira Sul-Extremo		
Gênero	1866-70	1871-78	1881-84	1866-70	1871-78	1881-84
Café (kg)	78.540	122.413	2.203.589	751.729	725.908	1.475.775
Toucinho (kg)	136.684	151.477	46.155	1.906.380	2.253.172	1.446.605
Fumo (kg)	87.755	189.257	35.022	3.770.214	3.858.166	2.361.794
Gado Suíno (cab.)	1.543	2.387	1.430	28.527	29.311	22.694
Gado Vacum (cab.)	400	952	223	58.846	66.354	88.165

Fonte: Restitutti (2006, p. 202 e p. 214).

É possível observar que a exportação de café dá um salto significativo em 1881 nas duas regiões, enquanto as outras produções tradicionais perdiam espaço. Contudo, enquanto o Sudoeste caminhava para uma especialização na cultura cafeeira, abandonando as demais produções, o Sul Extremo manteve a produção de mercadorias voltadas para o abastecimento interno. Essas diferenças no perfil das exportações entre as barreiras da Fronteira Sudoeste e da Fronteira Sul-Extremo são compreensíveis historicamente. Enquanto a região Sudoeste margeava a Mantiqueira paulista, cuja dinâmica econômica foi fortalecida na segunda metade do século XIX por conta do café, o Extremo-Sul sustentava neste período consolidados escoadouros de mercadorias para São Paulo, mas especialmente para a cidade do Rio de Janeiro. Conhecida é a ascensão desta elite sul-mineira por conta do abastecimento da corte desde o início do século XIX,[14] não somente com a produção local, como também por meio da articulação de outras regiões, em especial as criadoras de gado como aquelas do Triângulo Mineiro e das províncias do Mato Grosso e Goiás: este era o papel de importantes comerciantes de São João Del Rei entre 1840-

Extremo-Sul aos de Jaguari, Sapucaí-Mirim, Soledade de Itajubá, Mantiqueira, Picu, Monte Belo, Ouro Fino, E. F. Minas e Rio, Bocaina do Rio Preto, Passa Vinte, Ponte do Carrijo, Ponte do Zacharias, Santa Rita, Presídio do Rio Preto, Porto do Machado (RESTITUTTI, 2006, p. 144).

14 Para o papel da elite mercantil do sul de Minas, cf. Alcir Lenharo (1979); Afonso de Alencastro Graça Filho (2003), Marcos Andrade (2008).

60 e, mais tarde, com a chegada da ferrovia Minas & Rio, da cidade de Três Corações (SAES; ROSA, 2012). Assim, o gado engordado nos pastos da região Sudoeste, por exemplo, era direcionado para cidades mais ao sul, local em que era comercializado e vendido para o Rio de Janeiro. Talvez, por isso mesmo, a atividade cafeeira não teria assumido um papel de destaque tão acentuado quanto a do sudoeste de Minas ainda no século XIX, cuja participação da rubiácea representava já mais de noventa por cento do valor exportado. Na Fronteira Sul-Extremo, enquanto o gado na década de 1880 alcança os 50% do comércio realizado em suas barreiras, o café ficava ao redor dos 10% (Tabela 3). Outro produto importante desse trânsito era o fumo que, representando na década de 1880 cerca de 20% do valor transacionado, dominava a produção de cidades como Baependi, Itajubá e Sapucaí-Mirim (RESTITUTTI, 2006, p. 217 e segs.).

Tabela 3 – Produtos exportados pelo sul de Minas (libras esterlinas, média anual)

	Fronteira Sudoeste			Fronteira Sul-Extremo		
Gênero	1866-70	1871-78	1881-84	1866-70	1871-78	1881-84
Café	2.560	6.592	74.353	24.655	40.548	49.626
Toucinho	4.697	7.303	1.663	64.735	107.202	51.985
Fumo	2.900	12.595	1.145	125.157	211.334	91.618
Gado Suíno	1.719	3.746	1.874	30.928	46.346	29.768
Gado Vacum	925	3.180	578	138.344	222.498	227.848
Total	15.138	35.488	80.525	418.930	676.707	466.984

Fonte: Restitutti (2006, p. 202 e p. 214).

De alguma maneira, porém, o comércio realizado no sul de Minas vai tomando nova forma em fins do século XIX. A chegada das ferrovias na região dava nova dinâmica ao comércio antes dependente das tropas. O gado e os porcos não precisavam mais, a partir de então, percorrer longas distâncias para alcançar os centros consumidores, preservando seu peso e evitando doenças que eram comuns pelo distante caminho. O café, o milho, o açúcar, o fumo, entre outras mercadorias, não precisavam seguir no lombo das mulas, evitando perdas e reduzindo o tempo, o risco e o custo da viagem.

Do lado da Fronteira do Sul-Extremo a inovação era resultado da conclusão, em 1884, da ligação ferroviária por meio da D. Pedro II, localizada no Vale do Paraíba, com a cidade de Três Corações. A estrada de ferro Minas & Rio poderia então cumprir com o tradicional comércio sul-mineiro atendendo o mercado do Rio de Janeiro. Em quatro anos de funcionamento, a média de gado vacum transportado pelas barreiras foi quase totalmente absorvida pela ferrovia: das 80 mil cabeças levadas anualmente para o Rio de Janeiro por terra, cerca de três quartos seguiam agora por meio da ferrovia (Tabela 4).

Tabela 4 – Volume de café e gado transportado na estrada de ferro Minas & Rio (1884-1908)

Anos	Café (ton)	Animais	Gado	Ano	Café (ton)	Animais	Gado
1884	-	2.180	-	1895	4.228,07	61.781	57.832
1885	398,86	5.888	-	1896	5.480,99	54.643	50.456
1886	624,15	21.469	-	1897	11.713,93	82.732	78.483
1887	1.181,11	61.252	-	1898	-	71.997	61.672
1888	947,14	89.020	-	1899	-	52.501	45.994
1889	-	81.917	-	1900	9.922,28	81.645	-
1890	-	89.719	-	1901	18.099,25	79.808	73.220
1891	-	91.773	-	1902	-	-	-
1892	-	88.678	-	1903	15.853,01	85.252	-
1893	3.663,71	71.298	62.786	1904	-	79.911	-
1894	3.437,57	79.124	76.617	1905	10.102,04	108.688	-

Fonte: Relatórios do Ministério da Agricultura (1884-1905) e Relatórios do Ministério de Indústria, Viação de Obras Públicas (1906-08).

O café, por sua vez, também aparentemente parece ter sido absorvido pelo novo sistema de transporte ferroviário. Pelo Sul-Extremo, durante a primeira metade da década de 1880, passavam pelas recebedorias em média 1,5 mil toneladas de café por ano. Entre 1884-8 a ferrovia já absorvia dois terços dessa quantidade para, cinco anos depois, cumprir com um transporte maior do que 3 mil toneladas anuais. De certa forma essa ampliação do tráfego de café reforça o argumento que a expansão da fronteira agrícola dependia do alcance do sistema de transporte (MELLO, 1982; HOLLOWAY, 1984). Certamente a chegada da Minas & Rio em Três Corações garantiu que os cafezais de cidades como Varginha, Alfenas e Machado se tornassem mais rentáveis. É justamente seguindo essas cidades que a estrada de ferro Muzambinho construiria seu percurso a partir da década seguinte, como extensão da Minas & Rio.

Na outra ligação, com a fronteira paulista, a ferrovia que tocava o território sul-mineiro era a Cia. Mogiana de estrada de ferro. Fundada em 1872, suas operações tiveram início em 1875 saindo de Campinas em direção à encosta da Mantiqueira, na fronteira com Minas Gerais. A primeira cidade do sul de Minas a ser conectada com o sistema paulista de transporte foi Caldas em 1886. Contudo, rapidamente várias cidades desta chamada Fronteira Sudoeste estariam ligadas com a ferrovia. Em 1904 a estratégia da Mogiana de absorver a produção do sul de Minas torna-se mais agressiva, com a construção do Ramal Guaxupé e, mais tarde, absorvendo parte da própria Rede Sul-Mineira (1912).[15]

15 As ferrovias do sul de Minas, Minas & Rio, Muzambinho e Sapucaí formaram por

Tabela 5 – Transporte de café nas estações do sul de Minas da Cia. Mogiana (ton.)

Ano	Ramal Rio Grande e Caldas (estação de Caldas)	Ano	Ramal Rio Grande e Caldas (estação de Caldas)	Ramal Guaxupé
1892	1.067,57	1903	2.555,60	-
1893	730,70	1904	1.825,79	4.692,17
1894	382,86	1905	827,25	2.834,75
1895	1.257,97	1906	1.926,77	5.167,63
1896	1.236,60	1907	1.921,14	8.283,79
1897	1.994,10	1908	1.790,62	3.692,16
1898	1.720,61	1909	2.057,11	8.270,31
1899	1.797,66	1910	1.931,16	5.376,19
1900	1.630,32	1911	1.261,68	7.005,53
1901	2.463,53	1912	1.754,99	5.699,51
1902	2.639,21	1913	1.900,99	4.717,47

Fonte: Relatórios da Cia. Mogiana de estrada de ferro (1888-1913).

O que se evidencia é que a Mogiana foi atraída pelo potencial agrícola daquela região, de maneira que comunicava aos acionistas em seu relatório: "que essa penetração em Minas, e a futura ligação com outras estradas do mesmo Estado as tornarão convergentes a (...) vastas e férteis regiões que até o presente tem tido outro escoamento para os seus produtos".[16] Assim, se a estação de Caldas, ponto final no sul de Minas do Ramal da Mogiana Rio Grande e Caldas, era uma exportadora de café, os ramais de Guaxupé, a partir de 1904, e da Rede Sul-Mineira, adquirido em 1912, serão ainda mais importantes neste sentido. O ramal da Rede Sul Mineira, por exemplo, em 1912, seu primeiro ano de funcionamento, teria exportado um pouco mais de 3 mil toneladas anuais de café, e já em 1913, essa cifra alcançaria 11 mil toneladas, média que seria mantida nos anos seguintes.

A Mogiana estava alcançando, com a expansão de suas linhas para Minas, uma região que seria importante produtora de café. Duas cidades que seriam atendidas pelos ramais saídos de Guaxupé, São Sebastião do Paraíso e Monte Santo de Minas, concentravam sozinhas mais de 25% de toda área cultivada e dos pés de café do sul de

conta da intervenção do governo mineira, entre 1908 e 1910, a Rede Sul-Mineira. Um trecho da Companhia foi transferido para a Mogiana, cuja conexão era feita por meio do Ramal Guaxupé já inaugurado em 1904. Para o assunto, cf. Vasco de Castro Lima (1934); Marcel Pereira da Silva (2012).

16 Relatório n. 51 da Directoria da Companhia Mogiana de Estradas de Ferro e Navegação para a Assembleia Geral. Campinas, 11 de maio de 1903, p. 12.

Minas. Nos mapas 2, 3 e 4 (anexo II) fica evidente a concentração da produção de café na região: as duas áreas cujos municípios se "especializaram" na produção de café, isto é, possuíam mais de 70% de suas terras voltadas para esta cultura, foram justamente as áreas atendidas pela Cia. Mogiana e pela estrada de ferro Muzambinho.

Tabela 6 – Os cinco maiores municípios cafeeiros do sul de Minas, 1920

Município	População	Área total Cultivada (hec)	Área ocupada com café	Pés de café (mil)
Monte S. de Minas	30.570	27.241	21.670	16.252
São S. do Paraíso	37.537	23.046	19.653	14.739
Jacutinga	20.615	14.603	11.084	8.313
Machado	29.357	14.569	10.127	7.595
Guaranésia	25.135	12.724	10.024	7.310
Total	1.057.734	399.178	158.066	118.689

Fonte: MINAS GERAIS. "Minas segundo o recenseamento de 1920". Belo Horizonte: Secretaria da Agricultura, 1924.

Apesar de um volume de exportações total ainda menor do que a região da Zona da Mata – que continuava respondendo na década de 1920 por quase 70% do café mineiro –, o perfil dos maiores municípios "cafeicultores" nas duas regiões era semelhante. Em comum, esses municípios reservavam cerca de 75% de suas áreas cultivadas para a produção de café, criando quase uma especialização do campo para o produto exportador. Por outro lado, na comparação entre os cinco maiores municípios produtores de café da Zona da Mata e do sul de Minas, o que salta aos olhos é que mesmo com metade dos habitantes, os municípios do sul de Minas conseguiam manter um volume de produção de café muito próximo daquele da Zona da Mata (tabela 7).

Tabela 7 – Os cinco maiores municípios cafeeiros da Zona da Mata, 1920

Município	População	Área total cultivada (hec)	Área ocupada com café	Pés de café (mil)
Carangola	86.675	45.090	32.021	24.016
Cataguazes	62.206	33.370	24.088	18.065
Juiz de Fora	118.166	36.179	23.320	17.489
Muriaé	69.943	28.853	21.225	15.918
Ponte Nova	62.666	36.180	17.999	13.499

Fonte: Pires (2004, p. 76) (modificado).

Em suma, não podemos descartar que nas duas regiões as grandes fazendas de café dividiam parte de suas plantações com outras culturas voltadas ao mercado interno. Mas, no que diz respeito ao sul de Minas, a região que incorporaria as maiores plantações de café eram justamente regiões sem representatividade no comércio interno durante o século XIX. As cidades tradicionais de produção de fumo, arroz, milho, feijão, mandioca etc., ao que parece, manteriam seu papel no comércio interno, também produzindo café, mas como parcela marginal de sua cultura dominante. Sendo assim, até que ponto é possível considerar que a cafeicultura, ao se chocar com uma estrutura agrária tradicional, teve condições de construir um complexo garantindo a subsistência dos trabalhadores ou criando incentivos para imigrantes se estabelecem em novas terras? Ao que parece, o perfil foi de uma especialização local em diferentes culturas, como veremos a seguir.

ABASTECIMENTO NO SUL DE MINAS EM 1920

A década de 1920, desta maneira, definitivamente consolidava um novo padrão de atividade econômica no sul de Minas. Após mais de uma geração da introdução e disseminação da agricultura cafeeira na região, algumas cidades passavam a se identificar e demonstrar sua vocação como municípios fundamentalmente cafeeiros. Alguns deles ainda hoje sustentam essa condição de produtores representativos na totalidade do café comercializado dentro e fora do Brasil. Por outro lado, diferentemente de uma dispersão homogênea da nova atividade econômica, outras cidades da região mantiveram seu apego à produção de gêneros de abastecimento, garantindo uma pauta de exportação bastante diversificada e com fortes laços com os centros consumidores, tanto do Rio de Janeiro como de São Paulo.

Ao que parece o sul de Minas revelou um padrão de divisão social do trabalho bastante peculiar: diferentemente de municípios com uma diversificação produtiva, atendendo aos desígnios do complexo cafeeiro paulista ou, por outro lado, de uma reversão das atividades centrais para uma quase subsistência acoplada a outras atividades mercantis, ele parece apresentar uma especialização de culturas entre cidades. Enquanto municípios tornavam-se quase monoculturas exportadoras de café, como eram os casos de Monte Santo de Minas e São Sebastião do Paraíso com, respectivamente, 80 e 85% de suas áreas cultivadas com a rubiácea (Anexo II, Mapa 3), outros municípios do sul de Minas praticamente não sentiram alterações em suas estruturas produtivas com a introdução do café.

Isto é, produções tradicionais como de fumo, milho, feijão, entre outras, mantiveram-se, mesmo depois de quase quarenta anos de expansão da produção cafeeira na região, com participações elevadas no total produzido por certos municípios. Possivelmente, esse fato revela duas dimensões interessantes da estrutura econômica da região: em parte, é possível afirmar que essas atividades não exportadoras, mas de produções voltadas para o abastecimento da economia brasileira, podiam ser bastante rentáveis a ponto de não sofrerem o impulso de seus produtores para a alteração da cultura. Reforça-se assim o argumento da condição do sul de Minas como um importante centro de abastecimento das duas grandes áreas urbanas do Sudeste, formadas nas capitais do Rio de Janeiro e de São Paulo. E ainda, apesar de ser uma área periférica dentro da perspectiva de um complexo econômico regional, alguns elementos importantes para a acumulação e diversificação do capital foram estabelecidos, mesmo que ainda sem gerar a capacidade de disseminação de novas atividades e negócios pela diversificação econômica como ocorreria em São Paulo.

Com base no Censo de 1920, confirmamos que o sul de Minas permanecia como importante produtor de alimentos. Produtos como milho, arroz e feijão eram produzidos em larga escala:a produção de milho em Minas era a maior de todo o país, com uma produção de 21.194.265 sacos (1.271.656 toneladas), representando 25,4% da produção nacional. As três cidades listadas como maiores produtoras mineiras eram Pouso Alegre, Paraisópolis e Jaguari, todas no sul de Minas, produzindo, respectivamente, 849.095, 543.220 e 493.900 sacos. Outro exemplo é a produção de feijão, embora Minas fosse apenas o quarto maior produtor do país, respondendo pela produção de 2.580.936 sacos – 21,35% da produção nacional – os dois municípios com maior produção no estado eram, novamente, Paraisópolis, com 79.743 sacos e Pouso Alegre, com 67.553 sacos.

A produção sul-mineira também se destaca com outros produtos, como o fumo de Jaguari e Itajubá. Minas era a terceira maior produtora, com 11.473 toneladas do produto, o município sul-mineiro de Jaguari era o terceiro maior produtor nacional, com 3.084,5 toneladas e Itajubá ocupava o nono posto nacional, com 1.329,8 toneladas.

Esses e outros dados do Censo de 1920 comprovam que mesmo depois da inclusão do café na região diversos municípios permaneceram privilegiando uma produção mais tradicional. Alguns municípios se tornaram grandes produtores de milho, arroz, feijão, fumo e gado. Os municípios que se especializaram nesse tipo de produção representam as imensas manchas amarelas presentes no mapa 3 (anexo), localidades estas onde o café não se desenvolveu com tanta intensidade. Esse dado corrobora nossa hipótese de que conviveram no sul de Minas a produção cafeeira e outra mais tradicional, voltada ao abastecimento do mercado interno, variando de município para município.

No sul de Minas, a região que manteve seu apego ao abastecimento foi justamente a região mais ao sul, próxima ao Vale do Paraíba e cruzada pelas antigas estradas que ligavam o comércio com a Corte. Dois municípios do "abastecimento" eram Pouso Alegre e Paraisópolis, que mantinham as maiores áreas de produção do sul de

Minas, juntos com 15% de toda área cultivada da região. Eram dois grandes produtores de milho, arroz e feijão de Minas Gerais (Tabela 8 e Anexo III).

Tabela 8 – Participação na produção total do sul de Minas

Municípios	Milhos	Arroz	Feijão	Mandioca
Pouso Alegre	14%	12%	9%	16%
Paraisópolis	9%	9%	10%	-

Fonte: MINAS GERAIS. "Minas segundo o recenseamento de 1920". Belo Horizonte: Secretaria da Agricultura, 1924.

Somadas, as cidades de Pouso Alegre e Paraisópolis chegavam a produzir praticamente 20% destes produtos de abastecimento em toda a região. Curioso, por outro lado, é que eram municípios com poucos imigrantes: segundo o Censo de 1920, Paraisópolis tinha seus 155 imigrantes, enquanto Pouso Alegre 605. As cidades de Monte Santo de Minas e São Sebastião do Paraíso, respectivamente terceira e quarta em maiores porções de terras cultivas no sul de Minas, somavam 12,5% da área cultivada, mas como já afirmamos, voltavam suas produções para a exportação de café, e talvez por isso mesmo apresentavam número maior de imigrantes, respectivamente: 1.806 e 1.854.

Outro produto que sustentava papel relevante no comércio sul-mineiro desde o século XIX era o fumo. Como afirma Cristiano Restitutti, a produção de fumo do sul de Minas chegou a ter uma representação bastante significativa nos oitocentos, diferenciando-se daquele fumo produzido na Bahia por não atender o mercado do comércio de escravos, mas sim o consumo da Corte do Rio de Janeiro. No século XX, as duas cidades que já desempenhavam função de produção do fumo se mantiveram na atividade: Jaguary com quase 40% da produção total do sul de Minas e Itajubá com outros 17%. Baependi, que chegou a dar nome a um tipo de fumo por sua importância no ramo, nesse período já não teria mais representatividade na produção local.

É interessante perceber como esses municípios, cujo comércio era voltado ao abastecimento, ao mercado interno, sofreram pouca influência da expansão da produção de café. Mesmo em 1920, depois de quase duas gerações de introdução do café no sul de Minas, a região da fronteira Sul-Extremo mantinha-se distante dos ovos de ouro do país, o café, e continuava fiel aos seus produtos: a longa mancha amarelada (Anexo II, Mapa 4) era uma área em que a cafeicultura representava menos de 20% da área cultivada no município.

Com café ou mercadorias voltadas ao mercado interno, é perceptível que os municípios mais dinâmicos nas primeiras décadas do século XX foram aqueles que conseguiram se especializar em alguma produção, garantindo uma presença de destaque no mercado regional. Fosse com o fumo de Itajubá, o milho e arroz de Pouso Alegre, ou o café das cidades ao redor de Guaxupé e de Varginha, a dinâmica dos municípios na primeira metade do século XX dependeu da presença de uma estrutura produtiva voltada ao mercado regional ou internacional. Em suma, dentro do complexo cafeeiro, e de uma economia agrário-exportadora, o sul de Minas passou a ser procurado como terreno adequado para abrirem fazendas de café em seu território. Mas não só: permaneceu como região importante de abastecimento para o mercado interno que crescia com a economia cafeeira. No sentido de complexo cafeeiro de Wilson Cano, no sul de Minas foi se formando uma estrutura próxima a leitura de um complexo pela diversificação das atividades agrícolas, mas ao que parece essa estrutura produtiva diversificada sustentaria um perfil particular, já que algumas cidades reforçavam seu papel herdado do passado colonial, como centros produtores de mercadorias voltadas ao mercado interno.

Isto é, tanto a produção voltada à exportação, como aquela voltada ao mercado interno, eram atividades que transbordavam as fronteiras do sul de Minas. Em suma, diferentemente do caso paulista, as produções de abastecimento e de café foram concorrentes, não plenamente integradas como um efetivo complexo. Se as cidades da região não tiveram capacidade de crescer de maneira dinâmica e integrada, devido ao transbordamento de seu capital por meio das ferrovias, casas comerciais e bancos para São Paulo e Rio de Janeiro, como ocorrido na Zona da Mata, também sofreu com a fragmentação da região, como visto na introdução deste livro, que impossibilitou a expansão de seu mercado interno e da acumulação local.

CONSIDERAÇÕES FINAIS

Este artigo buscou construir uma primeira aproximação para compreender a estrutura agrária do sul de Minas. Sem negar as proposições gerais da interpretação de "complexos regionais", acreditamos que o sul de Minas nunca foi tomado como uma região específica e, por isso, merece ser analisado frente suas condições particulares: assim como o que ocorreria em São Paulo, a introdução do café no sul de Minas teria que disputar espaço com outras atividades voltadas ao mercado interno, sem que a assimilação de uma fosse o fim da outra. Sabemos que a região do velho oeste paulista foi uma região de intensa produção de cana e de trânsito de mercadorias voltadas ao abastecimento do mercado interno antes da introdução do café. Contudo, enquanto cidades como Campinas, Jundiaí e Rio Claro passavam para atender mais intensamente a produção de café, outras cidades como Itu, Campinas e Capivari passavam a se especializar na produção de cana-de-açúcar.

Ao que parece, esse é o percurso encontrado para o sul de Minas. Cidades que, tradicionalmente, mantinham contato com o comércio interno, abastecendo a antiga Corte, continuariam apegadas às produções de milho, arroz, fumo, toucinho, gado entre outros. O café, aparentemente, encontra terreno fértil em cidades cujo papel comercial no século XIX não teria sido de grande destaque. E claro, as plantações de café seguiam um curso quase natural da fronteira da mogiana, se aproveitando da expansão do transporte ferroviário. E junto com ele, as mudanças típicas do complexo cafeeiro, como a chegada de mão de obra imigrante, expansão dos negócios como bancos, ferrovias e pequenas indústrias (SAES; MARTINS, 2012). Dessa maneira, evidencia-se que a dinâmica não seria a mesma encontrada na fronteira sul de Mantiqueira, dominada por produções voltadas ao abastecimento, mas também se beneficiando quando avançou para a especialização produtiva atendendo ao mercado regional. Contudo, essa especialização não foi suficiente para formar um complexo econômico como ocorrido em São Paulo, pois a dispersão e fragmentação da região, cuja ligações com seus mercados externos reduziriam a capacidade de acumulação local, não integraram os municípios do sul de Minas como um complexo.

Assim, a acumulação resultante da cultura do café ampliou o espaço para diversificação de novos negócios, incrementou os serviços de transporte com a expansão das estradas de ferro e expandiu-se os créditos com a abertura de novos bancos. Contudo, não podemos afirmar que estes novos serviços garantiram um ambiente para a construção de um "complexo econômico" que favorecia também a permanência da produção de alimentos tradicionais na região. Ao que parece, os mercados do sul de Minas eram efetivamente externos. Assim, ao definir esse perfil da produção agrícola das cidades, acreditamos que será possível em pesquisas futuras compreender o significado das transformações guiadas pelas elites locais. Cidades que permaneceram ao longo do tempo com uma elite mais fechada, que sofreram menores mudanças, e outras, com maior dinâmica social e econômica e mudanças urbanas.

REFERÊNCIAS BIBLIOGRÁFICAS

ANDRADE, Marcos Ferreira. *Elites regionais e formação do estado Imperial brasileiro.* Rio de Janeiro: Arquivo Nacional, 2008.

BAPTISTA FILHO, Olavo. "A propriedade agrícola em São Paulo". In: BRUNO, Ernani Silva. *São Paulo: terra e povo.* Porto Alegre: Globo, 1967.

CANO, Wilson. "Base e superestrutura em São Paulo: 1886-1929". LORENZO, Helena Carvalho de; COSTA, Wilma Peres da (org.). *A década de 1920 e as origens do Brasil moderno.* São Paulo: Editora da Unesp, 1997.

CANO, Wilson. "Padrões diferenciais das principais regiões cafeeiras (1850-1930)". *Revista estudos econômicos,* São Paulo, IPE/USP, v. 15, n. 2, 1985.

______. *Raízes da concentração industrial em São Paulo.* Rio de Janeiro: Difel, 1977.

CARDOSO, Fernando Henrique. "Condições sociais da industrialização: o caso de São Paulo", *Revista Brasiliense*, v. 28, mar./abr., 1960.

CASTILHO, Fábio Francisco de Almeida. *A transição da mão-de-obra no sul de Minas*. Jundiaí: Paco, 2011.

COSTA, Fernando Nogueira da. *Bancos em Minas Gerais: 1889-1964*. Dissertação (Mestrado) – Unicamp, Campinas, 1978.

COSTA, Maria Lúcia Prado. *Fontes para a história social do sul de Minas: os trabalhadores de Paraguaçu e Machado, 1850-1900*. Belo Horizonte: Mazza, 2002.

DEAN, Warren. *A industrialização de São Paulo*. São Paulo: Difel, 1971.

DELFIM NETTO, Antonio. *O problema do café*. São Paulo: Ed. da Unesp, 2009.

DINIZ, Clélio Campolina. *Estado e capital estrangeiro na industrialização mineira*. Belo Horizonte: UFMG/Proed, 1981.

FALEIROS, Rogério Naques. *Fronteiras do café: fazendeiros e colonos no interior paulista, 1917-1937*. Bauru: Edusc, 2010.

FONT, Maurício. "Padrões de ação coletiva dos plantadores paulistas de café: 1932-33". SORJ, Bernardo; CARDOSO, Fernando Henrique (orgs.). *Economia e movimentos sociais na América Latina*. São Paulo: Brasiliense, 1985.

FRAGOSO, João L. *Homens de grossa aventura*. Rio de Janeiro: Civilização Brasileira, 1998.

FURTADO, Celso. *Formação econômica do Brasil*. São Paulo: Companhia Editora Nacional, 1995.

GRAÇA FILHO, Afonso de Alencastro. *A princesa do Oeste e o mito da decadência de Minas Gerais*. São Paulo: Annablume, 2003.

HOLLOWAY, Thomas. *Imigrantes para o café*. São Paulo: Paz e Terra, 1984.

LANNA, Ana Lúcia Duarte. *A transformação do trabalho*. Campinas: Ed. da Unicamp, 1989.

LENHARO, Alcir. *As tropas da moderação*. Rio de Janeiro: Símbolo, 1979.

LIMA, Vasco de Castro. *A estrada de ferro sul de Minas, 1884-1934*. Trabalho histórico-descritivo. São Paulo: Copag, 1934.

LIMA. João Heraldo. *Café e indústria em Minas Gerais (1870-1920)*. Dissertação (Mestrado) – IFCH/Unicamp, Campinas, 1977.

MAGALHÃES, Hildebrando. "Subsídios para a história do café em Minas Gerais". In:______. *O café*. Rio de Janeiro: DNC, 1934.

MARTINS, Marcos Lobato; SOUZA, André Silva. "Notas sobre as propriedades rurais de Alfenas, MG: décadas de 1860-1880". In: SAES, Alexandre; MARTINS, Marcos Lobato. *Sul de Minas em transição: a formação do capitalismo na passagem para o século XX*. Bauru: Edusc, 2012.

MARTINS, Roberto Borges; MARTINS, Maria do Carmo. "As exportações de Minas Gerais no século XIX: novas evidências", *Seminário sobre a economia mineira*, 1, Diamantina, Cedeplar/UFMG, 1982.

MELLO, João Manuel Cardoso de. *O capitalismo tardio*. São Paulo: Brasiliense, 1982.

MINAS GERAIS. "Minas segundo o recenseamento de 1920". Belo Horizonte: Secretaria da Agricultura, 1924.

MONTEIRO, Norma de Góes. *Imigração e colonização em Minas Gerais*. Belo Horizonte: Imprensa Oficial, 1973.

PIRES, Anderson. *Café, finanças e bancos: uma análise do sistema financeiro da zona da Mata de Minas Gerais (1889-1930)*. Tese (Doutorado) – FFLCH-USP, São Paulo, 2004.

REBELLO, R. M. *O município do Machado até a virada do milênio*. Machado: s. d., 2006.

RESTITUTTI, Cristiano Corte. *As fronteiras da província: as rotas de comércio interprovincial (Minas Gerais, 1839-1884)*. Dissertação (Mestrado) – Unesp, Araraquara, 2006.

SAES, Alexandre Macchione; MARTINS, Marcos Lobato. *Sul de Minas em transição: a formação do capitalismo na passagem para o século XX*. Bauru: Edusc, 2012.

______; ROSA, Elton. "Mercado Pontual: atuação estatal na formação da Feira de Gado de Três Corações (1900-1920)". In:______; MARTINS, Marcos Lobato. *Sul de Minas em transição: a formação do capitalismo na passagem para o século XX*. Bauru: Edusc, 2012.

______. *Conflitos do capital*. Bauru: Edusc, 2010.

SALLES, Ricardo. *E o vale era o escravo: Vassouras, século XIX – Senhores e escravos no coração do Império*. Rio de Janeiro: Civilização Brasileira, 2008.

SCHWARCZ, Lilia M. *História do Brasil nação: a abertura para o mundo*. Rio de Janeiro: Objetiva, 2012.

SILVA, Marcel Pereira da. *De gado a café: as ferrovias no sul de Minas Gerais (1874-1910)*. Dissertação (Mestrado) – FFLCH/USP, São Paulo, 2012.

SILVA, Sérgio. *Expansão cafeeira e origens da indústria no Brasil.* São Paulo: Alfa-Ômega, 1976.

SINGER, Paul. *Desenvolvimento econômico e revolução urbana.* São Paulo: Paz e Terra, 1968.

TESSARI, Cláudia Alessandra. *Braços para a colheita.* São Paulo: Alameda, 2012.

TOSI, Pedro G.; FALEIROS, Rogério N. "Domínios do café: ferrovias, exportação e mercado interno em São Paulo (1888-1917)". In: QUEIROZ, Paulo Roberto Cimó; GOULARTI FILHO, Alcides (org.). *Transportes e formação regional: contribuição à história dos transportes no Brasil.* Dourados, MS: Ed. da UFGD, 2011.

Anexos I – Mapa 1

Fonte: Para as cidades formadas até 1890: Minas Gerais. *Álbum Chorográfico do Estado de Minas Gerais.* Belo Horizonte: Serviço de Estatística Geral/Secretaria de Agricultura/Imprensa Oficial, 1927. Para as ferrovias, CEFFB, Rede Sul-Mineira, Plantas da Linha de Tráfego (1910), suplemento da *Revista Ferroviária de 1961*, retirada da internet (www.tsfr.org/~efbrazil/cmef_map.html).

Anexo 2 – Mapa 2: Divisão política do sul de Minas em 1920

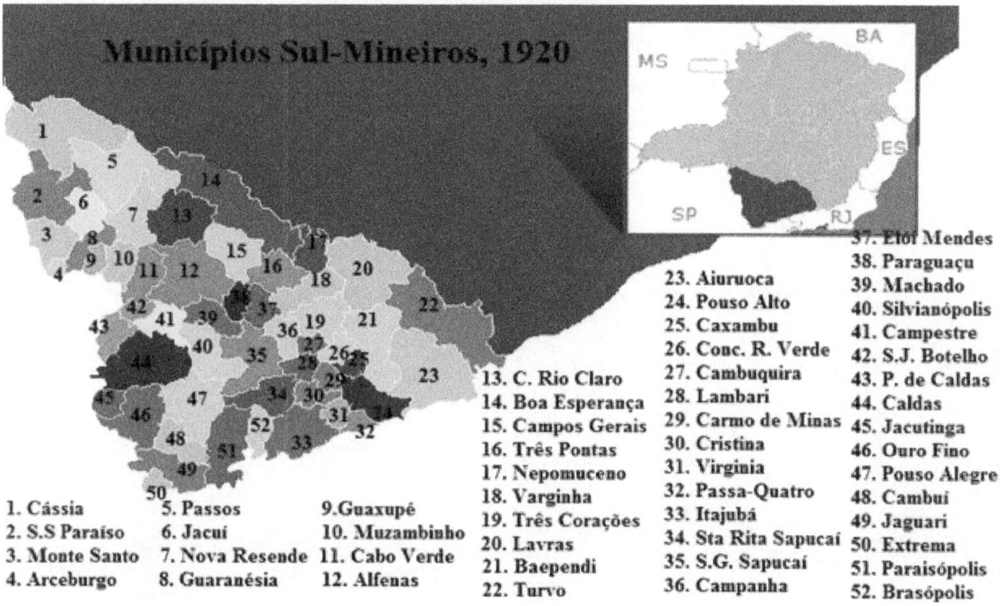

Mapa 3: Produção municipal de café no sul de Minas em 1920.

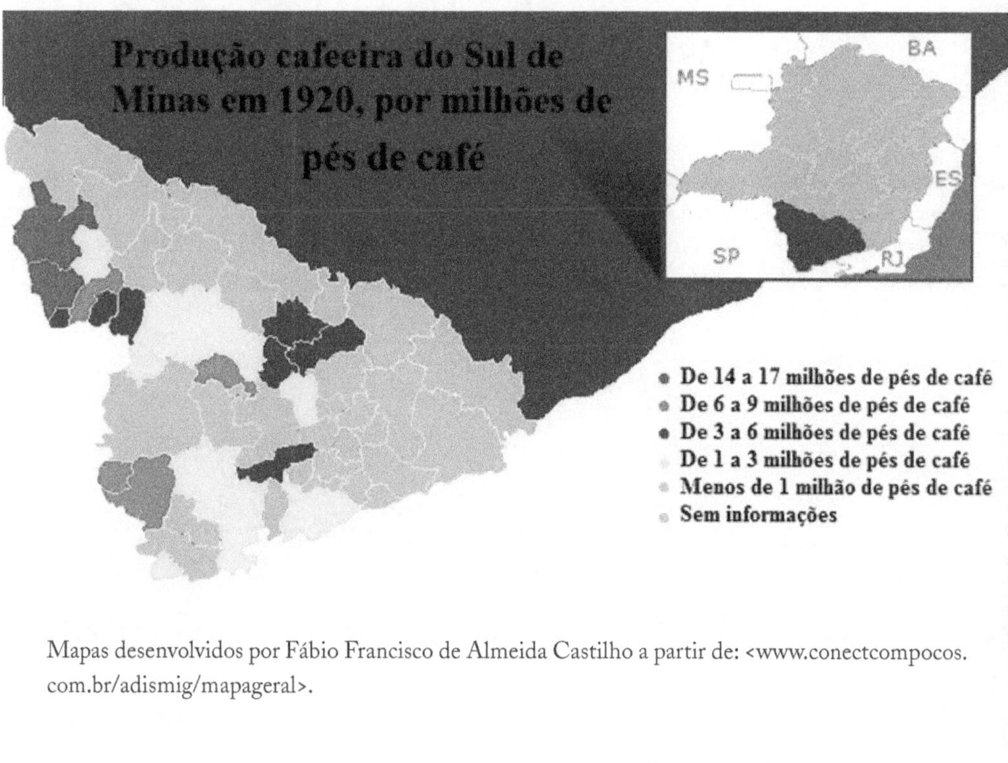

Mapas desenvolvidos por Fábio Francisco de Almeida Castilho a partir de: <www.conectcompocos.com.br/adismig/mapageral>.

Anexo 3 – Cinco maiores cidades produtorasno sul de Minas deprodutos selecionados (1920)

Município	Total de área cultivada (ha)	% do total do sul de Minas
Paraisópolis	31.113	7,80%
Pouso Alegre	29.347	7,35%
Monte Santo de Minas	27.241	6,82%
São Sebastião do Paraíso	23.046	5,77%
Ouro Fino	22.513	5,63%
Município	Algodão (ha)	% do total do sul de Minas
Silvianópolis	68	9,57%
Pouso Alegre	63	8,87%
Monte Santo de Minas	57	8,02%
Santa Rita do Sapucaí	54	7,60%
São Sebastião do Paraíso	47	6,61%
Município	Fumo (ha)	% do total do sul de Minas
Jaguary	6.169	39,36%
Itajubá	2.660	16,97%
Virgínia	1.575	10,05%
Cambuí	875	5,58%
Paraisópolis	663	4,23%
Município	Feijão (ha)	% do total do sul de Minas
Paraisópolis	4.785	10,76%
Pouso Alegre	4.053	9,11%
Ouro Fino	3.789	8,52%
Jaguary	2.958	6,65%
Caldas	1.790	4,02%
Município	Mamona (ha)	% do total do sul de Minas
Monte Santo de Minas	13	18%
Elói Mendes	13	18%

Pouso Alegre	12	16,57%
Boa Esperança	8	11,04%
Alfenas	3	4,14%
Município	Área cultivada de café (ha)	% do total do sul de Minas
Monte Santo de Minas	21.670	13,70%
São Sebastião do Paraíso	19.653	12,43%
Jacutinga	11.084	7,01%
Machado	10.127	6,40%
Guaranésia	10.024	6,34%
Município	Cana (ha)	% do total do sul de Minas
Boa Esperança	1.815	12,25%
Silvianópolis	1.551	10,47%
Carmo do Rio Claro	1.047	7,06%
São Gonçalo do Sapucaí	1.013	6,83%
Campos Gerais	880	5,94%
Município	Arroz (ha)	% do total do sul de Minas
Pouso Alegre	2.720	12,35%
Paraisópolis	1.953	8,87%
Itajubá	1.601	7,27%
Monte Santo de Minas	1.488	6,75%
Ouro Fino	1.351	6,13%
Município	Batata Inglesa (ha)	% do total do sul de Minas
Cristina	489	47,15%
Maria da Fé	220	21,21%
Itajubá	56	5,40%
Silvianópolis	43	4,14%
Ouro Fino	22	2,12%
Município	Pés de Café	% do total do sul de Minas
Monte Santo de Minas	16.252.866	13,69%
São Sebastião do Paraíso	14.739.633	12,41%

Jacutinga	8.313.250	7,00%
Machado	7.595.133	6,39%
Guaranésia	7.310.800	6,15%
Município	Milho (ha)	% do total do sul de Minas
Pouso Alegre	24.260	14,00%
Paraisópolis	15.521	8,93%
Jaguary	14.111	8,12%
Ouro Fino	11.179	6,43%
Silvianópolis	6.712	3,86%
Município	Trigo (ha)	% do total do sul de Minas
Muzambinho	16	38,27%
Jaguary	13	31,10%
Itajubá	5	11,96%
Jacutinga	1	2,41%
Guaxupé	1	2,41%
Município	Mandioca (ha)	% do total do sul de Minas
Pouso Alegre	199	16,77%
Silvianópolis	169	14,24%
Jaguary	124	10,45%
Monte Santo de Minas	58	4,89%
Ouro Fino	54	4,55%

Fonte: MINAS GERAIS. *Minas segundo o recenseamento de 1920.* Belo Horizonte: Secretaria da Agricultura, 1924.

ENTRE O SUL DE MINAS E O OESTE PAULISTA

o processo de urbanização de Varginha e Casa Branca no limiar do século XX

Pedro Gerlado Saadi Tosi
Rodrigo Fontanari
Marcel Pereira da Silva

> *Mas é óbvio que a evolução urbana não se faz sozinha, não é um fenômeno endógeno que se desenvolve em recinto fechado. É sempre a expressão da sociedade que a constrange, de dentro mas também por fora* (BRAUDEL, 1995, p. 477).

O ímpeto modernizador atingiu de forma praticamente unânime as cidades brasileiras, na passagem do século XIX para o século XX. Contudo, o aporte material necessário para acompanhar tal processo de modernização variou muito entre as regiões do país, resultando em divergentes padrões de urbanização. Julgamos que a localização das cidades, nos diferentes circuitos de valorização da riqueza, foi elemento fundamental para a diferenciação dos planos e projetos de melhoramentos urbanos executados por cada uma delas. Dessa forma, asseveramos que tal caracterização se deve ao fato de suas economias estarem mais ou menos conectadas à economia internacional.

No fundo, a relação buscada está no binômio café-urbanização: distintas cafeiculturas e padrões de acumulação configuram estruturas de modernização específicas. Para tanto, o estudo de casos singulares, em perspectiva comparada, pode contribuir para melhor compreendermos as facetas desse importante processo de transformação da sociedade brasileira.

Dessa forma, as cidades de Varginha, no sul de Minas, e a cidade de Casa Branca, no oeste paulista, podem ser analisadas a fim de estabelecerem um quadro comparativo, em que se possa avaliar as semelhanças e as diferenças presentes em ambos os projetos de melhoramentos urbanos, ressaltando os atores sociais ou os grupos que estiveram à frente desses projetos, bem como a forma, a origem e o volume dos capitais que possibilitaram a materialização de tais planos, transformando-os de simples esboços em patrimônio arquitetônico.

A escolha dessas localidades se dá pelo fato de serem casos emblemáticos quando inseridos em seus respectivos contextos, pois apresentaram, no referido período, elementos evidentes de modernização como, por exemplo, serviços de abastecimento de água, calçamento das vias públicas, ajardinamento das praças, construção da rede elétrica e de telefonia, entre outros aspectos.

Embora fortemente marcadas por características peculiares, inerentes ao ritmo e intensidade das transformações dessas regiões brasileiras que, no caso, são vinculadas às ingerências da economia cafeeira, ambas as cidades apresentaram caminhos distintos em seus processos de modernização,[1] evidenciando, assim, a importância de uma análise histórica comparada, capaz de iluminar tal processo nessas localidades, que a despeito de estarem ligadas historicamente e economicamente, estão separadas pelos padrões de acumulação das respectivas cafeiculturas, bem como pela fronteira política.

Dessa maneira, tendo em vista o vigoroso processo de urbanização e modernização pelos quais passaram as grandes capitais, principalmente as dos estados de São Paulo, Rio de Janeiro e Minas Gerais, cabe destacar a origem dos capitais que possibilitaram a realização dos projetos de aparelhamento urbano, ou seja, não há como desprezar, nesse sentido, o papel desempenhado pelo *grande capital urbano*. Todavia, se nas grandes metrópoles o *grande capital*, seja ele de origem internacional ou cafeeiro, assumiu papel de destaque, vale indagar a origem dos capitais que possibilitaram melhoramentos urbanos nas cidades do interior do Brasil.

O SUL DE MINAS E O OESTE PAULISTA NO LIMIAR DO SÉCULO XX

A transição do século XIX para o XX foi um momento de expansão e consolidação do capitalismo no Brasil. Setores como o de serviços (urbanos e energia elétrica) e industrial em determinadas áreas (como aquela ligada ao setor alimentício e algumas de máquinas e equipamentos voltadas para questões locais e pontuais) já desenvolviam certa dinâmica, desde o final do século XIX, sustentados em boa medida pelo comércio exportador e também de gêneros de consumo. Entretanto, o país ainda era

1 Dentre várias interpretações, pode dizer que o "conceito de modernização surge no pensamento sociológico para descrever processos de transformação resumidos na passagem para a sociedade moderna – ou seja, industrializada e desenvolvida em moldes ocidentais. Analisando esses processos com base num padrão comum, o caminho percorrido pelos pólos da economia capitalista, na Europa Ocidental e América do Norte, é erigido em modelo a ser seguido pelas demais sociedades". (CAMPOS, 2002, p. 24).

majoritariamente agrário-exportador, dependendo em grande medida das receitas auferidas com o café.

No plano político, o Brasil vivia a chamada "república oligárquica", em que vários grupos políticos locais agiam em sintonia com os governos estadual e federal, apoiando suas ações e conquistando os preciosos votos em anos eleitorais. O presidente, em contrapartida, comprometia-se a apoiar tais grupos, e poucas vezes se aliava a dissidências (FAUSTO, 2006). Minas, nesse aspecto, jogou papel decisivo, pois possuía a maior bancada no congresso federal, tinha a maior população da federação e maior número de municípios, angariando recursos públicos para os grupos internos aliados (WIRTH, 1982). Por sua vez, a região sul, embora apresentasse um crescimento econômico elevado em relação ao restante do Estado, não apresentou o mesmo padrão das grandes cidades brasileiras, nem mesmo vivenciou tamanho desenvolvimento econômico como aquele observado nas cidades do "oeste cafeeiro" de São Paulo.

Minas era o segundo Estado exportador de café, ficando atrás justamente de São Paulo na exportação do principal produto brasileiro. A Zona da Mata detinha a liderança interna, mas a zona sul de Minas registrava crescimento de sua produção, com visas ao mercado externo, desde o último quartel do XIX. Porém, os setores tradicionalmente produtores mantiveram seu peso por um longo tempo. Itens como toucinho, fumo e gado faziam as riquezas de fazendeiros locais e, ainda que limitadamente, foram os responsáveis pelas primeiras transformações econômicas, assim como a própria urbanização de vários municípios.Ainda em 1885, segundo ano de funcionamento da estrada de ferro Minas & Rio, a primeira a entrar em operação no sul do estado (1884), o jornal *Gazeta Sul-Mineira* expôs que a "temerosa crise que nos assoberba, pondo em condições difíceis a lavoura de café, de fumo e de cana, acaba de estender-se infelizmente à criação de gado, único elemento de vida com que o sul de Minas contava para equilibrar-se entre as ruínas da produção atual"[2].

Após 1910, aparentemente ocorreu uma tendência à *especialização cafeeira*, embora não significando o desaparecimento das demais culturas. Além disso, a instabilidade da feira de gado de Três Corações, a maior do estado, foi outro grande fator. A exportação de gado tendeu a se estabilizar após a primeira guerra (ROSA; SAES, 2010). Não bastasse isso, a instalação de frigoríficos e industrialização de carnes, processos que acompanhavam a instalação de serviços e urbanização no Brasil, não foi realidade na região (WIRTH, 1982). Ao passo que outras companhias, como a Mogiana e a Paulista, dobraram o seu transporte de gado (SAES, 1986), pois São Paulo foi um dos lugares em que aqueles processos ocorreram com intensidade (WIRTH, 1982).

2 *Gazeta Sul-Mineira*, ano I, n. 13, 25 out. 1885, p. 1.

Semelhante processo de *especialização cafeeira* também se deu, em período anterior, no oeste paulista. A economia casabranquense vivenciou o primeiro grande salto da expansão cafeeira do Estado de São Paulo, ocorrido entre 1860 e 1880, quando a produção de café praticamente dobrou (CANO, 1987).[3] Com o mar de café se estendendo sobre Casa Branca, houve uma consistente especialização na economia local, que passou a se fundamentar, cada vez mais, na atividade cafeeira. Em meados da década de 1890, a economia que antes estava baseada na criação de gado e nos negócios comerciais advindos da função de entreposto que a cidade ocupava no *Caminho de Goyas*, sofreu grande alteração (FONTANARI, 2012). O café transformou-se no pilar do erário casabranquense. O município se voltou quase que exclusivamente para a produção da rubiácea destinada ao mercado externo, perdendo muito das feições pretéritas de localidade fornecedora de gêneros de abastecimento para o mercado interno. Nesse sentido, Casa Branca chegou a contar com 8.5000.000 de pés de café, isso na primeira década do século XX, sendo a média de produção em torno de 70@/ por 1.000 pés. Dentre os vinte principais produtores de café todos possuíam mais de 100.000 pés na década de 1910, configurando uma atividade baseada em grandes plantações (SÃO PAULO, 1919; 1929; 1937).

Na tentativa de compreender as relações entre o desenvolvimento econômico e o processo de urbanização, podemos salientar dois aspectos interessantes: o primeiro, tendo com perspectiva o sul de Minas, estabelece os vínculos mais íntimos entre a expansão cafeeira e os melhoramentos urbanos, que podem ser observados na montagem da rede elétrica e telefônica regional; o segundo aspecto, tendo como foco o oeste paulista – mas que ressalta sua integração com as cidades sul-mineiras também – diz respeito à circulação de informações e ideias entre as cidades, principalmente no que se referem às estratégias e aos planos de modernização adotados em cada uma delas, isto é, as cidades dessa regionalidade, nesse período, trocavam conhecimentos e esclarecimentos sobre seus projetos de urbanização.

Através do quadro abaixo podemos observar a progressão dos serviços de luz elétrica e telefone na região do sul de Minas, na primeira década do século XX. Como esses serviços eram ainda incipientes na maioria das cidades do interior do país, acreditamos ser interessante frisar a localização dos mesmos, principalmente porque se evidencia a simultaneidade com a expansão da cultura cafeeira.

3 Ainda: "Resolvido o problema da mão de obra [...]. Com efeito, entre 1886 e 1887 o novo plantio totaliza 465 milhões de cafeeiros triplicando o estoque anterior (220 milhões) e situando a capacidade produtiva em 685 milhões, no que resultaria o aumento da participação paulista no total da produção brasileira de 40%, em 1885, para mais de 60% na abertura do século XX" (CANO, 1987, p. 42-43).

Quadro 1 – Serviços de luz elétrica e telefone no sul de Minas, até 1910.

Município	Luz elétrica		Linha telefônica
	Instalada	Projeto/construção	
Alfenas		x	x
Cambuí			x
Cristina		x	
Itajubá	x		x
Jaguari			x
Lavras	x		
Machado			x
Monte Santo			x
Muzambinho			x
Ouro Fino		x	x
Poços de Caldas	x		x
Pouso Alegre	x		x
São José do Paraíso		x	x
Santa Rita do Sapucaí		x	x
São Sebastião do Paraíso			x

Fonte: Rodolpho Jacob (1911) e Nelson Senna (1909). Além dessas cidades com projeto/construção, havia o caso da recém-formada *Companhia Força e Luz Sul-Mineira*, sediada provisoriamente em Santa Rita de Cássia, para fornecer energia a esta, Passos e São Sebastião do Paraíso. Entretanto, não a colocamos no quadro por estar ainda em fase bastante embrionária e nem mesmo ter realizado o seu capital, que seria de até 500 contos. Pelos contratos de concessão, a câmara de Passos ainda garantiria 7% de juros sobre o capital de 250 contos.

Não por mera coincidência, quem fundou e foi o primeiro diretor da *Companhia da Força de Luz de Pouso Alegre*, inaugurada em 1907, foi Benjamim Franklin Silviano Brandão. Era filho de Francisco Silviano de Almeida Brandão, o afamado político sul-mineiro natural da cidade de Cristina. Foi prefeito de Caxambu e Belo Horizonte, nomeado pelo próprio governador e depois presidente Venceslau Brás, também sul-mineiro e natural de Vargem Grande, à época distrito de Itajubá e atual Brasópolis. Existiam, ainda, outras que já possuíam iluminação por diversos meios, como a própria Varginha, que desde 1902 havia inaugurado com o gás acetileno (SALES, 2003). Porém, foi depois de 1910 que a maioria dos municípios se estruturou com o serviço de energia elétrica. Conquanto, a rede telefônica já se encontrava bastante desenvolvida, sendo o sul de Minas a principal região do estado servida com esse aparelhamento (JACOB, 1911). A rede ligava as sedes aos respectivos distritos e vilas, além das cidades limítrofes.

As três cidades do quadro anterior que possuíam ambos os serviços, luz e telefone estavam dentre aquelas em que o desenvolvimento econômico era mais intenso. A política certamente contou para isso, mas o nível de atividade econômica de Itajubá, Poços de Caldas e Pouso Alegre eram elevados. As outras cidades, situadas num patamar de desenvolvimento semelhante, já tinham, ao menos, o projeto ou a construção encaminhados, como Ouro Fino e Passos. Contudo, se a relação café/melhoramentos urbanos (ferrovia, telefone, luz elétrica) não foi à regra geral para o sul de Minas, em alguns casos não podemos descartar essa estreita vinculação. Dois exemplos são emblemáticos para ilustrar essa relação.

A cidade de Guaxupé, emancipada em 1910, localizada na porção sudoeste de Minas, colada à fronteira paulista teve a ferrovia inaugurada em 1904, por um ramal da Mogiana, mas construído por capitais de cafeicultores do próprio município, liderados por Joaquim Augusto Ribeiro do Valle (SILVA, 2012). O *Banco de Guaxupé* foi criado em 1909, e as primeiras transações em 1913. Embora com apenas 80 contos, elevados a 300, em 1913, a iniciativa era de pessoas do próprio município, a exemplo do cel. Antônio Costa Monteiro. O *Banco Hipotecário e Agrícola de Minas Gerais* foi aberto na cidade, em 1912, um ano apenas após o surgimento da matriz em Belo Horizonte. A luz elétrica chegou no ano seguinte, realizada nos mesmos moldes que em Varginha, por contrato de concessão. Nesse caso, a *Empresa Nacional de Energia Elétrica*, de Pedro Nicola, foi a responsável, cuja sede estava em Mococa, SP (VALLE; VALLE, 2004). O telefone, já nos anos 1920, foi instalado pela *Companhia Bragantina*, também proveniente de São Paulo.

Em Ouro Fino, a estação da *Viação Férrea Sapucaí* foi inaugurada no ano de 1894, e, em 1907, exportava mais de 1.500 toneladas de café (JACOB, 1911); a cidade conheceu seu maior período de evolução urbana entre 1907-1917 (ROSSI, 1981). O serviço de telefone data de 1907; o ensino secundário, o abastecimento de água encanada e o *Banco de Crédito Real de Minas Gerais S. A.*, foram estabelecidos em 1909, além da colônia federal de Inconfidentes (alemães, espanhóis, italianos e alguns eslavos), visto que o fluxo espontâneo já existia, em boa parte, para as fazendas de café (MONTEIRO, 1973). Dois anos depois, em 1911, quatro serviços de melhoramentos urbanos foram implementados: energia elétrica, rede de esgotos, teatro municipal e Santa Casa de saúde. Em 1913, foi criada a *Escola de Farmácia e Odontologia*, que foi extinta somente no ano de 1935. Em 1916, foi criado um instituto para ensino agrícola a meninos órfãos.

Ambos os municípios, como podemos verificar, apresentaram uma íntima relação café-urbanização, embora cada qual a seu modo. Em Guaxupé, essa relação parece ter sido mais próxima, embora vários investimentos emanassem de São Paulo, numa demonstração de estreita ligação econômica com aquele lugar, como bem frisou Odilon Matos.[4] Em Ouro Fino a presença estatal, como no caso da colônia, confirma uma influência política mais visível entre os níveis estadual e municipal.

Uma característica interessante observada no processo de modernização dessas cidades, observado através do manejo de fontes históricas primárias da cidade de Casa Branca, no que diz respeito às cartas e ofícios expedidos pela municipalidade ao longo da década de 1920, refere-se ao constante intercâmbio de ideias realizado entre as cidades, procurando alternativas e soluções para as obras de melhoramentos urbanos.

Em 6 de outubro de 1925, José Olympio de Castro, prefeito municipal de Casa Branca, respondeu a um ofício do prefeito municipal de São João da Boa Vista, José Procopio de Andrade Junior, nos seguintes termos: "Tendo o prazer de agradecer a gentileza de vosso oficio n. 53, no qual obsequiou-me com as informações relativas ao calçamento dessa prospera cidade, tão sabiamente governada [...]. O calçamento de vossa cidade é dos melhores que tenho visto".[5] No dia 12 de dezembro de 1925, vemos o mesmo prefeito de Casa Branca solicitar algumas informações ao prefeito municipal de Ribeirão Preto, dr. João G. Rodrigues:

> Venho a presença do prezado amigo para pedir-lhe o obsequio de enviar-me uma copia da lei n. 275 de 16 de maio de 1923, dessa prefeitura, relativa á calçamento á paralelepípedo. Fico-lhe muito grato, podendo informar-me, o modo pelo qual ahi se tem feito, se por metro quadrado, ou por milheiro, e qual o preço.[6]

A forma de execução da rede de água e esgotos da cidade de Casa Branca – que será discutida mais adiante – também foi modelo de empreendimento para outras cidades. Em 25 de junho de 1926 o prefeito municipal de Casa Branca, Theodoro Volponi, respondeu ao prefeito municipal de Santa Rita do Passa Quatro nos seguintes termos: "tenho que informar-lhe que a rede de agua e esgotos desta cidade foi feita por empreitada sob administração da Camara".[7]

De singular importância para nossa análise, uma vez que ressalta a circulação das ideias urbanísticas entre o sul de Minas e o oeste paulista, é a resposta do prefeito Theodoro Volponi, de Casa Branca, em 1927, ao agente executivo da cidade de São Sebastião do Paraíso (MG):

4 Segundo Odilon Matos(1974), boa parte do sul e triângulo de Minas Gerais, assim como parte do estado de Goiás e Mato Grosso, fizeram parte da zona de influência paulista, simbolizado pelas ferrovias. No caso do sul mineiro, a cidade de Campinas exerceu posição preponderante, embora não exclusiva.

5 Ofício n. 66. *Livro de Registro de Officios e Cartas da Municipalidade de Casa Branca (1923-1929)*, sob o nº 2.

6 Ofício n. 86. *Idem*.

7 Carta n. 73. *Idem*.

> Em resposta á vosso officio de 10 de junho passado tenho a informar-vos que esta cidade ainda não é calçada, estando grande parte de suas ruas apedregulhadas; não temos leis que regulem esses calçamentos, sendo os serviços feitos sob a administração da Municipalidade. Quanto a quantodade de pedregulho gasto em cada metro quadrado de terreno, não temos dados certos para responder, porquanto a cidade é já ha muitos annos calçada em pedregulho, fazendo-se somente o recalcamento nos lugares necessarios, e tambem porque a quantidade varia de conformidade com a qualidade e abaulamento do terreno.[8]

Dessa forma, podemos perceber que de fato existia considerável circulação de informações relativas aos distintos projetos de urbanização levados a cabo por essas cidades que, em sua grande maioria, foram marcadas pelo desenvolvimento da economia cafeeira. Em vários aspectos, as maiores cidades, muitas vezes elevada a categoria de capitais regionais, em função do volume de riqueza gerado e absorvido mediante arrecadação de impostos, acabavam servindo de modelo as demais como, por exemplo, o caso de Ribeirão Preto em sua *belle époque*. Dessa maneira vemos, de escala em escala, a ideologia da modernização circular entre as cidades da região, configurando projetos de urbanização, ao mesmo tempo, distintos e similares. Em grande medida, tal processo de circulação de informação deve ter contribuído também para a configuração correlata da rede urbana decorrente da riqueza do café, muito bem destacada por Murilo Marx:

> As peculiaridades destas centenas de aglomerações novas são excepcionais entre nós pela regularidade de conjunto de cada uma. [...] os espigões ou chapadas acomodam ruas em tabuleiro de xadrez e uma sempre presente praça central, a da matriz. Paisagem e referência usuais no Oeste Paulista, que conferem feição marcante e monótona, tanto aos estabelecimentos rurais como urbanos. Entre o divisor de águas ou estrada de ferro e o fundo do vale ou o abastecimento de água, quadras regulares descem suavemente exibindo casarões que anunciam a república ou edifícios de apartamentos que apontam para o novo mundo industrial. Regularidade, conformação arredondada, núcleo central e contornos mais nítidos são traços evidentes e exaustivamente repetidos (MARX, 1980, p. 36-37).

---

8 Ofício n. 58. *Idem*.

ASPECTOS DA URBANIZAÇÃO VARGINHENSE

Elevada à freguesia em 1850, com o nome de Espírito Santo da Mutuca, posteriormente da Varginha, constitui-se em Vila, em 1881, sendo emancipada em 7 de outubro de 1882, do município de Três Pontas. Era formada pela sua sede e os atuais municípios de Elói Mendes e Carmo da Cachoeira.[9] Segundo Affonso Ávila (1983), foi nos dez anos transcorridos de sua emancipação política que Varginha conheceu o seu primeiro momento de crescimento mais acelerado. Além desse evento, o município teve seu primeiro jornal (*A Gazeta de Varginha*, 1887), se tornou sede de comarca em 1890 e a estrada de ferro (pela Companhia Muzambinho) foi inaugurada em 1892. A estação de Varginha foi uma das primeiras estações da Cia. Muzambinho. Partia de Três Corações, ponto terminal de estrada de ferro Minas & Rio, que ligava o lugar ao município de Cruzeiro, interior de São Paulo, estabelecendo tráfego com a estrada de ferro D. Pedro II, mais tarde Central do Brasil. Com base em balancetes da Muzambinho, para os anos de 1907-1908, a estação de Varginha era aquela em que o movimento mais se avultava, pois sempre gerava mais receitas. Ao que tudo indica, o embarque de café era um dos grandes responsáveis, embora não o único (JACOB, 1911). Ressaltamos ainda que a estação de Fluvial também estava na área do município varginhense. Além disso, as estações de Espera e Pontalete, embora localizadas no município de Três Pontas (mas não em sua sede), embarcavam também, ainda que parcialmente, mercadorias de Carmo da Cachoeira e Pontal (Elói Mendes), ambos distritos de Varginha. Ou seja, o município em sua totalidade tinha uma produção comercializável de vulto, que incidia positivamente nas rendas da companhia. Em 1918, onze anos depois, a estação da cidade estaria exportando "200 mil sacas, compreendendo 125 mil produzidas no município, incluída aí a produção do depois emancipado distrito de Carmo da Cachoeira, em 75 mil provenientes de outros municípios" (ÁVILA, 1983, p. 14). Esse quantitativo corresponde 12 milhões de quilos, 12 mil toneladas ou 800 mil arrobas.

A inauguração da ferrovia, além do impacto econômico em si, coincidiu com a expansão cafeeira no município e foi uma espécie de marco para o início do processo de setorização da cidade. Processo este em curso em grandes centros, mas ainda incipiente na maior parte do interior do país. No caso varginhense, o comércio ligado ao café e as primeiras manufaturas e atividades industriais se estabeleceram em ruas adjacentes à estação ferroviária e mesmo à parte da linha férrea que atravessa o município (NUNES, 2004). Consequência visível ainda foi a existência de vários galpões e instalações industriais existentes ao longo do traçado ferroviário, que em sua maior parte está desativado. Alguns galpões e instalações ainda estão em atividade, a exem-

9 Informações retiradas da página oficial da Câmara Municipal de Varginha: <www.camaravarginha.mg.gov.br>.

plo do *Moinho Sul Mineiro*, produtor de farinha de trigo, e a *Fertipar Fertilizantes*, a única empresa local a ainda utilizar a ferrovia até 2013. A rua dos Comissários também surgiu próxima à estação ferroviária, e recebeu a primeira agência do *Banco do Brasil*, em 1918 (ÁVILA, 1983). Um setor industrial considerável surgiu posteriormente, a partir do final dos anos 1940, com maior intensidade nos anos 1970, como em um bairro e adjacências, já distante alguns quilômetros da linha férrea, cujo nome é "Industrial JK".

Segundo as Atas da Câmara Municipal, os primeiros anos pós-emancipação, registraram poucos movimentos significativos de transformação urbana, embora o crescimento da população fosse uma realidade. A cidade ainda tinha um aspecto que se entrelaçava com o rural, inclusive com características um tanto rústicas como a criação de gado bovino e suíno que, com frequência, causavam prejuízos aos moradores e ao patrimônio urbano, já que era comum ficarem soltos.[10] As próprias sessões da Câmara Municipal ocorriam trimestralmente, e não raro com falta de "assunto a se tratar" ou mesmo falta de *quorum*. Ainda em 1885, o saldo dos balancetes trimestrais ficavam entre 150 e 200 mil réis, com um saldo anual em torno de 700 mil réis. A receita trimestral ficava em torno de 500 mil, sendo a anual em torno de dois contos.

Uma característica básica no processo de urbanização de Varginha foi o papel da Câmara Municipal como agente central. Ora como legisladora, ao regular e conceder o serviço por meio de leilão público, ora como estimuladora direta, ao conceder quantia a serviços menos dispendiosos (como educação e saúde), e mesmo como "financiadora", pois era quem fazia a maioria dos empréstimos para custeio dos serviços e obras. Desde os primórdios concedeu pequenas quantias às reformas de prédios públicos, como uma escola provincial, sendo que muitas vezes cidadãos particulares também disponibilizam algum recurso para as melhorias locais (seja em dinheiro ou doação de terrenos).

Para Ávila, "a exemplo dos esforços comuns desenvolvidos na implantação dos primeiros recursos de infra-estrutura urbana, também a instalação de serviços básicos dependeu em boa parte da iniciativa ou empenho particular. Isso ocorreu principalmente nos setores de ensino e de saúde" (1983, p. 13). Como exemplo, a *Escola Normal Santos Anjos*, que de 135 contos, 70 foram custeados pela própria "comunidade". Em 1893, já existiam quatro escolas públicas. Em 1907, nove primárias (ARAÚJO, 1907). No mesmo dia da inauguração da luz elétrica, em 12 de abril de 1914, iniciam-se obras do *Colégio dos Padres Maristas* ou *Colégio dos Meninos*, com o lançamento da pedra fundamental por Venceslau Brás, presidente da República e Delfim Moreira, governador do estado, ambos sul-mineiros. Mas, segundo o autor, prevaleceu o caráter elitista na educação varginhense durante o século XIX e duas primeiras décadas do

10 Atas da Câmara Municipal de Varginha, entre 1884 e 1893.

século XX. Em 1920, 80% da população ainda era analfabeta. Para a saúde, a *Casa de Caridade*, em 1904, foi outro exemplo. O *Hospital Regional* foi inaugurado apenas em 1923, e, ainda assim, em 1938, parte dele era composto pela Casa de Saúde, particular.

A própria composição de alguns presidentes da Câmara nos revela dados sobre a riqueza do município. O primeiro presidente (1882/1884), major Matheus Tavares da Silva, "era rico proprietário de terras, casas, gado, cafezais e fazendas, cuja extensão territorial correspondia a aproximadamente três mil alqueires distribuídos pelos [atuais] municípios de Varginha, Três Pontas e Carmo da Cachoeira" (SALES, 2003, p. 181). Segundo o *Almanach Sul-Mineiro 1874*, possuía também engenho(s) de cana movido por água e era eleitor especial. Em 1884, seu nome aparece na lista de açougues, capitalistas, fazendas, além de negociante da firma *Matheus Tavares da Silva & Paiva*, do ramo de molhados, de rancheiros e tropeiros. Todas essas atividades estavam na sede do município, e o mesmo major também teria empregado mão de obra italiana em suas fazendas de café (NUNES, 2004).

Quanto ao coronel João Urbano de Figueiredo, cuja fazenda Pouso Alegre foi a primeira a utilizar a máquina de beneficiar café em Varginha, "foi o mais importante agricultor de nosso município, deixando uma fortuna superior a 1.000:000$000" (SALES, 2003, p. 210). O mesmo ainda teve o filho Domingos de Figueiredo deputado Federal. Dentre os dezoito presidentes entre 1882 e 1919, metade possuíam títulos militares da guarda, sendo três coronéis, quatro majores, um capitão e um alferes.

Com maior substância, foi a partir de 1890 – a receita trimestral nesse ano já circundava os dois contos – que começaram as melhorias municipais, ainda sim concentradas no calçamento, abertura de ruas e construção de largos e praças, que se aceleraram a partir de 1897, com verba dos saldos da própria Câmara. Geralmente eram serviços que, em seu conjunto, não despendiam mais do que dois contos mensais.

Varginha, aparentemente, também perdeu alguns braços locais para a lavoura em São Paulo, mas também recebeu imigrantes que se empregaram no plantio de café. Já nos anos 1880 alguns portugueses solicitaram naturalização,[11] e a partir de 1888 grupos de italianos se estabeleceram, criando uma sociedade de ajuda mútua, a *Sociedade Italiana de Beneficência 4 de agosto* (NUNES, 2004). Da mesma forma, no comércio e setor de indústrias e ofícios os italianos se estabeleceram com ímpeto, a exemplo do que ocorreu na maior parte da região (SILVA, 2012). Em Varginha a primeira grande casa comercial, *Navarra & Irmãos* (1912), era de família de italianos aqui instalados, no ramo de negócios em geral e caldeiras e funilaria, assim como *Indústrias Lentini* (1917), também do ramo de caldeiraria e funilaria, que se manteve durante todo o século XX no setor metalúrgico (NUNES, 2004). Outro destaque foi a casa *G. Lúcio*, depois *G. Lúcio e Irmãos*, de propriedade de Gumercindo Lúcio, que

11 Segundo o livro de naturalização da Câmara Municipal, dos anos 1890.

criou a primeira oficina mecânica automotiva da cidade (1918) e em 1926 se tornou o terceiro estabelecimento no Brasil a distribuir os carros da marca *General Motors* (NUNES, 2004).

Ao que indicam as fontes, o ano de 1910 pode ser considerado o marco da iniciativa local para a maior parte do processo de urbanização. Entre o início do calçamento, em 1890, e 1910, as transformações típicas de uma urbanização capitalista ocorriam de forma mais intensa. Dentre as principais estavam à ferrovia e a iluminação pública por gás acetileno, em 1902. Outros eventos como o próprio calçamento, abastecimento de água e Teatro Municipal (1904) também foram registrados. Tais realizações foram concomitantes à expansão da cultura cafeeira que, provavelmente depois de 1900, tornou-se a maior fonte de rendas para o município. Um reflexo latente foi à lei promulgada em 1912, que estabelecia o imposto de 50 réis por arroba de café exportado pelas estações do município, mais o da Flora (distrito de Três Corações até hoje, mas mais próximo e economicamente sempre mais ligado a Varginha) quando fosse procedente de Varginha.

Em 1910, a Câmara Municipal estava visivelmente preocupada com a ausência de energia elétrica, saneamento, melhoria do sistema de abastecimento de água e implantação de rede de esgotos e rede telefônica. As casas comerciais cresciam muitas vezes ligadas à atividade cafeeira, além daquelas voltadas aos gêneros diversos. Algumas pequenas indústrias surgiam, mas ainda numa feição manufatureira e movidas a força hidráulica, além de algumas poucas a vapor. O próprio vereador proponente do projeto que abria concorrência pública aos serviços supracitados, Antônio Rotundo, era comissário e comprador de café.[12] Nesse mesmo ano a proposta de orçamento do município para 1911 era de 44:550$000, e ainda em dezembro o governo do estado propôs por circular um empréstimo para as obras de saneamento e luz elétrica. Mais uma vez, a política parecia favorecer os sul-mineiros.

A proposta para o fornecimento de energia elérica da firma Vivaldi & Cia foi a vencedora, por apresentar condições mais vantajosas, como a instalação particular gratuita e potência de 500 cavalos vapor (a segunda maior oferecia 150). Inaugurada dois anos depois, em 1914, a usina da Companhia Sul-Mineira de Eletricidade tinha capacidade instalada de 1500 cavalos (HP) ou 780 KW, tendo também depois fornecido energia as cidades próximas como Alfenas, Três Corações e Três Pontas. Isso impulsionou a proliferação dos engenhos de café e arroz, assim como o surgimento de algumas atividades industriais, principalmente no ramo alimentício, bebidas e algumas oficinas mecânicas. Para Ávila, "tanto em decorrência do aumento da população, quanto da demanda de força de parte da indústria de beneficiamento do café", foram

12 Ver o *Almanaque Administrativo, industrial e mercantil do Rio de Janeiro*, ou Laemert, para 1916.

fatores que motivaram a instalação da luz elétrica na cidade. Contudo, ainda segundo o autor, a iluminação pública permaneceu limitada, pois "em 1926 apenas 462 prédios eram servidos de luz e força, número que representava menos de um terço dos prédios então existentes". Já os dados levantados pela Inspeção Sanitária, em 1927, acusavam 802 iluminadas na zona urbana (PAULA, 1927).

Outro aspecto desta questão é que o caso varginhense também se configurou como um caso típico mineiro. Minas Gerais era o estado com o maior número de usinas (91), e o terceiro em potência (58.414 cv). Porém, assim como na indústria,[13] essa energia estava dispersa em pequenas unidades (91 usinas pertencentes a 72 empresas), concentradas na Zona da Mata, regiões sul e central, que tinham geralmente um caráter local, atendendo apenas pequenas regiões ou somente um único município.

No mesmo ano do edital de concorrência para a energia elétrica (1912), outro serviço foi contratado: o de coleta de lixo e limpeza urbana. O valor contratado a um particular foi de 1:400$500. Bem modesto se comparado a outros serviços é verdade, mas é outro sinal da preocupação do poder público local em dotar a cidade de serviços mínimos de infraestrutura, visto o crescimento da população e expansão do comércio e algumas atividades manufatureiras. Soma-se a isso o crescimento demográfico, pois em 1907 o município contava com 31.967 habitantes,[14] sendo aproximadamente três mil no núcleo urbano (ÁVILA, 1983).[15]

Em 1913, três eventos merecem maior atenção. O primeiro deles foi à inauguração do serviço telefônico, onde o contratante José Lisboa de Paiva aproveitou a caducidade de privilégio do contrato anterior com a *Companhia Telefônica Bragantina*,[16] criando a *Companhia Telefônica Varginhense*. Em pouco tempo a companhia contava com trezentos clientes. Suas linhas telefônicas chegavam a distâncias de duzentos quilômetros, e assim como a energia elétrica também atendeu localidades vizinhas como Alfenas, Machado e Elói Mendes, além do distrito de Carmo da Cachoeira (SALES, 2003). Em 1928, a *Companhia Telefônica Brasileira*, organizada por uma sociedade com sede em Toronto no Canadá, assumiu a concessão e expandiu as redes do serviço.[17]

---

13 Em 1907, Minas era a segunda unidade da federação em número de estabelecimentos manufatureiros, com 531 unidades, mas apenas o sexto em capital, operários e produção. O sul do estado, por sua vez, viu sua participação aumentar consideravelmente em capital e número de estabelecimentos, praticamente dividindo o segundo lugar com a região central ou metalúrgica. Em 1920 era a terceira em capital e segunda em número de estabelecimentos. A liderança cabia à Zona da Mata, ainda a principal região cafeeira e tendo em Juiz de Fora seu pólo econômico-industrial. Cf. Lima (1977), Diniz (1981) Saes *et al.* (2010).

14 IBGE. *Séries Estatísticas.*

15 Segundo o Relatório da Inspeção Sanitária (1927) o serviço de coleta de lixo ainda era bem deficiente.

16 Ata da Sessão da Câmara Municipal de Varginha de 24 de junho de 1913.

17 Segundo contrato publicado no jornal *Arauto do Sul*, em 19 de abril de 1931.

O segundo evento diz respeito ao estímulo e taxação de atividades manufatureiras, além daquelas ligadas ao café. Impostos são aumentados (bebidas alcoólicas), reduzidos (compradores de café residentes na cidade) ou concede-se isenção (fábrica de gelo e olaria a vapor). Esse conjunto de medidas, que tem seu começo pouco antes e continua nos anos seguintes, a nosso ver representou esforços para gerar maiores receitas a municipalidade, através da taxação das atividades mais lucrativas.

O terceiro e último diz respeito à melhoria e expansão do sistema de abastecimento de água na cidade, outra face do processo de melhoramento urbano no período. Com o crescimento das cidades, os antigos sistemas de coleta de água começaram a não mais atender de forma satisfatória. Em 1896, foi constituído um serviço precário de abastecimento de água, donde já em 1906 era caracterizado pela irregularidade e más condições. Segundo os dados da Ata da Câmara, em 1906 foi tomado um empréstimo de particulares pela municipalidade, culminando com um serviço regular e de melhor qualidade a partir de 1907. Até 1920, e depois em 1926, foram realizados melhoramentos, e a água já era canalizada em boa parte do perímetro urbano. Em um deles, aprovado em 1913, a despesa foi calculada em aproximadamente quarenta contos. A Câmara tomou emprestado trinta contos dos filhos menores de João José Mendes e Gabriela da Conceição Valias, família de cafeicultores da vila de Elói Mendes, antigo distrito varginhense do Pontal.[18] Porém, tais obras se arrastaram pelos anos seguintes, com sucessivos empréstimos (em torno de dez contos cada), dado o aumento do custo principalmente pela parte do chamado "túnel", onde o encanamento encontrou rocha sólida.

Além disso, após a inauguração da energia elétrica, em 1914, também foi adquirida uma bomba centrífuga para auxiliar na distribuição da água encanada. Neste mesmo ano, outro empréstimo, de vinte contos, foi aprovado para a construção do mercado municipal, ainda ausente na cidade. Tanto esse empréstimo como aquele para a água potável foram realizados por meio da subscrição de ações do município, sendo esta forma a principal de pagamento de empréstimos até então. Tanto é que, em 1915, o presidente da Câmara no biênio 1914-15 afirmou haver uma dívida em 88:350$000 em títulos públicos, mas destacando todo o conjunto de obras e melhorias urbanas promovidas, tais como: a inauguração da iluminação pública, abastecimento de água (ainda em andamento), jardim público, calçamentos, passeios, sarjetas, rede de esgotos, mercado municipal, matadouro (somente bovinos) e, em finalização, o edifício do fórum.[19]

18 Possivelmente eram parentes do próprio Joaquim Elói Mendes, Barão da Varginha, falecido em 1913. O empréstimo deveria ser pago em três prestações de dez contos. Além de rico cafeicultor do distrito, teria sido sua posição contrária à passagem da ferrovia por essa localidade (seguindo o curso natural do rio Verde) um dos motivos que levou o traçado a passar por Varginha, além de influências locais (SALES, 2003).

19 Sessão da Câmara Municipal de Varginha de 19 de janeiro 1915.

Sem entrarmos no mérito da análise de várias referências sobre esse período para a cidade, o fato é que ao final dos anos 1920 a cidade já possuía tráfego de ônibus urbano e intermunicipal para Elói Mendes, Paraguaçu e Machado (PAULA, 1927), uma frota urbana de 180 veículos automotores de passageiros, 32 de carga e três ônibus, embora ainda existissem em torno de 300 carros de bois e 26 carroças. A estação ferroviária embarcava aproximadamente 12 mil toneladas de mercadorias, e gerava 2 mil contos de receita, onde provavelmente boa parte provinha da exportação cafeeira, cuja produção girava em 600.000 arrobas anuais (PAULA, 1927). O sistema de abastecimento e reservatório de água encanada, rede de esgotos e escoamento estavam todos sendo melhorados e expandidos, cujo financiamento vinha como empréstimo ao governo do Estado, no valor de 650:000$000, e outros 250:000$000, levantado no próprio município, para remodelamento e calçamento de vias (PAULA, 1927).

O poder público, principalmente municipal e estadual, esteve frequentemente financiando o processo de urbanização varginhense, o que parece ter sido a regra no sul de Minas Gerais, dada a especificidade do desenvolvimento capitalista na região. Assim,

> as cidades do sul de Minas receberam melhoramentos urbanos. Se o grande capital urbano os financiou, é porque essas cidades podem ser vistas como espaços geradores de rentabilidade para o capital. No entanto, o seu tamanho e seu desenvolvimento posterior nos levam a considerar limitada a acumulação de capital gerada nessas cidades. Por isso, o investimento público deve ter tido papel importante nesse processo (GAMBI *et al.*, 2012, p. 17).

ASPECTOS DA URBANIZAÇÃO CASABRANQUENSE

Nesse tópico buscaremos apresentar, de forma breve, a evolução de alguns dos melhoramentos urbanos levados a cabo na cidade de Casa Branca, na passagem do século XIX para o século XX. No fundo, a hipótese central – desenvolvimento econômico, pautado na cafeicultura, e urbanização – será mantida, na tentativa de revelar o incremento do setor urbano em uma economia agroexportadora, onde a cidade aparecia como mais um campo de investimento, seja para o capital internacional, para o grande capital urbano ou para o capital cafeeiro.[20]

---

20 De acordo com Flávio Saes: "Ao se consolidar a face urbana do grande capital paulista também se reforça sua distinção diante da 'lavoura': a distinção que anteriormente podia existir entre grandes, médios e pequenos fazendeiros adquire característica peculiar. De um lado, há grandes fazendeiros que derivam parcelas crescentes de sua renda em atividades urbanas; de outro, fazendeiros (inclusive de grande porte) que limitam sua atividade à 'lavoura' cafeeira. Enquanto todos eram apenas fazendeiros, as divergências

Visando a comparação com o caso de Varginha, onde percebemos estreita relação entre as esferas de poder estadual e municipal, sendo que o maior vulto do financiamento foi amparado pelo governo estadual, e, em alguns casos, cabendo pequena parcela aos capitais privados, angariados na sociedade local; veremos como em Casa Branca, através do exemplo da instalação da rede de água e esgotos, a iniciativa do governo municipal, liderada pela Câmara, foi financiada, num primeiro momento, pelo capital internacional, e, posteriormente, pelo capital cafeeiro, de um agente privado local.

A origem da cidade de Casa Branca, nascida às margens da estrada do Anhanguera, está ligada aos fluxos das antigas rotas dos bandeirantes, existente desde o início do século XVIII. Em 1814, constituiu-se em "freguesia do município de Mogi-Mirim, adotando o nome de Nossa Senhora das Dores de Casa Branca. Foi elevada à categoria de vila em 1841 e recebeu os foros de cidade a 27 de março de 1872" (ODALIA; CALDEIRA, 2010, p. 113).

É visível a complementaridade existente entre expansão da lavoura cafeeira e o incremento das receitas municipais (ver Tabela 2), auferidas via cobrança de impostos, possibilitando, por exemplo, maiores investimentos no setor urbano

Tabela 2 – Rendas de Campinas, Mogi-Mirim, Casa Branca e Franca, 1836-1871

Ano	Campinas	Mogi-Mirim	Casa Branca	Franca
1836	1:023$000	720$000	*	1:094$000
1840	2:063$271	3:327$272	*	1:922$442
1846	2:652$430	2:305$226	499$387	436$371
1851	3:065$564	1:352$866	849$515	836$110
1856	4:539$999	5:072$717	1:123$030	1:036$570
1860	15:008$000	6:188$267	4:390$032	2:523$790
1865	17:767$000	4:642$821	6:595$620	1:853$875
1871	29:725$000	14:640$000	*	3:788$043

Fonte: Taunay (1839, p. 235-245).

Nesse contexto, podemos mencionar duas conquistas da cidade de Casa Branca, até mesmo prematuras, em relação às demais cidades brasileiras: a ligação ferroviária da Companhia Mogiana, em 1878 (MATOS, 1974); e, na década de 1880, tornou-se uma das primeiras cidades do país a possuir o serviço de iluminação elétrica, através de um contrato com a *Companhia Água e Luz do Estado de São Paulo* (RICARDI, 2013, p. 80).

a respeito da adequada política econômica para seu produto seriam mínimas. Tais divergências ampliam-se a partir do momento que a 'produção' dos grandes fazendeiros já não se limita ao café, mas passa a incluir os transportes, os serviços urbanos, o grande comércio, o crédito, etc". (1986, p. 283).

É bem verdade que se o entroncamento da Mogiana na localidade serviu para a configuração de um dos mais expressivos pontos de conexão da malha ferroviária do estado, possuindo diversos ramais, principalmente em direção ao sul de Minas, o mesmo não se pode dizer da rede elétrica primeva: ela não passou de um mero suspiro modernizante, pois de fato não promoveu nenhum surto industrial considerável e nem mesmo surtiu o retorno financeiro esperado pela empresa concessionária, ocasionado disputas judiciais devido à inadimplência por parte da Câmara Municipal de Casa Branca, que levou ao rompimento do contrato (RICARDI, 2013). Ainda, na década de 1880, assiste-se à inauguração do Mercado Municipal (1885) e da Santa Casa de Misericórdia (1887), que teve sua pedra fundamental lançada dois anos antes.

Foi somente nos 1900 que a cidade contou com maiores investimentos quanto às obras de melhoramentos urbanos, inserindo-se na *ideologia do higienismo*, que visava, sobretudo, dar feições mais progressista e moderna à cidade, bem como erradicar as epidemias que assolavam seus habitantes, como, por exemplo, a febre amarela. Em 1901, a Câmara Municipal assinou um"contrato com o senhor Álvaro de Menezes para a construção da rede de esgotos da cidade, com prazo de um ano para conclusão das obras. Na verdade o esgoto só foi iniciado em 1910 e concluído em 1912".[21] A questão do abastecimento de água parece ter sido uma das mais importantes no período; pelo menos, foi aquela que mais recorrência teve nas atas, cartas e ofícios emitidos pela Câmara Municipal. Em 17 de setembro de 1903, vemos esse braço da política casabranquense estabelecer as bases do plano de saneamento da cidade, que culminaria no contrato estabelecido com o engenheiro Álvaro de Menezes. Assim, a Câmara Municipal se fez representar no Congresso Legislativo paulista, a fim de integrar um plano mais abrangente de saneamento, levado a cabo pelo governo do estado:

> A Camara Municipal de Casa Branca, reunida hoje em sessão, estudando o projeto de saneamento de 70 cidades do Estado, apresentado pelos srs. Joseph Levy Freires & Cia e engenheiro Alvaro de Menezes, ao Congresso Legislativo do Estado e considerando de grande vantagens para o mesmo e os municípios a adoção desse projeto que, uma vez convertido em lei fará o saneamento de setenta cidades do Estado, vem, usando o direito de representação que lhe é facultado pela lei orgânica dos municípios, pedir ao Congresso do Estado a approvação do referido projeto, ficando salvo as municipalidades, o direito de confirmar o accordo com os proponentes, a tabela das taxas pelo fornecimento de agua e serviço de esgotos.

21 Dados da Prefeitura Municipal. Disponível em: <www.casabranca.sp.gov.br>. Acessado em: 31 jul. 2014.

Contudo, a questão da montagem da rede de água e esgotos parece não ter se desenrolado de forma plena durante a década de 1900, sendo concluída somente em 1912,[22] através de um empréstimo no valor de 685.000 francos, firmado entre a Câmara Municipal de Casa Branca e o banco francês *Crédit Foncier du Brésil et de L'Amérique du Sud S.A*, com o prazo de 35 anos para pagamento. Os termos do contrato foram assim apresentados no jornal *O Casa Branca*:

> O presente emprestimo de 685.000 francos foi emitido de acordo com a lei municipal n. 177 de 16 de Março de 1912, pelo prazo de 35 annos e nos termos das escripturas de 25 de Março de 1912 e de 12 de Setembro de 1912 lavradas as fls. 16 verso do livro de notas n. 84 do 4º cartorio da cidade de São Paulo, e representado por 1.370 letras ao portador, de 500 francos cada uma e especialmente garantido com penhor do producto dos impostos de licença de industrias e profissões, predial, café, vehiculos, aferição, mascateação, viação, taxa de água e de exgottos, mercado, matadouro e outras rendas. Estes impostos e taxas não podem ser suprimidos, nem diminuídos, sob pena de vencimento antecipado de toda divida o que sujeita a devedora á multa de 20% exigível no foro da Capital Federal, escolhido como o do contracto. A impontualidade na satisfação dos juros e amortizações, a demora de sorteios das letras a resgatar e a constituição de novos empréstimos com as garantias d'este, importam também no seu vencimento antecipado. Quaisquer impostos ou sellos a que sejam sujeitos os títulos emittidos, recahirão sobre a Municipalidade emissora. Esta receberá pelo seu valor nominal, em pagamento de tudo quanto lhe for devido, não só os cupons vencidos, como também as letras sorteadas e, no caso de impontualidade, os próprios cupons não vencidos e as letras não sorteadas. Ella terá na sua Thesouraria uma escripturação completa e regular dos impostos e taxas que garantem este emprestimo e dos serviços de juro e amortização.[23]

Tendo em vista o processo de financiamento das obras de melhoramentos urbanos de Varginha, extensivamente respaldada pelo poder público estadual, podemos

22 Em 7 de outubro de 1912, vemos o seguinte pronunciado: "Com o término da instalação da rede de esgoto o prefeito Fernando Musa comunica que todas as casas deverão em trinta dias ligar suas instalações sanitárias a rede de esgoto". Disponível em: <www.casabranca.sp.gov.br>. Acessado em: 31 jul. 2014.

23 Museu Histórico e Pedagógico Alfredo e Afonso de Taunay de Casa Branca. Fundo do jornal *O Casa Branca*,1 de agosto de 1926.

perceber alguns traços marcantemente divergentes com relação as formas de captação dos recursos adotadas por Casa Branca, onde aparece com grande ímpeto o capital internacional. Esse fato coaduna com a ideia de novas áreas de investimentos para o capital internacional ocasionadas com a expansão do setor agroexportador, ou seja, as oportunidades criadas correlatamente ao incremento da economia cafeeira, especialmente aqueles ligadas ao setor urbano, caracterizavam-se como sendo de grande interesse para os interesses estrangeiros (CASTRO, 1979; SAES, 1986).

Contudo, se a forma de alavancar os capitais para a montagem da rede de água e esgotos de Casa Branca chama a atenção, mais interessante ainda se revela o mecanismo de quitação desse empréstimo, no qual se destaca as práticas e ações empresariais de um fazendeiro e capitalista local, denominado coronel Christiano Osório de Oliveira, membro do grande capital cafeeiro, que buscava diversificar seus investimentos para além da agricultura. Esse sujeito histórico revela outra face da economia cafeeira: a diversificação dos negócios promovida pelo capital nacional, gerado, sobretudo, na esfera de produção agrícola. Possui uma trajetória que revela sua atuação, a princípio, como fazendeiro de café, ainda na década de 1890, e que vai transformando-se, entre 1910 e 1920, em capitalista (emprestador de capital a juros), banqueiro e comissário de café, sem nunca abandonar sua ocupação de cafeicultor.

Em uma jogada financeira, em que o câmbio do franco se encontrava desvalorizado frente ao mil-réis, tanto a Prefeitura de Casa Branca quanto o coronel Christiano Osório de Oliveira saíram lucrando. O jornal *O Casa Branca* transcreveu da seguinte maneira a notícia publicada na capital, pelo jornal *O Estado de São Paulo*:

> A Municipalidade de Casa Branca conseguiu, há annos, do Credit Foncier du Brezil, um emprestimo de quatrocentos contos de réis, convertidos em francos, ao cambio de 584 réis por francos cuja importância foi aplicada na construção da rêde de exgottos da sede do municipio. Aproveitando a situação actual do franco, os dirigentes da política local cuidaram de antecipar o pagamento desse empréstimo, como lhe permitiam as respectivas clausulas contractuaes, para que o prefeito de Casa Branca, Sr. Professor Theodoro Volponi, conseguiu do sr. Coronel Christiano Ozorio, capitalista residente em São João da Boa Vista, o capital necessário para a transação em vista. E assim foi possível lavrar, há poucos dias, a escriptura de quitação do emprestimo, tendo o Credit Foncier facilitado immensamente a operação pela qual a camara municpal de Casa Branca veio a ganhar 260 contos de réis. Livre, com tamanha vantagem, do empréstimo de quatrocentos contos, cogita a municipalidade de obter outro, de igual quantia, para melhoramentos urbanos na sede do

> municipio, entre elles o calçamento de toda rua da Estação e a consecção de novo abastecimento de agua. São dignos de elogios os esforços da Camara Municipal de Casa Branca, zelando pelas finanças do municipio ao mesmo tempo que se preocupa com os melhoramentos públicos de maior valor.[24]

A estratégia, que transparece claramente na notícia, possibilitou, a um só tempo: a abertura de um campo novo de investimento no meio urbano, para os capitais do maior fazendeiro de café do município e da região (possuía na década de 1920 cerca de quatro milhões de pés de café, espalhados por todo Estado de São Paulo, mas basicamente na região da Mogiana); a Câmara de Casa Branca "tem marcado uma das suas phases mais brilhantes, porque se vê garantida, garantindo os seus credores internos",[25] quitando uma onerosa dívida com o capital internacional, com lucro de cerca de 260 contos de réis; e, ainda, se via na possibilidade de angariar novos empréstimos para obras de melhoramentos urbanos. Nesse sentido, qual seria o caminho pensado pela municipalidade, no intuito de conseguir novos financiamentos? Por meio de capitais privados, internacionais ou mediante fundos do governo estadual?

Em 30 de julho de 1928, vemos o mesmo prefeito de Casa Branca que quitou a dívida junto ao *Crédit Foncier du Brésil* iniciar as negociações de um empréstimo para o município, na quantia de novecentos contos de reis, junto ao proprietário dr. J. Bueno Monteiro, residente em São Paulo.[26] No dia 18 de agosto do mesmo ano, mediante pedido de esclarecimentos por parte do credor, o prefeito de Casa Branca, envia os objetivos pelo qual almejava tal aporte de capital:

> Em resposta a carta de V.S. de 13 do corrente passo a informar-lhe que as obras a serem feitas com o emprestimo são: melhoramentos locaes, reforma do jardim publico, calçamento, e aumento da actual rede de agua e esgotos. Estes melhoramentos forçosamente aumentarão as rendas municipaes em: Calçamento, calculado em 50:000\$000 annuaes; Agua e Esgotos, em 20:000\$000 annuaes. Pretende também a Camara depois de feitos estes melhoramentos, aumentar alguns impostos, que devera elevar sua renda annual em 20:000\$000 ou 25:000\$000 annuaes. Esperando que esteja de accordo com o solicitado [...].[27]

24 *Ibidem*,18 de julho de 1926.

25 *Ibidem*, 1 de agosto de 1926.

26 Carta n. 50. *Livro de Registro de Officios e Cartas da Municipalidade de Casa Branca (1923-1929)*, sob o n. 2.

27 Carta n. 53, *Idem*.

Destarte percebemos que, com a quitação do empréstimo junto ao *Crédit Foncier du Brésil*, abriu-se a possibilidade para a Prefeitura angariar novos investimentos, não só visando aumentar a qualidade dos serviços públicos, mas também para alargar as receitas do cofre municipal, por meio da cobrança de novas taxas. Se houve a possibilidade de ambicionar novos empréstimos, contudo, percebemos que a negociação entre Casa Branca e o dr. Bueno Monteiro não foi adiante, como revela a lista dos credores da cidade (ver quadro abaixo), em que não constam tais valores, nem mesmo o nome do proprietário de São Paulo.

Tabela 3 – Relação dos credores da Municipalidade, por título de empréstimos, em 1931.

Nomes	Valor	Juros (dinheiro ou título)
Christiano Ozorio	167:412$830	8:128$000
Prudente Correia	100:000$000	12:711$600
Silvestre Nicoliello	6:750$000	225$000
Palmyra Berduzzi	24:248$000	1:950$500
Maria de Carvalho	8:672$522	183$000
Jeronymo Carvalho Andrade	12:535$000	753$300
José Milan	32:030$000	1:089$000
Herdeiros de Cezario Raymundo	5:138$836	316$600
Cruz & Palhavan	11:181$500	1:279$600
Jose Vicentini	17:825$000	574$300
Irmãos Franceschet	9:210$000	395$300
Gasso, Menerelli & Cia	5:467$000	155$500
José Maria da Silva	1:284$000	*
Virgilio Bonvicino	48:592$050	3:084$499
Sylvio Furlani	2:575$000	134$540

Fonte: *Livro de Registro de Officios e Cartas da Municipalidade de Casa Branca (1923-1929)*, sob o n. 2.

A nosso ver, parece que Casa Branca já estava onerada com vários empréstimos, não representando mais uma alternativa segura para o capital urbano, além de estar vivenciando um contexto de crise por conta do decréscimo da atividade cafeeira na região e da *não industrialização* da cidade. O capital, destarte, parece ter atingido seu limite na cidade.

Contudo, se o nome do dr. Bueno Monteiro não aparece na lista dos credores da cidade, salta aos olhos o nome do ainda principal mantenedor da dívida pública da cidade: o coronel Christiano Osório de Oliveira. Deste modo, uma pergunta se impõe: quais os meios utilizados pela Prefeitura para pagar a dívida com este credor?

Tal estratégia é revelada através de uma carta da municipalidade ao mesmo Christiano Osório, em 31 de julho de 1931:

> Tenho o prazer de levar ao seu conhecimento que esta Prefeitura está liquidando os compromissos assumidos pelas administrações anteriores deste município. Impossibilitada de fazer com os recursos ordinários do Thesouro Municipal, conseguiu a Prefeitura autorização do Governo Provisorio do Estado para emittir 650:000$000 em títulos a longo prazo (14 annos) e juros de oito por cento ao anno pagáveis a 31 de janeiro de cada anno nas datas essas em que se realizam os sorteios semestraes das letras que deverão ser resgatadas annualmente, segundo o plano estabelecido na lei municipal n°14, de 10 de junho findo.

A solução do caso foi: pagar a importância dos juros correspondente ao primeiro semestre de 1931, no valor de 6:554$938 e o restante (163:873$143) em letras do empréstimo autorizado e, consequentemente, garantido pelo governo do estado. Assim, percebemos que o fundo o governo do estado, em São Paulo, também jogou papel fundamental no processo de urbanização das cidades, mesmo que, no caso em apreço, apareceu na cena após o capital internacional e o grande capital urbano, de origem agrária, respectivamente.

CONSIDERAÇÕES FINAIS

A energia elétrica, talvez o maior símbolo do grande capital urbano no momento, tendeu a ser instalada por empresas que estavam sediadas fora do sul mineiro, e, mesmo do estado de Minas, analogamente às ferrovias (com as exceções do ramal de Guaxupé, da Mogiana, e as estradas de ferro Trespontana e Machadense). Ainda que no caso de Varginha a *Vivaldi & Cia* tivesse interesses e a origem de seu presidente no município de Itajubá, estava localizada na cidade do Rio de Janeiro e era fortemente ligada ao setor exportador de café. A luz elétrica, em Guaxupé, inaugurada em 1913, foi realizada nos mesmos moldes que em Varginha. Nesse caso, a *Empresa Nacional de Energia Elétrica*, de Pedro Nicola, era a responsável, e sua sede estava em Mococa, SP (VALLE; VALLE, 2004). O telefone, já nos anos 1920, também foi instalado por uma companhia paulista, a *Companhia Bragantina.*

O poder público jamais ficou de fora do processo, por mais que em alguns momentos tenha sido moroso, omisso ou ineficiente. É indubitável que sua presença foi fundamental para a urbanização varginhense, ainda que capitais privados fossem presentes. A população urbana gozou de várias melhorias típicas das cidades em desenvolvimento, embora não abrangesse a totalidade da população, que em sua maioria ainda era rural, como na maior parte do país. O fato que se destaca, no sul de Minas, é a forte presença do capital oriundo de São Paulo no processo de urbanização, acompanhado e articulado à esfera do governo estadual.

Por sua vez, ao longo das três primeiras décadas do século XX, durante o auge da economia cafeeira, a cidade de Casa Branca buscou acompanhar e inserir-se na ideologia modernizante, através de várias obras de melhoramento urbano, fato que revelou a face urbana do capital cafeeiro também nas cidades do interior, mesmo que de forma limitada e conflituosa, pois nem sempre os capitais arrecadados pelo erário público, via cobrança de impostos, eram suficientes para acompanhar o modelo vindo dos grandes centros urbano-industriais, reforçando a importância do capital privado e do Estado nos mecanismos de financiamento.

O papel preponderante coube ao capital agrário, que originado no café, foi se diversificando através de investimentos no mundo urbano. Dado o padrão da cafeicultura paulista, de maior vulto, explicitou-se sua presença mais contundente tanto nas cidades do interior de São Paulo quanto nas cidades do sul de Minas. Em ambos os casos a esfera de poder municipal foi peça-chave nesse processo de transformação. Todavia, o poder estadual compareceu de forma mais precoce e ativa em Varginha. No caso de Casa Branca, o poder estadual só atuou tardiamente, na década de 1930, depois da participação do capital internacional e do capital cafeeiro em sua face urbana.

Através desses exemplos revelaram-se alguns dos mecanismos pelos quais as cidades do interior buscavam levantar os capitais necessários para ensejar os seus projetos de modernização, materializado muitas vezes de forma epidérmica nos melhoramentos urbanos.

FONTES PRIMÁRIAS

Almanaque administrativo, industrial e mercantil do Rio de Janeiro. Rio de Janeiro: Tipografia Laemert, para 1910-1916.

Atas da Câmara Municipal de Varginha.

Atas, Cartas e Ofícios da Câmara Municipal de Casa Branca.

Jornal *Arauto do Sul.*

Jornal *O Casa Branca.*

BIBLIOGRAFIA:

ÁVILA, Affonso Celso. "Varginha: formação e evolução", *Revista da Fundação João Pinheiro*, v. 13, n. 7-8, p. 2-18, jul./ago. 1983.

BRAUDEL, Fernand. *Civilização material, economia e capitalismo: século XV-XVIII.* v. 1. São Paulo: Martins Fontes, 1995.

CAMPOS, Candido Malta. *Os rumos da cidade: urbanismo e modernização em São Paulo*. São Paulo: Senac, 2002.

CASTRO, Ana Célia de. *As empresas estrangeiras no Brasil: 1860-1913*. Rio de Janeiro: Zahar, 1979.

COSTA, Fernando Nogueira da. *Bancos em Minas Gerais (1889-1964)*. Dissertação (Mestrado) – Unicamp-IFCH, Campinas, 1978.

FAUSTO, Boris Fausto. *História geral da civilização brasileira – O Brasil Republicano – Estrutura de poder e economia (1889-1930)*. Tomo III, v. 8. 8ª ed. Rio de Janeiro: Bertrand Brasil, 2006.

GAMBI, Thiago Fontelas Rosado; SAES, Alexandre Macchione; COSENTINO, Daniel do Val; MARSON, Michel Deliberali. "O processo de urbanização no sul de Minas em transição", *XV Seminário sobre a economia mineira*, Diamantina, UFMG/Cedeplar, 2012.

JACOB, Rodolpho. *Minas Gerais no XXº século*. Rio de Janeiro: Gomes, Irmão & C., 1911.

MATOS, Odilon Nogueira. *Café e ferrovias: a evolução ferroviária de São Paulo e o desenvolvimento da cultura cafeeira*. São Paulo: Alfa-Ômega, 1974.

MONTEIRO, Norma de Goés. *Imigração e colonização em Minas: 1889-1930*. Belo Horizonte: Imprensa Oficial, 1973.

NUNES, Maria Aparecida. *Pioneirismo empresarial em Varginha – MG*. Varginha, MG: Ed. da Faculdade Cenecista de Varginha, 2004.

ODALIA, Nilo; CALDEIRA, João Ricardo de Castro (org.). *História do estado de São Paulo: a formação da unidade paulista*. São Paulo: Ed. da Unesp; Imprensa Oficial; Arquivo Público do Estado, 2010.

PAULA, Homero Vianna de. *Inspeção sanitária no município de Varginha*. Belo Horizonte: Imprensa Oficial, 1927.

RICARDI, Alexandre. "A formação do parque elétrico paulistano: relações de conflito entre a Companhia Água e Luz do Estado de São Paulo, seus clientes e seus concorrentes: 1890-1910", *Contemporâneos: Revista de Artes e Humanidades*, São Paulo, v. 6, p. 1-22, maio 2010.

______. *A companhia água e luz do estado de São Paulo e suas relações de conflito na formação do parque elétrico paulistano, 1890-1910*. Dissertação (Mestrado em História Social) – FFLCH-USP, São Paulo, 2013.

ROSSI, Pompeu. *História de Ouro Fino: seus fatos, sua gente e sua lenda*. Belo Horizonte: Imprensa Oficial, 1981.

SAES, Flávio A. Marques de. *A grande empresa de serviços públicos na economia cafeeira: 1850-1930*. São Paulo: Hicitec, 1986.

SAES, Alexandre Macchione. *Conflitos do capital: Light versus CBEE na formação do capitalismo brasileiro (1898-1927)*. Bauru, SP: Edusc, 2010.

______; COSENTINO, Daniel do Val; SILVA, Marcel Pereira; GAMBI, Thiago Fontelas. "Sul de Minas em transição: ferrovias, bancos e indústrias na constituição do capitalismo na passagem do século XIX para o século XX", *Anais do XIV Seminário sobre a Economia Mineira*, UFMG/Cedeplar, 2010.

SALES, José Roberto. *Espíto Santo da Varginha (MG), 1763-1920*. Varginha, MG: Gráfica Editora Sul-Mineira, 2003.

SENNA, Nelson. *Anuário Histórico Corográfico de Minas Gerais*. Belo Horizonte: Imprensa Oficial, 1907 e 1909.

SILVA, Marcel Pereira da. *De gado a café: as ferrovias no sul de Minas Gerais (1874-1910)*. Dissertação (Mestrado) – FFLCH-USP, São Paulo, 2012.

TAUNAY, A. E. *História do Café no Brasil: Brasil Imperial 1822-1872*. Tomo I, v. 3. Rio de Janeiro: Depto. Nacional do Café, 1839.

VALLE, José Ribeiro do; VALLE, Geraldo Ribeiro do. *Guaxupé: Memória histórica – a terra e a gente*. 2ª ed. Guaxupé, MG: Gráfica Nossa Senhora de Fátima, 2004.

VEIGA, Bernardo Saturnino da. *Almanach Sul-Mineiro*. Campanha, MG: Tipografia do Monitor Sul-Mineiro, 1874 e 1884.

WIRTH, John. "Minas e a nação. Um estudo de poder e dependência regional, 1889-1937". In: FAUSTO, Boris Fausto. *História geral da civilização brasileira: O Brasil Republicano – Estrutura de poder e economia (1889-1930)*. Tomo III, v. 8. 8ª ed. Rio de Janeiro: Bertrand Brasil, 2006.

A MARCHA DO CAFÉ NO SUL DE MINAS, DÉCADAS DE 1880-1920

Alfenas, Guaxupé, Machado e Três Pontas[1]

Marcos Lobato Martins

Em um estudo sobre a regionalização de Minas Gerais no século XIX, Alexandre Mendes Cunha afirmou ter havido notável mudança de centralidade na província de Minas Gerais. Ouro Preto perdeu sua "primazia inconteste" e outras regiões subiram ao proscênio, graças ao dinamismo que adquiriram. Foram elas a Zona da Mata com o café e o sul de Minas, este último dividido, na primeira metade dos Oitocentos, em uma área dedicada à produção de alimentos (porção centro-leste) e outra área dedicada à criação de gado (porção oeste)(CUNHA, 2007).

Para muitos historiadores, no último quartel do século XIX teria se iniciado processo rápido de transformação do sul de Minas sob a expansão da cafeicultura, que não só tenderia a apagar as diferenças entre suas sub-regiões como selaria em bases firmes sua aliança política com a Zona da Mata na Primeira República.[2] O café teria lançado o sul de Minas no rumo do "progresso", da ferrovia, da imigração, da modernização urbana e da homegeneidade interna.

Este artigo analisa a marcha da cafeicultura em municípios do sul de Minas Gerais na passagem para o século XX, ocupando-se com a descrição dos ritmos de formação dos cafezais e dos negócios cafelistas. Mais especificamente, o trabalho se ocupa da investigação comparativa da dinâmica da cafeicultura no território de quatro

1 O autor agradece a Fapemig pelo suporte financeiro oferecido ao projeto "As transformações do campo sul-mineiro na virada para o século XX: a transição da agricultura diversificada para a agroexportação do café".

2 Para uma crítica desta perspectiva, cf. Viscardi, Cláudia Maria Ribeiro. Elites políticas em Minas Gerais na Primeira República. Estudos Históricos, Rio de Janeiro, v. 8, n. 15, p. 39-56, 1995.

destacados municípios da região, a partir do levantamento de dados oficiais de prefeituras e do governo estadual, bem como de informações publicadas pela imprensa da época.

Mais especificamente, empregam-se fontes documentais diversas, destacando-se almanaques das décadas de 1870-1880, artigos da imprensa regional dos anos 1890-1920, relatórios de Secretarias do governo de Minas Gerais e documentação fiscal de prefeituras sul-mineiras, especialmente os livros de lançamento de impostos sobre indústrias e profissões relativos ao período em tela. Também são utilizados inventários, textos de memorialistas e testemunhos produzidos pela história oral. Dessa documentação foram retiradas informações referentes ao processo de formação dos cafezais e das estruturas locais de produção e comércio do café.

O APEGO DE ALFENAS À AGRICULTURA TRADICIONAL

O *Almanach Sul-Mineiro para o ano de 1874* informou que as principais lavouras da freguesia de Alfenas eram o milho e a cana, que ombreavam com a criação de gado bovino e suíno na composição da pauta de exportações da localidade. A respeito do café, o almanaque notou "nos quintais das casas grande plantação de café que produz abundantemente" (VEIGA, 1874, p. 134). Tratava-se, então, de lavoura de café restrita, voltada para o atendimento das demandas das famílias alfenenses. A mesma fonte informou que, na freguesia de São Sebastião do Areado "trata-se também atualmente da cultura do café, havendo já para cima de 150.000 pés plantados e em prometedor estado", mas mencionou que o fumo ainda constituía o principal gênero de exportação do lugar. Quanto a São Joaquim da Serra Negra, Bernardo Saturnino da Veiga afirmou, na página 156, que "a lavoura mais geral é dos cereais, mas já há grandes plantações de café e cultiva-se o fumo em grande escala. A exportação consta de fumo, porcos, carneiros e bois". Portanto, segundo a publicação de 1874, no território norte da vila de Alfenas o café ainda engatinhava, constituindo uma cultura entre diversas outras. Somente na freguesia de Areado a rubiácea alcançara maior vulto, como se vê na tabela abaixo:

Tabela 1 – Situação da lavoura de café em Areado (1874-1884)

	1874	1884-5
N. total de fazendeiros	40	68
N. de cafelistas	11 (27,5%)	45 (66,1%)
N. de pés de café	150 mil	800 mil
Exportação de café	Não havia	20 mil arrobas

Fontes: *Almanach Sul-Mineiro para o ano de 1874*; *Almanach Laemmert 1885*.

No ano de 1884, a publicação de Campanha observou o início de melhorias na lavoura do café em Areado e em São Joaquim da Serra Negra, noticiadas com indisfarçável entusiasmo:

> Na Fazenda do Capitão José Francisco Terra [São Joaquim da Serra Negra] vai ser assentada uma excelente máquina, movida a água, para beneficiar o café.
> Na Fazenda do Capitão Justiniano de Castro Borges [São Sebastião do Areado] existe uma excelente máquina de fabricar café, e na do Capitão Felício José de Salles está se assentando outra movida a vapor (VEIGA, 1885, p. 207).

O almanaque de 1884 permite elaborar um quadro da cafeicultura em diversas freguesias de Alfenas, apresentado na tabela seguinte:

Tabela 2 – Situação da cafeicultura em freguesias de Alfenas, ano 1884

freguesia	Fazendeiros listados	Cafelistas	N. cafeeiros	Exportação
Conceição da Boa Vista	85	21 (24,7%)	300 mil	-
Carmo da Escaramuça	51	11 (21,6%)	200 mil	1.000 arrobas
Conceição da Aparecida	45	16 (35,6%)	-	-
São Joaquim da Serra Negra	37	28 (75,7%)	120 mil	3.500 arrobas

Fonte: *Almanach Sul-Mineiro* de *1884*.

Os números da Tabela 2 mostram que a lavoura do café já atraía a atenção de muitos fazendeiros de Alfenas no último quartel do século XIX. Os preços da rubiácea sem dúvida estimulavam o ingresso na atividade, mas havia o problema de escoamento das colheitas, uma vez que a região não contava com meios modernos de transporte. O café exportado por Areado era transportado em tropas de muares para estações paulistas da Companhia Mogiana, o que aumentava seus custos.

Nas décadas de 1890 a 1910, a lavoura de café avançou com mais força no entorno de Areado e de Serra Negra. Mas não ocorreu, nesse período, a especialização produtiva das fazendas e nem se pode dizer que o café ocupou a maior área plantada *vis a vis* os cereais. Na verdade, gradativamente o café se tornou a principal fonte de rendimentos das fazendas que o cultivavam. A convivência do café com outras atividades nas propriedades rurais do centro e do norte da antiga Vila de Alfenas é mostrada pela análise de uma amostra de 33 inventários referentes a Alfenas, Barranco Alto, Conceição da Boa Vista, São Sebastião do Areado e São Joaquim da Serra Negra, cobrindo o período 1887-1898, nos quais apareceram 22 fazendas. Essa análise é sintetizada na tabela seguinte:

Tabela 3 – Atividades produtivas nas fazendas de Alfenas (1887-1898)

Características das fazendas	N. ocorrências	% do total
Lavouras tradicionais (milho, cana, feijão, arroz etc.)	16	72,7
Criação de gado (bovino/suíno)	17	77,3
Engenhos e/ou moinhos e/ou monjolos	09	40,9
Atividades têxteis (rodas de fiar/teares)	11	50,0
Cafezais	07	31,8

Fonte: Inventários do Juízo de Órfãos e Ausentes do Termo de Alfenas.

Os dados da Tabela 3 ajustam-se às conclusões de Marcos Lobato Martins sobre o processo de transição da agricultura de abastecimento para a agroexportação cafeeira em Alfenas (MARTINS, 2013, p. 397-429). Neste município sul-mineiro, a especialização produtiva na cafeicultura não será a nota dominante do cenário rural antes de bem avançado o século XX.

Na primeira década do século passado, a produção agropecuária de Alfenas conservava-se bastante diversificada, com a produção de café liderando folgadamente o valor gerado pelo setor primário da economia local. Os números para o período 1903-1905, compilados por Rodolpho Jacob, são os seguintes:

Tabela 4 – Produção agropecuária em Alfenas, 1903-1905

Rebanhos	30.500 bovinos 8.150 vacas leiteiras 29.500 suínos 10.250 cavalos 4.500 muares
Produção pastoril	825 rezes abatidas 17.000 rezes engordadas 250.360 kg de queijo 56.300 arrobas de toucinho
Produção agrícola	Café – 171.300 arrobas Milho – 82.000 alqueires Arroz – 25.800 alqueires Feijão – 19.500 alqueires Fumo – 1.337 arrobas Aguardente – 10.142 piparotes Rapadura – 52.939 cargas

Fonte: Rodolpho Jacob (1911, p. 90-93).

Assim, tomando-se apenas o caso do café, pode-se inferir que, no período entre 1884 e 1905, a exportação alfenense da rubiácea saltou de 24.500 arrobas para 80.000 arrobas, um aumento de 327%. Uma taxa de crescimento muito robusta, inegavelmente. Pode-se dizer que os fazendeiros alfenenses pegaram a "febre do café", mas não chegaram ao "delírio" de largar todas as atividades tradicionais para se dedicar exclusivamente ao "ouro verde".

Os números do Recenseamento de 1920 comprovam o apego dos alfenenses e dos vizinhos de Areado ao modelo de produção diversificada nas duas primeiras décadas do século XX. Em 1920, em Alfenas e Areado havia 254 propriedades com cafezais, ou seja, apenas 24,2% dos estabelecimentos recenseados. Nelas, os cafezais ocupavam área de 3.119 hectares, o que dá média de 12,3 hectares por propriedade cafelista. Os cafeeiros eram 1.292.200 em Alfenas, e 1.047.150 em Areado, de modo que a média de pés de café por fazenda cafelista em Alfenas/Areado era de 9.210, um número baixo. A produção de café (45.176 arrobas) ficava atrás das quantidades colhidas de milho, arroz e feijão.[3]

O café produzido em Alfenas e Areado, escoado pela estrada de ferro Muzambinho, foi comercializado por intermédio de casas comissárias do Rio de Janeiro. Os jornais da região de Alfenas e Machado trouxeram, no primeiro decênio do século passado, anúncios das firmas cariocas que compraram o café dessas localidades, a exemplo dos que se transcrevem a seguir:

> A. Santos, Moreira & Cia. Comissários de café e mais gêneros do país. Rio de Janeiro. Adiantarão 70% do valor do café que lhes for consignado à vista do despacho. Os líquidos das contas das vendas são pagos imediatamente. Representada na zona por Joaquim José Raymundo.
> J. Montes & Cia. Comissários de café e mais gêneros do país, sita na Travessa Santa Rita, n. 32, Caixa Postal 16, no Rio de Janeiro. Representante em Alfenas e Machado Bernardo Pereira Lima
> Marinho, Pinto & Cia. Comissários de café, molhados e mantimentos. Rua de São Pedro 39. Rio de Janeiro. Representada na zona por João Francisco Soares.[4]

3 A área plantada de café (38,4% da área cultivada total) ainda era inferior à do milho (46,8%). E, como a produção de café foi muito baixa em 1919, pode-se deduzir que quase metade dos cafeeiros, certamente por serem novos, ainda não entrara em produção. Ver adiante a nota 18.

4 Todos esses anúncios foram retirados do jornal *O Machadense*, edições de 21 de maio de 1905, 09 de maio de 1907 e10 de fevereiro de 1907, pela ordem.

Convém destacar a atuação da firma Miranda Jordão & Cia., também sediada no Rio de Janeiro e dirigida, entre 1892 e 1910, pelo dr. Carlos Augusto de Miranda Jordão. Esse empresário usou suas ligações com a estrada de ferro Muzambinho, da qual foi diretor e acionista, para catapultar as atividades da firma nas estações de Fama, Fluvial e Gaspar Lopes. Por isso mesmo, em debate no Congresso mineiro sobre questões ferroviárias, esta casa comissária foi alvo de acusação do deputado Brandão Filho de "explorar, segundo é voz pública, um celebérrimo monopólio de sal na cidade de Alfenas e de café na estação de Fama" (MINAS GERAIS, 1900, p. 56).[5] Em 1904, na Exposição Internacional de Saint-Louis (EUA), o café exibido pela Miranda Jordão & Cia. recebeu a medalha de bronze.[6] Outra firma de destaque sediada no Rio de Janeiro, que aproveitou o favorecimento do governo como encarregada de compras após a assinatura do Convênio de Taubaté, foi a Theodor Willie & Cia. Essa grande empresa, dirigida por Bruno Stolle, encampou os negócios da firma carioca Silva, Gonçalves & Cia. que atuara em Alfenas e Machado desde fins dos anos 1890.[7]

Somente nos anos 1920 ganharam destaque os intermediários paulistas, a exemplo da firma Assumpção, Irmão & Cia. Ltda., cujos anúncios – do tipo reproduzido a seguir – dominaram as páginas do jornal *O Alfenense* nos anos 1930: "Assumpção, Irmão & Cia. Ltda. Sucessores de Vitaker, Brotero & Cia. Ltda. Comissários compradores de café. Adiantam sobre conhecimentos e penhores agrícolas com garantias hipotecárias. Informações com o representante Galileu Moura, em Lavras, ou no escritório em Santos, à rua 15 de Novembro, n. 18 – 1° andar".[8]

A acumulação decorrente das atividades agropecuárias possibilitou a fundação, por homens de fortuna locais, do Banco Comercial de Alfenas, instalado em 1° de junho de 1920, com capital de 500 contos de réis. Este capital foi elevado para 2 mil contos em 1924, e para 3 mil contos em 1926.[9] Em propaganda veiculada no jornal *O Alfenense*, na edição do dia 1° de fevereiro de 1931, o Banco Comercial de Alfenas informou que fazia todas as operações bancárias (exceto câmbio), pagando taxas entre 7 e 9% ao ano para depósitos de dinheiro a prazo fixo, enquanto cobrava juros de 4 a 6% sobre contas correntes. Nesse ano, além da sede em Alfenas, o Banco Comercial possuía agências em Machado, Cabo Verde, Campos Gerais e Três Pontas, municípios vizinhos que tinham destacada produção cafeeira.[10]

---

5 MINAS GERAIS. Congresso Mineiro. Anais da Câmara dos Deputados 1900. Belo Horizonte: Imprensa Oficial do Estado de Minas Gerais, 1900, p. 56.

6 Arquivo Público Mineiro. APM-DPL-017(41).

7 *Almanach Moderno de Propaganda e Estatística dos Municípios Sul-Mineiros*. Vila Silvestre Ferraz, MG: Centro Sul-Mineiro de Propaganda e Estatística, 1913.

8 *O Alfenense*, 15 jul. 1931.

9 *O Alfenense*, 20 mar. 1932.

10 *O Alfenense*, 1 fev. 1931.

Nos anos 1920 e 1930, os fazendeiros de Alfenas também contaram com os serviços financeiros de uma agência local do Banco Hipotecário e Agrícola de Minas Gerais. A atuação do banco no crédito rural e também na comercialização de produtos agropecuários ficou evidenciada nos anúncios publicados no jornal *O Alfenense*, reproduzidos a seguir:

> Café. Não negocie o seu café ou conhecimento antes de procurar o Banco Hipotecário e Agrícola de Minas Gerais, Agência de Alfenas, que faz o financiamento nas bases em uso, a 180 dias de prazo e juros de 12%. Procure o Banco Hipotecário e Agrícola antes de tomar qualquer resolução sobre os seus negócios de café.
> Para os negócios de Gado no Triângulo e no Estado de Goiás, o Banco Hipotecário e Agrícola do Estado de Minas Gerais fornece cartas de crédito que evitam o transporte arriscado de dinheiro e cartas de apresentação que facilitam os negócios naquelas zonas. Agência de Alfenas.[11]

A EUFORIA CAFELISTA EM MACHADO

Conforme Moreira Rebello, o café já estava introduzido no território da Vila de Campanha desde o início da década de 1820, embora ainda não produzisse o suficiente para atender a demanda do Termo (REBELLO, 2006). Todavia, na década de 1870, já existiriam, apenas na freguesia de Machado, 220 mil cafeeiros plantados por proprietários locais, com exportação para Rio de Janeiro e São Paulo, destacando-se nessa atividade o coronel Azarias de Souza Dias. A respeito desse proprietário, Rebello reproduz matéria publicada no *Monitor Sul-Mineiro*:

> Cultura do Café – O Cel. Azarias comunica ter feito a primeira remessa do café colhido em suas terras, d'onde este ano tirou mais de 2000 arrobas. O distinto fazendeiro diz-nos mais que na importante freguesia do Machado (...) a colheita há de exceder à 6000 arrobas no decorrente ano, e que em breve tempo esse número subirá a elevada soma (*Monitor Sul-Mineiro*, n. 348, 20 de agosto de 1878).

11 *O Alfenense*, 01 nov. 1931 e 15 mar. 1932. O último anúncio, relativo ao comércio de gado, mostra como a pecuária, incluindo a compra e engorda de rebanhos do Centro-Oeste, conservou grande importância os alfenenses na primeira metade do século passado.

O *Almanach Sul-Mineiro para o ano de 1874*, referindo-se ao distrito de Santo Antônio do Machado, informou que "já existem plantados nesta freguesia, com segurança, 220 mil pés de cafeeiros, dos quais uma grande parte já está dando fruto, igual em qualidade ao das províncias do Rio de Janeiro e de São Paulo, como o tem provado o seu uso" (VEIGA, 1874, p. 145). A passagem do almanaque indica que os cafezais eram novos, sugerindo que a nova cultura se juntava a outras nas fazendas da freguesia. Essa sugestão é confirmada, dez anos depois, pelo mesmo Bernardo Saturnino da Veiga, conforme se vê no trecho abaixo da edição de 1884 do almanaque:

> (...) a plantação [de café] é superior a 500 mil pés tendendo a aumentar, pelo que parece terá de predominar na freguesia, outrora exclusivamente entregue à criação de gado e porcos, do que ainda se cuida em escala notável. Cultivam-se também cereais, cana, algodão, fumo, exportando-se de tudo um pouco (VEIGA, 1884, p. 232).

A tabela abaixo resume as informações disponíveis sobre a situação da cafeicultura em Santo Antônio do Machado nas décadas de 1870 e 1880:

Tabela 5 – Situação da lavoura de café em Machado (1874-1884)

	1874	1884-5
N. total de fazendeiros	44	62
N. de cafelistas	sem indicação	36
N. de pés de café	220 mil	500 mil
Exportação de café	2 mil	16 mil arrobas

Fontes: *Almanach Sul-Mineiro para o ano de 1874*; *Almanach Laemmert 1885*.

A expansão do café nas terras de Machado foi simultânea aos impactos da abolição da escravidão no país e na região. Na década de 1890, os fazendeiros machadenses tiveram que ensaiar novas formas de obter mão de obra, optando pela combinação de duas alternativas: a contratação de trabalhadores nacionais (homens livres e ex-escravos) e o emprego de colonos imigrantes. A propósito dos imigrantes, Maria Lúcia Prado Costa mostrou que os cafeicultores do município aderiram maciçamente ao programa de imigração promovido pelo governo de Minas Gerais (COSTA, 2002, p. 55-89). Conforme indicam os livros de matrícula da hospedaria Horta Barbosa, instituição instalada em Juiz de Fora com o objetivo de realizar a distribuição de imigrantes pelo território mineiro, Machado foi o maior polo sul-mineiro de atração de trabalhadores estrangeiros, com amplo predomínio de italianos, entre os anos de 1895-1898.

Estes imigrantes italianos partiram do Porto de Gênova, em navios fretados pelo governo do estado de Minas Gerais, aportaram no Rio de Janeiro, onde foram alojados na hospedaria da Ilha das Flores. Daí eles foram encaminhados até Juiz de Fora, por meio da estrada de ferro Central do Brasil, sendo recebidos na sede da hospedaria Horta Barbosa. Depois, em um zigue-zague ferroviário, foram embarcados para a estação de Pontalete: de Juiz de Fora para o entroncamento da Central do Brasil com a "Minas & Rio", em Cruzeiro (SP); de Cruzeiro até Três Corações na junção com a estrada de ferro Muzambinho e, finalmente, de Três Corações a Pontalete, lugar situado no município de Três Pontas, ou Fama, então distrito de Alfenas. Finalmente, dessas estações os italianos seguiram de carroça para Machado.

O avanço da cafeicultura implicou em aumento da população de Santo Antônio do Machado, que alcançou sua emancipação política em 1880. No ano de 1872, o Censo Geral do Império registrou 6.440 habitantes em Machado; em 1920, a população do município havia subido para 29.357 habitantes. No período 1872-1920, a população de Machado cresceu 45 vezes. Inegavelmente, esse fato constitui indicador do grande dinamismo que a cafeicultura transmitiu ao município.[12]

A documentação fiscal da Câmara de Machado mostra a velocidade da expansão da cafeicultura no município, tanto no que se refere ao número de cafelistas como ao número de cafeeiros e da produção total obtida. Esses dados são mostrados pela tabela seguinte:

Tabela 6 – Produção cafeeira declarada para fins de tributação, Machado (1896-1912)

Ano	N. cafeicultores	N. pés de café	N. arrobas
1896	29	294.800	22.000
1901	70	550.070	41.050
1903	74	663.970	49.550
1906	76	974.000	73.050
1909	87	900.000	67.500
1912	96	847.000	63.525

Fontes: Códice 73, "Lançamentos de 1899, 1900 e 1901"; Códice 74, "Contribuintes dos exercícios de 1902,1903, 1904 e 1905"; Códice 88, "Contribuintes dos exercícios de 1906-1912". Casa de Cultura de Machado.

12 Para 1872, a população total de Machado foi obtida somando-se as populações das freguesias de Santo Antônio do Machado e São Francisco do Douradinho, então pertencentes a Alfenas. O Censo de 1872 está disponível no site do NPHED do Cedeplar/ FACE/UFMG. Acesso em 03 de novembro de 2013. A população de Machado em 1920 foi tirada do Album Chorographico Municipal de Minas Gerais de 1927, disponível no site <www.albumchorographico1927.com.br>. Acesso em: 03 de novembro de 2013.

Os números da Tabela 6 mostram que o período 1896-1906 foi de expressivo impulso na cafeicultura machadense. O número de cafelistas aumentou 262%; a quantidade de cafeeiros subiu 330% e a produção 332%. Contudo, em comparação com os maiores municípios cafeeiros paulistas, evidencia-se a dimensão reduzida da lavoura cafeeira em Machado na virada do século XIX para o século XX.[13]

Nesse período a renda proveniente do café tornou-se dominante na arrecadação municipal, como mostra a tabela abaixo:

Tabela 7 – Porcentagem de impostos sobre a produção agropecuária, Machado (1899-1911)

Ano	Imposto café	Culturas tradicionais	Criação de gado
1899	62%	20%	18%
1902	66%	20%	14%
1905	68%	20%	12%
1908	65%	22%	13%
1911	62%	26%	12%

Fontes: Códice 73, "Lançamentos de 1899, 1900 e 1901"; Códice 74, "Contribuintes dos exercícios de 1902,1903, 1904 e 1905"; Códice 88, "Contribuintes dos exercícios de 1906-1912". Casa de Cultura de Machado.

Levando-se em conta a diferença de preço entre o café e os produtos tradicionais da agricultura, os números da última tabela permitem concluir que a produção de grãos permaneceu significativa em quantidade. Pode-se inferir, portanto, que os maiores fazendeiros de Machado concentraram sua atenção na cafeicultura, mas não abandonaram inteiramente a produção diversificada de alimentos e a pecuária. Os dados de Rodolpho Jacob corroboram esse argumento. Em 1910, Jacob levantou, com a ajuda de coletores federais, a extensão e o valor das propriedades agropecuárias do município. Ele calculou que as áreas de lavoura somavam 7 mil alqueires e valiam 6 mil contos de réis; os pastos cobriam 26 mil alqueires, valendo 2 mil contos de réis (JACOB, 1911, p. 89).

Todavia, a superação da conjuntura de baixa dos preços internacionais do café após 1906 gerou o efeito de rápida especialização dos maiores fazendeiros machadenses, o que se comprova facilmente pelo exame dos números do Recenseamento de 1920. O número total de propriedades rurais no município era, então, de 602, das

13 Os seis maiores produtores de café em Machado, listados no exercício de 1896, possuíam em suas fazendas cafezais que variavam de 20,1 mil a 40,2 mil pés. Quantidades pequenas em comparação com os grandes cafezais de Juiz de Fora e do oeste paulista, onde eram comuns plantações com mais de 100 mil pés.

quais havia 183 (30,4%) que cultivavam cafezais. A área ocupada pelos cafezais era de 10.127 hectares, onde havia 7.595.133 de cafeeiros. Portanto, na média, as fazendas cafelistas de Machado tinham cafezais com 41.503 pés de café e área de 55, 3 hectares (MINAS GERAIS, 1924, p. 112, 134-145, 169-178). Em 1919, o café ocupava mais de dois terços da área cultivada no município e sua produção só perdia para o milho, isso porque havia cerca de 45% de pés jovens que ainda não produziam frutos.[14]

Os rendimentos elevados da cafeicultura permitiram ao próprio município de Machado promover a sua modernização urbana, bem como resolver parcialmente dois problemas que limitavam o crescimento de sua economia exportadora: o transporte do café e o financiamento dos cafelistas.

Quanto ao transporte, a solução foi a construção de um ramal ferroviário. A Empresa estrada de ferro Machadense, com capital inicial de 1.000 contos de réis formado por acionistas locais, instalou quarenta quilômetros de trilhos entre 1922 e 1928. Dessa forma, os cafeicultores de Machado reduziram os custos de sua atividade, livrando-se das dificuldades de transportar por carros de boi o café colhido em suas fazendas até a estação de Tuiuti (Monte Belo), para embarcá-lo nas composições da Companhia Mogiana. O ramal de Machado ligou a cidade à estação de Gaspar Lopes (Alfenas) da E. F. Muzambinho. Vale lembrar que, por trás da construção do ramal ferroviário de Machado, estiveram as figuras de dois "barões do café" locais: o comendador Lindolfo de Souza Dias, vice-presidente do Banco Machadense S.A. e proprietário da fazenda Limeira, e Edvar Dias, proprietário das fazendas São Luiz, Monte Alto e Rosental, que foi Agente Executivo Municipal no período 1921-1929 (COSTA, 1976).

O problema do financiamento da cafeicultura, ou melhor, de garantir pelo menos em parte o financiamento local da produção de café para escapar ao monopólio das casas comissárias cariocas e paulistas, foi enfrentado com a fundação de um banco local. Para isso, os homens de fortuna da cidade lançaram mão do acúmulo crescente possibilitado pelo café. No ano de 1922, foi fundado o Banco Machadense, com capital inicial de 200 contos de réis. Capital modesto, o que caracteriza instituição mais voltada para oferta de créditos às famílias e de serviços financeiros aos produtores. Sua atuação como financiador da lavoura deve ter sido pequena, mas, no plano do comércio local, o Banco

14 Trata-se de estimativa calculada pelos autores a partir da informação de Rodolpho Jacob (p. 56) de que a produção média no sul de Minas era de 40 arrobas de café por 1.000 cafeeiros. Assim, se todos os cafeeiros de Machado estivem produzindo a média da região no ano de 1919, a produção seria de 303.804 arrobas. Logo, cerca de 45% dos cafeeiros não estariam produzindo. No contexto de expansão cafeeira que vivia o município, a maior parte dos cafeeiros não produtivos deveria ser jovem. Ademais, há de se ter em conta que os fazendeiros permitiam a plantação intercalar de milho e feijão enquanto os cafezais estavam em formação, mas proibiam esse cultivo no momento em que os cafezais começavam a produzir.

Machadense certamente impulsionou os negócios varejistas. Ele foi incorporado, em 1939, ao Banco Moreira Salles, sediado em Poços de Caldas.

De início, nos anos 1870-1880, a comercialização do café produzido em Machado foi responsabilidade de casas comissárias paulistas. O *Almanach Laemmert* de 1885 informou, na página 520, que o café de Machado era então exportado para São Paulo e Santos. Porém, com a chegada dos trilhos da E. F. Muzambinho a Fama, Pontalete e Gaspar Lopes, casas comissárias do Rio de Janeiro, atuantes nessas localidades, atraíram parte da produção cafeeira de Machado, como já se referiu anteriormente. Assim, entre o final dos anos 1890 e os anos 1910, agentes representantes de firmas cariocas e paulistas anunciaram nos jornais locais e intermediaram negócios cafeeiros em Machado. Nos anos 1920, as empresas paulistas voltaram a dominar amplamente a exportação do café machadense. Entre elas, houve uma, de atuação efêmera (1925-27), a Companhia Exportadora de Café do sul de Minas, criada por Joaquim Paulino da Costa e gerenciada por seu filho, cuja sede foi em Santos (REBELLO, 2006).[15]

Em função da crise da agroexportação decorrente do *crash* da Bolsa de Nova York, várias iniciativas efêmeras aconteceram em Machado visando a criação de mecanismos de crédito específico para os cafeicultores nos bancos locais, como ainda a instalação de uma filial do Banco Mineiro do Café (1936). Também houve esforço no sentido do desenvolvimento de tecnologia para a produção de cafés finos, objetivo da instituição do Campo Experimental de Café (1935), hoje Empresa de Pesquisa Agropecuária de Minas Gerais (Epamig).

TRÊS PONTAS DIVIDIDA ENTRE A CAFEICULTURA E A AGRICULTURA DE ABASTECIMENTO

O *Almanach Sul-Mineiro para o ano de 1874* informou, na página 169, que no município de Três Pontas a tradicional agricultura regional permanecia vigorosa. Havia, então, 180 fazendas de cultura, das quais quarenta possuíam retiros de criação de gado bovino. Conforme a publicação campanhense:

> A lavoura principal da freguesia tem por objeto os cereais, mas também floresce aí a cultura de cana, do fumo, do algodão e da vinha, de que já se começa a produzir vinho de qualidade. (...) Há dele [gado] não pequena quantidade, tanto que é esse um dos gêneros de exportação. Os outros são o fumo, o toucinho, o açúcar e a aguardente.

15 Joaquim Paulino da Costa, proprietário da fazenda da Chácara, foi cafeicultor e dono de invernada de gado, um dos fundadores do Banco Machadense, acionista e diretor da estrada de ferro Machadense, vereador e chefe político de uma das correntes partidárias de Machado.

Ainda conforme a mesma fonte, o café havia sido introduzido apenas em uma parte do município, em terras da freguesia de Carmo do Campo Grande (hoje Campos Gerais). Mesmo ali como uma cultura entre outras, como se vê no trecho transcrito a seguir:

> Sua principal cultura é o milho, base da alimentação dos porcos que são exportados para a corte em grande escala. Há também outros gêneros, como é a cana, que abastece a paróquia de açúcar e aguardente, produtos que chegam ainda para serem exportados para Alfenas, Machado, Pouso Alegre e outros lugares. (...) Presentemente vai-se desenvolvendo o plantio de café, e algum que já se tem colhido iguala em qualidade ao da província do Rio de Janeiro (VEIGA, 1874, p. 180).

A se crer no *Almanach Sul-Mineiro*, em meados da década de 1870 o café era plantado em Três Pontas somente como "cultura doméstica", respondendo parcialmente à demanda das famílias locais. A população da cidade importava café de municípios vizinhos, como mostra a procuração seguinte:

> 28 de abril de 1878. Antônio Gonçalves de Araújo, morador na freguesia da Conceição da Boa Vista deste Termo [Alfenas], nomeia e constitui por seu bastante procurador a José Augusto Gilli e Antônio de Pádua Pereira Dias para tratar da cobrança do que lhe é devedora Dona Rachel, francesa, residente na cidade de Três Pontas proveniente de quarenta arrobas de café compradas dele outorgante pelo camarada da mesma senhora de nome Flávio José Fernandes, podendo cobrar amigável ou judicialmente, e assistir aos atos conciliatórios.[16]

Em 1884, Bernardo Saturnino da Veiga informou que a cultura do café havia progredido em Três Pontas. Suas palavras a respeito foram pouco entusiasmadas: "[Ali há] um começo de plantações de café, que em breve se alargará". A cafeicultura se fazia mais presente na freguesia de Carmo do Campo Grande, onde alcançara a cifra de 120 mil cafeeiros. Dentre os 45 fazendeiros da freguesia listados no *Almanach*, apenas oito (17,8%) cultivavam a rubiácea. Na freguesia de Nossa Senhora do Rosário do Córrego do Ouro havia, em 1883, 30 mil cafeeiros, cultivados por cinco proprietários (41,7%), dentre os doze fazendeiros daquela localidade listados pela publicação. Na freguesia de Santana da Várzea, os cafeeiros eram poucos: 20 mil pés. Cafeeiros que existiam somente na fazenda do dr. Francisco Evangelista de Araújo, propriedade

16 Cartório do 1º Ofício de Notas de Alfenas, Caixa 1, Livro 1 de Lançamento de Procurações, p. 92-92v.

na qual eram plantados milho, feijão e cana e onde havia engenho movido a água e engenho de serrar. Uma típica fazenda sul-mineira oitocentista (VEIGA, 1884).

Mais um indício de que, em Três Pontas, como já se mostrou no caso de Alfenas, a cafeicultura desenvolveu-se como uma cultura entre outras é fornecido pelo anúncio publicado no jornal campanhense *O Colombo*, em 1883:

> Joaquim Lucindo [da freguesia de Três Pontas] deseja vender a fazenda do Esmeril, onde reside, contendo 80 alqueires de terras de cultura e um pasto de 16 a 20 alqueires (valado), casa, monjolo e moinho, paiol e 3.000 pés de café de ano, em lugar em que a geada não alcança; quem a pretender dirija-se ao anunciante (*O Colombo*, 31/08/1883).

No período entre 1891 e 1897, época em que a E. F. Muzambinho construiu sua linha de Três Corações a Jureia, a lavoura da rubiácea começou a adquirir maior escala no município de Três Pontas. A aproximação dos trilhos, justamente quando vigoravam preços elevados do café no mercado internacional, estimulou os fazendeiros locais a ampliarem seus cafezais. Todavia, o café encontrou resistências consideráveis em Três Pontas, modelarmente expressas na matéria publicada pelo jornal *O Tres Pontano* em meados de 1897:

> A lavoura dos grandes fazendeiros consiste hoje em plantar um ou dois alqueires de café, e nada mais. É um péssimo cálculo, porque é uma lavoura que exige um grande capital e aplicação bastante, e só começa a produzir algum resultado depois de quatro anos de penoso trabalho. Inquestionavelmente ela é uma das melhores, mas para pessoas a quem não falta o capital empregado. Não quero, pois, dizer que a lavoura de café seja improfícua, não, muito ao contrário; quero apenas dizer que não se deve exclusivamente tratar dela, mas também das outras, cujos produtos são indispensáveis à vida humana. A cana de açúcar, por exemplo, que dá um lucro extraordinário, está em abandono; o milho, o arroz, o feijão, o algodão, enfim, tudo está abandonado (*O Tres Pontano*, 27/06/1897).

Os homens de imprensa de Três Pontas mostravam-se cautelosos diante da atratividade do café. Não o rejeitavam, mas clamavam aos agricultores que não abandonassem a policultura, considerando-a a melhor estratégia para pequenos e médios proprietários rurais. Aos grandes fazendeiros, o periódico sugeria que intensificassem a exploração de suas vastas terras, inclusive com a cultura da rubiácea, lançando mão do arrendamento de parte delas e também da contratação de maior número de jornaleiros.

Os fazendeiros trespontanos parecem ter assimilado a advertência. A lavoura de café ampliou-se com relativa lentidão no município, do que dão prova os dados recolhidos por Rodolpho Jacob relativos aos anos 1903-1905, mostrados na tabela abaixo:

Tabela 8 – Produção agropecuária do município de Três Pontas, 1903-1905

Rebanhos	Sem informação sobre n. de bovinos 4.000 vacas leiteiras 1.000 suínos 600 cavalos
Produção pastoril	36.000 kg de queijo 2.700 arrobas de toucinho
Produção agrícola	Café – 40 mil arrobas Milho – 10.000 alqueires Feijão – 1.500 alqueires Arroz – 800 alqueires Fumo – 200 arrobas Aguardente – 2.400 piparotes

Fonte: Rodolpho Jacob (1911, p. 90-93).[17]

Mais um dado de Rodolpho Jacob relativo ao ano de 1910 reforça esta interpretação. Trata-se dos números sobre extensão das propriedades rurais. Para Três Pontas, Jacob calculou que as áreas de lavoura somavam 3 mil alqueires, enquanto os pastos cobriam 6 mil alqueires (JACOB, 1911, p. 89).

Vê-se que, em Três Pontas, o café penetrou devagar em comparação a Machado e Alfenas. Por isso a expansão populacional do município foi menor no período 1872-1920. Em 1872, a população de Três Pontas era de 16.941 habitantes; no ano de 1920, o Censo registrou 19.979 moradores no município.[18] Crescimento de 17,9% no período, bastante modesto e muitíssimo inferior ao da vizinha Machado, indicando que a economia de Três Pontas experimentou fraco dinamismo no período 1872-1920. Mesmo assim, combinados, a agricultura tradicional e o café foram capazes de gerar uma massa de recursos que permitiu alguma modernização urbana da cidade (MIRANDA, 1980).[19]

---

17 A mesma fonte informou que a exportação de café pela estação de Espera, no ano de 1907, foi de 500.980 kg, ou seja, 33.398 arrobas. O número é mais um sinal de que, no primeiro decênio do século passado, a cafeicultura de Três Pontas possuiu ritmo de expansão lento.

18 Para obter a população de Três Pontas em 1872, somou-se a população dos distritos de Nossa Senhora da Ajuda de Três Pontas e de Carmo do Campo Grande. As fontes dos dados são as indicadas na nota 8.

19 Em 1914, a cidade inaugurou rede elétrica e rede pública de abastecimento de água e iniciou a remodelação de ruas e praças. Em 1920, chegaram o Telégrafo Nacional e a Escola Normal Coração de Jesus. Logo em seguida, foi fundado o Grupo Escolar Cônego Victor.

Os dados do Recenseamento de 1920 mostram que, na segunda metade dos anos 1910, os grandes fazendeiros trespontanos decidiram investir pesadamente na cafeicultura. Em 1920, 37 propriedades do município possuíam cafezais, que ocupavam uma área de 4.125 hectares, de modo que a média da área dos cafezais por propriedade era de 111,5 hectares. Portanto, somente as grandes fazendas locais cultivavam café naquele ano. Elas tinham plantados 3.094.116 cafeeiros, o que dava média de 83.625 cafeeiros por propriedade. Entretanto, a produção de café foi de apenas 6.024 arrobas, atrás da produção de feijão e bem inferior às produções de arroz, milho e cana. A conclusão se impõe: a ampla maioria dos cafeeiros de Três Pontas no ano de 1919 não estava produtiva, porque eram muito novos. Portanto, somente no decorrer dos anos 1920 o café tornou-se a cultura principal no município de Três Pontas.

De início, os primeiros embarques de café produzidos em Três Pontas ficaram a cargo de empresas mercantis instaladas nas estações da E. F. Muzambinho, voltadas para a intermediação de mercadorias tradicionalmente importadas pelo Rio de Janeiro: gado em pé, mantimentos, fumo, toucinho, queijos. É o que mostram os anúncios do jornal O *Tres Pontano*, transcritos abaixo:

> Sousa Ramos & Pinheiro. Comissários de café, fumo e mais gêneros nacionais. Rua Visconde de Inhaúma, 73. Rio de Janeiro. 11/07/1897, p. 4.
> Casa de comissão de José Joaquim de Arantes. Recebe cargas e gêneros do país. Expedem-se cargas com toda prontidão. Estação de Espera. 18/07/1897, p. 4.

Os jornais de Três Pontas continuaram a publicar anúncios de casas comissárias em suas páginas nas primeiras décadas do século passado. Até os anos 1910, os periódicos locais traziam propaganda dos agentes de café representantes das casas comissárias do Rio de Janeiro. A partir dos anos 1920, os anúncios predominantes passaram a ser das casas comissárias de Santos – fato que sugere a mudança de polarização do comércio da região, do Rio de Janeiro para São Paulo.

Na década de 1920, para eliminar a necessidade de conduzir em carros de boi o café produzido nas cercanias da cidade até as estações da E. F. Muzambinho, formou-se a Companhia Viação Férrea Trespontana. A empresa tinha capital inicial de 800 contos de réis e instalou vinte quilômetros de trilhos entre 1922 e 1924, ligando a sede municipal à estação de Espera. O ramal ferroviário se juntou à estrada de rodagem que fazia o mesmo percurso e fora construída anteriormente (HOMEM DE MELLO, 1909).[20] Sobre o transporte do café trespontano Amélio Miranda escreveu:

---

20 Antes da estrada para automóveis, havia uma estrada carroçável que está assinalada no Atlas do barão Homem de Melo.

> Em 1920, por iniciativa dos Srs. Manuel da Piedade Rabelo e Francisco Garcia de Miranda, foi construída a primeira estrada de automóvel, que ligava a cidade à estação da Espera, estrada esta que desapareceu após a inauguração da ferrovia. (...) No primeiro quartel deste século XX, desenvolveu-se aqui a cultura do café e a estrada de ferro seria, então, o meio mais adequado para o seu transporte. Criou-se, pois, uma empresa particular, que se encarregou da construção do ramal Três Pontas-Espera, cuja inauguração se deu no dia 12 de outubro de 1924 (MIRANDA, 1980, p. 66).

Como no caso de Machado, os grandes cafelistas de Três Pontas foram os acionistas do empreendimento ferroviário, destacando-se os fazendeiros Domingos Monteiro de Rezende e Azarias de Brito Sobrinho. Algumas biografias dos "barões de café" de Três Pontas são ilustrativas de determinado "jeito de ser e de viver", nos anos 1920, quando os cafezais conferiam poder tanto dentro quanto fora da fazenda. Os grandes cafelistas, senhores de terras, prestígio, cargos políticos e compadres importantes, ficavam à frente de enorme parentela e, como mostrou Mônica Ribeiro de Oliveira para a Zona da Mata, criaram estratégias matrimoniais que visavam manter dentro da família os cabedais acumulados (OLIVEIRA, 2005). Assim, casaram tios e sobrinhas, primos e primas. Além do café, fator potencializador de suas fortunas, esses homens envolveram-se com empréstimos de dinheiro a juros – atividade denominada de "negócios capitalistas". No plano pessoal, levaram vida luxuosa, não raro repleta de hábitos e práticas verdadeiramente esdrúxulas.

Dois dos principais fazendeiros de Três Pontas, Domingos Monteiro de Rezende (1873-1954), conhecido como coronel Minguta, dono da fazenda Pedra Negra, onde hoje funciona o Museu do Café de Três Pontas, e Azarias de Brito Sobrinho, o coronel Zaroca (1870-1939), filho do Barão de Boa Esperança (ten. cel. Antônio Ferreira de Brito), dono da fazenda Boa Vista, se enquadram nesse perfil.

Azarias de Brito Sobrinho cuidava de café, milho, cana e de gado na fazenda Boa Vista. No ano de 1911, ele era proprietário de um engenho de beneficiar café, cujo capital foi avaliado em 3 contos de réis, empregava força motriz de 20 cv e quatro operários, produzindo anualmente cerca de 12 contos de réis (JACOB, 1911, p. 333). Seus negócios também incluíram a fundação e direção da usina Boa Vista, produtora de açúcar e aguardente, situada a cerca de quatro quilômetros de Três Pontas (CAMPOS, 2004, p. 27). O requinte do coronel Zaroca levou-o a se tratar em 1915 na Europa, no balneário francês de Vichy, e por lá ele permaneceu até o fim da Primeira Grande Guerra. O coronel Minguta, por sua vez, mandou seu filho primogênito se especializar em medicina na Alemanha, em 1918. Ambos possuíam belas casas na capital federal e passavam parte do ano no Rio de Janeiro, frequentando festas e rodas da alta sociedade carioca.

REGIÃO DE GUAXUPÉ: O ESTÍMULO CAFELISTA GERADO PELA COMPANHIA MOGIANA

Moacyr Brêtas Soares, autor de crônica de fatos políticos entremeada com observações sobre festas populares e "causos" envolvendo moradores de Muzambinho, assinala que o café foi introduzido naquela localidade na década de 1840. Conforme suas palavras:

> Além de Pedro de Alcântara Magalhães, outro fazendeiro em evidência era José Alves do "Cafezal". As aspas do seu último nome são sugestivas. Foi ele quem primeiro cuidou do plantio do "ouro verde", doze anos antes da fundação de São José da Boa Vista [ocorrida em 1852]. Foi por iniciativa sua que ali se plantaram os primeiros pés da fanatizante rubiácea – a monocultura de que cuidaram os brasileiros até há bem pouco tempo. José Alves do "Cafezal" serviu-se de sementes que adquirira na Zona da Mata (...) para formar sua lavoura de café (SOARES, 1940, p. 20).

Ainda segundo Bretas Soares, o fazendeiro João Januário de Magalhães iniciou em 1866 novas lavouras de café em Muzambinho, animado com os resultados obtidos por José Alves do "Cafezal". No entanto, o trabalho desses pioneiros foi devastado pela "geada preta" de 1870. O memorialista sugere também que o café, inicialmente cultivado em fazendas com muitos escravos, gradualmente deslocou para posição secundária tanto a pecuária quanto a produção de cana e mantimentos, transformando-se, nos anos 1880, na atividade predominante na região.

O *Almanach Sul-Mineiro para o ano de 1874* trouxe referências ao estado da economia em São Sebastião do Paraíso, São Francisco das Chagas do Monte Santo e Nossa Senhora das Dores de Guaxupé. Sobre São Sebastião do Paraíso, a publicação informa, na página 346, que nesta vila "cultivam-se café, cana, fumo e cereais; cuida-se na criação de gado vacum e suíno, regulando a exportação em cerca de 2 mil bois e 1.500 porcos". A respeito de Monte Santo, informou-se, na página 355, que "a cultura do café, hoje muito desenvolvida (...) constitui sua maior riqueza e assegura-lhe um futuro de grandeza; entretanto, nem todos os lavradores cuidam dessa cultura, empregando-se muitos na criação de gado vacum e porcos". Mais adiante, na página 358, o almanaque informou que, na freguesia de Nossa Senhora das Dores do Guaxupé, "cultivam-se aí em não pequena escala cana, café, fumo, e cuida-se da criação de gado vacum e suíno e de engordar bois e porcos que se importam das províncias de Goiás e São Paulo". Evidentemente, no oeste da região sul-mineira, nos anos 1870, dominava a produção diversificada para o abastecimento, sendo o café uma entre outras lavouras nas propriedades da sub-região.

Este fato não surpreende, uma vez que a ocupação da região de Guaxupé foi comandada por famílias mineiras de trabalhadores, arrendatários e proprietários originários da porção centro-leste do sul de Minas (Baependi, Cristina, Paraguaçu, Alfenas, Lavras) e de São João del Rei. Alguns exemplos são suficientes para realçar o papel dos "entrantes mineiros" na ocupação do extremo oeste da região sul-mineira. É conhecida a história de que netos do Alferes Domingos Vieira e Silva, nascidos na fazenda do Campo Redondo entre 1810 e 1830, na divisa entre os atuais municípios de Alfenas e Campos Gerais, radicaram-se em Cabo Verde e em Botelhos (AYER, 1983-85, p. 123-124). Na história de Guaranésia figura o nome de Francisco José Dias, filho do capitão mor Custódio José Dias. Nos idos de 1840, Francisco José Dias deixou Machado com dois escravos e rumou para a antiga Santa Bárbara das Canoas, onde formou a fazenda da Correnteza, iniciando plantios de canaviais para o fabrico de açúcar, rapadura e cachaça (LENHARO, 1979; CRUZ, 2010).[21] Osvaldo Bachião, fazendeiro de Nova Resende, nascido em 1937, testemunhou a respeito da formação de Nova Resende, depoimento que se transcreve a seguir:

> Meus avós [italianos] vieram juntos e foram para a região de Três Corações. Casaram-se e meu avô começou a trabalhar com café em Paraguaçu, e veio tocar lavoura de café, de empreita – ele era meeiro. Meu pai nasceu em Paraguaçu. Veio para Nova Resende em 1914, parece. Ele trabalhou aqui perto, no bairro Novo Mundo. Ele lá tocou lavoura a meia, sobrou um dinheirinho, descobriu umas terras aqui em Nova Resende, comprou uns pedacinhos da terra, uma lavoura abandonada. Já estavam aqui uns três anos e ele entrou nessa lavoura e zelou por ela, encostadinha na cidade. Renovou a lavoura, derrubou o mato, eram uns 70 alqueires. Comprou isso com o dinheiro do café (OLIVEIRA, 2007, p. 39).

Segundo Filleto & Alencar, o café expandiu-se na freguesia de Dores de Guaxupé a partir de 1875, época em que alguns fazendeiros firmaram contratos com prestadores de serviço para o plantio de lavouras da rubiácea (FILLETO, 2001). Esses contratos estipulavam detalhadamente o sistema pelo qual as lavouras deveriam ser formadas, as obrigações, os direitos e os valores de pagamento ajustados com os trabalhadores.

No ano de 1885, o *Almanach Laemmert* forneceu um quadro da lavoura cafeeira na região de Guaxupé, cujos dados são sintetizados na tabela abaixo:

---

21 O capitão Custódio José Dias, proprietário das fazendas da Cachoeira e do Centro, em terras do atual município de Machado, foi deputado geral (1826-29 e 1833) e chefe político sul-mineiro. Esse poderoso proprietário é citado por Lenharo.

Tabela 9 – Situação da cafeicultura na região de Guaxupé, 1885

	Muzambinho	Guaranésia	Guaxupé
N. de fazendeiros	93	12	20
N. de cafelistas (%)	80 (86%)	10 (83%)	18 (90%)
Cafelistas com máquinas (%)	6 (7,5%)	4 (40%)	-
N. de pés de café	800 mil	600 mil	-
Exportação de café (arrobas)	-	40 mil	-

Fonte: *Almanach Laemmert de 1885*, p. 457, 459, 461, 462 e 463.

Especificamente a respeito de Guaxupé, a publicação carioca informou, na página 462, que na localidade "cultivava-se muito café, principal cultura da freguesia, seguindo-se-lhe a cana e depois o fumo e algodão". Mantinha-se, portanto, ao se começar o último quartel do século XIX, o caráter policultor nas fazendas locais. Dois dos maiores fazendeiros de Guaxupé nessa época, major Custódio Ribeiro Leite e tenente Custódio Ribeiro Leite Sobrinho, além de plantarem café, plantavam cana e milho, havendo em suas propriedades engenhos e moinhos movidos a água (p. 463).

Nas décadas de 1880 e 1890, o conde Joaquim Augusto Ribeiro do Valle possuía a maior plantação de café da região limítrofe com São Paulo, em boa medida situada em terras de Guaxupé (GIOVANINI, 2006, p. 187). Filho de Manoel Joaquim Ribeiro do Valle, abastado fazendeiro de Muzambinho nobilitado Barão das Dores da Guaxupé pelo Gabinete de Ouro Preto em 3 de agosto de 1889, Joaquim Augusto nasceu em 1862, em Guaxupé. Aos quatorze anos começou a ganhar a vida no transporte de café em lombo de burro para Casa Branca (SP). Adquiriu fortuna na comercialização do café, montou fazenda em Guaxupé com máquina de beneficiar café movida a roda d'água, comprou ações da Companhia Mogiana de Estradas de Ferro e tornou-se diretor dessa ferrovia, usando sua posição para criar o ramal de Guaxupé. Em 1918, nas propriedades paulistas de São Simão, o conde tinha mais de seis milhões de cafeeiros. A fazenda Jatahy exemplificava o padrão de sua atividade: nela havia cafeicultura e pecuária (realizada em retiros de *capimgordura*), produção de leite e derivados, empregando-se diaristas e colonos (a maioria italianos), plantações de milho, feijão e arroz (ANDRIOLLI, 2007).

Nos anos 1890, a região de Guaxupé, cuja ocupação avançava velozmente, tornou-se área de fronteira agrícola extremamente valorizada, disparando o valor do alqueire de terra. É interessante comparar os valores máximos e mínimos do alqueire de terra em Alfenas, Três Pontas e região de Guaxupé para se ter ideia do dinamismo que vivia esta última área no ocaso do século XIX. Veja-se a tabela abaixo:

Tabela 9 – Preços do alqueire de terras em áreas do sul de Minas, ano 1899

Área	Preço mínimo	Preço máximo
Alfenas	25$000	100$000
Três Pontas	50$000	180$000
São Sebastião do Paraíso	40$000	150$000
Muzambinho	60$000	180$000
Monte Santo	70$000	380$000

Fonte: Rodolpho Jacob (1911, p. 113).

A tradição oral em Guaranésia, Guaxupé, Monte Santo e Muzambinho assevera que o café só tornou-se cultura amplamente dominante na região com a aproximação da Companhia Mogiana de estradas de ferro. Em 1903, a Mogiana iniciou as operações do ramal de Guaxupé, que partia da estação de Ribeiro Valle, no ramal de Mococa (SP), e seguia até Guaxupé. A estação de Guaxupé foi inaugurada em 1904. Dela saíram os ramais de Biguatinga, Passos (que servia Guaranésia e Monte Santo) e Jureia. A estação de Guaranésia foi inaugurada em 1912 e a estação de Passos somente em 1921. Em 1912, a partir de Guaxupé, os trilhos da Mogiana alcançaram Muzambinho. Em 1914, foi inaugurado o prolongamento de Muzambinho até Tuiuti (Monte Belo), terminando na estação de Jureia.

Dessa forma, a Companhia Mogiana, a "estrada de ferro dos pequenos ramais" que atendia aos interesses e necessidades dos fazendeiros, ao ligar suas propriedades ao porto de embarque (Santos), exerceu um importante papel na reordenação e dinamização da cafeicultura sul-mineira (PEREIRA, 2005, p. 39). Já em 1907, as exportações de café pelo ramal de Guaxupé da Mogiana (considerado apenas o trecho em terras mineiras) atingiram 12.725.129 kg, cerca de 212 mil sacas de 60 kg. No caso de Guaxupé, as exportações de café pela sua estação ferroviária no ano de 1907 alcançaram a cifra impressionante de 8.283.350 kg de grãos, ou seja, mais de 138 mil sacas de 60 kg (JACOB, 1911, p. 57 e 104).

A mesma fonte apresentou estimativa da safra de café sul-mineiro para o biênio 1909-1910, que se reproduz abaixo para localidades da região de Guaxupé:

Tabela 10 – Avaliação da safra 1909-1910 na região de Guaxupé

Zona	Estimativa (sacas 60 kg)	Zona	Estimativa (sacas 60 kg)
Guaxupé	100.000	Cabo Verde	25.000
Muzambinho	37.500	Guaranésia	125.000
Monte Santo	125.000	S. S. do Paraíso	187.500

Fonte: Rodolpho Jacob (1911, p. 56).

Estimulada pela Cia. Mogiana, a cafeicultura expandiu-se com velocidade na região de Guaxupé na virada do século XIX para o século XX. Tanto que Guaxupé foi transformada em município em 30 de agosto de 1911, com território desmembrado de Muzambinho. Em 25 de janeiro de 1925, tornou-se sede de Comarca. Sinal do dinamismo da economia regional encontra-se na evolução demográfica de Guaxupé entre os anos 1872 e 1920. Em 1872, o Censo Geral do Império atribuiu à freguesia população de 4.551 pessoas (3.688 livres e 863 escravos); no ano de 1920, o Censo registrou 16.701 habitantes no município. O salto populacional foi espetacular: 367%.[22]

Os testemunhos de antigos moradores da região de Guaxupé têm em comum a caracterização das propriedades rurais das primeiras décadas do século XX como unidades multifuncionais, embora o café fosse o produto principal. Bastam aqui dois depoimentos a respeito:

> Meu pai era fazendeiro de café. A fazenda era muito grande. Era Barra Grande porque centralizava as fazendas principais, as fazendas da Onça, do Catitó, do Zezé Pereira Lima e do Otávio Dias. (...) Eu pulava a janela, fazia minhas estripulias, ia no paiol, via o pessoal descascando milho para tratar da porcada e das vacas (João Ribeiro do Vale, nascido em 1920).
>
> A fazenda do meu avô era a fazenda Cardosos, entre os municípios de Guaxupé e Guaranésia. Eu me lembro que a casa do meu avô era numa baixada; tinha uma escadinha, depois tinha um terreiro de café muito bem feito. A casa do meu pai, onde eu nasci, era no canto do terreiro de café. Também me recordo do pomar, que tinha muitas frutas. E do monjolo que fazia o fubá, para depois poder fazer broa. Nessa época tinha muita quitanda (Otto Vilas Boas, nascido em 1933) (OLIVEIRA; GRINBERG, 2007, p. 29 e 32).[23]

22 No período 1920-1970, a população de Guaxupé cresceu 45%, o que mostra o quão dinâmico foi o período precedente de formação do município.

23 Ambos os depoimentos são tirados de Oliveira e Grinberg.

As informações sobre a produção agrícola de Guaranésia e São Sebastião do Paraíso, áreas vizinhas a Guaxupé e que tiveram trajetórias similares, corroboram os depoimentos anteriores. É o que se vê por meio da tabela seguinte:

Tabela 11 – Produção agrícola de Guaranésia e S. S. do Paraíso, 1903-1905

Produtos Agrícolas	Guaranésia	São Sebastião do Paraíso
Café	418 mil arrobas	525 mil arrobas
Milho	-	106 mil alqueires
Feijão	15 mil alqueires	8,5 mil alqueires
Arroz	26 mil alqueires	5 mil alqueires
Fumo	3 mil arrobas	2,4 mil arrobas
Açúcar	5 mil arrobas	11,2 mil arrobas
Rapadura	2.155 cargas	1.730 cargas

Fonte: Rodolpho Jacob (1911, p. 92-93).

O Recenseamento de 1920 mostrou que os fazendeiros de Guaxupé reforçaram sua opção no sentido da especialização em café. Os cafezais ocupavam, no ano de 1920, 65,2% da área total cultivada no município, somando 5.309.333 pés de café. A produção da rubiácea (115.840 arrobas) ficou atrás do milho em quantidade de arrobas colhidas. A explicação desse fato é a mesma que se deu para Machado.

Na região de Guaxupé houve, no período em tela, uma clara vinculação entre café e bancos. Conforme Thiago F. R. Gambi, muitas instituições financeiras surgiram em Guaranésia, Monte Santo, São Sebastião do Paraíso, Arceburgo, Guaxupé, Cabo Verde e Muzambinho (GAMBI, 2012, p. 303-329). Bancos, casas bancárias e seções bancárias (estabelecimentos comerciais que faziam operações típicas de bancos, como depósitos e empréstimos), resultantes da acumulação cafeeira regional. Instituições que financiaram o consumo de famílias e também as necessidades de numerário de fazendeiros. Sobre isso, vale citar o testemunho de Carlos Alberto Paulino da Costa, nascido em Monte Santo no ano de 1939:

> [Meu avô, Francisco Paulino da Costa, de Jacuí] tinha um banco pequeno. Antigamente, em cada cidade tinha um banquinho. [Ele] tinha transporte de café, tinha carro de boi que na época levava café de Monte Santo para Casa Branca. De transportador ele passou a comerciante, comprava e levava. E com o dinheiro que ganhou fundou o banco (...). Com a crise de 1929, o banco recebeu muitas fazendas dos devedores e ele distribuiu as fazendas entre os tios e os netos que eram órfãos (OLIVEIRA, 2007, p. 35).

A tabela abaixo fornece os bancos e casas bancárias que operaram na região nos anos 1910-1920:

Tabela 12 – Instituições financeiras na região de Guaxupé, 1909-1927

Local	Nome do banco	Ano de fundação
Guaranésia	Casa Bancária Alves, Pereira & Cia.	1921
	Casa Bancária Campos Lima & Cia.	1921
	Casa Bancária Odilon Freire	1922
	Casa Bancária Tavares, Monteiro & Cia.	1925
Monte Santo	Banco de Monte Santo	1918
	Casa Bancária Lima, Bernardes, Forli &Cia.	1922
	Casa Bancária Alves Lima & Cia.	1924
	Casa Bancária Bernardo Nantes	1927
S. Sebastião do Paraíso	Banco J. O. Resende	1922
	Banco Comercial e Agrícola A. C. Pinho	1924
Cabo Verde	Banco de Cabo Verde	1924
Muzambinho	Banco Comércio e Lavoura de Muzambinho	1914
Arceburgo	Casa Bancária Ferreira	1923
	Banco de Arceburgo	1924
Guaxupé	Banco de Guaxupé	1909
	Casa Bancária Ferreira Alves	1922

Fonte: Thiago F. R. Gambi (2012, p. 326-327).

A fundação e o funcionamento de tantas instituições financeiras na região de Guaxupé no início do século XX, mesmo que se considere a dispersão de capitais que isso implicou, não deixa de ser uma medida da capacidade de acumulação regional.

Desde os anos 1880 até os anos 1920, o café da região de Guaxupé destinado à exportação foi hegemonicamente adquirido por casas comissárias paulistas. O testemunho de Sérgio Salgado de Oliveira, nascido no ano de 1939 em Monte Santo, é esclarecedor:

> Sou filho de Waldemar Salgado de Oliveira. (...) Meu pai foi trabalhar numa casa comissária de café, chamada Arantes. Ele tinha uns 20 anos. (...) Um diretor da Comissaria em Santos reuniu alguns funcionários e disse que em Itamogi, onde tinham um armazém de café, não estavam satisfeitos com o gerente (...) e precisavam de um interventor para ir a esse fim de mundo, porque só se chegava de trem, pela Companhia Mogiana. A cidadezinha era muito pequena e se chamava Arari (...). Meu

> pai se candidatou, por aventura, e veio para cá. Em Itamogi, ele tomou conta do Armazém do Arantes & Cia (OLIVEIRA, 2007, p. 44).

Nas primeiras décadas do século passado, cabe destacar na comercialização do café produzido em Guaxupé e seu entorno a Companhia Brasileira de Café, com sede em Santos. A empresa pertencia ao Grupo Moreira Salles, sediado em Poços de Caldas. Nos seus armazéns de Guaxupé, os cafés eram comprados, as sacas conferidas e os grãos separados (ou catados) manualmente por mulheres. Em seguida, o café era embarcado nas composições da Mogiana com destino ao porto de Santos. O armazém de Guaxupé possuía capacidade de seis mil sacas de café.

Em 1950, o armazém da Companhia Brasileira de Café foi vendido para Orostrato Olavo Silva Barbosa. A empresa Olavo Barbosa & Companhia Ltda., sediada em Guaxupé, comprou fazendas de café e representou máquinas agrícolas e de terraplanagem da John Deere e da Caterpillar a partir de 1958. Em 1970, ela gerou a Exportadora de Café Guaxupé Ltda., hoje uma das maiores exportadoras de café verde do país, comercializando cerca de um milhão de sacas/ano. Em 1976, a holding de Olavo Barbosa, o "Rei do Gado", inaugurou na cidade os Armazéns Gerais Sul Mineiro S/A, com capacidade de armazenar 700 mil sacas de café.

CAFEICULTURA MODERNA NO SUL DE MINAS?

Uma versão consagrada na historiografia brasileira enxerga a expansão da cafeicultura sul-mineira como simples resultado de projeção da cafeicultura do oeste paulista. Para autores como Paul Singer, João Heraldo Lima, Maria Lúcia Prado Costa e Rafael Rangel Giovanini, os cultivos sul-mineiros seriam extravasamentos dos cultivos paulistas, plantados com os mesmos equipamentos e técnicas utilizadas no oeste paulista (SINGER, 1968; LIMA, 1981; COSTA, 1995; GIOVANINI, 2006). Por essa razão, os cafezais sul-mineiros representariam um avanço expressivo em relação aos da Zona da Mata Mineira, os quais foram marcados por manejo inadequado, irracional e predatório, avesso às inovações e ao emprego de máquinas (CARRARA, 1999).[24] Este ponto de vista é sintetizado por Giovanini:

> A introdução da cafeicultura no sul [de Minas] não se dá sobre as mesmas bases [da Zona da Mata]. Influenciada pelas práticas adotadas no Oeste Paulista, desde cedo os cafeicultores da região utilizam técnicas e instrumentos mais avançados, que garantem

24 Conforme Ângelo Carrara, somente a partir de 1906 cafeicultores matenses começaram a utilizar máquinas carpideiras e arados, tentando reverter a perda de produtividade e competitividade do café regional.

> maior produtividade e menores impactos ambientais. (...) A produção sulista em grande medida aprendeu com as experiências da Mata e do Oeste Paulista, se beneficiando disso na implantação de seus cultivos (GIOVANINI, 2006, p. 196-197).

Esse caráter avançado da cafeicultura sul-mineira, aberta às inovações, técnicas e máquinas modernas como a cafeicultura do oeste paulista, parece não resistir a um exame mais acurado. Pelo menos é o caso dos municípios de Alfenas, Machado, Guaxupé e Três Pontas, no período 1890-1930.

O Recenseamento de 1920 não deixa dúvidas sobre a flagrante preponderância de atividades manuais na lavoura desses municípios, inclusive a cafeicultura. Eram raros os equipamentos agrícolas modernos existentes, e mesmo o arado puxado a boi estava pouco presente em 1920. Em Alfenas, somente 16,8% das propriedades recenseadas possuíam arado; em Guaxupé e Machado, a proporção era bem menor, 9,9% e 9,6%, respectivamente; em Três Pontas, ínfimos 7,8% dos estabelecimentos rurais possuíam arado. A tabela seguinte sumariza os dados de 1920 sobre máquinas de lavoura nos quatro municípios analisados:

Tabela 13 – Número de estabelecimentos rurais com máquinas agrícolas, 1919

Tipos de máquinas	Alfenas	Machado	Guaxupé	Três Pontas
Arados	124	58	20	56
Grades	11	5	9	3
Semeadeiras	9	3	3	2
Cultivadores	5	-	4	-
Ceifadeiras	2	1	-	1
Tratores	4	-	-	-

Fonte: Minas Gerais (1924, p. 190-195).

Não era melhor a situação do beneficiamento e transformação dos produtos agrícolas em geral, e do café, em particular. Havia poucos "maquinismos" ou instalações para esse fim, e os que existiam eram quase todos movidos por força manual e empregavam um ou dois trabalhadores.[25] A tabela abaixo apresenta o número de estabelecimentos com maquinismos para beneficiar a produção agrícola nos municípios estudados:

25 Nos anos 1910, havia em Areado e em Alfenas uma fábrica de manteiga com motor a vapor de 4 cv. Em Alfenas, uma só máquina de beneficiar café com motor a vapor, que empregava cinco operários. Em Machado, um engenho de beneficiar café com motor de 8 cv, que empregava dois trabalhadores. E em Três Pontas, havia uma fábrica de manteiga com motor a vapor e o engenho de café de Azarias de Brito Sobrinho, que empregava quatro operários e força motriz de 20 cv.

Tabela 14 – Número de estabelecimentos rurais com instalações de beneficiamento, 1919

Município	Beneficiar			Fabricar		Descaroçar algodão	Moer Cereais
	Arroz	Café	%[57]	Açúcar	Manteiga		
Alfenas	3	6	6,8	9	38	1	164
Machado	9	21	11,5	26	10	-	81
Guaxupé	5	21	15,1	12	-	-	85
Três Pontas	2	5	13,5	24	6	-	109

Fonte: MINAS GERAIS (1924, p.184-189).

O predomínio de métodos agrícolas rotineiros na cafeicultura era preocupação do governo mineiro, como mostra o trecho do Relatório de 1919 do presidente Arthur Bernardes transcrito a seguir:

> O café mantém a sua posição excepcional de termômetro de nossa situação econômica. (...) Embora se abram largos horizontes à produção cafeeira nas terras virgens dos vales do Mucuri e Rio Doce, seria um crime esquecer, neste momento, as regiões clássicas do café, cujo futuro reclama toda a atenção dos poderes públicos (...). Cumpre ao governo ajudar a lavoura a remodelar os métodos até aqui seguidos, difundindo o uso de máquinas e adubos e o ensino dos preceitos da agronomia moderna.[27]

As relações de trabalho nas fazendas cafelistas foram diversas no período em exame. Conforme relatou Rodolpho Jacob, no sul de Minas "todos os sistemas de custeio são usados – a meiação, a empreitada e o salário" (JACOB, 1911, p. 56). Em 1920, as propriedades rurais de Alfenas, Machado, Guaxupé e Três Pontas eram exploradas diretamente por seus proprietários, sendo ínfima a presença de arrendatários. Nas pequenas propriedades, que constituíam a maioria, o trabalho camponês predominava amplamente. Nas grandes fazendas cafelistas, a formação de novos cafezais se fazia por meio de empreitadas e parcerias; os cafezais já formados eram cultivados na base do colonato, combinado com a empreitada na colheita da safra (LAMBERT, 1977; SOARES, 1940; VIEIRA, 2002; LANNA, 1988; MARTINS, 1979; VAL-

26 Esses percentuais se referem à proporção de fazendas que plantavam café e possuíam máquina de beneficiar café.

27 Relatório do presidente do estado de Minas Gerais Arthur Bernardes, 1919, disponível no endereço eletrônico <www.uchicago.edu>. Acesso em: 06 de novembro de 2013.

VERDE, 1985).[28] Assim, na cafeicultura de Alfenas, Machado, Guaxupé e Três Pontas o assalariamento pleno dos trabalhadores não foi disseminado.

Se, nos três primeiros decênios do século XX, não havia emprego difundido de técnicas e máquinas modernas na cafeicultura dos municípios analisados, também não houve mudança substancial na organização dos cafelistas para a promoção e defesa de seus interesses. O sul de Minas nessa época mal engatinhava na formação de cooperativas de agricultores e de cafelistas. Conforme Rodolpho Jacob, no ano de 1910 existiam cooperativas de café apenas nas cidades de Varginha, São Gonçalo do Sapucaí e Ouro Fino.[29]

Em 23 de novembro de 1912, foi inaugurada pelo presidente do estado, Bueno Brandão, a Cooperativa Agrícola e de Laticínios Machadense, no município de Machado. Dois anos depois, o jornal *Cidade de Machado*, na edição de 20 de março de 1914, trouxe o seguinte anúncio da cooperativa:

> Fazemos contato para fornecimento e assentamento de todos os maquinismos de uma usina de beneficiar e rebeneficiar café, que contamos inaugurar brevemente. Aceita-se café dos nossos associados para ser remetido e vendido nas praças do Rio de Janeiro ou da Europa, por intermédio da Agência Geral das Cooperativas Mineiras do Rio. Adiantam-se 80% sobre o valor das remessas.

Essa cooperativa, que não sobreviveu à Primeira Guerra Mundial, constituiu efêmera inciativa de cafelistas locais no sentido de promover tanto maior beneficiamento do café (que era exportado em grão) como submeter parcela importante da comercialização da rubiácea diretamente ao controle dos produtores machadenses. As poucas informações existentes sobre a Cooperativa de Machado não permitem avaliar o grau de adesão que ela obteve entre os proprietários rurais do município.

De todo modo, ao que parece, os produtores de café sul-mineiros pouco entendiam e menos ainda controlavam os processos de comercialização e financiamento da lavoura. Em Guaxupé, somente sob os efeitos terríveis da crise de 1929 os cafelistas fundaram, em 1932, uma Cooperativa de Crédito Agrícola que foi o embrião da hoje poderosa Cooxupé.[30]

---

28 Os memorialistas sul-mineiros deram muitas indicações a respeito. Ver, por exemplo, Lambert, Soares e Vieira. Sobre parceria, meação e empreitada na cafeicultura do início do século XX, ver Lanna, Martins e Valverde.

29 JACOB, Rodolpho. Minas Gerais no XXº Século, 1911, v. 1, p. 51.

30 No ano de 1957, a Cooperativa de Crédito Agrícola de Guaxupé foi transformada na Cooperativa de Cafeicultores de Guaxupé, com atividades de recebimento, processamento e comercialização de café. As exportações da Cooxupé tiveram início em 1978, com o primeiro embarque direto de café.

Enfim, na cafeicultura das regiões de Alfenas, Machado, Guaxupé e Três Pontas, na virada do século XIX para o XX, havia concentração de terras, relativa monetização da economia, predomínio do trabalho manual em todas as etapas de produção do café e ausência de organizações congregando os cafelistas. Não faz sentido, portanto, insistir na afirmação de que, desde o início, as bases da cafeicultura no sul de Minas – pelo menos no caso dos municípios analisados – teriam sido melhores e diversas das da Zona da Mata. O quadro de uma cafeicultura moderna, que lança mão de novos tipos de plantas, máquinas, técnicas, insumos, trabalho assalariado e organização dos produtores, não se configurou na região até seguramente o início dos anos 1950.

CONSIDERAÇÕES FINAIS

Na virada do século XIX para o século XX, os cafezais experimentaram grande expansão nos municípios selecionados. Até a Primeira Guerra Mundial, em Alfenas e Três Pontas as propriedades voltadas para a cafeicultura possuíam número relativamente menor de cafeeiros, ao passo que em Guaxupé e Machado os proprietários fizeram lavouras maiores. Nos quatro municípios, as fazendas conservaram produção diversificada – lavouras de grãos (milho, feijão, arroz), de cana e criação de gado vacum e suíno –, apresentando frequentemente benfeitorias diferentes (monjolos, moinhos, engenhos, alambiques, casas de queijo), além do conjunto cafeeiro (terreiro, tulha, casa de máquina). Em todos eles surgiram rapidamente estruturas de apoio à produção/comercialização do café, nas quais se destacaram casas comissárias vinculadas às praças do Rio de Janeiro e, depois, a São Paulo e bancos comerciais de capital regional. Os embarques de café nos ramais ferroviários dos municípios citados cresceram significativamente ao longo das três primeiras décadas do século passado. Dessa forma, a cafeicultura impulsionou não apenas o crescimento demográfico nas cidades analisadas, mas também tornou essas municipalidades bastante dependentes dos recursos gerados pelos cafelistas.

Nos municípios do sul de Minas analisados, a especialização produtiva no café assumiu ritmos diferentes. Enquanto em Alfenas o café manteve posição secundária diante da tradicional agricultura de alimentos até os anos 1920, em Guaxupé e Machado a rubiácea rapidamente se tornou a cultura mais destacada já no primeiro decênio dos novecentos. Nestes últimos municípios, a opção pela especialização cafeeira foi precoce. Três Pontas configura, por assim dizer, um caso intermediário entre Alfenas, de um lado, e Guaxupé/Machado, de outro. Isto porque os grandes fazendeiros trespontanos plantaram praticamente três milhões de cafeeiros no fim do segundo decênio do século passado, fazendo o café se tornar a principal cultura local nos anos 1920. A decisão trespontana pela especialização cafeeira foi relativamente tardia. Fatores topográficos e de acesso a transporte ferroviário contribuem para explicar essa diferença, bem como o maior ou menor apego local às formas da agricultura tradicional.

REFERÊNCIAS BIBLIOGRÁFICAS

ANDRIOLLI, Carmen Silvia. "De fazenda de café a área de preservação: Estudo de caso da Fazenda Jatahy/SP", *Anais do 2º Encontro da Rede de Estudos Rurais*, Rio de Janeiro, UFRJ, 11-14 de setembro de 2007.

AYER, Aspasia Vieira. "Pioneiros desconhecidos: Domingos Vieira e Silva, o fundador da Capela de São José e Dores da Pedra Branca (Alfenas)", *Revista do Instituto Histórico e Geográfico de Minas Gerais*, Belo Horizonte, v. 20, p. 81-124, 1983-85.

CAMPOS, Paulo Costa. *Dicionário histórico e geográfico de Três Pontas*. Três Pontas, MG: Ed. do Autor, 2004.

CARRARA, Ângelo Alves. *Estruturas agrárias e capitalismo: contribuição para o estudo da ocupação do solo e da transformação do trabalho na zona da Mata mineira*. Mariana, MG: Ed. da UFOP, 1999. (Série Estudos, 2)

COSTA, Homero. *Contribuição à história de Machado*. Machado, MG: Prefeitura Municipal de Machado, 1976.

COSTA, Maria Lúcia Prado. *A Cia. estrada de ferro Muzambinho no contexto do desenvolvimento ferroviário do sul de Minas (1870-1910): uma tentativa de correção de uma versão consagrada*. Belo Horizonte: Fundamar, 1995.

COSTA, Maria Lúcia Prado. *Fontes para a história social do sul de Minas: os trabalhadores de Paraguaçu e Machado (1850-1900)*. Belo Horizonte: Mazza, 2002.

CRUZ, Cícero Ferraz. *Fazendas do sul de Minas Gerais*. Brasília: Iphan/ Programa Monumenta, 2010.

CUNHA, Alexandre Mendes. "A diferenciação dos espaços econômicos e a conformação de especificidades na elite política mineira às primeiras décadas do século XIX". In: JANCSO, István (org.). *De um império a outro: estudos sobre a formação do Brasil, séculos XVIII e XIX*. São Paulo: Hucitec, 2007.

FILLETO, Ferdinando; ALENCAR, Edgar. "Introdução e expansão do café na região sul de Minas", *Revista de Administração da UFLA*, Lavras, v. 3, n. 1, jan./jun. 2001.

GAMBI, Thiago Fontelas Rosado. "Expansão bancária no sul de Minas em transição (1889-1930)". In: SAES, Alexandre Macchione; MARTINS, Marcos Lobato (orgs.). *Sul de Minas em transição: a formação do capitalismo na passagem para o século XX*. Bauru: Edusc, 2012.

GIOVANINI, Rafael Rangel. *Regiões em movimento: um olhar sobre a geografia histó-*

rica do sul de Minas e da Zona da Mata mineira (1808-1897). Dissertação (Mestrado) – UFMG, Belo Horizonte, 2006.

HOMEM DE MELLO, Francisco Inácio Marcondes. *Atlas do Brasil*. Rio de Janeiro: F. Briguet, 1909.

JACOB, Rodolpho. *Minas Gerais no XXº Século*, 1911.

LAMBERT, M. *Cambuy: terra dos três João*. Valença, RJ: Editora Valença, 1977.

LANNA, Ana Lúcia Duarte. *A transformação do trabalho: a passagem para o trabalho livre na Zona da Mata Mineira, 1870-1920*. Campinas: Ed. da Unicamp, 1988.

LENHARO, Alcir. *As tropas da moderação: o abastecimento da Corte na formação política do Brasil – 1808-1842*. São Paulo: Símbolo, 1979.

LIMA, João Heraldo. *Café e indústria em Minas Gerais (1870-1920)*. Petrópolis: Vozes, 1981.

MARTINS, José de Souza. *O cativeiro da terra*. São Paulo: Ciências Humanas, 1979.

MARTINS, Marcos Lobato. "Plantar, pastorar e fiar na Vila Formosa de Alfenas, MG: Décadas de 1850-1890", *Estudos Econômicos*, São Paulo, v. 43, n. 2, p. 397-429, abr./jun. 2013.

MINAS GERAIS. Congresso Mineiro. *Anais da Câmara dos Deputados 1900*. Belo Horizonte: Imprensa Oficial do Estado de Minas Gerais, 1900, p. 56.

MINAS GERAIS. Secretaria de Agricultura. *Minas Gerais segundo o Recenseamento de 1920*. Belo Horizonte: Imprensa Oficial, 1924.

MIRANDA, Amélio Garcia. *História de Três Pontas*. Belo Horizonte: JC, 1980.

OLIVEIRA, José Geraldo R.; GRINBERG, Lúcia. *A saga dos cafeicultores do sul de Minas*. Rio de Janeiro: Casa da Palavra, 2007.

OLIVEIRA, Mônica Ribeiro de. *Negócios de famílias: mercado, terra e poder na formação da cafeicultura mineira – 1780-1870*. Bauru, SP: Edusc; Juiz de Fora, MG: Funalfa, 2005.

PEREIRA, Reginaldo de Oliveira. *Nas margens da Mogiana: as repercussões da cafeicultura no município de Orlândia (1901-1940)*. Dissertação (Mestrado) – Unesp, Franca, 2005.

REBELLO, Ricardo Moreira. *O município do Machado até a virada do milênio*. Machado: s. d., 2006.

SINGER, Paul. *Desenvolvimento econômico e revolução urbana*. São Paulo: Paz e Terra, 1968.

SOARES, Moacyr Bretas. *Muzambinho: sua história e os seus homens.* 1940.

VALVERDE, Orlando. *Estudos de geografia agrária brasileira.* Petrópolis, RJ: Vozes, 1985.

VEIGA, Bernardo Saturnino da. *Almanach Sul-Mineiro de 1885.* Campanha, MG: Tipografia do Monitor Sul-Mineiro, 1885.

______. *Almanach Sul-Mineiro para o ano de 1874.* Campanha, MG: Tipografia do Monitor Sul-Mineiro, 1874.

VIEIRA, Ildeu Manso. *Mandassaia.* Alfenas, MG: Atenas, 2002.

VISCARDI, Cláudia Maria Ribeiro. "Elites políticas em Minas Gerais na Primeira República". *Estudos Históricos,* Rio de Janeiro, v. 8, n. 15, p. 39-56, 1995.

PAISAGENS DO PASSADO NO SUL DE MINAS

os ambientes rurais regionais e sua transformação pelo avanço da cafeicultura (décadas de 1870-1920)[1]

Marcos Lobato Martins

Este artigo investiga as configurações ambientais e as sucessões de paisagens na porção sudoeste de Minas Gerais, fazendo a descrição das características fisiográficas dos espaços naturais e das transformações que os afetaram na virada do século XIX para o século XX, em decorrência do avanço da fronteira agrícola e do povoamento na região e da gradual introdução da cafeicultura nessas terras. O foco de atenção é a *paisagem agrária* entre as décadas de 1870 e 1920, particularmente no território da antiga Vila de Alfenas.

Aqui, por paisagem agrária se entende um espaço construído por um conjunto de configurações relativamente estáveis que, nas zonas rurais, combinam determinados usos das terras, modos de exploração agrícola e dos recursos naturais com a materialização de práticas, habilidades, conhecimentos, instrumentos e formas de trabalho (CLAVAL, 2010).O recorte espacial tomou o sul de Minas como limite mais abrangente das áreas investigadas. Contudo, o artigo tem como foco a área da antiga vila de Alfenas na década de 1860 e seu entorno, notadamente as terras banhadas pelo rio Sapucaí e seus principais afluentes, o que incluiu porções dos antigos municípios de Itajubá, Pouso Alegre, Três Pontas e Passos.

1 O autor agradece a Fapemig pelo financiamento do projeto "As transformações do campo sul-mineiro na virada para o século XX: a transição da agricultura diversificada para a agroexportação do café".

Figura 1 – O sul de Minas e o antigo município de Alfenas nas décadas de 1860-70

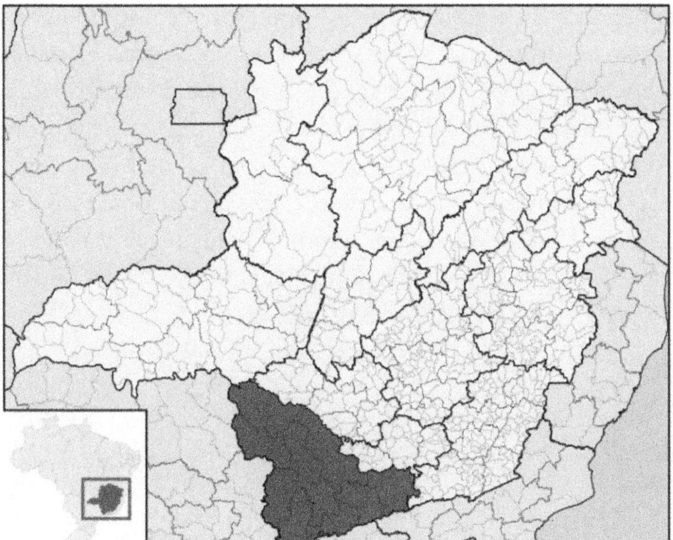

O recorte temporal abrange o período compreendido pelos anos 1870 a 1920, época da transição da agricultura escravista diversificada de abastecimento para a agroexportação cafeeira baseada no trabalho livre. Nesse intervalo temporal, houve um mesmo conjunto de forças históricas operando na região, gerando bem definidas "formas de organização do espaço, estruturas, fluxos, tensões, direções, limites, centralidades e periferias" (BESSE, p. 65 2006,). A década de 1870 contém as primeiras notícias da exploração comercial de café no sul de Minas, bem como assinalou o início do deslocamento das relações econômicas regionais para o mercado paulista. No decorrer do último quartel do século XIX e nas primeiras décadas do século XX, a região tornou-se a área mais dinâmica de Minas Gerais (SAES, 2012). A face política desse processo, simbolizada pela figura de Silviano Brandão, foi a hegemonia sul-mineira no governo estadual entre meados dos anos 1890 e fins da década de 1910. Razão pela qual o marco final é a década de 1920, uma vez que a cafeicultura já se consolidara como atividade econômica regional principal.

As fontes empregadas incluem documentos cartorários, textos de viajantes-naturalistas e de memorialistas locais, jornais e almanaques de época e relatórios governamentais. Também se lançou mão do trabalho de campo, uma vez que as próprias paisagens regionais de hoje são documentos que revelam algo sobre sua formação. É preciso "ir ver" porque, como argumentou E. Ardaillon: "Nada substitui a visão e o estudo direto dos fenômenos sobre o terreno. O observador exercitado pode ali captar as relações múltiplas entre os fatores físicos e o homem, que escapam à descrição livresca ou à representação cartográfica".[2] Diversas áreas rurais e fazendas antigas, especialmente nos municípios de Alfenas, Areado, Carmo do Rio Claro e Três Pontas foram visitadas, pacientemente percorridas e fotografadas.

A RECONSTITUIÇÃO DE PAISAGENS DO PASSADO

Na História Ambiental, um dos objetivos mais comuns das pesquisas é descrever e investigar paisagens pretéritas (CORRÊA, set. 2012 – fev. 2013, p. 47-69). Até meados do século XX, os historiadores brasileiros deram atenção somente à descrição do espaço geográfico, esboçando paisagens como apoio aos seus relatos. Dessa maneira aparecem paisagens em Adolfo Varnhagem, Capistrano de Abreu e Caio Prado Júnior, exclusivamente referidas às formas de apropriação e exploração de recursos naturais (VARNHAGEM, 1988. PRADO JÚNIOR, 1976). Porém, na obra de Sérgio Buarque de Holanda as paisagens receberam tratamento mais sofisticado (HOLANDA, 1994, 1992, 1976). O espaço geográfico surge como quadros naturais transformados pela ação do homem e da própria natureza, e é integrado à trama da narrativa histórica. Em *Visão do Paraíso*, por exemplo, Sérgio Buarque demonstra que

2 A citação de E. Ardaillon está em Besse (2006, p. 73).

os cenários naturais sugeridos pela documentação histórica contêm mais informações do que o apenas visualizado. Gilberto Freyre analisou as relações sociedade-natureza no Nordeste açucareiro, enfatizando dimensões objetivas e subjetivas das interações entre o homem, a terra, os rios, a flora e a fauna no universo dos engenhos, numa obra que é história ambiental *avant la lettre* (FREYRE, 1966).

Mais recentemente, a paisagem não é tratada pelos historiadores como mero cenário externo, a-histórico, passivo, mas como construção social, produto da coevolução das sociedades humanas e do meio natural, manifestação espacial da relação homem-ambiente. Assim, por exemplo, Rogério Ribeiro de Oliveira e Carlos Engermann afirmam: "A floresta Atlântica, tal como a conhecemos hoje, pode ser interpretada como um documento histórico que potencialmente evidencia e descreve – em numerosos de seus atributos – a resultante da interação de seres humanos com o ecossistema" (OLIVEIRA; ENGERMANN, 2011, p. 5-31. A citação está na p. 12). Nessa perspectiva, eles analisam as marcas da história na paisagem dos maciços da Tijuca e Pedra Branca, no Rio de Janeiro, impressas pelos antigos engenhos, pelo fogo, pelo machado, pela enxada e pela poluição gerada na metrópole contígua, centrando o esforço analítico nas transformações da dimensão material da paisagem florestal.

Ênfase distinta existe no trabalho de Regina Horta Duarte sobre ambiente urbano, pois nele a paisagem é abordada, sobretudo, como percepção, configurando uma visualização de um conjunto de materialidades (avenidas, árvores, matos ralos, cafuas, automóveis, edifícios) que é interpretada por quem a observa a partir de seu cotidiano e lugar social (DUARTE, 2007, p. 25-44). Por isso, nos anos 1960, o corte dos fícus pela Prefeitura da capital mineira – que alegava a infestação das árvores por insetos de origem asiática – provocou impactos afetivos, sociais e políticos, uma vez que a imagem da Avenida Afonso Pena com suas grandes árvores tornara-se importante elemento identitário da classe média local.

Já o trabalho de Gilmar Arruda tenta encontrar uma síntese entre as duas perspectivas anteriores ao abordar o sertão (ARRUDA, 2000). O sertão é, para Arruda, uma paisagem que resulta da leitura objetiva do espaço, filtrada pela subjetividade, pela cultura, pelos sentimentos. O sertão é o resultado da história e das particularidades culturais locais, possuindo papel na construção dos mitos identitários brasileiros. Arruda estudou as áreas pouco exploradas de São Paulo, norte do Paraná e Mato Grosso, especialmente a formação da cidade de Campo Grande, destacando as práticas de *governamentalidade* orientadas para as populações do sertão na Primeira República, baseadas na dicotomia "sertão atrasado e rústico" *versus* "cidade moderna e civilizada". O pesquisador mergulhou nas representações espaciais presentes nas memórias, principalmente dos atores encarregados de integrar o sertão ao país – médicos, engenheiros, jornalistas. Para essas "autoridades competentes" na remodelação das paisagens, civilizar o sertão significava mapear e espalhar cidades, telégrafos, ferrovias, trabalho assalariado, porque o sertão era "deserto, despovoado, coberto por matas sombrias de onde surgiam rumores misteriosos, porém belo, rico em potencial, esperando somente a operosidade do homem civilizado por despertá-lo do sono em que dormia" (ARRUDA, 2000, p. 175).

No Brasil, os estudos sobre o avanço da fronteira agrícola e seus impactos ambientais também são marcados pela presença das duas abordagens citadas anteriormente. Há investigações que se concentram na maneira como forças, técnicas e processos econômicos transformaram drasticamente as paisagens de determinadas regiões, das quais são exemplos os trabalhos de Warren Dean sobre a destruição da Mata Atlântica, de José Augusto Drummond sobre os impactos ambientais do café no Rio de Janeiro e de Haruf Salmen Espíndola e Ivan Jannotti Wendling sobre a força do *capim-colonião* na configuração do território do rio Doce (DEAN, 1996. DRUMMOND, 1997. ESPÍNDOLA; WENDLING, 2008, p. 177-197). Outros trabalhos estão mais preocupados com a "cultura da natureza" e as percepções dos colonos na faina cotidiana de formação dos espaços rurais, tal como o texto de Ely Bergo Carvalho e Eunice Sueli Nodari sobre o desmatamento e a formação de paisagens agrárias no Paraná (CARVALHO; NODARI, 2007, p. 262-287).

Neste artigo, a opção foi a de privilegiar a materialidade da paisagem e de suas transformações, adotando-se *démarche* inspirada na Geografia Histórica de Carl Ortwin Sauer, com marcantes influências franco-germânicas.[3] Para Sauer, a tarefa da Geografia seria dupla: fazer a análise genética das paisagens e entender as interações entre culturas humanas e o meio no qual elas se reproduzem. A única diferença entre estudar o passado ou o presente seria que, neste caso, o geógrafo contaria com mais dados para análise do que naquele. Conforme Sauer, o objetivo do geógrafo não poderia ser outro senão reconstituir as paisagens do passado, por meio de evidências materiais das atividades humanas, dos documentos guardados nos arquivos e do trabalho de campo (SAUER).

Na Geografia Histórica de Sauer, o conceito-chave é o de *paisagem cultural*. As paisagens culturais correspondem aos processos de modificação das paisagens naturais (áreas anteriores às atividades humanas) por meio das ações e obras dos grupos sociais, povos e civilizações. Conforme as palavras do geógrafo norte-americano, "a cultura é o agente, a área natural é o meio, a paisagem cultural é o resultado" (CORRÊA; ROSENDAHL (org.), 1998, p. 12-74). Por conseguinte, a paisagem do presente é a consequência histórica da interação entre a cultura e o ambiente, a materialização *no* espaço de determinado complexo cultural que recobre uma área, cujos elementos

3 Dos geógrafos alemães, Sauer tomou o conceito de paisagem cultural, enquanto da escola francesa de Vidal de La Blache absorveu a abordagem histórico-regional. Tais influências são compatíveis com posições de historiadores destacados dos *Annales*, a começar por Lucien Febvre e Marc Bloch.

mais visíveis são os objetos, os complexos técnicos e os padrões da economia.[4] A expressão geográfica específica da paisagem cultural corresponde às pastagens, madeiras e minas; de um lado as terras produtivas, e de outro as moradias, oficinas e armazéns.

A reconstituição de paisagens do passado envolveria três etapas: a) o conhecimento do funcionamento da cultura na sua totalidade; b) o conhecimento das evidências contemporâneas à cultura em questão; c) o conhecimento do terreno, isto é, do meio físico que a cultura ocupou. A leitura da paisagem do geógrafo-historiador deveria se basear nos relatos e descrições históricas, nas entrevistas com indígenas e camponeses da região para registrar a memória sobre a paisagem do passado mais próximo, bem como nas observações diretas do presente (MATHEWSON, jan/jun 2008, p. 71-85, p. 83). Sauer se voltou principalmente para identificar as *relíquias culturais* (sobrevivências culturais, isto é, instituições, técnicas e artefatos que perduram e recordam formas antigamente dominantes),[5] tarefa que envolvia o levantamento e estudo de elementos como: plano dos povoados; padrões de cultivo agrícola; distribuição de variedades de cultivos nativos como indicador de difusões culturais; formas antigas de animais e plantas domésticas; formas antigas de derrubar troncos e entalhar madeira; técnicas de moagem, tração animal e força hidráulica; sobrevivência de velhas formas de transporte; investigação de formas fósseis (alterações de solos antigamente cultivados, antigas plantas domésticas que se tornaram selvagens, ruínas, sulcos antigos etc.); e trabalho com memória e relatos (toponímia, folclore, diferenças dialetais, memória dos mais velhos).

A PAISAGEM SUL-MINEIRA EM MEADOS DO SÉCULO XIX

Para os habitantes e os homens de imprensa da província de Minas Gerais o chamado "sul de Minas" equivalia aos terrenos entre a Mantiqueira e o arco formado de sudeste a oeste pelo Rio Grande. Era, portanto, o conjunto de terras banhadas pelos rios Grande e Sapucaí que, em meados do século XIX, estava dividido em oito comarcas, a saber: Rio Verde, Jaguari, Sapucaí, Cabo-Verde, Baependi, Três Pontas, Itajubá e Jacuí (VEIGA, 1874, p. 21-22).

Parte dessas terras foi percorrida pelo naturalista francês Auguste de Saint-Hilaire nos primeiros anos da década de 1820. Nessa época, a ocupação da região ainda era muito incipiente. Razão pela qual o relato do botânico francês pode ser

4 Nesse sentido, a paisagem cultural é o equivalente saueriano da noção de *gênero de vida* de Pierre Vidal de La Blache e da geografia francesa.

5 As paisagens culturais do passado foram concebidas por Sauer à semelhança da ecologia: haveria uma sucessão de culturas cujo padrão geral seria similar à sucessão ecológica. O povoamento de um território far-se-ia em estágios cultural-tecnológicos sucessivos, sucessão imprevisível, dependente de inúmeras variáveis (como a difusão cultural), portanto contingente.

tomado como descrição da área natural do sul de Minas. Saint-Hilaire visitou áreas da Serra do Ibitipoca, Aiuruoca, Carrancas, Baependi, Pouso Alto e Registro da Mantiqueira (SAINT-HILAIRE, 2011). A variação contínua de montanhas e vales, de matas e vargens impressionou Saint-Hilaire.[6] Os solos também eram muito diversificados: terrenos argilosos, arenosos, carrascais e rochosos. Segundo o viajante, "às matas virgens sucedem-se carrascais muito cerrados e copados, que se compõem de uma quantidade de árvores de diferentes espécies e principalmente arbustos (...)" (SAINT-HILAIRE, 2011, p. 31). O panorama regional é sintetizado, nas palavras do botânico oitocentista, da seguinte forma:

> A paisagem que percorri (...) é montanhosa e apresenta ainda pastos nas alturas e bosques nas baixadas. Em muitos lugares é o terreno pedregoso. (...) Nas partes mais elevadas, os pastos compõem-se, principalmente, de gramíneas e oferecem muito poucos subarbustos. À medida que o solo se abaixa, e fica mais úmido, as plantas lenhosas tornam-se mais comuns, enfim, nos fundos e vizinhanças de matos, o terreno mostra-se coberto de arbustos e principalmente de uma composta. (...) Nas altas montanhas da Mantiqueira [existem] profundos vales, cumes escarpados, florestas majestosas. (SAINT-HILAIRE, 2011, p. 45, 46 e 62)

Na paisagem "original" do sul de Minas, as matas predominavam no fundo – os *capões* de matas – e nas encostas dos morros, enquanto os campos naturais se estendiam nas elevações das serras, formados abundantemente pelo *capim-frecha*. Nas vertentes e cumes da Serra da Mantiqueira havia grande quantidade de araucárias (*Araucaria angustifolia*), que marcavam os limites entre matas e campos. Os terrenos elevados das serras eram muito ásperos e pedregosos, carrascais formados de areia pura e rochas escorregadias; nas partes mais baixas, o solo tornava-se mais úmido, menos quartzoso, contendo mistura de areia branca e pardacento húmus. Nas montanhas os rios corriam em leitos de pedregulhos e possuíam muitas cachoeiras. Nos planaltos, no entanto, eles corriam mais largos e calmos, sobre leitos barrentos, e, como informou Bernardo Saturnino da Veiga:

> O rio Sapucaí, em geral, forma em suas margens um extenso terreno de aluvião, que todos os anos se renova em razão das caudalosas enchentes que seu leito apresenta. As matérias vege-

6 Conforme Saint-Hilaire, "os brasileiros (...) dão este nome [de vargem] a todas as planícies úmidas que se encontram entre montanhas, nos lugares de mata virgem. São vales muito largos, ou o ponto de encontro de muitos vales". Saint-Hilaire (2011, p. 26).

> tais decompondo-se formam-se pântanos terríveis, uma abundância de turba cheia de areia ou sedimento térreo que este rio em sua impetuosidade rola, neste distrito de altas montanhas, são em geral o que compõe as aluviões do Sapucaí. (VEIGA, 1874, p. 24)

Essa característica era comum a muitos rios da região como Muzambo, Cabo-Verde, Mandu, Sapucaí-Mirim e Turvo. Por isso, as populações ribeirinhas eram continuamente assoladas pela malária, ocorrendo algumas epidemias mais graves da doença, como a do ano de 1932 em Alfenas. O jornal *O Alfenense* publicou a seguinte notícia sobre o surto:

> Infelizmente, um surto generalizado de malária assolou as zonas marginais aos numerosos rios que cortam o nosso território, registrando-se cerca de dois mil casos confirmados. A Prefeitura, ao irromper o mal, tomou providências imediatas para combatê-lo (...), ministrando, *inloco*, tratamento específico aos doentes (...), na maioria camponeses pobres, salaristas, (...) com fornecimento de medicamentos, alimentação e agasalho.[7]

As fazendas do Sertão do Jacuí e da área de Alfenas, dedicadas tanto à engorda de boiadas originárias de Goiás e Mato Grosso como à criação de gado vacum destinado ao Rio de Janeiro, eram estabelecimentos rústicos: grandes pastos naturais de *capim-frecha*, divididos por valas profundas para o gado não as saltar, pequenos currais feitos com madeira de lei e cobertos de sapé, casa de morada térrea com chão batido, poucas ferramentas e mobília. Nelas também havia milharais para complemento da alimentação do gado nos currais. Ao redor da casa, costumava existir muro de pedra solta. Dessas casas há descrição precisa do brigadeiro Raimundo José da Cunha Matos, que atravessou parte do sudoeste mineiro em 1823. Segundo o militar português:

> No meio do edifício está a sala, com uma grande mesa para comer e alguns bancos ou mochos; por cima da cabeceira da mesa fica um pequeno oratório cheio de imagens; à roda da sala estão penduradas as pontas de veados e servem de cabides e guarda-roupas. Aos lados da sala ficam quartos de dormir, e no fundo da mesma sala (...) a porta que vai para o pátio, onde está a cozinha. As casas são feitas de pau-a-pique e varas atravessadas: em lugar de pregos serve o delgado cipó; bem poucas são forradas no teto, posto que alguns quartos tenham uma espécie de cobertura de taquara, em que às vezes tem vários ornatos.

7 *O Alfenense*, n. 51, p. 3, 20 jun. 1931.

> Estes quartos têm leitos ou catres ou jiraus: os primeiros são de madeira como os das terras da beira-mar. Os catres, em vez de tábuas, têm couros crus, e os jiraus são varas descansadas em travessas, que estão sobre forquilhas cravadas no chão. Quase todos os quartos apenas admitem um mocho além do catre ou leito; e os colchões são de pano de algodão cheios de palha de milho feita em tiras. Observei que no sertão põe-se nas camas unicamente, além dos lençóis, uma coberta de chita ou algodão. (MATOS, 2004, p. 69)

Nessas fazendas de gado, os proprietários conservavam capões de matas que serviam "não só para se fazerem roçados, mas também neles se recolhe o gado no tempo do calor para se livrar do sol e da mutuca (moscardo) que o persegue. O maior número dos capões é dos pouco extensos" (MATOS, 2004, p. 31).

Os terrenos mais úmidos e férteis das vargens abrigavam lavouras diversificadas: milho, cana, feijão, algodão, fumo, mandioca, arroz, batatas, hortaliças. Este era o quadro nas vertentes do Sapucaí, onde, segundo Saturnino da Veiga, a "agricultura floresce; matas virgens cheias de jequitibás, sobragis, paineiras, etc., bastam para o distintivo de terrenos produtivos" (VEIGA, 1874, p. 25). Aí, conforme Cunha Matos, muitas casas tinham

> os seus monjolos para triturar o milho, de que se faz uso em farinha (fubá) ou em canjica. Os monjolos são fornecidos de água por via de regos tirados de açudes que se fazem nos córregos ou ribeirões. A taquaraçu, que tanto é útil para fazer muito compridas e muito leves escadas de mão, também serve de tubo para conduzir água das fontes para algumas casas. (MATOS, 2004, p. 29)

Aos monjolos e moinhos devem ser juntados os teares e as rodas de fiar. A produção de panos grossos de algodão foi atividade destacada na região até a década de 1870, realizada principalmente nas casas de fazenda pelas mulheres livres e escravas (LIBBY, 1988). Na indústria doméstica de panos, o fio de algodão ou de lã de carneiro era preparado em rodas de fiar de madeira. O pano, por sua vez, era habilidosamente tecido em teares manuais também construídos com madeira. A tintura dos panos empregava diversos tipos de raízes, cascas ou folhas de árvores (como o ipê, o coqueiro, o pau-brasil, a quaresminha etc.), terras e argilas (HORVÁTH, 2008).

Essas fazendas de produção diversificada na porção central e oriental do sul de Minas foram descritas por Saint-Hilaire nos seguintes termos:

> Um muro de pedra seca, mais ou menos da altura de um homem, rodeia em parte um pátio muito vasto, no fundo do qual

> ficam enfileiradas, umas ao lado das outras, as casas dos negros, as pequenas construções, que servem de depósitos e locais de beneficiamento dos produtos agrícolas, e a casa do dono. Esta, feita de terra e madeira, é coberta por telhas de barro e compõe-se unicamente de um pavimento. A sala é a primeira peça quando se entra. Tem como único mobiliário a mesa, um par de bancos e uma ou duas damas de pau. (...) Não devo, também, esquecer de dizer que se entra no pátio por uma das portas a que se chama porteira, também empregada para fechamento dos pastos. (SAINT-HILAIRE, 2011, p. 46)

O manejo dessas fazendas policultoras possuía uma "racionalidade acidental" (GIOVANINI, 2006, p. 89-90). A associação entre arroz, milho, feijão e tabaco deixava o solo praticamente coberto o ano todo, com os restos dos cultivos anteriores servindo como adubo natural para a lavoura seguinte. As pastagens, por sua vez, implicavam em uma maior cobertura do solo. O pousio das áreas policultoras possibilitava menor perda de nutrientes do solo, que podiam ser repostos pelo seu descanso ou pela adubação natural gerada pelos rebanhos.

Conforme Carlos A. C. Lemos, as fazendas sul-mineiras oitocentistas constituem uma tipologia arquitetônica própria, por causa de seu estilo e técnica construtiva. O arquiteto paulista escreveu que as sedes das antigas fazendas da região

> têm como partido generalizado uma planta quase sempre quadrada e elevada do solo, guarnecida de um apêndice para os cômodos de serviço doméstico que acaba definindo uma implantação na forma da letra L. Fazendas surgidas do retalhamento de inúmeras sesmarias, onde os herdeiros simplesmente copiaram seus anteriores, sendo raras as novidades tecnoconstrutivas. Foi essa a arquitetura matriz das sedes das fazendas de café da região capitaneada por Campinas, praticamente devassada no início do século XIX por mineiros [da Comarca do Rio das Mortes]. (LEMOS, 2010, p. 10)

Essas sedes de fazendas, sem varandas, possuíam estrutura autônoma de madeira apoiada sobre alicerces de pedra, com paredes de pau a pique fechando os vãos. Conforme Marcos Ferreira de Andrade:

> As sedes das fazendas eram quase sempre construídas no sopé dos morros, próximas às quedas d'água, destinadas a fornecer força hidráulica para os moinhos, monjolos e engenhos. Além da casa de vivenda sede da propriedade, e das senzalas, havia

> uma série de benfeitorias que permitiam o funcionamento da fazenda, como: paióis, casas de tropa, moinhos, monjolos, estrebarias, chiqueiros, etc. A rusticidade foi a marca dessas construções, que utilizavam-se do material disponível na região, ou seja, madeiras, pedras, cipós, etc.[8]

Os monjolos eram feitos de madeira, com engastes e encaixes em madeira nos braços e suportes do instrumento usado para pilar grãos. Os moinhos das farinheiras e os moinhos d'água tinham suas rodas, eixos e peças fabricados em madeira. No caso do moinho de fubá, empregavam-se pedras cuidadosamente cortadas e polidas nas mós que trituravam o milho. Os moinhos ficavam em casinholas feitas de estrutura de madeira sobre base de pedra, fechadas com vedos de pau a pique. A respeito dos engenhos de cana no sul de Minas, informou o magistrado Francisco de Paula Ferreira de Rezende:

> Em fins de 1842 ou no começo de 1843, meu pai (...) havia comprado a meu avô a fazenda do Saco [próxima à serra das Águas Virtuosas]. (...) Tinha nela estabelecido todos os maquinismos os mais aperfeiçoados que existiam naquele tempo para o preparo da cana. (...) Até aquele tempo não se conheciam, pelo menos em Minas, outros engenhos que não fossem todos de madeira e todos em pé; (...) foi meu avô um dos primeiros, senão o primeiro fazendeiro daqueles lados, que não só fez naquela fazenda um engenho deitado; mas que ainda o fez de ferro. (...) Para que realizasse um semelhante melhoramento, teve meu avô de mandar fundir na fábrica de ferro do Ipanema, em Sorocaba, três cilindros ocos, que depois de terem vindo em burros e com alguma dificuldade, foram ajustados sobre moendas de pau. (REZENDE, 1987, p. 246)

A rusticidade dos moradores do município de Alfenas na segunda metade do século XIX é indicada pela amostra de setenta inventários do período 1855-1897, cujos dados relativos à cultura material aparecem na Tabela 1:

8 O historiador Marcos Ferreira de Andrade observa que, sobretudo em função da influência da Corte, houve uma tendência de refinamento e de mudança para uma vida com mais conforto nos oitocentos, sem romper, todavia, com os padrões tradicionais e rústicos da cultura material regional (ANDRADE, 2008, p. 122).

Tabela 1 – Elementos da cultura material em Alfenas, 1855-1897

Itens	N. domicílios	Porcentagem
Joias e objetos preciosos (talheres, rosários, joias etc.)		
Ouro	18	25,7
Prata	16	22,8
Louça	10	14,3
Biblioteca e objetos de arte (pinturas, instrumentos musicais)	2	2,9
Móveis (fora bancos, catres, mesas, caixas, tamboretes)		
Rústicos	38	54,2
Luxuosos	23	32,8
Instrumentos de trabalho		
Ferramentas (machados, foices, enxadas, pás etc.)	54	77,1
Aparelhos e máquinas (teares, rodas de fiar, fornos etc.)	35	50
Carros de boi, carroças e carruagens	28	40
Casas de morada		
Casas simples	51	72,8
Casas de vivenda cobertas de telhas	8	11,4
Sobrados envidraçados, assoalhados e cobertos de telhas	3	2,8

Fonte: Inventários do Juízo de Órfãos e Ausentes de Alfenas. Vara de Família e Sucessões do Foro de Alfenas. Alfenas, MG.

Rusticidade da vida rural que convivia com pequenos luxos nas casas de grandes fazendeiros: louças importadas, móveis torneados em madeira de lei, talheres e castiçais de prata, copos de cristais, relógios de ouro etc. Luxos mais modestos do que os de seus congêneres sanjoanenses.[9]

As estradas regionais no século XIX eram simples caminhos de tropas. As quatro mais importantes eram as do Comércio, Picu, Itajubá e Samambaia. Mesmo a principal delas, a estrada do Picu (que ligava a Corte a Campanha) permaneceu precária e praticamente intransitável na época das chuvas. As caravanas de mulas escorregavam nas pedras das subidas e descidas de serras e, nas partes baixas dos caminhos, embaraçavam-se em areais ou em lameiros. As pontes eram estreitas e mal conservadas e os ranchos modestos. Francisco de Paula Ferreira de Rezende, referindo-se aos anos 1840-1850, escreveu:

> As estradas estavam cheias de atoleiros; e se se fugia do caminho mais trilhado para procurar um desvio que parecia estar um pou-

9 Ver a respeito desse aspecto nos inventários de São João del Rei (GRAÇA FILHO, 2002)

> co melhor, era logo um – Nossa Senhora – e ventas na lama; e meu pai logo a dizer: – Nunca fuja do trilho dos burros. Quanto às serras, isto nem é bom falar. Nelas a estrada pode-se dizer que era rosário de caldeirões.[10] (...) [Nas estradas, o viajante] não sabia onde iria comer; dormia em ranchos abertos ou mesmo ao relento. (REZENDE, 1987, p. 106-107.)

O *Almanach Sul-Mineiro para o ano de 1874* queixava-se do mau estado das estradas da região: "trilhas feitas a casco de animal e conservadas pelo sol", caminhos "grosseiros e péssimos" (VEIGA, 1874, p. 36). O transporte por tropas de muares era complementado pela navegação fluvial em trechos consideráveis dos rios Grande, Sapucaí e Verde por canoas e ajôjos impulsionados por varas e remos, com capacidade de carga de duzentas a quinhentas arrobas.[11] A Figura 2 esboça o sul de Minas em meados do século XIX:

Figura 2 – sul de Minas por volta de 1850-1860

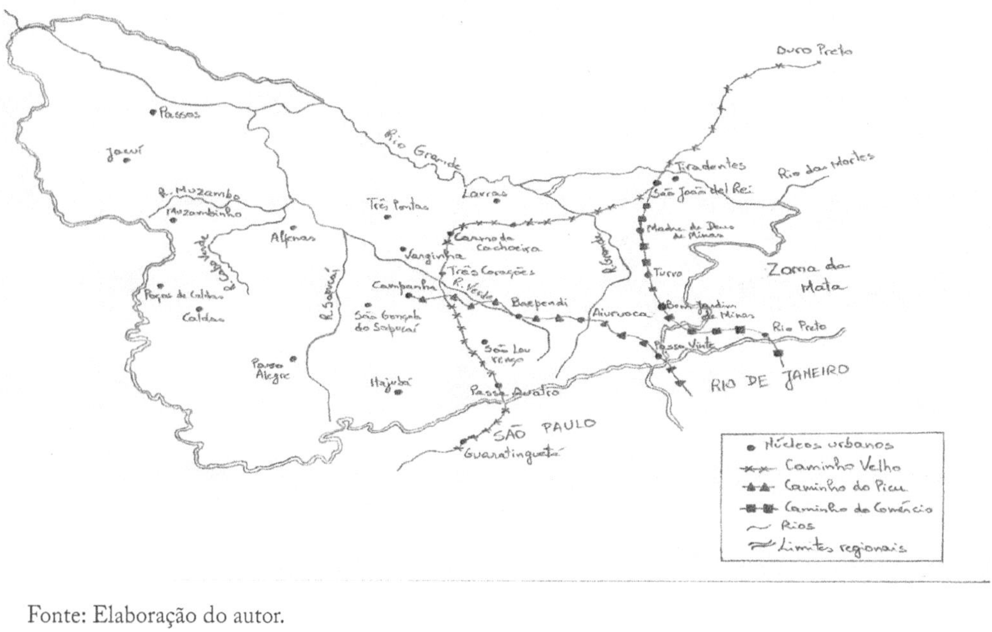

Fonte: Elaboração do autor.

10 Caldeirões eram regos que atravessavam as estradas de lado a lado, abertos pelas enxurradas, muitas vezes profundos, que impediam a marcha dos animais de carga e montaria.

11 Para maiores informações sobre a navegação no sul de Minas, ver Marcos Martins (2012, p. 209-238).

Os recursos naturais mais importantes para a população eram as madeiras, a água, as pedras, a argila e o barro, o ferro.[12] Quando a população regional beirava 450 mil habitantes, o *Almanach Laemmert* de 1885 apresentou o número de empreendimentos que exploravam esses recursos, como se vê na Tabela 2:

Tabela 2 – Empreendimentos que consumiam recursos naturais (sul de Minas, 1885)

Município	Engenhos de serra	Marcenarias	Olarias	Ferrarias
Pouso Alegre	6	4	19	15
Alfenas	8	-	12	14
Baependi	11	4	5	6
Cabo Verde	12	5	10	8
Caldas	10	6	9	7
Jaguari	6	-	5	5
Jacuí	9	1	-	4
Passos	30	10	14	19
Muzambinho	16	3	7	10
Ouro Fino	8	-	-	11
S. S. do Paraíso	16	3	2	2
Lavras	15	9	13	15
Itajubá	4	12	5	12
Campanha	13	7	19	20
Total	164	64	120	148

Fonte: *Almanach Laemmert,* província de Minas Gerais, ano 1885.

A presença em todos os municípios selecionados de engenhos de serrar mostra, em primeiro lugar, a existência de muitas áreas de mata virgem em cada um deles e, em segundo lugar, que a extração comercial de madeira para fazer tabuados constituía atividade econômica relevante na região. Nessa época, os próprios mercados locais eram o destino da maior parte da madeira extraída. O mesmo se pode pensar em relação às olarias, marcenarias e ferrarias.

O uso da terra na região seguia padrão característico, observado por Saint-Hilaire e Cunha Matos no início do século XIX: as lavouras eram plantadas nas baixadas, os pastos abertos na meia-encosta. Esse padrão ainda vigorava em muitos

12 O *Almanach Sul-Mineiro para o ano de 1874* (p. 33 e 34) informou sobre a existência de uma fundição de ferro na paróquia de São Carlos de Jacuí (que não correspondia à importância das ricas minas de ferro do lugar), de caieiras maiores em Lavras e Passos, de fábrica de pólvora em Santa Rita da Extrema.

municípios no alvorecer do século XX, como mostram trechos de memorialistas e depoimentos de moradores idosos. Vejam-se a propósito as memórias de Campanha, Cambuí e Alfenas:

> [Em 1841] meu pai comprou, em Santana do Sapucaí, uma fazenda denominada Coroado; nós para ela mudamos. (...) A minha vida ali se reduziu a isto – ver todos os dias os mesmos objetos e fazer todos os dias as mesmas coisas. (...) [A Fazenda do Saco] colocada a pouca distância da serra das Águas Virtuosas e ocupando a vertente oriental do serrote do Joaquim Inácio, (...) possuía uma boa aguada e era cortada por um ribeirão que julgo denominar-se S. Bento, compunha-se de campo e mato. O campo era excelente, as terras magníficas. (REZENDE, 1987, p. 134-135 e 246)
>
> O sítio do meu avô era banhado pelo rio das Antas [afluente do Sapucaí-Mirim] na parte das vargens, onde todo ano se plantavam arrozais. O rio derramava suas águas na época das chuvas, alagando as vargens de todas as propriedades do município. (...) Quando a enchente acabava, os arrozais viçavam e amadureciam (...). Depois vinha a safra do arroz, carros de boi subindo e descendo os vargedos, transportando o arroz com casca para a cidade. Logo em seguida, vinha a abanação e limpeza em peneiras, trabalho feito pelas mulheres e, depois, a secagem nas calçadas. O gado de corte era solto nas invernadas campeiras, nos tabuleiros próximos aos córregos. O gado leiteiro era tratado em cocheiras nos currais das fazendas. (LAMBERT, 1977, p. 8-9)
>
> Meus pais eram pequenos proprietários em Tomé [Alfenas]. No Cabo Verde a gente pescava. Havia também exploração de areia. Os areeiros tiravam areia de dentro do rio com canoa e traziam para a cidade. Naquela época [anos 1940], usava plantar nas várzeas e fazer pasto nas encostas. Não tinha plantação no seco. Arroz, milho, feijão, tudo era na beira do rio. Quando as pastagens secavam, o gado era trazido para as várzeas.[13]

As porções de terreno mais íngremes e os topos de morros eram deixados como reservas florestais, cobertas de matas, destinadas a fornecer lenha e madeira para suprir as demandas das propriedades. Essas reservas também eram usadas como áreas de caça e coleta de frutos, raízes e essências vegetais empregadas na culinária regional

13 Depoimento de Antônio Camilo da Silva Sobrinho, contabilista, jornalista, vereador em Alfenas nos anos 1970, 75 anos de idade. Depoimento colhido pelo autor em 7 de maio de 2010. 1 fita cassete. 60 minutos.

e na farmacopeia popular. As plantações utilizavam os terrenos próximos aos cursos d'água e o gado era criado em pastos abertos nos tabuleiros e na meia-encosta.[14] Este padrão de uso do solo é esquematizado no diagrama abaixo:

Figura 3 – Perfil de uso do solo nas zonas rurais, sul de Minas, século XIX

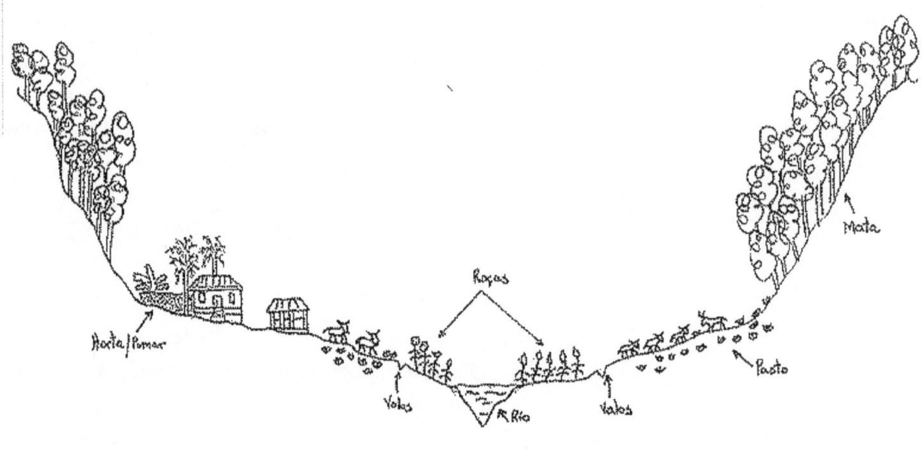

Fonte: Elaboração do autor.

No sul de Minas oitocentista o sistema de agricultura permanecia tradicional, assentado em processos de manejo das terras típicos da agricultura colonial. Na amostra de setenta inventários de moradores da vila de Alfenas do período 1850-1897 não se encontrou sequer um único registro de arado, de motor a vapor ou de máquina agrícola. As memórias regionais mencionam apenas a coivara e o rodízio de lavouras. Em 1874, o juízo de Bernardo Saturnino da Veiga sobre o estado da agricultura sul-mineira foi tão ácido quanto incisivo: "o atraso em que vivem os nossos lavradores sobre o uso dos novos e excelentes processos agrícolas". Daí a citação do Visconde do Uruguai nas páginas do *Almanach Sul-Mineiro*, feita em tom de advertência às elites proprietárias regionais, que se transcreve a seguir:

> O nosso sistema de agricultura (...) não concorre pouco para a dispersão da população. Derribadas e queimadas as florestas, aproveitada a uberdade das camadas superficiais da terra, estrumadas pelo tempo, o agricultor, considerando esterilizado o ter-

14 No inventário da Baronesa de Varginha, D. Mariana Bárbara da Conceição, a descrição da fazenda São Diogo, de 560 alqueires, situada nas margens do Sapucaí, no povoado de Pouca Massa (município de Santo Antônio do Machado), confere exatamente com esta tipologia de uso do solo. A referida fazenda foi doada pela baronesa para seus ex-escravos, em 18 de julho de 1888. Inventário da Baronesa de Varginha, 1895. Cartório do 1º Ofício de Registro de Bens Imóveis de Varginha. Varginha, MG.

> reno, porque exige maior trabalho e outro sistema para recuperar a fertilidade, muda-se em busca de terrenos virgens, e portanto dispersa-se. (VEIGA, 1874, p. 152)

Enfim, por volta de 1870, as paisagens rurais da região da antiga vila de Alfenas constituíam-se de um emaranhado de fazendas e sítios dispersos, localizados a pouca distância de trilhas de tropas burriqueiras com as sedes instaladas próximas aos córregos e rios, relativamente bem providas de monjolos, moinhos, fornos, teares e rodas de fiar, com terrenos de lavoura nas várzeas e campos de pasto nos tabuleiros ou meia-encosta. Nos topos dos morros, as matas fechadas ainda resistiam. No centro dessa trama esgarçada de unidades agropecuárias, pequenos núcleos urbanos concentravam os ofícios mecânicos, o comércio e os serviços administrativos e religiosos. Tanto na roça como na cidade, casas de morada, benfeitorias, oficinas e edifícios públicos erguiam-se com pau a pique e eram cercados por muros de pedra solta ou de adobe.

Ao referir-se a Santa Bárbara das Canoas (atual Guaranésia), o jornalista campanhense tomou aquela localidade como imagem típica das aldeias que formavam o "país" do sul de Minas, o "mimoso jardim da natureza, quase arrabalde do céu", que ele desejava tornar província autônoma:

> Um templo consagrado à divindade, algumas casinhas erguidas junto dele, a rua erma de povo que saiu para cultivar a terra, a corrente graciosa de um rio, e mais longe campos em que pasta o gado e matas que o lavrador converteu em formosa seara, eis o que as mais das vezes é uma aldeia no extremo sul da província de Minas. (VEIGA, 1874, p. 361)

AS TRANSFORMAÇÕES DA PAISAGEM GERADAS PELO AVANÇO DO CAFÉ E DA POPULAÇÃO

No ano de 1927, a serviço do Departamento de Botânica do Estado de São Paulo, o cientista F. C. Hoene, chefe da Seção de Botânica do Museu Paulista, percorreu partes do território de Minas Gerais em duas excursões distintas. Na primeira, em janeiro, ele visitou a zona atravessada pela estrada de ferro Oeste de Minas. Na segunda excursão, realizada de meados de abril a junho, F. C. Hoene visitou a região sul-mineira. Esteve em Passa Quatro, Soledade, Itajubá, Piranguinho, Paraisópolis, Pouso Alegre, Estiva, Ouro Fino e Jacutinga.[15]

Relativamente às paisagens primitivas da região sul-mineira, Hoene escreveu que os indícios por ele encontrados sugeriam que havia três domínios distintos. Nos topos

15 O relatório dessas viagens foi publicado em 1939 na Coleção *Observações gerais e contribuições ao estudo da flora e fitofisionomia do Brasil* (HOENE, 1939).

da Mantiqueira, predominavam campos de altitude e matas de araucárias e podocarpos, com incrustações nas grandes rochas de muitas variedades de liquens, avencas, samambaias e orquídeas. Nas encostas da Mantiqueira e seus contrafortes, áreas altas e de relevo acidentado, estendiam-se formações florestais silvestres com manchas de campos naturais. Já no Planalto Mineiro, mais plano e distante da Mantiqueira, dominavam campos naturais com manchas de matas, os *capoeirões* (HOENE, 1939, p. 21-22).

A exuberância da floresta primitiva das terras altas da Mantiqueira revelava-se aos olhos treinados do botânico por sinais mínimos. Na página 23 de seu relatório, Hoene escreveu: "Jacarés [*Piptadenia communis*] e cedros isolados, novos ainda, permitiam-nos formar ideia do porte e grandeza das florestas que deveriam ter obumbrado essas encostas da Mantiqueira, no tempo em que por ali só andavam os brasilíndios". No caminho de Pouso Alegre para Ouro Fino, Hoene observou que "nas capoeiras nota-se que as primitivas matas deveriam ter tido boa representação de Araucárias; ainda agora erguem-se exemplares esparsos aqui e acolá, testemunhando-o" (p. 63).

F. C. Hoene examinou campos naturais nas proximidades de Paraisópolis e Ouro Fino. Estes surgiam em colinas rasas, em terrenos sem rochas descobertas, constituindo manchas campestres nas quais predominavam vegetações rasteiras e poucas árvores esparsas, com destaque para o sassafrazinho (*Ocotea pretiosa*). Hoene notou com tristeza que os campos naturais do sul de Minas estavam sendo invadidos pelo capim *barba de bode* (*Aristida pallens*) (HOENE, 1939, p. 33).

Na região de Pouso Alegre, os campos naturais com capoeirões existiam nos terrenos mais planos, de solos ruins, e neles havia abundância de brejos com espécies aquícolas e palustres. A própria cidade de Pouso Alegre situava-se no meio de um desses campos, descrito no relatório de Hoene (p. 52) nos seguintes termos: "Do lado oposto da planície alagadiça [do rio Mandu], em frente à cidade, o campo natural domina numa superfície de muitas léguas em quadro. Apenas esparsamente capões maiores ou menores surgiam ali em tempos passados". Na mesma página, o botânico observou que esses campos eram ruins para a criação de gado, fazendo comparações com os pastos de *capim gordura* (*Melinis minutiflora*): enquanto nestes se podia engordar dez vacas por alqueire, nos campos naturais de Pouso Alegre três vacas morreriam de fome em um alqueire. Razão pela qual, também na região de Pouso Alegre e Estiva, eles eram crescentemente invadidos pelo capim *barba de bode*. Quanto aos capões, Hoene examinou um deles, o Capão do Meio, a dezoito quilômetros de Pouso Alegre na direção de Estiva. Sobre a fisionomia do capão, ele escreveu:

> O interior da mata é mais ou menos limpo, conforme com a luz que nela penetra. Onde esta não tem acesso devido as árvores serem mais copadas, os cipós são erguidos, mas onde ela pode entrar de lado, os mesmos se conservam mais rasteiros e as ervas

> e arbustos formam a sub-mata, isso é o primeiro pavimento dela e então a passagem é mais difícil. (HOENE, 1939, p. 60)

As numerosas lagoas existentes nos campos naturais do Planalto Mineiro maravilharam F. C. Hoene. Sobre elas, na página 48 de seu relatório, o cientista escreveu: "existem grandes lagoas, que conservam água durante todo o ano e nestas proliferam milhares de plantas aquáticas e peixes de várias espécies, que atraem garças e outras aves que se alimentam dos mesmos e emprestam muita graça à paisagem".

A respeito do rio Sapucaí não há muitas anotações no relatório de F. C. Hoene. As fotografias que constam no trabalho mostram as matas ciliares bastante diminuídas, bem como a presença de pastos e rebanhos até a linha ribeirinha. O rio, todavia, ainda se mostrava piscoso, pois Hoene afirmou que os moradores das margens eram quase todos pescadores e faziam barragens para apanhar os peixes que desciam pela correnteza e, então, caíam sobre esteiras. Para construir essas barragens, o número de árvores sacrificadas era grande e toda essa madeira se perdia geralmente com a primeira enchente maior.[16]

A discussão mais interessante que atravessa todo o relatório do botânico do Museu Paulista diz respeito às transformações das paisagens naturais e seus fatores causadores. F. C. Hoene é enfático quanto à escala dessa transformação:

> Durante toda esta viagem (...) procuramos, mas não encontramos um reduto de mata verdadeiramente virgem, em qualquer dos pontos mais acessíveis visitados.
> Raríssimas áreas cobertas de capoeiras de mais de dez anos que enxergamos. Por todos os lados, em todas as direções, até onde a nossa vista alcançava, da janela do carro, só vimos pastos artificiais de capim gordura ou Jaraguá, campos naturais, roças de milho, feijão, mandioca, arrozais e cafezais, ou então matagais feios, raquíticos, sem qualquer importância ou utilidade presente ou futura. (HOENE, 1939, p. 8 e 19)

Essas alterações das paisagens agrárias sul-mineiras na virada para o século XX foram decorrentes de quatro dinâmicas principais, intimamente articuladas entre si: a) o crescimento demográfico regional; b) a introdução e expansão da cafeicultura; c) a modernização dos meios de transporte regionais e; d) a modernização da pecuária sul-mineira.

John Wirth apontou o crescimento regional e o fortalecimento político do sul de Minas no último quartel do século XIX. Entre 1872 e 1920, o sul de Minas es-

16 As informações sobre o Rio Sapucaí se encontram entre as páginas 30 a 46 do relatório de F. C. Hoene.

teve entre as regiões com maior taxa de crescimento e alcançou, no Censo de 1920, a primeira posição em população do Estado – cerca de 20% da população mineira (WIRTH, 1982, p. 43). A população sul-mineira saltou de 260 mil habitantes, em 1872, para quase 730 mil, em 1907 e, no ano de 1920, alcançaria mais de 1 milhão de habitantes. O número de cidades passou de 17, em 1874, para 35, em 1907; em 1920, os municípios sul-mineiros já beiravam cinquenta. Tal mudança refletiu o fortalecimento do mundo urbano, das atividades comerciais e dos aparatos políticos locais (SAES; COSENTINO; GAMBI, 2012, p. 31-33). Formou-se, então, um conjunto de pequenas redes de cidades no sudoeste mineiro, cujos lugares centrais eram Poços de Caldas, Pouso Alegre, Passos, Varginha, Itajubá e Alfenas. Gradativamente aumentou o número de estradas vicinais que ligavam distritos e povoados às sedes municipais. Nas zonas rurais cresceu significativamente o número de propriedades, em função principalmente do parcelamento de antigas fazendas e da incorporação ao tecido produtivo de áreas anteriormente pouco ocupadas.

Nas primeiras décadas do século XX, uma das faces mais visíveis da pressão sobre a terra foi a extração de lenha para uso doméstico. F. C. Hoene assustou-se com os danos cumulativos que ela causava às paisagens sul-mineiras. O botânico registrou em pormenor o agitado comércio de lenha em Pouso Alegre, ilustrando com três fotografias (p. 50 e 51) a atividade na cidade. Conforme Hoene, "as matas marginais do rio Sapucaí, em Pouso Alegre estavam sendo derrubadas e transformadas em lenha naquela ocasião em que as estudamos".

Outra face bem saliente do aumento da pressão sobre a terra nesta época foi a ampliação das derrubadas, que abriram cada vez mais terrenos lavradios para cereais, potencializando a ocupação das várzeas e baixadas. Como o sistema de agricultura (coivara) permanecera inalterado, Hoene notou muitas áreas temporariamente abandonadas pelos lavradores, nas quais apareciam jovens matas secundárias, cheias de árvores de pequeno porte como sassafrazinhos, frutas do lobo (*Solanum grandiflorum*) e canudos de pito (*Cassia bicapsularis*).

A pecuária sul-mineira também experimentou forte crescimento na virada para o século XX. Em torno de Alfenas, Passos, Pouso Alegre, Baependi, Extrema e Itajubá as áreas de pastos avançaram muito além dos limites dos campos naturais. Simultaneamente, os pecuaristas preocuparam-se com a melhoria da qualidade dos rebanhos, introduzindo gado zebu, nelore e gir. Esse gado mais exigente forçou a mudança da forragem. Na página 27 de seu relatório, F. C. Hoene exibiu fotografia de típica pastagem nas proximidades de Itajubá, em cuja legenda se pode ler: "Pastos artificiais de capim gordura, como se os encontra em toda essa região sul-mineira". Mais adiante, na página 36, o botânico escreveu: "(...) apenas os pontos mais altos, os lugares inacessíveis apresentam ainda formações silvestres primárias. Todo o resto do terreno acha-se transformado em pasto de capim gordura, onde é criado gado zebu e mestiço de várias raças".

O papel catalisador dos modernos meios de transporte na transformação das paisagens sul-mineiras não escapou a F. C. Hoene. O transporte ferroviário adentrou o sul de Minas para atender o comércio intenso que a região mantinha com Rio de Janeiro e São Paulo. Isto ocorreu na década de 1880, por meio de quatro empresas: a estrada de ferro Rio Verde (posteriormente chamada de "Minas e Rio"), a Viação Férrea Sapucaí, a estrada de ferro Muzambinho e, já nos primeiros anos do século XX, a Companhia Mogiana de Estradas de Ferro. Esse sistema ferroviário registrou, no fim do século XIX, o maior crescimento no âmbito de Minas Gerais, impulsionada pelas receitas de correntes do café, dos mantimentos e do gado produzido na região.[17] Nos anos 1890 iniciou-se a operação de companhias de navegação a vapor relativamente bem estruturadas nos rios Grande e Sapucaí, articuladas ao transporte ferroviário.[18]

O trânsito das composições ferroviárias e dos vapores no sudoeste mineiro, além de dispersar na região estações e portos, turmas de conserva, fios de telégrafo, pontilhões e passagens de nível, demandou enorme quantidade de combustível vegetal. A propósito, F. C. Hoene colocou em seu relatório fotografias de pilhas imensas de paus cortados nas margens das linhas férreas e escreveu trechos contundentes:

> A estrada de ferro leva o progresso para os sertões de nossa terra, mas semeia e amplia também os desertos; porque nas fornalhas das suas locomotivas desaparecem as mais belas florestas nativas, de cujo replante ninguém se ocupa.
>
> Mesmo das localidades inacessíveis por carros, automóveis ou trens de ferro, muita lenha e madeira é transportada em barcos e canoas até lugares onde pode ser apanhada por tais veículos. Restam, aqui e acolá, estreitas nesgas, capões pequenos e árvores esparsas.
>
> Para apressar o desaparecimento das florestas concorrem as estradas de rodagem e as vias férreas, que estão sendo abertas para muitas regiões exclusivamente para facilitar a aquisição de madeira e lenha. (HOENE, 1939, p. 21, 40 e 110)

A Figura 4 esboça o sul de Minas na primeira década do século XX:

17 Conforme Peter Blasenheim, "entre 1890 e 1906, a rede sulista cresceu de 246 para 923 quilômetros, enquanto na Mata a Leopoldina acrescentou apenas 86 quilômetros à linha de Muriaé. (...) Desde 1884, a rede da Mata tinha diminuído de dois terços para um quarto do total mineiro" (BLASENHEIM, 1996, p. 81-110, p. 108).

18 Ver Marcos Lobato Martins (2012, p. 209-238).

Figura 4– sul de Minas em 1909

Fonte: Elaboração do autor, com base no atlas do Barão Homem de Mello (HOMEM DE MELO, 1909, p. 68).

Somente a cafeicultura superou os meios modernos de transporte na alteração das paisagens regionais. A região recebeu muito bem a *Coffea arábica* em função de suas características fisiográficas. As áreas de montanha florestada sul-mineiras não experimentam calor excessivo, possuem boa exposição ao sol, umidade, chuva e noites relativamente frescas, propiciadas pela altitude. Ambiente ideal para o crescimento dos cafeeiros (DRUMMOND, 1997, p. 97-101). Nessas encostas e montanhas cobertas de florestas, com altitudes acima dos oitocentos metros, a ocorrência de geadas – inimiga letal dos cafezais – não era comum. Com a valorização da rubiácea no mercado internacional, a "onda verde" dominaria o sul de Minas entre os anos 1880 e 1920. Em 1890, as exportações de café do sul de Minas equivaliam a 18,8% das exportações mineiras; em 1908, elas alcançaram um terço do total; em 1926, a região produziu 30% do café mineiro; na década de 1970, o sul de Minas superou a Zona da Mata, respondendo por 50% da produção estadual (LIMA, 1981).

O sistema de produção do café na região era tradicional: plantios lineares (as ruas de café ou renques) direcionados para a baixa vertente, espaçamento de um metro entre as plantas na linha e de três metros entre as linhas, plantio direto a pleno sol, trato manual (sem adubação, quatro capinas por ano). O café colhido (grãos secos, maduros e verdes misturados com folhas, ramos e terra) era peneirado para separação dos grãos, os quais eram levados para o terreiro onde secavam ao sol, revirados periodicamente com o uso de rodos. Após a secagem, os grãos eram levados para a pilagem, que fazia a separação entre a polpa e a casca. Os pilões eram movidos a água ou a tração animal. Em seguida, o café era levado para a tulha, onde ficava armazenado e era ensacado.

Ao entrarem na produção de larga escala de café, muitas fazendas do sul de Minas tiveram suas estruturas adaptadas, recebendo os terreiros e demais equipamentos do conjunto cafeeiro (tulha e casa de máquinas). "Além da adaptação das antigas instalações, houve também o surgimento de novas fazendas, ou novas casas em antigas fazendas, substituindo-se a velha técnica construtiva pelo uso da alvenaria portante de tijolos a partir da virada do século XIX para o XX" (CRUZ, 2010, p. 36-37). Os terreiros de café foram construídos junto às casas principais das fazendas, feitos de tijolos quadrados, com inclinação suficiente para escorrer a água e não escorrerem os frutos do café. Esses terreiros eram cercados por muros de pedra e adobe. As tulhas foram construídas de madeira, servidas por água para tocar o maquinário, que também era feito de madeira. À medida que a produção de café nas fazendas aumentou, o maquinário de madeira tornou-se obsoleto e foi substituído por máquinas de ferro, trazidas de São Paulo por meio das companhias ferroviárias.[19] E os edifícios das tulhas/casas de máquinas passaram a ser construídos de alvenaria, com cimalhas de argamassa frisada, arcos plenos nas portas e janelas e telhados de duas águas. Também surgiram as colônias nas fazendas cafelistas, longas filas de casinhas, alocadas no caminho de entrada da fazenda, afastadas da casa principal, erguidas em alvenaria.

O decisivo é que a fazenda de café ampliou muitíssimo a escala do desmatamento e alterou o padrão de uso do solo no sul de Minas. Os cafezais subiram os topos dos morros florestados, ainda bem cobertos por matas primárias e secundárias, derrubando-as. A esse respeito, as palavras de F. C. Hoene foram precisas: "Das plantas cultivadas, ela [a rubiácea] é, no entanto, aquela que mais tem contribuído para a formação dos desertos desta parte do Brasil". Refletindo sobre o impacto da cafeicultura na região de Ouro Fino, Jacutinga e Sapucaí, o botânico do Museu Paulista escreveu:

> Ondas verdes de cafeeiros semeadas de alvas casinhas de colonos e fazendeiros substituem hoje as bravias matas. Por entre os cafeeiros esparsas laranjeiras, abacateiros, pessegueiros e marmeleiros. Além pastos verdes-glaucos de capim gordura, onde pastam vacas e carneiros. Aqui e acolá uma rocinha de mandioca ou milho. Eis a obra do homem. (HOENE, 1939, p. 7 e 95)

19 Muito raras no fim do século XIX, as máquinas Lidgerwood (despolpadores, ventiladores e separadores) tornaram-se mais presentes nas fazendas de café sul-mineiras a partir dos anos 1910.

Se acrescentar ao trecho acima do relato de Hoene os ramais ferroviários, as cada vez mais numerosas estradas vicinais que desembocavam nas estações de trens e nos portos dos vapores, as cidadezinhas que brotavam principalmente no oeste da região, ter-se-á uma perfeita descrição das paisagens rurais do sul de Minas nas primeiras décadas do século passado. Paisagens nas quais o recuo das áreas florestadas ocorrera com grande velocidade, como mostra a tabela abaixo construída a partir das informações sobre estabelecimentos rurais recenseados em 1920:

Tabela 4 – Porcentagem de área de mata nos estabelecimentos rurais sul-mineiros, 1920

Sub-região sul-mineira[20]	% área de mata
Mantiqueira	26,1
Oeste	22,2
Planalto Mineiro	18,0

Fonte: Minas Gerais. Secretaria de Agricultura (1924, p. 112 e ss).

Em todas as sub-regiões o desmatamento era expressivo. No Oeste, a intensidade da recente ocupação da fronteira agrícola, comandada pela cafeicultura, fizera a floresta recuar depressa, quase ao nível das áreas de ocupação mais antiga do Planalto Mineiro. Na Serra da Mantiqueira e seus contrafortes, as características dos terrenos menos favoráveis à agropecuária preservaram um pouco mais a cobertura florestal.

No início do século XX, na área da antiga vila de Alfenas, onde as zonas cafeeiras mais destacadas foram Machado, Areado e Fama, as fazendas não abandonaram de todo a lavoura de cereais nem a criação de suínos e bovinos (MARTINS, 2013, p. 397-429). Nessa região, o novo padrão de uso do solo é esquematizado na Figura 5:

20 As sub-regiões são as descritas por Hoene. Na construção da tabela, a sub-região Mantiqueira é integrada por Aiuruoca, Baependi, Caldas, Cristina, Extrema, Itajubá, Jaguari, Maria da Fé,Ouro Fino, Paraisópolis, Passa Quatro, Poços de Caldas e Pouso Alto. A região Oeste é integrada por Arceburgo, Guaranésia, Guaxupé, Jacuí, Monte Santo, Muzambinho, Nova Resende, Passos e São Sebastião do Paraíso. O Planalto Mineiro é integrado por Alfenas, Cabo Verde, Campanha, Campestre, Campos Gerais, Carmo do Rio Claro, Lavras, Machado, Paraguaçu, Pouso Alegre, Santa Rita do Sapucaí, Silvianópolis, Três Corações, Três Pontas e Varginha.

Figura 5 – Padrão de uso do solo nas fazendas de café, região de Alfenas (1890-1920)

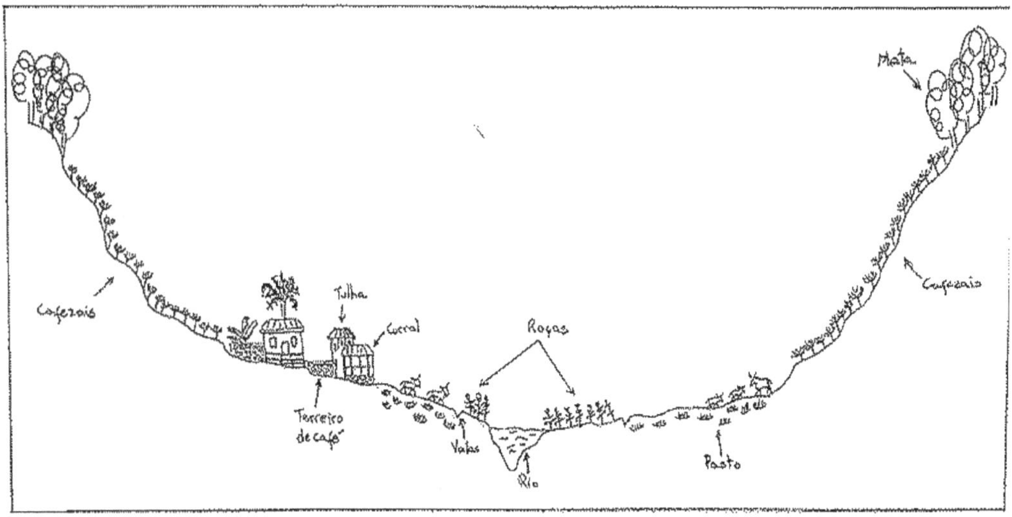

Fonte: Elaboração do autor.

Até os anos 1920, o avanço da cafeicultura no sul de Minas não alterou o sistema agrícola regional. A forma de utilização do solo permaneceu extensiva e itinerante em matos coivarados.

CONSIDERAÇÕES FINAIS

No sul de Minas, as paisagens "originais" formadas por matas pujantes e manchas de campos naturais foram transformadas pela agricultura e pela exploração de lenha e madeira. Na primeira metade do século XIX, a região consolidou-se como importante área de produção agropecuária diversificada, salpicada de sítios e fazendas rústicos. Por causa da variação entre as épocas de plantio e colheita dos gêneros cultivados (a maioria de ciclo curto de plantio), as propriedades policultoras se caracterizaram pela relativamente baixa exposição do solo e pressão sobre os recursos naturais, fatos que o *Almanach Laemmert de 1884* evidencia ao informar que todos os municípios da região possuíam florestas extensas, grandes reservas de madeira, muita caça e rios piscosos. A combinação da paisagem natural com a policultura resultou em fazendas assentadas em condições de produção mais prolongada.

A partir dos anos 1890, os cafezais expandiram-se rapidamente no sul de Minas e produziram transformações substanciais nas paisagens rurais. Nas fazendas, a "onda verde" começou a cobrir quase completamente as encostas dos morros. Multiplicaram-se os terreiros de café, as tulhas, as casas de máquinas. A alvenaria substituiu o pau a pique na construção das novas sedes de fazendas, conjuntos cafeeiros e casas de colonos. O avanço do café impulsionou a ampliação da malha ferroviária e do trânsito de vapores nos rios Grande e Sapucaí, espalhando trilhos, telégrafos, pontilhões, estações, portos e armazéns na região. O café provocou o crescimento da população regional. Muitas cidades surgiram, outras experimentaram crescimento e modernização. O café trouxe consigo o calçamento de ruas, a eletricidade, o telefone, a construção de sistemas de abastecimento de água, teatros, praças e estradas ligando as cidades às estações ferroviárias. Os moradores citadinos foram expostos a novos hábitos e muitas novidades.

Se não houve alteração no sistema agrícola e nem na estrutura fundiária por causa da expansão cafeeira, houve uma escalada nas pressões sobre o ambiente em toda região. As florestas e os campos naturais sul-mineiros recuaram bastante. Sobraram tiras de matas ao longo dos córregos, manchas pequenas nas cristas dos morros ou nos pontos em que o terreno não oferecia vantagens à agropecuária. A monocultura cafeeira e a expansão dos pastos artificiais também reduziram a biodiversidade regional.

REFERÊNCIAS BIBLIOGRÁFICAS

ABREU, Capistrano de. *Caminhos antigos e povoamento do Brasil.* Belo Horizonte: Itatiaia; São Paulo: Edusp, 1988.

ANDRADE, Marcos Ferreira de. *Elites regionais e a formação do Estado Imperial brasileiro: Minas Gerais – Campanha da Princesa (1799-1850).* Rio de Janeiro: Arquivo Nacional, 2008.

ARRUDA, Gilmar. *Cidades e sertões: entre história e memória.* Bauru, SP: Edusc, 2000.

BESSE, Jean-Marc. *Ver a Terra. Seis ensaios sobre a paisagem e a geografia.* São Paulo: Perspectiva, 2006.

BLASENHEIM, Peter L. "As ferrovias de Minas Gerais no século XIX". *Locus – Revista de História,* Juiz de Fora, v. 2, n. 2, p. 81-110, dez. 1996.

CARVALHO, Ely Bergo; NODARI, Eunice Sueli. "A percepção na transformação da paisagem: os agricultores no desflorestamento de Engenheiro Beltrão – Paraná, 1948-1970". *História,* São Paulo, v. 26, n. 2, p. 262-287, 2007.

CLAVAL, Paul. *Terra dos homens: a geografia.* São Paulo: Contexto, 2010.

CORRÊA, Dora Shellard. "História ambiental e a paisagem". *HALAC,* Belo Horizonte, v. 2, n. 1, p. 47-69, set. 2012/fev. 2013.

CRUZ, Cícero Ferraz. *Fazendas do sul de Minas.* Brasília: Iphan/Programa Monumenta, 2010.

DEAN, Warren. *A ferro e fogo: a história e a devastação da Mata Atlântica brasileira*. São Paulo: Companhia das Letras, 1996.

DRUMMOND, José Augusto. *Devastação e preservação ambiental no Rio de Janeiro*. Niterói: Eduff, 1997.

DUARTE, Regina Horta. "À sombra dos fícus: cidade e natureza em Belo Horizonte". *Ambiente & Sociedade*, Campinas, v. 10, n. 2, p. 25-44, 2007.

ESPÍNDOLA, Haruf Salmen; WENDLING, Ivan Jannotti. "Elementos biológicos na configuração do território do rio Doce". *Varia Historia*, Belo Horizonte, v. 24, n. 39, p. 177-197, jan./jun. 2008.

FREYRE, Gilberto. *Nordeste: aspectos da influência da cana sobre a vida e a paisagem do Nordeste do Brasil*. 3ª ed. Rio de Janeiro: José Olympio, 1966.

GIOVANINI, Rafael Rangel. *Regiões em movimento: um olhar sobre a geografia histórica do sul de Minas e da Zona da Mata mineira*. Dissertação (Mestrado) – Universidade Federal de Minas Gerais, Belo Horizonte, 2006.

GRAÇA FILHO, Afonso de Alencastro. *A Princesa do Oeste e o mito da decadência de Minas Gerais: S. João del Rei (1831-1888)*. São Paulo: Annablume, 2002.

HOENE, F. C. *Excursão botânica feita pelo sul do Estado de Minas Gerais e regiões limítrofes do Estado de São Paulo, de 12 de abril a 9 de junho de 1927, precedida de referências a outras anteriores, nas serras do interior*. São Paulo: Departamento de Botânica do Estado, 1939.

HOLANDA, Sérgio Buarque de. *Caminhos e fronteiras*. 3ª ed. São Paulo: Companhia das Letras, 1994.

______. *Visão do Paraíso: os motivos edênicos no descobrimento e colonização do Brasil*. 5ª ed. São Paulo: Brasiliense, 1992.

______. *Monções*. 2ª ed. São Paulo: Alfa-Ômega, 1976.

HOMEM DE MELO, Francisco Inácio Marcondes. *Atlas do Brasil*. Rio de Janeiro: F. Briguet, 1909.

HORVÁTH, Eugen Emmerich. *Carmo do Rio Claro: cento e trinta anos de emancipação política (1887-2007)*. Carmo do Rio Claro: O Artesanal, 2008.

LAMBERT, Murilo. *Cambuy: terra dos três João*. Valença: Editora Valença, 1977.

LEMOS, Carlos A. C. "Prefácio". In: CRUZ, Cícero Ferraz. *Fazendas do sul de Minas*. Brasília: Iphan/Programa Monumenta, 2010.

LIBBY, Douglas Cole. *Transformação e trabalho em uma economia escravista: Minas Gerais no século XIX*. São Paulo: Brasiliense, 1988.

LIMA, João Heraldo. *Café e indústria em Minas Gerais, 1870-1920*. Petrópolis: Vozes, 1981.

MARTINS, Marcos Lobato. "Plantar, pastorar e fiar na Vila Formosa de Alfenas, MG: décadas de 1850-1890". *Estudos Econômicos*, São Paulo, v. 43, n. 2, p. 397-429, abr./jun. 2013.

______. "Uma história da navegação a vapor no sul de Minas (1880-1960)". In: SAES, Alexandre Macchione; MARTINS, Marcos Lobato (orgs.). *Sul de Minas em transição*. Bauru: Edusc, 2012.

MATHEWSON, Kent; SEEMANN, Jörn. "A geografia histórico-cultural da Escola de Berkeley: um precursor ao surgimento da História Ambiental". *Varia Historia*, Belo Horizonte, v. 24, n. 39, p. 71-85, jan./jun. 2008.

MATOS, Raimundo José da Cunha. *Itinerário do Rio de Janeiro ao Pará e Maranhão pelas províncias de Minas Gerais e Goiás*. Belo Horizonte: Instituto Cultural Amilcar Martins, 2004.

OLIVEIRA, Rogério Ribeiro; ENGERMANN, Carlos. "História da paisagem e paisagem sem história: a presença humana na floresta Atlântica do sudeste brasileiro". *Revista Esboços*, Florianópolis, v. 18, n. 25, p. 5-31, 2011.

PRADO JÚNIOR, Caio. *Formação do Brasil contemporâneo*. 14ª ed. São Paulo: Brasiliense, 1976.

REZENDE, Francisco de Paula Ferreira de. *Minhas recordações*. Belo Horizonte: Imprensa Oficial, 1987.

SAES, Alexandre M.; COSENTINO, Daniel do Val; GAMBI, Thiago Fontelas R. "Sul de Minas em transição: opção por uma regionalização como ponto de partida". In: SAES, Alexandre M.; MARTINS, Marcos L. *Sul de Minas em transição*. Bauru: Edusc, 2012.

______; MARTINS, Marcos Lobato (orgs.). *Sul de Minas em transição: a formação do capitalismo na passagem para o século 20*. Bauru: Edusc, 2012.

SAINT-HILAIRE, Auguste de. *Segunda viagem do Rio de Janeiro a Minas Gerais e a São Paulo (1822)*. Tradução de Vivaldi Moreira. Belo Horizonte: Itatiaia, 2011.

SAUER, Carl O. "A morfologia da paisagem". In: CORRÊA, Roberto Lobato; ROSENDAHL, Zeny (org.). *Paisagem, tempo e cultura*. Rio de Janeiro: Editora UERJ, 1998.

SAUER, Carl O. "Foreword to Historical Geography". Disponível em: <www.colorado/geography/giw/sauer.co>. Acesso em: 20 out. 2013.

VARNHAGEM, Francisco Adolfo. *História geral do Brasil.* 7ª ed. São Paulo: Melhoramentos, 1962.

VEIGA, Bernardo Saturnino da. *Almanach Sul-Mineiro para 1874.* Campanha: Typographia do Monitor Sul-Mineiro, 1874.

WIRTH, John. *O fiel da balança: Minas Gerais na Federação Brasileira 1889-1937.* Rio de Janeiro: Paz e Terra, 1982.

PARTE 2

Sul de Minas em urbanização: estudos de caso

Acervo Fotográfico Paulino Araújo. Foto Araújo - Campanha MG.

Campanha

Litografia "Cidade de Campanha da Princesa", 1840. Localização: Centro de Memória Cultural do sul de Minas – Cemec/SM.

UM MUNICÍPIO DO IMPÉRIO

administração pública, representação política e intervenção urbana em Campanha no século XIX

Pérola Maria Goldfeder e Castro

No dia 10 de dezembro de 1859, por ocasião da solenidade de premiação dos alunos do Colégio Campanhense que mais haviam se destacado nos últimos exames, Antonio Dias Ferraz da Luz, professor da instituição, resolveu discursar sobre um assunto que lhe arrebatava os ânimos:[1] a criação de uma nova província no sul de Minas Gerais, com sede na cidade de Campanha. Podemos imaginar seu entusiasmo ao falar de sua terra natal:

> *A Cidade da Campanha*, que há sempre tomado a iniciativa na apresentação das questões de interesse geral para todo o Sul de Minas, que há mantido a discussão pública desses interesses, sempre fundada na razão, e na justiça, chamando em seu apoio as leis do Império; *a Cidade da Campanha*, que assim tem procedido, porque não vai longe o tempo, em que seu Município se estendia quase da margem esquerda do Rio Grande até o Jaguarí, das cumeadas da Mantiqueira até o Rio Pardo, constituindo assim – este vulto – chamado Sul de Minas, que nada tem de político, senão, que se ostenta hoje uma individualidade moral, unida no esforço, unânime na aspiração – este Sul de Minas –

1 Na seção do *Almanach Sul-Mineiro* dedicada a biografias de campanhenses ilustres, Bernardo Saturnino da Veiga assim descreve o amigo Ferraz da Luz: “Porte mais que mediano, figura de orador, conhecia-se nele á primeira vista o lutador de palavras. Sobre sua larga fronte ondeavam cabelos de um castanho escuro, e seus olhos negros, grandes, pareciam sair de suas órbitas quando o entusiasmo dominava seu coração” (VEIGA, 1874, p. 61).

> que se tem feito conhecido por suas tendências para a separação do velho Ouro Preto, faustoso fantasma na historia de Minas, rico de belas recordações, mas hoje de uma existência pesada, e que comprime o destino feliz das regiões afastadas. (O SUL DE MINAS, 10 dez. 1859).

Nesse discurso, o bordão "a cidade da Campanha" foi repetido de forma a enfatizar o argumento de que a localidade havia civilizado/povoado a região sul-mineira, servindo de esteio para atividades eleitorais, políticas e econômicas nela praticadas. Se o sul de Minas nada tinha de político – reconhece o orador – por não ter sido alçado à condição de província, ao menos ostentava uma "individualidade moral" que o diferenciava das demais regiões mineiras, identidade paradoxalmente firmada no desejo de autonomia política em relação ao governo de Ouro Preto.

O progresso das paróquias que, nas primeiras décadas do século XIX, faziam parte do termo da então vila de Campanha da Princesa devia-se, na opinião de Ferraz da Luz, à ação civilizadora dessa antiga sede que para elas enviou professores, médicos, padres, artistas e muitas famílias. Nesse sentido, ele afirma:

> Nossa cidade há civilizado – é força dize-lo – há povoado essas paróquias, que formavam seu extenso Município, e que aqui vinham exercer a soberania do voto, pleitear seus pleitos, mercadejar suas mercadorias pelos produtos industriais da civilização estrangeira. Essas Paróquias são hoje Vilas, ou Cidades florescentes, e populosas; *mas sua civilização se modela pela da Campanha, que para toda a parte mandou seus filhos, professores, letrados, médicos, padres, artistas, e muitas famílias, os quais todos concorreram, ou para o começo das povoações, ou para incremento delas.* (*Idem*, grifos nossos)

A condição de modelo civilizacional conferia, portanto, à elite campanhense "o direito consuetudinário de intervir nos negócios do sul de Minas, tomando neles a iniciativa, e talvez a parte mais importante" (*Idem*). Dessa forma, Ferraz da Luz justificava o fato de, em 1854, a Câmara de Campanha terreivindicado, sem lograr êxito, a criação de uma província que compreendesse as comarcas do Sapucaí, Rio Verde e Três Pontas, acrescida do município de Lavras.

Em publicação anterior (CASTRO, 2012, p. 39 – 68), analisamos o papel dessa elite regional no projeto criação da província de Minas do Sul. Agora, interessa-nos compreender como a municipalidade de Campanha lidou, ao longo do oitocentos, com questões relacionadas à gestão e à representação política de seu território.

Área de fronteira com a capitania de São Paulo, o sul de Minas foi alvo de medidas administrativas que visavam conter os litígios territoriais e extravios de ouro bastante comuns no período colonial. A título de nota, vale observar que *campanha*, termo de conotação militar que faz parte do léxico de ocupação das Minas, designa, assim como *sertão*, *conquista*, *continente*, *distrito*, *arraial* e *aplicação*, graus variados de organização e de institucionalização dos espaços.[2] Sendo assim, cremos que a Vila de Campanha da Princesa foi erigida na última década do Setecentos como símbolo da presença da metrópole portuguesa nessa região, instrumento de controle fiscal, jurídico e administrativo, contribuindo, assim, para a retificação dos limites do território mineiro.[3]

O complemento toponímico *da Princesa*, por sua vez, é um distintivo nobiliárquico obtido pela vila de Campanha no momento de sua emancipação, em 20 de outubro de 1798. Ele aponta para um duplo processo, qual seja o de diferenciação da elite campanhense em relação a outros grupos regionais e de aproximação dessa mesma elite dos valores monárquicos de Antigo Regime.

Em 20 de fevereiro de 1800, Carneiro de Miranda e os vereadores campanhenses procederam à demarcação do termo da vila consoante as determinações régias: o resultado dessa medida foi um círculo de aproximadamente três mil légoas cujas divisas eram os rios Grande e Pardo, ao norte, e a Serra da Mantiqueira, sinalizada pelo Morro do Lopo e pelos Registros de Caldas, Toledo e Jaguarí, ao sul.

Para legitimar essa demarcação, eles argumentavam que uma vila que tinha a Princesa da Beira como sua tutora não poderia ser nobre apenas no nome, mas também na extensão e riqueza de seu termo. Ademais, segundo os autores da demarcação, como os campanhenses, "querendo dar um testemunho mais constante do seu eterno

---

2 Em se tratando de povoamento situado em campos ou regiões contíguas a margens de rios, o termo *sertão* era, algumas vezes, substituído pela palavra *campanha*, derivativo do termo francês *campagne*, que significa "vasta extensão de planície". Segundo Cláudia Damasceno Fonseca, esse parece ser o caso de Campanha da Princesa, já que essa localidade encontra-se próxima à margem direita do rio Verde (FONSECA, 2011, p. 76).

3 Para Patrícia Vargas de Araújo, "a criação de vilas no final do século XVIII em Minas Gerais e, inserido neste contexto, a elevação da Vila de Campanha da Princesa, faz parte de um movimento de defesa do território e de manutenção da soberania da Coroa Portuguesa, através do artifício que é a instalação de câmara nos arraiais elevados à condição de vila" (ARAÚJO, 2008, p. 7). Nesse mesmo sentido, Claudia Damasceno observa que, na segunda metade do século XVIII, diversas sedes de poder civil e eclesiástico foram instituídas pelas autoridades mineiras a fim de assegurar a posse dos novos arraiais que surgiam nos confins de Minas. Segundo essa autora: "A criação da municipalidade e a confirmação dos limites da Vila de Campanha da Princesa tinham, portanto, um valor altamente estratégico, ainda mais levando em conta que, na mesma época, os camaristas da vila paulista de Nova Bragança (criada em 1797) disputavam com autoridades mineiras a posse de núcleos de povoamento nos confins das duas capitanias" (FONSECA, 2011, p. 201).

reconhecimento pelas Mercês", haviam resolvido assinar uma consignação voluntária para aumentar os rendimentos do cofre da Princesa e o valor dessa consignação fosse proporcional ao volume do comércio de exportação dessa vila, "convinha muito que para a sua boa arrecadação, se fizesse a divisão do mesmo Termo de modo, que facilmente se pudesse prevenir toda a equivocação nos extravios, e fraudes das ditas contribuições" (MEMÓRIAS MUNICIPAIS, 1897, p. 487). Dessa forma, alegando imperativos fiscais, juiz de fora e Câmara justificavam a necessidade de possuírem um termo extenso e bem resguardado.

As tentativas da municipalidade campanhense de estender sua jurisdição continuaram ao longo daquele século: em 1821, Carneiro de Miranda requeriu ao rei D. João VI que fosse criada uma nova comarca, da qual a vila de Campanha da Princesa fosse sede. Não obstante isso, a Comarca do Sapucaí, com sede na Vila de Campanha da Princesa, somente seria criada em 1833, num contexto em que as reformas liberais influenciavam práticas de reordenamento jurídico-administrativo em todo o Império.[4]

A condição de sede regional do poder judiciário, contudo, não impediu que o território do município sofresse sistemáticas fragmentações a partir da década de 1840. A seguir, analisaremos como essas transformações repercutiram na representação política da municipalidade campanhense junto ao poder legislativo provincial.

CONTRA AS "MARCAS DE SOFRIMENTO": REPRESENTAÇÃO POLÍTICA E DESMEMBRAMENTOS TERRITORIAIS

Durante o período do reinado joanino no Brasil, ter um nome nobre e manter relações com a Coroa Portuguesa eram atributos que conferiam a localidades como Campanha estatuto de prestígio na geopolítica do Reino. A partir da Independência, no entanto, essas práticas passaram a ser alvo de críticas e reprovações as quais se tornaram mais contundentes nos anos posteriores à abdicação de D. Pedro I. Nessa época, o jornal *Pregoeiro Constitucional*, de Pouso Alegre, propunha a eliminação dos topônimos nobiliárquicos:

> Não são somente as coisas que devemos proscrever, mas ainda mesmo tudo quanto no-las faz recordar, por exemplo, para que diremos ainda a – Campanha da Princesa. – [...] e outros que tais epítetos que nos trazem à memória os calamitosos tempos do Governo Metropolitano! É pois a meu ver de suma utilidade ir banindo desde já essa gótica fraseologia, que de alguma sorte nos indica o senhorio feudal; e quando nomearmos esses lugares

4 Posteriormente, a vila de Campanha passaria a ser cabeça de uma comarca ainda mais extensa, a do rio Verde, criada por decreto provincial em 16 de março de 1839.

> podemos dizer simplesmente Campanha, [...] porque algumas coisas que já foram olhadas como honrosas, hoje não podem servir senão de opróbio, ou ignomínia. (*apud* SILVA, 2009, p. 195).

Não obstante a polêmica que a preservação de símbolos do Antigo Regime suscitava na imprensa e em outras esferas públicas do Império, o distintivo *da Princesa* continuou a ser utilizado nas atas e documentos oficiais da Câmara Municipal, mesmo quando a elevação de Campanha ao estatuto de cidade, em 1840, o suprimiu do topônimo oficial. Isso, contudo, não significa que a elite campanhense fosse simpática às ideias de subordinação a um poder real absoluto ou de preservação dos privilégios nobiliárquicos; pelo contrário: desde os primeiros anos de autonomia política do país, a Câmara de Campanha ligou-se ao projeto de construção do Estado Nacional sob bases constitucionais, representativas e liberais.

A fidelidade a esse projeto, contudo, não foi suficiente para impedir que, nos últimos anos da década de 1840, o município de Campanha sofresse sistemáticas perdas territoriais, a saber: as paróquias de Santa Rita do Sapucaí (Lei Provincial nº 288, de 12 de março de 1846); São Caetano da Vargem Grande (Lei Provincial nº 334, de 3 de abril de 1847) e Santana do Sapucaí (Lei Provincial nº 429, de 12 de abril de 1848), todas incorporadas ao município da vila de Pouso Alegre; o distrito de Lambari (mesma Lei Provincial nº 429), incorporado ao município da vila de Baependi e a freguesia de Boa Vista de Itajubá (Lei Provincial nº 355, de 27 de setembro de 1848), elevada à condição de vila. Esse novo arranjo territorial, cujas alterações operavam-se como num "jogo de caxangá" (GRAÇA FILHO, 2002, p. 31), tirando paróquias de um município para pô-las em outro, seria combatido veementemente pela Câmara de Campanha.

Em 21 de junho de 1848, essa municipalidade oficiou à Assembleia Legislativa Provincial e à presidência da província de Minas, solicitando a revogação das leis que incorporavam parte de seu território ao termo de Pouso Alegre. Alegava, para isso, o prejuízo financeiro que a cidade de Campanha enfrentaria com a perda de expressivo contingente populacional. Segundo os solicitantes, seu município "foi retalhado de modo que impossível é que ela possa acudir a menos parte de suas indispensáveis despesas, que já antes de todo ocorrido sofriam atrasos, pela sua diminuta renda" (APM: PP 1/33, Cx. 54, Doc. 31).

Posto que não tenha sido atendida em seu pleito, essa corporação reiterou sua reivindicação em 29 de novembro daquele mesmo ano. Nesse documento, vemos que a principal queixa dos munícipes peticionários era a perda do distrito de Lambari, local de descoberta das Águas Virtuosas, "onde tem esta Câmara em prol da humanidade desprendido alguns contos de réis, não só em terrenos que possui, como em outro edifícios, que bem dificultosamente tem feito construir, para facilitar os meios da salubridade publica" (APM: PP 1/33, Cx. 54, Doc. 32).Os camaristas também apresentavam argumentos de cunho administrativo, questionando o acesso à justiça nesse distrito:

> E será possível, Excelentíssimo Snr., que pelo menos estes habitantes do Lambari, que distam desta Cidade quatro légoas, e três quartos queiram recorrer a Baependi, para onde se contam pelo menos a distancia de doze légoas (isto é, do Arraial do Lambari, em quanto dos limites podem ser 16 e mais);? está visto que não (*Idem*).

De acordo com a lógica de racionalização da administração judiciária expressa nessa passagem, Lambari deveria pertencer ao município de Campanha, visto que distasse dessa cidade apenas quatro léguas. A motivação econômica, no entanto, é a tônica da reivindicação: desde a década de 1820, as fontes hidroterápicas desse distrito eram conhecidas pelas autoridades públicas e pelos habitantes da região, sendo que, no terreno onde elas haviam sido descobertas, esboçava-se um incipiente povoamento sobre o qual trataremos adiante.

Em 9 de maio de 1849, como não houvesse recebido resposta do governo provincial sobre o assunto, a Câmara de Campanha novamente solicitou ao presidente de província que intercedesse por sua causa junto à Assembleia Legislativa Provincial, remetendo-lhe uma representação em que pedia a revogação do artigo da Lei Provincial nº 429 que dispunha sobre o distrito de Lambari. Após fazer um histórico das perdas territoriais, ela protesta:

> Esta Câmara não pode ser indiferente a estes retalhamentos, a estas reduções que sofreu o seu Município, com as quais ela vê reduzida e minguadas as suas Rendas, que nem chegarão para a despesa do Pessoal, *e antevê infalível a ruína desta Cidade, cuja prosperidade permitia ser o Empório do Sul da Província*, ao passo que essas Povoações nada ganharão com as novas divisões, e antes perderão. (APM: PP 1/33, Cx. 54, Doc. 37. Grifos nossos)

Em estudo sobre a constituição da rede urbana em Minas Gerais, Cláudia Damasceno Fonseca observa que, nos séculos XVIII e XIX, o critério de extensão territorial estava diretamente relacionado à riqueza e à dignidade das vilas e cidades, visto que essas unidades administrativas devessem ser capazes de se autos sustentarem economicamente. Assim, quanto maior o município, mais ricas e variadas deveriam ser suas praças de mercado (FONSECA, 2011, p. 205). Cremos ser essa a lógica argumentativa dos camaristas de Campanha quando eles caracterizavam o termo dessa cidade como "Empório do Sul da Província", dizendo, não sem exagero, que previam "infalível ruína" de sua municipalidade caso o distrito de Lambari e a freguesia de Santana do Sapucaí não voltassem a fazer parte dela.

Obstáculos naturais também justificavam o pedido de retificação das divisas: mesmo no caso da freguesia de Santana do Sapucaí, mais próxima de Pouso Alegre que de Campanha, os camaristas campanhenses afirmam ser "mais difícil a comunicação para aquela Vila, especialmente no tempo chuvoso em que as margens do Servo apresentam um extensíssimo pântano intransitável". Contudo, o argumento mais forte era o seguinte:

> Com a nova divisão os habitantes de Santana e do Lambari deixam de pertencer a uma *Cidade grande, onde tem relações antigas de comercio, parentesco, e amizade, contraídas desde tempos imemoriais, e fortificadas por essa antiga união*, que foi respeitada por essas outras divisões feitas em consequência da criação das Vilas de Baependi, Pouso Alegre e Jacuí: *deixam de pertencer a uma Cidade nomeadamente pacífica, onde se faz Justiça indistintamente a todos, a uma Cidade tolerante, e civilizada, e vão pertencer a Vilas pequenas, sem nome onde nenhumas relações existem:* tem, pois bastante razão essas Povoações quando representarão contra essa Lei (APM: PP 1/33, Cx. 54, Doc. 37) (grifos nossos).

Nessa passagem, as qualidades de Campanha são realçadas de maneira a deslegitimar a nova divisão territorial: ao se desmembrarem do termo de Campanha, os distritos de Lambari e Santana do Sapucaí trocavam o certo pelo duvidoso, deixando de pertencer a uma cidade "grande", "nomeadamente pacífica", "tolerante" e "civilizada" para integrarem "vilas pequenas, sem nome onde nenhumas relações existem". A pequenez e falta de "nome" dessas novas vilas contrastava, portanto, com a grandeza e tradição de Campanha, significativamente expressa por seu antigo distintivo *da Princesa*.

Conforme esse argumento, a nova divisão rompia com as "relações antigas de comércio, parentesco, e amizade" que os habitantes desses distritos mantinham com os da cidade de Campanha "desde tempos imemoriais". A antiguidade e estabilidade das relações sociais sacralizadas pelas divisas do termo de Campanha, a "antiga união" de que nos fala os camaristas requerentes, nos faz indagar: seria esse argumento da elite campanhense um esboço de identidade de pertencimento a uma região em comum, a um *sul de Minas*, enfim?

O governo mineiro, de orientação conservadora a partir de 1849, resolveu atender às reivindicações da municipalidade campanhense, reincorporando o distrito de Lambari ao termo de Campanha por meio da Lei Provincial nº 460, de 20 de outubro daquele ano. Quanto à freguesia de Santana do Sapucaí, essa não foi contemplada pela nova lei, o que motivou novas reivindicações.

Em 2 de julho de 1851, os camaristas campanhenses oficiaram ao presidente de província, enviando-lhe uma representação em que pediam à Assembleia Legislativa Provincial para que reincorporasse a freguesia de Santana do Sapucaí ao município de Campanha. Eles argumentavam, para esse fim, que essa freguesia sempre havia pertencido à cidade, onde seus habitantes haviam criado relações e interesses. Além da prerrogativa de vontade dos povos, existiam "razões de política" que os solicitantes assim expunham:

> *Na Cidade de Pouso Alegre tanto em 1844, como em 1848 o partido que então dirigia os destinos do pais achou um Colégio Eleitoral todo favorável, sendo-lhe contrario o desta Cidade.* Da lei nasceu a desgraça do Município: logo no ano de 1846 foi-nos tirada a Paróquia de Santa Rita que foi engrandecer o Município de Pouso Alegre: não contente porem essa Legislatura Provincial de ter já presenciado as influencias de Pouso Alegre, e nos dado *marcas de sofrimento*, no ano de 1848 foi nos tirada Santana em proveito de Pouso Alegre: e quando? Quando S. Sebastião, Boa Vista de Itajubá, Soledade de Itajubá, e S. Caetano da Vargem grande eram-nos tiradas para formar a Vila de Itajubá! (APM: PP 1/33, Cx. 54, Doc. 70. Grifos nossos)

Em seguida, eles contrastavam o governo anterior com o atual governo:

> Se estavam nos interesses da Política que até 1848 dirigiu os destinos do país, *se estavam nos interesses das ideias do passado regime, essas mutilações, essas marcas de sofrimento, se estava nesses interesses a redução e apoucanhamento (*sic*) do nosso Município, deve estar nos interesses das ideias desta Assembleia, das ideais que hoje governam, não o sistema de marcas de sofrimento,* porque esse sistema é mesquinho; *mas o de reintegrações, por que as ideias, que hoje dominam são opostas as do passado regime.*(*Idem*. Grifos nossos)

Ao denunciar a parcialidade do governo anterior e, inversamente, aclamar a idoneidade dos deputados que estavam no poder a partir de 1849, os camaristas campanhenses procediam a um jogo político cujo objetivo era desqualificar as novas divisões, o "sistema de marcas de sofrimento", como eles mesmos as denominavam. Assim, estimamos que a retificação de limites intermunicipais em Minas visavam não apenas racionalizar a administração e a justiça nas províncias, mas também atender aos interesses e expectativas dos partidos políticos em relação a seus colégios eleitorais.

Nas últimas décadas do Império, não obstante os protestos da municipalidade campanhense, o termo de Campanha continuou a sofrer fragmentações, "cercamentos", como diziam os camaristas, em favorecimento de municípios vizinhos. Outras freguesias emanciparam-se da jurisdição campanhense, tornando-se municípios, como nos casos de São Gonçalo da Campanha (Lei Provincial nº 2.454, de 19 de outubro de 1878) e de Três Corações do Rio Verde (Lei nº 3.197, de 23 de setembro de 1884).

A fragmentação do termo de Campanha na segunda metade do século XIX leva-nos a considerar os protestos da municipalidade campanhense como uma tentativa de recuperação do *status* de prestígio político em relação ao governo provincial, *status* esse que havia sido construído por homens como Carneiro de Miranda e que, naquele momento, se via abalado por significativas perdas territoriais, bem como pela emergência de outros urbanos importantes na região sul-mineira.

A elite local também arrogava para si a tarefa de povoar e civilizar os distritos onde haviam sido descobertas fontes, promovendo arruamentos, construção de pontes, instalação de balneários, entre outras medidas de infraestrutura. Nesse sentido, podemos dizer que foi a experiência de redução significativa de seu território, acrescida da perspectiva de progresso com a exploração dos recursos hidrominerais existentes no local das Águas Virtuosas, que permitiu à municipalidade de Campanha redimensionar seu espaço de atuação na política regional e reafirmar seu compromisso com o projeto de construção do Estado nacional.

ÁGUAS VIRTUOSAS DE CAMPANHA: GESTÃO PÚBLICA DE RECURSOS HIDROMINERAIS

Pouco se sabe sobre o descoberto de Águas Virtuosas anteriormente à instituição da municipalidade campanhense. Naquela época, o distrito de Lambari, circunscrição onde estavam localizadas as fontes, comunicava-se com a sede do município, a vila de Campanha da Princesa, através de uma ramificação da Estrada Real que conduzia ao Rio de Janeiro. Segundo memorialistas da região, mesmo antes da demarcação do termo dessa vila, o local já "adquiria notoriedade, mercê da ocorrência verificada em uma grota que a mataria ensombrava e onde o lacrimal borbulhante jazia a espera de quantos viessem experimentar-lhe a serventia" (MARTINS, 1949, p. 27).

Em ofício de 15 de maio de 1825 dirigido ao presidente da província para informá-lo sobre os gastos da Câmara de Campanha, Agostinho de Souza Loureiro, fiscal do distrito dessa vila, nos fornece uma ideia do estado em que se encontravam as fontes hidrominerais nos primeiros anos após a Independência. Segundo ele

> Há, a 3 léguas desta vila, a precisa nascente de Águas Gasosas Ácidas, as quais, pela suas muitas virtudes e curas que tem feito, se denominaram Águas Virtuosas, ou Águas Santas. *Estão desprezadas no meio de um deserto, e mato sem a mais leve estimação nem cômodo algum para os Doentes que ali concorrem,* onde cada um que chega faz seu rancho de palha sem porta nem reparo al-

> gum do frio, ou dos Animais, e na retirada são queimados, creio que pelos proprietários do terreno. *Quando, aliás, deveria ter sido este local, e nascentes tomados pela Câmara para uso dos Povos*, e ter ali algum pequeno estabelecimento para enfermos, e hum guarda. (APM: PP 1/33, Cx. 45, Doc. 07. Grifos nossos)

Pelas palavras de Souza Loureiro podemos inferir que, na década de 1820, o local das Águas Virtuosas jazia em estado de abandono pelo poder público, não havendo obras de infraestrutura que proporcionassem acesso cômodo dos doentes às fontes hidrominerais. Provavelmente, os vereadores de Campanha já se achavam inteirados sobre a existência dessas fontes em seu território, porém pouco ou nada puderam fazer, em razão dos descobertos estarem localizados em terrenos particulares. A medida sugerida pelo fiscal era, portanto, a desapropriação desses terrenos "para uso dos povos" e o investimento em infraestrutura e segurança no local.

Nos anos que se seguiram a esse relato, o quadro das Águas Virtuosas pouco se alterou em termos de melhoramentos materiais: segundo informações da primeira edição do *Almanach Sul-Mineiro*, "essa povoação constava em 1837 de uma pequena casa coberta de telha, de algumas choças de capim e de um cercado de esteira nas fontes de água acidulas gasosas, destinadas para banhos" (VEIGA, 1878, p. 89). Muitos roceiros, pequenos plantadores de mandioca, milho, feijão e outros gêneros de subsistência passaram a se fixar nos terrenos de várzea próximos às fontes, contrariando, assim, as normas de civilidade e de aproveitamento racional do espaço instituídas pela Câmara de Campanha.

Em 22 de outubro de 1838, os vereadores campanhenses oficiaram a um antigo colega de corporação, Bernardo Jacinto da Veiga, então presidente da província, pedindo-lhe que consignasse uma gratificação de 20.000 réis (quantia que deveria ser extraída da quota decretada pela Assembleia Provincial para despesas eventuais dos municípios) para a contratação de um agente, diretamente subordinado à Câmara de Campanha, que residisse na povoação de Águas Virtuosas e cuidasse exclusivamente das questões a ela relacionadas. Para tanto, eles alegavam que não poderiam mais em silêncio presenciar

> *as desordens que diariamente se cometem no lugar da Água Virtuosa*, tanto por alguns indivíduos, que a li residem, como por outros, que vem usar da dita água, *devastando-se as Matas tão necessárias para a construção das Casas, e Ranchos com o intuito de plantarem grandes Roças, já queimando (em lugar de lenha) as balizas de madeiras que foram colocadas para alinhamento das Ruas, já edificando-se umas Casas fora dos alinhamentos*; outras em terrenos alheios, lançando-se entulhos, e imundícies na água potável, e no Canal do esgoto desta; e finalmente banhando-se Elefantíacos nos lugares que somente devem servir aquém não sofre semelhante moléstia. (APM: PP 1/33, Cx. 50, Doc. 62. Grifos nossos)

Os camaristas campanhenses ainda se diziam persuadidos de que "a continuarem as cousas como vão, bem a seu pesar tem dever desaparecer mais cedo ou mais tarde a preciosa água acídula, o que se assim acontecer será uma vergonha para a Província". Objetivavam, com essa admoestação, atrair a atenção do governo provincial para sua causa, agilizando a tramitação burocrática que determinava a criação de um cargo público.

Ciente das irregularidades ocorridas no local das Águas Virtuosas e, talvez, pessoalmente interessado no que o investimento em melhorias nas fontes poderia render à sua família estabelecida em Campanha, Bernardo Jacinto da Veiga atendeu ao pedido da municipalidade campanhense, instituindo o cargo de Agente das Águas Virtuosas, em 15 de novembro de 1838 (APM: PP 1/33, Cx. 50, Doc. 69).

Esse cargo foi ocupado por Manoel Joaquim do Nascimento,[5] em 28 de janeiro do ano seguinte, sendo a Câmara de Campanha responsável pelo pagamento de seu salário. Contudo, a continuidade desse provimento era, como qualquer cargo provincial, submetida à aprovação da Assembleia Legislativa Provincial, o que obrigava os vereadores campanhenses a reiterar seus argumentos sobre a utilidade pública desse serviço a cada mudança de legislatura.[6]

Ao lado dos fiscais e dos juízes de paz, o agente das Águas Virtuosas foi um dos braços institucionais da municipalidade campanhense que viabilizou a gestão dos recursos hidrominerais no distrito de Lambari. Suas competências eram: comunicação periódica com a Câmara de Campanha por meio de prestações de contas e relatórios mensais; remessa trimensal, para essa municipalidade, de mapas com informações detalhadas sobre as pessoas que fizeram uso das águas;[7] supervisão de arruamentos, alinhamento de ruas e praças, cortes de árvores, além de reparo de fontes, pontes, valas, esgotos e demais obras de infraestrutura.

---

5 Manoel Joaquim do Nascimento é descrito pelo *Almanach Sul-Mineiro* como um dos primeiros habitantes da povoação de Águas Virtuosas: "era um homem pobre mas cheio de bondade e sempre solicito em promover o bem de sua aldeia, na qual não logrou ser sepultado, pois tendo falecido na cidade da Campanha a 6 de outubro de 1859 aqui foi seu cadáver dado à terra" (VEIGA, 1878, p. 91).

6 Em julho de 1839, o presidente Bernardo Jacinto da Veigaenviou duas portarias à Câmara de Campanha, solicitando um "parecer circunstanciado sobre a utilidade de que possa ter resultado ao publico da criação do Agente, encarregado de vigiar aquelas águas" (ACMC, 09/12/1839, p. 36). Ele provavelmente necessitava do documento para solicitar, perante Assembleia provincial, a renovação do provimento para as despesas com o cargo em questão.

7 Em pesquisa no APM, encontramos alguns desses mapas no fundo da presidência de província, seção Correspondências Recebidas. Pela riqueza de informações neles contidas, cremos que essa documentação nos será útil para reconstituirmos o perfil dos grupos sociais que se estabeleceram, definitiva ou temporariamente, em Águas Virtuosas ao longo do século XIX, estudo esse que encontra-se em andamento.

Esse cargo não se restringia, contudo, à prestação de informações e à supervisão de obras de infraestrutura: o agente era, também, o intermediário entre o poder público municipal e os interessados em adquirir terrenos no local. Sua função, nesse caso, consistia em fiscalizar a situação dos terrenos requeridos, observando se suas divisas eram regulares em relação a outras propriedades, se estavam localizados em ruas já traçadas ou ainda por traçar e, também, se estavam realmente devolutos ou já haviam sido concedidos a alguém.

Em 11 de junho de 1843, por exemplo, a Câmara de Campanha recebeu duas petições, uma de João Antonio dos Santos e outra de Quirino José Villasboas, ambos requerendo concessão de terrenos nas Águas Virtuosas "para edificarem suas casas" (ATAS DA CÂMARA MUNICIPAL DE CAMPANHA, Livro s/n., 11/06/1843, p. 158-159). No dia seguinte, os vereadores já tinham em mãos o parecer do agente sobre a localização e situação dos terrenos requeridos: o do primeiro requerente era "em uma rua que ele [o agente] mandou abrir em alinhamento das casas do finado Bento Ribeiro, e de D. Maria Guilhermina da Rocha, pela qual transitam os povos e tropas para o Rio de Janeiro, cuja rua ainda não foi alinhada de ordem da Câmara e por isso se acha devoluta", enquanto o do segundo era "na Rua Direita na entrada dessa Cidade para aquele lugar, e que naquela rua ainda tem muito terreno devoluto no qual o suplicante pode construir a casa" (ATAS DA CÂMARA..., Livro s/n., 12/06/1843, p. 160). Com base nessas informações, a municipalidade pôde deliberar favoravelmente às duas petições, contanto que os suplicantes não se utilizassem dos terrenos "já dados a diversos cidadãos".

Em seus primeiros meses de trabalho, Manoel Joaquim do Nascimento oficiou à municipalidade campanhense rogando "a aprovação da despesa de 4.640 réis feita pelo mesmo com o concerto da Ponte do Lambari pequeno junto à Água, e limpeza do esgoto" (ATAS DA CÂMARA..., Livro 6, 26/07/1839, p. 8). Como a Câmara não se pronunciou sobre o assunto, o agente requereu, outra vez, "o pagamento de seu ordenado vencido desde o dia de sua posse, assim como a quantia de 4.640 réis que despendeu com o concerto da ponte do Lambari pequeno, limpeza do esgoto da água e grades na janela da Fonte potável" (ATAS DA CÂMARA..., Livro 6, 15/02/1840, p. 63), ao que foi atendido. Situações como essa, em que o funcionário arcava com os gastos das obras para, depois, pedir reembolso à municipalidade, além dos recorrentes atrasos no pagamento do salário, foram bastante comuns ao longo do processo de ocupação das Águas Virtuosas.

Outro problema enfrentado pelo agente desse local dizia respeito ao estado das instalações utilizadas pelas pessoas que iam banhar-se nas fontes: no relatório do mês de julho de 1840, Manoel Joaquim do Nascimento informava à Câmara de Campanha que "os Poços de Banhos se achavam sem reparo algum", solicitando, por isso, "se ao menos podia mandar fazer algumas esteiras para os Povos se servir no presente Ano, enquanto não se faz Casa Própria" (ATAS CA CÂMARA..., Livro 6, 09/07/1840, p. 86-87). As queixas sobre esse objeto se repetiram nos anos subsequentes, como em maio de 1841, quando ele "participava ser muito preciso se mandar fazer uma casa que circule os 3 Passos de Banhos os quais se acham de todos ao tempo em razão das enchentes terem carregado as esteiras que amparavam os mesmos" (ATAS DA CÂMARA..., Livro 6, 06/05/1841, p. 153).

Nesse tipo de situação, as deliberações da municipalidade eram, via de regra, paliativas, tais como: "mandar fazer Esteiras de Taquaras, como as dos mais anos" ou autorizar que o agente edificasse uma casa de banhos com "esteira em roda e por cima, afim de unicamente servir no presente ano" (ATAS DA CÂMARA..., Livro s/n., 11/06/1847, p. 257). A razão dessa política pública talvez esteja no fato de que a Câmara de Campanha não dispunha de meios suficientes para arcar com as despesas de todo o seu termo, dependendo de recursos do governo provincial e de financiamentos particulares para realizar obras de infraestrutura no local.

Embora não fosse previsto nas atribuições de seu cargo, era comum que o agente das Águas Virtuosas organizasse consignações voluntárias com a finalidade de arrecadar verbas para a construção de edifícios públicos no local. Em outubro de 1845, por exemplo, Manoel Joaquim do Nascimento enviava aos vereadores campanhenses um caderno utilizado para coligir as assinaturas dos visitantes que contribuíram pecuniariamente para a construção de uma casa de banhos ao lado das fontes. Segundo ele, "alguns prestaram suas assinaturas, tendo já atestado até a quantia de 35.000 réis a receber, 15.000 réis já se acham em dinheiro, em seu poder, e o mais é para receber na ocasião das despedidas dos mesmos assinantes" (ATAS DA CÂMARA..., Livro 8, 25/10/1845, p. 68). Alguns meses depois, em janeiro de 1846, a quantia arrecadada nessa mesma consignação voluntária havia aumentado para 99.000 réis.

Contudo, esse valor não foi suficiente para que o prédio da casa de banhos fosse concluído, o que levou a municipalidade campanhense a paralisar a construção, no segundo semestre de 1846. Em janeiro do ano seguinte, a corporação tentaria persuadir a Assembleia Legislativa Provincial a financiar essa e outras obras de infraestrutura no local, apresentado, para isso, argumentos que contrastavam a atratividade que o povoado de Águas Virtuosas exercia, não só na elite campanhense, mas em famílias de diversas regiões do Império, com o "lamentável estado em que se acham as Águas ácidas gasosas deste Município":

> *para as quais anualmente afluem numerosas famílias não só desta Província, como das do Rio de Janeiro, e São Paulo a procurarem lenitivo, e remédio às suas enfermidades, onde para melhor terem seus cômodos, muitos Cidadãos desta e das outras Províncias já tem feito edificar ali muitas propriedades, e até algumas de sobrado, envidraçadas e com as-*

> *seio necessário, e para que pudessem se utilizar dos banhos*, a Câmara, por que lhe faltassem os fundos para edificar uma Casa própria para este fim, tomou o expediente de promover uma subscrição com a qual o ano passado, fez construir este edifício, e porque a despesa que com ele se fez exceder a subscrição, parece de toda a justiça, e humanidade, que na Lei do Orçamento Provincial vos digneis decretar qual quer quantia afim de se levar a efeito a conclusão desta obra, bem como de outras de primeira necessidade como seja a de *desobstruir o Ribeirão do Lambari pequeno, que sendo muito próximo à fonte das Águas medicinais, com as suas enchentes as inutilizam, e até tal vez para o futuro as venha destruir no todo, acabando-se destarte este recurso da humanidade aflita.* (APM: AL 1/5, Cx. 04, Doc. 36C. Grifos nossos)

Além do auxílio pecuniário, outro motivo levara a Câmara de Campanha a oficiar ao poder legislativo: em outubro de 1846, a Assembleia havia suprimido do orçamento anual da província a provisão que pagava os serviços do agente das Águas Virtuosas, causando grande descontentamento entre os vereadores campanhenses. Essa insatisfação iria aumentar, gerando protestos, com a incorporação do distrito de Lambari ao município da vila de Baependi, em abril de 1848.

Como vimos, a perda territorial descrita pelos representantes de Campanha como "marcas de sofrimento" durou pouco e em outubro de 1849, o distrito de Lambari novamente passou a integrar o município dessa cidade. À reincorporação seguiu-se a elevação do povoado de Águas Virtuosas à categoria de freguesia, em 16 de junho de 1850, e a disponibilização de três contos de réis para obras de infraestrutura nesse local (Lei n. 467, de 26 de abril de 1850).[8]

Para garantir a boa gestão desse recurso, José Ricardo de Sá Rego, presidente da província de Minas entre 1850 e 1852, nomeou uma comissão composta pelos cidadãos Tristão Antonio de Alvarenga, Antonio Dias Ferraz da Luz e Lourenço Xavier da Veiga, os quais deveriam promover os melhoramentos materiais nas fontes de Águas Virtuosas. Para isso, foram elencadas as seguintes obras: 1) rebaixamento do ribeirão Lambari Pequeno; 2) construção de um paredão de pedra que separasse esse ribeirão da fonte hidromineral; 3) construção de uma casa de banhos nessa fonte.

Feita essa listagem, a Câmara Municipal solicitou a opinião de Ignácio Gomes Midões, médico que residira algum tempo na freguesia de Águas Virtuosas, acerca

8 Em 26 de setembro de 1847, a Assembleia Provincial já havia aprovado uma lei (n. 489) que destinava 11.200 réis para a construção de um hospital no local das Águas Virtuosas. Cremos que a medida buscava remediar os problemas financeiros que a Câmara de Campanha enfrentava por ocasião da supressão da provisão de pagamento de um agente que administrasse *in loco* as fontes hidrominerais.

dos melhoramentos considerados prioritários pela comissão: sobre o primeiro, ele julgou-o "assaz dispendioso, inconservável, impróprio e talvez ruinoso", sugerindo como alternativa "proceder a extração de troncos e ramagens, que obstruem a correnteza do mesmo [ribeirão], para que assim desimpedido sofra o rebaixamento, que lhe é necessário, e nunca demasiado" (ATAS DA CÂMARA..., Livro s/n. 07/07/1851, p. 54-55). Quanto à segunda obra, Gomes Midões considerou-a inútil e dispendiosa,

> Inútil por que sendo o álveo por onde corre a Água Virtuosa de formação secundária, e composta de terra areenta, e conservada por mais de quarenta e sessenta anos, não será fácil desboroar-se agora com o rebaixamento do córrego adjacente; inútil por que o bueiro que se houvesse de praticar no paredão para dar transito à água mineral seria o mais próprio para dar entrada ao refluxo d'Água do Ribeirão, e misturar suas Águas com a mineral, como tem acontecido em todos os tempos em que a água das grandes chuvas inundam toda a Várzea da Água Virtuosa: dispendiosa por que fora dificultoso achar solidas camadas de terreno para servir de apoio no pretendido paredão; seria difícil abrir alicerces junto ao Ribeirão ou inundar o leito deste para a construção da obra. (ATAS DA CÂMARA..., Livro s/n., 05/07/1851, p. 51)

A construção da casa de banhos foi a única medida aprovada pelo médico, sendo sua construção concluída no primeiro semestre de 1852. As enchentes do Lambari Pequeno, os constantes represamentos provocados pelo acúmulo de plantas e detritos em seu leito, além do contato das águas do ribeirão com as das fontes hidrominerais, continuaram, por sua vez, sendo problemas recorrentes nos relatórios do agente fiscal da freguesia:

> 1º As Águas gasosas acham-se no mesmo estado, que dantes, porque até o presente não se mandou fazer obra alguma em benefício da fonte de beber, *as enchentes algumas vezes tem chegado aos Poços, mas em nada tem prejudicado aos mesmos, porquanto com a limpeza que se fez no Rio Lambari pequeno, não atura muito tempo.* 2º Quanto aos Poços de banhos, precisa-se mandar concertar as escadas dos mesmos, pondo-lhes também pegamão, precisando também desmanchar-se a parede ou paredão que divide os dois Poços, até a altura do encanamento por onde passa a Água que sai da fonte de beber, e rebaixar-se o dito encanamento, quanto for preciso, *a fim de evitar-se um certo represo, que continuamente tem no Canal desde a casa de banhos, até a dita fonte*, fazendo-se nessa ocasião o encanamento com mais perfeição de maneira

> que a Água que passa no mesmo, não despeje nos Poços de Banhos, como até agora tem sucedido. 3º É preciso que Vossas Senhorias deem alguma providencia, *a fim de se mandar tirar as Capetubas dos lados do Rio Lambari pequeno, pois que já se acham bastante crescidas, e de alguma maneira já vai represando a correnteza do Rio* [...]. 6º É de suma necessidade Vossas Senhorias darem providencias a fim de se calçar a rua, entre as casas de D. Maria Guilhermina e Ignácio Joaquim Ribeiro, *pois que no tempo das águas, esse lugar se torna intransitável por causa de ser brejo.* (ATAS DA CÂMARA..., Livro s/n., 14/07/1853, p. 175. Grifos nossos)

A precariedade da infraestrutura em Águas Virtuosas não parece, contudo, ter sido obstáculo para que homens e mulheres provenientes de diversas partes do Império viajassem anualmente a essa freguesia para fazer uso das fontes hidroterápicas. Dentre os viajantes que ali estiveram em busca desse "recurso da humanidade aflita", contam-se a princesa Isabel e seu esposo, conde d'Eu. Os desdobramentos dessa visita no espaço urbano de Campanha é tema para nossa próxima análise.

PARA PERPETUAR A "MEMÓRIA DA HONRA": REPRESENTAÇÕES TOPONÍMICAS DA MONARQUIA E DA PÁTRIA BRASILEIRA

Em 17 de agosto de 1868, a municipalidade de Campanha foi informada pelo então agente de Águas Virtuosas, Pedro Francisco Fremont, de que Suas Altezas Imperiais estavam para chegar a essa freguesia. Em face dessa notícia, foi nomeada uma comitiva composta de quatro vereadores encarregados de saudar os nobres viajantes e de convidá-los a visitarem a cidade de Campanha, "oferecendo-lhes aposentadoria por conta do bolsinho dos Vereadores" (ATAS DA CÂMARA..., Livro 26, 17/08/1868: 300). Também ficou estabelecido que as despesas com os festejos ficassem por conta dos cofres municipais, autorizando-se medidas de intervenção urbana emergenciais tais como pintura das fachadas de prédios públicos, concertos de ruas e pontes, limpezas de córregos e fontes, além de capina dos largos e praças públicas da cidade.

A vilegiatura dos membros da família real nas estâncias hidroterápicas sul-mineiras, embora motivada por questões de ordem privada,[9] ocorria em um contexto de sensíveis agitações na cena política do Império: há menos de dois meses dessa viagem, a crise que culminara na demissão de Zacarias de Góis do Concelho de Estado havia exposto a figura de D. Pedro I a ferozes críticas por parte dos liberais. As insatisfações

9 Segundo alguns memorialistas, a princesa Isabel fez estação nas localidades de Águas Virtuosas, Cambuquira e Caxambú em busca de cura para sua suposta infertilidade (CASADEI, 1987; MARTINS, 1949).

da população com o governo eram corroboradas, ademais, pelo conflito armado que há quatro anos se arrastava na fronteira com o Paraguai. Nesse sentido, as fontes hidroterápicas talvez se afigurassem à princesa imperial não somente como um lenitivo para seus males físicos, mas também como uma forma de se fazer conhecida pelas elites regionais que desejavam a preservação da ordem monárquica.

Instalados em Águas Virtuosas entre os meses de setembro e outubro, o ilustre casal recebeu solenemente a comitiva de vereadores campanhenses, no dia 10 desse primeiro mês. Nessa ocasião, coube a Manoel Ignácio Gomes Valadão, presidente da Câmara Municipal e líder do partido conservador na região, proferir o discurso de boas vindas o qual transcrevemos na íntegra:

> A Câmara Municipal da Cidade da Campanha da Princesa cumpre um dever, não de simples cortesia, mas de rigoroso patriotismo, saudando a Vossa Alteza Imperial e Vosso Augusto Esposo, Primeira Progênie do Sangue Real, que honra, com Suas Augustas Presenças o solo sul-mineiro. – Senhora! Saudando-vos cheios de júbilo e reconhecimento somos fiéis interpretes deste povo sincero e extremamente dedicado às idéias monárquicas e a Vossa Augusta Família a cujo Ilustre Tronco filia-se o nobre título deste abençoado torrão – *Em 1799, Senhora, o Venerando Bisavô de Vossa Alteza Imperial, querendo manifestar sua gratidão para com a fidelidade e amor deste povo, ao, criar a primeira Vila no territorio sul-mineiro, conferiu-lhe o honroso título de Campanha da Princesa. E se então, Senhora, Vossa Augusta Bisavó Dignou-se aceitar sob a égide de Sua Alta proteção o novo Município, honrado com seu título, o povo em cujo nome Vos saudamos acredita e espera que Vossa Alteza Imperial, longe de afrouxar, mais estreitará os elos tradicionais que o prendem à dinastia Bragantina* – arca santa de nossas bem fundadas esperanças. – Senhora! – Vós que sois o penhor da grandeza e felicidade que anhelamos [*sic*] – aceitai benigna com Vosso Augusto Esposo nossa entusiástica e jubilosa saudação e os protestos dos mais respeitoso amor que consagramos a Suas Majestades o Imperador e a Imperatriz e a toda a Augusta Família Imperial. (ATAS DA CÂMARA..., parte de livro não identificado anexa ao Livro 26, 15/09/1868, p. 2-3. Grifos nossos)

O que primeiro nos chama atenção, nesse texto, é um elemento retórico presente em outros discursos analisados: trata-se da operação metonímica de associação do município de Campanha com a ideia sentimental de "solo sul-mineiro". Vimo-la na conferência de Ferraz da Luz aos alunos do Colégio Campanhense, quando ele afirmava ter essa cidade civilizado o sul de Minas. No sentido empregado por Gomes

Valadão em seu discurso, a Câmara de Campanha deixa de representar somente a população desse município para ser "fiel intérprete" de toda a região.

Reiterada a fidelidade do povo sul-mineiro às "ideias monárquicas", o orador narra, em linhas gerais, a história da criação da vila de Campanha, cujo título *da Princesa* era, segundo ele, o "elo tradicional" que unia essa cidade à dinastia de Bragança. Assim, ao rememorar as mercês concedidas pelos bisavôs da princesa Isabel à Câmara de Campanha, Gomes Valadão talvez intencionasse reforçar as relações dessa municipalidade com as novas gerações da família imperial.

Após essa recepção em Águas Virtuosas, os camaristas campanhenses voltariam a estar na presença de Suas Altezas Imperiais por ocasião da visita delas à cidade de Campanha, entre 19 e 21 de outubro. Nos dias que antecederam esse evento, observa o contemporâneo Júlio Bueno que

> parecia a cidade uma colmeia. Pintores e marceneiros, pedreiros e carpinteiros se movem. Nas salas do grande prédio, onde é hoje Ginásio São João, se empapelam paredes, se prendem cortinas e damasco, se penduram lustres de cristal, se envernizam as mesas e os aparadores, se raspam e se lavam assoalhos, se enfeitam os guarda-louças de portas de vidraça, e dentro rebrilham as porcelanas e os cristais, os pratos, o brunido das bandejas (MINAS DO SUL, 25/08/1934).

Na chegada da comitiva real, às nove horas da manhã, aproximadamente trezentas pessoas foram ao encontro de Suas Altezas Imperiais, prestigiá-las "com as maiores demonstrações de entusiasmo e regozijo" (ATAS DA CÂMARA..., Livro s/n., 19/10/1868, p. 12). Após receber saudações da população, o Casal Real seguiu em visita à Santa Casa de Misericórdia e, às 13h, o conde d'Eu, acompanhado do delegado de polícia e de "grande número de pessoas gradas", dirigiu-se à Casa da Câmara e Cadeia, "tendo ficado em Palácio [ilegível] Princeza Imperial que O não pode [ilegível] por uma ligeira indisposição que sofria".

Na Câmara, o conde foi recebido pelos vereadores ali reunidos para a sessão ordinária, os quais o levaram a conhecer todos os cômodos do edifício, inclusive as prisões. Desse encontro lavrou-se uma ata que foi assinada pelos vereadores Francisco Antonio de Lemos, Quintiliano Mendes Monteiro, João Batista Pimentel Lustosa, Antonio Gonçalves de Avelar e Joaquim Inácio Padilha, além do presidente da Câmara, Manoel Ignácio Gomes Valadão.[10]

Nessa mesma sessão, o vereador Pimentel Lustosa propôs que fossem colocados

---

10 "Ata da Sessão da visita que fez Sua Alteza o Snr. Conde d'Eu a Casa da Câmara e Cadeia desta Cidade". In: ATAS DA CÂMARA MUNICIPAL DE CAMPANHA, Livro s/n., 19/10/1868, p. 11-12.

os nomes de Suas Altezas Imperiais nas principais ruas de Campanha, "para perpetuar a memória da honra" que, segundo ele, a cidade havia recebido com a ilustre visita. Foi assim que a rua do Fogo passou a ser denominada *rua da princesa Isabel* e a do Comércio, paralela à primeira, recebeu o nome de *rua do conde d'Eu*. Era a monarquia literalmente "tomando as ruas" de Campanha, se fazendo presente no espaço urbano da cidade, numa manifestação simbólica de compromisso da elite campanhense com a preservação da dinastia imperial.

A mudança de nome dessas duas ruas anteciparia um plano mais amplo de intervenção urbana: em abril de 1869, menos de um ano após a visita da princesa Isabel e seu esposo ao município de Campanha, Bernardo Saturnino da Veiga propôs à Câmara Municipal que se numerassem as casas, colocando-se, nas esquinas, placas com os nomes das ruas, largos e praças dessa cidade. Vale observar que, além da preocupação com o controle da circulação de pessoas, animais e mercadorias, essa ação normativa tinha outros fins administrativos: desde 1829, a reforma do sistema postal empreendida por D. Pedro I previa a nomeação de ruas e a numeração das casas nas vilas e cidades como forma de facilitar o serviço de entrega domiciliar de correspondências nessas povoações.[11]

Como muitas das vias públicas de Campanha não tinham denominação definida ou eram identificadas segundo a tradição popular, sem qualquer registro formal, esse mesmo vereador achou por bem apresentar, em aditamento à proposta anterior, um projeto de regularização dos topônimos urbanos cujas medidas listamos na tabela a seguir:

11 Regulamento da Administração Geral dos Correios. In: COLEÇÃO DAS LEIS DO IMPÉRIO, 1829, p. 207.

Tabela 1 – Projeto de denominação de vias públicas da cidade de Campanha (1869)

Ruas	
Nome vigente/ localização	Nome proposto
Rua do Hospício	Rua Duque de Caxias
Rua da Prata	Rua Sete de Setembro
Rua das Almas	Rua do Riachuelo
Rua d'Áustria	Rua do Visconde de Herval
Rua do Jogo da Bola até o Largo da Matriz	Rua Vinte e Cinco de Março
Rua que desce do Largo pela casa do major Joaquim Xavier até o Largo das Mercês	Rua Formosa
Rua que desce do major Liverio até a Rua das Oliveiras	Rua dos Bambus
Rua que desce da Rua da Soledade pela casa de Dona Francisca da Veiga Rodrigues	Rua do Paissandu
Rua que vai da casa do tenente Quintiliano até a que por essa proposta se denomina – Rua Vinte e Cinco de Março	Rua das Flores
Rua que desce da rua do Conde d'Eu ao Cascalho	Rua da América
Rua que desce a rua da Misericórdia em continuação à rua do Conde d'Eu	Rua da Várzea
Rua que sobre da igreja Matriz ao Cemitério	Rua do Rosário
Rua paralela ao lado direito da Igreja Matriz	Rua do Padre Luiz
Rua que começa na Rua do Hospício junto ao hotel Valim	Rua da Liberdade
Rua que segue da esquerda da cadeia para o Rosário	Rua da Cadeia
Rua que sobe da esquerda das Mercês	Rua das Mercês
Rua que segue da ponte do Chororó até a fonte da Clara	Rua das Jabuticabeiras
Rua que desce da rua d'Áustria até o ribeirão de Santo Antônio	Rua das Casuarinas
Rua do bairro das Almas que começa na rua das Almas	Rua de Santa Ana
Travessa que vai da rua da Soledade à rua da Prata	Travessa da Aurora

Travessa que vai da rua do Conde d'Eu à rua da Princesa Isabel	Travessa do Mercado
Travessa que desce do Largo da Matriz à rua d'Áustria	Travessa do Cruzeiro
Travessa que vai da rua Direita à rua da Áustria	Travessa das Dores
Travessa que desce da rua d'Áustria até a fonte do Mathias	Ladeira da Fonte
Travessa que desce do Largo da igreja Matriz à Praça da Cadeia	Travessa do Teatro
Praças	
Nome vigente/ localização	Nome proposto
Praça das Almas	Praça do Riachuelo
Praça entre as ruas da Soledade e Chororó	Praça de Santa Rita
Praça do bairro em frente às Almas	Largo de Santa Ana
Topônimos conservados	
Ruas	Largos/ praças/ travessas/ becos
Rua Direita	Largo da Matriz
Rua de Santa Isabel	Largo das Mercês
Rua da Misericórdia	Largo das Dores
Rua do Conde d'Eu	Largo de São Sebastião
Ria de Santa Rita	Largo da Misericórdia
Rua da Soledade	Largo do Rosário
Rua da Princeza Isabel	Praça de São Cristóvão
Rua Nova das Oliveiras	Praça da Cadeia
	Travessa de Santo Antonio
	Beco da Saudade

Fonte: ATAS DA CÂMARA DE CAMPANHA, Livro s/n., 13/04/1869, p. 65.

Para avaliarmos o impacto dessa reforma na vida urbana de Campanha é necessário compreender como o espaço dessa cidade achava-se organizado, em meados do século XIX; quais eram seus vetores de expansão, suas principais vias de acesso e seus edifícios de referência. Também devemos verificar em que medida os topônimos propostos por Saturnino da Veiga representam o ideário político característico da elite campanhense nessa época.

Em *Dicionário geográfico, histórico e descritivo do império do Brazil* (1845), Auguste Milliet de Saint-Adolphe faz a seguinte descrição corográfica de Campanha:

> *É esta cidade edificada em anfiteatro sobre a rampa d'uma colina agradável e pitoresca.As casas entremeadas de hortas* fazem um singular contraste com as montanhas áridas e descalvadas que as cercam, cheias de escavações d'onde se há tirado ouro. *A cidade de Campanha é repartida em três ruas que correm de norte a sul*, e que são custosas de subir; *outras as cruzam horizontalmente.* (SAINT-ADOLPHE, 1845, p. 210. Grifos nossos)

Admitindo-se a existência de uma "cultura visual oitocentista" (TURAZZI, 1995, p. 35) fundamentada no gosto pelo *pitoresco* e na intensa circulação de imagens em diferentes suportes visuais (fotografias, litografias, pinturas, cartões postais etc.), podemos imaginar que esse autor francês tenha tido contato com uma litogravura anônima de 1840, intitulada *Cidade de Campanha da Princesa* (Figura 5), a qual traduz visualmente a paisagem descrita acima:

Figura 5 – Litografia "Cidade de Campanha da Princesa" (1840)

Fonte: Centro de Memória Cultural do sul de Minas – Cemec/SM.

Tanto no texto quanto na imagem, o que se destaca é o terreno sobre o qual Campanha foi edificada: uma colina "agradável e pitoresca", segundo o *Dicionário geográfico*. Em estudo sobre o processo de urbanização dessa vila na primeira metade do oitocentos, Patrícia Vargas Lopes de Araújo observa que o traçado urbano condicionado por esse tipo de relevo seguia os parâmetros do urbanismo português, "no qual o curso das ruas se amolda ao relevo e a ladeiras íngremes e as ruas se interligam a pontos como largos, igrejas e comércio" (ARAÚJO, 2008, p. 181). Podemos acrescentar que a preferência dos primeiros habitantes por se fixar no topo e nas encostas da colina, em detrimento de áreas mais baixas, caracterizou uma dinâmica de ocupação desigual do espaço urbano, conferindo à Campanha a forma de um "anfiteatro", aos olhos de Saint-Adolphe.

Situado no alto da colina, o *Largo da Matriz* (Figura 6) é considerado por muitos memorialistas como marco inicial de povoamento em Campanha (VEIGA, 1874, p. 51; BUENO, 1900, p. 18; CASADEI, 1987, p. 37), tendo recebido várias intervenções, tais como a desativação de seu antigo cemitério; a construção de uma nova igreja Matriz, em 1785, e a edificação do pelourinho, em 1800. Por seu papel estruturante na organização da malha urbana, esse seria um dos espaços cujo topônimo seria preservado pela reforma de 1869.

Figura 6 – Cartão-postal de vista da Praça da Catedral, antigo Largo da Matriz, *circa* 1900

Fonte: Centro de Memória Cultural do sul de Minas – Cemec/SM, Acervo Fotográfico Paulino de Araújo Ferreira Lopes.

Além do Largo da Matriz, outros espaços públicos tiveram seus nomes confirmados em função dos edifícios aos quais faziam referência: tal ocorreu com os largos da igreja do Rosário (1759), templo de devoção dos negros que ficava no topo de uma colina, ao sul do Largo da Matriz; da igreja das Dores (1799), cujo largo ligava-se às antigas ruas do Comércio e do Hospício; da igreja de São Sebastião (1805), situada a oeste do Largo da Matriz; da igreja das Mercês (1815) que, por ser construída de taipa socada, era "conhecidamente a mais pobre das igrejas campanhenses" (GOMES, 2000, p. 51); da Cadeia, instituição que funcionava no mesmo prédio da Casa de Câmara e, por fim, da Santa Casa de Misericórdia (1831), em cujo terreno havia, além do largo, um cemitério próprio. Vale observar que, além de gerarem rendas a suas respectivas instituições mantenedoras, esses terrenos livres desempenhavam importante papel na construção da identidade urbana local, ao servirem de palco para procissões, festas, encontros políticos, jogos de bola e carreadas de bois (Figura 7).

Figura 7 – Fotografia com vista de carreada de bois em frente ao Largo do Rosário, *circa* 1900

Fonte: Centro de Memória Cultural do sul de Minas – Cemec/SM, Acervo Fotográfico Paulino de Araújo Ferreira Lopes.

A maioria das vias públicas contempladas pelo projeto, no total de 22, não possuíam nomes definidos ou eram identificadas pelo nome de algum morador ilustre. Exemplos são as ruas "que desce do largo pela casa do major Joaquim Xavier", "que desce do major Liverio até a rua das Oliveiras" e "que desce da Rua da Soledade pela casa de Dona Francisca da Veiga Rodrigues". Com a reforma, muitas dessas ruas passaram a ser denominadas consoante os edifícios aos quais elas davam acesso: esse foi o caso, por exemplo, das ruas que seguiam da igreja Matriz e da Cadeia em direção à igreja do Rosário, as quais passaram a se chamar, respectivamente, *rua do Rosário* e *rua da Cadeia*; da travessa que, por ligar as ruas do Conde d'Eu e da Princesa Isabel na altura do Mercado Municipal, passou a se chamar *Travessa do Mercado* e da travessa que, descendo o Largo da Matriz pelo lado esquerdo do Teatro São Candido até chegar à Praça da Cadeia, passou a se chamar *Travessa do Teatro*.

Outro aspecto da estrutura urbana de Campanha que nos é revelado por Saint-Adolphe consiste na existência de "casas entremeadas de hortas", as quais são representadas em detalhes pela litogravura: observando-a, notamos que não apenas o entorno da cidade, mas também os espaços vazios entre casas e edifícios públicos são preenchidos por fileiras de ciprestes, arbustos de canas, bambuais, coqueiros, dentre outros tipos de vegetação, perfazendo uma paisagem de transição entre o universo urbano e o rural. Talvez alguns dos nomes de rua sugeridos por Saturnino da Veiga – tais como *rua das Flores*, *rua dos Bambus*, *rua das Jabuticabeiras* e *rua das Casuarinas* – sejam devido a essa conformação paisagística, além de referenciarem a flora típica da região.

Saint-Adolphe descreve ainda que a cidade de Campanha era "repartida em três ruas que correm de norte a sul", sendo essas atravessadas horizontalmente por outras vias secundárias. Essa configuração corresponde, de certa forma, ao que vemos representado na litogravura pelas ruas *Direita* (Figura 8) *da Misericórdia* (Figura 9) e *da Princesa Isabel* (Figura 10): a primeira, localizada na extremidade esquerda da imagem, era a "rua dos sobrados imponentes, envidraçados, avarandados e com sacadas" (GOMES, 2000, p. 69) e ligava o Largo de Santana, principal ponto de entrada da cidade, ao Largo da Matriz.

Figura 8 – Fotografia com vista da rua Direita, *circa* 1918 (ao fundo, vê-se a torre da igreja das Dores)

Fonte: Centro de Memória Cultural do sul de Minas – Cemec/SM, Acervo Fotográfico Paulino de Araújo Ferreira Lopes.

Paralela à *rua Direita*, a íngreme *rua da Misericórdia* era encimada pelo edifício público que lhe dava nome; por fim, a rua que levava o nome da Princesa Imperial, "possuidora de um comércio variado" (GOMES, 2000, p. 78), ligava os largos de São Sebastião e da Cadeia ao da Matriz. Rotas de acesso direto aos principais espaços públicos da cidade, essas três ruas tiveram seus nomes inalterados pela reforma de 1869, juntamente com outras vias de destaque tais como a *rua do Conde d'Eu*, *rua de Santa Rita*, *rua da Soledade* e *rua Nova das Oliveiras*.

Figura 9 – Fotografia com vista da rua Benedicto Valladares (antiga rua da Misericórdia), *circa* 1920 (ao fundo, vê-se a igreja do Rosário e a Santa Casa de Misericórdia)

Fonte: Centro de Memória Cultural do sul de Minas – Cemec/SM, Acervo Fotográfico Paulino de Araújo Ferreira Lopes.

Figura 10 – Fotografia com vista da rua Doutor Brandão (antiga rua Princesa Isabel), *circa* 1930

Fonte: Centro de Memória Cultural do sul de Minas – Cemec/SM, Acervo Fotográfico Paulino de Araújo Ferreira Lopes.

Com seu projeto, Saturnino da Veiga buscava não apenas regularizar a toponímia urbana de Campanha, mas também reverenciar a memória da monarquia por meio de suas principais efemérides. É nesse sentido que ele propõe que a rua da Prata passasse a se chamar *rua Sete de Setembro* e que a rua que ia "do Jogo da Bola até o Largo da Matriz" fosse denominada *rua Vinte Cinco de Março*: ambos os nomes comemoram importantes datas da história pátria, sendo que a primeira marca a proclamação da Independência e a segunda a aprovação da Constituição de 1824.

Outros topônimos propostos externam claramente os valores políticos que orientavam a municipalidade campanhense: *rua da América*, por exemplo, nome dado à pequena via que descia da rua do Conde d'Eu em direção ao "Cascalho", é uma referência ao continente onde primeiramente foram quebrados os grilhões do jugo colonial; essa homenagem à experiência liberal americana se complementa pelo topônimo *rua da Liberdade*, dado a uma das vias que começavam na antiga rua do Hospício. E a *Travessa da Aurora*? Seria uma homenagem à famosa *Aurora Fluminense*, folha liberal redigida por Evaristo da Veiga, tio de Bernardo Saturnino, durante o Primeiro Reinado?

Algumas ruas, por fim, receberam nomes ou tiveram seus antigos topônimos alterados, em função da conjuntura política do Império na década de 1860: esse foi o caso das ruas do Hospício e d'Áustria, que passaram a ostentar, respectivamente, os nomes de dois famosos generais brasileiros da época: *Duque de Caxias* e Manoel Luís Osório, o *Visconde de Herval*. A rua das Almas, por sua vez, tornou-se *Rua do Riachuelo*, em homenagem à batalha naval ocorrida em um dos afluentes do Rio Paraguai, em 1865. A via que descia da rua da Soledade em direção ao Mercado Municipal também ganhou nome de batalha em terras platinas: *rua do Paissandu*. Como observa José Murilo de Carvalho, a Guerra do Paraguai foi um importante fator de produção de identidade pois, "até então, o Brasil era um país sem heróis" (CARVALHO, 2003, p. 78).

A construção de obras de infraestrutura nas Águas Virtuosas e o projeto de renomeação das ruas da cidade por ocasião da visita real são, portanto, alguns exemplos de políticas publicas desenvolvidas pela Câmara de Campanha ao longo da segunda metade do século XIX. Além de manifestarem a preocupação das autoridades municipais com a efetiva ocupação do território que fazia parte de seu termo, elas expressam o compromisso da elite campanhense com os projetos de manutenção da ordem monárquica e de construção do Estado nacional brasileiro.

CONSIDERAÇÕES FINAIS

Analisar a maneira como a Câmara de Campanha lidou, ao longo do século XIX, com as questões que relacionadas acima – administração pública, representação política e intervenção urbana, implica redimensionar o papel das elites regionais em seu espaço institucional de atuação política, as municipalidades.

Em ensaio clássico sobre o processo de emancipação política do Brasil, Sérgio Buarque de Holanda comenta sobre a decadência das instituições municipais no quadro mais amplo do processo que ele denomina "liquidação da herança colonial":

> Parece inegável que, para realçar a posição das unidades territoriais mais amplas, sucessoras das primitivas capitanias, tendera-se a um amesquinhamento e até a uma nulificação dos corpos municipais, como se apenas nas primeiras se aninhasse o princípio da autonomia regional. (HOLANDA, 2003, p. 29)

Ademais, "Já que se queria alargar tanto quanto possível as franquezas provinciais, era mister restringirem-se de modo correspondente ou, por assim dizer, esvaziarem-se, como se há de fazer em 1834, os privilégios municipais" (HOLANDA, 2003, p. 31). Sob essa ótica, o município é visto como uma instância de poder pouco compatível com o perfil institucional que se planejava, naquele momento, para o Império brasileiro.

Diferenciando-se dessa interpretação, Miriam Dolhnikoff não deixa de reconhecer a importância das municipalidades para o equilíbrio do edifício imperial, embora faça questão de frisar que *autonomia provincial* não significava *reforço do poder das localidades*:

> Na delicada obra de engenharia de poder, na qual deveriam se equilibrar interesses locais, interesses provinciais e determinações imperiais, as câmaras se consubstanciaram em peças importantes, desde que devidamente controladas pelo governo provincial, com a finalidade de impedir que localismos colocassem em risco a integridade do novo Estado. (DOLHNIKOFF, 2005. p. 119).

Caberia,então, ao governo provincial controlar os poderes locais, "ensinando-lhe as maneiras e os padrões de comportamento adequados ao jogo político no interior do Estado moderno". Nesse sentido, a burocracia estatal do Império possuía um "procedimento padrão" em que os órgãos municipais precisavam ser enquadrados.

Em sintonia com essa perspectiva, cremos que a preservação do território nacional e a manutenção das franquias provinciais sob a égide de um único Estado, fundamento da unidade nacional, somente foi possível graças ao envolvimento das municipalidades e à organização de um aparato administrativo local que servisse como braço do estado na província.

Assim, o que a análise sobre a constituição histórica do termo de Campanha em seus variados níveis – regional e local (urbano) – nos revela sobre o processo mais amplo de urbanização na região sul-mineira é que, se os municípios tiveram sua autonomia financeira progressivamente restringida pelo Ato Adicional de 1834, eles, no entanto, permaneceram sendo espaços privilegiados para o exercício do poder político e para a formulação de projetos de reordenamento territorial e urbano. Eles também não deixaram de inspirar sentimentos, imagens e representações nas elites locais que os habitavam e que viam o Estado sob o prisma de suas demandas particulares por modernidade e urbanização.

JORNAIS:

MINAS DO SUL. Campanha, 25 ago. 1934. Localização: Centro de Estudos Campanhense Monsenhor Lefort – CEC/ML.

O SUL DE MINAS. Campanha, 10 dez. 1859. Localização: Centro de Estudos Campanhense Monsenhor Lefort – CEC/ML.

PREGOEIRO CONSTITUCIONAL. Pouso Alegre, 4 jun. 1831. Localização: Biblioteca Nacional – BN – Hemeroteca Digital Brasileira. Disponível em: <http://hemerotecadigital.bn.br/acervo-digital/pregoeiro-constitucional/749923>. Acesso em: 25 set. 2014.

REFERÊNCIAS BIBLIOGRÁFICAS

ARAÚJO, Patrícia Vargas Lopes de. *Vila de Campanha da Princesa: urbanidade e civilidade em Minas Gerais no século XIX, 1798 – 1840.* Tese (doutorado) – IFCH-Unicamp, Campinas, 2008.

BEZZI, Meri Lourdes. *Região:uma (Re)visão historiográfica – da gênese aos novos paradigmas.* Santa Maria: Ed. UFSM, 2004.

BUENO, Júlio. *Almanach do Município de Campanha.* Campanha: Typ. do Monitor Sul Mineiro, 1900.

CARVALHO, José Murilo de. *Cidadania no Brasil: o longo caminho.* 4ª ed. Rio de Janeiro: Civilização Brasileira, 2003.

CASADEI, Antônio. *Notícias históricas da cidade da campanha: tradição e cultura.* Niterói: Serviços Gráfis-Impar, 1987.

CLAVAL, Paul. *A Geografia Cultural.* Florianópolis: Ed. UFSC, 1999.

DOLHNIKOFF, Miriam. *O pacto imperial: origens do federalismo no Brasil.* São Paulo: Globo, 2005.

FONSECA, Claudia Damasceno. *Arraiais e vilas d'el rei.* Belo Horizonte: Ed. UFMG, 2011.

GOMES, Júlio Eduardo Maia. *Sobre Campanha.* Monografia (graduação) – Faculdade de Arquitetura e Urbanismo - Universidade Gama Filho, Rio de Janeiro, 2000.

GRAÇA FILHO, Afonso de Alencastro. *A Princesa do Oeste e o mito da decadência de Minas Gerais: São João Del Rey (1831-1888).* São Paulo: Annablume, 2002.

______. *História, região e globalização.* Belo Horizonte: Autêntica, 2009.

HOLANDA, Sérgio Buarque de. "A herança colonial – sua desagregação". *História geral da civilização brasileira: o processo de emancipação,* tomo II., v. 3, 9ª ed, Rio de Janeiro, Bertrand Brasil, 2003, p. 13 – 47.

MARTINS, Armindo. *Lambarí: cidade das águas virtuosas.* Lambarí: s/ed., 1949.

MEMÓRIAS municipais (V – Camara da Campanha). *Revista do Arquivo Público Mineiro,* v. I, p. 457 – 647, jul./set. 1897.

SAINT-ADOLPHE, J. C. R. de Milliet de. *Diccionário geographico historico e descriptivo do Imperio do Brazil.* Paris: em casa de J. P. Aillaud, Editor, 1845.

SILVA, Wlamir. *Liberais e Povo: a construção da hegemonia liberal-moderada na província de Minas Gerais (1830-1834).* São Paulo: Hucitec, 2009.

TURAZZI, Maria Inez. *Poses e trejeitos: a fotografia e as exposições na era do espetáculo (1839-1889)*. Rio de Janeiro: Funarte/ Rocco, 1995.

VEIGA, Bernardo Saturnino da. *Almanach Sul-Mineiro*. Campanha: Typ. do Monitor Sul-Mineiro, 1874.

DR. JEFFERSON DE OLIVEIRA, IDEIAS DE URBANISMO E PERSPECTIVAS DE INTERVENÇÃO URBANA

Campanha/MG (1927-1930)[1]

Patrícia Vargas Lopes de Araujo

O final do século XIX e o começo do século XX foi um período marcado por rápidas e intensas transformações que, partindo da Europa, espalharam-se por boa parte do mundo. Mudanças em todas as esferas da experiência social provocavam modificações e afetavam, em graus e formas variadas, diversas áreas da vida humana. Acompanhar o fluxo do progresso nesse momento significava, em grande medida, adequar-se ao ritmo da economia europeia e aos padrões da cultura, assim como aproximar-se das formas de modernidade ditada pelos países da Europa Ocidental. Época marcada pela crença de que o progresso material permitiria "equacionar tecnicamente todos os problemas da humanidade" (FOLLIS, 2004, p. 15).

Como chama atenção Fransérgio Follis, as cidades adquiririam "redobrado valor como *locus* da atividade civilizatória, espaço privilegiado para usufruir o conforto material e contemplar as inovações introduzidas pela modernidade" (*Ibidem*).

No Brasil, as últimas décadas do século XIX e as primeiras do século XX foram marcadas pelo crescimento da urbanização e pela ampliação das funções urbanas. Atentos ao progresso científico-tecnológico e de olhos na Europa, a elite brasileira acalentava o desejo de ver e fazer o Brasil despertar do que consideravam como "morrinha colonial" e aperceber-se da "visão civilizadora de pátrias adiantadas e progressistas" (EDMUNDO, 1953, p. 53).

Vale ressaltar, contudo, que as elites brasileiras não procuravam simplesmente

1 Este texto apresenta resultados de projetos de pesquisa desenvolvidos com apoio financeiro da Fundação Arthur Bernardes (Funarbic) e do CNPq (Pibic). Agradeço a Rômulo Marcolino Nascimento, bolsista de iniciação científica entre 2011 e 2013.

imitar o *modus vivendi* europeu, tratando de reproduzir no Brasil, também os modelos urbanísticos europeus. O período analisado é um momento de grandes transformações, de internacionalização da economia, no qual nota-se profundas mudanças nas comunicações, a expansão da imprensa, as ferrovias que passam a integrar as diversas partes do país, a melhoria nos serviços de correios e telégrafos, a ida dos filhos das elites para a Europa com intuito de estudar em grandes centros. Desse modo, pode-se observar a intensificação do intercâmbio de ideias, de materiais e dos profissionais.

O primeiro grande exemplo de reforma urbanística surgiu no Rio de Janeiro entre 1903 e 1906, sob o governo de Pereira Passos, que procurou pôr em prática um plano geral de reforma urbana pautada em três ideais modernizadores: higienização, embelezamento e racionalização do espaço. A influência de Haussmann sobre a modernização do Rio de Janeiro parece inegável.

O barão Georges Eugène Haussmann foi responsável por levar a cabo uma intensa reforma urbana na cidade de Paris, entre 1853-1869, que se tornaria paradigma para as reformas urbanas ocorridas em diversas cidades em diferentes pontos do mundo. Com apoio do imperador Luís Napoleão e se orientando pelos ideais de higienização, embelezamento e racionalização do espaço urbano, Haussmann empreenderia uma profunda transformação nas estruturas ainda medievais da cidade de Paris. Para este fim pautou-se em três programas integrados de demolição e construção.

A antiga cidade foi demolida e uma nova cidade, mais moderna e funcional, foi erguida, excluindo a população mais pobre das ações urbanísticas modernizadoras, empurrando-a para os subúrbios desestruturados, pobres e insalubres. O reordenamento urbano de Paris compreendeu a abertura de novas ruas, novos serviços primários, tais como aquedutos, esgotos, instalação de iluminação a gás, rede de transportes públicos com ônibus puxados a cavalo. Além disso, instalou novos serviços secundários: escolas, hospitais, colégios, quartéis, prisões e especialmente parques públicos. De acordo com Berman:

> Os bulevares de Napoleão e Haussmann criaram novas bases – econômicas, sociais, estéticas – para reunir um enorme contingente de pessoas. No nível da rua, elas enfileiravam em frente a pequenos negócios e lojas de todos os tipos e, em cada esquina, restaurantes com terraços e cafés nas calçadas. Esses cafés, como aquele onde os amantes baudelaireanos e a família em farrapos se defrontaram, passaram logo a ser vistos, em todo mundo, como símbolos de *la vie parisienne*. As calçadas de Haussmann, como os próprios bulevares, eram extravagantemente amplas, juncadas de bancos e luxuriosamente arborizadas. Ilhas para pedestres foram instaladas para tornar mais fácil a travessia, separar o tráfico local do tráfico de longa distância e abrir vias alternativas para

> as caminhadas. Grandes e majestosas perspectivas foram desenhadas, com monumentos erigidos no extremo dos bulevares, de modo que cada passeio conduzisse a um clímax dramático. Todas essas características ajudaram a transformar Paris em um espetáculo particularmente sedutor, uma festa para os olhos e para os sentidos. (...). Por volta de 1880, os padrões de Haussmann foram universalmente aclamados como verdadeiro modelo do urbanismo moderno. Como tal, logo passou a ser reproduzido em cidades de crescimento emergente, em todas as partes do mundo de Santiago a Saigon. (BERMAN, 1986, p. 147)

Haussmann constituiu ainda uma nova estrutura administrativa para a cidade. O cinturão alfandegário do século XVIII foi suprimido e um conjunto de comunas periféricas foi incorporado à comuna de Paris. A cidade se estende às fortificações externas e é dividida em vinte distritos parcialmente autônomos.[2]

A reforma de Haussmann demoliu centenas de edifícios, deslocou milhares de pessoas, destruiu bairros inteiros. Ao destruir um número considerável de habitações populares miseráveis, percebidas como insalubres e consideradas focos de epidemias, com vistas a promover a circulação do ar e a penetração de luz solar, as reformas urbanas empreendidas – aberturas de amplas vias, nova rede de esgotos, novas obrigações relativas à higiene – apontavam também a preocupação higienizadora dos empreendimentos.

No Brasil, outras cidades capitais além do Rio de Janeiro, como São Paulo, Manaus, Belém, Recife, Porto Alegre também adotariam planos urbanísticos como forma de inserirem-se no movimento de *modernização*. No entanto, em todos esses centros, não apenas as transformações físicas foram importantes, como era também concebido como necessário pelas autoridades públicas as transformações dos hábitos tradicionais arraigados da velha sociedade colonial, considerados atrasados.

Não apenas as cidades capitais passaram por processos de *modernização*. Concordamos com Fransérgio Follis que os estudos existentes a respeito da *modernização* urbanística têm concentrado suas análises nos planos de reformas implementados nos grandes centros urbanos brasileiros, a partir do estudo dos planos gerais de remodelação elaborados por reconhecidos profissionais do urbanismo moderno. Isso, por outro lado, impõe limites tanto à compreensão do desenrolar do processo em cidades que sofreram considerável *modernização*, ainda que não implementadas por esses profissionais, embora as intervenções urbanísticas nessas cidades tomassem como seus princípios organizadores tanto uma concepção de *modernização* e como uma *aspiração civilizadora*.

2 Cf. Benevolo (2011).

Embora não seja um termo empregado entre finais do século XIX e começo do século XX na documentação consultada, o termo *modernização* é utilizado como uma categoria explicativa que busca a aproximação com a realidade histórica estudada e sua compreensão. Dessa forma, *modernização* corresponde às perspectivas de incorporação das inovações do capitalismo europeu àquela época. As transformações mais significativas ocorreriam a partir de 1850, momento em que, de acordo com alguns estudos, haveria a liberação de capitais do comércio negreiro e em contrapartida a possibilidade de investimento em outros setores econômicos, especialmente em infraestrutura e no setor financeiro. A ferrovia seria o carro-chefe desse processo, uma vez que refletiria no sistema de distribuição da produção e na alteração da paisagem rural, recortada por trilhos de ferros e pela construção de estações em estilo europeu. Além da ferrovia, mudanças significativas ocorreriam também no sistema de navios a vapor. A *modernização* diz à respeito ainda a expansão urbana e às transformações ocorridas em meio urbano, impactando sensivelmente o cotidiano de homens e mulheres, dentre os quais podem ser destacados: mudanças nos meios de transportes, implementação de meios de transportes coletivos, calçamento de ruas, criação de serviços de limpeza urbana, abastecimento de água, estabelecimento do serviço de esgoto, iluminação a gás, depois elétrica, introdução do telefone.[3]

Buscando desfrutar da chamada "vida moderna" e de sua euforia, o Brasil incorporava e absorvia uma grande variedade de produtos e processos, tanto de ordem material quanto cultural. Novos equipamentos "invadiram" o cotidiano brasileiro, alterando radicalmente o modo de vida de boa parte da sociedade, provocando mudanças no consumo e nos costumes.

A noção de *modernização* estabelece relação com outra concepção, a de progresso. A ideia de progresso sustenta-se, sobretudo, no impacto do desenvolvimento material sobre a vida das pessoas. No Brasil, a Europa será o centro irradiador dos padrões de *modernização* e *civilização* a serem seguidos. As mudanças de ordem material e as transformações de caráter cultural constituir-se-iam como iniciativas necessárias ao desenvolvimento desse projeto modernizador/civilizador idealizado pelas elites políticas e intelectuais brasileiras.

Interessa-nos analisar as intervenções realizadas por políticos e outros agentes sociais, procurando verificar as ações empreendidas no espaço urbano a partir de três vetores: a remodelação/melhoramentos, o saneamento e o embelezamento. Partimos da hipótese de que ocorre um *processo de modernização* no interior no Brasil, nas pequenas cidades, tal como Campanha, em que a *modernização da cidade* se expressaria pela busca da incorporação de um ideário civilizatório, de remodelação e de intervenções empreendidas no espaço da cidade, bem como de transformações no campo do

---

3 Sobre as discussões em torno do processo de modernização, cf. verbete Modernização em Vainfas, (2002); Sevcenko (1997), Velloso (1996).

comportamento, mas compartilhando ou incorporando esses princípios a partir de suas singularidades locais.

Frequentemente os estudos sobre os processos de *modernização urbana* no Brasil tem privilegiado o movimento que se segue da capital para o interior ou do centro para interior, perdendo-se aspectos locais desse processo. Dessa forma, ao se investigar as transformações urbanas ocorridas em Campanha buscou-se cumprir o objetivo de analisar os processos da modernização no interior do Brasil, considerando-se suas especificidades locais e as condições próprias do interior em sua formulação da modernidade. Um recorte temporal mais amplo considera as mudanças as mudanças políticas, econômicas e urbanas em curso no período entre 1890-1930.

Esse texto tem por objetivo discutir as ideias de urbanismo contidas em um texto intitulado "Urbanismo", publicado na *Revista Alvorada – Revista Literária, Illustrada, Humorística e de Actualidades* –, em 1928, pelo médico campanhense Jefferson de Oliveira, ocupando a época o cargo de "Agente do Executivo Municipal". Procuramos a partir do artigo escrito pelo dr. Jefferson, elaborar uma discussão que nos permita refletir sobre o papel do Agente do Executivo Municipal na condução da administração municipal e, nesse caso em particular, compreender as ideias ou "teorias" que sustentam o discurso e a prática política de Jefferson de Oliveira e suas ações intervencionistas na cidade.

CAMPANHA DE ONTEM E DE HOJE: ENTRE ASPIRAÇÕES DE MODERNIZAÇÃO E O TEMOR DO ATRASO (1890-1930)

Campanha,[4] a mais antiga cidade do sul de Minas, como outras cidades mineiras, surgiu em decorrência das descobertas auríferas. A região que hoje é o estado de Minas Gerais foi, em fins do século XVII, território para onde se deslocou um número expressivo de pessoas, ávidas pela perspectiva de enriquecimento rápido proporcionado pela extração aurífera e outros metais preciosos. Com a descoberta do ouro, as Minas Gerais foram procuradas por pessoas vindas de diversas regiões — paulistas, baianos, pernambucanos e portugueses. A área de povoamento mais denso será relativamente pequena, abrangendo a extensão de terra onde se localizavam os primeiros achados auríferos, no centro da capitania. A partir dessa área central surgiram outros núcleos.

As minas do Rio Verde, descoberta pelos paulistas em 1720, tiveram pouca divulgação até 1737, quando em 2 de outubro, uma expedição militar sob comando do ouvidor da vila de São João del-Rei, Cipriano José da Rocha, encontrou um arraial com "muito boas casas", "um povoado com praças e ruas em boa ordem", que seria então denominado de Arraial de São Cipriano, em homenagem ao ouvidor. Mas essa

4 Cf. Andrade (2005) e Araujo (2008).

denominação duraria pouco, voltando logo depois à designação anterior de Arraial de Santo Antônio da Campanha do Rio Verde. Com o crescimento e a prosperidade do arraial foi criada a freguesia pelo bispado do Rio de Janeiro em 1741, com o nome de freguesia de Santo Antônio do Vale da Piedade da Campanha do Rio Verde.

No final do século XVIII (1798), D. Maria I concede o título de vila ao distrito, nomeando-o de vila da Campanha da Princesa. Pelo mesmo alvará, a rainha nomeia também o primeiro juiz de paz da nova vila, dr. José Joaquim Carneiro de Miranda e Costa. Uma das primeiras providências do juiz foi erguer um pelourinho e convocar "a nobreza e povo" para eleger os membros da Câmara. Uma vez feito isso o juiz trata de mandar fazer benfeitorias e juntamente com os vereadores procede à demarcação dos limites da vila. Consegue que o termo da vila fosse limitado, estendendo-se da margem esquerda do rio Grande até o Jaguari, desde sua origem no sopé da Mantiqueira, até seu encontro com o rio Pardo, definindo sua jurisdição municipal, com legislação edil em um círculo de aproximadamente três mil léguas, que aproximadamente constituiria hoje o sul de Minas. Seu termo era composto por dez freguesias: Lavras do Funil, Baependi, Pouso Alto, Santa Ana do Sapucaí, Camanducaia, Ouro Fino, Itajubá, Cabo Verde, Jacuí, Carrancas e Aiuruoca. Até 1833, juntamente com duas outras vilas, Aiuruoca e Baependi, Campanha pertenceu à Comarca do Rio das Mortes.

Delimitado os domínios territoriais da vila, que por determinação régia seria a "mui leal e nobre" vila de Campanha da Princesa, o juiz de paz determina também as Cadeiras de Ler e Escrever e de Gramática Latina, organiza diversos serviços de arrecadação para a fazenda Pública, procede à construção de estradas e caminhos, de pontes, de pavimentação e alinhamento de ruas e praças, edifícios para abrigar serviços públicos e órgãos militares, bem como de templos religiosos e de casa de caridade.

No começo do século XIX verifica-se um crescimento demográfico expressivo na comarca do Rio das Mortes, sendo as vilas de São João del-Rei, Barbacena e Campanha os principais centros urbanos. Em 1831, o número de habitantes da vila de Campanha e seu termo correspondiam a aproximadamente 35.000 pessoas, ou seja, a 8% do total da população da província. Em 1840, pela Lei Mineira n. 163, a vila é elevada à cidade, com o nome atual de Campanha. A cidade destacou-se tanto pela diversidade das atividades comerciais, como também pela agropecuária voltada para o comércio interno. Ao longo do século XIX, a cidade seria um dos mais expressivos centros urbanos da província de Minas Gerais, com ativa participação na vida política provincial, destacando-se também pelas atividades econômicas desenvolvidas, especialmente a agropecuária.

A cidade de Campanha seria durante o século XIX uma das principais cidades do sul de Minas, porém no término do século XIX havia uma perspectiva de abandono, de ruína e de decadência da cidade. Em 1887, ao escrever seu livro *Minhas recordações*, Francisco de Paula Ferreira de Rezende registrou a respeito da cidade de Campanha, as seguintes informações:

> Como acontece a todas as povoações que devem a sua fundação a descobertas do ouro ou pedras preciosas, o desenvolvimento da Campanha foi, com efeito, não só relativamente grande, mas extremamente rápido. Assim como, porém, aconteceu a quase todas, ou antes, a todas as povoações de Minas que tiveram uma semelhante origem, a prosperidade da Campanha muito pouco durou. E disto ninguém pode dar hoje melhor testemunho de que eu porque, tendo nascido um pouco mais de século depois que a Campanha se fundou ou foi descoberta, quando cheguei a conhecê-la, ela já tinha então, não só atingido ao apogeu de sua grandeza e da sua riqueza, mas pode-se mesmo dizer, que, trocada a antiga pletora por uma espécie de depauperamento constante e mais ou menos progressivo, já havia muitos anos, que para aquela povoação tinha de fato começado, ainda que mais ou menos lenta, e por isso menos sensível, essa decadência em que mais ou menos se tem sempre conservado, e da qual já muito menos provável é agora que consiga reerguer-se, porque, estando a Campanha pela sua posição topográfica fora do traçado natural das nossas vias férreas, esse elemento tão poderoso de vida que lhe falta, terá agora, sem muito grande utilidade para ela, mas antes à sua custa ou em seu prejuízo, de ir cada vez mais aproveitando a todas as povoações que a cercam e por onde essas estradas já passaram ou tiveram de passar; ela terá por consequência, de ir cada vez mais também perdendo o pouco que ainda lhe resta da sua antiga e tão extensa influência naquela belíssima zona, caso alguma circunstancia favorável e imprevista, não lhe venha dar na indústria ou em qualquer outro fator das riquezas ou da influência uma nova origem da importância. (REZENDE, 1987, p. 43)

Compartilhando dos valores e de um ideário então em voga no final do século XIX, Ferreira de Rezende insere o seu discurso no movimento de mudanças que se processavam nessa época, tanto no Brasil quanto no mundo, particularmente quanto às ideias da incorporação do progresso e do avanço técnico. Relembrando a cidade de sua infância, Ferreira de Rezende, percebia-a como que em descarrilamento com as mudanças que ocorriam. Tomando como ponto de fuga, por exemplo, a “impossibilidade” da instalação de vias férreas devido à topografia da cidade, o que se ressalta então é a decadência e o caráter não sincronizado do tempo, entre as mudanças que aconteciam no mundo e a estagnação que se verificava em Campanha. Tempo este, agora, em finais do século XIX, muito mais acelerado, que Campanha parecia não seguir.

Ferreira de Rezende identifica no esgotamento do ouro e no fim da escravidão, os fatores que contribuíram o declínio econômico da cidade.

> (...) O Brasil inteiro foi de repente surpreendido por uma lei que passava em quatro ou seis dias e em que duas linhas declarava: que no Brasil não havia mais escravidão; (...) ficara de repente, ou para melhor dizer da noite para o dia, privado de seiscentos ou de oitocentos mil trabalhadores que tinham feito ou que ainda faziam toda a sua fortuna; e isto sem que para substituí-los nada se apresentasse; e a cada um o que apenas se dizia era: Arranje-se como puder.(...) A lei, pois, de 13 de maio de 1888 veio a ser para mim, assim como o foi, e ainda mais talvez, para quase todos os lavradores, um golpe terribilíssimo. A minha fortuna que em 1885 eu havia avaliado, segundo há pouco acabei de dizer, em cento e muitos contos; desceu desde logo e por assim dizer, de um só golpe, a cerca de uns trinta contos de réis. (*Ibidem*)

Acrescente-se a esses fatos a emancipação de vilas, anteriormente pertencentes à jurisdição da cidade de Campanha, que também favoreceria uma grave crise financeira. Por outro lado, segundo o autor, o prestígio da cidade manter-se-ia pela presença de ilustres cidadãos campanhenses na política nacional e no fortalecimento de instituições religiosas católicas na cidade.

Nas primeiras décadas do XX tornam-se comuns os discursos que procuram resgatar por meio da memória o prestígio da "locomotiva sul-mineira", bem como ações intervencionistas nos espaços urbanos. Em 1902, por exemplo, a vida em Campanha ganhou por uns dias ar de grande centro, com a visita episcopal. Nas palavras do cronista do jornal *A Campanha* fica um misto de euforia "dessa semana excepcionalmente bela e encantadora e que tão agradavelmente transformara o aspecto local" na lembrança, bem como o lamento, pois após a passagem do bispo a cidade voltaria ao ritmo entediante de uma cidade interiorana:

> tudo hoje se modificou e a população campanhense entrou novamente na costumada quietação e normalidade de uma cidade do interior, sem aquele bulício dos grandes centros, guardando apenas, entregue ao santo labor do quotidiano, a saudosa lembrança desses dias tão bem passados e que tão gostosamente deram a doce ilusão da vida cheia de encantos das grandes capitais. (...)[5]

5 *A Campanha*, Campanha, ano 2, n. 67, 19 ago. 1902, p. 1.

O clima na cidade era de desânimo. No mesmo jornal, um apelo à Providência Divina faz lembrar a passagem bíblica em que Cristo ordenou "levanta-te e anda"[6] a Lázaro, um homem que já estava morto. Alguém que assina o artigo como "BOA", também dá a ordem a cidade adoecida: "levanta-te, surge desse abatimento, volta à ocupar teu logar! Porque te aniquilas na indiferença e no desanimo?". Apesar de o jornal *A Campanha* ser o órgão oficial do Partido Republicano municipal, é evidente o descontentamento com o estado de abandono da cidade:

> Ainda é tempo de te ergueres. Não desanimes, confia na divina Providencia, e breve, cantando hosanas, verás o teu nome bem alto elevado e caída por terra as torpes calúnias contra ti levantadas. Salve, pois, minha idolatrada Campanha![7]

Os primeiros anos da República não transformaram muito os aspectos físicos da cidade de Campanha. Por outro lado, é perceptível nos discursos proferidos por políticos e jornalistas através dos jornais publicados na cidade, que eles estão atentos às mudanças que ocorriam em outras partes do mundo, principalmente na Europa. A crença de que o progresso poderia solucionar todos os problemas da humanidade ao ser realizado plenamente estava presente no imaginário, pois de acordo com o jornal *A Campanha* pelo progresso

> tudo se transforma, tudo se equilibra, tudo se harmoniza, tudo concorre para o melhoramento e o aperfeiçoamento da espécie, preparando esse futuro, embora longínquo, paraíso de amor e de fraternidade, em que o homem, vencidas si não subordinadas as fatalidades da natureza, dominadas e postas ao seu serviço as forças da matéria.[8]

Porém, o progresso não pode se dar somente no campo material e do intelecto, é necessário que haja uma moralização dos costumes.

> A probidade, a honra, o respeito à propriedade, à autoridade e à lei, o acatamento aos mais velhos, a veneração pelos superiores, o cumprimento do dever, o amor da família, o culto da mulher, a tolerância pela fraqueza dos seus semelhantes, etc. etc., - eis as rochas sobre as quais tem sido arquitetado o complicado edifício social moderno.[9]

---

6 Cf. João 11, Bíblia Sagrada.

7 *A Campanha*. Campanha, ano 2, n. 73, 5 out. 1902, p. 4.

8 *Idem*, ano 2, n. 64, 20 jul. 1902, p. 1.

9 *Ibidem*.

A propaganda construída no *A Campanha* conclamava a sociedade civil a contribuir com o poder público na providência dos melhoramentos para embelezar a cidade numa junção de interesses, os particulares beneficiando as casas, muros e passeios, enquanto o poder público atuaria nas ruas e praças:

> Em números passados de nossa folha pedimos instantemente aos proprietários que beneficiassem seus prédios, muros e passeios, indo em auxílio da câmara que vai beneficiar as ruas. Do concurso desses dois poderosos fatores resultaria indubitavelmente a transformação do aspecto e embelezamento da cidade.[10]

Desde finais do século XIX, nota-se a preocupação dos Agentes do Executivo Municipal de Campanha em empreender esforços sistemáticos em proporcionarem melhoramentos à cidade. Segundo Bresciani, a noção de melhoramentos liga-se a uma diversidade de situações "portadoras de benefícios à cidade e à sua população" (BRESCIANI, 2000, p. 344). A ideia de melhoramentos constituir-se-ia como uma imagem que tanto pode comportar uma força explicativa (ou racional), quanto uma forma persuasiva (ou emocional). Parte importante estaria, portanto, relacionada à capacidade de criação de imagens, sejam elas verbais ou icônicas. Dessa maneira, a concepção de melhoramentos refere-se

> sempre a objetos concretos, projeções de intervenções e/ou obras realizáveis, que pela dimensão imagética desenhada ou sugerida pela linguagem são capazes de provocar em quem escuta, lê ou vê o sentimento de serem partícipe (ou de estarem excluídos) de uma ação coletiva orientada no sentido de um modelo ideal de cidade moderna, imagem essa que se imobiliza numa dada representação, mas se desloca constantemente, acompanhando os sucessivos deslocamentos nas concepções de *cidade ideal*. (BRESCIANI, 2000, p. 344-345)

No caso da cidade, essa imagem esteve bastante associada à ideia de realização de obras públicas. Nos Relatórios de Presidente de Província e em Atas da Câmara Municipal da cidade de Campanha a noção aparece referida a reparos, benefícios, conservação, concerto de estradas, aterros, canais e pontes, abertura de novas estradas, (re)calçamentos, edificações, iluminação pública. No ano de 1893, por exemplo, o Agente Executivo da cidade de Campanha foi autorizado a fazer as seguintes obras: matadouro público, construção de um paço municipal, recalçamento das ruas da cidade e seu nivelamento, conserto das estradas e pontes municipais, construção da estra-

10 *A Campanha*. Campanha, ano 2, n. 62, 6 jul. 1902, p. 1.

da de São Gonçalo, todo e qualquer serviço de necessidade.[11] Outras obras, tais como construção de paredões, iluminação da cidade, melhoramentos balneários, reparos de igrejas, aquedutos, encanamentos, foram também realizados.

Em 1909, com título de "A Campanha", o jornal *Arrebenta* publicava:

> Uma nova fase de vida sorri encantadoramente para nossa legendária e tradicional Campanha, berço de tantos brasileiros ilustres. Outrora era ela a princesa do Sul de Minas, a civilizada Campanha, que tão brilhante papel representou entre suas irmãs, das quais fazia jus a tão alto, quão merecido conceito. Como centro comercial, foi ela o celeiro fornecer de todos os mercados do Sul. Agora só ouvia o bimbalhar monótono dos sinos e o desferiu dolente dos cânticos nas igrejas e conventos. O Teatro morreu inteiramente.[12]

Em 17 de junho de 1909, o mesmo jornal indicava a disposição existente em Campanha para as mudanças necessárias a cidade. Com título de "Campanha ressurge", o jornal informava:

> O toque divino ao que devemos esse milagre é a comunhão de fins, é a visão comum do mesmo ideal que jubilosos presenciamos em todos os atos de um punhado de filhos desta terra, cujos corações abraçados do mais saudoso patriotismo, desejam bela, feliz e prospera, ocupando o lugar de honra a que tem incontestável direito entre suas co-irmãs do Sul.[13]

As preocupações com a realização de melhoramentos públicos adentrariam o século XX. A partir da década de 1910, a cidade passaria por várias intervenções, reformas e obras de melhoramentos, com ajuda do governo de Minas Gerais e da administração municipal, que criaria posturas com vistas a melhor organização da cidade, particularmente quanto às condições de salubridade, abastecimento de água, a existência de árvores nas áreas centrais, melhoramentos das ruas, proibição da existência de chiqueiros no perímetro urbano.

Em artigo intitulado "Uma impressão de 20 anos atrás", assinado por Hildergardo Moraes e publicado na *Revista Alvorada* em 1928, aponta-se para a imagem de uma cidade em ruínas:

---

11 Livro de Atas da Câmara Municipal de Campanha. Sessão Ordinária de 7 dez. 1893.

12 *O Arrebenta*. Campanha, ano 1, n. 4, 1 abr. 1909, p. 1-2.

13 *O Arrebenta*. Campanha, ano 1, n. 15, 17 jun. 1909, p. 1.

> Olhando mesmo de relance, percebe-se que a construção da cidade foi tumultuaria e o ritmo de sua execução emparelhado ao tropelo da extração delirante e fascinadora do ouro. Ruas estreitas e esconsas, pavimentadas à pedra bruta malgradada, e em algumas a umidade repontando nas paredes e na calçada, à míngua de sol que lhes dê vida e calor. Parece pesar uma maldição eterna á obra do que profanam o seio da terra dadivosa e indefesa, a revolver-lhe tesouros guardados em suas entranhas. Ao período de fausto, de ostentação e de luxo, sucedeu a Campanha o de tristeza, de desolação e de ruínas.[14]

Por outro lado, na mesma revista aponta-se que

> Se é certo que Campanha jamais deixou de ser, no sul de Minas, a cidade intelectual e de acendrado civismo, não menos é que assaz tem progredido nestas duas ultimas décadas de vida material. A prova do asserto pode ser feita num sintético e rápido balanço da nossa atividade e dos nossos incontidos anseios de avançar pela nova senda aberta por método novos à vida das modernas *Urbs.*[15]

O editor da revista, dr. Borges Netto, indica os progressos ocorridos na cidade e ressalta a figura de Zoroastro de Oliveira, presidente da Câmara Municipal de Campanha entre 1907-1927. Eleito presidente da Câmara Municipal em 1907, assumiria o governo municipal por duas décadas. Durante sua administração, a cidade foi abastecida de água potável, executaram-se as instalações de luz e força elétrica, os serviços de esgoto e as instalações sanitárias foram iniciados e quase concluídos em seu governo. De acordo com biografia escrita por Roberto Jefferson de Oliveira, essas obras foram executadas a partir de um empréstimo contraído pelo município na França em 1912.[16] Apesar da decadência econômica da cidade, Campanha seria a primeira da região a receber os serviços de rede de esgoto, de luz e de água. Sobre a iluminação elétrica, lê-se no jornal *A Campanha*:

---

14 *Revista Alvorada*. Campanha, ano 1, n. 1, ago. 1928, p. 9.

15 *Ibidem*, p. 1-3.

16 Vale ressalvar ainda que a Lei Estadual n. 546, de 27 de setembro de 1910, garantia empréstimos aos municípios para instalação dos serviços de energia elétrica, saneamento urbano, construção estradas de rodagem e de escolas primárias. Os municípios candidatavam-se aos empréstimos mediante projeto com justificativas de potenciais e metas a serem alcançadas. Os empréstimos eram pagos ao Estado conforme cronograma de obras e prestação de contas apresentadas pelas autoridades municipais. Cf. Júlio Bueno Brandão (1911).

> A 10 de novembro ultimo foi inaugurada a iluminação elétrica de acordo com o contrato firmado com a companhia (The Conquista Xicão Gold Mines, Limited). A iluminação feita caprichosamente em grandes postes de aço tem fornecido luz clara e fixa. Já muitas casas particulares estão dotadas desse melhoramento e todos os proprietários satisfeitos.

Zoroastro de Oliveira mandaria ainda construir o Cemitério Novo, o Matadouro Municipal e o Grupo Escolar. Coube ao seu governo o início da remodelação das ruas e o serviço que dispensa encômios. Em 1927, seu irmão, Jefferson de Oliveira, sucedeu-lhe na condução política, dando continuidade à remodelação urbana da cidade.

DR. JEFFERSON DE OLIVEIRA E O SENTIDO DE URBANIZAÇÃO

"Ilustre desconhecido", Jefferson de Oliveira (1881-1943), foi Agente do Executivo Municipal da cidade de Campanha, no sul de Minas, entre 1927-1930. Diplomou-se médico pela Faculdade de Medicina do Rio de Janeiro em 1908. Em 1913 partiu para a Europa, com intuito de aperfeiçoar seus estudos, indo a Berlim e depois ingressando no curso de técnica operatória do professor Basset na Faculdade de Medicina de Paris. Durante a Primeira Guerra Mundial foi mobilizado pela França, prestando serviços como cirurgião no *front* de guerra.

Em 1916 retorna ao Brasil fixando-se em Campanha. Em 1930 se elege como deputado federal pela Concentração Conservadora,[17] grupo político chefiado por Manuel Tomás de Carvalho Brito e Fernando de Melo Viana, que se opunha à Aliança Renovadora, de Getúlio Vargas. Exerceu o mandato por uma sessão legislativa apenas, uma vez que a vitória da revolução de 1930 pôs fim às atividades parlamentares no país. Em 1935, ensaia um retorno a vida política pelo Partido Progressista,[18] pelo qual se elege para a Constituinte Mineira e deputado à Assembleia Legislativa. No entanto, com a instituição do Estado Novo em 1937, mais uma vez as atividades parlamentares são suspensas. Afastado da política, dedica-se aos estudos históricos, principalmente sobre a Revolução Liberal de 1842.

Sucedendo seu irmão na política municipal, em pouco menos de um ano de administração, Jefferson de Oliveira empreenderia, segundo artigo intitulado "Campanha Hodierna" da *Revista Alvorada*, esforços em promover "grandes e uteis melho-

---

17 A Concentração Conservadora originou-se em 1919 devido a ruptura da política do café com leite em âmbito federal e da ausência de acordo entre os líderes mineiros do Partido Republicano Mineiro (PRM) em relação ao candidato a presidente do estado. Cf. With (1982); Bomeny (1980).

18 Partido criado em 1933 por Gustavo Capanema e Antônio Carlos de Andrada, dando apoio ao governo de Getúlio Vargas.

ramentos", entre os quais as reformas do Teatro Municipal, o ajardinamento da Praça D. Ferrão, a reforma do jardim municipal, o alargamento e o abaulamento de ruas, dando início a reforma da Praça Zoroastro de Oliveira. Sancionou leis importantes, dentre elas a que regulava o trânsito de veículos, a que criava impostos sobre muros e a que regulamentava a construção e reforma dos mesmos, a de extinção de bananeiras no perímetro urbano e a de restabelecimento do serviço de remoção do lixo a domicílio.[19]

Outras medidas semelhantes diziam respeito a higiene pública, especialmente a preocupação com a eliminação de focos de miasmas, bem como com estado e aspecto das habitações e a substituição por moradias adequadas ao redor da cidade. Nesse sentido, a Câmara Municipal tomou providências em 1927 sobre os prédios em estado de ruínas. Além disso, foram tomadas medidas também no sentido de melhorar e sanear as ruas da cidade. Na virada do século XIX para o XX as ruas eram irregulares, de terra batida ou pedra de pé de moleque. Em 6 de junho de 1927 foi criada a Lei n. 140, que regulava a construção de passeios dentro da área urbana.

Em outro artigo publicado pela mesma revista, com título de "Como são vistos os nossos dirigentes", encontra-se elogios ao dr. Jefferson de Oliveira, que não se cansaria, nem se poupava "em remoçar a velha Princesa do Sul". De acordo, com o autor do artigo:

> Já muito decadente, sem comércio, sem industria, sem lavoura, a velha cidade não podia mais acalentar seus filhos, obrigados a procurar em outras partes os elementos de subsistência. E a bela cidade que ia depauperando mais e mais, ano por ano. Prédios maltratados, muros a caíram, ruas desleixadas, um ar sombrio de morte, tudo era tristeza, tudo era desolação, tudo caminhava para a visão da antiga Tróia – *et campus ubi Troia fuit*. E ele jurou dentro de sua consciência que devotaria seu vigor de moço, o poder de seu talento, a energia de seu ideal na ressurreição de Campanha.[20]

Em novo artigo, com título "Impressões" e assinado por Austriclino Brandão, lê-se:

> Fui, ha alguns dias, a Campanha, a legendaria cidade dos muros seculares. Conheci-a, em 1922, cheia de buracos, de ruas largas, acidentados, tristonhas, silenciosas, lembrando corredores de claustros, revestidas de gramas silvestres e calçadas a grandes Lages, de aspecto colonial. Vi-a naquele tempo, qual uma dama

19 *Revista Alvorada*. Campanha, ano 1, n. 1, ago. 1928, p. 1-3.

20 *Idem*, ano 1, n. 4, dez. 1928, p. 1.

> decadente, de cabelos brancos, clorótica, anemisada, espectral, sem atavios nem alfaias, sem joias nem vestidos caros, dormindo o seu sono de selenidade. Era o tipo das cidades mortas, das cidades tumulares, onde os grandes muros coloniais, em derrocada, sugeriam visões de ruínas pré-históricas. Entretanto, aquela paralisia, aquela dormência quase mórbida, nada mais era do que um estágio de repouso, a que sucedeu as grandes transições por que passam os seres da terra. As cidades também têm vida; as cidades também adoecem, curam-se e convalescem; as cidades são como certos organismos vivos, passam por uma escala de períodos mais ou menos variados, entrando, logo depois, num estado de repouso mais ou menos prolongado e assim vivem até que se complete o ciclo de sua evolução fisiológica. E Campanha não pode fugir a esse dilema.
>
> Decorridos 6 anos, voltei ao lugar onde tantas vezes repousei largamente. Qual não foi minha surpresa! Como que impulsionada por uma varinha mágica, a Campanha dos congados, a Campanha dos velhos casarões, ressurgia remoçada, forte, viva, alegre, luminosa, cantando hinos á civilização e á vida moderna, respirando gasolina, batendo-lhe no peito abaulado das ruas o coração metálico dos Chevrolets e dos Studebarkes, soltando o fumo das chaminés e cobrindo-se de jardins floridos. As cidades são, não ha dúvida, semelhantes aos seres sujeitos a periódicas metamorfoses e tem, ao mesmo tempo a fatuidade das mulheres. Digo isto, porque achei qualquer outra cousa de vaidade no semblante da Campanha de hoje. A praça D. Ferrão já não é aquele átrio pedregoso e desnudo de arborização, cercado pelas velhas sombras de seus velhos pardieiros; é uma praça moderna, arborizada, alegre, cenográfica; os palacetes que vão surgindo ali e acolá, floridos e ajardinados, o Teatro Municipal, a Catedral reconstruída e de linhas arquitetônicas suaves e modernas, constituem uma suprema expressão de arte e bom gosto que encanta e delicia. E depois de ver tudo isto, de contemplar toda esta mutação, quase milagrosa, exclamei sem me conter:
>
> - Salve, Campanha ressurgida![21]

Um ano mais tarde, em 1929, o mesmo Austriclino Brandão escreve novo artigo publicado na revista elogiando novamente Jefferson de Oliveira e suas ações à frente do governo municipal. De acordo com o autor do artigo,

21 *Ibidem*, p. 4-5.

> Campanha assiste nesse momento, a um belíssimo fenômeno no transcurso de sua vida de cidade legendária, berço de tanto vultos eminentes, na política como na medicina, na advocacia como no jornalismo, no magistério público como no sacerdócio católico. Desta vez Campanha experimenta uma tão seria mutação em seus hábitos, passa por uma tão importante transição, atravessa um tão luminoso período de engrandecimento, entra numa fase de tão extraordinários melhoramentos, mergulha numa época de tão vastas perspectivas e luminosas visões, que só os que não são nados de seu seio podem apreciar, com mais avultada percepção, todo o belíssimo surto de progresso que vem lhe agitar o corpo. (...). Com a administração do Dr. Jefferson de Oliveira, desapareceram da Campanha, todos os traços de velhice dando lugar a numerosos e repetidos surtos de progresso. Tudo ali se desenvolveu e transformou, desde o feitio das casas ate o calçamento das ruas, não escapando, mesmo, o semblante dos habitantes macambúzios, sorumbáticos, desanimados e hoje, cheios, todos, de uma ânsia cada vez maior de civilização e progresso, de vida e trabalho.[22]

Outro jornal *O Campanhense*, na seção "Índices do progresso da Campanha", publicou o artigo intitulado "Aspectos atuais da Princesa do Sul de Minas", reafirmando-se a postura empreendedora do Agente do Executivo Municipal. Nesse artigo, lê-se:

> A Campanha remoça, refazendo-se. Retoma o seu prestígio material e intelectual. A ação benemérita de administrador e de político do Dr. Jefferson de Oliveira vai realizando o milagre do Renascimento. Restaram-se os velhos edifícios em ruinas, muram-se os terrenos baldios pintam e rebocam-se as fachadas dos grandes prédios senhoriais. As primeiras rodovias. Só substituir a pavimentação das ruas. Fez-se a guerra dos carros de bois e os irregulares matacões coloniais produziram o cascalho para a atual macadamização. E os automóveis transitam velozes. Banco da Campanha. Edificação e instalação de um hospital, de cuja falta tanto se ressente quase toda a vastíssima zona Sul-Mineira.[23]

O texto publicado pela *Revista Alvorada* sobre urbanismo no Congresso das Municipalidades Sul-Mineiras é uma apresentação das iniciativas de Jefferson de

22 *Revista Alvorada*. Campanha, ano 1, n. 8 e 9, ago. 1929, p. 2-3.

23 *O Campanhense*. Campanha, n. 6, 31 mar. 1929.

Oliveira à frente da administração municipal da cidade de Campanha. Argumenta nesse artigo que o urbanismo, tema que lhe incumbiram de debater, trata-se de uma "das teses mais complexas". Em sua visão é na "maravilhosa associação da higiene com a estética" que "surgem as questões com aspectos diversos si se focalizam uma grande cidade ou pequemos núcleos de população".

Seu debate parte do pressuposto de que só vale discutir naquele congresso regional questões de urbanismo correspondentes às "necessidades atuais" dos municípios sul-mineiros. E smunicípios o "urbanista terá de ser menos esteta e mais higienista" ou "primeiro higienista e depois esteta".

Encontramos então em seu pensamento a junção de duas prerrogativas do pensamento modernizador a respeito do espaço urbano: a higienização e o embelezamento das cidades. Sem se furtar da preocupação com o embelezamento da cidade, materializado na construção de parques e praças ajardinadas e monumentais edifícios de arquitetura moderna, Jefferson de Oliveira dará ênfase em sua explanação à questão da higienização.

A ocorrência de epidemias e a insalubridade do meio urbano foram decisivas para as reformas urbanas empreendidas em várias cidades ocidentais. As constantes epidemias fizeram com que médicos e autoridades municipais se preocupassem com as condições de vida da população, tentando criar uma cidade mais salubre. O desenvolvimento de estudos de higiene, equacionando-se a uma reflexão da ação do meio sobre as pessoas, alterou hábitos arraigados na população. Em finais do século XIX e início do XX, os dois paradigmas médicos vigentes no Brasil a respeito das causas de propagação das doenças epidêmicas eram a "teoria do contágio" (as moléstias eram transmitidas por meio de contato físico direto ente as pessoas e de forma indireta por meio do toque em objetos contaminados pelos doentes ou da respiração do ar que os circundava) e a "teoria da infecção" (o aparecimento das doenças epidêmicas estavam relacionadas à ação de miasmas mórbidos no ar ambiente, substâncias emanadas de águas estagnadas e de animais e vegetais em putrefação).[24]

A higiene, um dos campos mais importantes da medicina social, surgiu e se consolidou ao longo do século XIX, marcando o aparecimento da preocupação sanitária com o meio urbano. No Brasil, a preocupação sanitária esteve relacionada às grandes epidemias que assolaram as principais cidades do Império. Nesse contexto foi criada a Comissão Central de Higiene, subordinada ao Ministério do Império, para combater a epidemia de febre amarela de 1849-1850 e com a finalidade de ser um órgão centralizador das estratégias sanitárias. Nova epidemia levaria a constituição de uma comissão de engenheiros e de uma junta de higiene pública, reunida sob o nome de Junta Central de Higiene Pública (1851). A Junta era responsável pela detecção de

24 Cf. Chalhoub (1996).

problemas e a elaboração de propostas de intervenção na área de saúde pública, mas se caracterizaria pelas disputas existentes em torno das teorias científicas divergentes. Os estudos no campo da higiene procuravam promover melhorias nas condições de salubridade por meio da formulação de políticas públicas que interviriam em todas as esferas da vida urbana.[25]

Em finais do século XIX novas possibilidades de intervenção médico-sanitária nos espaços públicos e privados ocorreriam a partir dos princípios da microbiologia, da bacteriologia e do reconhecimento das descobertas de Pasteur pela comunidade científica. No Brasil, no começo do período republicano foram criados o Instituto Vacinogênico (1892) – para produzir vacinas – e o Instituto Bacteriológico (1893) – para promover o combate a doenças como a febre amarela, a febre tifóide, a peste, o cólera e a varíola, ambos em São Paulo.

A principal proposição do dr. Jefferson de Oliveira, em seu texto sobre Urbanismo, diz respeito à perspectiva de que o principal "problema urbano" das municipalidades sul-mineiras consistiria na resolução de problemas relativos ao abastecimento de água e a remoção dos dejetos e de detritos, para os quais ele oferece "soluções".

O debate sobre o abastecimento de água na cidade de Campanha era antigo. Em 1897, o jornal *A Consolidação* informava na seção "Câmara Municipal" que de acordo com resolução sancionada em 10 de janeiro, ficava o Agente Executivo Municipal "autorizado a fazer as operações de crédito indispensáveis para prover o abastecimento d ' água a cidade mediante o sistema mais conveniente" e, além disso, ficava autorizado também a despender pela verba "obras públicas" de quantia necessária à reconstrução e desvios do aqueduto municipal.[26]

Em 1904, nova reclamação sobre o abastecimento de água é veiculada pelo jornal *A Campanha*:

> Em consequência da observação do aqueduto respectivo, a ausência de água no reservatório e encanamentos municipais tem se feito sentir rudemente nestes últimos dias. É um acontecimento esse deveras sensível à população cujos queixumes se fazem ouvir com veemência acostumada como esta a ter o precioso líquido ao alcance da mão, nas torneiras públicas ou particulares. Não é entretanto a primeira vez que a cidade fica temporariamente privada do abastecimento e é caso natural e explicável nesta e em outras localidades, mesmo nas que dispõem de um serviço de primeira ordem, no qual se tem gasto dezenas de milhares de contos; haja vista a Capital Federal onde

25 Cf. Verbete "Higiene" (VAINFAS, 2002, p. 117-119).

26 *A Consolidação*. Campanha, n. 14, 7 fev. 1897.

> as reclamações sobre a água constituem uma seção permanente da imprensa. Aqui, as condições do abastecimento deixam muito a desejar basta atentar-se que os mananciais distam da cidade mais de 20 quilômetros e que o aqueduto atravessa em toda essa extensão inúmeras propriedades particulares, estando em todas elas sujeito a depredações e abusos que mais severa fiscalização jamais poderá contribuir. Era mister que pudéssemos dispender mais de cem contos afim de encanar a água desde a sua origem a fim de a podermos ter pura e com regularidade. A atual falta da água á devido ao entulho e sujeira do aqueduto, o qual há longos anos não tem recebido uma limpa radical e conveniente. Obra dispendiosa e demorada, em razão da grande extensão do aqueduto, é preciso que a população modere a natural impaciência e convença-se de que o chefe do município não se descura dos árduos deveres que lhe competem. Cumpre também que os contribuintes do cofre municipal se compenetrem de que sem a sua boa vontade é impossível a municipalidade fazer face aos seus encargos e serviços e se prontifiquem a extração de seus talões.[27]

As reclamações e os debates em relação ao abastecimento de água e a melhor forma de distribuição é tema frequente ao longo da década de 1910 e 1920, conforme se nota da leitura dos jornais publicados na cidade. Nesses jornais são apresentadas as melhorias efetuadas pelo Agente Executivo Municipal, assim como reivindicações com vistas à melhoria do abastecimento de água.[28] O abastecimento de água constituía-se um dos principais problemas à época. Não dispondo de verba suficiente, a câmara municipal optou por efetuar concertos e também pela canalização de nascentes, o que tornava o serviço bastante dispendioso. Em 1928, Jefferson de Oliveira oferecia a seguinte solução para o abastecimento de água:

> Água potável de vertentes de propriedade do município captada segundo as regras da moderna engenharia sanitária será fornecida na proporção mínima de 150 litros diários para cada habitante, livre de hidrômetro e obrigatória em todos os lares. Obrigatoriamente grande abundância e o preço fixo para que os nossos patrícios não usem águas contaminadas, adquiram o hábito do asseio, se costumem ao banho diário, fonte de saúde tão precária em nossos meios.[29]

27 *A Campanha*. Campanha, n. 151, 17 abr. 1904.

28 *Idem*, n. 459, 10 mar. 1911; n. 568, 20 jun. 1914; n. 644, 22 mar. 1916; *O Arrebenta*. Campanha, n. 55, 19 abr. 1910, p. 1.

29 *Revista Alvorada*. Campanha, ano 1, n. 1, p. 4-6.

Sobre a remoção de dejetos, Jefferson de Oliveira argumenta em seu artigo que:

> O meio mais pratico para a remoção dos dejetos e água servida é a rede de esgoto até o rio mais próximo, desde que o seu volume d'água seja pelo menos vinte vezes maior que o deságue dos esgotos.[30]

Quanto ao lixo, diz que seu desaparecimento não ofereceria dificuldades como em um grande centro, pois uma vez retirado da zona urbana poderia ser aproveitado pela lavoura, com restrição apenas à horticultura.

A preocupação com a higiene, particularmente com a remoção do lixo em Campanha, é tema recorrente de discussão na imprensa campanhense. Em 1909, o jornal *O Arrebenta*, na seção "Pela Higiene", manifestava-se, informando que:

> A noite quando se anda pelas ruas sente-se um mau cheiro, um cheiro pestivo que tresanda nas latrinas dos esgotos, enfim de mil focos, onde gera a porcaria, a imundice, precursora das febres e de outras moléstias não menos perigosas. De tempo para cá temos notado que a salubridade desta cidade tem degenerado muito.[31]

Três anos mais tarde, em 1912, em seção com mesmo título do outro jornal – "Pela Higiene" –, *A Campanha*, relatava:

> Como ninguém ignora a nossa cidade, ha quatro anos esta parte, apesar de seu clima ameno e saluberino viu surgir em seu seio casos de febres de mau caráter vitimando para mais de duas dezenas de vidas preciosas, espalhando o leito e a dor entre as famílias campanhenses. O patriótico Governo de Minas atendendo o nosso justo pedido enviou imediatamente o ilustre Dr. Barbosa Lima, afim de tratar dar providencias necessárias a melhorar a nossa situação. O digno inspetor de higiene aqui chegando, visitou todos os doentes aconselhando a câmara as medidas indispensáveis para julgação do mal e que consistiam principalmente na pronta canalização de água e esgotos e em outras medidas subsidiarias, como fossem a construção de um matadouro e a limpeza das casas, ruas e praças da cidade. O ilustrado Inspetor de Higiene, Dr. Luiz de Melo Brandão, que aqui se acha comissionado pelo governo para estudar os meios

30 *Ibidem.*

31 *O Arrebenta.* Campanha, n. 15, 15 jul. 1909.

> práticos e melhores para o saneamento da cidade, confirmou, in totum, a judiciosa opinião dos seus ilustres antecessores, acrescentando como medida higiênica de alta relevância a retificação e desobstrução do Ribeirão Santo Antônio.[32]

Em 18 de outubro de 1912, a Câmara Municipal criou o serviço de remoção de lixo, bem como nos anos seguintes, empréstimos para o estabelecimento de rede de esgotos. No entanto, ainda em 1928, quando da exposição de Jefferson de Oliveira, era questão que demandava discussão. Segundo seus argumentos:

> Com esses cuidados de asseio, que se impõe a todo homem mediocremente civilizado, as nossas urbes ficarão aliviadas das moscas e mosquitos sempre tão incômodos, repugnantes e perigosos.

Jefferson de Oliveira atribui às moscas e aos mosquitos a causa de contaminação dos indivíduos. No caso da "febre tífica" (tifóide), moléstia conhecida dos municípios sul-mineiros, a contaminação dos alimentos e utensílios ocorreria pelos germes transmitidos pelas moscas. Da mesma forma, diz ele, que não se ignora que os mosquitos sejam os únicos transmissores da febre amarela e do impaludismo. E, embora não fosse comprovado, outras espécies conhecidas de mosquitos eram também fatores de moléstias. No entanto, "com um pouco de asseio nas cidades, para o que é indispensável água em abundância, rede de esgotos e remoção do lixo, poderemos livrar-nos desses hóspedes importunos e perigosos hospedeiros de germens patogênicos".

Segundo Regina Horta Duarte, se "a revolução pasteuriana e o desenvolvimento dos micro-organismos estimularam a biomedicina, a descoberta do papel dos insetos como vetores de inúmeras doenças, no final do século 19, inaugurou verdadeira 'idade de ouro da entomologia'" (DUARTE, 2010, p. 43). As doenças tornaram-se um problema que exigiam conhecimentos entomológicos, faunísticos e ecológicos, de médicos e biólogos. A entomologia tornar-se-ia prática científica fundamental ao conhecimento dos vetores de transmissão de doenças. Em finais do século XIX, difundir-se-iam pela imprensa médica brasileira informações e reflexões sobre o papel dos insetos na transmissão de doenças. As moscas, em particular, povoariam o imaginário das populações urbanas como fonte de perigo em meio ou em substituição aos miasmas.[33]

Abastecimento urbano de água, rede de esgotos e remoção do lixo constituem-se na visão do dr. Jefferson de Oliveira na "primeira tarefa de todo administrador municipal".

---

32 *A Campanha*. Campanha, n. 508, 25 out. 1912.

33 Cf. Bechimol (2006).

> Para realização desta grande e inadiável obra de civilização, os administradores municipais não podem vacilar um momento sequer, todos os empréstimos, todos os novos impostos e adicionais aos já existentes, são plenamente justificados. Os municípios em geral aceitam bem o aumento de contribuições, uma vez que se lhes convença da proveitosa utilização das mesmas. Os administradores devem falar ao povo, explicando-lhes as necessidades e as vantagens de maiores sacrifícios embora, e fazendo, ao mesmo tempo, a propaganda da higienização das cidades e dos indivíduos.[34]

Jefferson de Oliveira introduz o argumento de que a higienização era necessária a nação. O movimento sanitário pode assim ser compreendido como um dos vetores na República Velha para o projeto ideológico de construção da nacionalidade. A ligação entre higiene, saúde pública e nacionalidade pode ser concebida como um traço distintivo do movimento sanitário brasileiro. Segundo Jefferson de Oliveira:

> É esse o meio mais patriótico e eficiente de retemperar a raça e revigorar a nação. Despendessem os nossos governos as somas fabulosas com a manutenção do exército mais caro do mundo com a higienização e alfabetização do povo, e seríamos hoje, um país infinitamente mais forte e mais civilização.[35]

A suposta incapacidade racial do brasileiro era considerada uma pedra no caminho da *modernização*. Dessa forma, partindo da ideia de que existe um "caminho da civilização", ou seja, de uma modelo de aperfeiçoamento moral e material para qualquer povo, os governantes deveriam zelar para que esse caminho fosse percorrido mais rapidamente pela sociedade sob seus cuidados. Para Sidney Chalhoub, "a afirmação de que um dos requisitos para que uma nação atinja a 'grandeza' e a 'prosperidade' dos 'países mais cultos' seria a solução dos problemas de higiene pública" tornou-se senso comum entre os administradores das cidades brasileiras emergentes em final do século XIX (CHALHOUB, 1996). Poderíamos dizer que tais premissas estão presentes no texto de Jefferson de Oliveira, aliadas à ideia da necessidade de educação dos povos.

Além disso, para o médico, uma das grandes preocupações do urbanismo moderno dizia respeito:

> A tendência do urbanista de hoje é restringir ao mínimo a área urbana. Evidentemente, quanto mais aglomeradas as habitações,

34 *Revista Alvorada*. Campanha, ano 1, n. 1, p. 4-6.

35 *Ibidem*.

> tanto mais ao alcance das rendas municipais todos os serviços públicos e mais fácil a conservação e asseio dos terrenos particulares. Poder-se-ia objetar que a maior densidade da população redundaria em prejuízo para a saúde pública. Se isso é verdade, em parte, para as cidades industriais de milhões de habitantes, a observação nos mostra que entre nós, quanto mais para os centros urbanos, mais saúde; quanto mais para o campo, mais moléstias. É que não basta para a saúde o ar puro das montanhas.[36]

Segundo sua argumentação, a observância dos preceitos de higiene e a aplicação dessas regras são tanto mais difícil quanto mais disseminadas as habitações. Assim, indaga-se: "Como restringir as áreas urbanas?".

A higienização servia de justificativas para a criação de novos impostos. Refletindo sobre a especulação imobiliária, "numa ambição cega, entorpecem seus capitais à espera de valorização dos terrenos urbanos", o médico considera que a única maneira de deter tal processo é a introdução de um imposto "gradativamente aumentado sobre os terrenos baldios", de acordo com sua metragem. Dentre todos os impostos, o imposto sobre muros é o mais justo de todos. Ainda sobre a restrição da área urbana, informa que:

> A restrição da área urbana facilita ainda toda a espécie de assistência pública, principalmente a difusão do ensino, a fiscalização de sua obrigatoriedade e a polícia dos costumes, concorrendo para melhorar o homem de hoje e aperfeiçoar o de amanhã, alfabetizando-o e higienizando-o.[37]

Ao lado de engenheiros e bacharéis em direito, os médicos são portadores de um saber especializado moderno, adquirindo grande importância nas cidades do interior brasileiro, habilitando-os muitas vezes a ocupar cargos públicos relevantes na administração municipal, com a responsabilidade de julgar as condições de salubridade dos locais e decidir sobre as medidas a serem tomadas. Dessa forma, é possível compreender a trajetória não apenas do dr. Jefferson de Oliveira, mas também de seu irmão, Zoroastro de Oliveira, farmacêutico, à frente da administração municipal de Campanha.

Na concepção do dr. Jefferson de Oliveira, a higiene era o elemento que fundamentaria a intervenção urbanística da cidade. Em suas considerações, "o conceito moderno de urbanismo faz da higiene sua base e do embelezamento seu fim (...) a

---

36 *Revista Alvorada*. Campanha, n. 1, ano 1, p. 4-6.

37 *Ibidem*.

higiene social assume hoje, sem dúvida, papel decisivo na grandeza dos povos"[38]. Urbanismo se constitui então em uma "ciência sobre a cidade" que combinaria medidas higienistas (combate a insalubridade) e ações de embelezamento.

CONSIDERAÇÕES FINAIS

De um modo mais abrangente, buscou-se apontar para as transformações ocorridas na cidade de Campanha nas duas primeiras décadas do século XX, momento em que se destacariam na administração municipal dois campanhenses – dr. Zoroastro de Oliveira (à frente do governo municipal entre 1907-1927) e dr. Jefferson de Oliveira (à frente do governo municipal de 1927-1930). Nessa época ampliam-se os projetos modernizadores e de intervenção urbana em âmbito local. As intervenções empreendidas nesse período destacam-se especialmente em função da existência de uma perspectiva de degradação, de ruína e de desprestígio econômico da cidade de Campanha face a outros momentos no passado.

Procurando seguir princípios pautados pela razão, pela ciência e pelo progresso, as autoridades políticas municipais normatizarão padrões para o traçado urbano e configurações quanto à estrutura material das cidades, voltando-se a constituição de ações de regulamentação dos espaços urbanos. O olhar recai sobre o que podemos denominar de "materialidade" ou "espacialidade": aspecto físico e planejamento das cidades (remodelamento, intervenções e melhoramentos) e para as intervenções de ordem social (higienização, sanitarismo, saúde pública, regulamentação do abastecimento etc).

A partir de finais do século XIX, as autoridades da cidade de Campanha empreendem esforços sistemáticos quanto à ideia de proporcionarem melhoramentos à cidade e de se equiparar às modernas cidades europeias e, para tal feito, com a expectativa de se adaptarem a essas novas perspectivas, remodelaram, demoliram, introduziram novos materiais construtivos, cuidaram dos jardins e da paisagem citadina, preocuparam-se com questões sanitárias e de higiene, introduziram novos modelos culturais.

Refletir sobre as transformações ocorridas em Campanha entre finais do século XIX e começo do século XX, destacando-se particularmente as propostas apresentadas pelo dr. Jefferson de Oliveira em seu artigo "Urbanismo" quando da realização do Congresso das Municipalidades Mineiras almejou-se colocar em foco o debate sobre o processo de *modernização* no Brasil no contexto das "cidades interioranas", ou seja, de um olhar que buscar privilegiar o entendimento do sentido da modernização do Brasil, em seus aspectos urbanos e do estudo da cidade, deslocando o olhar dos grandes/médios centros urbanos para as pequenas cidades do interior, almejando a

38 *O Jornal*, 1926.

compreensão da circulação/apropriação de ideias, os enfrentamentos políticos locais/nacionais.

Dessa maneira, considerando tais questões procurou-se detectar as mudanças ocorridas, as permanências, os confrontos e a construção de uma nova percepção e de um imaginário sobre o espaço urbano, bem como a elaboração de novas representações acerca do viver urbano.

FONTES

Memorialistas

REZENDE, Francisco de Paula Ferreira de. *Minhas recordações*. 2ª ed. Belo Horizonte: Imprensa Oficial, 1987.

EDMUNDO, Luiz. *O Rio de Janeiro do meu tempo*. Rio de Janeiro: Livraria José Olympio Editora, 1953.

Manuscritas

Livros de Atas da Câmara Municipal de Campanha, 1880-1890 – Cemec-SM

Impressas

BRANDÃO, Júlio Bueno. *Mensagem ao Congresso Mineiro*. Belo Horizonte: Imprensa Oficial, 1911.

Periódicos e Revistas

O Arrebenta. Campanha, 1909,1910.

A Campanha. Campanha, 1902, 1904, 1911, 1912, 1914, 1916.

O Campanhense. Campanha, 1929.

A Consolidação. Campanha, 1897.

Revista Alvorada. Campanha, 1928, 1929.

REFERÊNCIAS BIBLIOGRÁFICAS

ANDRADE, Marcos Ferreira de. *Família, Fortuna e Poder no Império do Brasil — Minas Gerais — Campanha da Princesa (1799-1850)*. Tese (doutorado em História) – Instituto de Ciências Humanas e Filosofia-UFF, Niterói, 2005.

ARAUJO, Patrícia Vargas Lopes de. *Vila de Campanha da Princesa: urbanidade e Civilidade em Minas Gerais no século XIX (1798-1840)*. Tese (doutorado em História) – Instituto de Filosofia e Ciências Humanas-Universidade Estadual de Campinas, Campinas, 2008.

BENCHIMOL, Jaime L. *Adolpho Lutz e a entomologia médica no Brasil*. Rio de Janeiro: Editora Fiocruz, 2006.

BENEVOLO, Leonardo. *História da Cidade*. São Paulo: Perspectiva, 2011, p. 592-595.

BERMAN, Marshall. *Tudo que é sólido desmancha no ar: a aventura da modernidade*. São Paulo: Companhia das Letras, 1986, p. 147.

BOMENY, Helena Maria Bousquet. "A Estratégia da conciliação: Minas Gerais e a abertura política dos anos 30". In: GOMES, Angela Maria de Castro (org.). *Regionalismo e Centralização Política: partidos e constituinte nos anos 30*. Rio de Janeiro: Nova Fronteira, 1980.

BRESCIANI, Stella. "Melhoramentos entre intervenções e projetos estéticos: São Paulo (1850-1950)". In: BRESCIANI, Stella (org.). *Imagens da Cidade*. São Paulo: Fapesp; Porto Alegre: Editora da UFRGS, 2000.

CHALHOUB, S. *Cidade febril*. São Paulo: Companhia das Letras, 1996.

DUARTE, Regina Horta. *A Biologia Militante: o Museu Nacional, especialização científica, divulgação do conhecimento e práticas políticas no Brasil (1926-1945)*. Belo Horizonte: Editora da UFMG, 2010.

FOLLIS, Fransérgio. *Modernização urbana na Belle* Époque *paulista*. São Paulo: Editora da Unesp, 2004.

SEVCENKO, Nicolau. "O prelúdio republicano, astúcias da ordem e ilusões do progresso". In: ______ (org.). *A História da Vida Privada no Brasil*, v. 3, 1997.

VAINFAS, Ronaldo (dir.). "Verbete 'Higiene'". *Dicionário do Brasil Imperial (1822-1889)*. Rio de Janeiro: Objetiva, 2002.

VELLOSO, Mônica Pimenta. *Modernismo no Rio de Janeiro: turunas e quixotes*. Rio de Janeiro: Editora da Fundação Getúlio Vargas, 1996.

WIRTH, John D. *O fiel da balança: Minas Gerais na Federação Brasileira*. Rio de Janeiro: Paz e Terra, 1982.

Praça Dr. Augusto (1912-15). Disponível em: <http://www.jornaldelavras.com.br/>. Acesso em: 24 ago. 2014.

Lavras

Visita do governador Benedito Valadares, anos 1930. A cidade já contava com luz e bonde elétricos. Disponível em: <http://www.jornaldelavras.com.br/>. Acesso em: 24 ago. 2014.

PRODUÇÃO, COMÉRCIO E ACUMULAÇÃO DE RIQUEZA EM LAVRAS-MG (1870-1888)

Eduardo José Vieira

O município de Lavras-MG, criado em 1832 e elevado à categoria de cidade em 1868, está situado à margem do rio Grande, em uma região entre o sul e o oeste de Minas Gerais. Originalmente pertencia à freguesia de Carrancas, na comarca do Rio das Mortes. Povoada desde meados do século XVIII devido ao interesse de mineradores, a localidade logo apresentou séria limitação na oferta de minerais, o que fez com que seus habitantes passassem a se dedicar à cultura de gêneros de abastecimento para o autoconsumo e comércio com a região das minas (VEIGA, 1874 e 1884). Firmino Costa também apresenta a mineração como propulsora da ocupação do território e afirma que foram os paulistas os primeiros a povoar a localidade e a dar os primeiros passos no desenvolvimento de uma economia de abastecimento na região (COSTA, 1911).

Ao longo do século XIX, o município foi objeto de disputa entre as comarcas do Rio das Mortes e do Rio Verde. Afonso de Alencastro Graça Filho, em estudo sobre a comarca do Rio das Mortes, afirma que "as reivindicações de tantas mudanças, ao longo do século passado [XIX], se fundamentavam no crescimento econômico demográfico dos povoados ou mesmo nas dificuldades de intercomunicações entre as jurisdições e as sedes das comarcas" (GRAÇA FILHO, 2002, p.31). Enquanto este autor aponta mais enfaticamente para razões políticas, Marcos Ferreira de Andrade é enfático ao afirmar que a principal preocupação da Câmara de São João del Rei, sede da comarca do Rio das Mortes, era a queda da receita causada pela perda do território onde as lojas, vendas e a criação de gado já eram abundantes (ANDRA-

1 O presente trabalho foi realizado com apoio do CNPq, Conselho Nacional de Desenvolvimento Científico e Tecnológico – Brasil.

DE, 2008, p. 28). Certamente, tanto a questão geográfica quanto a econômica foram relevantes na disputa entre as comarcas, mas o fato de ter sido criada a Comarca de Lavras, em 1882, composta apenas por esse município, indica que a localidade teve importância crescente no contexto regional sul-mineiro. Em 1874, o município de Lavras era composto pelas freguesias de Carmo da Cachoeira, Perdões, com o distrito de Cana Verde, e São João Nepomuceno, além da freguesia da cidade com os distritos de Angahy e Luminárias. Em 1881, a freguesia de Carmo da Cachoeira é separada de Lavras e passa a compor o município de Varginha.

Como indicadores do desenvolvimento da localidade e da força da produção local, Bernardo Saturnino da Veiga apresenta no *Almanach Sul-Mineiro* de 1874 alguns números da produção de Lavras. Aponta a produção de gêneros para exportação nas freguesias ligadas ao município. Na freguesia de Carmo da Cachoeira, a exportação anual é de "6000 bois e vacas, 1500 arrobas de toucinho, 1000 ditas de fumo, e algum queijo para municípios vizinhos" (VEIGA, 1874, p. 196). Da freguesia de Perdões exportava-se "de 8 a 10 mil arrobas de fumo, 4 a 6 mil ditas de assucar, 3 a 4 mil ditas de toucinho, cerca de 70 arrobas de cêra em velas, e grande porção de aguardente, rapaduras, etc..." (VEIGA, 1874, p. 199). Apesar de não detalhar a produção de Lavras, o indicativo da ocupação da população da localidade apresentado pelo autor nos dá a ideia de que a produção da sede do município poderia superar a das citadas freguesias. Enquanto aponta a existência de dezoito fazendeiros em Carmo da Cachoeira e 25 em Perdões, em Lavras são 41. Da mesma forma, são superiores os números de pessoas ligadas ao comércio e à indústria.

O objetivo do presente artigo é verificar, a partir da análise dos dados do Recenseamento Geral do Império, de 1872, a estrutura da ocupação da população de Lavras, comparando os números com a tendência apresentada pelos dados do *Almanaque*. Os dados dos inventários *post mortem* mostrarão a estrutura da riqueza acumulada pela população lavrense e mostrarão casos de grandes fortunas em que os inventariados estão vinculados à produção e ao comércio. As características do núcleo urbano do município serão apresentadas tendo como referência os já citados almanaques sul-mineiros de 1874 e 1884.

O marco inicial proposto para 1870 deriva da recente elevação da localidade à categoria de cidade (1868), admitindo-se que tal categoria atesta a importância da localidade no contexto regional. Considerando o grande peso do valor dos escravos na riqueza local, tem-se como marco final do período a ser analisado o ano de 1888, último ano do instituto servil em terras brasileiras.

Quanto aos dados do Censo de 1872, foram utilizados os dados corrigidos disponibilizados pelo Centro de Desenvolvimento e Planejamento Regional (Cedeplar/UFMG). Mesmo reconhecendo os problemas e limitações que poderiam vir a comprometer a qualidade dos dados, os autores afirmam que, sendo "o primeiro censo brasileiro e o único do período imperial e escravista. (...) o Censo de 1872 pode ser considerado bem completo, mesmo para os padrões atuais, devido a quantidade de atributos da população que se conseguiu levantar" (Paiva *et al*, 2012, p. 4). Os números serão utilizados especialmente no que tange aos dados gerais, informando as características básicas da população como o total por município e por condição social. Os dados referentes às profissões também serão utilizados especialmente quanto às categorias "Profissões Industriais e Comerciais" e "Profissões Agrícolas". Como veremos, os números indicarão o caráter rural predominante na economia da localidade, mas também um número importante de pessoas dedicadas ao comércio.

Já quanto aos inventários, para o período, estão disponíveis no Centro de Memória Cultural do sul de Minas (Cemec), na cidade de Campanha-MG, 554 processos do município de Lavras. Devido a inconsistências que impediram o tratamento dos dados, foram excluídos da amostra os processos incompletos ou ilegíveis. Os restantes estão distribuídos conforme a Tabela 1. A análise preliminar buscou observar o valor do monte-mor[2] dos inventários e o número de escravos que constam em cada processo. Com esse levantamento, buscamos perceber de que forma estava distribuída a riqueza da população inventariada e a posse dos escravos. Visando à correção de possíveis distorções na comparação dos dados, causadas pela inflação, foi realizada a deflação dos valores conforme índice de preços disponível para o período (CATÃO, 1992).

Tabela 1 – Processos de inventário para o município de Lavras – 1870/88

Ano	Número de processos	Ano	Número de processos
1870	34	1880	17
1871	37	1881	24
1872	22	1882	28
1873	37	1883	22
1874	29	1884	22
1875	29	1885	26
1876	29	1886	34
1877	21	1887	15
1878	20	1888	22
1879	19		
Total	277	Total	210
Total Geral		487	

Fonte: Inventários *post mortem* do município de Lavras. Cemec, Campanha, 1870-1888.

2 O monte-mor em um processo de inventário é a soma dos valores de todos os bens do inventariado, móveis, no que estão incluídos o mobiliário das casas, joias e ferramentas, imóveis urbanos e rurais, que incluem as casas de morada e instalações das fazendas, animais, escravos e dívidas ativas.

O CENSO DE 1872

O Recenseamento Geral do Império de 1872 apresenta a ocupação dos recenseados dividida em seis categorias: 1 – Profissões liberais; 2 – Profissões industriais e comerciais; 3 – Profissões manuais e mecânicas; 4 – Profissões agrícolas; 5 – Sem profissão; e 6 – Outros. Para o objetivo deste trabalho, interessa verificar especialmente os números das categorias 1, 2 e 3 que, de maneira geral, podem ser atribuídas ao ambiente urbano em oposição à categoria 4, tipicamente rural. Essa oposição não deve ser vista como absoluta. A ocupação "parteiras", por exemplo, se encontra na categoria "profissões liberais" e certamente é exercida tanto no ambiente urbano quanto no rural. Mas para a maioria das ocupações dessa categoria como "empregados públicos", "professores", "oficiais de justiça", "notários", "escrivães" e "advogados", o universo urbano é predominante. Do mesmo modo, não há dúvida quanto ao caráter rural das ocupações "lavradores" e "criadores".

A categoria "profissões agrícolas", subdividida entre "lavradores" e "criadores", apresenta o seguinte problema: é comum a todas as localidades observadas neste estudo a ausência de ocorrências da ocupação "criadores", o que, baseando-se nos processos de inventário lidos, não representa a realidade. Por esse motivo e por acreditar que essas variáveis não são conflitantes, os lavradores e criadores serão tratados em conjunto.

Quadro 1 – População total e por condição social – 1873 – municípios selecionados

Localidade	Lavras	%	Campanha	%	Pouso Alegre	%	Minas Gerais	%
Livres	23.430	73,7	20.771	75,5	17.929	81,5	1.669.276	81,8
Escravos	8.380	26,3	6.750	24,5	4.075	18,5	370.459	18,2
Total	31.810	100	27.521	100	22.004	100	2.039.735	100

Fonte: Instituto Brasileiro de Geografia e Estatística. Evolução da Divisão Territorial do Brasil 1870-2010. Documentos para Disseminação. Memória institucional. Rio de Janeiro, 2011.

Os dados do Quadro 1 apresentam os totais da população de três localidades sul-mineiras e os dados gerais para a totalidade da província de Minas Gerais. Percebemos que as localidades não apresentam grande diferença relativa na composição por condição social, com exceção de Pouso Alegre que, acompanhando a lógica do conjunto da província, apresenta menos de 20% da população na condição escrava. Lavras apresenta a maior população e a maior quantidade de escravos, superando o número de cativos do município de Campanha em mais de 1500 almas. Em trabalho sobre os municípios de Paraguaçu e Machado, ambos de Minas Gerais, em que aborda a estrutura social dessas localidades em comparação a outros municípios sul-mineiros, Maria Lúcia Prado Costa apresenta os números da população escrava da região. Segundo a autora, no ano de 1885 o município de Campanha ainda contava com 5.422 cativos, Pouso Alegre 2.227 e Lavras com 5.417 escravos (COSTA, 2002, p. 36). Segundo esses dados, no decorrer da década de 1870, até meados dos anos 1880, enquanto a população escrava de Pouso Alegre cai aproximadamente 50%, em Campanha e Lavras a queda é de 20% e 36%. Por um lado, a manutenção dos escravos pode ser analisada de forma positiva, como uma manutenção da dinâmica econômica capaz de prover a localidade de braços cativos, principalmente no final da década de 1870,[3] período de elevação do valor dos cativos; por outro lado, pode ser prevista a dificuldade de manutenção das atividades produtivas ao fim do regime escravista, dada a grande dependência do braço cativo.

Quadro 2 – Ocupações no sul de Minas Gerais por categorias segundo o Censo de 1872 – Municípios selecionados

Categoria de Ocupação	Lavras	%	Campanha	%	Pouso Alegre	%	Minas Gerais	%
Prof. liberais	83	0,3	144	0,5	34	0,2	5649	0,3
Prof. industriais e comerciais	231	0,7	249	0,9	139	0,6	15.054	0,7
Prof. manuais e mecânicas	3.424	10,8	2.975	10,8	1.813	8,2	266.239	13,1
Prof. agrícolas	7.814	24,6	7.495	27,2	6.491	29,5	486.689	23,9
Outros	9.350	29,4	7.542	27,4	7.198	32,7	540.517	26,5
Sem profissão	10.908	34,3	9.116	33,1	6.329	28,8	725.587	35,6
Total	31.810	100	27.521	100	22.004	100	2.039.735	100

Fonte: Recenseamento do Império de 1872. Base de dados do Cedeplar.

A partir do quadro 02, pode-se observar que não há diferenças marcantes entre a estrutura da ocupação dos municípios selecionados. As maiores variações, como no caso das profissões agrícolas, não ultrapassam os quatro pontos percentuais. Da

3 Sobre a elevação do preço dos escravos no referido período ver Warren Dean (1977), para Rio Claro; Camila Carolina Flausino (2006), para Mariana-MG; e Eduardo José Vieira (2012) para Lavras.

mesma forma, os valores relativos são próximos aos encontrados para a totalidade da província. As maiores variações ficam por conta das profissões manuais e mecânicas, entre as quais a parcela da população ocupada na província supera o padrão dos municípios em questão, e as profissões agrícolas em que os números relativos ao todo provincial são menores que os das localidades em tela. Diferenças mais marcantes podem ser verificadas no Quadro 3, que trata das profissões específicas em cada localidade. Cabe destacar que em todas as localidades selecionadas, bem como para a totalidade da província, a parcela da população desocupada se aproxima dos 35%, sendo apenas em Pouso Alegre 28% da população. Em análise futura, a comparação destes números com a composição etária da população identificaria se a expressiva parcela sem ocupação é equivalente ao número de crianças, verificando qual parcela deste contingente é adulta ou idosa.

Quadro 3 – Ocupações no sul de Minas Gerais – 1872 – Profissões selecionadas/ Municípios selecionados

Profissão	Lavras	%*	Campanha	%	Pouso Alegre	%	Minas Gerais	%
Empregados Públicos	7	-	16	0,1	7	-	550	-
Capitalistas e proprietários	78	0,2	53	0,2	238	1,1	6.789	0,3
Comerciantes, guarda-livros e caixeiros	221	0,7	249	0,9	139	0,6	14.588	0,7
Costureiras	1.873	5,9	2.056	7,5	1.553	7,1	159.787	7,8
Lavradores e criadores**	7.814	24,6	7.495	27,2	6.491	29,5	486.689	23,9

Fonte: Recenseamento do Império de 1872. Base de dados do Cedeplar.

*Percentuais relativos à totalidade da população.

**No município de Lavras foram verificadas onze ocorrências da ocupação "criadores", o que, frente ao número de lavradores e ao rebanho encontrado nos inventários, ainda justifica a consideração de ambos em conjunto.

Embora também não haja grandes diferenças quanto à distribuição da população pelas profissões, vale destacar a grande diferença numérica apresentada por Pouso Alegre no que se refere aos capitalistas e proprietários e o número de empregados públicos do município de Campanha, mesmo não contando com a maior população. O maior número de comerciantes, bem como de empregados públicos, existentes em

Campanha, certamente,está ligado à sua condição de sede de Comarca. Interessa destacar que o número de comerciantes de Lavras muito se aproxima do total de Campanha. O que sem dúvida fica evidente é o caráter rural da ocupação dos municípios listados. A maior parcela da população ocupada se dedica à atividades agrícolas. Como veremos, essas características podem ser constatadas quando verificada a estrutura da riqueza inventariada no município.

A RIQUEZA DESCRITA NOS INVENTÁRIOS

Passaremos à análise dos processos selecionados buscando verificar a existência de um padrão na alocação dos recursos das propriedades, mas observando eventuais particularidades de cada riqueza. O Quadro 4 mostra como estão distribuídos os bens das maiores riquezas inventariadas que, acredita-se, representam a elite local do período. Como também foi observado por Alexandre Saes e Antoniel Avelino Filho para o município sul-mineiro de Campanha, os bens imóveis e de raiz representam a maior parcela do total inventariado, alcançando 34,4% do montante (SAES; AVELINO FILHO, 2012). O predomínio dos bens imóveis no valor dos inventários também foi observado por Luciana Suarez Lopes em estudo sobre Ribeirão Preto (LOPES, 2012). Em trabalho anterior, no qual foram analisados apenas os grandes processos, representativos de 30% da riqueza total inventariada, foi demonstrada a importância das dívidas ativas que, nessa faixa de riqueza, superava a parcela alocada nos bens imóveis e de raiz (VIEIRA, 2012).

Mas o peso das dívidas ativas ainda é significativo e representa 28,3% de toda a riqueza inventariada. Para a década de 1870, os principais detentores desse ativo são Antônio Caetano de Andrade e o capitão Silvestre Alves de Azevedo. Este consta na lista de profissões do Almanaque de 1874 como "capitalista". Dos 21 processos lidos nesse período, doze também apresentam quantias aplicadas em dívidas ativas, não com o mesmo vulto desses últimos, mas o fato é que existem e indicam a existência de uma oferta de crédito local, seja de pequeno valor, principalmente nos casos de contas correntes em casas de comércio, seja de maior peso, emprestado a prêmio pré-fixado. Infelizmente, a listagem dos devedores dos dois inventários citados não tem detalhes suficientes para identificarmos a natureza dos créditos, mas há registros de empréstimos a pessoas jurídicas como o "que deve Andrade, Azevedo e Compahia (sic), setenta contos, duzentos e sessenta e quatro mil, seiscentos e cincoenta (sic) réis". E também há empréstimos pessoais, como "o que deve Antônio da Rocha Leão, por crédito a prêmio, até hoje, na importância de trinta e quatro contos, setecentos e dezoito mil e quatrocentos réis". Os mecanismos de garantia desses créditos são, primeiramente, os bens do solicitante e, como acessório, aparecem os abonos, que são garantias dadas por terceiros ao crédito efetuado.

Quanto ao custo do crédito, o inventário do capitão Flávio Antônio da Silva traz em suas dívidas passivas o registro de dívidas por crédito a prêmio de 8% e 10% ao ano. Os passivos do Alferes Manoel Corrêa Affonso registram créditos efetuados a custo de 6% e 8% ao ano. Enfim, de todos os dados de dívidas não houve nenhum registro de taxa superior a 1% ao mês. Se compararmos com as taxas apresentadas por Luciana Suarez Lopes no estudo citado, estas estão bastante acessíveis, já que a autora aponta o caso do comerciante Jacinto José de Souza, da década de 1870, que "além das contas de livro (...) também emprestava dinheiro a juros, que variavam de 1,5% a 2,0% *ao mês*" (LOPES, 2012, p. 15, grifo nosso). O dinheiro em espécie, que ocupa a quarta posição em valor, é um importante indicador de que além do montante já aplicado em dívidas ativas, havia ainda capital disponível para aplicação imediata.

Quadro 4 - Composição das maiores riquezas do município de Lavras - décadas de 1870 e 1880

Natureza dos bens	Década de 1870	%	Década de 1880	%	Total	%
Imóveis rurais	1246:663$258	33,3	706:160$132	36,7	1952:823$390	34,4
Imóveis urbanos	73:887$751	2,0	57:423$899	3,0	131:311$650	2,3
Escravos	876:727$014	23,4	371:142$125	19,3	1247:869$139	22,0
Ingênuos	2:497$545	0,1	3:745$065	0,2	6:242$610	0,1
Animais	180:422$949	4,8	98:955$967	5,1	279:378$916	4,9
Bens móveis	54:502$251	1,5	49:147$673	2,6	103:649$924	1,8
Culturas e mantimentos	43:488$674	1,2	93:351$882	4,9	136:840$556	2,4
Dívidas ativas	1087:736$937	29,0	516:800$004	26,9	1604:536$942	28,3
Dinheiro	182:400$225	4,9	27:124$214	1,4	209:524$438	3,7
Monte-mor	3748:326$604	100	1923:850$961	100	5672:177$565	100
Dívidas passivas	190:887$127	5,1	186:543$203	9,7	377:430$331	6,7
Monte-menor	3557:439$477	94,9	1737:307$758	90,3	5294:747$234	93,3

Fonte: Centro de Memória Cultural do sul de Minas (Cemec), Campanha. Processos de inventário do município de Lavras, décadas de 1870 e 1880. Elaboração do autor.

Entre os inventariados da década de 1880, a expressividade das dívidas ativas na composição das riquezas, embora tenha caído aproximadamente à metade em valores absolutos, manteve sua importância em valores relativos, representando 26,9% do valor total dos processos. Encontramos valores expressivos investidos nessa categoria nos processos do coronel José Antônio de Souza Lima, com valor de 289:688$763, representando 50,3% de sua propriedade e, embora com valor menor, a representatividade das dívidas ativas nos bens de Maria Vitória Resende e D. Maria Elysa da Costa Lima deve ser ressaltada, já que ambas ultrapassam 60% do valor total. Novamente encontramos valores altos como "o que deve o capitão José Caetano de Lima, por crédito firmado em seis de maio de mil oitocentos e oitenta e dois, a prêmio de oito por cento ao ano, no valor de 72:111$315", mas o valor médio dos empréstimos é de aproximadamente cinco contos de réis, a juros entre oito e dez por cento ao ano.

Os passivos somam apenas 6,7% do valor dos inventários. Na primeira década do período estudado, a maior fração é representada pela dívida do capitão Joaquim Custódio Pereira, que alcança o valor de 52:656$225, ultrapassando o valor de seus ativos que não chegavam a 45 contos de réis. Dez dos vinte e um inventariados possuíam dívidas em seu inventário, sendo o caso supracitado o mais expressivo. Os outros devedores têm no máximo 15% do patrimônio comprometido, sendo que seis deles não chegam a dever 5% do total. Já nos anos finais do recorte, o maior valor em passivos é o do coronel José Augusto do Amaral, 67:069$837, valor que supera a soma dos bens em quase 70%. O comprometimento médio dos bens com os passivos nos demais inventários é da ordem de 9% e, normalmente, se compõe de várias dívidas de baixo valor. No espaço deste trabalho, não é possível mensurar o peso da oferta de crédito local na economia do município e região, mas a julgar pelos dados apontados, esta não deve ser desprezada, já que, mesmo de forma residual, onde o crédito oficial não chegava, atendia a demanda imediata da população.

Como dito, os bens de raiz, imóveis urbanos e rurais, aparecem como primeiro valor do monte. Entre os inventariados da década de 1870, embora o capitão Silvestre Alves de Azevedo possua exclusivamente imóveis urbanos, trata-se de uma exceção. O que predomina nesse campo são as propriedades rurais junto com suas "benfeitorias". Elas representam, em média, 36% do total inventariado, enquanto os imóveis urbanos representam, em média, 1% do valor total. A expressividade do valor dos imóveis rurais se deve principalmente ao valor das fazendas. Algumas alcançam altas quantias como a "fazenda no lugar denominado 'Cachoeirinha', sita na freguesia da cidade de Lavras", pertencente ao Alferes Manoel Corrêa Afonso, avaliada pela expressiva quantia de 160:000$000. Domingos Marcelino também apresenta caso análogo, sendo a fazenda da Serra avaliada em 170:000$000. Como já observado, somente predomina a propriedade urbana entre os bens do capitão Silvestre Alves de Azevedo. Cabe salientar, nesse caso, que dos 61:131$500 referentes aos bens imóveis, 44:000$000 representam duas casas e um terreno situados no Rio de Janeiro. O restante são casas em Lavras, parte na "casa que se fez para o colégio junto a casa de instrução" e "parte no theatro desta cidade". Também na década de 1880 os imóveis rurais ocupam a principal parcela da riqueza, sendo o principal componente uma fazenda, com suas instalações voltadas ao suprimento da própria fazenda de toda sorte de serviços, como casas de carpintaria e tendasde ferreiro; além de instalações para produção de gêneros de abastecimento, como moinhos, engenhos de açúcar, fornos de farinha etc. A propriedade urbana, em todos os processos, resume-se a casas nos arraiais sempre com valores relativos baixos.

Os inventários trazem bastante similaridade entre os tipos de bens arrolados, salvo poucas exceções. Com exceção do capitão Silvestre Alves de Azevedo e do Capitão Flávio Antônio da Silva,[4] todos os inventariados possuíam a maior parte do valor de seus bens de raiz imobilizado em uma fazenda principal. A estrutura dessas fazendas é quase idêntica, variando apenas a dimensão da propriedade e alguns detalhes na descrição. Veja como exemplo a fazenda da Serra, de propriedade de Domingos Marcelino dos Reis, que tem "casa de vivenda, engenho de pilões, dois moinhos, dois paióis, casa de despejo, senzalas, tenda de ferreiro, monjolo, curraes (...)" e a fazenda da Cachoeirinha, de propriedade do Alferes Manoel Corrêa Affonso, que conta com "casa de vivenda, dois paióis, casa de despejo, tenda de ferreiro, moinho, monjolos, ranchos para carro (...) engenhos de cana (...)". Dessa definição das fazendas típicas, tira-se o sentido para a posse de grande quantidade de tachos de cobre, utilizados na fabricação de açúcar, encontrados em todas as propriedades. São comuns também quantidades de "ferro velho" que seriam aproveitados com a estrutura da própria fazenda. Entre os bens móveis ainda são arrolados alambiques, pipas de tamanhos variados, carros de boi. Os estoques e plantações de milho, feijão, arroz, mamona, cana, fumo e algodão também são frequentes, sendo mais recorrentes o milho, o feijão, o arroz e a cana.

É interessante registrar que o café, na década de 1870, só aparece como parte de uma chácara, em consórcio com mandioca e um bananal, sem mais informações sobre extensão ou quantidade de pés plantados. Na década de 1880, a ocorrência do café é mais frequente, mas ainda bastante tímida. No inventário de José Antônio Pereira da Silva, são contadas 280 arrobas de café, avaliadas a 1:200$000. No processo de Maria Vitória Resende, constam setenta arrobas de café, avaliadas a 280$000 e um cafezal avaliado em 400$000. No inventário do coronel José Antônio de Souza Lima, os valores são bem maiores. Em uma propriedade em que é sócio do seu co-herdeiro major José Antônio de Lima, foram listados 150 mil pés de café, avaliados a 75:000$000, mais 13 mil pés de café de três anos, a 3:900$000, e ainda 8200 arrobas de café em

4 Nesse caso, a propriedade rural era composta por seis frações de terra em fazendas distintas.

coco, avaliadas em 24:600$000 e 5000 arrobas de café verde, a 10:000$000. Essa dita propriedade, denominada fazenda do Limoeiro, situa-se no distrito de São José do Rio Pardo, Termo de Casa Branca, em São Paulo, o que configura não somente a ligação da economia mineira com o café como o investimento direto dos mineiros em regiões produtoras de fora da província. Em outra fazenda, o inventariado possuía mais 50 mil pés de café, avaliados a 3:500$000, 4 mil arrobas de café em tulha, por 12:000$000 e 3 mil arrobas de café por colher.

Nos bens móveis de todos os inventariados, encontram-se tachos de cobre, alambiques e pipas para aguardente, em alguns casos com grandes quantidades de produto estocado, como é o caso de Rita de Cássia Andrade, com 1500 kg de açúcar e vinte pipinhas de aguardente, e do José Antônio Pereira da Silva, com 1800 kg de açúcar e cinquenta barris de aguardente. Considerada a dimensão da produção, torna-se claro que não se destina apenas ao abastecimento da própria fazenda. A presença de teares e rodas de fiar também é comum. Entre os inventários da década de 1870 foram encontrados 26 teares e 115 rodas de fiar. Somente o supracitado Domingos Marcelino contava com 26 ditas entre seus bens. Nos processos da década seguinte, os teares e rodas de fiar continuam frequentes: são 31 teares e 31 rodas de fiar.

O terceiro maior peso, representando 22% do valor total dos processos, somando o total de 1247:869$139, é referente a 1646 escravos. Embora em valores absolutos a quantidade e o valor dos escravos tenham apresentado uma queda da ordem dos 50% entre a década de 1870 e a seguinte, relativamente ao valor total dos bens arrolados, a queda foi de aproximadamente quatro pontos percentuais, o que indica a permanência da escravidão como traço forte do perfil da localidade.

Dentre os inventários selecionados, o que concentra maior valor relativo em escravos é o de Maria Ribeiro dos Anjos, que imobiliza 56,06% de sua riqueza em cativos. Com um plantel de 38 almas, o alto valor da escravaria pode ser explicado pela concentração de escravos na idade adulta, do sexo masculino, e com várias especialidades declaradas como ferreiro, costureira, pedreiro, carpinteiro e carreiro. O maior valor absoluto em escravos é o de Domingos Marcelino dos Reis e se deve claramente ao tamanho do seu plantel, que conta com 89 cativos avaliados a 66:135$000.

A criação de animais também se mostrou de grande importância entre as atividades econômicas dos inventariados. O Quadro 5 traz a distribuição dos animais por tipo e finalidade. A razão dessa divisão é a diferenciação dos animais de trabalho nas fazendas dos animais criados para corte e comercialização.

Quadro 5 – Distribuição da quantidade e valor dos animais por espécie – Lavras décadas de 1870 e 1880*

Espécie de Animal	Quantidade				Valor			
	1870	%	1880	%	1870	%	1880	%
Bois de carro	658	10,7	464	11,1	32:594$588	21,0	19:353$381	16,5
Muares	336	5,5	189	4,5	18:157$140	11,7	10:437$024	8,9
Equinos	432	7,0	218	5,2	11:951$491	7,7	25:499$179	21,7
Bovinos	2394	38,9	1833	43,8	74:172$777	47,9	49:205$371	41,9
Suínos	1828	29,7	1419	33,9	17:066$844	11,0	11:885$419	10,1
Ovinos	512	8,3	59	1,4	987$743	0,6	1:089$517	0,9
Total	6160	100	4182	100	154:930$583	100	117:469$891	100

Fonte: Centro de Memória Cultural do sul de Minas (Cemec), Campanha. Processos de inventário do município de Lavras, décadas de 1870 e 1880. Elaboração do autor.

* Nesse levantamento foram desconsiderados os animais de um processo que apresentou somente o valor total dos animais sem discriminá-los por espécie.

A importância da diferenciação se mostra nos valores da tabela acima. Considerando como animais de trabalho os bois de carro e os muares, estes incluindo as bestas de carga, temos aproximadamente 15% do valor total dos animais dedicados à própria fazenda. Mesmo sabendo que esses animais também podem ser comercializados, acreditamos que a regra é a aplicação destes no trabalho. Chama atenção a quantidade de bois de carro por fazenda. No caso de Antônio Caetano de Andrade, são 75 animais dessa qualidade em uma única fazenda. Dona Maria Cândida Ribeiro possui 64 exemplares em cinco propriedades e Domingos Marcelino dos Reis, outros 57 divididos em três fazendas. Além desses, se considerarmos que boa parte dos equinos também pode ser dedicada ao trabalho nas propriedades, esse valor aumenta; mas, como não há essa diferenciação nas descrições dos processos, não sabemos exatamente qual parcela desses animais era destinada à venda ou utilizada no trabalho. Dentre os animais criados para comércio e corte, temos a predominância do gado bovino com amplo valor acima das demais categorias. O número de cabeças também supera em muito as outras criações. Dentre os proprietários, destacamos o coronel

Francisco Teodoro de Andrade Mendonça, com 401 cabeças de bovinos e Domingos Marcelino dos Reis, com 356 cabeças. Os suínos também mostram grande importância, apresentando um número de cabeças próximo aos 30% do total da criação. Os principais criadores desses animais são Domingos Marcelino dos Reis, com 293 cabeças e o capitão Flávio Antônio da Silva, com 212. Entre os criadores, o que mostra maior investimento relativo na criação de animais é o capitão Francisco Teodoro de Andrade Mendonça, com 16% do monte-mor alocado na criação. Assim como no caso dos escravos, há estabilidade no valor relativo dos animais de uma década para outra, indicando que a criação continuou a ocupar um lugar importante na economia do município.

Apesar do valor investido não alcançar grande vulto, chamou-nos a atenção a existência de dois registros de investimento em valores mobiliários. O capitão Silvestre Alves de Azevedo possuía 23 apólices da Companhia Locomotora, no valor de 4:500$000. Mais uma vez, a diminuta descrição do bem nos privou de maiores informações sobre a empresa em questão. Também há o registro de "uma ação da Casa Social de Lima, Pimenta e Companhia" no inventário do capitão Francisco Teodoro de Andrade Mendonça, com valor de 2:500$000. No caso do capitão Silvestre de Azevedo, não se trata de desvio no padrão da propriedade, já que, como vimos, a estrutura de seus bens é totalmente urbana. Mas, no caso do capitão Francisco Teodoro, embora não haja a descrição detalhada dessa companhia, percebemos a inserção de práticas econômicas modernas em uma economia com caráter visivelmente tradicional e predominantemente rural.

NÚCLEO URBANO DE LAVRAS

O caráter rural do município, verificado tanto nos dados de ocupação quanto na riqueza inventariada, parece transparecer nas características apresentadas para o núcleo urbano da sede do município, que, em 1874, ainda ensaiava a construção de uma estrutura urbana e carecia de serviços como abastecimento de água e iluminação. O *Almanaque de 1874* traz a seguinte descrição para o município de Lavras:

> há, lateraes à sua praça central, duas ruas, uma das quaes estreita e pouco ornada de habitações. (...) Antes porém, e em continuação d'aquella praça, existem muitas ruas bem providas de prédios. (...) As casas da cidade em número de 361, são em geral bem construídas e algumas de verdadeiro gosto e elegância. Há outras em construção e nestes últimos quatro anos cerca de 30 casas novas tem sido feitas – facto que demonstra o florescimento do lugar. (...) A cadeia carece de ser reconstruída e espera-se que sel-o-há brevemente. (...) Tem a câmara municipal casa

> própria onde funciona e que também serve para as audiências das autoridades e sessões do jury. É um vasto e solido edifício, com salões magníficos, boa mobília e perfeitamente adaptado ao fim á que foi destinado. (...) Conta a cidade um theatro de elegante e solida construção, mas ainda não acabado no interior. (...) O cemitério publico é vastíssimo e fechado com altos muros de pedra. (VEIGA, 1874, p. 185)

O autor registra também a construção de um hospital de caridade. Para comparação, vejamos o que apresenta sobre o município de Pouso Alegre que, como veremos, já conta com abastecimento de água:

> a povoação contém 3 praças, 26 ruas e trezentas e tantas casas, em geral bem construídas e asseiadas, distinguindo-se algumas pela elegância e bom gosto com que são construídas. (...) Há duas fontes públicas e dois chafarizes. (...) Está em construção o theatro, levado a efeito pela sociedade "União e Progresso". (...) Não tem ainda cadeia pública.(VEIGA, 1874, p. 222-226)

Sobre o município de Campanha Saturnino da Veiga diz que

> a cidade de Campanha tem 435 casas, sendo 31 de sobrado; 11 praças; 27 ruas e 8 travessas. (...) Seus principais edifícios são: a egreja matriz, a egreja de Nossa Senhora das Dores, a de Nossa Senhora do Rosário, a de Nossa Senhora das Mercês, a de S. Sebastião e uma elegante capela no cemitério público. (...) Tem uma casa de caridade, um theatro com três ordens de camarotes, uma grande cadeia e uma praça de mercado. (...) Há na Campanha uma Biblioteca pública. (...) Muitas das ruas são calçadas, havendo aos lados passeios de pedras conhecidas por pedras de S. Thomé. (VEIGA, 1874, p. 51-58)

Considerando a descrição apresentada em 1874, a estrutura das referidas cidades não parece ser muito diferente, com exceção de Campanha, que já nesta data apresenta terminados prédios que em Lavras e Pouso Alegre estão em construção, como teatro e cadeia pública. Algumas mudanças podem ser percebidas se observadas as descrições feitas por Bernardo Saturnino da Veiga no *Almanach de 1884*, como a iluminação pública já presente em Campanha e Pouso Alegre, mas não em Lavras.

Em Lavras, embora o autor tenha destacado o aumento no número de casas e a construção de novos prédios no decorrer da última década, enfatiza a ausência do abastecimento de água, que viria a ser concluído apenas no ano seguinte.

> A cidade de Lavras, (...) tem mais de 400 casas, das quaes cerca de 60 construídas nos últimos 10 annos, havendo entre elas prédios de solida e elegante construção, como são o excelente paço da câmara municipal (...) o hospital de caridade, a casa de instrução publica; o theatro, construído por uma associação e infelizmente abandonado. etc. (...) Lavras não possue um só chafariz publico, provindo a agua de que se serve a população de poços existentes nos lugares mais baixos do lugar. [sic] (VEIGA, 1884, p. 582-583)

Para Pouso Alegre, as principais mudanças relatadas no levantamento de 1884 são a iluminação por querosene, a ampliação do número de casas, com expressivo aumento na última década, e a conclusão do teatro.

> A povoação possue 4 praças, 26 ruas e cerca de 400 casas, em geral bem construídas e asseiadas, das quaes mais de 80 forão edificadas nestes últimos 10 annos. (...) Tem a cidade um bonito e grande theatro, denominado – União, com acomodação para 1000 pessoas. (...) É deficiente o abastecimento de água à cidade. (...) A cidade é iluminada por 70 lampeões de Kerosene. (VEIGA, 1884: 367, p. 370)

Em Campanha, as principais mudanças destacadas pelo autor são o abastecimento ampliado de água e também a ampliação no número de casas e a iluminação por lampiões de querosene.

> Há na cidade regular suprimento d'agua para as necessidades da população, sendo proveniente de fontes publicas e particulares, cisternas, etc. A municipalidade possue um encanamento, obra de valor (...) e que é destinado a trazer agua aos pontos mais elevados da Campanha. (...) A cidade, que é iluminada por 70 lampeões de querosene, conta approximadamente 500 casas, das quaes mais de 50 forão edificadas nos últimos 10 anos. (VEIGA, 1884, p. 85-86)

Parece-nos razoável concluir que se trata de localidades que passavam por mudanças que sinalizavam para a consolidação de uma estrutura urbana, com a ampliação do número de casas, calçamento de ruas e construção de prédios públicos. No entanto, serviços de grande importância como iluminação pública e abastecimento de água ainda eram ainda insuficientes no município de Lavras. Os recursos que financiavam essas transformações provinham dos cofres públicos, mas podia haver participação da iniciativa particular de grandes proprietários por meio de sociedades beneficentes ou iniciativas individuais, como o caso do comendador José Esteves de Andrade Botelho, que adiantara à Câmara Municipal os fundos necessários para a aquisição da casa da Câmara de Lavras, em 1854 (COSTA, 1911, p. 135). Não por acaso, o referido comendador ocupara o cargo de presidente da Câmara por oito vezes entre os anos de 1842 e 1881 (NÉMETH-TORRES, 2012).

CONSIDERAÇÕES FINAIS

Embora tenhamos tratado nesse texto de um período que antecede o recorte proposto pelo livro *sul de Minas em Urbanização*, acredita-se ter demonstrado que as transformações nos núcleos urbanos, com o aumento no número de casas, a construção de prédios públicos e melhorias na infraestrutura das cidades vinham desde a década de 1870, pelo menos nos casos dos municípios aqui citados. No entanto, o desenvolvimento desses núcleos não parece enfraquecer, ou enfraquecer muito lentamente, as características rurais da economia das localidades. Os números referentes à ocupação da população lavrense e as características das riquezas inventariadas atestam essa afirmação.

Mesmo encontrando um expressivo valor alocado em dívidas ativas, a parcela predominante no valor dos inventários ainda é a propriedade rural, com grande número de mão de obra cativa e expressiva criação de gado. Às vésperas do fim da escravidão no país, as principais fortunas da localidade não sofreram mudanças em sua estrutura, e o caráter rural e escravista atribuído à economia mineira permaneceu forte. Neste contexto de lentas transformações, a elite lavrense acumulou sua riqueza com atividades ligadas à produção e ao comércio de gêneros de abastecimento.

FONTES E REFERÊNCIAS BIBLIOGRÁFICAS

CENTRO DE MEMÓRIA CULTURAL DO SUL DE MINAS, Campanha-MG. Processos de inventário do município de Lavras, década de 1870. Caixas 168, 206, 177, 193, 180, 178, 187, 223, 207, 232, 247, 243, 240, 213 e 208.

ANDRADE, Marcos Ferreira de. *Elites regionais e a formação do estado imperial brasileiro: Minas Gerais – Campanha da Princesa (1799-1850)*. Rio de Janeiro: Arquivo Nacional, 2008.

CATÃO, Luis A. V. "A new wholesale price index for Brazil during the period 1870-1913". *Revista Brasileira de Economia*, v. 46, n. 4, p. 519-533, out./dez. 1992.

COSTA, Firmino. "História de Lavras". *Revista do Arquivo Público Mineiro*, Imprensa Oficial de Minas Gerais, Belo Horizonte, v. 16, p. 125-160, 1911.

CUNHA, Alexandre Mendes; SIMÕES, Rodrigo Ferreira e PAULA, João Antônio de. "História Econômica e Regionalização: contribuição a um desafio teórico-metodológico". *Estudos Econômicos*, São Paulo, v. 38, n. 3, p. 493-524, jul./set. 2008.

CUSTÓDIO SOBRINHO, Juliano. *Negócios internos: estrutura produtiva, mercado e padrão social em uma freguesia sul-mineira. Itajubá – 1785-1850.* Dissertação (mestrado) – UFVJF, Juiz de Fora, 2009.

______. *Produção mercantil e diversificação econômica: um desafio para o sul-mineiro. Freguesia de Itajubá (1785-1850).* Seminário de economia mineira. Diamantina: Cedeplar, 2010.

DIAS, Maria Odila Leite da Silva. "A interiorização da metrópole: 1808-1853". In: Carlos Guilherme Mota (org.). *1822: Dimensões.* 2ª ed. São Paulo: Perspectiva, 1986.

DINIZ, Clélio Campolina. *Estado e capital estrangeiro na industrialização mineira.* Belo Horizonte: UFMG/PROED, 1981.

VIEIRA, Eduardo José. *A economia do município de Lavras nas décadas finais do regime escravista (1870-1879),* XVIII Encontro Regional, ANPUH-MG, 2012.

GODOY, Marcelo Magalhães. "Minas Gerais na República: atraso econômico, estado e planejamento". *Cadernos da Escola do Legislativo*, Belo Horizonte, v. 11, n. 16, p. 89-116, jan./jun. 2009.

HEINZ, Flávio M (org). *Por outra história das elites.* Rio de Janeiro: Editora FGV, 2006.

LANNA, Ana Lucia Duarte. *A transformação do trabalho: a passagem para o trabalho livre na Zona da Mata mineira, 1870/1920.* Campinas: Unicamp, 1988.

LENHARO, Alcir. *As Tropas da Moderação: o abastecimento da corte na formação política do Brasil (1808-1842).* São Paulo: Edições Símbolo, 1979.

LIBBY, Douglas Cole. *Transformação e trabalho em uma economia escravista: Minas Gerais no século XIX.* São Paulo: Brasiliense, 1988.

LINHARES, Maria Yedda Leite. *História do abastecimento: uma problemática em questão (1530-1918).* Brasília: Binagri, 1979.

LOPES, Luciana Suarez. *Um estudo sobre a composição da riqueza de Ribeirão Preto com base nos inventários post mortem (1866-1888).* Disponível em: <http://www.ribeiraopreto.sp.gov.br/scultura/arqpublico/artigo/i14riqueza.pdf>. Acesso em: 2 abr. 2012.

MARTINS, Roberto Borges. *A economia escravista de Minas Gerais no século XIX.*

Belo Horizonte: Cedeplar/UFMG, 1982.

______. *Minas e o tráfico de escravos no século XIX, outra vez*. Belo Horizonte: Cedeplar/UFMG, 1994. Texto para Discussão n. 70.

MOTTA, José Flávio. *Velhos no cativeiro: posse e comercialização de escravos idosos*, XVI Encontro Nacional de Estudos Populacionais de Caxambu-MG, 2008.

NÉMETH-TORRES, Giovani. *Arcontologia Lavrense (1729-Hoje)*. Disponível em: <http://historiadelavras.blogspot.com.br/2012/03/arcontologia-lavrense.html>. Acesso em: 3 set. de 2014.

PAIVA, Clotilde Andrade. *População e economia nas Minas Gerais do século XIX*. Tese (doutorado) – FFLCH-USP, São Paulo, 1996.

RESTITUTTI, Cristiano Corte. *As fronteiras da província: rotas de comércio interprovincial: Minas Gerais (1839-1884)*. Dissertação (mestrado) – Unesp, Araraquara, 2006.

SAES, Alexandre Macchione; AVELINO FILHO, Antoniel. *Campanha da Princesa na última década do escravismo*, VII Seminário Nacional do Centro de Memória UNICAMP-CMU, Campinas, 2012.

_____. *Escravidão e trajetória das elites locais: campanha e Pouso Alegre no ocaso da escravidão*, XV Seminário sobre a economia mineira, Diamantina, 2012.

SLENES, Robert. "Os múltiplos de porcos e diamantes: a economia escravista de Minas Gerais no século XIX". *Cadernos IFCH-Unicamp*, Campinas, n. 17, 1985.

VEIGA, Bernardo Saturnino da. *Almanach Sul-Mineiro para o ano de 1874*. Campanha: Thypographia do Monitor Sul-Mineiro, 1874.

______. *Almanach Sul-Mineiro para o ano de 1884*. Campanha: Thypographia do Monitor Sul-Mineiro, 1884.

Pouso Alegre

Fonte: Museu Municipal de Pouso Alegre.

POUSO ALEGRE

uma economia de abastecimento numa sociedade exportadora (1880-1920)

Fernando Henrique do Vale
Alexandre Macchione Saes
Rafaela Rodrigues da Silva Carvalho

Pouso Alegre se consolidou como uma das principais cidades do sul de Minas na transição para o século XX. Entretanto, diferentemente da trajetória de outras cidades da região, em que o dinamismo econômico foi resultado da expansão da produção de café, em Pouso Alegre a agricultura de abastecimento foi a responsável pelo crescimento e constituição de um dos mais importantes mercados regionais do sul de Minas. Elevada à categoria de vila em 13 de outubro de 1831, Pouso Alegre destacava-se em meados do século XIX ainda como centro religioso, assim como parada estratégica no trajeto entre Minas Gerais e São Paulo. Mais tarde a cidade parece se beneficiar do crescimento do comércio exportador sul-mineiro, com rápida difusão da cultura cafeeira nas duas décadas finais dos oitocentos, para cumprir o papel de centro de abastecimento das cidades que se especializavam na cultura exportadora. Em 1895, com a chegada da estrada de ferro Viação Férrea do Sapucaí, a cidade reforça seu papel de mercado regional, estreitando a ligação com o estado de São Paulo. Foi nesse período que Pouso Alegre pode empreender importantes melhorias urbanas: desde 1888 a cidade já dispunha de iluminação pública e, em 1907, já teria contrato com a Empresa Telefônica de Pouso Alegre, sendo a primeira cidade do sul de Minas a contar com energia elétrica.

Nesse sentido, o presente artigo pretende expor as transformações urbanas de Pouso Alegre, por meio de suas atas da Câmara Municipal, de almanaques locais e dos inventários da cidade, desvendando o perfil de sua elite e os projetos políticos dominantes no período. Por conta de seu perfil produtivo e relevância para a articulação do comércio regional, Pouso Alegre pode ser considerada uma cidade bastante particular na constituição de uma economia de exportação como foi sul de Minas com a introdução do café nas décadas finais do século XIX: sua dinâmica econômica, sua elite e seu processo de urbanização não podem ser considerados como respostas diretas da expansão da produção de café, pois esta na localidade era irrelevante. A economia cafeeira na região do sul de Minas permitiu, por outro lado, que oportunidades fossem criadas mesmo para municípios, como Pouso Alegre, que seguiram o caminho da diversificação de suas atividades urbanas e comerciais, ou não menos importante, da produção de mercadorias voltadas não para a exportação, mas para o abastecimento do mercado interno. No que diz respeito à sua estrutura produtiva, sendo o segundo maior município em área cultiva do sul de Minas em 1920, e o maior em área cultiva de arroz, milho e mandioca, Pouso Alegre se destacou ao atender ao mercado local, tornando-se central na rede de comércio da região. Por outro lado, politicamente era um centro difusor de ideias e de líderes regionais desde meados do século XIX, com uma imprensa desenvolvida e uma população urbana representativa, o que reforçava, portanto, sua capacidade de articulação com outras esferas de poder para permitir o desenvolvimento local.

A FORMAÇÃO DA VILA DE POUSO ALEGRE: DE POUSO DOS MASCATES AO CELEIRO REGIONAL

Grande parte dos memorialistas que escrevem sobre a história de algum lugar ou região procura ressaltar a relevância dos meios naturais, como a posição geográfica e fatores climáticos, entre outros aspectos, na definição e escolha daquela localidade para assentamento de um povoado. Para Pouso Alegre essa característica não foge à regra. A região em que se encontra hoje a cidade foi favorecida, na origem, por sua posição geográfica: estabelecida no chamado *caminho* velho, rota comercial entre sul do país e as cidades mineradoras de Minas Gerais, serviria como parada para aqueles que buscavam cruzar o rio Mandu, afluente do rio Sapucaí, que se apresentava de difícil travessia. Nessa localidade, aos poucos, foi se formando um complexo de roças, ranchos, pastagens e vendas para atender as tropas que avançavam rumo ao interior mineiro. Aproveitava-se o relato do *Almanach Sul-Mineiro de 1874* "da fertilidade de suas terras e da sua admirável e lisonjeira posição geográfica" (VEIGA, 1874, p. 221).

As primeiras informações que se têm de expedições em busca do ouro e de pedras preciosas na região denominada Minas Gerais datam de 1573, sendo que a ocupação do espaço sul-mineiro se deu apenas no final do século XVII. A região denominada "Mandu" ou "Pouso do Mandu", portanto, estava localizada na rota dos caminhos que as tropas percorriam, exercendo a função de acolhida em ranchos aos exploradores e comerciantes que se deslocavam no trânsito entre as cidades mineradoras e localidades como São Paulo e o Rio de Janeiro. Em determinadas épocas de cheias do rio Mandu essas tropas tinham que esperar a fase de estiagem para continuar suas rotas. Por isso muitos paulistas e mineiros se estabeleceram na região, seja por carta de sesmaria, ou até mesmo no intuito de se aventurar na abertura de fazendas de plantações e de criar. Estando entre o arraial de São Francisco de Paula de Ouro Fino e da Santana do Sapucahy, povoados que desenvolviam a atividade mineradora, rapidamente foi criado um ponto de fiscalização de mercadorias: "faz crer que seria um registro de grande movimento, porque por aí passava o único caminho conhecido pelos viajantes, entre Vila Rica e São Paulo" (GOUVÊA, 2004, p. 17).

A nova dinâmica comercial proporcionou um considerável crescimento do povoado. Como acentua Amadeu de Queiroz, a região já vinha aglomerando uma representativa população:

> A existência de um Registro na paragem do Mandu, em 1755, implica, por força, a presença de moradores no lugar, salvo a hipótese de o Fiel desse Registro ter sido o primeiro habitante do Mandu. Mas não é crível que o Governo tivesse criado um posto fiscal em paragem longínqua e o entregasse a um homem solitário ou, quando muito, acompanhado de dois soldados. (QUEIROZ, 1998, p. 49)

No final do século XVIII, sua população manifestou o interesse da construção de uma capela como ponto de referência religioso e de sociabilidade. Os pedidos dos moradores para a criação de uma freguesia na referida capela, como também o desmembramento de Sant'Ana do Sapucaí, tinham registros desde 1805. Nesse momento a freguesia já não seria mais chamada de Mandu, mas seguia-se a sugestão do conde de Sarzedas:

> em 1797 o Governador D. Bernardo José de Lorena, Conde de Sarzedas, que de S. Paulo fôra transferido para a Capitania de Minas Geraes, passou pelo nascente povoado, onde veio encontra-lo o juiz de Fóra de Campanha, Dr. José Joaquim Carneiro de Miranda. Encantados pela esplendida belleza do lugar em que se achavão, conta-se que um daquelles cidadãos dissera que o lugar não devia chamar Mandú, como então era conhecido, mas sim *Pouso Alegre* –, e que dahi veio a denominação que o povo e a lei posteriormente sanccionárão. (VEIGA, 1884, p. 367)

Assim, em 1810, foi instituída a freguesia de Pouso Alegre, por alvará de 6 de novembro. Sendo feita a demarcação do novo distrito paroquial, novas famílias começaram a habitar o lugar nascente, fortalecendo a dinâmica econômica da região. A nomeação do padre José Bento Leite Ferreira de Mello para os cuidados religiosos daria novos rumos para a expansão e para o desenvolvimento do povoado.

Padre José Bento foi fundador da tipografia que publicaria o *Pregoeiro Constitucional* – o primeiro jornal do sul de Minas e o quinto da província (PASCOAL, 2001, p. 214) – e tornou-se defensor dos princípios liberais e político de relevante atuação inclusive com a corte (OLIVEIRA, 1900, p. 101). Atento não somente às necessidades religiosas, José Bento preocupou-se também com a estrutura e o bem estar local, dirigindo pessoalmente o "alinhamento das ruas, a disposição das casas, e tudo quanto interessava à higiene e embelezamento da povoação (...) promovendo o aumento de sua população, atraindo para ele parentes e amigos" das regiões circunvizinhas (QUEIROZ, 1933, p. 17-8).

Nos anos seguintes à Independência do Brasil, o termo de Campanha era composto por dez freguesias, sendo que Pouso Alegre já se descava como a segunda maior em população, com 6.490 habitantes, dentre eles 1.285 escravos. Estava atrás apenas da sede do termo, da freguesia de Campanha, que era composta por 8.587 habitantes, com mais de 2.400 escravos (PASCOAL, 2008, p. 149). Com uma elite local que se destacava na criação de víveres e produtos voltados ao abastecimento, e com a liderança política do padre José Bento, Pouso Alegre foi elevada à categoria de vila em 1831, assumindo certa independência administrativa da vila de Campanha. Na realidade, a elevação de Pouso Alegre ao posto de vila era resultado de um primeiro movimento de emancipação, ligado à ascensão de grupos voltados ao comércio de abastecimento interno, especialmente na articulação com a Corte instalada no Rio de Janeiro. Nesse sentido, as freguesias Baependy, Jacuhy, Lavras, Jaguary e Itajubá, que se tornaram vilas entre 1814 e 1840, sedimentaram o perfil escravista e produtor de alimentos voltados ao abastecimento que todas essas novas vilas compartilhavam como característica social e econômica.

No ano seguinte à elevação à categoria de vila, instalava-se a Câmara Municipal de Pouso Alegre, realizando diversas obras como a construção de uma cadeia, abertura de valas, alinhamento de ruas, a criação de escola de primeiras letras e de um correio comunicando com as vilas de Lorena e de São Paulo. Nesta mesma época foi registrado o início da apicultura e do cultivo e fabricação do chá da Índia (QUEIROZ, 1933, p. 39). Entretanto, sua atividade fundamental ainda era o comércio de abastecimento, tanto os proprietários locais teriam apoiado a construção da estrada do Picú, construída em 1820, que se tornaria a principal ligação do sul de Minas com a Corte (DELFINO, 2010, p. 41). Vale lembrar o significado que esse grupo de proprietários e comerciantes do sul de Minas teriam alcançado entre as décadas de 1820 e 1840, quando as tropas da moderação, nas palavras de Alcir Lenharo (1979), assumiriam peso decisivo na política do Império.

Sendo banhada pelos rios Mandu e Sapucaí-Mirim, a cidade passou a utilizá-los também para a comunicação e para o comércio. O transporte em barcas atendia com produtos agrícolas localidades dos municípios de Pouso Alegre, Itajubá, Alfenas e Campanha. Conforme Bernardo Saturnino da Veiga, o rio Sapucaí Grande "que é tributário o mirim e que serve de communicação entre os pontos acima, passa à 6 kilometros da cidade e à pouco maior distancia corre o Cervo, cujo valle, de prodigiosa uberdade é tido como um rico celleiro da freguesia" e favorecendo o deslocamento das culturas e pastagens para outras localidades (VEIGA, 1874).

A Praça do Mercado da cidade foi criada em 1858, institucionalizando assim a dinâmica e a vocação comercial da localidade. O comércio até então era realizado de porta em porta, livremente, em que atuavam "carreiros, tropeiros e condutores de toucinhos, milho, farinha, arroz, feijão ou quaisquer outros gêneros percorrerão todas as ruas da cidade afim de venderem ao povo os gêneros conduzidos"[1](ACPA, 21 dez. 1859). O Código de Postura de 1858 estabelecia uma organização de toda forma de comércio, seja ela informal ou em seus próprios estabelecimentos. Cada comerciante possuía uma licença como forma de controle e de arrecadação para a municipalidade. Com o intuito de organizar e padronizar essa maneira de comércio, que se dava pelas ruas da cidade, as posturas já previam certos espaços para as atividades, designando "a praça ou praças que devem servir de ponto de reunião em concorrência para os vendedores e compradores" (PCPA, 1859, p. 208).

Em uma dessas praças, a Câmara Municipal "mandará edificar um telheiro espaçozo dividido em varandas e departamentos, segundo uma planta que para esse fim levantar" (PCPA, 1859, p. 208). A edificação proposta para ocupar tal espaço seria construída para que no "futuro se torne em edifício elegante e duradouro para n'elle realisar-se uma feira ou praça do Mercado" (PCPA, 1859, p. 209). Essa seria uma forma do governo municipal angariar fundos com os impostos que fossem cobrados, sendo "parte da renda municipal o aluguel desses departamentos ou quartos que forem alugados aos carreiros ou tropeiros e quaesquer outros importadores, tanto de fora como do Município" (PCPA, 1859, p. 209). Com essa pretensão de se institucionalizar um local para o comércio, em sessão da Câmara Municipal, no ano de 1859, os vereadores autorizaram os trabalhos na Praça do Mercado.

As pessoas que realizavam atividades comerciais na cidade, até então sem fiscalização e sem impostos, poderiam continuar atuando. Contudo, conforme deliberação da Câmara Municipal, "não poderão dispor dos gêneros sem que estejão expostos a venda no lugar, digo a venda no largo da Matriz d'esta cidade atrás da Igreja",[2] demarcando o referido espaço a partir daquele momento como lugar de comércio, até que o

1 *Documento que autoriza o início dos trabalhos na praça do Mercado.* Ata da Sessão Extraordinária da Câmara Municipal de Pouso Alegre, 21 dez. 1859.

2 *Ibidem.*

presidente da Câmara edificasse uma casa apropriada para essa finalidade. O local era constituído de "um pequeno edifício (...) que presta bom serviços a cidade e poucos mercados conhecemos que sejão tão fartos e concorridos como é este" (PCPA, 1859, p. 226) atendendo a diversas regiões.

Em 1874, o núcleo urbano de Pouso Alegre que seguia em expansão era composto por três praças, 26 ruas e um pouco mais de trezentas casas. Entre as atividades que compunham o cotidiano da cidade se destacavam aquelas realizadas pelos denominados *proprietários*, número considerável de fazendeiros e donos de engenhos de serra; pelos profissionais liberais, compostos por oito advogados, dois médicos e outros dois dentistas; no que diz respeito ao *comércio*, eram os negociantes de fazendas (armarinhos e ferragens), aqueles ditos de molhados (louça e gêneros da terra), e os proprietários de depósitos de sal, açúcar e das casas de comissão; na *indústria, artes e ofícios* a cidade mostrava profunda diversidade, com profissionais como alfaiates, bilhares, caldeireiros e funileiros; carpinteiros, ferradores, ferreiros e fogueteiros; donos dos três hotéis, da padaria, da farmácia; marceneiros, olarias, ourives, pedreiros, relojoeiros, sapateiros, seleiros, taipeiro, tropeiros, tipógrafos e, finalmente, os ditos empregados de todas essas atividades, compondo assim uma classe urbana crescente que dinamizaria a localidade (VEIGA, 1874, p. 222).

Para atuar e diversificar ainda mais a dinâmica econômica da cidade de Pouso Alegre, em 1880 chegam os primeiros imigrantes na cidade de diversas nacionalidades. Pouso Alegre possuía em 1884, como consta no *Almanack Sul Mineiro*, quatro praças, as mesmas 26 ruas, entretanto já contava com cerca de quatrocentas casas. E, no que diz respeito ao que era produzido no local, existia uma fábrica de chapéus e uma de velas de cera. Exportava-se polvilho, porcos e gado. Do mesmo modo, plantava-se chá, o qual era exportado para a corte. Tropeiros e fazendeiros de café e de produtos de abastecimento, entre outras atividades, fortaleciam o núcleo da economia pouso-alegrense. E tendo como atividades voltadas ao mundo urbano eram elencados: açougue, alfaiataria, ferreiros, hotéis, farmácias, profissionais envolvidos com fabricação de vinho (VEIGA, 1884). O que pode ser considerado como um marco nessa tendência à valorização do espaço urbano foi a construção do Teatro Municipal, fundado em 1875 e mantido pela Associação Dramática Pouso-Alegrense: ponto de encontro da elite local.[3]

Segundo o Almanach Sul Mineiro de 1884, a produção de cereais era uma das principais culturas, assim como a cana, o fumo e o algodão. Na década de 1880 eram sete fazendeiros que manifestavam a presença em suas terras a produção de café, mas que certamente não eram produções representativas perto das produções de cereais que caracterizavam a produção da dezena de produtores agrícolas da cidade. O trabalho no campo se dava principalmente nos bairros dos Afonsos, localizado no vale

3 Na época eram apenas seis teatros no sul de Minas, localizados em Campanha, Passos, Itajubá, Lavras e Carmo (VEIGA, 1874, p. 37).

do cervo, sendo na época o principal "celeiro da cidade"; e, também,eram áreas de produção os bairros do Rozeta, Pantano e Anhumas.

O núcleo urbano de Pouso Alegre nesta época era constituído por uma Casa de Câmara, um edifício amplo que abrigava a cadeia; o Teatro da cidade que recebia até mil pessoas para seus espetáculos; e, por fim, um gabinete de leitura, uma escola para ambos os sexos e um número expressivo de jornais publicados. Desde 1878, Pouso Alegre era iluminada por setenta lampiões de querosene instalados em postes e acendidos no período da noite, como relata Bernardo Saturnino da Veiga.

> A cidade, notável ainda pela limpeza de suas ruas e asseio das casas, é illuminada por 70 lampeões de kerosene, que são acesos ao anoitecer e extinctos às 11 horas da noite. Este melhoramento é também devido à iniciativa e esforços do Dr. Francisco Luiz da Veiga, que obteve da assembléa pronvicial a quota annual de 1:500$ para auxilio dessa illuminação, que data de 1878, adiantando não pequena quantia para a compra de lampeões, acquisição de poste e inauguração do serviço. (VEIGA, 1884, p. 370)

Com a implantação da ferrovia em 1895, a Viação Férrea do Sapucaí, a dinâmica dos transportes de cargas e de pessoas foi facilitada e o contato com os grandes centros e com a corte tornou-se tanto mais rápido como mais seguro. A ferrovia do Sapucaí, posteriormente encampada pela Rede Sul-Mineira de Viação – em 1910 –, se comunicava com a estrada de ferro Minas e Rio, alcançando a cidade de Cruzeiro no Vale do Paraíba paulista. A cidade passou a crescer de maneira significativa, tornando-se uma das maiores do sul de Minas no início do século XX e, mesmo depois de desmembramentos como da cidade de Silvianópolis em 1912, acarretando uma perda de quase 20 mil habitantes, Pouso Alegre seria a maior cidade da região em população em 1920 com uma população de 67.401 habitantes.

Esse rápido crescimento, contudo, não se dava exclusivamente por meio da relação de Pouso Alegre com o tradicional mercado do Rio de Janeiro. Mais próxima à província de São Paulo, a cidade esteve religiosamente integrada ao bispado paulista e, às margens do rio Mandu, era ponto de parada nas rotas comerciais entre Vila Rica e São Paulo (GOUVÊA, 2004, p. 17). Se essa rota não era tão importante quanto às estradas que cortavam em direção ao Rio de Janeiro na primeira metade do século XIX, com a expansão da cafeicultura paulista entre as décadas de 1870 e 1880 Pouso Alegre pareceu se beneficiar muito dessa posição estratégica. O município que, como constava no *Almanack Sul-Mineiro de 1884*, já se apresentava como um centro urbano expressivo para a região, parece ter assumido decididamente uma função central no comércio regional na transição para o século XX. Assim, compreender como a cidade respondeu aos desafios das últimas décadas do oitocentos pode ajudar a esclarecer essa trajetória, que certamente corresponde a construção de uma dinâmica bastante peculiar dos municípios da região no momento de introdução da cafeicultura, mas que não deixou também de valorizar seu espaço urbano, participando ativamente do modelo de modernização em pauta no período.

POUSO ALEGRE NO OCASO DA ESCRAVIDÃO

O sul de Minas na segunda metade do século XIX tem sido caracterizado como um território marcado pela diversidade de atividades: tanto aquela produção tradicional de alimentos e criação de animais voltada ao abastecimento, como nas décadas finais do oitocentos, da economia de exportação com a introdução do café.[4] Entender a crise do trabalho escravo na região, nesse sentido, é avançar na compreensão da diversidade e da multiplicidade das dinâmicas de Minas Gerais. Afinal, o sul de Minas parece receber ora influências da dinâmica cafeeira paulista, inclusive com a existência de fluxos de imigração (COSTA, 2002), ora assumindo uma estrutura agrária de pequenas propriedades voltadas à subsistência ou mesmo de grandes propriedades cujas produções eram voltadas para o mercado interno e não tinham condições de incorporar trabalhadores estrangeiros em suas produções (LIBBY, 1988). Mas uma dúvida pode ser extinta: a escravidão foi sim parte decisiva na estrutura social e econômica do sul de Minas ao longo do século XIX. Sua elite dependia do trabalho escravo, seja no trabalho produtivo, comercial ou doméstico, sendo voltado ao mercado interno ou ao externo.[5]

A realidade escravistana última década imperial, contudo, apresentando crescente dificuldade de reprodução da mão de obra cativa que pudesse atender às atividades econômicas, somadas as seguidas leis de emancipação escrava que indicavam a proximidade da abolição, colocou aos grupos locais a prioridade de se pensar em soluções voltadas ao mercado de trabalho. A exemplo disso, numa matéria datada de 12 de dezembro de 1881, o jornal pouso-alegrense *Livro do Povo* dirigia-se ao pequeno agricultor, quem de fato abastecia o mercado da cidade, declarando que:

> É patente e por todos lamentada a falta de camaradas para o serviço rural e mesmo para os misteres da vida doméstica nos centros populosos. O elemento servil que tem sido até hoje quase o único recurso que possuímos, além de diminuído conside-

4 Além dos trabalhos clássicos, como de Alcir Lenharo (1979) e Roberto Martins (1980), conferir os estudos da primeira parte desta coletânea, em especial, Lobato (2016) e Saes e Castilho (2016).

5 Para o trabalho escravo enraizado na estrutura social do sul de Minas, cf. Marcos Ferreira de Andrade (2008); Leonara Lacerda Delfino (2010); Isaías Pascoal (2007) e Fábio Francisco de Almeida Castilho (2009).

> ravelmente por efeito da lei de 28 de setembro de 1871, vai-se tornando imprestável pela falta de educação moral a que tem sido fatalmente condenado pela sua degradante condição.[6]

Entre 1873 e 1885a tendência de aproximação do fim da escravidão se materializava pela queda no número absoluto de escravos nos municípios do sul de Minas – cenário que ocorria paralelamente em outras regiões do país –, com uma redução de quase vinte mil escravos no período para toda a região (tabela 1).

Tabela 1 – População escrava dos municípios sul-mineiros (1873, 1883 e 1885)

Municípios	1873		1883		1885	
	Nº Escravos	%	Nº Escravos	%	Nº Escravos	%
Alfenas	4.170	5.6	5.022	8.0	4.495	7.7
Ayruoca	3.564	4.8	3.092	4.9	2.654	4.5
Baependy	7.248	9.7	6.306	10.0	3.877	6.6
Cabo Verde	1.510	2.0	1.510	2.4	1.385	2.4
Caldas	2.391	3.2	2.720	4.3	2.492	4.3
Campanha	6.750	9.1	3.379	5.3	5.422	9.3
Carmo de Rio Claro	-	-	1.227	1.9	1.227	2.1
Christina	4.547	6.1	5.599	8.9	4.610	7.9
Dores da Boa Esperança	4.764	6.4	2.455	3.9	2.477	4.2
Itajubá	4.496	6.0	3.960	6.3	4.048	6.9
Jaguary	1.070	1.4	1.172	1.8	1.069	1.8
Lavras	8.380	11.2	6.322	10.0	5.417	9.3
Passos	4.065	5.4	5.623	8.9	4.792	8.2
Pouso Alto	-	-	2.439	3.9	2.282	3.9
Pouso Alegre	4.075	5.4	3.465	5.5	2.227	3.8
S. José do Paraíso	4.164	5.6	1.890	3.0	1.778	3.0
S. Gonçalo	-	-	37	0.05	151	0.2
S. Sebastião do Paraíso	3.598	4.8	3.814	6.0	3.537	6.1
Três Pontas	5.997	8.0	2.817	4.4	2.313	4.0
Ouro Fino	3.574	4.8	-	-	1.694	2.9
Total	74.363	100	62.849	100	57.947	100

Fonte: Delfino (2010, p. 77).

6 *Livro do povo*. Pouso Alegre, 12 dez. 1881.

A população escrava em Pouso Alegre, constituída por um pouco mais de 4 mil almas, representava 18,5% de sua população total. Isto é, a cidade mantinha uma proporção na média da região: apenas cidades como Três Pontas, Campanha e Baependi sustentavam quase um quarto de sua população como cativa, enquanto as médias de Pouso Alegre, São Sebastião do Paraíso, Lavras, Itajubá e Cristina, como Pouso Alegre, ficavam um pouco abaixo de vinte por cento (DELFINO, 2010, p. 76). Leonara Delfino, em trabalho sobre a estrutura da escravidão em Pouso Alegre nos oitocentos, define a cidade como uma "localidade eminentemente escravista". Por meio da análise de 678 inventários da cidade entre os anos de 1820 e 1888, a autora encontrou a presença de escravos em 55,6% dos processos, com a predominância de pequenos e médios planteis. Entre os 377 inventários com a presença de escravos, apenas um apresentava mais de cem escravos, o do capitão João Pinto da Fonseca, enquanto a média de escravos por propriedade era de 8,8. Conforme a autora:

> observamos que do total de 3.340 escravos arrolados ao longo do período de 1820-1888, 49,7% destes concentraram-se em grandes propriedades, situadas na faixa de plantel entre 11 a 49 escravos e apenas 6,4% do total da escravaria do município pertenciam a planteis menores. (DELFINO, 2010, p. 86)

Como a própria autora relativiza em sua dissertação, esse era um padrão bastante comum da estrutura de posse disseminada na região, quando comparado com cidades como Campanha e Itajubá.

Consideramos, contudo, que apesar de algumas semelhanças históricas com outros municípios escravistas como Campanha, na década de 1880 o reduzido número de escravos existentes em Pouso Alegre possivelmente tornou o processo de abolição menos relevante para o futuro do município. Nossa observação realizada por meio também dos inventários de Pouso Alegre, apesar de restrita à década final da escravidão, conseguiu arrolar um número maior de inventários do que aquele presente no trabalho de Leonara Delfino. Se entre 1880-1888 o número de inventários com cativos para o trabalho da autora foi de quatorze inventários com um total de 73 escravos, nossa amostra encontrou 37 inventários para 148 escravos. Isto é, a média de escravos por proprietários inventariados, com essa nova amostra, passou de 5,2 para 4. Vale ressaltar que, conforme a amostra arrolada em nossa pesquisa, quase 70% dos inventários já não possuíam escravos na década de 1880. O valor é bastante superior aos 44% encontrados por Delfino, mas com uma ressalva necessária: como a nossa amostra é para a década final da escravidão, o número de ocorrências de inventários sem escravos deveria ser superior mesmo. Com relação ao padrão de alta concentração da escravaria, a pesquisa reforça os dados encontrados por Delfino: os nove maiores proprietários de Pouso Alegre, que não podem ser considerados donos de grandes escravarias – afinal o maior plantel era formado por treze escravos –, concentravam, na década de 1880, 55% dos cativos do município (Tabela 2).

Tabela 2 – Estrutura de posse de escravos de Pouso Alegre, 1880-1888

FTP[a]	Senhores			Escravos		
	Número	%	% Acumulada	Número	%	% Acumulada
1	11	29,73%	29,73%	11	7,43%	7,43%
2-4	11	29,73%	59,46%	29	19,59%	27,02%
5-9	13	35,14%	94,60%	85	57,53%	84,55%
10-29	2	5,41%	100,01%	23	15,54%	100,09%
30-49	0	0,00%	-	0	0,00%	-
50 e +	0	0,00%	-	0	0,00%	-
Total	37	100,00%	-	148	100,00%	-

Fonte: Inventários *post mortem* da cidade de Pouso Alegre no Museu Histórico Municipal Tuany Toledo, Pouso Alegre (1880-1888).
(a) Tamanho de Faixa de Plantel

No tocante à posse de escravos, Pouso Alegre possuía uma quantidade significante de plantéis unitários, quase 30%, embora em números absolutos representem menos de 8% do total de cativos. As pequenas escravarias, de dois a quatro escravos, apresentam a mesma quantidade de ocorrências que os unitários e quase 20% do número de escravos. As duas faixas de pequenas escravarias, unitária e de dois a quatro escravos constam em quase dois terços dos processos, embora em números absolutos representem menos de 30% dos cativos arrolados. Essa estrutura de posse pode representar um padrão de escravidão relacionado ou ao mundo urbano, em que as escravarias tendiam a ser menores e ligadas ao trabalho doméstico, ou a pequenas produções agrícolas e de criação.

Em contrapartida, os plantéis de cinco a nove escravos correspondem a mais de 35%, sendo as faixas de escravarias mais comuns, além de deter também mais da metade de todos os cativos da cidade, de 57%. Essas escravarias poderiam estar associadas ao trabalho agrícola e de criação, afinal todos os proprietários que possuíam algum escravo apresentavam atividades relacionadas à terra, mas pensar numa agricultura fortemente baseada no trabalho escravo em Pouso Alegre, ao menos na década de 1880, não parece representar o verdadeiro padrão produtivo (Tabela 3). Ao que parece, diferentemente de municípios como Lavras, Itajubá e Campanha, o apego à escravidão foi muito menos marcante entre os produtores pouso-alegrenses.

Tabela 3 – Estrutura da posse de cativos consoante atividade presenteno inventário

Atividade	FTP[a]						Total
	1	2-4	5-9	10-29	30-49	50 e +	
Lavoura e/ou criação	9	11	13	2	-	-	35
Negócio e criação	1	-	-	-	-	-	1
Não identificada	1	-	-	-			1
Total	11	11	13	2	-	-	37

Fonte: Inventários de Pouso Alegre (Museu Histórico Municipal Tuany Toledo).
(a) Tamanho de Faixa de Plantel

No caso de Pouso Alegre, nos anos derradeiros da escravidão, sua Câmara Municipal saudava a constituição do livro de Ouro em 1887[7] – mesmo ano daquele que seria criado em Campanha. A verdade é que poucos são os registros de alforria no livro de libertação dos escravos do município de Pouso Alegre, assim como no caso de Campanha. Nesse sentido, para ambas as cidades a abolição dos escravos assumida por suas elites aparece como algo muito mais simbólico do que efetivo. No mais, são diminutas as referências à escravidão nas Atas da Câmara Municipal de Pouso Alegre. Na década de 1880 a questão central nos debates dos representantes é a urbanização da cidade: abertura de ruas, praças, iluminação a gás etc., e não mais a escravidão.[8] Mas isso reflete a própria quantidade de escravos que a cidade mantinha em 1885: apesar de em número absoluto não ser desprezível, com 2200 escravos, a cidade conforme visto anteriormente, crescia fundamentalmente por conta de seu mundo urbano, enquanto a escravidão, aparentemente, já não era mais uma questão central no desenvolvimento de suas atividades.

Uma possível explicação para esse maior desapego à escravidão pode estar ligada a esperança da chegada de imigrantes na região. De fato, o governo mineiro indicava o incentivo à imigração, com medidas tais como a publicação do artigo 4º da Lei mineira de 1889, n. 3714, autorizando o governo a reorganizar o serviço de colonização e imigração "subvencionando ou garantindo juros de 5% até ao capital de dez mil contos, a empresas organizadas ou que se organizarem, que tenham por capital propriedades agrícolas e por fim a introdução e colocação de colonos estrangeiros ou

7 Livro de Ouro da Câmara Municipal de Pouso Alegre. Pouso Alegre: Museu Municipal Tuany Toledo, 1887.

8 Atas da Câmara Municipal de Pouso Alegre (1880-1892). Pouso Alegre: Museu Municipal Tuany Toledo.

nacionais" (VEIGA, 1897b, p. 238). O jornal pouso-alegrense *Valle-Sapucahy*, por sua vez, em 1886, publicando o contrato da construção da estrada de ferro do Rio Verde expunha a cláusula na qual a empresa ficava obrigada a transportar gratuitamente "os colonos e imigrantes, suas bagagens, utensílios e instrumentos aratórios", bem como "as sementes e plantas enviadas pelo governo geral ou provincial, para serem distribuídas gratuitamente aos lavradores".

Os trabalhadores nacionais, por outro lado, eram vistos com desconfiança pelos proprietários locais. Conforme o *Almanach Sul-Mineiro* destacava: "infelizmente, é considerável o número daqueles que, nada possuindo, passam a vida em ócio quase permanente, fornecendo aos anais do vício e do crime" (VEIGA, 1874, p. 30). De maneira conclusiva o *Almanach* afirmava:

> De condição livre e que se preste aos diversos gêneros de trabalho quase não possuímos pessoal algum; o pouco que existe, ninguém ignora que prefere a repugnante ociosidade em que vive, a empregar-se honestamente no trabalho produtivo (VEIGA, 1874, p. VIII).

A Câmara Municipal buscava acalmar os fazendeiros locais, ao divulgar no jornal *Livro do Povo*, sua intenção de aliviar a escassez da mão de obra na agricultura e na indústria se empenhando pela "introducção, desde já, de colonos que venhão em substituição a pouco e pouco daquelle elemento de trabalho". As bens sucedidas experiências de São Paulo eram um estímulo para a atração dessa nova força de trabalho. Nesse mesmo jornal, a Câmara enfatizava que não mediria esforços para encaminhar colonos "procedentes das Ilhas Canárias e da dos Açores" para as indústrias e fazendas da cidade num momento em que a libertação dos escravos se efetivava.

As primeiras famílias de imigrantes europeus chegaram à cidade de Pouso Alegre ainda antes da abolição, no ano de 1880, se estabelecendo inicialmente no meio rural, exercendo atividades agrícolas de subsistência e, mais tarde, para o comércio. A Câmara Municipal exaltava as condições naturais da área rural pouso-alegrense para a atração dos imigrantes, considerando que "será fácil e vantajosa a aquisição de terrenos para imigrantes" também pelo baixo custo do alqueire no município que girava em torno de 40 a 80 mil réis (ACPA, 7 abr. 1884, p. 114b). Entre as comunidades formadas em Pouso Alegre, a principal era a italiana, mas alemães e franceses, ainda que poucos, eram lembrados como colonos muito dedicados à agricultura (ACPA, 7 abr. 1884, p. 145).[9] Entre as colônias se destacavam: colônia Francisco Sales (na cida-

9 Segundo o memorialista Alexandre de Araújo, em Pouso Alegre no ano de 1880 aportou famílias estrangeiras entre italianos, portugueses, alemães, espanhóis, austríacos, israelitas e sírios libaneses (ARAÚJO, 1997).

de de Pouso Alegre), Senador José Bento (no distrito de Congonhal) e Inconfidentes (no distrito de Ouro Fino). As colônias de Senador José Bento e de Inconfidentes, posteriormente, com a prosperidade e crescimento populacional se tornaram cidades. Já a colônia Francisco Sales permaneceu como parte do município de Pouso Alegre.

O núcleo Francisco Sales, localizado hoje no bairro pouso-alegrense da Faisqueira, era de propriedade do estado, sendo criado pela Lei n. 150 de 20 de outubro de 1896. Somente em 1905 teve início sua efetiva instalação, estendendo-se até próximo ao bairro do Cristal. Ali se estabeleceram famílias originadas da Itália, Portugal e Espanha, em lotes de cinco alqueires, vendidos aos imigrantes no valor de 1:200$00. Para o desenvolvimento dos trabalhos na lavoura, contava com a ajuda e assistência do governo, disponibilizando trator e ferramentas, assistência de um agrônomo especializado e também produtos como sementes, adubos, entre outros. Apesar de a agricultura ser considerada a base da economia e do trabalho dos moradores da colônia, os habitantes da colônia sofriam algumas dificuldades para transportar sua colheita e colocá-la no comércio regional. Por ser de topografia montanhosa, o transporte da cana-de-açúcar encontrava grandes obstáculos, pois era plantada na serra. Os imigrantes desenvolveram assim uma técnica em que a movimentação desse produto se dava por meio de:

> cabo de aço, que ia do alto da serra até o engenho, o qual era movido pela energia gerada pela água represada de um açude feito pelos colonos. Os feixes de cana, amarrados, desciam pelo cabo preso em carretilhas e passavam pela moenda, indo depois para o alambique para a fabricação de aguardente. (GOUVÊA, 2004, p. 127)

Outra prática exercida pelos habitantes da colônia era o cultivo de arroz, aproveitando-se da existência naquela região extensas várzeas. Fora importada da Itália uma máquina de beneficiamento de arroz movida a vapor, sendo instalada em um prédio destinado para aquele fim. Havia também na colônia vários açudes construídos pelos colonos com a função de captar e armazenar água para usá-la como força hidráulica. No ano de 1905 a colônia passou a pertencer ao bispado de Pouso Alegre, sendo que no dia 10 de agosto foi inaugurada uma Escola Agrícola, sob a direção do padre Octávio Chagas de Miranda. A escola, na inauguração, voltada para meninos pobres contava "com 20 alunos internos e 15 externos, todos gratuitos" (OLIVEIRA, 1950, p. 31).

Com o passar dos anos, as práticas agrícolas dos imigrantes foram substituídas pelas práticas comerciais. Os imigrantes italianos buscaram desenvolver atividades artesanais e comerciais em substituição as atividades agrícolas, alegando que não eram acostumados a carga horária que eram submetidos os agricultores no Brasil. Com isso, "os colonos acabaram por se fixar na cidade, e a escola agrícola não teve a continuidade esperada, encerrando as suas atividades em outubro de 1906" (GOUVÊA, 2004, p. 127). A primeira loja especializada em produtos de gêneros italianos foi a "Casa Chichi", estabelecida na colônia em 1905. Eram comercializados na loja objetos religiosos, tecidos, lembranças e presentes. As duas primeiras décadas do século XX marcavam, desta forma, a crescente presença dos imigrantes na dinâmica da cidade, com a abertura de negócios relacionados ao desenvolvimento urbano.

POUSO ALEGRE EM URBANIZAÇÃO

Ao longo do oitocentos a cidade de Pouso Alegre desfrutou de uma posição política importante na região do sul de Minas, mas podemos dizer que sua ascensão como relevante centro econômico regional somente ocorreu na transição para o século XX. Essa nova condição foi resultado de duas características alcançadas pelo munícipio em fins do século XIX: de um lado, sua produção agrícola, voltada ao mercado interno, conseguiu assumir o papel antes cumprido pelos grandes centros escravistas do sul de Minas, como Campanha, Lavras, Baependi entre outros. Ao que parece, a cidade conseguiu responder melhor à crise da escravidão, tornando-se nas primeiras décadas do século XX o segundo maior munícipio em área cultivada total e o primeiro em área cultivada de produtos de abastecimento como arroz, mandioca e milho. Por outro lado, por conta da proximidade com São Paulo, da ligação ferroviária da década de 1890 e da própria capacidade de sua elite mercantil, Pouso Alegre desfrutou um crescimento populacional e da sede de seu município bastante expressivo. Conforme o Censo de 1920, com uma população de quase 70 mil habitantes, a cidade era a maior do sul de Minas e com um centro comercial regional.

Os dados tributários do município revelam como nas décadas de 1880-1890 a dimensão das atividades urbanas se colocava como decisiva para a população local. As taxas e a representação dos valores dos impostos existentes na cidade não deixam dúvidas de como a própria Câmara Municipal dependia fundamentalmente dessa dinâmica econômica relacionada ao mundo urbano e o comércio local. Entre as principais receitas na década de 1880-1890, de um total de 158 contos, constavam: os negócios com 26 contos; o recebimento do coletor municipal por engenhos e negócios com 13 contos; o mercado com 8,8 contos; os recebimentos referentes de outras freguesias com 8,4 contos e a lavoura com quase 6 contos de um total. Muitas atividades urbanas eram também taxadas: hotéis, fábricas, padarias, botequim, dentista, farmácia, consultórios, açougues, escritório, oficinas, espetáculos. Outras taxas estavam diretamente relacionadas a circulação de produtos ou propriedade de animais, como banha; farinha de trigo; sal; aguardente, açúcar e café; vacas de leite; cabeças de gado e animais (ACPA, 1880-1890).

Outro indicador interessante está relacionado ao movimento de transformação da estrutura da riqueza presente nos inventários dos habitantes de Pouso Alegre. Conforme a pesquisa realizada com os inventários da cidade entre as décadas de 1880 e 1890, isto é, nas décadas do ocaso da escravidão e do início do período republicano, foi possível observar uma interessante tendência: enquanto eram reduzidos os valores aplicados em escravos até seu completo desaparecimento com a abolição, foi possível acompanhar a ampliação dos investimentos no mundo urbano. A pesquisa observou a composição da riqueza dos 276 inventários existentes no Museu Histórico Municipal das décadas de 1880 e 1890 (Tabela 4).[10]

Tabela 4 – Inventários pesquisados em Pouso Alegre (1880-1899)

Ano	Nº	%	Ano	Nº	%
1880	11	8,53%	1890	25	17,01%
1881	13	10,08%	1891	13	8,84%
1882	12	9,30%	1892	12	8,16%
1883	16	12,40%	1893	16	10,88%
1884	5	3,88%	1894	16	10,88%
1885	11	8,53%	1895	15	10,20%
1886	18	13,95%	1896	17	11,56%
1887	18	13,95%	1897	13	8,84%
1888	16	12,40%	1898	6	4,08%
1889	9	6,98%	1899	14	9,52%
Total	129	100,00%	Total	147	100,00%

Fonte: Inventários *post mortem* da cidade de Pouso Alegre no Museu Histórico Municipal Tuany Toledo (1880-1888).

O que se observa entre as décadas de 1880 e 1890, com a abolição da escravidão, é o aumento da participação da composição da riqueza entre os bens imóveis urbanos e das dívidas ativas para o conjunto dos 276 inventários analisados (Tabela 4). Os 11,5% da riqueza que estavam atrelados à rubrica "escravos" ao desaparecer abriu es-

10 Para a coleta e sistematização das informações do quadro, consideramos o seguinte padrão: dinheiro foi considerado a parte; bens móveis eram utensílios, joias, móveis e ferramentas; para cultura levou-se em conta plantações e produções armazenadas; bens imóveis rurais e urbanos foram separados, e os urbanos eram as casas de morada em vila (ou localizadas em determinada rua) e rurais as terras, pastos, fazendas, casas de vivenda, engenhos e benfeitorias; escravos, animais (semoventes) e dívidas ativas e passivas como rubricas próprias. O total é a soma de todas as rubricas sem descontar as dívidas passivas.

paço para o aumento da participação de investimentos em imóveis urbanos, que crescem de 3,3% para 6%, enquanto as dívidas ativas crescem de 12,6% para quase 18%. Evidentemente que os bens imóveis rurais permanecem com a maior participação na composição da riqueza dos inventariados em Pouso Alegre, inclusive atestando a importância do município como produtor de gêneros de abastecimento, mas não parece restar muitas dúvidas da tendência ao investimento da riqueza da sociedade em bens urbanos como na riqueza disponível para atividades financeiras com o final do século XIX. Vale a reforçar que essa seria uma tendência diferentemente dos casos verificados para cidades como Campanha e Lavras, em que a participação dos escravos era muito mais relevante na composição da riqueza dos inventários na década final do escravismo, respectivamente 21% e 22%, causando uma perda substancial da riqueza destas sociedades com a abolição.[11]

Tabela 5 – Composição da Riqueza da cidade dePouso Alegre, 1880-1899

Ativo	1880-1889	%	1890-1899	%	Total
Bens móveis	32:414$607	3,28%	122:188$579	6,45%	154:468$186
Semoventes	95:056$300	9,63%	145:403$400	7,67%	238:804$700
Escravos	113:402$500	11,48%	-	-	113:402$500
Imóveis rurais	569:375$109	57,66%	1.087:041$888	57,36%	1.652:936$192
Imóveis urbanos	32:578$000	3,30%	114:098$500	6,02%	146:676$500
Culturas	8:387$130	0,85%	20:006$000	1,06%	28:393$130
Dívidas ativas	124:515$413	12,61%	340:201$571	17,95%	469:716$984
Dinheiro	8:034$300	0,81%	41:143$600	2,17%	49:082$900
Monte-mor	987:436$463	99,62%	1.895:074$538	98,68%	2.887:145$196
Dívidas passivas	96:708$192	10,89%	163:032$890	8,60%	259:012$682
Monte-menor	888:284$856	89,96%	1.734:281$288	91,52%	2.617:928$739

Fonte: Inventários *post mortem* da cidade de Pouso Alegre no Museu Histórico Municipal Tuany Toledo (1880-1888).

11 Conferir os trabalhos de Alexandre Saes e Antoniel Avelino (2012, p. 82) para Campanha e de Eduardo José Vieira (2015, p. 107) para Lavras. No caso de Lavras, o trabalho de Eduardo demonstra a queda vertiginosa do valor dos escravos na composição de riqueza da sociedade: se entre 1870-1874 as escravarias alcançaram quase 40% da riqueza, na década de 1880 ela foi de 22,1% entre os anos 1880-84 e 11,1% entre 1885-1888. É preciso lembrar que o valor dos escravos sofreu uma crescente desvalorização com a proximidade da abolição e, especialmente, depois da Lei do Sexagenário de 1885.

Ao que tudo indica, parece que o fim da abolição e a primeira década republicana imprimiriam mudanças substanciais no sentido de colocar em andamento os projetos de modernização. Isto é, era a fase de reconstrução do espaço urbano, que receberia iluminação elétrica em substituição ao arcaico sistema de iluminação por lampiões, uma estação ferroviária que reforçaria a circulação de mercadorias na cidade, reformas de prédios tradicionais como do mercado e do teatro municipal atendendo aos interesses de modernizar o espaço urbano, e a construção de novos aparelhos de sociabilidade para a elite, como o Clube Literário.

A atividade comercial que já em meados do século XIX tinha ascendido como uma vocação para a cidade de Pouso Alegre ainda em fins do oitocentos era realizado na mesma Praça do Mercado construída em 1859. Na década de 1880, como apresentada o *Almanach Sul-Mineiro*, o espaço parecia não mais atender ao volume de comércio realizado na cidade, sendo visto como um "lugar de enorme concurrencia aos domingos. O edifício em que ella funciona [a casa do mercado] é por demais modesto e trata-se da construcção de outro [prédio]" (VEIGA, 1884, p. 371). O espaçoera uma casa simples na praça atrás da igreja Matriz, onde se realizava o comércio, apenas nos dias de domingo. A casa possuía lugar para abrigar os carreiros que vinham de longe com seus produtos, cobrando assim uma taxa para sua permanência. Aqueles que faziam o comércio nas ruas da cidade não poderiam vender os mesmos gêneros disponíveis naquele espaço público.

A áreas públicas estavam sendo definidas na cidade, as ideias de higiene e melhores condições sanitárias já apareciam em discursos dentro da Câmara, como revela a leitura do comunicado do médico da cidade, sr. dr. Antonio de Freitas Lisboas, defendendo que a matança de porcos e gado não fosse mais realizada dentro da cidade. Sua avaliação era de que o município deveria fazer efetiva sua lei proibindo chiqueiros nos quintais: o município enfrentava, como outros da região, a tendência de separação do espaço e da sociabilidade rural do mundo urbano. O novo matadouro deveria ser levado para uma região determinada e mais distante do centro urbano (ACPA, 7 jan. 1886, p. 235b-236). Conforme a análise dos inventários, a atividade de criação era bastante disseminada entre os proprietários locais (Tabela 6).

Tabela 6 – Principais atividades econômicas dos inventariados

Atividades	1880-1889	1890-1899	Total
Apenas lavoura	2	1	3
Apenas criação	70	86	156
Lavoura e criação	30	24	54
Apenas negócios	-	3	3
Negócios e criação	1	5	6
Lavoura, criação e negócios	-	-	-
Profissionais liberais	-	-	-

Fonte: Inventários de Pouso Alegre (Museu Histórico Municipal Tuany Toledo).

Assim como o matadouro e a definição de regras para a circulação de animais na cidade, nas reuniões da Câmara Municipal o assunto do mercado passou a entrar em pauta na década de 1880. Os vereadores entendiam que o crescimento da atividade comercial em Pouso Alegre exigia a formação de um mercado maior, justamente pelo fato dos negócios terem começado a atender não somente alguns distritos como Congonhal, Estiva, Borda da Mata, mas também algumas cidades da região. Inclusive, a preocupação com a ligação com as rotas de comércio era comum: os comerciantes locais, por exemplo, em 1886 reclamavam das condições da estrada e ponte do caminho para Itajubá e Santa Rita (rota que ligava ao Rio de Janeiro). Exigiam a reconstrução da passagem pelo Rrio Sapucaí-Mirim, recolocando a ponte que tinha sido levada há quatro anos pela enchente, elevando o custo das viagens que precisam ser pagas ao barqueiro para atravessar o rio, e reduzindo o volume do comércio local (ACPA, 10 fev. 1886, p. 242-242b).

Em 1893 a municipalidade adquiriu o terreno que pertencia à igreja Matriz e, por fim, construiu um prédio mais amplo e aberto para que os produtores pudessem expor os gêneros a serem vendidos. O mercado seria ainda mais valorizado com a construção da estação ferroviária do Sapucaí. A ferrovia que chegou ao município em 1895 se tornou outro ponto de convergência na cidade, pois com a linha férrea produtores de gêneros alimentícios e criadores podiam enviar os excedentes de sua produção: "o terreno das dependências da estação de uma cidade como Pouso Alegre, cujo movimento tende sempre augmentar, precisa ser amplo para facilitar o movimento de carroça, tropas, carros de boi, cavalleiros e carros de luxo; e bem assim a manobra dos trens" (OLIVEIRA, 1900, p. 82).

O denominado "Largo do Mercado" estava reformado e adequado aos desígnios de uma moderna cidade; o local comportava um prédio em estilo românico, todo aberto, sem nenhum gradil, onde as pessoas que estavam fora do ambiente interno visualizavam todo o movimento comercial. Entre os produtos vendidos naquele espaço, segundo o Regulamento da Praça do Mercado, encontramos: toucinho com ou sem carne, farinha de trigo e de mandioca, café, algodão, açúcar, milho, feijão, arroz, sal, cal, fubá, polvilho, rapadura, queijos, capados, fumo, palmito, sabão, cera, entre outros.[12] Assim, juntamente com a estação ferroviária, o centro de Pouso Alegre reforçou sua função comercial regional, atraindo comerciais da região para estabelecer seus negócios.

Dois outros espaços seriam construídos no período para atender os desejos de modernidade que pairava na elite local: em primeiro lugar o novo Teatro Municipal, espaço típico da modernização de outras cidades do país – uma reprodução da urbanização de *belle époque* – e, em segundo lugar, o Clube Literário, que reforçava o perfil letrado da cidade. De acordo com o memorialista Otávio Miranda Gouvêa, a origem do teatro remontava ao ano de 1873: naquele ano teria surgido o grupo artístico União e Progresso, que fazia apresentações na cidade com o objetivo de adquirir fundos para a construção de um teatro. Dois anos depois, em 1875, foi inaugurado o teatro União, na avenida do Imperador (atual Dr. Lisboa), construído com o dinheiro arrecadado da população local. O teatro União foi doado ao município em 14 de fevereiro 1896, para que uma reforma pudesse alterar consideravelmente a fachada do edifício, dando ares mais modernos à cidade. O Teatro Municipal recebiade grupos amadores às grandes companhias, tendo sido palco de apresentação de óperas e operetas que vinham de São Paulo. Nos anos 1920, destacava-se o famoso médico e dramaturgo pouso-alegrense dr. Garcia Coutinho, que compunha e dirigia peças, além de confeccionar os cenários para as apresentações.

O segundo espaço dedicado à elite da cidade era o Clube Literário e Recreativo de Pouso Alegre que se tornou um lugar de encontros sociais e diversões familiares de determinada classe da cidade. Fundado em 26 de outubro de 1902, o prédio, localizado no espaço em que antes abrigava o Paço Municipal, o prédio era elegante para os padrões do período: em estilo francês, possuía telhas de ardósia importadas. Abrigava uma biblioteca tida como "das maiores e a melhor do interior do país"[13] e era palco dos tradicionais bailes de carnaval, abrigando apenas os associados e os denominados "homens de bens" no seu interior. Enquanto isso, o restante da população se reunia nas ruas ou em outros clubes, como o clube 28 de Setembro, destinado aos homens negros da cidade.

Com essas construções, todas feita nesse curto período de transição para o século XX, a cidade de Pouso Alegre demonstrava sua dinâmica econômica que via-

12 Livro de Atas n. 46 de 21 abr. 1865 a 4 dez. 1867. Regulamento da Praça do Mercado, sessão de 16 abr. 1866, p. 68.

13 A CULTURA EM REVISTA. Edição comemorativa do centenário. Pouso Alegre, 1948.

bilizaria a municipalidade assumir empreendimentos como a construção do teatro e do mercado municipal, que em outras cidades teria ficado a cargo de personalidades locais. Conforme Yves Leloup, a cidade de Pouso Alegre era uma das poucas do sul de Minas com uma oferta de equipamentos urbano de nível intermediário, ou seja, distanciava-se da estrutura ainda rural dos municípios da região (LELOUP, 1970, p. 118-119). E esses empreendimentos permitiam que o projeto de urbanização da cidade fosse reforçado ainda mais, promovendo a atração de habitantes da região. A sede da cidade, seu núcleo urbano, que em 1900 era formado por 499 casas, cinco praças, dezoito ruas e uma população de aproximadamente 2600 habitantes (OLIVEIRA, 1900), ao se modernizar estimulou a atração de novos cidadãos, tornando-se, assim, a maior cidade da região nos anos 1920.

Nesse contexto, outra mudança que era urgente para seguir o sentido da modernização nos designíos das elites locais era o estabelecimento da luz elétrica. Tirar as ruas e os prédios da escuridão, ou ainda, substituir a precária iluminação fornecida por lampiões para introduzir a iluminação pública elétrica talvez fosse uma das maiores materializações – impactando diretamente a própria rotina dos centros urbanos – desse projeto de reprodução dos padrões de vida modernos.

A cidade, até o final do século XIX, ainda dependia da iluminação por meio de lampiões. E esse era um dos mais altos custos da Câmara Municipal, sentido dramaticamente em determinados momentos nas reuniões dos vereadores. Em 1884, por exemplo, os gastos com iluminação eram considerados excessivos, mas a população pressionava por uma ampliação do fornecimento do serviço. Assim, em reunião de agosto de 1884, a Câmara autorizou a instalação de seis lampiões na rua Duque de Caxias, mas com a ressalva de que estes deveriam ser abastecidos pelos moradores locais (ACPA, 27 ago. 1884, p. 159-159b). No ano seguinte, todavia, viria a determinação "que fique temporariamente suspensa, desta data, a irregular iluminação pública desta cidade, por ser ela incompleta e mal organizada" (ACPA, 13 abr. 1885, p. 187). Nas reuniões seguintes não há repercussão da suspensão do serviço e, pelo contrário, em 1886 buscou-se a ampliação e a regular execução do serviço que deveria ser feita com a instalação de sessenta lampiões de vidro com chaminé e doze novos postes. A custosa reforma somava 337$000 réis e reforçava a perspectiva de crescimento do centro urbano e da incapacidade do município de atendê-lo. Assim, quem assumiria o serviço de iluminação, viabilizando a necessária reforma, foi José Camillo Lellis, garantindo que faria a compra do material na Corte (ACPA, 4 ago. 1886, p. 266).

Somente quando Otávio Meyer tornou-se chefe do executivo da cidade em 1905, que deu-se início ao projeto de substituição da iluminação a querosene pela luz elétrica. A usina de geração de energia localizava-se no então distrito de Borda da Mata, 27 quilômetros distante de Pouso Alegre. Conforme a descrição de Octavio Gouvêa:

> Com a invenção da luz elétrica no final do século passado, Pouso Alegre, sempre pioneira, foi a primeira cidade a implantar tão importante melhoramento no Sul de Minas, graças à iniciativa e aos trabalhos do engenheiro Benjamim Franklin Silviano Brandão, que se especializou nos EUA e trouxe a novidade para a nossa cidade. Juntamente com o Ten. Cel. José Claro de Almeida Ramos Brandão e o major Augusto Libanio, fundaram a Empresa de Força e Luz de Pouso Alegre, a qual obteve da Câmara a concessão para explorar o fornecimento de luz à cidade, durante 25 anos, através da Lei n. 49 de 18 de novembro de 1905. (GOUVÊA, 2004, p. 122)

A iluminação trouxe à cidade uma dinâmica nova: os passeios noturnos passaram a fazer parte da rotina da cidade, o comércio local e os prédios municipais puderam se aproveitar da iluminação para valorização de sua arquitetura, reforçando o aspecto de modernidade que a localidade alcançava. Em 1914, o cidadão de Ouro Fino, Francisco de Almeida Fleming, inaugura o primeiro cinema: sem dúvida, a cidade em duas décadas vivenciava a aceleração de seu tempo histórico.

CONSIDERAÇÕES FINAIS

O artigo mostrou que Pouso Alegre, localizada no sul de Minas Gerais, era uma importante cidade da região. Tanto na última década da escravidão quanto na última do século XIX, a vida pouso-alegrense girava em torno das fazendas, de modo que predominava as atividades rurais, principalmente como as de criação de animais e de cultura de gêneros alimentícios, itens estes que consistiam nos artigos centrais de exportação local. Seu relativamente baixo número de cativos pode indicar que a cidade já se utilizava de alguma mão de obra livre, o que teria facilitado de alguma maneira a transição para o trabalho puramente livre após a extinção da instituição escravista. Além disso, grande parte do ativo que compunha os escravos no primeiro subperíodo, 1880-1889, foi incorporado às dívidas ativas no subperíodo seguinte, 1890-1899, possivelmente aumentando a oferta de crédito, inclusive para financiar a contratação de livres nacionais e ainda a imigração de trabalhadores estrangeiros. De qualquer forma, se faz necessário avançar sobre o estudo da constituição do mercado de trabalho livre em Pouso Alegre para se ter mais subsídios para afirmar a qualidade da mão de obra que se formou no pós-abolição. Por hora, nos parece que Pouso Alegre, ao contrário de outras cidades, mesmo como Campanha, conseguiu acompanhar o passo da modernização com uma transição relativamente tranquila da mão de obra escrava para a livre no contexto da transição para o capitalismo no país.

Por outro lado, vale destacar as transformações urbanas ocorridas na cidade durante o início do século XX. Ao alcançar as primeiras décadas de 1920, Pouso Alegre era uma cidade em pleno processo de modernização: seu núcleo urbano demonstra certa dinâmica, avança para novas ruas e casas, assume papel de relevo como centro comercial na região. Apesar de sua riqueza ainda depender do campo, Pouso Alegre não avançou para a formação de uma agricultura exportadora, como outras cidades pela influência da expansão da fronteira do café. A cidade permaneceu como importante produtora de bens voltados ao abastecimento, ao circuito mercantil regional com produtos como milho, arroz e feijão. A riqueza urbana, por outro lado, se fortaleceu com o crescimento do comércio e dos investimentos empreendidos pela municipalidade. Se não podemos encontrar manifestações daqueles membros do grande capital urbano, por outro lado a cidade não deixou de caminhar na construção de sua própria trajetória na assimilação do mundo urbano moderno.

REFERÊNCIAS

Fontes

ACPA. *Atas da Câmara Municipal de Pouso Alegre.* Pouso Alegre: Museu Municipal Tuany Toledo, 1850-1900.

LIVRO DE OURO DA CÂMARA MUNICIPAL DE POUSO ALEGRE. Museu Municipal Tuany Toledo, 1887.

OLIVEIRA, Antonio Marques de. *Almanack do municipio de Pouso Alegre.* Rio de Janeiro: Casa Mont'Alverde, 1900.

PCPA. *Posturas da Cidade de Pouso Alegre.* Resolução n. 938. Livro da Lei Mineira, Tomo XXIV, parte 1, folha n. 10. Ouro Preto, 1959.

VEIGA, Bernardo Saturnino da. *Almanack Sul-mineiro para o ano de 1874.* Campanha: Tipografia do Monitor Sul-Mineiro, 1874.

______. *Almanack Sul-Mineiro para o ano de 1874.* Campanha: Tipografia do Monitor Sul-Mineiro, 1884.

VEIGA, José Pedro Xavier da. *Ephemerides Mineiras (1664-1897).* v. 2. Ouro Preto: Imprensa Official do Estado de Minas, 1897a.

______. *Ephemerides Mineiras (1664-1897).* v. 3. Ouro Preto: Imprensa Official do Estado de Minas, 1897b.

Referências bibliográficas

A CULTURA EM REVISTA. Edição comemorativa do centenário. Pouso Alegre, 1948.

ANDRADE, Marcos Ferreira. *Elites regionais e formação do Estado Imperial brasileiro: Minas Gerias – Campanha da Princesa (1799-1850)*. Rio de Janeiro: Arquivo Nacional, 2008.

ARAÚJO, Alexandre de. *Pouso Alegre através dos tempos: sequência histórica*. Pouso Alegre: Câmara Municipal de Pouso Alegre, Museu Histórico Municipal Tuany Toledo, 1997.

CASTILHO, Fábio. *Entre a locomotiva e o fiel da balança: a transição da mão de obra no sul de Minas (1870-1918)*. Dissertação (mestrado) – UFJF, Juiz de Fora, 2009.

COSTA, Maria Lúcia Prado. *Fontes para a história social do sul de Minas: os trabalhadores de Paraguaçu e Machado (1850-1900)*. Paraguaçu: Fundamar, 2002.

DELFINO, Leonara Lacerda. *A família negra na freguesia de São Bom Jesus dos Mártires: incursões em uma demografia de escravidão no sul de Minas (1810-1873)*. Dissertação (mestrado) – UFJF, Juiz de Fora, 2010.

GOUVÊA, Octavio de Miranda. *A História de Pouso Alegre*. 2ª ed. Pouso Alegre: Gráfica Amaral, 2004.

LELOUP, Yves. *Les villes du Minas Gerais*. Paris: Université de Paris, 1970.

LENHARO, Alcir. *Tropas da moderação: o abastecimento da Corte na formação política do Brasil (1808- 1842)*. São Paulo: Símbolo, 1979.

LIBBY, Douglas. *Transformação e trabalho em uma economia escravista: Minas Gerais no século XIX*. São Paulo: Brasiliense, 1988.

MARTINS, Roberto. *A economia escravista de Minas Gerais no século XIX*. Texto para discussão n. 10. Belo Horizonte: Cedeplar/UFMG, 1980.

OLIVEIRA, João Aristiades de (org). *A diocese de Pouso Alegre no Ano Jubilar de 1950*. Pouso Alegre: Escola Profissional, 1950, p. 31.

PASCOAL, Isaías. "José Bento Leite Ferreira de Melo, padre e político: o Liberalismo moderado no extremo sul de Minas Gerais". *Revista Varia História*, Belo Horizonte, v. 23, nº.37, jan./jun. 2001.

______. "Economia e trabalho no sul de Minas no século XIX". *Economia e sociedade*, v. 16, n. 2, p. 30, 2007.

______. "Fundamentos econômicos da participação política do sul de Minas na construção do Estado brasileiro nos anos 1822-1840". *Economia e sociedade* [online], v. 17, n. 2, p. 33, 2008.

QUEIROZ, Amadeu de. *A História de Pouso Alegre e sua Imprensa*. Borda da Mata: Imagem, 1998.

______. *O Senador José Bento* (estudo histórico). Belo Horizonte: Imprensa Oficial, 1933.

SAES, Alexandre Macchione; AVELINO FILHO, Antoniel. "Trajetórias das elites locais: Campanha e Pouso Alegre no ocaso da escravidão". *Cultura Histórica e Patrimônio*, v. 1, n.1, Alfenas, 2012.

VIEIRA, Eduardo José. *Produção, comércio e acumulação de riqueza em um município escravista mineiro: Lavras 1870-1888*. Dissertação (mestrado) – FFLCH-USP, São Paulo, 2015.

Itajubá

Disponível em: <http://viagemnostrilhos.blogspot.com.br/2013/04/linha-ferrea-em-itajuba.htmlFoto da coleção de Eduardo de Lanna Malta>. Acesso em: 10 set. 2014.

ESCRAVIDÃO, LIBERDADE E OS ABOLICIONISMOS NO SUL DE MINAS

(Itajubá, 1880-1888)

Juliano Custódio Sobrinho

Nem mesmo a historiografia conseguiu melhor sintetizar as regionalidades mineiras que João Guimarães Rosa, ao cunhar a expressão "Minas é muitas", em 1957, quando se declarou apaixonado pelo estado, palco de seu mais importante romance, *Grande sertão: Veredas*. Aliás, é possível que essa tenha sido uma das provocações que mais motivou os pesquisadores a compreender os desafios e a pertinência dos estudos regionais sobre o espaço mineiro. Entre processos de ocupação distintos e variados arranjos político-administrativos que se deram ao longo do oitocentos, os estudos historiográficos das últimas décadas vêm tentando criar configurações que possam dar conta dessa perspectiva múltipla – caracterizada por singularidades e semelhanças na composição socioeconômica entre suas regiões – que se deu em Minas Gerais.

A estratégia textual abraçada por este artigo é resultado de pesquisas diferentes que estão sendo desenvolvidas desde a graduação e que, por ora, se concretiza com a tese de doutoramento. Compreender a ocupação dos espaços, a formação socioeconômica, o funcionamento do sistema escravista e as relações de força travadas no cotidiano dos sujeitos que habitaram o sul-mineiro, no limiar da abolição, são alguns temas a serem tratados neste texto, que tem como estudo de caso a cidade de Itajubá. No momento, estamos voltados a entender o processo de abolição da escravidão na região, no que tange as relações construídas entre seus sujeitos e os discursos que levavam à defesa do sistema escravista ou a sua recusa. Para isso, percorremos uma análise documental composta pelas correspondências policiais, processos crimes e os jornais, produzidos no período de 1880 a 1888. Essas fontes nos auxiliaram a perceber as movimentações e as jogadas de poder de diversos sujeitos e das próprias instituições representativas do Estado Imperial, num momento de profundo descrédito da escravidão.

ITAJUBÁ NO CONTEXTO MINEIRO

Os primeiros vestígios documentais que chegaram a nossa contemporaneidade nos informam que ainda no início do setecentos, logo acima da freguesia de Lorena, nos tortuosos caminhos da Serra da Mantiqueira e na divisa das capitanias de Minas Gerais e São Paulo, se formou um povoado conhecido como Itajubá, sendo considerado um dos mais antigos do sul de Minas.[1]

Geraldino Campista, ilustre memorialista itajubense, afirmou ter sido Miguel Garcia, sobrinho do capitão Manuel Garcia, que depois de voltar da região do Ribeirão do Carmo para a vila de Taubaté, teria subido a Serra da Mantiqueira e aportado a uma paragem que primeiro denominou de "Caxambu", logo conhecida como Itajubá. A data parece imprecisa, mas o autor acredita que por volta de 1703 a 1705 tenha-se dado a formação das "minas do Itagybá"(CAMPISTA, s/d, p. 446).

Segundo documento citado na *Revista do Arquivo Público Mineiro*, os desbravadores paulistas, vindos das vilas de Guaratinguetá, Taubaté e São Paulo, atravessaram as "muralhas da Mantiqueira" e formaram o arraial de Soledade do Itajubá. Este logo foi fixado à Comarca do Rio das Mortes, resultado dos conflitos entre aquelas capitanias pela posse da nova terra.[2]

A descoberta de ouro no arraial parece não ter se estendido por muitos anos, o que não correspondeu aos interesses dos que se dedicavam a mineração:

> Os aventureiros que, depois de Miguel Garcia Velho, lá estiveram logo abandonaram aquelas minas. Os poucos habitantes do povoado, desde então, nem mais pensavam em ouro, já não dava pão e comida a ninguém, de tão raro que ficou. Os antigos faisqueiros se tornavam agricultores, e a gente nova que surgia, muito

1 MEMÓRIAS MUNICIPAIS. *RAPM: Revista do Arquivo Público Mineiro*, ano IV, Belo Horizonte, Imprensa Oficial de Minas Gerais, 1899.

2 O governador da capitania das Minas, José Antonio Freire, enviou carta ao rei, em 1757, informando da necessidade de se colocar um juiz ordinário e um escrivão nas Minas do Itajubá, para que se "administrasse justiça" aos habitantes, que estavam desprovidos. A permissão foi repassada ao ouvidor Francisco José Pinto de Mendonça, da Comarca do Rio das Mortes, que justificou ser a comarca extensa demais, o que dificultava o atendimento à região no extremo sul da capitania. As disputas entre paulistas e a Comarca do Rio das Mortes também ficaram expostas nessas correspondências. "Carta de José Antonio Freire de Andrada, governador das Minas Gerais, expondo os motivos para se nomear juiz ordinário e escrivão para as Minas do Itajubá". ARQUIVO HISTÓRICO ULTRAMARINO (5826), cx: 71, doc. 74, cd: 21, 25 abr. 1757. Consulta do Conselho Ultramarino sobre a conta que deu o ouvidor do Rio das Mortes, Francisco José Pinto de Mendonça, em ter posto com permissão do governador, um juiz ordinário com seu escrivão nas Minas do Itajubá. Necessidade de se criar também um juiz ordinário no distrito de Aiuruoca. ARQUIVO HISTÓRICO ULTRAMARINO, cx.: 73, doc.: 35, cd: 21, 21 abr. 1758.

> pouco, não chegava com menos interesse pela garimpagem. Só se cuidava, a partir de então, do plantio de cereais, do fabrico da rapadura, queijos, manteigas e da criação de aves, cabras, suínos, alguns porcos, ovelhas e gado alto. (GUIMARÃES, 1987, p. 57)

Devido à escassez produtiva de ouro presente em quase todo o sul de Minas, Itajubá rapidamente se viu obrigada a investir, a priori, na produção alimentícia para subsistência e para o comércio local, característica que tomaria conta dos vários povoados, endossando a vocação sul-mineira para a produção agropecuária e para o mercado interno ao longo do século XIX.

Com o tempo, tais terras na montanhosa Soledade do Itajubá se tornaram perenes. Somado a esse problema, alguns desacordos entre a autoridade religiosa local com alguns proprietários de escravos e terras ocasionou a transferência de parte dos habitantes do povoado para uma área as margens do rio Sapucaí, em 1819, sendo conhecido o novo local por Boa Vista do Itajubá. Padre Lourenço da Costa Moreira, português e grande aliado do bispado de São Paulo, foi a liderança responsável pela transferência, se tornando a figura pública central desse processo de desmembramento da antiga freguesia.[3]

Segundo Afonso Graça Filho, Minas Gerais sofreu várias divisões jurídico-administrativas, que se acentaram ao longo do século XIX, fazendo com que as autoridades não tivessem certeza do total de distritos existentes.[4] Mais que isso, nos parece que as exigências e necessidades regionais, que tomaram conta de Minas Gerais naquele momento, também fizeram parte das mudanças e, consequentemente, a série de desmembramentos, reagrupamentos, supressões e reinstalações de distritos, vilas e

---

3 Em monografia de bacharelado, pudemos discutir sobre os conflitos entre os bispados de São Paulo e Minas Gerais, no que tange a administração pastoral no sul de Minas, a partir do estudo das correspondências trocadas entre aquelas sedes do poder católico no século XIX. O padre Lourenço da Costa possuía grande influência no bispado paulista, o que fez dele persona non grata para o bispo de Mariana. Ver: Custódio (2005). As justificativas para o abandono da freguesia ficaram explícitas em vários documentos, e a transferência da matriz seria autorizada pelo presidente da província de Minas Gerais, permitindo que só os paramentos necessários ficassem na freguesia. ARQUIVO DA CÚRIA METROPOLITANA DE SÃO PAULO. "Ofício do presidente da província de Minas Gerais, sobre a igreja Matriz da freguesia de Itajubá, 1832". Registro das provisões e alvarás régios referentes à criação do bispado de São Paulo e ordens dos Ex.mo Bispos Diocesanos (1746-1842), n. 39, índice n. 5, 163, São Paulo.

4 A Comarca do Rio das Mortes foi criada a partir do alvará de 6 de abril de 1714, que determinou a existência de mais duas comarcas na capitania de Minas: Comarca de vila Rica (Ouro Preto) e Comarca da vila Real do Sabará (rio das Velhas). Em 1720, foi formada a Comarca do Serro Frio (vila do Príncipe). No século XIX, outras divisões deram origem a novas comarcas na capitania (GRAÇA FILHO, 2002, p. 31).

comarcas expressavam a dificuldade da administração da província em atender todos os interesses do território.[5] Em 1800, o termo de Campanha foi demarcado para definir os limites das vilas de Campanha da Princesa e São João del Rei. A princípio, o termo englobaria dez freguesias (Lavras do Funil, Baependi, Pouso Alto, Santa Ana do Sapucaí, Camanducaia, Ouro Fino, Itajubá, Cabo Verde e Jacuí) e três julgados (Santana do Sapucaí, Itajubá e Jacuí). Em 1815, o juiz de fora e vereadores da vila de Campanha da Princesa solicitaram a criação dessa nova comarca (ANDRADE, 2008, p. 29).

O direito regencial de Feijó, de 14 de julho de 1832, transferiu a sede da freguesia de Itajubá para Boa Vista do Sapucaí – que se convencionou chamar de *Itajubá Novo*, ou *Boa Vista do Itajubá* – onde a paróquia seria transladada para a nova igreja e o antigo povoado se tornaria curato até 1842, quando voltaria a se tornar freguesia (conhecido como *Itajubá Velho*). Em 1848, seria criada a vila de Boa Vista do Itajubá, desmembrando-se da vila de Campanha da Princesa. Finalmente, em 1862, a lei n. 1149, elevaria a vila à condição de cidade. Em 1872, foi criada a Comarca de Itajubá, constituída pelos termos de Itajubá e São José do Paraíso. O município de Itajubá era constituído pela freguesia da cidade, a freguesia de N. Sra. da Soledade (atual cidade de Delfim Moreira), Santo Antonio do Pirangussú, São Caetano da Vargem Grande e Santa Rita da Boa Vista. No século XX, com a emancipação de alguns distritos pertencentes à cidade de Itajubá, o antigo povoado, em que se originou a freguesia, no início do século XVIII, passou a se chamar Delfim Moreira (BARBOSA, 1995, p. 159).

---

5 Desde o século XVIII, o sul de Minas se tornou palco da disputa pela posse das terras entre as capitanias de São Paulo e Minas Gerais. Vários episódios marcaram essa disputa, como o que se observa na documentação do Arquivo do Estado de São Paulo, em que a freguesia de Santa Anna do Sapucahy, ao sul do Rio Sapucahy, se tornou região de conflitos por volta das primeiras décadas do século XVIII, até que em 1749, quando o ouvidor geral do Rio das Mortes, Thomaz Rubim de Barros, demarcou a região para a capitania das Minas. Contudo, três anos antes foram registradas essas disputas nas cartas do governador da capitania de São Paulo ao capitão-mor, de Santa Anna do Sapucahy, Francisco Martins Lustoza, no ano de 1746: "Na carta que vossa mercê me escreve de 22 de maio, vejo a noticia que me dá do attentado que cometeerao os officiaes da Comarca do Rio das Mortes e o louvável modo com que Vossa Mercê lhes rebateo o animo com que vinhao de espoliar a Vossa Mercê, e a esta Capitania, da posse em que está desse descuberto (...) novamente lhe recommendo a mesma cosntancia, no caso que elles voltem a querer insistir na sua terra, ainda que entendo o não farao, baldando segunda vez a sua viagem; porem no caso o fazerem, Vossa Mercê sustentara a todo o custo as ordens que lhe tenho dado, não lhes consentindo que facão acto algum possessório, ou de jurisdição, antes me fora logo aviso, porque quero ter o gosto de ir pessoalmente a esse descuberto com alguns soldados desta praça e fazer conduzir presos (...)". ARQUIVO DO ESTADO DE SÃO PAULO. "Carta do governador da Capitania de São Paulo ao capitão-mor, de Santa Anna do Sapucahy, Francisco Martins Lustoza, 1746". *Documentos interessantes para a História e costumes de São Paulo*, índice XI, São Paulo, 1896.

ECONOMIA E A PRODUÇÃO DO TABACO

A freguesia de Itajubá, no extremo sul da província mineira, pertencia a uma região que hoje é definida imprecisamente como o "sul de Minas". A noção de região adotada nesse trabalho pretende se aproximar das reflexões propostas por Ciro Cardoso, em que uma região pode ser definida "operacionalmente de acordo com certas variáveis e hipóteses, sem pretender que a opção adotada seja a única maneira correta de recortar o espaço e de definir blocos regionais" (CARDOSO, 1979, p. 73).

Ao longo do doutorado, a consulta documental nos apresentou uma compreensão do sul mineiro oitocentista que não pode ser definida em modelos explicativos rígidos. Tampouco pode ser entendida simplesmente pelas divisões político-administrativas que a região passou ao longo do século XIX. Há um conjunto de fatores que precisam ser levados em consideração para compreender a região que escolhemos, que não descarta em momento algum as interferências humanas nos processos de arranjos e rearranjos que se desenharam naquele período. Mais que isso, os documentos que estudamos nos revelam uma percepção de região historicamente construída.[6]

Em relação à produção econômica desenvolvida pelo sul de Minas ao longo do oitocentos, podemos hoje afirmar que naquele cenário havia um consórcio produtivo voltado à subsistência e ao mercado interno, com nítida diversificação agropecuária, alimentada também por expressiva mão de obra escrava. Proposição já consolidada pela historiografia, que vem sendo agraciada com recentes trabalhos de cunho regional que contribuem por apresentar histórias de freguesias e paragens sul-mineiras.

Também é sabido que, com a vinda da família real portuguesa, a produção sul-mineira tendeu a expandir seus negócios para abastecer a Corte e auxiliar nos caminhos e rotas entre a região e o Rio de Janeiro. Exemplo disso é que, em pouco tempo, o termo de Campanha da Princesa se mobilizaria para contribuir no abastecimento da Corte. A câmara da Vila de Campanha se prontificou ao enviar cabeças de gado, capados e outros gêneros alimentícios (LENHARO, 1993, p. 37).

No caso de Itajubá foi criada uma rota de passagem de mercadorias em que a produção era conduzida a partir de lombos de burros e outros animais, através dos

6 Segundo Ilmar Santos, o espaço não se restringe somente à concepção geográfica, já que não se distingue tanto por suas características naturais e sim por ser um "espaço socialmente construído": Ou dizendo de outra maneira: a região – com base nos referenciais primários espaço e tempo, entendidos em sua dimensão social – só ganha significação quando percebida à luz de um sistema de relações sociais que articula tanto os elementos que lhe são internos quanto os externos. É a partir dessa articulação, por intermédio de um jogo de identidades e oposições, que se torna possível traçar os limites da região, que muito mais do que limites meramente físicos existem como limites sociais. A região, assim, como uma construção que se efetua a partir da vida social dos homens, dos processos adaptativos e associativos que vivem, além das formas de consciência social que lhes correspondem (MATTOS, 2011, p. 36).

esforços contínuos de escravos e do empenho das tropas que viabilizavam todo esse transporte. Até o início do século XIX, o setor mercantil construído a partir da rota Rio-Minas já era responsável por contribuir no abastecimento da capital, mesmo que de forma incipiente naquele momento. Com a chegada da Corte, Itajubá se torna uma das principais vias de acesso para as tropas e mercadorias, principalmente, das províncias mineiras e paulistas que seriam conduzidas até a capital.

De acordo com Cristiano Restitutti, a Lei n. 154, de 1839, recriou uma série de recebedorias pela província – dentre elas a de Itajubá, localizada na região de divisa com o Vale do Paraíba paulista – que conduziam aos caminhos que levavam até o Rio de Janeiro. A agropecuária se configurava como a principal produção a ser registrada por aquela recebedoria. Arroz, milho, fumo, cana e gados bovino e suíno estavam nas listas dos principais produtos produzidos na região da freguesia e taxados pela Recebedoria de Itajubá. O trânsito mercantil na região sul-mineira tinha em caminhos como o daquela recebedoria, uma rota que ligava Itajubá e a região de Campanha da Princesa, para as estradas do Vale do Paraíba até a cidade de Parati, na província do Rio de Janeiro, por onde se exportavam suas produções (RESTITUTTI, 2006, p. 167-168).

Angelo Carrara se refere à freguesia de Itajubá como um importante registro de entrada e saída de mercadorias, desde o século XVIII, em um ponto estratégico de divisa administrativa com a capitania de São Paulo. O registro de Itajubá testemunhou a articulação precoce do sul e sudoeste de Minas Gerais com o norte de São Paulo, bem como outras áreas. O registro importaria principalmente cachaça e sal que eram consumidos na freguesia e em localidades do termo e teria seus rendimentos aumentados a partir de 1774 (CARRARA, 2007, p. 115-116).

Já o *Almanach Sul-Mineiro de 1874*, apresentava a Recebedoria de Itajubá como uma das mais importantes do sul de Minas. Mesmo diante de uma estrada de difícil acesso, a recebedoria foi considerada uma das principais vias de acesso e comunicação entre as províncias de São Paulo, Minas Gerais e a Corte. O mesmo almanaque traz dados em que a Recebedoria de Itajubá era uma das maiores arrecadadoras da região (VEIGA, 1874, p. 47).

Em relação ao sistema produtivo de Itajubá ao longo do século XIX, nossa dissertação de mestrado procurou estudar as estruturas produtivas da freguesia, a partir da análise dos inventários *post mortem* e das listas nominativas, evidenciando uma produção agropecuária, voltada à subsistência e ao mercado interno, envolvida por expressivo contingente escravo. Também foi possível compreender uma formação de pequenas a grandes propriedades escravas que, em sua grande maioria, desenvolviam atividades consorciadas, voltadas à subsistência e/ou ao mercado. Assim, um pequeno ou um grande proprietário poderia se dedicar a diversas atividades ao mesmo tempo, como as terras de culturas, a criação de animais, a extração da mineração ou até mesmo realizar comércio nas porteiras de suas fazendas ou se dedicarem ao comércio de loja ou de tropa (CUSTÓDIO SOBRINHO, 2009).

De acordo com Armelim Guimarães, a freguesia de Itajubá se dedicaria principalmente à produção de gêneros como o fumo, feijão, arroz, milho, mandioca, cereais, rapadura, queijos, manteiga, aguardente e gados vacum e suíno. Esses produtos escoavam pelo rio Sapucaí para serem comercializados no comércio das localidades vizinhas, como Pouso Alegre, Campanha, Baependi, Pouso Alto e outros pontos da província. Na Recebedoria também chegavam mercadorias provenientes da Corte e que abasteciam as vendas no mercado local, vendendo tudo que era necessário para a vida no campo e na cidade. O memorialista descreve grande consumo de fazendas, ferragens, louças, sal em lombos de burros e pecuária em geral. À medida que o oitocentos avançava, a freguesia se viu envolvida no grande cultivo de fumo, que apresentaremos mais adiante (GUIMARÃES, 1987, p. 43).

A fronteira do sul-extremo mineiro era responsável pela captação das rotas do sul de Minas e o Campo das Vertentes para o Vale do Paraíba paulista e fluminense. João Fragoso denominou esta área de fluxo de mercadorias como pertencente ao "modelo do sul de Minas". Todos os cultivos e criações de animais produzidos no sul mineiro ou provenientes de outras regiões de Minas ou das demais províncias eram escoados por aquela fronteira. Cabia ao profícuo mercado de São João del Rei negociar e organizar as tropas que conduziam essas mercadorias. O autor também lança luz sobre o expressivo contingente cativo presente no sul mineiro naquele momento, envolvido na produção. Os sítios e fazendas da região concentravam mão de obra escrava, o que revela o poder de riqueza desses proprietários, que conseguiram manter até os últimos anos da escravidão um dos maiores plantéis de escravos de todo o Império. Isso não significa que a produção era responsabilidade apenas de cativos. Juntamente a esses núcleos de produção predominava o pequeno proprietário que conjugava nas suas terras a mão de obra escrava com a familiar (FRAGOSO, 1998, p. 123-134).

A partir da segunda metade do século XIX, a freguesia de Itajubá se destacaria pela produção de fumo. Ela fazia parte de um complexo que se estendia da região de Baependi (segmento de Pouso Alto) em direção a Itajubá (segmento Pouso Alegre). Concomitante a produção de outras culturas, o fumo no sul mineiro fez parte do cotidiano das unidades produtivas da região, participando de uma rota que escoava a mercadoria para o Vale do Paraíba paulista e para os caminhos que levavam ao Rio de Janeiro. Segundo Cristiano Restitutti, o fumo era a cultura típica do sul-extremo mineiro, produção claramente encontrada nos caminhos pelos rios Verde e Sapucaí. A exportação era realizada para São Paulo até os portos de Ubatuba, Parati e outros. A partir de 1870, a estrada de ferro D. Pedro II era a responsável por parte da produção até a Corte. O fumo ganhou status de cultura de exportação a partir da década de 1830, sendo uma das atividades mais lucrativas na década de 1870, ocupando as ferrovias e as estradas que transportavam mercadorias (RESTITUTTI, 2006, p. 150-160).

Tabela 1 – Produção agrícola nas unidades produtivas em Itajubá (1785-1850)

Produção agrícola	Unidades não-escravistas		Unidades escravistas								Total	
	Nº	%	F1 (1 a 5)	%	F2 (6 a 10)	%	F3 (11 a 19)	%	F4 (20 ou +)	%	Nº	%
Milho	1	5,3	3	15,8	3	15,8	7	36,8	5	26,3	19	100,0
Feijão	-	-	1	16,7	4	66,7	-	-	1	16,7	6	100,0
Fumo	-	-	7	25,0	8	28,6	6	21,4	7	25,0	28	100,0
Arroz	-	-	-	-	1	50,0	-	-	1	50,0	2	100,0
Algodão	-	-	1	33,3	-	-	-	-	2	66,7	3	100,0
Cana-de-açúcar	-	-	1	20,0	-	-	1	20,0	3	60,0	5	100,0
Café	-	-	-	-	2	66,7	1	33,3	-	-	3	100,0

* O padrão de categorias adotadas para classificar as unidades escravistas já foi utilizado por diversos pesquisadores e teve como intenção apresentar as principais atividades produtivas na freguesia. Vale ressaltar que essa classificação não pretende moldar em categorias rígidas cada propriedade. Ver: Libby (1988); Almeida (1994).

Fonte: Inventários *post mortem* do Fórum Wenceslau Braz, 1ª Secretaria da Vara Civil. Itajubá-MG.

A produção de fumo figurava entre os principais bens analisados nos inventários *post mortem*. É possível perceber na tabela acima que a produção na freguesia é a que mais aparece arrolada na documentação. As referências ao fumo nos inventários foram dadas como "fumal", ou seja, o roçado de fumo, "fumo em arroba" ou "fumo em rolo", que podia ser fabricado na própria fazenda e era comercializado em longas cordas. Interessante constatar que todas as pequenas, médias e grandes propriedades apresentaram a mercadoria, nunca produzida isoladamente. O consórcio no cultivo era uma marca desses sítios e fazendas (CUSTÓDIO SOBRINHO, 2009, p. 130-149).

Já para a segunda metade do oitocentos, período de grande crescimento das lavouras de fumo, o memorialista Armelim Guimarães nos informa sobre a produção em Itajubá:

> Por volta de 1860 a 1890 a lavoura do tabaco quase chegou a ser uma monocultura em terras itajubenses, a ponto de escassear os gêneros alimentícios. Sendo então muito fraca a produção de cereais, fato que levou a Câmara Municipal a se preocupar com isso(...). O arroz e o feijão sumiam do comércio e nas fazendas a produção de cereais era quase exclusivamente para o gasto(...).

> Pelo que documenta ainda a Ata de 28-01-1863(...) o itajubense não pensava em plantar em grande quantidade outra coisa senão o fumo(...). O comércio do fumo em corda era, na verdade, muito lucrativo, mais compensador que o de cereais. O produto encontrava franca aceitação por parte dos exportadores e as terras itajubenses se prestavam magnificamente para o seu cultivo. (GUIMARÃES, 1987, p. 283)

Esse apego ao cultivo do tabaco nos instiga a pensar na cultura dessa produção gerada no cotidiano de seus produtores, da escravaria envolvida nesse processo e nos setores sociais da cidade naquele momento. Investigar as condições dessa produção e a infraestrutura que a ela estava ligada – e aquela que demandou um novo ordenamento em Itajubá, seja através da tecnologia desempenhada no campo, bem como o transporte férreo que serviu para o escoamento daquela mercadoria – são fenômenos importantes para a compreensão da relação desse produto com a história socioeconômica da cidade e região. Além disso, avançar na temporalidade e conhecer o peso do cultivo do tabaco nas cidades de Itajubá e Cristina – e sua mercantilização na rota que se desenvolveu no sul mineiro para os grandes centros – é fulcral e abre oportunidades para pesquisas futuras, principalmente para aquelas que se dedicarem ao último quartel do oitocentos.

ENTRE O URBANO E O RURAL – PASSAGENS DA ESCRAVIDÃO

O sul de Minas no século XIX não pode ser encarado como uma região extremamente rural, nem tampouco urbana. A complexidade deste cenário se descortina quando pensamos em um espaço que se fortaleceu com sua vocação agropecuária desenvolvida ao longo do oitocentos, mas que também se constituiu pela ampliação de seus centros urbanos, principalmente a partir do último quartel daquele século.

Assim, podemos entender o urbano como um aglomerado constituído pelo arraial ou vila, bem como seus distritos, em que um centro integrava as instituições, os espaços de prestação de serviço e as moradias – igrejas, sedes de associações e de jornais, edificações públicas (delegacia, fórum e câmara municipal), casarios, becos e ruas, lojas, açougues, feiras e pontos de serviços diversos como sapateiros, ferreiros e alfaiates – e servia como referência para a sociabilidade e comunicação de seus habitantes.

Contudo, para além dessa centralidade havia um mundo rural extenso e profundo, que se perdia pelos caminhos, estradas e vielas e que, mesmo distante, não estava desconectado da sociabilidade praticada na cidade. Escravos, libertos e livres circulavam por esses espaços tecendo relações e constituindo ações que, por muitas vezes, não deixavam evidentes a separação entre rural e urbano. Nas cidades estavam também a moradia dos senhores que, quando necessário, deixavam a fazenda e a produção nas mãos de agregados. Os negócios quando não exercidos nas próprias porteiras eram redimensionados para os caminhos, os mercados e feiras nas cidades, sem falarmos que elas eram palcos da construção de laços de solidariedades, de confrontos sociais, da realização das festas religiosas e de outras expressões populares que tinham a praça central como ponto de encontro.

Mesmo que no decorrer do oitocentos a diferenciação entre urbano e rural começasse a ficar mais visível, ainda era possível perceber que este mesmo perímetro central coexistia com pequenos sítios e fazendas que produziam para o consumo local e para o mercado.[7] Assim, estamos falando de uma região em que, por mais que a extensão territorial seja considerável, a configuração da centralidade urbana não nos parece semelhante a outras localidades com maior peso populacional e presença institucional, o que nos faz entender que neste recorte estudado os espaços conhecidos naquele período como "urbano" e "rural" se confundem, os traços que a diferenciavam são sutis e, por vezes, seus limites não são inteligíveis.

De qualquer forma, esse dinamismo social vivenciado nos núcleos urbanos provocou certa liberdade de ideias, contribuiu para formar grupos e movimentos sociais, recebendo pessoas de vários lugares que, muitas vezes, trocavam informações e traziam novas experiências de outros cantos. Essa convivência de pessoas de diferentes meios poderia causar preocupações nas autoridades, alertando para os riscos de sedições e práticas consideradas subversivas e contra as moralidades pregadas naquele momento. Esses embates ideológicos contribuíram para mudanças de valores e de pensamento, não ficando de fora as pequenas cidades do sul mineiro.

O papel das cidades – ao promoverem as lutas e os espaços de sociabilidades estabelecidas por populares no oitocentos, principalmente no que tange as conquistas escravas no dia a dia do cativeiro – é o que pretendemos apresentar a partir daqui. A proposta é pensar como, no processo de abolição no sul mineiro, o espaço urbano serviu como pano de fundo para maiores possibilidades de alcance das alforrias, para a formação de mão de obra escrava cada vez mais qualificada e para um mercado de trabalho complexo que crescia, a formação de uma rede de "escravos de ganho", potencializada pelo trânsito daqueles sujeitos, o que legitimava margens de autonomia em relação ao controle senhorial sobre suas vidas (DIAS, 1995, p. 19-60).Além disso, os núcleos urbanos também serviram para um profícuo espaço de formação de redes sociais e de comunicação entre escravos e livres, o que nos últimos anos da escravidão se tornou um trunfo para esses agentes e uma ameaça para a tentativa de controle social dos senhores e das instituições estatais.

7 Segundo Jane Jacobs, embora haja predominância do urbano, a formação da cidade é resultado de um "processo histórico", já que nela se percebe comportamentos anteriores, em que o rural se faz presente que não são claros os traços urbanos. Assim, para a autora, o rural antecede o urbano na maioria das vezes (JACOBS, 2009).

Na virada do século XIX para o XX, as cidades sul-mineiras, em certa medida, procuraram acompanhar o processo de modernização que ocorria nas maiores cidades brasileiras, apesar do seu caráter citadino se constituir de uma "vida de cidade pequena e de uma infraestrutura básica para atender às necessidades do capital", não perdendo de vista "os contornos impostos pela interação entre o rural e o urbano" (SAES; MARTINS, 2012, p. 13-29).

É sabido que a instituição escravista passou a encontrar ameaças cada vez mais frequentes, principalmente a partir da segunda metade do oitocentos. Era um desmoronamento que se anunciava, mas ela se escorava naqueles que defendiam a manutenção do sistema ou que ansiavam por um fim "lento e gradual". Para alguns, seu "edifício" estava condenado e o rompimento das últimas estacas deveria ser feito em função da demolição total da instituição escravista. Nesses acordos, discursos, conflitos e ações, o "cancro roedor" deveria dar espaço a uma nova sociedade, permitindo o progresso da nação.

Com o advento de novas pesquisas sobre a escravidão no Brasil e a partir da década de 1980, outros enfoques foram trazidos à tona, principalmente no que tange ao papel dos personagens envolvidos na questão. Afloraram das páginas documentais aspectos até então nem sempre evidentes nos estudos sobre a temática: as negociações e conflitos presentes no cotidiano de escravos, livres e libertos; a luta pela liberdade; a percepção de mundo construída por aqueles atores; enfim, a constatação do escravo enquanto sujeito de sua própria história.[8]

No que tange à abolição, a temática tem suscitado o interesse de muitos pesquisadores ao longo do tempo, o que permitiu construir um percurso historiográfico até os dias atuais. Na década de 1970, a abolição era vista como um movimento exclusivamente promovido pela elite e pelos setores médios urbanos. Uma dádiva concedida ao escravo, mas que ele mesmo não participou da construção dessa mudança de ordem. As colocações dos intelectuais da Escola Sociológica Paulista, também se estenderam para o entendimento sobre a abolição. Sendo assim, a ideia de "coisificação" do escravo e sua não consciência de si, devido às imposições violentas do cativeiro, não permitiu que participassem das movimentações em prol da desintegração do sistema escravista, sendo o resultado dessas ações uma "abolição branca", uma redenção promovida pela política dos salões parlamentares e pela elite liberal brasileira.[9]

Nas disputas pelo campo da memória, em que estava em jogo os "louros" do 13 de maio, nos parece ter prevalecido a perspectiva do ato heroico, em que os principais

8 Muitos trabalhos foram precursores de uma leitura enviesada pela busca da autonomia escrava e suas formas de resistência e expressão cultural própria. Sobre esses estudos ver: Reis; Silva (1989); Machado (1988, p. 143-160).

9 Ao longo das décadas de 1960 e 1970, um grupo de foi conhecido como pertencentes a Escola Sociológica Paulista e produziram vários trabalhos acerca da escravidão e a abolição no país. Pode-se citar: Fernandes (1978); Ianni (1962); Cardoso (1977); Hasenbalg (1979).

beneficiados e uma camada popular que também atuou nas ações abolicionistas foram relegados daquele cenário. A ideia de uma abolição rápida e branda ganhou espaço no imaginário da população e os problemas não resolvidos com o seu término – no que tange ao sentido de reparação do Estado Imperial – produziram na práxis um sentido precário de cidadania para os egressos da escravidão.

A partir da década de 1990, com o advento das pesquisas voltadas às abordagens da *história social da escravidão*, se lançou luzes à perspectiva da formação de um processo abolicionista, que não se pode enquadrar em moldes rígidos explicativos. Era preciso entendê-lo dentro de variáveis pertinentes à realidade da crise do sistema escravista brasileiro. Assim, para se compreender esta ideia de abolição multifacetada e recheada de pluralidades seria preciso estudar os movimentos sociais da década de 1880, os sujeitos esquecidos e à margem do sistema, suas ideias, projetos e o papel social que ocuparam nos meandros do abolicionismo.[10]

No caso de Minas Gerais, os escritos de Oiliam José propuseram na década de 1960 uma reflexão sobre a desintegração do sistema escravista na província. Para o autor de *A abolição em Minas*, não seria possível esperar dos mineiros qualquer situação de ebulição social a favor da causa abolicionista, como aconteceu em São Paulo e Rio de Janeiro. Não somente o caráter rural e pacato tomava conta da população, mas a falta do "espírito" transformador fazia parte da essência do povo em Minas (JOSÉ, 1962).

Nos idos da década de 1990, Eliana Reis propôs realizar uma análise sobre o abolicionismo a partir das páginas dos jornais, apresentando uma leitura do passado escravista e abolicionista da província que, por ora alinhado às novas interpretações historiográficas, no que tange as considerações sobre o sujeito escravo, ratificou a consideração conservadora sobre o processo da abolição em Minas, descrito por Oil liam José. Mesmo diante de um trabalho massivo calcado na análise documental, a autora ainda considerou que os movimentos teriam um caráter "moderado", não envolvendo a participação popular nas ideias e ações realizadas por eles. Por mais que tivessem conseguido criar certa "consciência política", inclusive nos escravos, a partir da propaganda na imprensa (REIS, 1993, p. 201).

Assim, para se compreender a ideia de abolição multifacetada e recheada de pluralidades seria preciso estudar os movimentos sociais da década de 1880, os sujeitos esquecidos e à margem do sistema, suas ideias, projetos e o papel social que ocuparam nos meandros do abolicionismo. As ações de escravos, libertos, do "populacho" presente nas ruas e das organizações abolicionistas recheavam o imaginário social. O

10 Alguns trabalhos se tornaram significativos naquele momento, questionadores das interpretações sobre a abolição apresentadas na historiografia até aquele momento. Na análise do cenário era preciso reconhecer a agência escrava como elemento importante no processo que desencadeou na desintegração total da escravidão no 13 de maio. Ver: Chalhoub (1990) ; Machado (1994); Mattos (1998).

medo aparente do que essas agitações sociais poderiam causar provocava o "pânico" e a sensação de desgoverno (MACHADO, 1994, p. 91-95).

Neste sentido, nossa pesquisa vem ao encontro de entender o processo de abolição em Minas Gerais dentro do espaço imperial brasileiro, em que as relações travadas entre seus personagens precisam ser levadas em conta para que toda a complexidade de análise que a temática exige não seja creditada a partir de estereótipos e generalizações. E, para este texto, nossa intenção é traçar alguns apontamentos acerca das ações de escravos, livres e da polícia no sul mineiro para os anos derradeiros da escravidão, trazendo à tona algumas trajetórias desses agentes que deixaram seus rastros na documentação, a partir da análise das correspondências policiais.

A POLÍCIA NO LIMIAR DA ABOLIÇÃO

A documentação de polícia consultada nos serve como um "termômetro" para entendermos como o cotidiano da instituição nas diversas cidades e distritos do sul mineiro respondia à crise do sistema escravista. Os abalos sociais que tomavam conta do período eram passíveis de serem registrados pelas autoridades, o que dependendo da intensidade da situação, abria um canal de comunicação com a chefia de polícia na capital da província. As movimentações frequentes de escravos, libertos e abolicionistas preocupavam a sociedade da época e provocavam desconforto nas autoridades por alterar a rotina desses lugares e causar o descumprimento das leis. Alguns assuntos ligados ao desmoronamento da escravidão e a sua abolição são recorrentes nessas autuações policiais como: as manifestações sociais causadas por abolicionistas (*meetings*) e pessoas comuns; os crimes cometidos por escravos e libertos e contra eles; as aglomerações de escravos fugidos nas cidades; a existência de quilombos na região; as fugas e revoltas de cativos; as denúncias de venda de ingênuos e livres; e as concessões de liberdades antecipadas à Lei de 13 de Maio.[11]

As motivações citadas acima e que permeavam a vida dos agentes da instituição policial naquele momento também se faziam presentes nas correspondências, que além de suscitar as preocupações sociais sobre as recorrências de revoltas, fugas e a presença constante de escravos e libertos na cidade, também mencionavam sobre o descalabro da falta de agentes policiais e de recursos na cadeia municipal. Assim, a delegacia de Itajubá, em 1888, viu atendido o seu pedido de receber mais praças para completar o destacamento e atender as necessidades de manutenção da ordem,

11 Na documentação consultada foram encontradas diversas correspondências para o tema e o período abarcado, encaminhadas por subdelegados e delegados daquela região ao chefe da polícia e cartas enviadas por ele aos seus subordinados. Algumas ocorrências faziam parte de um livro intitulado "Reservado de polícia" o que demonstrava profundo cuidado desses agentes em lidar com certas informações a respeito do controle que se deveria ter com as manifestações abolicionistas e revoltas escravas.

frente "as urgências as numerosas reclamações que tem dirigido nesse sentido o delegado de polícia".[12]

É evidente que os casos apresentados até então são reflexos de transformações sociais, políticas, econômicas e culturais que adensavam incertezas e contradições à sociedade escravista brasileira. Ao adentrar nos anos finais da escravidão no país, o governo imperial já havia enfrentado situações delicadas ao longo daquele século, como a Lei Eusébio de Queiros (1850), a Guerra do Paraguai e o trato destinado aos escravos durante o conflito (1864-1870), as consequências de várias crises econômicas cafeeiras, o crescimento das ideias republicanas no país (principalmente a partir da década de 1870), a Lei do Ventre Livre (1871) e a Lei dos Sexagenários (1885), o que contribuíram para apagar definitivamente a crença de que seria possível manter por muito mais tempo a escravidão no Brasil (CONRAD, 1978, p. 319-337).

Nesse sentido, a análise dessa documentação está contribuindo para a tentativa de responder a alguns questionamentos que norteiam a pesquisa. O confrontamento de grupos que lutavam pela manutenção do cativeiro contra aqueles que enxergavam no sistema escravista grandes entraves para o desenvolvimento do país passou a permear os discursos e ações sociais desde o interior até os maiores centros urbanos do Império naquele momento. E as ordens do poder estatal eram que as autoridades policiais estivessem vigilantes no controle de qualquer evento que perturbasse a segurança e a estabilidade do regime. Mas eram visíveis que as contradições e perversidades do sistema escravista provocariam em algum momento grandes convulsões sociais, o que afetaria completamente o cotidiano de trabalho dessas autoridades policiais.

Para que as revoltas escravas, os descontentamentos de vários setores a favor do fim da escravidão e as intervenções dos movimentos abolicionistas não ganhassem as ruas, cabia uma atuação eficaz do poder policial para que a "desordem" não fosse alastrada. Em inúmeras ocorrências policiais e nas páginas dos periódicos encontramos evidências dessa preocupação com o "caos" que as insatisfações populares poderiam causar. Mesmo proclamando sua abolição antecipadamente, Itajubá continuou presente nas correspondências policiais, tendo em vista as movimentações escravas e abolicionistas que rondavam a cidade. Os efeitos práticos de manutenção da ordem, controle e disciplinarização da população egressa parecem não ter sido eficazes. Assim, o chefe de polícia, Levindo Ferreira Lopes, em carta reservado para o presidente da província, solicitava com urgência o aumento do contingente policial em Itajubá "face a perturbação da ordem pública", na tentativa de conter "quaisquer movimentos de escravos", bem como as ações abolicionistas que se davam no sul de Minas e que poderiam causar danos nas lavouras e provocar desordens na cidade. A correspondência termina com um clamor que a tropa enviada para Itajubá possa ser formada

12 ARQUIVO PÚBLICO MINEIRO (doravante APM). Chefia de Polícia. Correspondência expedida. POL 87, n. 30, f. 197,Ouro Preto, 22 mar. 1888.

por cavalaria, oficial e dez praças, a fim de lá "estacionar atender as reclamações das autoridades de outros termos, prestando-lhes o auxílio de que precisam".[13]

As constantes fugas, as revoltas escravas e os severos castigos aplicados aos cativos, principalmente ao longo da segunda metade do século XIX, fizeram com que as autoridades policiais e judiciais intervissem nas relações dos senhores com seus escravos (LARA, 1988, p. 29-96). No que cabe a preservação da ordem nas cidades e nos campos, as advertências dessas autoridades se baseavam na preocupação do descontrole que poderia ser causado a partir da presença de escravos fugidos, libertos e abolicionistas nesses locais. Se os senhores já não davam mais conta de manter os cativos em suas propriedades, esses passaram a solicitar o apoio da polícia na captura de fugitivos, no controle de revoltas e na censura à propaganda "difamatória" de abolicionistas e suas ações planejadas para a libertação de escravos.

Segundo Maria Helena Machado, a polícia foi a instância que mais serviu aos pedidos dos senhores no combate à desordem e às revoltas provocadas pelos escravos e pelos abolicionistas. A serviço do estado, a missão do regimento policial era cumprir a lei e defender a legítima propriedade escrava. As repercussões da crise escravista e o temor que as revoltas e ações de escravos, libertos, abolicionistas e outros agentes fugissem do controle colocavam em xeque a segurança pública. Assim, mais que assegurar os interesses dos senhores de escravos, a polícia tinha compromisso com a defesa da ordem e o seu papel foi estratégico naquele contexto (MACHADO, 1994, p. 69-72). Com as insurgências abolicionistas e as revoltas escravas ganhando terreno no campo social, coube à polícia manter a sensação de que tudo estava sob a mais perfeita ordem, mesmo sabendo que seus aparatos coercitivos já não davam mais conta de assegurar a paz pública com a mesma eficácia de tempos anteriores (MACHADO, 2009, p. 376-377).

Também vale dizer que os agentes policiais não podem ser vistos apenas como cumpridores dos interesses do Estado e dos senhores. Como uma instituição disposta a manter a ordem e a responder aos interesses das elites, esta máxima não se aplicava a todos os momentos e ações desses sujeitos. É possível perceber atitudes e tomadas de decisões que demonstram certo cansaço de delegados, subdelegados e policiais com as ocorrências de fugas e revoltas escravas, que tomavam todo o tempo do expediente e que demonstravam o descontentamento com esses tipos de serviço. Da mesma forma, encontramos casos de autoridades que se envolviam com ideias pró-abolição ou começaram a desconsiderar pedidos de senhores que queriam reforço policial para a captura e contenção de agitos.

A falta de destacamentos para o controle da ordem pública na cidade de Itajubá, demonstrada no caso acima, refletia a impotência do poder policial em conter tais

13 APM. Chefia de Polícia. Correspondência expedida pela Secretaria de Polícia à Presidência da Província. POL 104, n. 376, p. 86. 22 mar. 1888.

conflitos bem como outros. Ao noticiar as repercussões e o medo da perda do controle social por parte da polícia e dos senhores, o que se pode notar até o momento é que a maioria desses pedidos denuncia as fragilidades estruturais do poder policial em controlar fugas, rebeliões de escravos ou libertos, como qualquer alteração a tranquilidade social. Além de praças, essa documentação revela uma completa falta de infraestrutura nessas instituições (ROSEMBERG, 2010, p. 70-76).

Muitas correspondências recebidas pela Secretaria de Polícia da província deflagravam a precariedade de recursos nas delegacias daquelas cidades. Faltavam armas, fardas, soldos para as praças, cadeias, até mesmo comida e roupas para alimentar os presos. Situações como essas foram tão sentidas em algumas freguesias que provocaram medidas drásticas, como a do subdelegado da cidade de Pouso Alegre que encaminhou ao chefe de polícia da província a seguinte correspondência, em 15 de novembro de 1887: "Acabo de pedir minha demissão, não tenho a autoridade policial, força suficiente que possa empregar toda força no comprimento de meu dever (...)".[14]

As documentações do acervo consultado também possibilitaram perceber a ampliação das possibilidades de alianças de escravos com setores diversos da sociedade, que poderiam ser mobilizados em favor dos interesses desses cativos.[15] Era nítido que nos anos finais do sistema escravista no Brasil grande parte da sociedade estava sensibilizada com os castigos e as agressões cometidas por senhores contra seus escravos. Nesse sentido, tivemos acesso pela primeira vez na análise da documentação ao caso de agressão sofrida pelo escravo Clemente, apresentado pelo chefe da polícia da província que, prontamente informado pela imprensa, buscou satisfação com o delegado de Itajubá sobre o "martírio" divulgado no *Gazeta de Notícias*, em que o tal escravo estava sofrendo "bárbaros castigos" do seu algoz e proprietário, capital Manoel Custódio dos Santos.[16]

A imprensa se colocava como um meio propagador das notícias que permeavam o cotidiano policial das delegacias e subdelegacias dos cantos mais longínquos do

---

14 APM. Chefia de Polícia. Correspondência recebida pela Secretaria de Polícia. POL 1-3, cx.16. Pouso Alegre 15 nov. 1887.

15 Além da documentação "Chefias de Polícia", as disputas judiciais também ampliaram as relações de escravos com demais setores da sociedade. Na verdade, a partir do século XIX, a Justiça passou a intervir mais nos crimes sofridos e praticados por escravos o que veio a contribuir para o desgaste do domínio senhorial sempre estabelecido em suas relações com os cativos. Através de procuradores (libertos ou livres), muitos escravos conseguiram a alforria a partir das ações de liberdade. Ao mesmo tempo em que a sociedade se tornava mais sensível com as causas de libertação, alguns escravos também se atentavam aos direitos garantidos pelas leis emancipacionistas. Sobre ações de liberdade: Grinberg (1994).

16 APM. Chefia de Polícia. Correspondência expedida pela Secretaria de Polícia. POL 94, p. 119, doc. 602, 16 mar. 1887.

controle da administração da polícia provincial. Notícias como a agressão sofrida por Clemente ganham grande envergadura nas páginas dos periódicos e, naqueles últimos anos da escravidão, passou a comover e a incomodar a sociedade, que se sensibilizava com tais situações. Vale lembrar que o próprio olhar da polícia, mais atento aos ordenamentos jurídicos e das leis (neste caso a Lei do Açoite de 1886) auxiliava na apuração dos casos de agressões consideradas abusivas. Não estava em peso só uma repressão legal, mas também social, o que não nos leva a concluir, obviamente, que aquela sociedade estava totalmente sensibilizada com a causa dos escravos.[17]

Além disso, ao pedir satisfações ao delegado de Itajubá sobre "quaes as providencias tomadas para a punição desse crime e qual resultado do respectivo inquérito",[18] o chefe de polícia parece exigir conhecimento dos procedimentos legais assumidos pelo delegado quanto ao seu papel de cumpridor das leis, ainda mais sobre um episódio que ganhara a imprensa e que chegou a ter grande impacto na sociedade, segundo as palavras do mesmo chefe de polícia. Isso nos chama a atenção para o papel complexo e contraditório que aqueles agentes precisavam desempenhar, ou seja, como "braço" do Estado, coube à polícia defender o direito da propriedade privada como dos interesses do Estado imperial. Contudo, a documentação também nos faz concluir que esses sujeitos agiam de acordo com seus próprios interesses e a partir daquilo que compreendiam do convívio social. Assim, é possível percebermos um discurso muitas vezes condenatório da escravidão por parte de delegados e subdelegados, que se sentiam dispostos a criticar a instituição escravista quando incomodados e atravessados pelos interesses daqueles senhores.

Ao acompanharmos o desenrolar dessa história na documentação, vimos que o promotor público acatou o inquérito policial contra o agressor de Clemente, tendo o juiz municipal reconhecido "a materialidade e o que o fato tem que ser julgado". Tanto o fazendeiro Manoel Custódio dos Santos, quanto o seu cúmplice foram pronunciados e o caso foi apresentado como de comoção social, tendo muito ocupado a imprensa e as rodas sociais.[19] Manuel Custódio dos Santos e Francisco Ayres de Oliveira foram presos na cadeia de Itajubá e condenados pelo artigo 205, do Código Criminal do Império, pelos "ferimentos graves na pessoa do escravo Clemente (...)".[20]

---

17 De acordo com a Lei nº 3310, de 15 de outubro de 1886, o açoite ficaria abolido, revogando o artigo 60 do Código Criminal, como também a Lei nº 4, de 10 de junho de 1835, na parte em que impunha aquela pena (MOURA, 2004, p. 17).

18 APM. Chefia de Polícia. Correspondência expedida pela Secretaria de Polícia. POL 94, p.119, doc. 602, 16 mar. 1887.

19 APM. Chefia de Polícia. Correspondência expedida pela Secretaria de Polícia ao Governo Provincial POL 93, doc. 695, 31 maio 1887.

20 Segundo a correspondência, a condenação aos réus foi atribuída de acordo com o artigo

Não foi possível encontrar o inquérito policial e o processo crime sobre o caso de agressão a Clemente. Se ele existiu, com certeza se perdeu na burocracia institucional e por falta de zelo ao patrimônio público. Mas senhores que eram levados aos bancos dos réus por crimes de agressão a escravos não é uma novidade na historiografia. Sidney Chalhoub há tempos nos apresenta casos semelhantes em que senhores são pronunciados por crimes parecidos, o que não significa a concretude das prisões, o que, provavelmente, não aconteciam (CHALHOUB, 1990, p. 199-212). Ao menos neste caso, essa afirmação não nos foi revelada.

A COMISSÃO LIBERTADORA E OS ABOLICIONISMOS

No início de 1888, o chefe de polícia, Levindo Ferreira Lopes, encaminhou um reservado ao presidente da província, destacando a necessidade de enviar praças para Itajubá, a fim de conter revoltas escravas e o abolicionismo que estava a pleno vapor na cidade.

> Devolvendo o incluso ofício em que o Presidente da Câmara de Itajubá pede que seja colocada n'aquelle termo uma força suficiente para poder fazer face a perturbação da ordem pública que passa haver ali, em vazão de quaisquer movimento dos escravos o qual se da nas localidades vizinhas, visto o movimento abolicionista em taes lugares inspirar sérios receios, cabe-nos informar a V. Ex. que me parecem fundados taes receios (...).[21]

De acordo com a correspondência, era preciso força policial adequada para combater o "movimento de escravos" e de abolicionistas. Assim, "face a perturbação da ordem pública que passava haver alli" e ao movimento abolicionista que crescia em outras pontas do sul da província, era prudente a estratégia de garantir a segurança individual e de propriedade dos habitantes de Itajubá. Para além da reivindicação interminável para o aumento do destacamento – recurso muito utilizado por delegados e subdelegados – nos parece que a solicitação por uma tropa específica que atendesse a cidade e região expunha desafios à polícia itajubense.

Ao que tudo indicava os jornais, Itajubá contou com uma das sociedades abolicionistas mais bem sucedidas da região, tendo como grande feito a execução de uma abolição antecipada ao projeto de lei nacional. Nos últimos suspiros da escravidão,

---

205, do Código Criminal da Constituição do Império do Brasil, de 1830. APM. Chefia de Polícia. Correspondência expedida pela Secretaria de Polícia ao Governo Provincial. POL 93, doc. 695, p. 133, 31 maio 1887.

21 APM. Chefia de Polícia. Correspondência expedida. POL 104, n. 376, f. 86, Ouro Preto, 22 mar. 1888.

fazendeiros e redatores do jornal *A Verdade* criaram a Comissão Libertadora, em 11 de março de 1888. A folha itajubense desenvolveu constante propaganda abolicionista, incitando a libertação dos escravos e a introdução da imigração. Com o passar da década, e com a não efetivação de uma política de imigração para o sul mineiro, os redatores procuraram divulgar a necessidade do controle da transição escrava para o trabalho livre, atendendo com isso os interesses senhoriais.

A grande estratégia da Comissão era a promoção de reuniões com os fazendeiros e outros proprietários de escravos com o intuito de convencê-los a alforriarem os cativos, além de formar novos adeptos às ideias da abolição e da tutela da mão de obra nacional, a fim de continuar o trabalho agrícola sem maiores prejuízos para a cidade e região. A adesão foi engrossada a partir de sucessivos encontros que se deram em toda comarca, sob a liderança de José Pereira dos Santos, promotor de Justiça, que saiu a publicar convites das reuniões pelo *A Verdade*. Como alguns proprietários se mostravam mais resistentes à causa, era preciso também ceder às pressões para "tratar da organização do trabalho livre e da emancipação do elemento servil na parochia por prazo e modo mais conveniente".[22] Assim, a Comissão empunhava o bastião pela abolição e do controle senhorial sob a mão de obra liberta. Também se mostravam interessados numa política profilática para redução de danos à lavoura e a qualquer tipo de desordem que não pudesse ser controlada pela força policial.[23]

Entusiasmados, os membros da Comissão ratificaram um propósito ainda afirmado no início dos trabalhos para a criação da sociedade, ou seja, estabelecer num futuro próximo o princípio da civilidade e de colocarem Itajubá, definitivamente, nos trilhos do progresso:

> Felizmente, o mal não é absoluto. Temos homens e famílias pobres que comprehendem os seus deveres e procuram se localisar, atidos ao trabalho. Estes e os bons libertos são os naturaes substitutos do escravo na lavoura. Opportunamente virão os immigrantes intelligentes trazer a emulação e o aperfeiçoamento na indústria agrária. E depois... o Brazil será uma das primeiras nações do mundo![24]

A certeza de que seriam considerados os grandes redentores dos escravos e recompensados com fidelidade e submissão fez com o que a Comissão tivesse êxito ao longo das reuniões que se espalharam pela comarca. Com isso, criaram a bem sucedida ideia de que a abolição havia sido realizada e trataram de espalhar o feito pelos jornais

22 Jornal *A Verdade*, 19 jan. 1888, Itajubá, SIA-APM, fl. 1.

23 Jornal *A Verdade*, 15 mar. 1888, Itajubá, SIA-APM, fl. 1.

24 Jornal *A Verdade*, 27 jan. 1888, Itajubá, SIA-APM, fl. 1.

do Império. Assim, o grupo procurava construir para si a imagem dos abolicionistas que se colocavam na vanguarda do movimento nacional. Obviamente, o caso de uma abolição antecipada ao 13 de maio de 1888 não foi exclusividade de Itajubá, mas a estratégia de utilizar desse recurso para propagandear as ações da Comissão Libertadora foi alcançada. Até mesmo o Cidade do Rio, periódico abolicionista/republicano, de propriedade de José do Patrocínio, dedicou algumas de suas edições para parabenizar a cidade de Itajubá pela conquista alcançada pela Comissão.[25]

Estava aclamada assim a ação abolicionista do grupo itajubense, repercutindo na Corte e em outras plagas de Minas, sempre ansiosas por projetos que pudessem iluminar as incertezas da extinção do elemento servil na região. Acompanhando as felicitações do jornal carioca, o *Monitor Sul-Mineiro* regozijava com a abolição itajubense. O periódico, que sempre defendeu um abolicionismo moderado, lamentava pela inoperância de Campanha frente aos feitos da "cidade luz" sul-mineira (título atribuído por José do Patrocínio a Itajubá), que "reluzia as esperanças do movimento pela abolição". Pouso Alegre também era lembrada por ter realizado um processo de aliança entre os fazendeiros a favor da causa, abolindo seus escravos dias após Itajubá.[26]

A Comissão Libertadora teve na figura de seus sócios e redatores dos jornais da cidade uma ampla campanha para o fim da escravidão. Alinhada aos jornais *A Verdade* e *O Itajubá* e contanto com a participação de seus editores e redatores, a Comissão divulgava constantemente no periódico as conquistas realizadas a partir das reuniões que promoviam com os fazendeiros da região. A cada alforria concedida à escravaria por seus proprietários, esses ganhavam menção honrosa nos jornais e eram elevados ao rol dos generosos cidadãos que contribuíam para disseminar os sentimentos abolicionistas no seio daquela sociedade (CASTILHO, 2009). Estava em jogo, literalmente, a salvação da lavoura que, para Itajubá, se concentrava na grande produção de fumo que estaria em risco se os escravos continuassem a abandonar as fazendas.

Os abolicionistas de última hora,[27]organizados a partir da Comissão, sabiam que alforriar seus escravos e incentivar a ação era uma decisão complexa, que envolvia questões de consciência individual que deveriam reverberar no convívio social (CHALHOUB, 1990, p. 28). Em tempos em que, moralmente, a escravidão se tornava um sistema condenável e os atos violentos aos escravos passaram a ser apresentados sem mais pudor nas páginas dos jornais, alguns proprietários foram expostos às críticas e desprestigiados perante os leitores (GUIMARÃES, 1987, p. 137).

---

25 Jornal Cidade do Rio, 15 mar. 1888, Rio de Janeiro, Biblioteca Nacional (doravante BN), fl.1.

26 Jornal Monitor Sul-Mineiro, 25 mar. 1888, Itajubá, CECML, fl. 3.

27 Entendemos como "abolicionistas de última hora" os indivíduos que através de discursos e ações promoveram uma defesa pelo fim da escravidão, fosse essa tática embasada na política gradual ou imediata, aproveitando dos ensejos dos momentos derradeiros do escravismo, principalmente os anos finais antes do 13 de maio.

Os sujeitos que travaram lutas em prol do fim da escravidão demonstraram que a tentativa de controle do processo de abolição, desenhado pela elite, estava desgastado dia após dia (ALGRANTI, 1988, p. 160-161). Nesse sentido, manter a escravidão era visto por alguns proprietários como continuar a gerir uma "empresa de risco" e evitar a fadiga com tais continuidades já desgastadas poderia prevenir problemas futuros (MACHADO, 1994, p. 35). Conceder a alforria, investir no Fundo de Emancipação e/ou doar um pedaço de terra também simbolizavam consolidar a imagem de seus ex-escravos como incapazes de conquistar a emancipação e gestarem sozinhos suas próprias vidas. Como vítimas de um sistema perverso, anticristão e imoral, a generosidade emanada por aqueles senhores distintos se eternizava nas páginas dos periódicos e na memória de seus contemporâneos.

Em relação a essas vertentes de um abolicionismo às margens do formalismo de associações como a Comissão Libertadora, as autoridades de Itajubá têm mais a nos contar. De acordo com a documentação de polícia, movimentações contra a ordem estavam acontecendo, o que impossibilitavam que o destacamento garantisse a "segurança individual e de propriedade dos habitantes d'aquella zona".[28] Os constantes pedidos de praças e de uma força de cavalaria para Itajubá não eram para o combate da Comissão Libertadora. Garantir a integridade e a propriedade de seus cidadãos, inclusive dos membros da Comissão, implicava não perder o controle da população pobre e de cor, que há muito se mostrava impaciente e disposta a enfrentar as parcas forças policiais.

Nem sempre a documentação encaminhada às autoridades superiores relatavam a situação caótica de fugas e crimes praticados por escravos e a constante incapacidade das delegacias locais para reverterem a sensação de pânico que se abatia na população. Exigir mais praças, dentre tantos outros recursos que assolavam o descaso público com as instâncias policiais, era apenas um indício dos movimentos que se deram pela província naqueles anos finais da escravidão (MACHADO, 1994, p. 87-95).

E sobre as movimentações realizadas pelo abolicionismo subterrâneo e avesso à legalidade na Comarca de Itajubá, nos sobram indícios que desvelam que mesmo diante de toda a calmaria, por vezes, expressada nas páginas dos periódicos, havia mais a se contar sobre o que acontecia fora do palco oficial da abolição. Assim, o jornal *A Verdade* procurou "censurar e reprovar com indignação, o procedimento d'alguns individuos, que por meio de emissarios têm penetrado nas senzalas das fazendas, seduzindo os escravos para abandonarem o trabalho tornando-se deste modo perturbadores da ordem e anarchistas da sociedade". Na mesma edição, outra nota condenava um ato de libertação em massa que causou prejuízo aos fazendeiros da cidade vizinha Paraíso(atual Paraisópolis), já que "por meios illegaes e tumultuarios" um grupo decla-

28 APM. Chefia de Polícia. Correspondência expedida pela Secretaria de Polícia ao Governo Provincial, 22 mar. 1888, POL 104, n. 376, fl. 86.

rou livres os escravos, sem acordo prévio com seus proprietários, aproveitando de um movimento que os tentava convencer das alforrias condicionais e dos benefícios do trabalho livre. Este grupo pertencente a um "movimento sedicioso" contou também com a ajuda de autoridades locais, segundo o jornal.[29] Ao mencionar o caso, o *Monitor Sul-Mineiro* afirmou que enquanto um grupo festejava a libertação na cidade, outro formado por aliciadores promoveram uma fuga de mais de 50 escravos das fazendas para a província de São Paulo. Outros escravos que conseguiram fugir preferiram ficar pela região "com ânimo e resistência", já que as "montanhas e vales de Minas não contiveram seus escravos".[30]

Em nenhum outro título da imprensa tivemos acesso às informações sobre os atos que arrevesavam a ordem e a tentativa de controle senhorial sobre a escravaria e os libertos, política tão bem divulgada pelos jornais consultados, que tinha nas ações da Comissão Libertadora seu maior expoente. Sob a ótica da liberdade, cada indivíduo ou grupo a via sobre lados diferentes do mesmo prisma. Os redatores dos jornais afirmavam ser tal abolicionismo popular "anarchista", "pernicioso" e "perturbador". Tais denominações faziam parte dos discursos daqueles que consideravam estar a sociedade brasileira "contagiada" com as ideias comunistas que colocavam em risco o bem material das elites, "o fantasma da anarquia, da liberdade e do comunismo ganhava a imaginação das elites com facilidade". Mais que se sentirem ameaçados pela improvável perda de terras e escravos, os senhores temiam a completa subversão social (ALBUQUERQUE, 2009, p. 112). De todo modo, esses sujeitos não alinhados ao legalismo e adversários do bom-mocismo representado pelos membros da Comissão não tiveram seus nomes citados nem nos jornais, atores que muito teriam a nos contar sobre as redes e rotas de fuga de escravos que ajudaram a construir e que conectavam as ações do sul de Minas às de São Paulo.

Assim, avultar o movimento da Comissão Libertadora – respeitoso as leis, paternalista e, sobretudo, temente ao descontrole social – frente às atuações de grupos e indivíduos que buscaram incendiar tais políticas normativas e propor um abolicionismo subterrâneo – que emergia as ruas e fazendas sempre que preciso – era parte das estratégias de jornais e da correspondência policial, na maioria das vezes, com intuito de descaracterizar as lutas dessas movimentações populares e radicais a favor da abolição.

Com isso, queremos corroborar para a proposição já apresentada pela historiografia recente de que as ações abolicionistas em Minas Gerais e no país se desvelam bem mais complexas que se supunha até tempos atrás (COTA, 2013). Por inúmeras vezes e ao longo dos festejos do 13 de maio de 1888, a imprensa coroava os mem-

---

29 Jornal *A Verdade,* 15 mar. 1888, Itajubá, SIA-APM, fl. 3.

30 Jornal *Monitor Sul-Mineiro,* 25 mar. 1888, Campanha, CECML, fl. 3.

bros da Comissão Libertadora como os verdadeiros abolicionistas e responsáveis pela conquista. Os pertencentes ao abolicionismo das ruas e das fugas de escravos foram relegados ao mesmo mérito. Escravos e libertos que, por ventura, tenham participado também não foram referenciados. E mesmo abolicionistas que agiam sob a ótica do legalismo, mas que apresentavam um discurso mais enfático, poderiam ser mencionados como "radicais" e "inconsequentes". Assim, ao menos para a imprensa sul-mineira, ser um verdadeiro abolicionista era ser reconhecido como benevolente, amante da ordem e do controle social, estar pronto a representar aos interesses de seus pares assim também como os seus.

CONSIDERAÇÕES FINAIS

Por ora, concluímos que o abolicionismo[31] que se manifestou nas páginas da documentação estudada nos aponta para o entendimento de que havia diversas formas de vivenciar aquelas ações. A historiografia já nos deixou evidências de que entre o desejo e a prática perpassam as motivações das ações humanas e, assim, não é difícil entendermos determinadas contradições desses ditos abolicionistas, simplesmente porque esses eram humanos. Queremos dizer com isso que mesmo associações assumidamente a favor da abolição por vezes não estavam nas vias populares, no aliciamento de escravos e presentes nas articulações dos *meetings*, como foi o caso da Comissão Libertadora.

Nesse sentido, o processo de abolição e os abolicionismoa precisam ser entendidos em amplo aspecto, não pertencendo apenas aos âmbitos dos discursos e práticas aristocráticas, mas também sendo desenvolvido nas franjas sociais, a partir de movimentos populares e de indivíduos que, de forma mais tímida ou engajada, se indispuseram com a ordem e incendiaram os ideais de parcela da sociedade que acreditava conduzir as ações abolicionistas de forma orquestral, como se o ritmo e a interpretação que os sujeitos impunham e percebiam sobre liberdade pudessem ser tão facilmente decifráveis. E Minas Gerais, ao contrário do " mito da mineiridade", que teria feito com que a província pouco ou nada tenha se envolvido nas ações a favor ou contra a abolição, estava articulada com todas as movimentações abolicionistas que perpassaram o sudeste brasileiro ao longo da década de 1888.

31 Nos embasamos nas proposições de Célia Maria de Azevedo para entendermos "abolicionismo" como o modo de pensamento que tenha como foco central a crítica à escravidão, defendendo acabar com aquele sistema de forma gradual ou imediata (AZEVEDO, 2003). Já para Celso Castilho, a década de 1880 viu um complexo desenrolar de políticas abolicionistas, o que dificulta uma conceituação para "abolicionismo", já que pode causar generalizações se categorizarmos os grupos e indivíduos de forma inflexível, sem levarmos em conta suas particularidades, contradições, bem como as conexões dentro dos próprios grupos formalistas com setores mais populares (CASTILHO, 2008).

As múltiplas formas de se entender a resistência escrava também engrossaram as fileiras dos ideais abolicionistas. Casos como do escravo Clemente não só passaram a despertar certo incômodo e comoção social – sempre propagandeada pelos jornais – como também expressaram uma preocupação e dedicação das autoridades em fazer valer as leis, mesmo que essa levassem à Justiça os senhores de escravos. Isso nos demonstra que tais agentes estavam com uma nova leitura jurídica e o posicionamento da polícia frente a certas ações escravocratas não recentes, mas que ganhavam outra roupagem para certos setores sociais, que não as viam mais sobre o prisma da omissão ou do conformismo. De qualquer maneira, vale ressaltar que permanece uma perspectiva de uma sociedade classista, também atenda a defender seus privilégios frente a carestia da mão de obra escrava e da necessidade de manter certos padrões de status e diferenciação social. Ser contra a ordem escravista não significava ser contra a ordem de certas situações impostas historicamente. Aí se aplica a questão de que defender a abolição não significava necessariamente ser a favor da inclusão social dos libertos.

Assim, as conquistas pela abolição precisam ser lidas para além dos acordos parlamentares que desembocaram no 13 de maio. O fim da escravidão também foi fruto das lutas constantes e variadas que se deram bem longe dos salões aristocráticos e da Corte, promovidas pelo populacho e pela "arraia-miúda", que, inseridas às margens das cidades, contribuíram para desvelar as contrariedades e ineficiências do projeto emancipacionista do Estado imperial e da tentativa de ordem praticada pela polícia, bem como a estratégia dos senhores escravistas que buscavam arrastar o cativeiro até quando fosse possível.

A própria construção da proposta de uma cidadania precária para os egressos do cativeiro foi uma contradição visível e que se fez presente na dura vida dos libertos no pós-emancipação e que seria acentuada à medida que as ausências de políticas públicas fossem a tônica do Estado brasileiro. Mas esse período da história no sul mineiro é assunto para novas pesquisas.

JORNAIS

A Verdade, Itajubá, SIA-APM, fl. 1, 19 jan. 1888.

______, Itajubá, SIA-APM, fl. 1, 15 mar. 1888.

______, Itajubá, SIA-APM, fl. 1, 27 jan. 1888.

Cidade do Rio, Rio de Janeiro, Biblioteca Nacional, fl.1, 15 mar. 1888.

Monitor Sul-Mineiro, Itajubá, CECML, fl. 3, 25 mar. 1888.

REFERÊNCIAS BIBLIOGRÁFICAS

ALBUQUERQUE, Wlamyra. *O jogo da dissimulação: abolição e cidadania negra no Brasil.* São Paulo: Companhia das Letras, 2009.

ALGRANTI, Leila. *O feitor ausente: estudo sobre a escravidão urbana no Rio de Janeiro.* Petrópolis: Vozes, 1988.

ALMEIDA, Carla M. C. de. *Alterações nas unidades produtivas mineiras: Mariana (1750-1850).* Dissertação (mestrado) – UFF, Niterói, 1994.

ANDRADE, Marcos Ferreira de. *Elites regionais e a formação do Estado Imperial brasileiro: Minas Gerais – Campanha da Princesa (1799-1850).* Rio de Janeiro: Arquivo Nacional, 2008.

ARQUIVO DA CÚRIA METROPOLITANA DE SÃO PAULO. "Ofício do presidente da província de Minas Gerais, sobre a igreja Matriz da freguesia de Itajubá, 1832". Registro das provisões e alvarás régios referentes à criação do bispado de São Paulo e ordens dos Ex.mo Bispos Diocesanos (1746-1842), n. 39, índice n. 5, 163, São Paulo.

ARQUIVO DO ESTADO DE SÃO PAULO. "Carta do governador da Capitania de São Paulo ao capitão-mor, de Santa Anna do Sapucahy, Francisco Martins Lustoza, 1746". *Documentos interessantes para a História e costumes de São Paulo*, índice XI, São Paulo, 1896.

ARQUIVO HISTÓRICO ULTRAMARINO. Cx: 71, doc. 74, cd: 21, 25 abr. 1757.

______. Cx.: 73, doc.: 35, cd: 21, 21 abr. 1758.

ARQUIVO PÚBLICO MINEIRO. Chefia de Polícia. Correspondência recebida pela Secretaria de Polícia. POL 1-3, cx.16. Pouso Alegre 15 nov. 1887.

______. Chefia de Polícia. Correspondência expedida. POL 87, n. 30, f. 197,Ouro Preto, 22 mar. 1888.

______. Chefia de Polícia. Correspondência expedida pela Secretaria de Polícia à Presidência da Província. POL 104, n. 376, p. 86. 22 mar. 1888.

______. Chefia de Polícia. Correspondência expedida pela Secretaria de Polícia. POL 94, p. 119, doc. 602, 16 mar. 1887.

______. Chefia de Polícia. Correspondência expedida pela Secretaria de Polícia ao Governo Provincial POL 93, doc. 695, 31 maio 1887.

AZEVEDO, Célia Maria de. *Abolicionismo: Estados Unidos e Brasil, uma história comparada (século XIX).* São Paulo: Annablume, 2003.

BARBOSA, Waldemar. *Dicionário Histórico Geográfico de Minas Gerais*. Belo Horizonte, Rio de Janeiro: Editora Itatiaia, 1995.

CAMPISTA, Geraldino. *Itajubá (1703-1832): memória histórica*. Rio de Janeiro: Imprensa Nacional, 1915.

CARDOSO, Ciro. *Agricultura, escravidão e capitalismo*. Petrópolis: Vozes, 1979.

CARDOSO, Fernando Henrique. *Capitalismo e escravidão no Brasil meridional: o negro na sociedade escravocrata do Rio Grande do Sul*. 2ª ed. Rio de Janeiro: Paz e Terra, 1977.

CARRARA, Angelo Alves. *Minas e currais: produção rural e mercado interno de Minas Gerais (1674-1807)*. Juiz de Fora: Ed. UFJF, 2007.

CASTILHO, Fábio. *Entre a locomotiva e o fiel da balança: a transição da mão-de-obra no sul de Minas (1870-1918)*. Dissertação (mestrado) – UFJF, Juiz de Fora, 2009.

CHALHOUB, Sidney. *Visões de liberdade: uma história das últimas décadas da escravidão na Corte*. São Paulo: Companhia das Letras, 1990.

CONRAD, Robert. *Os últimos anos da escravatura no Brasil*. Rio de Janeiro: Civilização Brasileira, 1978.

COTA, Luiz Gustavo. *Ave Libertas: abolicionismo e luta pela liberdade em Minas Gerais na última década da escravidão*. Tese (doutorado) – UFF, Niterói, 2013.

CUSTÓDIO SOBRINHO, Juliano. *Para o sul das Minas colonial: formação e estrutura produtiva da freguesia de Itajubá (1766-1810)*. Monografia (graduação) – UFJF, Juiz de Fora, 2005.

______. *Negócios internos: estrutura produtiva, mercado e padrão social em uma freguesia sul mineira. Itajubá (1785-1850)*. Dissertação (mestrado) – UFJF, Juiz de Fora, 2009.

DIAS, Maria Odila. *Quotidiano e poder em São Paulo no século XIX*. São Paulo: Brasiliense, 1995.

FRAGOSO, João Luís. *Homens de grossa aventura: acumulação e hierarquia na praça mercantil do Rio de Janeiro (1790-1830)*. Rio de Janeiro: Civilização Brasileira, 1998

GRAÇA FILHO, Afonso de Alencastro. *A princesa do oeste e o mito da decadência de Minas Gerais: São João del Rei (1831-1888)*. São Paulo: Annablume, 2002.

GRINBERG, Keila. *Liberata, a lei da ambiguidade: as ações de liberdade da Corte de Apelação do Rio de Janeiro no século XIX*. Rio de Janeiro: Relume, Dumará, 1994.

GUIMARAES, Armelim. *História de Itajubá.* Belo Horizonte: Imprensa Oficial, 1987.

HASENBALG, Carlos. *Discriminação e desigualdades raciais no Brasil.* Rio de Janeiro: Graal, 1979.

IANNI, Octávio. *As metamorfoses do escravo.* São Paulo: Difusão Europeia do Livro, 1962.

JACOBS, Jane. *Morte e vida de grandes cidades.* São Paulo: Martins Fontes, 2009.

JOSÉ, Oiliam. *A abolição em Minas.* Belo Horizonte: Itatiaia, 1962.

LARA, Silvia. *Campos da violência: escravos e senhores na Capitania do Rio de Janeiro (1750-1808).* Rio de Janeiro: Paz e Terra, 1988.

LENHARO, Alcir. *As tropas da moderação: o abastecimento da Corte na formação política do Brasil (1808-1842).* 2ª ed. Rio de Janeiro: Secretaria Municipal de Cultura, Turismo e Esportes/Dep. Geral de Documentação e Informação Cultural, 1993.

LIBBY, Douglas Cole. *Transformação e trabalho em uma economia escravista: Minas Gerais no século XIX.* São Paulo: Brasiliense, 1988.

MACHADO, Maria Helena P. T. "Em torno da autonomia escrava: uma nova direção para a História Social da escravidão". *Revista Brasileira de História*, São Paulo, n. 16, v. 8, 1988.

______. *O plano e o pânico: os movimentos sociais na década da abolição.* Rio de Janeiro: Editora da UFRJ/Edusp, 1994.

______. "Teremos grandes desastres, se não houver providências enérgicas e imediatas: a rebeldia dos escravos e a abolição da escravidão". In: GRINBERG, Keila; SALLES, Ricardo. *O Brasil Imperial.* v. 3. Rio de Janeiro, Civilização Brasileira, 2009.

MATTOS, Hebe Maria. *Das cores do silêncio: s significados da liberdade no sudeste escravista.* Brasil, séc. XIX. Rio de Janeiro: Nova Fronteira, 1998.

MATTOS, Ilmar Rohloff de. *O tempo saquarema.* 6ª ed. São Paulo: Hucitec, 2011.

MEMÓRIAS MUNICIPAIS. *RAPM: Revista do Arquivo Público Mineiro*, ano IV, Belo Horizonte, Imprensa Oficial de Minas Gerais, 1899.

MOURA, Clóvis. *Dicionário da escravidão negra no Brasil.* São Paulo: Edusp, 2004, p. 17.

REIS, João José; SILVA, Eduardo. *Negociação e conflito: a resistência negra no Brasil escravista.* São Paulo: Companhia das Letras, 1989.

REIS, Liana. *Escravos e abolicionismo na imprensa mineira (1850-1888)*. Dissertação (mestrado) – UFMG, Belo Horizonte, 1993.

RESTITUTTI, Cristiano.*As fronteiras da província: Rotas de comércio provincial – MG (1839-1884)*. Dissertação (mestrado) – UNESP, Araraquara, 2006.

ROSEMBERG, André. *De chumbo e festim: uma história da polícia paulista no final do Império*. São Paulo: Edusp, 2010.

SAES, Alexandre; MARTINS, Marcos (orgs.). *Sul de Minas em transição: a formação do capitalismo na passagem para o século XX*. Bauru: Editora da Edusc, 2012.

VEIGA, Bernardo Saturnino da. *Almanach Sul-Mineiro*. Campanha: Tipografia do Monitor Sul-Mineiro, 1874.

Alfenas

Praça Paulo de Frontin e estação de Alfenas (1942). Fonte: Arquivo José Aprelini. Alfenas, MG.

A TRAJETÓRIA DE ALFENAS NO PERÍODO 1830-1930

de centro de invernada a "Atenas do Sul"

Marcos Lobato Martins

> "A cidade é feita das relações entre as medidas de seu espaço e os acontecimentos do passado"
> Ítalo Calvino, *As cidades invisíveis*

Nelson do Prado Ferreira Lopes, em pequeno texto publicado no jornal *O Alfenense*, em dezembro de 1962, saudou o progresso de Alfenas ao longo de cem anos. Listou os maiores beneméritos da cidade, dentre os quais o seu próprio pai, o médico e político Gaspar José Ferreira Lopes, e previu que nem mesmo a retirada dos trilhos da Rede Mineira de Viação estancaria o avanço da cidade. Este era, na visão de Nelson Lopes, o destino histórico de Alfenas, porque:

> Alfenas há cem anos, quando foi elevada a vila, era muito pequenina, com oito ruas e duas praças, essas mesmas com poucas casas, quase todas de um só lado. (...) Hoje Alfenas tem tudo. Rádio, bibliotecas, livrarias, hotéis, cinemas, ensino superior, secundário e primário, fábricas, automóveis, ônibus, aviões, hospitais, etc.[1]

O ponto de vista de Nelson Lopes, que associa Alfenas com o "progresso", e apresenta uma esclarecedora relação de sinais da modernidade urbana que a cidade já teria

1 "Para a história de Alfenas", por Nelson do Prado Ferreira Lopes. *O Alfenense*, 23 dez. de 1962, p. 1.

adquirido, instiga o historiador a investigar o processo de formação do burgo, bem como das suas transformações posteriores no contexto da implantação do regime republicano, da cafeicultura e do capitalismo no Brasil e, particularmente, no sul de Minas.

Em perspectiva exploratória, pretende-se aqui examinar as linhas gerais do processo de urbanização/modernização de Alfenas, enfatizando as dimensões econômicas, urbanísticas e ideológicas que sustentaram a passagem de um espaço-tempo rural/tradicional – a Alfenas que era centro de invernada nos anos 1850-1880 – para outro espaço-tempo urbano/moderno – a Alfenas glamurosa e grã-fina dos anos 1930, que atraía jovens de Machado, Três Pontas, Pouso Alegre, Campanha, Varginha e outras localidades sul-mineiras.

Poder de atração que não residia no mero crescimento populacional, aliás, nada espetacular, como mostra a tabela abaixo:

Tabela 1 – População municipal de Alfenas e cidades vizinhas (1835-1920)

Ano	Alfenas	Machado	Três Pontas
1835	3.051	-	-
1862	23.004	-	20.222
1872	16.066[2]	9.240	24.116
1900	25.132	16.316	31.336
1920	29.434[3]	29.357	19.979

Fontes: Para 1835: Mapa de População de 1835, APM. Para 1862: Veiga (1874, p. 29). Para 1872: Costa (2002, p. 37-38). Para 1900: Jacob (1911, v. 1, p.26). Para 1920: *Minas segundo o Recenseamento de 1920*. Belo Horizonte: Imprensa Oficial, 1924, p. 4-5.

Conforme o censo de 1920, a cidade de Alfenas possuía 14.294 habitantes. Era, então, pouco menor do que a cidade de Varginha (16.671 habitantes) e cerca de metade da cidade de Pouso Alegre (31.862 habitantes). Mas Alfenas seria culta e acolhedora, refinada e vibrante – por isso mesmo, "com justíssima razão chamada a Atenas do Sul

2 O Censo de 1872 registrou a população de 25.306 habitantes para o município de Alfenas. Para observar o princípio de unidades mínimas comparáveis, optou-se por considerar aqui a população de Alfenas como a soma da população do distrito sede, Areado e Serra Negra. Os distritos de Santo Antônio do Machado, Carmo da Escaramuça e Douradinho foram combinados na unidade Machado, uma vez que, em 1880, ocorreu a emancipação de Machado, cujo território foi formado por estes distritos.

3 No ano de 1911 ocorreu a emancipação de Areado, ficando o município de Alfenas com os distritos sede, Fama, São Joaquim da Serra Negra, Serrania e Barranco Alto. Em 1920, a população de Areado era de 10.261 habitantes, conforme Minas Gerais segundo o Recenseamento de 1920 (1924, p. 6).

de Minas".[4] Como se formou imagem urbana tão singular? De que modo as elites alfenenses projetaram a contínua construção da cidade? Quais discursos embasaram as intervenções urbanas da municipalidade nas primeiras décadas do século passado? E que relação a imagem da cidade mantinha com sua base econômica?

Para enfrentar estas questões, fontes de natureza diversa foram analisadas e interpretadas: mapas de população, registros de terras, inventários, estatísticas econômicas, matérias da imprensa local e regional, fotografias antigas da cidade e obras de memorialistas.

ALFENAS NO SÉCULO XIX: A FORMAÇÃO E O CRESCIMENTO DA ALDEIA RURAL

O atual território do município de Alfenas recebeu colonos pioneiros no último quartel do século XVIII. Entre eles destacaram-se o alferes José Martins Borralho e seus irmãos, que fundaram a fazenda Boa Vista, e o alferes Domingos Vieira e Silva, que ergueu a fazenda Campo Redondo, dotada de grande engenho (com moendas tocadas por roda d'água), alambique e engenho de serra (CARVALHO, 1998).

Estes pioneiros participaram no erguimento de pequena ermida dedicada a Nossa Senhora das Dores, em 1799. Anos depois, no lugar dessa ermida surgiu, em 1801, a Capela de São José e Nossa Senhora das Dores. Em 1805, terrenos ao redor da capela, medindo mais de duzentos alqueires, foram doados para o patrimônio do templo por Francisco Siqueira Campos e sua mulher Floriana Ferreira de Araújo (VIEIRA, 2008). Começou, então, a abertura de ruas e praças, bem como a construção de edificações no denominado bairro do Sapucaí, que recebeu habitantes originários de Campanha da Princesa, São Gonçalo da Campanha, Caldas e Jacuí, atraídos pelas notícias de que ali existiam fartas pastagens, águas e clima ameno (AYER, 1986).

As vastas terras circundantes da Capela de São José e Dores foram ocupadas por sesmarias e numerosas posses. Na primeira metade do século XIX, imensas propriedades dominaram o cenário rural. Algumas destas grandes fazendas tiveram seus nomes registrados nas crônicas locais. Caso da fazenda Pedra Branca, latifúndio de mais de mil alqueires de terra, localizado no atual município de Campos Gerais, cujo senhor foi o alferes Domingos Vieira e Silva (VIEIRA, 2002, p. 97). Já o tenente coronel Antônio Joaquim Pereira de Magalhães, abastado fazendeiro com interesses em Campanha e na freguesia de Cabo Verde, possuía grande propriedade, próxima à povoação de São José e Dores, que, conforme a contagem de população de 1831, abrigava 24 escravos trabalhando em lavouras de cana e mantimentos. O capitão-mor Marco Aurélio de Souza Magalhães, deslocando-se de São João Del Rei, fundou em Machado a fazenda Espírito Santo: sesmaria de 50 mil hectares que lhe fora doada por d. Pedro I. Nessa fazenda, a criação de gado, a lavoura de cana e a produção de

4 "Notas da cidade", colaboração de "Arpas". *O Correio do Sul*, Varginha, 14 nov. 1962.

mantimentos foram as atividades principais. Seu filho, o tenente coronel Azarias Pio de Souza Dias, introduziu na segunda metade do século XIX pastagens artificiais na propriedade, realizou o plantio dos primeiros cafeeiros na região e organizou uma sociedade exportadora de gado e toucinho para a Corte (CARVALHO, 1985, p. 46).

Por sua vez, o capitão Custódio José Dias, líder político destacado no Primeiro Reinado, pai do senador padre José Custódio Dias, era dono das fazendas da Cachoeira e do Centro, ambas localizadas em Machado, nas quais tocava engenho e criava gado, exportando para o Rio de Janeiro. Na lista nominativa de 1831, o senador José Custódio Dias apareceu como grande proprietário no distrito de São José e Dores de Alfenas, possuidor de um engenho de cana, para açúcar e aguardente, com dois empregados livres e 34 cativos; um engenho de serrar madeira, com dois cativos; um engenho de pilões de fazer farinha, com dois cativos; um moinho de mamona, para azeite, com dois cativos; e uma olaria, para telhas e tijolos, com quatro cativos (LENHARO, 1979, p. 82). Todos estes personagens integraram uma elite rural que alcançou prestígio social e político nas primeiras décadas do século XIX e participou ativamente do processo de independência do Brasil, como salientou Alcir Lenharo.

Nos interstícios desses latifúndios, existiram numerosas propriedades rurais menores, exploradas por famílias que gravitavam em torno dos poderosos sesmeiros que integravam a aristocracia rural sul-mineira. A tabela seguinte dá ideia da variedade de tamanhos das fazendas de Alfenas:

Tabela 1 – Tamanho (em alqueires) de "terras" no município de Alfenas[5]

Tipo	Local da "terra"	Proprietário	Tamanho
Grande	Fazenda Gambá	Francisco de Souza Freire	1.000
	Faz. Cascalho	Pe. Venâncio José de Siqueira	300
	Faz. Campo Redondo	Antônio Joaquim Vieira	c. 250
	Faz. Boraias	Joaquim Oliveira da Silva	150
	Faz. Rio Claro	Rafael Silveira de Andrade	132
	Faz. Água-Morta	Manoel Antônio Marques	100
Média	Faz. Felix João	Manoel Silvério da Silva	92,5
	Faz. Olaria	José Martins Alfenas	70
	Faz. Anhumas	João Batista da Costa	69
	Faz. Morro do Pito	José Ferreira Rocha	60
	Faz. Tejuco Preto	José Tomás de Aquino	50
	Faz. Palmeiras	Antônio José de Albuquerque	49
	Faz. Ribeirão de São Pedro	Rosário Maria da Lapa e filhos	30
	Faz. Fortaleza do Rio Claro	Vicente Gonçalves Rocha	25
	Faz. Olaria	Joaquim Goularte de Andrade	20
Pequena	Faz. Pedra Branca	Felícia Vieira da Silva	10
	Faz. Serra Negra	Carlos José de Azevedo	9
	Faz. Mandaçaia	Maurício da Costa Neves	6
	Pasto valado em Alfenas	Francisco de Paula Ferreira Lopes Sobrinho	5
	Faz. Turvo	José Benjamim Gonçalves Cintra	4,5
	Faz. Boavista	Francisco José de Magalhães	4
	Faz. Espraiado	Joaquim Antônio de Paiva	3
	Chácara em São Joaquim	Antônio Gabriel Ferreira	1,5

Fonte: Arquivo Público Mineiro. Registros paroquiais de terras das freguesias de São José e Dores de Alfenas e de São Joaquim da Serra Negra, 1855-1856.

5 Optamos por definir como pequena propriedade as terras com área igual ou inferior a dez alqueires; médias as terras com mais de dez e menos de cem alqueires; grandes as fazendas com cem ou mais alqueires de terras. Infelizmente, a maior parte dos registros de terras pelos párocos não contém informações sobre as áreas das propriedades, o que dificulta a elaboração de quadro preciso da estrutura fundiária do município de Alfenas.

À medida que passaram os anos, tanto as grandes fazendas como as posses médias e pequenas sofreram contínuo processo de parcelamento, resultante de divisões por herança e transações de compra e venda. As imensas sesmarias geraram centenas de "terras", frequentemente pertencentes a muitos donos. As fazendas de Alfenas caminharam na direção de conter grande quantidade de terras em comum, ainda não divididas. Terras em sociedade de parentes e amigos, "terras emboladas" formavam o patrimônio de famílias. Também se tornaram comuns proprietários com "sortes de terras" em várias fazendas. Dessa forma, a situação fundiária de Alfenas, na década de 1850, alcançara marcada complexidade, como evidencia a tabela abaixo:

Tabela 2 – Número de titulares de "sortes de terras" em fazendas de Alfenas (1856)

Nome da Fazenda	N. de proprietários
Santa Cruz	51
Boa Vista	28
Felix João	26
Serra Negra	25
Cavaco/Coruja	21
Estiva	18
Cascalho	17
Mandassaia	16
Correnteza	15

Fonte: Arquivo Público Mineiro. Registro das terras da província de Minas Gerais, freguesia de São Joaquim da Serra Negra, 1855-1856, TP-1-215.

Como eram usadas as terras das fazendas de Alfenas no decorrer do século XIX? As propriedades rurais aproveitavam principalmente as áreas de várzeas, as "baixadas" e as meias-encostas para a lavoura e a pecuária. As roças de cana, milho, feijão, fumo e algodão eram plantadas em terrenos planos e baixos, enquanto a criação de gado vacum aproveitava os campos naturais nos sopés dos morros e nas encostas. Nas elevações dos terrenos predominavam as matas, exploradas para a retirada de lenha e madeira. A importância das várzeas para os fazendeiros da bacia do Sapucaí pode ser avaliada a partir do que escreveu o memorialista Murilo Lambert (1977, p. 8-9):

> O sítio do meu avô era banhado pelo rio das Antas [afluente do Sapucaí Mirim] na parte das vargens, onde todo ano se plantavam arrozais. O rio derramava suas águas na época das chuvas, alagando as vargens de todas as propriedades do município. (...) Quando a enchente acabava, os arrozais viçavam

> e amadureciam; pareciam fios de ouro a balançar com o vento. Depois vinha a safra do arroz, carros de boi subindo e descendo os vargedos, transportando o arroz para a cidade.

No decorrer do século XIX, as propriedades rurais de Alfenas conservaram as características distintivas da economia agropastoril sul-mineira, marcada pela diversificação produtiva, orientação mercantil e vinculações com o Rio de Janeiro. A propósito, as palavras de Marcos Ferreira de Andrade, referentes a fazendas do Termo de Campanha, aplicam-se perfeitamente para os estabelecimentos rurais de Alfenas:

> (...) A economia sul-mineira esteve assentada em um leque diversificado de atividades, com especial atenção para as agropastoris e a comercialização em praças regionais e interprovinciais. Um grande proprietário escravista poderia ser dono de engenho, pecuarista, produtor de alimentos, dono de lavra e comercializar parte de sua produção nas vilas e nos distritos mais próximos e, em especial, na Corte. (ANDRADE, 2008, p. 323)

Assim, na década de 1870, o mais importante ramo da produção de Alfenas era a pecuária. Nas terras da freguesia, em que havia excelentes pastagens artificiais de *angola* e *gordura*, engordavam-se numerosas cabeças de gado vacum, cavalar e muar, exportando-se anualmente para o Rio de Janeiro cerca de 4 mil bovinos e 3 mil suínos (VEIGA, 1874, p. 133). Na freguesia de São Sebastião do Areado, a exportação anual de porcos alcançava 2000 cabeças e a de toucinho cerca de 2.200 arrobas (VEIGA, 1874, p. 141). Da freguesia de Santo Antônio do Machado seguiam anualmente para a Corte 4 mil bovinos e 22 mil arrobas de toucinho (VEIGA, 1874, p. 145). A freguesia de São Francisco de Paula do Machadinho (atual Poço Fundo), por sua vez, exportava 3 mil reses e de 4 a 5 mil porcos anualmente (VEIGA, 1874, p. 153). A exportação de bovinos, suínos, carneiros e toucinho também dominava a economia dos distritos de São Joaquim da Serra Negra (atual Alterosa) e Carmo da Escaramuça (atual Paraguaçu), conforme informava o *Almanach Sul-Mineiro para 1874* (VEIGA, 1874, p. 156 e 159).

Os inventários *post mortem* do Juízo de Órfãos e Ausentes do Termo de Alfenas permitem elaborar quadro mais claro e detalhado das atividades nas propriedades rurais do município. A partir de uma amostra de setenta inventários do período 1855-1890, na qual foram identificadas 43 propriedades rurais, construiu-se a tabela seguinte que informa a respeito da faina agropecuária de sítios e fazendas locais:[6]

6 As 43 propriedades rurais da amostra de setenta inventários analisada estão distribuídas do seguinte modo: a) catorze propriedades referem-se a inventários do período 1855-1869; b) dezessete propriedades foram arroladas em inventários do período 1870-1879

Tabela 3 – Culturas e pastagens nas propriedades rurais de Alfenas (1855-1890)

Atividade	1855-1869		1870-1879		1880-1890		Total	
	n.	%	n.	%	n.	%	n.	%
Algodão	2	14,2	3	17,6	0	0	5	16,2
Arroz	0	0	3	17,6	0	0	3	6,9
Batata	0	0	1	5,8	0	0	1	2,3
Café	0	0	2	11,7	5	41,6	7	16,2
Cana	5	35,7	5	29,4	4	33,3	14	32,5
Feijão	0	0	3	17,6	0	0	3	6,9
Fumo	0	0	2	11,7	0	0	2	4,6
Mandioca	1	7,1	1	5,8	1	8,3	3	6,9
Milho	12	85,7	13	76,4	10	83,3	35	81,3
Pastagem	12	85,7	3	17,6	6	50,0	21	48,8
Pomar	0	0	3	17,6	2	16,6	5	11,6
Sem informação	2	14,2	3	17,6	0	0	5	11,6

Fonte: Inventários do Juízo de Órfãos e Ausentes do Termo de Alfenas.

Mais do que afirmar o caráter diversificado da produção nos estabelecimentos rurais de Alfenas, os números da tabela anterior mostram que a criação de gado bovino e as lavouras de milho e cana constituíam as principais atividades campesinas no decorrer da segunda metade do século XIX. A Tabela 3 também indica que a penetração do café em Alfenas foi relativamente tardia, principalmente nos dois últimos decênios dos oitocentos, e ocorreu na forma de uma cultura entre outras, sem gerar imediata especialização produtiva nas fazendas.[7]

O contínuo crescimento da produção agropecuária refletiu sobre o núcleo urbano do bairro do Sapucaí. No decurso do século XIX, o povoado recebeu mais moradores, embora em ritmo nada espetacular. No ano de 1832, o lugar foi transformado na freguesia de São José e Dores dos Alfenas, vinculada a Cabo Verde. Nesta ocasião, o distrito de Alfenas, pertencente ao município de Jacuí, contava com 3.051 habitantes, dos quais 967 eram escravos. A elevação à condição de vila – vila Formosa de Alfenas – demorou quase trinta anos, sendo realizada por Lei Provincial n. 1.090, de 7 de outubro de 1860. Em 1869, a Lei n. 1.611, de 15 de outubro de 1869, elevou

e; c) doze propriedades apareceram em inventários do período 1880-1890. Dessa forma, a amostra permite vislumbrar as transformações nas atividades rurais em Alfenas na segunda metade do século XIX.

7 Para discussão mais abrangente sobre as transformações do cenário agropastoril de Alfenas na segunda metade do século XIX, ver Martins (2013).

a vila à condição de cidade. No ano de 1871, o governo mineiro alterou o nome da cidade para Alfenas (BARBOSA, 1995). No ano de 1873, pela Lei n. 2002 de 15 de novembro, Alfenas tornou-se sede da Comarca de Três Pontas. Uma comarca de 1ª entrância, abrangendo os municípios de Alfenas e Três Pontas (VEIGA, 1874, p. 41).

O Censo do Império de 1872 registrou 4.600 habitantes na paróquia de São José e Dores de Alfenas, no território da qual havia 775 casas. Havia 2.303 (50,1%) homens e 2.297 (49,9%) mulheres. As pessoas livres somavam 3.776 (82,1%) e os cativos eram 824 (17,9%). Entre os 4.600 habitantes da paróquia, somente 414 (9%) sabiam ler e escrever.[8] Havia apenas cinquenta estrangeiros residentes na paróquia. A composição da população por cor é mostrada na tabela abaixo:

Tabela 4 – Composição por "cor" e condição da população da paróquia de Alfenas, 1872

Categoria	Livres		Escravos		Total
	Homens	Mulheres	Homens	Mulheres	
Branco	873	914	0	0	1.787
Pardo	891	816	132	143	1.982
Preto	117	140	276	273	806
Caboclo	14	11	0	0	25

Fonte: Censo de 1872. Paróquia de São José e Dores de Alfenas. Disponível em:<www.nphed.cedeplar.ufmg.br/pop72>. Acesso em: 28 dez. 2013.

No ano de 1872, a estrutura ocupacional na paróquia de São José e Dores de Alfenas evidenciava o perfil nitidamente agropecuário da localidade. O Censo do Império arrolou 3.105 pessoas com profissões. Dentre elas, os lavradores eram 904 (29,1%), os criados e jornaleiros 550 (17,7%), as empregadas domésticas 730 (23,5%), as costureiras 834 (26,9%), os profissionais do comércio 29 (0,9%), os capitalistas 3 (0,1%), os oficiais manuais 32 (1,0%) e os profissionais liberais somavam 27 (0,9%).[9] No caso dos homens, verificava-se amplo predomínio de profissões ligadas ao traba-

8 Conforme o Censo de 1872, os homens alfabetizados na paróquia eram 216 e as mulheres 198. Na população de seis a quinze anos, que perfazia 581 pessoas, apenas 79 (13,6%) frequentavam escola: 42 meninos e 37 meninas.

9 Nos termos do Censo de 1872, as profissões comerciais eram comerciantes, guarda-livros e caixeiros; as profissões manuais eram artífices de vestuário, couros e peles, edificações, madeiras, metais e calçados; as profissões liberais incluíam sacerdotes, empregados públicos, professores, farmacêuticos, médicos, advogados, juízes, oficiais de justiça, notários e escrivães, artistas, militares etc. O termo capitalista e proprietário indicava pessoa que ofertava créditos a terceiros.

lho na lavoura e na criação, enquanto as mulheres se ocupavam principalmente do serviço doméstico e de fiar, tecer e coser.[10]

Mal iniciado o último quartel do século XIX, em 1874 a cidade de Alfenas possuía mais de trezentas casas, a igreja Matriz, dedicada a Nossa Senhora das Dores e São José, a pequena igreja do Rosário, uma capelinha no centro do cemitério e outra, fora da cidade sob a invocação de Santa Cruz. Para esta capela, ocorriam romarias de grande número de pessoas em torno do dia 3 de maio (VEIGA, 1874, p. 134). Havia, então, oito ruas principais bem alinhadas, quatro praças. A cidade contava com bom cemitério, paço da câmara municipal – o único edifício público, de construção sólida e elegante, que servia aos trabalhos da câmara, sessões do júri e audiências das autoridades. A cadeia, no ano de 1874, achava-se em começo de construção. Nesta época, o número de cidadãos qualificados votantes na paróquia de São José e Dores era de 224, ao passo que a freguesia dava catorze eleitores.

Fato que chamou atenção de Bernardo Saturnino da Veiga foi a presença de grandes quintais na malha urbana de Alfenas, dos quais os moradores obtinham frutas, hortaliças, feijão, milho e criavam bois e porcos. O redator do *Almanach Sul-Mineiro* ficou impressionado, sobretudo, pela produção dos cafeeiros nos quintais, a respeito do que escreveu:

> Nota-se nos quintais das casas grande plantação de café que produz abundantemente, sendo certo que – fato singular embora – colheu-se de um pé dessa planta a extraordinária quantidade de sete alqueires e três quartos de grãos, que correspondem a mais de três arrobas! Isto mesmo consta do arquivo municipal, onde o fato ficou autenticado. (VEIGA, 1874, p. 134)

Esta característica, a presença de quintais que abrigavam roças, chiqueiros e pequenos pastos, marcou o cenário de Alfenas durante muitas décadas, adentrando o século XX. Os inventários mostram isso claramente, do que se oferecem, abaixo, apenas alguns exemplos:

> Francisco de Paula Vieira Jr., viúvo, coletor de rendas de Alfenas, inventariante de sua falecida esposa dona Teresa Jesuína Ferreira Vieira, declarou em 16 de julho de 1874 que o casal possuía uma morada de casas na rua Direita de Alfenas com terreno, quintal, pomar, moinho, pátio cercado de muro de pedra, no valor de 4:000$000 rs. E mais uma morada de casa de meia água com quin-

10 Estes dados concordam com as conclusões de Douglas Cole Libby (1988) relativas à estrutura ocupacional na província de Minas Gerais, bem como sobre a importância da indústria têxtil doméstica no sul de Minas.

tal plantado em Alfenas, no valor de 400$000 rs. E mais um terreno com meia cerca, sem plantas e anexo à casa, no valor de 50$000 rs.[11]

Em 22 de novembro de 1888, dona Maria Tereza de Jesus, viúva, residente na cidade de Alfenas, declarou que seu falecido marido, Manoel Antônio dos Santos, proprietário da Fazenda das Posses, possuía uma casa de vivenda na referida fazenda, coberta de telhas, térrea, com paiol, moinho, monjolo, rego d'água, quintal cercado de madeira e plantado de arvoredos e mais benfeitorias, no valor de 450$000 rs. E mais uma casa na fazenda coberta de telhas feita de paus roliços sem terreiro nem quintal, avaliada em 125$000 rs. E mais uma morada de casas coberta de telhas, cozinha à parte, quintal cercado de muro e plantado de arvoredos e posse anexa situada na Rua Pedra Branca, Alfenas, no valor de 5:000$000 rs.[12]

Em 29 de novembro de 1888, José Joaquim Monteiro, morador do distrito da cidade de Alfenas, viúvo, declarou que ele e sua falecida esposa, Deolinda Ramos de Jesus, possuíam uma casa térrea, coberta de telhas, quintal plantado e mais benfeitorias nos subúrbios de Alfenas na descida para a ponte de pedra, no valor de 300$000 rs. E mais uma casa térrea a meia água, coberta de telhas no subúrbio com pasto cercado de valas, no valor de 150$000 rs. E mais uma casa térrea coberta de telha com quintal sem fecho e plantação na rua da Aurora, no valor de 150$000 rs. E mais metade de casa térrea e a meia água, coberta de telhas, com quintal aberto e sem plantação na rua da Aurora, avaliada em 60$000 rs.[13]

Juvenal de Oliveira, morador na Freguesia do Carmo do Campo Grande, Termo de Três Pontas, irmão da falecida dona Eliza, menor, declarou que esta possuía uma casa coberta de telha, assoalhada, com cinco janelas envidraçadas na frente, quintal plantado e mais benfeitorias, terreno murado e plantado de café, sita no Largo da Conceição em Alfenas, no valor de 1:100$000 rs. E mais uma morada de casa na rua do Cotovelo, assoalhada, com uma porta e uma janela na frente e com pastinho anexado, cercado na frente com muro e nos lados com valos e cerca, vendida por 500$000 rs. 11 de novembro de 1890.[14]

---

11 Inventário de dona Teresa Jesuína Ferreira Vieira, 1874, fl. 9v. Juízo de Órfãos e Ausentes do Termo de Alfenas.

12 Inventário de Manoel Antônio dos Santos, 1888, fl. 15v-17. Juízo de Órfãos e Ausentes do Termo de Alfenas.

13 Inventário de Deolinda Ramos de Jesus, 1888, fls. 8-9. Juízo de Órfãos e Ausentes do Termo de Alfenas.

14 Inventário de dona Eliza, menor, 1890, fls. 21-21v. Juízo de Órfãos e Ausentes do Termo de Alfenas.

Absorvidos pelas lides agropecuárias, os habitantes de Alfenas não se mostraram ao redator do *Almanach Sul-Mineiro* dotados de maior refinamento cultural. Bernardo Saturnino da Veiga informou que, em 1874, havia na cidade uma aula de latim e francês, frequentada por vinte alunos; a aula primária de meninos tinha sessenta matriculados, enquanto a particular de meninas recebia doze alunas. A cadeira pública de primeiras letras para o sexo feminino estava vaga (VEIGA, 1874, p. 135). Por isso, o jornalista campanhense afirmou pesaroso:

> País novo e pouco aproximado ainda dos grandes centros de civilização, não tem tido Alfenas, no que diz respeito à cultura intelectual de seus filhos, o desenvolvimento desejável e de que a pronunciada inteligência deles bem o merecia. Ora, onde escasseiam aulas arrefece por via de regra o empenho dos pais em encaminhar seus filhos na carreira das letras, que por tal motivo se torna demasiado onerosa. Por isso é pequeno o número de moços desta paróquia que se tem graduado nas academias do Império ou recebido ordens em seminários. (VEIGA, 1874, p. 135)

O comércio do pequeno burgo evidentemente não possuía, então, maior expressão e sofisticação. Compunha-se de poucas lojas, vendas e boticas que atendiam as demandas de uma população acostumada à vida rural e cujos divertimentos públicos eram as festas de santos. A tabela seguinte fornece informações sobre o comércio de Alfenas nos anos de 1874 e 1885:

Tabela 5 – Comércio da freguesia de Alfenas, 1874 e 1885

Tipo de comércio	1874	1885
Capitalistas	3	8
Negócios de fazendas, ferragens, armarinho etc.	11	11
Negócios de molhados, gêneros da terra etc.	19	25
Açougue	1	2
Padaria	-	1
Farmácias	2	3
Hotel	1	2
Tipografia	-	1[15]

Fonte: Veiga (1874, p. 139-140) e Laemmert (1885, p. 291-293).

15 A tipografia registrada pelo *Almanach Laemmert* de 1885 pertencia a Guido de Souza Nogueira, que era também proprietário do jornal *Correio de Alfenas*.

Os almanaques de 1874 e 1885 mostram que o comércio da cidade vivia conjuntura de modesta expansão no período. Crescimento que devia responder ao aumento da população, mais do que a alterações significativas na renda disponível, a julgar pelo fato de que permaneceu inalterado o número de estabelecimentos de fazendas, ferragens e armarinhos, frequentados primordialmente por segmentos de renda mais alta da população. Ademais, é preciso ter em mente que boa parte das famílias alfenenses, tanto no campo como na cidade, produzia grande parte do que necessitava cotidianamente: tecidos grossos de algodão, alimentos, utensílios domésticos etc.

A situação do comércio na cidade de Alfenas possibilita vislumbrar o quanto o burgo sul-mineiro ainda estava apartado do processo de modernização da vida urbana que atingiu as principais cidades brasileiras a partir dos anos 1870. A rusticidade dos moradores do município de Alfenas na segunda metade do século XIX é indicada pela amostra de setenta inventários do período 1855-1897, cujos dados relativos à cultura material aparecem na Tabela 6:

Tabela 6 – Elementos da cultura material em Alfenas, 1855-1897

Itens	N. domicílios	Porcentagem
Joias e objetos preciosos (talheres, rosários, joias etc.)		
Ouro	18	25,7
Prata	16	22,8
Louça	10	14,3
Biblioteca e objetos de arte (pinturas, instrumentos musicais)	2	2,9
Móveis (fora bancos, catres, mesas, caixas, tamboretes)		
Rústicos	38	54,2
Luxuosos	23	32,8
Instrumentos de trabalho		
Ferramentas (machados, foices, enxadas, pás etc.)	54	77,1
Aparelhos e máquinas (teares, rodas de fiar, fornos etc.)	35	50
Carros de boi, carroças e carruagens	28	40
Casas de morada		
Casas simples	51	72,8
Casas de vivenda cobertas de telhas	8	11,4
Sobrados envidraçados, assoalhados e cobertos de telhas	3	2,8

Fonte: Inventários do Juízo de Órfãos e Ausentes de Alfenas. Vara de Família e Sucessões do Foro de Alfenas, Alfenas, MG.

Rusticidade da vida rural que convivia com pequenos luxos nas casas de grandes fazendeiros: louças importadas, móveis torneados em madeira de lei, talheres e castiçais de prata, copos de cristais, relógios de ouro etc. No entanto, luxos bem mais modestos do que os de seus congêneres sanjoanenses (GRAÇA FILHO, 2002).

A própria paisagem urbana de Alfenas não havia mudado muito entre os anos de 1874 e 1885. Existiam as mesmas ruas e praças, mas o número de casas passara de trezentas para quinhentas. A construção da nova matriz encontrava-se praticamente paralisada, situação idêntica à da Cadeia Pública.[16] O número de crianças matriculadas nas escolas de instrução primária permanecia praticamente inalterado: cerca de sessenta alunos. A única banda de música trocara somente de diretor. Os cargos de administração da justiça, de polícia, de correio e da coletoria de rendas nada mudaram. De novidade, conforme o *Almanach Laemmert* de 1885: o teatro, sete pianos, três dentistas e o periódico *Correio de Alfenas*. No começo dos anos 1890, a cidade, na perspectiva oitocentista de "progresso e civilização", estava atrás de Campanha, Pouso Alegre, Lavras e Itajubá.

Alfenas era, então, dominada pelo agrarismo, pelo tradicionalismo dos costumes e práticas sociais, pela rusticidade do modo de vida. No crepúsculo dos oitocentos, a vila mal se distinguia do vasto espaço rural circundante, seja no aspecto das ruas e casas, seja na estrutura ocupacional, na qual se destacavam artífices que prestavam serviços para os fazendeiros e sitiantes (ferreiros, ferradores, marceneiros, seleiros, tropeiros, fabricantes de rodas e carros, rancheiros etc.). Um ponto de cristalização, um espaço não racionalizado de convívio coletivo, "(...) expressão das necessidades econômicas, religiosas e lúdicas de um grupo de vizinhança" (MATA, 2002, p. 49), uma espécie de "espaço pré-urbano". A regra era a não separação cidade-campo, tal como entendida hoje.

Na década final do século XIX, porém, ventos de mudança sopraram sobre o sul de Minas e, particularmente, Alfenas. A economia regional recebeu lufada revigoradora trazida pela ferrovia, que finalmente respondia à queixa impressa por Bernardo Saturnino da Veiga no ano de 1884: "As grandes distâncias (...) que ainda separam a maior parte destas zonas produtoras dos grandes mercados consumidores, sem estradas regulares e criteriosamente estabelecidas, são uma das mais importantes causas do nosso triste e desanimador atraso" (VEIGA, 1884, p. 8). A produção agropecuária de Alfenas foi estimulada diante da perspectiva de pronto e módico escoamento por meio das composições da estrada de ferro Muzambinho, cujos trilhos alcançaram a estação de Gaspar Lopes em 1897 (distante seis quilômetros da cidade).

E deu-se também o impulso da expansão regional da cafeicultura, mais intenso em Machado e Guaxupé do que em Alfenas. Entre 1892 e 1904, os preços da rubiácea

16 A demora na execução destas obras devia-se, por um lado, à exiguidade das rendas municipais e, de outro lado, à irregularidade do auxílio enviado pelo governo provincial para a cidade (VEIGA, 1884, p. 195-196).

mantiveram-se altos, catapultando as rendas do estado e das municipalidades na região. Um impacto da cafeicultura no sul de Minas foi o fortalecimento de sua posição política no cenário mineiro, fato bem apontado por John Wirth:

> Começando em 1892, os altos preços do café produziram rendas sem precedentes, graças ao imposto de exportação, que agora se achava sob o controle estadual. A exigência de novos fundos públicos, associada à prosperidade, concorreu para facilitar a transferência do poder político e do controle das nomeações da velha região de mineração, no centro e no norte, para as zonas do café, onde emergia nova coalização entre ex-monarquistas e republicanos, chefiada por Francisco Silviano Brandão. Escorada no controle de vários municípios do sul e da Mata, essa coalização de chefes regionais dominou o PRM (criado em 1897), e transformou-se numa máquina de âmbito estadual, que funcionava suavemente. (WIRTH, 2006, p. 85-86)

Os ganhos econômicos resultantes das mercadorias agropecuárias tradicionais e do café, transportados para o Rio de Janeiro pela E. F. Muzambinho e pela Minas & Rio, combinados com o maior respaldo político no Palácio da Liberdade, abriram novas margens de ação para as elites alfenenses. Assimilando as ideias em voga sobre o progresso e a modernidade, as camadas dirigentes de Alfenas puderam iniciar, já no primeiro decênio do século XX, um projeto de transformação do antigo e acanhado burgo.[17] As elites locais queriam, agora, uma nova cidade, com outro padrão de racionalidade; "um outro espaço urbano em temporalidade que negasse o anterior (...): nova temporalidade para uma outra cidade que esquecesse a anterior"(MENESES, 2011, p. 58).

A MODERNIZAÇÃO URBANA NO INÍCIO DO SÉCULO XX: O DESEJO DE SER A "ATENAS SUL-MINEIRA"

As primeiras décadas do século XX foram tempo de alterações significativas para o município de Alfenas. As modificações, associadas à implantação de sinais de progresso, ocorreram mais na cidade do que na zona rural. Nas fazendas e sítios, a novidade ficou por conta da presença crescente dos cafeeiros, mantendo-se, contudo, o caráter diversificado da produção agropecuária no município. Na cidade e nos distritos, sob a liderança política de homens como Gaspar Lopes, Nicolau do Prado

17 Sobre a euforia das elites, a ampliação do conforto material, as modificações na vida urbana na virada do século XIX para o século XX e os projetos ambiciosos de remodelação de cidades na era dos engenheiros e médicos sanitaristas, ver Hobsbawm (1992), Needell (1993) e Sevcenko (1983).

Coutinho, Gabriel de Moura Leite, João Leão de Faria e Ismael Brasil Correia, a infraestrutura e os serviços públicos receberam melhorias notáveis, ao mesmo tempo em que novos padrões de sociabilidade foram adotados pelas camadas mais abastadas da população urbana.[18]

Figura 2 – Rua Pedra Branca no início do século XIX

Fonte: Arquivo Wanderley Cesarini, Alfenas, MG.

A economia de Alfenas permaneceu assentada na lavoura e na pecuária. As principais culturas no biênio 1903-1905 eram milho, café, arroz, feijão e fumo, havendo boa produção de aguardente e rapadura (JACOB, 1911, p. 92-93). Na indústria pastoril, o rebanho bovino somava 30,5 mil cabeças e o suíno, 29,5 mil. O número de reses engordadas nas pastagens alfenenses alcançou 17 mil. A produção de queijos foi de 250.360 kg e a de toucinho chegou a 844.500 kg (JACOB, 1911, p. 90-91).

Parte da produção agropecuária recebeu beneficiamento local, realizado em unidades instaladas tanto no campo como nos núcleos urbanos do município. Segundo Rodolpho Jacob, em Alfenas o arroz e o leite eram os principais produtos beneficiados no primeiro decênio do século XX, enquanto na vizinha Machado o café já ocupava o lugar de destaque, como mostra a tabela abaixo:

18 Foram Agentes Executivos de Alfenas (prefeitos), no período 1896-1936, os políticos: Gaspar José Ferreira Lopes (1896-1911), cel. José Bento Xavier de Toledo (1912-1914), José Maria de Moura Leite (1915-1918), Nicolau do Prado Coutinho (1919-1922), Gabriel de Moura Leite (1923-1926), major Bento Gomes Ribeiro da Luz (1926-1930) e Ismael Brasil Correia (1930-1936).

Tabela 7 – Unidades de beneficiamento de produtos agropecuários na região de Alfenas (1910)

Tipo de unidade	Alfenas	Machado	Três Pontas
Engenho de arroz	4	1	1
Engenho de café	1	9	3
Fábrica de manteiga	5	-	5
Curtume	-	-	1

Fonte: Jacob (1911, p. 304, 308 e 333).

O avanço da agropecuária e a ligação ferroviária com o Rio de Janeiro sustentaram a ampliação do comércio no município de Alfenas entre os anos 1890 e 1910. Comparada às cidades vizinhas de Machado e Três Pontas, Alfenas manteve a liderança no segmento mais prestigiado do comércio, isto é, o ramo dos estabelecimentos que negociavam fazendas, armarinhos, ferragens, produtos de luxo etc., o que a tornou polo de comércio microrregional. Mais uma vez, recorre-se aos dados compilados por Rodolpho Jacob, referentes ao ano de 1910, para validar a afirmação anterior:

Tabela 8 – Estabelecimentos comerciais na região de Alfenas (1910)

Tipo de estabelecimento[19]	Alfenas	Machado	Três Pontas
1ª classe	40	33	22
2ª classe	80	122	41
Total	120	155	63

Fonte: Jacob (1911, p. 428, 429 e 430).

O período de pujança da economia municipal desencadeou intervenções dos Agentes Executivos Municipais no sentido da modernização de Alfenas. As ruas do centro da cidade receberam calçamento de alvenaria de pedra comum, macadame e meios-fios de alvenaria nos primeiros anos do século XX. A iluminação pública foi implantada na mesma época, utilizando lampiões de querosene (1904). Em 1911, uma concessão para serviço de força e luz elétricas foi assinada entre a Câmara Municipal de Alfenas e a Companhia Vivaldi, iniciando-se ao redor do Largo da Matriz a iluminação elétrica. No ano de 1922, a cidade recebeu eletricidade fornecida pela Companhia Sul-Mineira de Eletricidade, que assumiu a primitiva concessão.[20] Anos depois, a

19 Os estabelecimentos de 1ª classe eram os que negociavam fazendas, armarinhos e ferragens; os de 2ª classe eram os que comercializavam gêneros e bebidas do país. A distinção equivale à antiga nomenclatura de "secos" e "molhados", respectivamente.

20 Com sede no Rio de Janeiro, a Companhia Sul-Mineira de Eletricidade foi formada com

Companhia construiu uma usina hidrelétrica em Serrania, na intenção de regularizar o fornecimento no município de Alfenas. Há referência a essa instalação em uma edição de 1932 do jornal *O Alfenense*, nos seguintes termos: "Da Cachoeira das Andorinhas, no distrito de Serrania, tira a Companhia Sul-Mineira de Eletricidade a energia para a força e luz da cidade, tendo construído importante usina".[21] A telefonia também não tardou a ser implantada, como mostra o corógrafo Nelson de Senna:

> Para Alfenas, o raiar do século XX trouxe consigo grandes avanços em relação às comunicações: ainda na primeira década (...) inauguram-se os serviços de telefonia. Deve-se ao sr. coronel Manoel Jacinto Pereira a construção da linha telefônica da cidade à estação de Alfenas na E. F. Muzambinho. A linha telefônica de Alfenas a Machado foi construída por empresa particular do sr. Marcial Jr., médico; e a construção da rede entre a cidade de Alfenas e os distritos foi pela lei n. 95 de 25 de agosto de 1907, que concedeu a Gabriel Jacinto Pereira o privilégio para construção, uso e gozo de linhas telefônicas naquele município. (SENNA, 1909, p. 182)

No ano de 1925, a Empresa Telefônica de Alfenas, de propriedade do alfenense Romeu Vieira, possuía 150 assinantes em Alfenas, 60 em Machado, 25 em Divisa Nova, 20 em Fama, 10 em Paula Dias, 30 em Gimirim (atual Poço Fundo), 50 em Paraguaçu, 20 em Serrania e 80 em Cabo Verde (SILVEIRA, 1926, p. 883).

No âmbito da saúde e da educação, a cidade de Alfenas também recebeu melhorias importantes. Visando a maior higiene pública, foram construídos o Mercado Municipal na rua Direita (atual Arthur Bernardes) e o Matadouro Municipal, nos subúrbios da cidade, instalações mencionadas por Nelson de Senna (1909, p. 180). Em 1907, em torno da figura do dr. Gaspar Lopes (que foi o doador do terreno), um grupo pequeno de médicos fundou em 14 de julho a Santa Casa de Alfenas. Se o hospital era uma novidade na região, o modelo adotado para sua criação representava uma continuidade do passado: foi constituída uma irmandade com cidadãos alfenenses, sob a invocação de Nossa Senhora do Perpétuo Socorro. Pequenas subvenções da administração municipal e do governo do estado juntavam-se, de vez em quando,

a interveniência de bancos de alcance regional e municipal, por meio de incorporações de pequenas usinas. Sua base inicial de operação incluiu os municípios de Itajubá, Varginha, Nepomuceno, Santa Rita do Sapucaí, Alfenas e Pouso Alegre (SEVÁ, 2012, p. 5). A Companhia operou até 1967, com dezesseis pequenas usinas localizadas em afluentes do Rio Sapucaí, e chegou a atender 87 localidades. Foi encampada pela Cemig.

21 *O Alfenense*, 20 mar. 1932, p. 3. Nessa época, a sede do distrito de São Joaquim da Serra Negra tinha energia fornecida pela empresa local Azarias & Américo, conforme informação contida na página 2 dessa mesma edição.

às mensalidades dos membros da irmandade e às doações de particulares, de modo que a vida financeira da Santa Casa de Alfenas foi bastante atribulada nas primeiras décadas do século passado. A propósito do modelo de funcionamento da Santa Casa de Alfenas e de suas dificuldades, vejam-se duas notícias publicadas no começo da década de 1930:

> Santa Casa de Alfenas. A Santa Casa, único estabelecimento de caridade que possuímos, está quase a falhar a seu destino, por falta de recursos financeiros. A União retirou-lhe as quotas; o Estado, a subvenção. Como fazer? Aumentar o número de irmãos que contribuam para a manutenção da Santa Casa (...). Por estes dias, bater-se-á às portas da caridade alfenense. E, como sempre, é só bater e elas hão de abrir-se, de par em par.[22]
> Culto da saudade. A melhor homenagem que se pode prestar àqueles que partem e só deixam saudades é amparar a vida daqueles que ficam e só encontram lágrimas. O que tendes de gastar com meras futilidades de coroas, túmulos, etc., que só patenteiam vaidade e grandeza, dai em esmola à Santa Casa, em homenagem e em memória do parente ou amigo falecido. (...) Os mortos precisam é de sufrágios de quem fica (...). Esses sufrágios são as esmolas e os benefícios aos que sofrem. A Santa Casa é o legítimo templo de Jesus e da Caridade.[23]

Em 1910, o governo de Minas Gerais assinou, no dia 25 de janeiro, o decreto de criação da escola Coronel José Bento. O educandário de ensino primário foi autorizado a funcionar em 1° de setembro do mesmo ano. Três anos depois, foi fundada a Escola de Farmácia e Odontologia de Alfenas, que teve reconhecidos seus diplomas a partir de 1914 (SENNA, 1926, p. 203).[24] Em 1917, funcionavam na cidade o Ginásio de Alfenas[25] e o Colégio das Doroteias, de curta duração (SENNA, 1926, p. 206). Em 20 de março de 1921, Irmãs Filhas de Nossa Senhora do Sagrado Coração, vindas diretamente da França, inauguraram o Colégio Sagrado Coração de Jesus nas proximidades da Praça da Bandeira (hoje Praça Emílio da Silveira). Assim, em mea-

22 *O Alfenense*, 20 mar. 1932, p. 2.

23 *O Alfenense*, 24 fev. 1933, p. 1.

24 Origem da atual Universidade Federal de Alfenas, a EFOA diplomou, entre 1914 e 1931, 117 dentistas e 148 farmacêuticos. *O Alfenense*, 18 out. 1931, p. 4.

25 O Ginásio São José de Alfenas foi instalado em 1913, pelo dr. João Leão de Faria; a ele foi agregada a Academia de Comércio Leão de Faria no início dos anos 1920. Em 1931, já chamado de Ginásio Municipal de Alfenas, oferecia cursos nas modalidades de internato, semi-internato e externato, estando sob a direção do dr. Roque N. Tamburini. *O Alfenense*, 20 mar. 1932, p. 2.

dos dos anos 1920, havia duas escolas normais em Alfenas que formavam professores em cursos de quatro anos, uma delas o Colégio Sagrado Coração de Jesus (SENNA, 1926, p. 205). Havia também ensino técnico no Instituto Profissional de Alfenas (SENNA, 1926, p. 211). E dois grupos escolares estaduais: o Coronel José Bento, na Praça da Bandeira, e o Grupo Escolar Minas Gerais, localizado na Rua Pedra Branca (hoje São José).

No cenário da educação escolar sul-mineiro, Alfenas alcançara, no início dos anos 1920, posição privilegiada, notadamente nos campos do ensino secundário e superior. Diante das principais cidades da região, Alfenas aparecia como a que possuía presença mais visível de estudantes.[26] Situação que pode ser infirmada nos dados da tabela seguinte:

Tabela 9 – Indicadores de escolarização em cidades sul-mineiras (1920)

Indicadores	Cidades						
	Alfenas	Itajubá	Lavras	Ouro Fino	Pouso Alegre	Três Pontas	Varginha
% pop. alfabetizada[27]	26,1	16,4	26,3	20,8	17,4	19,0	19,6
% pop. estudantil	6,7	3,7	6,0	4,7	2,8	4,3	5,3
Matrículas Ens. Primário	1.558	1.407	2.391	1.941	1.614	839	1.011
Matrículas Ens. Médio	234	126	133	124	151	9	122
Matrículas Ens. Superior	76	31	29	52	60	0	0

Fontes: MINAS GERAIS. Atlas Chorographico Municipal, 1926; SILVEIRA (1926, p. 882)

26 Assinale-se que, nessa época, as cidades sul-mineiras com maior porcentagem de alfabetizados eram Poços de Caldas (42,5%) e Machado (32,0%).

27 Vale lembrar que, conforme o Recenseamento de 1920, a proporção de alfabetizados na população mineira (26,0%) era apenas ligeiramente inferior à de Alfenas. *Anuário Estatístico Ano I* – 1921, 1925, p. 298.

Figura 3 – Escola Estadual Coronel José Bento (1910)

Fonte: Arquivo José Aprelini, Alfenas, MG.

Em 2 de junho de 1932, Alfenas ganhou mais uma escola de nível superior, a Faculdade de Direito, fundada pelo dr. João Leão de Faria. A Faculdade de Direito de Alfenas, autorizada pelo Decreto n. 20.179 de julho de 1931, foi instalada em 1º de março de 1934. No seu segundo ano de funcionamento, a faculdade contava com matrícula de cerca de duzentos alunos.[28] Todavia, a duração desse instituto foi curta: após a diplomação da primeira turma, já no tempo do Estado Novo, desavenças políticas entre o então deputado estadual João Leão de Faria e o governador Benedito Valadares produziram o fechamento da faculdade.[29]

Nos anos 1910-1920, simultaneamente às melhorias urbanas, houve intensificação de interações e encontros sociais na cidade de Alfenas, gerando oportunidades de exibição pública e de expansão das redes de sociabilidade. Uma vida "mundana" começou a ganhar corpo em torno de grêmios literários,[30] grupos de teatro e salões de sociedade, como o Club XV de Novembro, fundado em 15 de novembro de 1910, uma sociedade recreativa, literária e dançante, com jogos e instalação rádio-telefônica nos anos 1920.[31] Bailes, tertúlias e saraus entraram para a lista de divertimentos dos

28 *O Alfenense*, 24 mar. 1935, p. 2.

29 Informação dada pelo ex-diretor da EFOA, prof. Vínio Tamburini, em conversa com o autor no dia 11 de novembro de 2011.

30 Um dos primeiros foi o "Grêmio Literário e Recreativo Alfenense", cuja diretoria foi fotografa pelo jornal *O Malho* em 24 out. 1907. Os diretores eram dr. Marcial Jr., João Leão de Faria, prof. Moura Brasil, João Barbosa Rodrigues, Dr. Antônio Cândido de Oliveira, d. Rosenda Faria e d. Gasparina Figueirense Faria. Foto da Coleção Nelson Coelho de Senna, NCS-003, APM.

31 Com o objetivo de oferecer espaço para os encontros da sociedade de Alfenas, o Club XV de Novembro teve como seu primeiro diretor o cel. José Bento Xavier de Toledo,

segmentos mais abastados da cidade. E também as sessões de cinema e os jogos de futebol.[32] Essas novidades não esmaeceram, contudo, a afluência de pessoas nas festas religiosas principais, que eram a de São Sebastião, São José, Nossa Senhora Aparecida e Nossa Senhora do Rosário.

Figura 4 – Club XV de Novembro na década de 1930

Fonte: Arquivo Wanderley Cesarini, Alfenas, MG.

---

então presidente da Câmara Municipal. *O Alfenense*, 20 mar. 1932, p. 3. Escusado dizer que no Club XV não entravam pobres e negros. Ver também Victor Silveira (1926, p. 883).

32 O América Futebol Clube de Alfenas foi fundado em 15 de maio de 1916. A ele se juntaram, nos anos 1920, o Comercial F. C. e o Guarany S. C. Em 1922, Alberto Jordão e João D'Andrea criaram o Cine Pathé na rua Cônego José Carlos, com capacidade para quatrocentos pessoas, conforme Victor Silveira (1926, p. 883-884). Em 1931, comprado por José Alabadia, o Pathé tornou-se Cine Teatro. Em 1939, o cinema mudou de mãos e de nome. Foi arrendado pelos irmãos Inácio e José Resck e passou a se chamar Cine Carlos Gomes, situado na rua do Mercado, com perfil mais popular, conforme Velano (2012, p. 145, 359-360). Ver também *Jornal dos Lagos*, 14 fev. 2009, Caderno L, p. 1.

As páginas do periódico *O Alfenense* permitem avaliar os padrões da nova vida urbana que Alfenas passou a ter nos anos 1910-1930.[33] Por isso, transcrevem-se, a seguir, algumas matérias deste jornal relativas a bailes e encontros sociais na cidade:

> Concurso de Beleza. Pró Caixa Escolar. Conforme anunciamos, abre-se hoje em nossa redação o concurso para eleição de "Miss Alfenas" (...). À eleita será oferecido um modesto prêmio e um baile no Club XV de Novembro. Se nos permitir "Miss Alfenas", estamparemos sua fotografia em nosso jornal.[34]
>
> Cine Teatro. Acha-se trabalhando com sucesso o duo de variedades Aline Vera. Hoje será representada a comédia "Touquinha de nosso filho". Na tela será passado o importante filme ("Sendas Traiçoeiras"), da Fox, por Lilla Lee.[35]
>
> Baile. A diretoria do Club XV festejando a passagem do ano velho para o novo promoverá um grande baile denominado "Sorvete dançante".[36]
>
> Jazz-Band "Simifuza". Para abrilhantar os bailes carnavalescos do "Suco do 15", foi contratado o Jazz-Band "Simifuza" que juntamente com o "Jazz da Madrugada" executarão lindas músicas do carnaval de 1935. O Jazz-Band "Simifuza" é criação do sr. Alberto Vieira e filho.[37]
>
> Encantadora a "Festa Antonina" do grupo escolar Cel. José Bento. Como fora amplamente divulgado, realizou-se no grupo escolar Cel. José Bento, dia 13 do corrente, uma esplêndida Festa Antonina (...) em benefício da caixa escolar do estabelecimento. Essa festa revestiu-se de animação, não faltando o concurso eficiente

---

33 Conforme Nelson do Prado Ferreira Lopes, Alfenas teve, entre os anos 1880 e 1930, os jornais *O Correio de Alfenas*, o *Alfenas*, a *Folha de Alfenas*, o *Liberdade* e *O Alfenense*. Ver *O Alfenense*, 23 dez. 1962. Conforme Victor Silveira (1926, p. 883), no ano de 1925 circulavam no município dois jornais: "*Alfenas*, um dos mais bem feitos semanários do sul do estado, de Altino Luz, João Vieira, José Testa e Laurindo Chaves; o *Folha de Alfenas*, um veterano órgão da imprensa do Sul, com 22 anos de publicação, do dr. J. Caetano da Costa, Lázaro Santos e Quintino Santos. Já existiram *Correio de Alfenas*, *Cidade de Alfenas*, *O Rebate*, *Novidades*, *O Sul*, *A Seta*, *Nossa Terra*, *O Futurista*". Não foram localizados exemplares dos jornais citados, exceto *O Alfenense*.

34 *O Alfenense*, 4 mai. 1931, p. 2.

35 *O Alfenense*, 12 abr. 1931, p. 4.

36 *O Alfenense*, 27 dez. 1931, p. 4.

37 *O Alfenense*, 24 fev. 1935, p. 1.

> do povo alfenense e de pessoas das sociedades vizinhas (...). Terminado o "ato matrimonial" [encenação de casamento caipira] e as danças "de terreiro" [quadrilha], seguiu-se animado baile, num dos salões do magnífico prédio do Grupo, que se prolongou até a madrugada, num ambiente de verdadeira cordialidade e alegria.[38]

Cautelosamente, em fins dos anos 1920, as mulheres da sociedade alfenense fizeram iniciativas no sentido da promoção feminina, na família, no trabalho e na vida pública, por meio da atuação do Grêmio Lítero-Pedagógico Mario Casassanta. Tal agremiação, com sede no grupo escolar Cel. José Bento, foi fundada por professoras da escola e senhoras da elite local.[39] Quase vinte anos depois, surgiu, em 30 de junho de 1939, a União Operária de Alfenas para promover atividades sociais e culturais para a classe trabalhadora local. Seus bailes e a comemoração do 1° de maio eram bastante concorridos.[40]

É curioso observar que as novas formas da sociabilidade urbana foram postas a serviço de antigas tradições locais, adaptando-as parcialmente aos tempos de "civilização" e "progresso". Isto fica evidenciado na matéria do jornal *O Alfenense*, transcrita abaixo:

> Festival. Realizou-se quarta-feira, no Cine Teatro, um esplêndido festival em benefício da Festa de Nossa Senhora do Rosário. O programa constou de duas partes: a primeira do filme "Garoto do Circo", e a segunda de dezenove números variados de cantos, declamações, música, etc. (...) Foram bisados vários números. Esse festival foi organizado pela Exma. sra. dona Magnólia Paiva, presidente da Irmandade de Nossa Senhora do Rosário.[41]

No plano urbanístico, Alfenas recebeu ações de embelezamento nos anos 1910-1920: arborização, ajardinamento de praças, instalação de bancos e coretos, construção de calçadas nas ruas centrais. Em 1913, a descrição da cidade feita por Nelson de Senna saúda a beleza e salubridade do novo burgo que despontava:

> A cidade tem duas grandes praças principais – a Municipal, toda arborizada de magnólias e circundada de largos passeios de cimento – e a da República que lhe fica fronteira, em uma distância aproximada de trezentos metros ou pouco mais. Ligam-se estas duas belíssimas praças por duas ruas – a do Cônego José Car-

38 *O Alfenense*, 18 jun. 1939, p. 1.

39 *O Alfenense*, 20 mar. 1932, p. 6.

40 *Jornal dos Lagos*, 7 abr. 2012, p. 5.

41 *O Alfenense*, 1° nov. 1931, p. 2.

> los, um benemérito de Alfenas, e a do Comércio. As principais ruas da cidade têm passeios de cimento de um metro e vinte de largura, mais ou menos. A Praça da Liberdade que é belíssima tem largos passeios de cimento em grande extensão, podendo-se lamentar a má colocação que os primitivos habitantes ali fizeram da acanhada necrópole. Nos dois largos e nos quatro arrabaldes se distribuem as 642 casas que formam a cidade. A quase totalidade das casas tem os seus quintais bem plantados de árvores frutíferas, onde se destacam as mangueiras. Em todos eles há uma intensiva plantação de cafeeiros, que fornecem um dos melhores, ou talvez, o melhor café de Minas. (...) Entre as casas, muitas de regular construção, há algumas velhíssimas, verdadeiramente arcaicas, faceando algumas novas e bonitas. É um tom de antiguidade a sombrear o modernismo. (SENNA, 1913, p. 253)

Convém analisar mais detidamente esse texto de Nelson de Senna, homem do norte de Minas que construiu sólida carreira política e intelectual em Belo Horizonte, tornando-se espécie de porta-voz oficial dos anseios de progresso e modernização das Minas Gerais graças aos numerosos almanaques e corografias que publicou nos anos 1900-1920. Ao oferecer uma possibilidade de leitura do urbano, enquanto percorre o centro da cidade de Alfenas, o texto de Senna é tanto um testemunho histórico de uma época como representação de transformações ocorridas na realidade social local, regional e nacional. Fala de um tempo histórico em processo transitório – a *belle époque* –, no qual elementos tradicionais convivem com sinais poderosos de mudança no panorama histórico.

Figura 5 – Praça Municipal em 1924

Fonte: Acervo Wanderley Cesarini, Alfenas, MG.

O texto de Senna exalta as belas praças ajardinadas e as ruas retas dotadas de passeios largos e cimentados, a arborização do centro da cidade, a construção regular de muitas casas e a presença de mansões bonitas e novas. Estes são os sinais promissores da modernidade urbana: o traçado linear, os amplos espaços de circulação, o emprego de materiais construtivos modernos, a vitória da razão sobre a tradição. Sinais que anunciam o *presente* promissor de Alfenas, para o qual concorre a excelência do café ainda plantado em quintais. Mas o texto lamenta o *passado* que ainda sobrevive sofregamente, na má localização do cemitério e na resistência de casas "velhíssimas, verdadeiramente arcaicas", embotando a inauguração definitiva da urbe moderna: "um tom de antiguidade a sombrear o modernismo". Nelson de Senna, certamente com o endosso das elites alfenenses das primeiras décadas do século XX, acreditava que o frenesi da modernidade fazia bem ao condenar qualquer indício de memória da cidade antiga. Em lugares como Alfenas – que fora uma pequena aldeia rural no século XIX –, a "civilização" e o "progresso" deveriam se impor à revelia da memória antiga e do modo campesino de viver.

Como em outras cidades mineiras e brasileiras (GOODWIN JR., 2007), as intervenções urbanas e seus discursos legitimadores insistiram em dois pontos inter-relacionados: a distinção entre espaço urbano e rural, de um lado, e a higienização da urbe, de outro lado. Era preciso retirar do espaço urbano, principalmente de sua área central, tudo que lembrasse a atmosfera do campo ou o aspecto afazendado. Da mesma forma, cabia promover a assepsia das casas, ruas e praças, em nome da saúde pública. Em Alfenas não foi diferente. Em decreto de 1928, o poder municipal determinou aos moradores a construção de passeios diante de suas casas, bem como de muros nos quintais. Também exigiu, no ano de 1930, que as bananeiras dos quintais fossem cortadas, alegando que elas, presentes em grande quantidade nas casas, acumulavam água e sujeira, propiciando a proliferação de bichos nocivos à saúde.[42] Sinal emblemático do desejo de ajardinar a cidade e de lhe dar feição distinta do campo, aparece na matéria publicada pelo *O Alfenense*, em 1931:

> Caça aos cães. Foi uma limpeza a caça ultimamente feita aos cães vadios pelo enérgico fiscal municipal sr. João Gaspar. Mais de trezentos cães que vagavam pela cidade, saltando e estragando muros, latindo aos transeuntes e farejando carne nas casas e nos açougues, foram entregues à voragem dos urubus. Convém não descansar na extinção completa desses animais somente úteis no campo.[43]

---

42 Na edição de 4 de maio de 1931, *O Alfenense* noticiou a prorrogação do prazo para os moradores atenderem ao imposto pelo decreto sobre passeios e muros. Na edição de 5 de abril de 1931, publicou matéria com queixa a respeito do tenaz descumprimento pelos moradores da exigência de corte das bananeiras. Estas notícias mostram que havia resistências ao projeto higienizador da cidade.

43 *O Alfenense*, 4 maio 1931, p. 2.

A ligação direta entre embelezamento da cidade e promoção da saúde pública ficou estampada nas páginas do mesmo jornal, em abril de 1931:

> Melhoramentos. Aos poucos vê-se remoçando a velha cidade de Alfenas, com a construção de amplos passeios em todas as ruas centrais e abaulamento destas, que vão tomando aspecto mais correto e mais higiênico, digno de uma população culta. (...) O serviço de higiene na cidade tende a melhorar cada vez mais. Asseio das ruas e quintais é mesmo uma necessidade, pois ninguém pode duvidar que alguns casos de paratifo que já se têm registrado, tenham sua origem nas emanações pútridas de lixos e águas estagnadas dos quintais.[44]

Todavia, o poder público e as elites locais ainda tinham um grande problema a resolver, uma triste constante na história da cidade, apontado no longínquo ano de 1874 pelo *Almanach Sul-Mineiro*: a escassez de água potável (VEIGA, 1874, p. 133). Em 1909, o problema persistia, a julgar pelo que escreveu Nelson de Senna (1909, p. 181): "a água era fornecida por cisternas que se abriam com profundidade de 150 palmos [33 metros] a mais. Presentemente a água é fornecida por grandes carneiros hidráulicos e suficientes para as necessidades mais urgentes da população".[45]

A solução do problema da água na parte central de Alfenas só viria no ano de 1932. Inteiramente financiada com recursos da municipalidade, um moderno sistema de abastecimento de água foi inaugurado ao custo de 500 contos de réis, incluindo linhas adutoras e de recalque, reservatórios, poço de acúmulos, casa de maquinário e redes distribuidoras. Obra dispendiosa e demorada, cuja conclusão animou as elites locais: Alfenas tornara-se, então, definitivamente moderna, progressista e civilizada. Sobre o sistema de abastecimento de água, o então prefeito Ismael Brasil Correia escreveu: "[trata-se de] importante melhoramento, cuja ausência, há mais de meio século, afligia a população local e desfigurava os surtos de progresso desta cidade". E comemorou o fato de que a obra concorreria para aumentar as rendas municipais: "Não é exagerada a previsão de um reforço de mais de trinta contos aglutinados a este item da receita ordinária".[46]

Enfim, os melhoramentos urbanos, o bom comércio local, a ferrovia, os educandários e a vida "mundana" da cidade atraíram a atenção dos sul-mineiros para Alfenas.

---

44 *O Alfenense*, 5 abr. 1931, p. 1.

45 Sobre a centralidade da água, sua qualidade, circulação e distribuição nas cidades desde fins do século XVIII, ver Vigarello (1988, p. 121 e ss.).

46 Relatório da Prefeitura Municipal de Alfenas apresentado ao Secretário do Interior do Estado de Minas, dr. Gustavo Capanema, pelo Prefeito Ismael Brasil Correia, 1932, p. 5-6. Publicado em *O Alfenense*, 20 mar. 1932.

Não surpreende, portanto, que a sede municipal tivesse sua população ampliada de 6 mil habitantes, em 1917, para 18 mil em 1932.[47] Os políticos e a alta sociedade alfenense deram-lhe, nessa época, o epíteto de "Atenas sul-mineira".

OS LIMITES DA MODERNIZAÇÃO DE ALFENAS: DESIGUALDADE E APEGO AO BELETRISMO

De que natureza e quais foram os limites do processo de modernização de Alfenas nas primeiras décadas do século passado? Não resta dúvida de que a "Atenas sul-mineira" inseriu-se no processo mais geral de modernização econômica e urbana que a região e o país viveram durante a consolidação do regime republicano. Mas ali, como em outras cidades brasileiras, a modernização foi incompleta, seletiva e excludente.

No campo, sustentáculo da economia municipal, a concentração fundiária já era alta em fim dos anos 1910, situação que se expressa nos dados do censo de 1920, reproduzidos na tabela abaixo:

Tabela 10 – Estrutura agrária em Alfenas (1920)

Tamanho dos estabelecimentos rurais						
Tipos por tamanho	Alfenas		Machado		Três Pontas	
	n. estab.	% total	n. estab.	% total	n. estab.	% total
Até 100 ha	437	59,4	416	69,1	568	79,2
Mais de 100 ha	299	40,6	186	30,9	149	20,8

Área ocupada pelos tipos de estabelecimentos						
Área em hectares (ha)	Alfenas		Machado		Três Pontas	
	Área (ha)	% total	Área (ha)	% total	Área (ha)	% total
Até 100 ha	17.548	14,2	15.185	19,2	15.469	23,8
Mais de 100 ha	106.043	85,8	64.035	80,8	49.873	76,2

47 O dado relativo a 1917 é tirado de P. Frade (1917, p. 85). O dado sobre o ano de 1932 é do Relatório da Prefeitura Municipal de Alfenas apresentado ao Secretário do Interior. Ver nota 39.

Tipo de exploração dos estabelecimentos						
Tipo de exploração	Alfenas		Machado		Três Pontas	
	n. estab.	% total	n. estab.	% total	n. estab.	% total
Pelo proprietário	714	97,0	594	98,7	710	99,0
Por arrendatário	22	3,0	8	1,3	7	1,0

Fonte: *Minas segundo o Recenseamento de 1920*, 1924, p. 116, 118, 121 - 122, 124 e 127.

Nos três municípios vizinhos, numerosas pequenas e médias propriedades rurais ocupavam cerca de um quinto da área agricultável. Assim, a população do campo relativamente empobrecida, composta por uma massa de famílias camponesas, assalariados e agregados das grandes fazendas, ficava à margem dos benefícios materiais e simbólicos da modernização que as sedes municipais experimentavam. As possibilidades de geração de renda – e, portanto, de consumo dos bens da modernidade – eram limitadas para essa gente, uma vez que as unidades produtivas rurais permaneceram com métodos rotineiros e baixa produtividade.[48]

No terreno da produção industrial, nenhuma alteração importante é notada no período. O setor era pequeno e voltado para o abastecimento de municípios vizinhos, operando com processos antigos e pouca mão de obra, como mostra a tabela seguinte:

Tabela 11 – Estabelecimentos industriais em Alfenas (anos 1910-1932)

Ramo	Proprietários	Capital	Força motriz	N. Operários
Chapéus	Vilhena & Camargo	6:000$000	manual	5
Manteiga	Francisco Gonçalves Leite	5:000$000	manual	5
	Eugênio Ribeiro	5:000$000	manual	4
	Alcebíades José de Lemos	10:000$000	vapor	5
Benefício de café	Figueiredo, Moreira & Lemes	20:000$000	vapor	5
Laticínios	Antônio Manso Vieira	50:000$000	eletricidade	-
Serraria/ marcenaria	Amâncio Lemes	15:000$000	eletricidade	4
	Nicolau Paraíso	-	eletricidade	5

48 Conforme o censo de 1920, em Alfenas apenas 16,8% das propriedades rurais possuíam arado. Havia apenas quatro tratores no município. Os engenhos de beneficiar arroz eram três, os de café, seis; os maquinismos de fabricar açúcar, nove; descaroçador de algodão havia somente um. Os monjolos e moinhos tradicionais somavam 164. *Minas segundo o Recenseamento de 1920*, 1924, p. 184 e 190.

Cerâmica	Amâncio Lemes	150:000$000	vapor	25
	José Rodrigues	3:500$000	manual	3
	Deocleto José Ribeiro	4:000$000	manual	3
	Afonso Celeste	3:000$000	manual	2
	José Martins	3:000$000	manual	2
	Manoel Galdino	3:000$000	manual	3
	Luiz Borges	3:200$000	manual	2
	Miguel Passeri	3:000$000	manual	1
	Antônio Augusto Borges	-	manual	-
Tipografia	Antônio Barbosa Sansão	-	manual	3

Fonte: Jacob (1911); MINAS GERAIS, 1924; *O Alfenense* (1931-32).

Em Alfenas, apenas dois fazendeiros cafelistas, coronel Amâncio Lemes e Antônio Manso Vieira, eram donos de indústrias. Quanto à comercialização de café, esta era praticamente monopolizada por casas comissárias do Rio de Janeiro e de Santos, sem a participação de vulto de capitais locais. Na passagem para o século XX, não tiveram sucessores figuras como Custódio de Souza Dias (?-1838) e Azarias de Souza Dias (1810-1879), cujos ponteiros agenciaram gado em largas extensões de Minas e Goiás (COSTA, 2007).

Dessa forma, a estrutura ocupacional em Alfenas nas primeiras décadas do século XX manteve-se idêntica à da centúria anterior, tipicamente rural, como se vê na tabela seguinte:

Tabela 12 – Profissões em Alfenas segundo o censo de 1920

Profissões		População			
		Masculina		Feminina	
		Até 20 anos	21 anos e mais	Até 20 anos	21 anos e mais
Produção de matéria prima	Exploração do solo	879	4.677	47	195
	Extração mineral	-	6	-	-
Transformação	Indústrias	160	620	27	103
	Transportes	19	110	-	2
	Comércio	53	392	2	19
Administração/Prof. Liberais	Adm. Pública	4	41	1	3
	Adm. Particular	5	18	1	-
	Prof. Liberais	9	132	9	45
Diversas	Vivem de suas rendas	2	67	-	14
	Serviço doméstico	11	9	84	113
	Mal definidas	42	92	29	25
	Sem prof./não declarada	7.271	219	8.462	5.934
Total		8.455	6.383	8.662	5.931

Fonte: MINAS GERAIS. (1925, p. 395)

Conforme o censo de 1920, a população economicamente ativa de Alfenas alcançava 7.681 pessoas, das quais 5.801 (75,5%) eram empregadas no setor primário, 910 (11,8%) trabalhavam no setor secundário e 970 (12,6%) no setor terciário. As mulheres que trabalhavam (4,6% do total de mulheres alfenenses) ocupavam-se principalmente na agricultura e no serviço doméstico; os homens eram majoritariamente ocupados nas roças e criações, além de quase monopolizar as profissões liberais. Esses números relativos à estrutura ocupacional do município indicam o quão incipiente era o processo de modernização da economia alfenense.

As administrações municipais, por sua vez, optaram por destinar os investimentos quase exclusivamente para a cidade de Alfenas. Fato que se explica por duas razões principais. A primeira é a dinâmica do processo político mineiro no período, no qual eram muito frequentes as emancipações de distritos em função dos interesses de líderes locais e regionais. Alfenas perdera, em 1880, Machado (que levou consigo os distritos de Paraguaçu e Poço Fundo); em 1911, foi a vez do florescente distrito de Areado tornar-se independente; e, em 1922, o distrito de Fama foi incorporado a Paraguaçu, então emancipada. Tudo isto acontecera à revelia dos protestos dos dirigentes políticos de Alfenas. A segunda razão era a crença, generalizada no país, de que as metrópoles e as sedes municipais deveriam ser vitrines privilegiadas do estágio de progresso e civilização alcançado. Dessa forma, no Relatório da Prefeitura apresentado ao Secretário do Interior de Minas Gerais no início de 1932, no qual foram apresentados os montantes dos investimentos municipais realizados desde 1923, vê-se a seguinte distribuição, notadamente desigual:

Tabela 13 – Investimentos municipais em Alfenas (1923-1931)

Patrimônio Municipal (R$)	Sede municipal	Distritos
Ativos imobiliários	Mercado- 30:000$000 Matadouro- 20:000$000 Cemitério- 10:000$000 Terrenos- 102:000$000	Casa de Instrução- 2:000$000 Cemitérios- 10:000$000 Terrenos- 8:000$000
Investimentos em obras	Calçamento de ruas- 120:000$000 Praças/jardins- 27:000$000 Saneamento- 500:000$000	Calçamento/ruas- 10:000$000 Praças/jardins- 10:000$000 Pontes- 66:000$000 Estradas- 306:000$000
Total	809:000$000	412:000$000

Fonte: Demonstração das contas gerais do Patrimônio Municipal de Alfenas, conforme balanço levantado pelo prefeito Ismael Brasil Correia, ao assumir o cargo. Relatório da Prefeitura de Alfenas apresentado ao Secretário do Interior do Estado de Minas Gerais, 1932.

Enquanto os investimentos em melhorias urbanas na cidade de Alfenas, durante os anos 1920, alcançaram 707:000$000 rs, nos distritos eles somaram uma fração diminuta desse total: 32:000$000 rs (4,5%). A cidade, que detinha 51% da população municipal, absorveu 22 vezes mais investimentos do que os distritos, nos quais vivia a outra metade da população. A tendência se manteria nos anos 1930, como mostram os balancetes publicados pela Prefeitura de Alfenas no periódico *O Alfenense*. Nos anos 1930, as despesas com obras públicas e limpeza na cidade consumiram, em média, 85% dos recursos destinados a esses itens no orçamento municipal.

Não bastasse a brutal desigualdade de investimentos entre a cidade e os distritos, havia também a concentração das intervenções na área central da cidade, no mesmo perímetro de oito ruas e duas praças que constituía o burgo em 1874. Decisão consciente dos dirigentes municipais no período 1910-1936, limpidamente anunciada pelo prefeito Ismael Brasil Correia, no Relatório de 1932, anteriormente referido, nos seguintes termos:

> A instituição do centro urbano em zona de elite impôs-se no meu conceito como única fórmula viável e compatível com as

> possibilidades financeiras do momento. Dando-se-lhe melhoramentos sugestivos, tornar-se-á centro de convergência e atrações, estimulando, ao mesmo tempo, a iniciativa privada, de forma que a atuação realizadora dos poderes públicos será seguida de cometimentos particulares.[49]

Desta forma, parte expressiva dos moradores da cidade de Alfenas – os que viviam nos arrabaldes e subúrbios – pouco usufruiu dos melhoramentos urbanos que embelezaram e higienizaram o centro. Assim se explicam os números coligidos pelo censo de 1920 sobre abrangência de serviços públicos na sede municipal: das 1.250 casas existentes, 479 (38,3%) possuíam iluminação elétrica e 255 (20,4%) abastecimento de água encanada (MINAS GERAIS, 1926, p. 24).

Figura 6 – Praça da Bandeira em 1943

Fonte: Arquivo José Aprelini, Alfenas, MG.

Por outro lado, as iniciativas educacionais realizadas na "Atenas sul-mineira" revelam que as elites locais leram equivocadamente, ou melhor, conservadoramente, as transformações econômicas, sociais e culturais que o país experimentava na virada do século XIX para o século XX. Imbuídas de uma concepção beletrista da cultura, aprisionadas pelo modelo de profissões liberais do Império (COELHO, 1999), investiram exclusivamente em escolas normais e cursos superiores tradicionais (farmácia, direito e odontologia), descurando as carreiras mais técnicas, ligadas às necessidades da emergente indústria nacional e da agropecuária moderna (NICOL, 2003). As escolas da "Atenas sul-mineira" pouco puderam dialogar com a base econômica municipal e regional, ou com as exigências renovadas das máquinas administrativas (estadual e federal) que caminhavam na direção da modernização burocrática (CINTRA; AN-

49 Item "Obras Públicas" do Relatório da Prefeitura Municipal de Alfenas, 1932, p. 7. Ver nota 39.

DRADE, 1976; LEOPOLDI, 1992).[50] Nesse aspecto, é flagrante o contraste com Itajubá, que, na mesma época, investiu na formação de profissionais para lidar com a indústria da eletricidade, um ramo de ponta da economia mundial (LEÃO, 2004).[51]

Por que não arriscar uma hipótese no terreno movediço da psicologia social? Parece que as elites de Alfenas do início do século passado tiveram atitude, por assim dizer, delirante, deslumbrada, diante da modernização. Relação pouco pragmática, retórica e estetizante, mais afeita ao *mise-en-scéne* da modernidade do que à efetiva exploração das novas combinações por ela abertas. Duas histórias dos anos 1930-1940 oferecem algum fôlego e consistência para essa hipótese.

Nos anos 1930, as páginas do periódico local encheram-se do "bem justo e grande descontentamento reinante entre o povo de Alfenas e principalmente de Machado" com a Rede Mineira de Viação. As queixas eram contra os atrasos dos trens, os horários das composições e as tarifas cobradas pela ferrovia. O jornal pleiteava, especialmente, a redução de 50% no preço das passagens para o Rio de Janeiro e São Paulo durante as feiras realizadas nas duas metrópoles, de modo "que muito maior seria o número de visitantes às duas importantes cidades".[52] Outra reclamação contínua dirigia-se à operação da estação ferroviária da cidade, qualificada como "pequena, suja, sem conforto, (...) um verdadeiro escárnio atirado à face deste povo laborioso e bom, um atentado à estética e ao bom gosto". Os editoriais do jornal exigiram novo edifício, porque a antiga estação não condizia com os "estabelecimentos de ensino que representam um esforço magnífico de alguns alfenenses de larga visão, [que] constituem o mais belo patrimônio moral e material" da cidade.[53] Segundo o periódico, "no grande concerto de progresso da nossa cidade, há uma nota desafinada: é a estação local da tão importante via férrea RSM".[54]

A questão da estação ferroviária foi tratada como uma afronta à cidade – porque "estações melhores, muito melhores, têm-nas quaisquer lugarejos de somenos importância" – e uma depreciação de sua imagem – "uma péssima impressão aos que visitam essa cidade e aqui aportam pela via férrea". Por isso, depois de muitas conversas

---

50 Vale dizer que, até os anos 1960, Alfenas não teve sequer um engenheiro residente na cidade. Informação transmitida pelo ex-prefeito Luiz Hesse Pereira ao autor em 12 de novembro de 2011.

51 Fundada em 1913 por iniciativa de Theodomiro Carneiro Santiago, o Instituto Eletrotécnico e Mecânico de Itajubá trouxe professores da França para ministrar os primeiros cursos, tornando-se a décima escola de engenharia do país. Na inauguração, houve célebre discussão entre Theodomiro Santiago e o dr. Paulo de Frontin, então diretor da Escola Nacional de Engenharia no Rio de Janeiro. O primeiro defendia o ensino prático; o segundo, o teórico.

52 *O Alfenense*, 1° out. 1933, p. 1.

53 *O Alfenense*, 15 set. 1935, p. 1.

54 *O Alfenense*, 17 mar. 1935, p. 1.

malsucedidas com a direção da ferrovia, a municipalidade anunciou, em dezembro de 1939, abertura de crédito no valor de 50 contos de réis para remodelação da estação de Alfenas. A obra ficou pronta em junho de 1942: edifício com plataforma coberta de concreto armado, grande armazém e um arco do triunfo.

As novas instalações aplacaram as queixas no jornal, embora os problemas estruturais da RMV persistissem. Afinal, já havia alguns anos que a atenção das elites alfenenses tinham se voltado para o avião. Em 17 de junho de 1937, a Câmara Municipal de Alfenas promulgou a Lei n. 7/1931, autorizando a prefeitura a construir um campo de aviação por meio da abertura de crédito de 20 contos. Alfenas não poderia ficar para trás, porque: "a aviação será o transporte do futuro, com o incremento que vem tendo, nestes últimos tempos, principalmente da parte de nossa aviação civil. (...) Dia virá em que um campo de aviação será tão necessário quanto o é hoje, para o desenvolvimento de uma cidade, uma estação ferroviária".[55] Em 1940, com contribuições dos moradores, a Prefeitura levantou mais 30 contos de réis para a construção do campo de aviação. Em 1941, fundou-se o Aeroclube de Alfenas, presidido pelo prefeito Salomão Barroso e tendo Benedito Valadares, governador de Minas Gerais, no posto de presidente de honra. Em 1947, começou a operar uma linha aérea entre Alfenas e Belo Horizonte, com escala em São João del Rei, operada pelos DC-3 da Organização Mineira de Transportes Ltda (CABRAL, 2013, p. 34-35). Em 1955 ocorreu a inauguração da estação Aeroviária de Alfenas, quando já existiam voos diários para Rio de Janeiro, São Paulo e Belo Horizonte, operados pelo Consórcio Nacional de Transportes Aéreos e pela Transcontinental. O jornal *O Alfenense* passou a noticiar, na seção social, os nomes dos passageiros que usavam o aeroporto da cidade. A coqueluche da aviação não duraria muito tempo em Alfenas.[56]

Mania criticada ironicamente por Waldir de Luna Carneiro (2011, p. 59) em crônica escrita para o jornal local em 1951, na qual se lê:

> Sr. Richard Burton, ilustre explorador que esteve por aqui por volta de 1867, escreveu: "E chego até prever que muitos dos que ainda vivem hoje ver-se-ão transportados à velocidade do tufão, fazendo quilômetros por hora nos trajetos em que a nossa penosa locomoção gastava quase uma semana. Talvez possam até voar – quem sabe?" O sr. Burton tinha razão, se bem que a nossa Rede Mineira de Viação não faça ainda os sessenta quilômetros, já estamos voando...

55 *O Alfenense*, 17 mar. 1940, p. 1.

56 Conforme Cláudia Cabral (2013, p. 36), o auge do transporte aéreo na cidade parece ter sido o ano de 1951, com movimento de quase 1.600 embarques e desembarques.

No início da década de 1940, Juscelino do Prado Barbosa, talvez com maior fortuna de Alfenas na época, causou furor na cidade. Nas suas bodas de prata, Juscelino Barbosa presenteou sua esposa Silvia Silveira Barbosa e sua cidade com a construção de um luxuoso cinema, edifício na Praça Getúlio Vargas em *art deco*, decoração em mármore italiano, corrimões de escadarias e vidraçarias belgas. Fretou um trem e trouxe do Rio de Janeiro a sociedade da época para conhecer Alfenas. Seus convidados não pagaram nada onde quer que fossem na cidade: tudo correu por conta do anfitrião alfenense. Juscelino Barbosa mandou filmar com vista aérea a cidade, produziu um documentário sobre Alfenas filmado pelo cinegrafista Jean Manzon, inaugurou o prédio do Orfanato Santa Inês, erigido com seus recursos, e bancou as obras de retificação topográfica da rua que hoje tem seu nome (VELANO, 2012, p. 101). Pouco depois, passada a euforia com a abertura do cinema mais imponente do sul de Minas, Juscelino Barbosa deixou definitivamente Alfenas e foi tocar seus negócios no Rio de Janeiro.

A figura de Juscelino do Prado Barbosa é semelhante à de "barões do café" das vizinhas cidades de Machado e Três Pontas. Figuras ilustrativas de determinado "jeito de ser e de viver", nos anos 1920-1940, quando os cafezais conferiam poder tanto dentro quanto fora da fazenda. Os grandes cafelistas, senhores de terras, prestígio, cargos políticos e compadres importantes, ficavam à frente de enorme parentela e, como mostrou Mônica Ribeiro de Oliveira (2005) para a Zona da Mata, criaram estratégias matrimoniais que visavam manter dentro da família os cabedais acumulados. Assim, casaram tios e sobrinhas, primos e primas. Além do café, fator potencializador de suas fortunas, esses homens envolveram-se com empréstimos de dinheiro a juros – atividade denominada de "negócios capitalistas". No plano pessoal, levaram vida luxuosa, não raro repleta de hábitos e práticas verdadeiramente esdrúxulas.

O magnata alfenense possuía estilo de vida igual ao de dois fazendeiros de Três Pontas, Domingos Monteiro de Rezende (1873-1954), conhecido como coronel Minguta, dono da fazenda Pedra Negra, onde hoje funciona o Museu do Café de Três Pontas, e Azarias de Brito Sobrinho, o coronel Zaroca (1870-1939), filho do Barão de Boa Esperança (ten. cel. Antônio Ferreira de Brito), dono da fazenda Boa Vista. Azarias de Brito Sobrinho cuidava de café, milho, cana e de gado na fazenda Boa Vista. No ano de 1911, ele era proprietário de um engenho de beneficiar café, cujo capital foi avaliado em 3 contos de réis, empregava força motriz de 20 cv e quatro operários, produzindo anualmente cerca de 12 contos de réis (JACOB, 1911, p. 333). Seus negócios também incluíram a fundação e direção da Usina Boa Vista, produtora de açúcar e aguardente, situada a cerca de quatro quilômetros de Três Pontas (CAMPOS, 2004, p. 27). O requinte do coronel Zaroca levou-o a se tratar em 1915 na Europa, no balneário francês de Vichy, e por lá ele permaneceu até o fim da Primeira Guerra Mundial. O Coronel Minguta, por sua vez, mandou seu filho primogênito se especializar em medicina na Alemanha, em 1918. Ambos possuíam belas casas na capital federal e passavam parte do ano no Rio de Janeiro, frequentando festas e rodas da alta sociedade carioca. A diferença entre Juscelino Barbosa e os "barões do café" trespontanos reside no fato de que não se conhece investimento produtivo do primeiro em Alfenas. Juscelino Barbosa gastou pequena fortuna para embelezar sua cidade, e só.

Salvo melhor juízo, a "Atenas sul-mineira" careceu, nas primeiras décadas do século XX, de empresários capazes de realizar as "combinações novas" de que falava Schumpeter (1997). Faltaram-lhe homens que soubessem aproveitar a diversificação e pujança da agropecuária de Alfenas e sua condição de centro de vasta zona, graças à posição no entroncamento de ramal ferroviário e de longo trecho de navegação fluvial a vapor no rio Sapucaí.[57]

CONSIDERAÇÕES FINAIS

Enfim, na virada do século XIX para o XX, Alfenas inseriu-se no processo de configuração da vida urbana moderna, sob a égide de valores burgueses que adquiriram aceitação crescente: de um lado, a racionalização dos espaços e das relações econômico-sociais e, de outro lado, as reivindicações de autonomia e individualidade dos sujeitos e a valorização da intimidade (SIMMEL, 1967). As elites alfenenses procuraram refundar a cidade e as formas de sociabilidade, emulando as novidades vistas no Rio de Janeiro e São Paulo. As camadas abastadas e letradas de Alfenas se esforçaram no sentido de transformar a antiga cidade, construindo uma nova, que fosse centro de realizações, de mundanidade, de negócios e serviços modernos, lugar bem distinto do campo, em geral encarado, nessa época, como domínio do atraso, ignorância e limitação (WILLIAMS, 1989).

Assim, Alfenas forjou e difundiu imagem de urbe moderna, civilizada e culta sem modificar, substancialmente, sua base econômica tradicional. Projeto ambíguo e contraditório, pois, além da cidade permanecer dependente de uma agropecuária tradicional, nos jornais, clubes, escolas e teatro de Alfenas não faltaram vozes que, vez ou outra, atribuíram ao campo a característica de uma vida de paz, tranquilidade e virtudes. O mais importante é notar que, enquanto as elites trataram de dar um novo aspecto à cidade, esteve presente a resistência de tantos sujeitos à mudança. Diante da adoção inebriante de sinais e instrumentos da modernidade, especialmente no espaço central da cidade, muitos moradores seguiram envolvidos em quermesses e festas de santos, acreditando em rezadeiras e benzedeiras, conversando à noitinha com os vizinhos nas portas das casas, criando animais no interior da cidade, cultivando hortas e

57 Essa zona abrangia os atuais municípios de Machado, Três Pontas, Paraguaçu, Campestre, Carmo do Rio Claro, Areado, Alterosa, Serrania, Poço Fundo, Campos Gerais, Campo do Meio, Campo Belo e Boa Esperança.

roças nos quintais, fazendo farinhas e quitandas para alimentação, utilizando mulas e carroças para locomoção, caçando e pescando nas proximidades de Alfenas.

O tradicional e o moderno, o rural e o urbano mesclaram-se na sociabilidade do povo simples da cidade, no tempo miúdo da rotina diária daqueles que não podiam viver, como Juscelino do Prado Barbosa, grande parte do ano nas altas rodas da sociedade carioca.

Ao fim e ao cabo, este texto pretendeu tão somente elaborar uma interpretação do processo de urbanização em uma pequena cidade sul-mineira, as modificações na paisagem citadina e na sociabilidade dos habitantes locais e as circunstâncias que produziram a cristalização de um imaginário específico sobre o lugar. É claro que não se esgota a pluralidade de leituras possíveis, nem a variedade de aspectos que podem ser abordados. Há muito ainda a se pesquisar no que se refere, sobretudo, aos projetos, práticas sociais e memórias do "homem simples" (MARTINS, 2008) de Alfenas.

FONTES

Fontes manuscritas

APM. Mapa de população de 1835. Caixa 5, doc. 17.

Inventários da Vara de Família e Sucessões da Comarca de Alfenas (acervo do antigo Juízo de Órfãos e Ausentes do Termo de Alfenas).

Fontes manuscritas digitalizadas

APM. Registros paroquiais de terras das freguesias de São José e Dores de Alfenas e de São Joaquim da Serra Negra, 1855-56. TP-1-004.

APM. Registro das terras da Província de Minas Gerais, Freguesia de São Joaquim da Serra Negra, 1855-56. TP-1-215.

NPHED/Cedeplar/UFMG. Censo de 1872. Paróquia de São José e Dores de Alfenas. Quadro Geral e Profissões.

Fontes impressas

Jornais

O Alfenense, anos I a IX, de 1931 a 1939, números 1 a 430. Acervo da Reitoria da Unifenas. Alfenas, MG.

Corografias, anuários e almanaques

FRADE, P. *Dicionário corográfico e estatística corográfica de distâncias do Estado de Minas Gerais.* 2ª ed. Belo Horizonte: Imprensa Oficial, 1917.

JACOB, Rodolpho. *Minas Gerais no XXº* século. v. 1. Rio de Janeiro: Gomes, Irmão & Cia., 1911.

LAEMMERT, Eduardo; LAEMMERT, Henrique. *Almanach Laemmert*. Rio de Janeiro: Laemmert, 1885.

MINAS GERAIS. Secretaria da Agricultura. Serviço de Estatística Geral. *Atlas chorographico municipal*. Belo Horizonte: Imprensa Oficial, 1926.

______. Secretaria da Agricultura. Serviço de Estatística Geral. *Anuário Estatístico Ano I – 1921*. v. 2 (Situação demográfica). Belo Horizonte: Imprensa Oficial, 1925.

______. Secretaria da Agricultura. Serviço de Estatística Geral. *Minas segundo o Recenseamento de 1920*. Belo Horizonte: Imprensa Oficial, 1924.

SENNA, Nelson de. *A terra mineira*: corografia do estado de Minas Gerais. v. 2. Belo Horizonte: Imprensa Oficial, 1926.

______. *Anuário histórico corográfico de Minas Gerais, 1913*. Belo Horizonte: Imprensa Oficial, 1913.

______. *Anuário histórico corográfico de Minas Gerais, 1909*. Belo Horizonte: Imprensa Oficial, 1909.

SILVEIRA, Victor. *Minas Gerais em 1925*. Belo Horizonte: Imprensa Oficial, 1926.

VEIGA, Bernardo Saturnino da. *Almanach Sul-Mineiro para 1874*. Campanha, MG: Tipografia do Monitor Sul-Mineiro, 1874.

______. *Almanach Sul-Mineiro para 1884*. Campanha, MG: Tipografia do Monitor Sul-Mineiro, 1884.

REFERÊNCIAS BIBLIOGRÁFICAS

ANDRADE, Marcos Ferreira de. *Elites regionais e formação do Estado Imperial brasileiro: Minas Gerais – Campanha da Princesa (1799-1850)*. Rio de Janeiro: Arquivo Nacional, 2008.

AYER, A. M. V. "Pioneiros desconhecidos". *Revista do Instituto Histórico e Geográfico de Minas Gerais*, Belo Horizonte, v. 20, 1986.

BARBOSA, W. de A. *Dicionário histórico - geográfico de Minas Gerais*. Belo Horizonte: Itatiaia, 1995.

CABRAL, Cláudia Maria. *Ramal de Alfenas da Rede Mineira de Viação: história e memória da ferrovia no sul de Minas (1897-1963)*. Monografia (graduação) – ICHL-Unifal, 2013.

CAMPOS, Paulo Costa. *Dicionário histórico e geográfico de Três Pontas*. Três Pontas, MG: Ed. do autor, 2004.

CARNEIRO, Waldir de Luna. *Contos e crônicas Alegro*. Alfenas, MG: Scortessi, 2011.

CARVALHO, A. *A freguesia de Nossa Senhora da Assunção do Cabo Verde e sua história: das minas de ouro aos cafezais*. Cabo Verde, MG: Edição do autor, 1998.

CARVALHO, J. R. *História de Machado (1816-1974)*. Belo Horizonte: Imprensa Oficial, 1985.

CINTRA, Antônio Octavio; ANDRADE, Luiz Aureliano Gama de. "Planejamento e desenvolvimento: notas sobre o caso de Minas Gerais", *Revista de Administração Pública*, Rio de Janeiro, v. 10, n. 2, 1976.

COELHO, Edmundo Campos. *As profissões imperiais*. Rio de Janeiro: Record, 1999.

COSTA, Maria Lúcia Prado. *As tropas da moderação do sul de Minas no tempo saquarema*: 1842-1860. Paraguaçu, MG: Fundação 18 de Março, 2007.

COSTA, Maria Lúcia Prado. *Fontes para a história social do sul de Minas: os trabalhadores de Paraguaçu e Machado (1850-1900)*. Belo Horizonte: Mazza, 2002.

GOODWIN JR., James William. *Cidades de papel: imprensa, progresso e tradição. Diamantina e Juiz de Fora, MG (1884-1914)*. Tese (Doutorado em História) – FFLCH - USP, 2007.

GRAÇA FILHO, Afonso de Alencastro. *A Princesa do Oeste e o mito da decadência de Minas Gerais: S. João del Rei (1831-1888)*. São Paulo: Annablume, 2002.

HOBSBAWM, Eric. *A era dos impérios*. Rio de Janeiro: Paz e Terra, 1992.

LAMBERT, M. *Cambuy: terra dos três João*. Valença, RJ: Ed. Valença, 1977.

LEÃO, F. G. (org.). *Universidade Federal de Itajubá: 1913-2004*. Viçosa, MG: UFV, 2004.

LENHARO, Alcir. *As tropas da moderação: o abastecimento da Corte na formação política do Brasil – 1808-1842*. São Paulo: Símbolo, 1979.

LEOPOLDI, Maria Antonieta P. "Burocracia, empresariado e arenas decisórias estratégicas: trajetórias do neocorporativismo no Brasil (1939 a 1955)", *Ciências Sociais Hoje*, Rio de Janeiro, Anpocs, 1992.

LIBBY, Douglas Cole. *Transformação e trabalho em uma economia escravista: Minas Gerais no século XIX*. São Paulo: Brasiliense, 1988.

MARTINS, José de Souza. *A sociabilidade do homem simples: cotidiano e história na modernidade anômala*. 2ª ed. São Paulo: Contexto, 2008.

MARTINS, Marcos Lobato. "Plantar, pastorar e fiar na Vila Formosa de Alfenas,

MG: Décadas de 1850-1890", *Estudos Econômicos*, São Paulo, v. 43, n. 2, p. 397-429, abr./jun. 2013.

MATA, Sérgio da. *Chão de Deus: catolicismo popular, espaço e proto-urbanização em Minas Gerais, Brasil. Séculos XVIII-XIX*. Berlim: Wissenschaftlicher Verlag Berlin, 2002.

MENESES, José Newton Coelho. "Escalas espaço-temporais e história cultural: reflexão de um historiador sobre o espaço como categoria de análise". In: PAIVA, Eduardo França *et al.* (orgs.). *Escravidão, mestiçagens, ambientes, paisagens e espaços*. São Paulo: Annablume, 2011.

NEEDELL, Jeffrey. *A belle-époque tropical: sociedade e cultura de elite no Rio de Janeiro na virada do século*. São Paulo: Companhia das Letras, 1993.

NICOL, Robert. "Pré-requisitos da indústria: educação, ciência e tecnologia". In: REGO, José Márcio; MARQUES, Rosa Maria (orgs.). *Formação econômica do Brasil*. São Paulo: Saraiva, 2003.

OLIVEIRA, Mônica Ribeiro de. *Negócios de famílias: mercado, terra e poder na formação da cafeicultura mineira – 1780-1870*. Bauru, SP: Edusc; Juiz de Fora, MG: Funalfa, 2005.

SCHUMPETER, Joseph A. *Teoria do desenvolvimento econômico*. São Paulo: Nova Cultural, 1997. (Coleção Os Economistas)

SEVÁ, Oswaldo. *O capitalismo hidrelétrico em Minas Gerais: o Rio Grande e seus afluentes silenciados*. Campinas, SP: IFCH-Unicamp, 2012, p. 5.

SEVCENKO, Nicolau. *Literatura como missão: tensões sociais e crise cultural na Primeira República*. São Paulo: Brasiliense, 1983.

SIMMEL, Georg. "A metrópole e a vida mental". In: VELHO, Otávio Guilherme. *O fenômeno urbano*. Rio de Janeiro: Zahar, 1967.

VELANO, Edson Antônio. *Sombras na Vila Formosa*. Alfenas: Unifenas, 2012. Disponível em:<www.unifenas.br/40anos/download/Sombras_na_Vila_Formosa_-_Edson_Antonio_Velano.pdf>. Acesso em: 21 out. 2014.

VIEIRA, Ilma. Manso. *Mandassaia*. Alfenas: Atenas, 2002.

________________. "Fazenda Campo Redondo – a saga da família Vieira". *Jornal dos Lagos*, Caderno L, p. 2, 13 dez. 2008.

VIGARELLO, Georges. *O limpo e o sujo: a higiene do corpo desde a Idade Média*. Lisboa: Fragmentos, 1988.

WILLIAMS, Raymond. *O campo e a cidade na história e na literatura*. São Paulo: Companhia das Letras, 1989.

WIRTH, John. 'Minas e a Nação, um estudo de poder e dependência regional, 1889-1937". In: FAUSTO, Boris (org.). *História geral da civilização brasileira*: *O Brasil Republicano, Estrutura de poder e economia (1889-1930)*. v. 8. 8ª ed. Rio de Janeiro: Bertrand Brasil, 2006.

Águas virtuosas do Lambari

Lambari, Lago e Cassino, 1911. Disponível em: <www.guimaguinhas.prosaeverso.net/blog.php?idb=38685>. Acesso em: 28 set. 2014.

A CONSTRUÇÃO DA ESTÂNCIA BALNEÁRIA DE ÁGUAS VIRTUOSAS DO LAMBARI

(1870-1920)

Fábio Francisco de Almeida Castilho

> As pessoas que precisarem usar das águas minerais do Lambary, devem ficar sabendo que, partindo da corte, lhes é indispensável tomar o expresso que sai do Rio de Janeiro às 5 horas da manhã, indo ter à estação do Cruzeiro, onde tomarão os carros da [estrada de ferro] Minas & Rio até a estação de Contendas.
> Daí a viagem far-se-á a cavalo ou de liteira, em bons caminhos, que tem de extensão pouco mais de cinco léguas, até a povoação das Águas.
> Para não alongar demais a viagem convém que os doentes só deixem a Conceição do Rio Verde, que é onde está a estação de Contendas, na manhã do dia seguinte.
> Nas Águas do Lambary encontra-se facilmente quem forneça as conduções precisas, do modo que for exigido, por preço cômodo, e a redação deste periódico dá à respeito as informações que lhe forem solicitadas.[1]

O trecho acima descreve a difícil chegada até um escondido rincão do interior de Minas Gerais, procurado por doentes e enfermos que buscavam a cura de suas moléstias através da utilização das águas terapêuticas da localidade. Com o passar do tempo, o isolado lugarejo foi ganhando adeptos e notabilizando-se com a presença de muitos visitantes, até tornar-se um notável balneário procurado por iminentes figuras do estado e do país. Mas, no auge da fama e dos investimentos governamentais, tor-

1 *Águas virtuosas*, 23 ago. de 1884, p. 3.

nou-se motivo de celeuma e protagonizou um longo dissídio jurídico entre o estado de Minas Gerais e o arrendatário da estância balneária, Américo Werneck.

No início do nosso recorte temporal, 1870, o lugarejo já era reputado pelas suas águas medicinais, de acordo com Saturnino da Veiga, em seu *Almanach Sul-Mineiro*, a freguesia de Águas Virtuosas, pertencente ao município de Campanha, era procurada por viajantes interessados no poder terapêutico de suas águas, mesmo distando três léguas da cidade e vinte léguas da estrada de ferro D. Pedro II (estação de Boa Vista). Saturnino da Veiga descreve as riquezas naturais do local e a maneira de se chegar até ele. Informa também que a freguesia possuía 114 casas, uma boa igreja, ainda em construção, e duas escolas. Na freguesia de Águas Virtuosas se cultivava fumo, com uma exportação de 7 mil arrobas anuais (VEIGA, 1874, p. 89-90).

No início da década de 1880 a estância balneária de Águas Virtuosas era pouco conhecida, quando se mudou para a localidade o médico campanhense recém-formado, Eustáquio Garção Stocler. Interessado na cura através das águas, o médico decidiu propagar o poder terapêutico das mesmas e construir no lugarejo condições adequadas para receber um grande número de pessoas que ali encontrariam tratamento e descanso.

Para melhor divulgar suas ideias, Garção Stocler financiou a edição de um periódico quinzenal, o Águas Virtuosas, editado por ele mesmo e pelo seu colega Bandeira de Mello. O periódico tinha a única finalidade de dar notoriedade às águas do lugarejo e circulou durante os anos de 1884 e 1885, fazendo grande alarde do clima acolhedor do distrito e da riqueza hidroterápica de suas águas. Em torno desse periódico, consolidou-se um grupo político identificado como "os aquáticos" (CASTILHO, 2012).

O grupo era encabeçado por Garção Stocler e tinha como principais membros seu sócio Bandeira de Mello, o promotor de Campanha, João Luis Alves, e o deputado estadual João Bráulio Moinhos de Vilhena Júnior. Eles passaram a contar com o importante reforço de Américo Werneck, personagem melhor destacado a frente, quando o mesmo comprou uma fazenda na localidade, em 1889, e também passou a defender os interesses da estância balneária.

Com o passar dos anos o grupo dos *aquáticos* se consolidou e conseguiu eleger Garção Stocler e João Bráulio deputados estaduais nas eleições de 25 de janeiro de 1891, com 73 votos cada. No mesmo sufrágio Américo Werneck recebeu 73 votos para senador, insuficientes para elegê-lo. Os esforços empreendidos pelo grupo para a criação do Distrito de Paz das Águas Virtuosas obteve êxito naquele mesmo ano. A medida garantiu maior autonomia diante da sede do município, Campanha, pois o distrito passou a ter direito de escolher seus próprios conselheiros distritais, vereadores e juízes de paz (CARROZZO, 1977, p. 94). A partir desses eventos o grupo disputou tenazmente a liderança local contra outro grupo tradicional sediado em Campanha e liderado pelo republicano histórico Francisco Honório Ferreira Brandão, antigo aliado dos aquáticos. A vitória definitiva do grupo de Águas Virtuosas foi conquistada em 1901, com a emancipação do município, já sob a aliança com o silvianismo e a revelia das lideranças sediadas em Campanha. Essa disputa local e a constante troca de farpas entre os dois grupos pode ser acompanhada nas páginas de *A Peleja* e *A Campanha*.

Silviano Brandão, natural de Santana do Sapucaí e com base política em Pouso Alegre, se tornara a figura política mais importante do estado no período. Eleito presidente do estado, assumira o poder em 1898 com o intento de harmonizar e conferir a Minas Gerais maior participação no cenário nacional através de sua enorme bancada parlamentar. Para tanto promoveu uma série de alterações na política estadual, sempre com o intento de favorecer aliados e suprimir a oposição.

Uma das políticas marcantes do silvianismo em Minas Gerais foi a divisão e criação de novos municípios visando ao maior controle político e à multiplicação de suas bases. As alterações promovidas no território do estado tinham a finalidade de consolidar o controle político do silvianismo, não permitindo a nenhuma facção política, sediada em qualquer uma das sub-regiões mineiras, o direito à representação. Silviano Brandão descobrira uma arma poderosa para reorganizar as municipalidades segundo os interesses de sua política. Ele retalhava distritos, desmembrava municípios ou criava novos, destruía redutos de oposição e atendia apelos de emancipação em troca do apoio local (RESENDE, 1982, p. 191).

Nesse cenário, para reforçar as bases municipais de apoio no interior do estado, Silviano Brandão criou de uma só vez doze novos municípios,[2] em 16 de setembro de 1901. Desses, nove estavam localizados no sul de Minas, sede do presidente do estado (Mapa 1). A medida multiplicava o seu poder, com o controle de um número maior de eleitores e, proporcionalmente, anulava a oposição.

2 As doze novas cidades criadas foram: Jacutinga, Guaranésia, São Caetano da Vargem Grande (Brasópolis), Caxambú, Itaúna, Santa Rita da Extrema (Extrema), Vila Nova de Resende (Nova Resende), Vila Platina (Ituiutaba), Campos Gerais, Águas Virtuosas (Lambari), Santa Quitéria (Esmeraldas) e Silvestre Ferraz (Carmo de Minas).

Mapa 1 – Mapas comparativos dos municípios sul-mineiros em 1900 e 1901

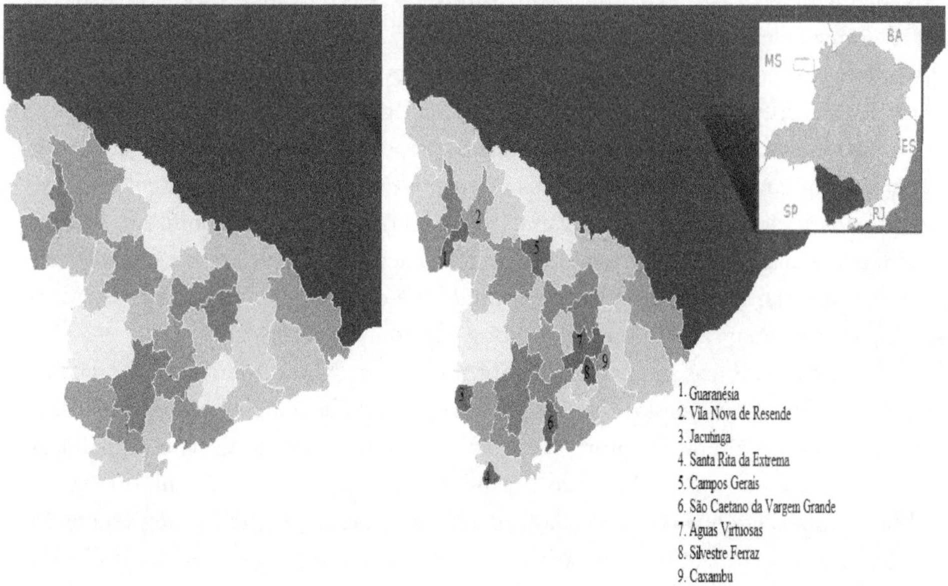

Mapas desenvolvidos a partir de: <www.conectcompocos.com.br/adismig/mapageral>. Acesso em: jun. 2011.

De acordo com Nunes Leal, durante a República Velha, no processo de afirmação e consolidação dos coronéis, tinha grande importância o apoio político no âmbito local. No nosso caso, o sul de Minas, principal base silvianista, estava dividido por facções rivais e essas deveriam ser apaziguadas. O ápice da disputa local foi a emancipação de Águas Virtuosas, fragmentando o poder opositor de Campanha e criando um novo "curral" para Silviano e seus aliados.

A aliança entre o governo estadual e o coronel que possuía maior número de votos era uma manobra eleitoral que garantia apoio ao coronel no âmbito estadual e silenciava a oposição estadual no interior (LEAL, 1949, p. 47-52).Caso emblemático desse processo, a criação do município de Águas Virtuosas ocorreu depois que seu eleitorado aumentou mais de 400% em apenas um ano.[3]

O grupo político sediado no novo município de Águas Virtuosas desempenhou aguda empreitada pelo desenvolvimento da localidade. Batalhou incansavelmente pelo reconhecimento da singularidade de suas águas e passou a pleitear junto do governo estadual investimentos para a construção de uma estância balneária nos moldes europeus. Com a eleição de Silviano Brandão e a sua perspectiva de agregar todo o estado de Minas Gerais encerrando o período das disputas locais, os *aquáticos* per-

3 *A Campanha,* 8 nov. 1900, p. 1.

ceberam a oportunidade de encontrar apoio no governo estadual e bater seus rivais. Com efeito, eles foram rapidamente incorporados ao grupo silvianista, recebendo cargos políticos e vultoso investimento para construção da estância balneária de Águas Virtuosas.

Em 1898, João Bráulio Júnior se reelegeu deputado e Américo Werneck tornou-se Secretário da Agricultura, que conciliou com uma rápida passagem à frente da Prefeitura da recém-inaugurada Cidade de Minas, atual Belo Horizonte. Ambos os cargos ocupados por Werneck foram a convite do presidente de estado Silviano Brandão, seu antigo desafeto. O grupo político se manteve coeso, bem organizado e com estreitos laços com o poder estadual. Os *aquáticos* foram fundamentais na eliminação da facção oposicionista ao silvianismo sediada em Campanha, episódio que elevou suas lideranças aos olhos de Silviano Brandão e seus aliados, selando uma aliança que permaneceria durante muitos anos e contribuiu para o arrefecimento das disputas estaduais (CASTILHO, 2012).

AMÉRICO WERNECK: O HAUSSMAN DE ÁGUAS VIRTUOSAS

> Um fato da infância de Werneck (...). Teria ele uns seis anos. Acompanhava seu pai na visita à horta. Passaram por uma pimenteira cheia de frutos. O garoto pediu alguns para comer. O pai fez-lhe notar que aqueles frutos chamados pimentas não eram para ele, que não seria capaz de comê-los, pois ardiam demasiado. O pequeno não se conformou com a recusa e teimou, impertinente. O pai colheu três pimentas.
> — Tome, pois. Mastigue-as bem.
> A boca transformou-se num braseiro. O cáustico inflamou-lhe a garganta, incendiou as gengivas, pelou a língua, provocou tosse, mas o garoto, duro e firme, engoliu as pimentas. O pai observou:
> — Queres mais?
> — Sim, senhor.
> Outras pimentas foram mastigadas ainda que as lágrimas saltassem, a vista se conturbasse e os músculos tremessem.
> — Queres mais?
> — Quero sim senhor.
> O pai sentiu dó e seguiu:
> — Esse menino! (JARDIM, 1943, p. 177).

A anedota acima se refere à infância de Américo Werneck, engenheiro fluminense que se mudou para o sul de Minas Gerais com o objetivo de construir uma sólida carreira política. Ainda no tempo do Império, ele havia militado pela abolição e pela república como redator principal do periódico *Gazeta Sul-Mineira*. Mais tarde, já no regime republicano, Werneck ocupou alguns cargos públicos, com destaque para sua passagem na Secretaria de Agricultura Estadual e na Prefeitura da Cidade de Minas. Mas seu maior feito foi a construção do balneário de Águas Virtuosas, edificando a cidade de acordo com o modelo de estâncias hidrominerais europeias. No município, atual Lambari, seu legado ainda pode ser observado nas ruas largas do centro da cidade, nos parques arborizados e nos edifícios que o engenheiro construiu. Na anedota, a teimosia infantil de Werneck se converteria na lealdade do político adulto e o engenheiro seria um homem fiel às suas ideias, mas um estudo de sua trajetória aponta para uma realidade diversa: egresso das fileiras dos republicanos históricos mineiros, Werneck se aliou aos republicanos de véspera quando esses se apossaram do governo estadual.[4]

Um resumo da biografia de Américo Werneck e sua relação com o principal político do estado à época, Silviano Brandão, esclarece alguns pontos: nascido na província do Rio de Janeiro, em 1855, Werneck cursou a Escola Politécnica do Rio de Janeiro, diplomando-se em 1877.[5] O político chegou ao sul de Minas no início da década de 1880, no município de São Gonçalo do Sapucaí, respeitável centro republicano e onde sua família possuía propriedades. Nesta cidade, Werneck foi o principal editor do periódico *A Gazeta Sul-Mineira*, folha abolicionista e republicana de propriedade de Francisco Bressane de Azevedo. Recém-chegado às Minas Gerais, Werneck revelou-se um convicto republicano e se filiou às hostes dos históricos mineiros. No entanto, proclamada a República e com a nova divisão de poderes em Minas Gerais, o grupo dos históricos viu-se alijado do poder, com a indicação de Cesário Alvim, republicano de véspera, para a presidência do estado. Neste momento, *A Gazeta Sul-Mineira* adotou um discurso radical, criticando o governo e defendendo a separação do sul de Minas do restante da Federação, em 1892.

---

4 Diante do novo regime, as primeiras diferenciações de grupos políticos em Minas foram compostas em torno da participação na causa da República. Surgiram os "republicanos de véspera" ou "novos republicanos", membros dos extintos partidos monárquicos que aderiram à causa republicana e, em oposição, apareceram os "republicanos históricos" ou "antigos republicanos", aqueles que defendiam a causa antes do 15 de novembro e faziam a propaganda republicana na imprensa periódica. Ao contrário do que esperavam os republicanos históricos, não foram eles, mas sim os antigos monarquistas que ascenderam ao poder nas Minas Gerais, desenvolvendo e assumindo novos discursos e posicionamentos políticos. Foi travada uma disputa dentro do estado de Minas Gerais entre políticos conservadores (antigos monarquistas que aderiram ao novo regime somente com a Proclamação da República) e aqueles republicanos de longa data. Ver Castilho (2012).

5 Cf. CPDOC/FGV. *Dicionário da elite política republicana (1889-1930).* Disponível em: <cpdoc.fgv.br/dicionario-primeira-republica/8>. Acesso em: 20 jan. 2014.

Durante o movimento divisionista, políticos tradicionais da região, encabeçados por Silviano Brandão, foram contrários à ideia e declararam-se inimigos dos separatistas, conferindo seu apoiou ao incerto governo Alvim. O duelo entre os dois lados sul-mineiros, separatista e integracionista, ou, ainda, históricos e de véspera, ganhou as páginas dos periódicos locais com as folhas *Minas do Sul*, *Gazeta Sul-Mineira* e *Gazeta de Ouro Fino*. O fracasso do movimento separatista selou a vitória do grupo de Silviano Brandão e os republicanos históricos foram alijados do poder.[6]

Sem mais espaço político, Américo Werneck se fixou em Águas Virtuosas e encontrou ali um grupo há tempos estruturado, que pugnava pelo desenvolvimento do lugarejo, apostando no empreendedorismo da exploração das águas minerais e construção de uma estância balneária confortável e atraente aos visitantes: os aquáticos. O grupo local agregou considerável capital político ao longo da década de 1890 e, quando Silviano Brandão chegou ao poder do estado, aliaram-se ambiciosamente ao presidente de Minas Gerais, deixando de lado as antigas querelas que os separavam.

Chegando à presidência do estado em 1898, as pretensões de Silviano Brandão se tornaram audaciosas e não se restringiram ao comando regional. O novo presidente de Minas Gerais estava disposto a construir uma sólida estrutura de dominação em todo estado e perpetuar seu grupo de aliados no comando político (RESENDE, 1892). Os silvianistas defendiam que os mineiros mereciam maior participação nas decisões nacionais, devido à importância numérica da bancada mineira na Câmara dos Deputados, além da destacada importância da economia da federação para os cofres da União (VISCARDI, 1999). Em torno desses dois elementos, Silviano Brandão e seus aliados insistiam na ideia de coesão entre os políticos mineiros, para que o estado pudesse ser determinante nas deliberações federais. Essa máxima permitiu a aproximação e a aliança com antigos rivais do interior do estado e a consolidação da "hegemonia sul-mineira".[7]

A análise da trajetória do grupo dos aquáticos revela o amplo leque de alianças que Silviano Brandão realizou e ao mesmo tempo ressalta que os coronéis da época estavam preocupados em renovar o seu discurso, incorporando novos temas como saúde e progresso.

---

6 Para mais detalhes da disputa entre republicanos históricos e de véspera e o movimento separatista sul-mineiro ver Castilho (2012).

7 A expressão "hegemonia sul-mineira" designa os vinte anos de predomínio dos políticos provenientes da região sul na política estadual de Minas Gerais (1898-1918). Durante esse período, cinco dos quatro presidentes de estado escolhidos eram naturais e tinham suas bases políticas no sul de Minas e ainda foi eleito Presidente da República Wenceslau Brás, político de Itajubá. Importante destacar que as oligarquias sediadas localmente dominaram a cena política estadual com a captura do PRM, partido fundado em 1897, em acordo com a política dos governadores de Campos Sales.

COOPTAÇÃO HEGEMÔNICA: OS FAVORES CONCEDIDOS À ESTÂNCIA HIDROMINERAL E AS OBRAS REALIZADAS

A partir do governo de Silviano Brandão, em 1898, o governo mineiro passou a enfatizar a importância de suas estâncias hidrominerais e investiu no melhoramento e embelezamento desses lugarejos. Dessa forma, cidades como Caldas, Caxambu e Cambuquira passaram a receber financiamento dos cofres do governo estadual para que fossem construídos em suas fontes de água melhoramentos, a fim de torná-las mais atraentes aos visitantes e enfermos. O discurso higienista ganhava força no país e as autoridades públicas estavam atentas para os ganhos políticos que a novidade poderia gerar. Cônscio da importância das fontes de Águas Virtuosas e disposto a fazer o município entrar na lista de estâncias hidrominerais favorecidas pelo Estado, Werneck desenvolveu audacioso projeto para construir ali um balneário modelo. O engenheiro fluminense contou com o apoio dos governos mineiros para ver realizado seu desejo. As verbas foram vultosas e rapidamente foi edificada uma estância balneária modelo no município.

No alvorecer do século XX, grande importância era conferida às águas minerais, e seu poder medicinal esteve presente no discurso dos presidentes de estado, os quais enfatizaram a necessidade de realizar investimentos nas cidades que possuíam águas em exploração e transformá-las em suntuosas estâncias balneárias, capazes de receber veranistas e atender a todas as imposições de conforto e higiene à época. Nos relatórios dos presidentes de estado do período encontramos manifestações de todos os políticos que ocuparam o cargo quanto à questão das águas minerais. O primeiro a manifestar-se foi Silviano Brandão, que enfatizou a importância dessas estâncias balneárias e pediu atenção e investimento nas mesmas para a Assembleia Legislativa:

> As estações de águas minerais, procuradas anualmente por milhares de visitantes, entre os quais figuram os vultos mais salientes do nosso meio social, não oferecem as necessárias condições de higiene e conforto, de modo a atraírem uma larga concorrência, e consequentemente, a importação de capitais que viriam fecundar a riqueza do estado. (...) Lembro a conveniência de organizar uma planta daquelas localidades, fazer alguns melhoramentos que escapam ao recurso do poder municipal e proteger as fontes (...).
>
> Esta ação direta do governo se justificará em relação a propriedade que lhe pertencem, que lhe impõem graves responsabilidades, que constituirão futuramente um precioso elemento financeiro e que pelo lado da utilidade pública devem ser consideradas como um patrimônio nacional.[8]

8 Relatório do Presidente de Estado, Francisco Silviano de Almeida Brandão, 1900, p. 38.

Em 1902, então no poder do Estado, Joaquim Cândido da Costa Sena engrossou o coro, enfatizando que os investimentos nas estâncias balneárias renderiam bons frutos financeiros para Minas Gerais à medida que as cidades fossem mais conhecidas e visitadas, pois eram abundantes e numerosas as fontes localizadas em diversas zonas do estado. De acordo com o presidente Costa Sena, as mais conhecidas eram Caldas, Lambari, Cambuquira e Caxambu, e o Estado deveria intervir na sua organização tornando mais direta e eficaz a ação do governo sobre essa importante fonte de riqueza pública.[9]

Encontramos o mesmo tom no relatório assinado por Francisco Sales, em 1904:

> É inegável a urgente necessidade de impulsionar melhoramentos nessa estações de águas, tornando-as, além de mais facilmente procuradas por quem sente necessidade de encontrar alívio a seus males, centro de atração para quem deseja repousar-se tranqüila e confortavelmente das fadigas de exaustivos labores da intensa vida dos grandes centros.[10]

Com efeito, durante o governo de Francisco Sales as estâncias balneárias do sul de Minas receberam maior atenção e decisivo impulso. O presidente foi o responsável pela promulgação da lei de criação das Prefeituras das estâncias balneárias. Essas Prefeituras receberiam um cuidado especial e responderiam a uma legislação específica, que visava ao investimento do estado para a construção de muitas obras de melhoramento. Nesse sentido, foram decretadas as Leis n. 373 e 396, de 17 de setembro de 1903 e de 23 de dezembro de 1904 – regulando a organização das Prefeituras. A administração não deveria ficar a cargo do estado, mas ser concedida a um prefeito e a um conselho eletivo nomeado pelo governo. O prefeito deveria gerir e organizar os municípios, mas era um funcionário do estado e estava subordinado diretamente ao presidente de estado, a quem devia relatórios e esclarecimentos quanto a investimentos e obras realizadas em cada uma das estâncias hidrominerais localizadas no território mineiro.

A partir de 1905 beneficiavam-se da nova legislação três cidades exclusivamente: Caldas, Cambuquira e Caxambu. Apenas em 1909 Águas Virtuosas passou a figurar nesse seleto grupo, pois nesse ano foi criada a Prefeitura do município, que também obedeceria a legislação especial devido à existência de fontes hidrominerais. Nessa mesma oportunidade foi indicado como prefeito e administrador da estância balneária Américo Werneck.

Com base na legislação especial, Águas Virtuosas recebeu abundante capital para incremento da cidade e construções de grande porte, dentre elas: abertura de

---

9 Relatório do Presidente de Estado, Joaquim Cândido da Costa Sena, 1902, p. 32

10 Relatório do Presidente de Estado, Francisco Antônio de Sales, 1904. p. 66.

avenidas largas, construção do complexo do Cassino (composto pelo Parque Wenceslau Brás, Lago Guanabara e o Farol da República), construção e funcionamento da rede elétrica da cidade, uma fábrica de gelo e o serviço de abastecimento de água (BARBOSA, 1980).

A verba concedida às Águas Virtuosas superou o valor de todas as outras estâncias minerais somadas. O projeto para a cidade era mesmo grandioso, somente no ano de 1910 foi concedido a Águas Virtuosas o valor de 900:000$000 (novecentos contos de réis), enquanto que Cambuquira, Caxambu e Poços de Caldas, juntas, receberam apenas 400:000$000 (quatrocentos contos de réis). No ano seguinte foi informado pelo presidente de estado que a soma gasta com todas as estâncias até aquele momento fora de 2.919:121$734 (dois mil novecentos e dezenove contos cento e vinte e um réis e setecentos e trinta e quatro centavos). Desse montante, Águas Virtuosas recebera 2.100:000$000 (dois mil e cem contos de réis), aproximadamente 72% do gasto total.[11] O favorecimento a Águas Virtuosas evidenciava o maior traquejo político e as boas relações que Américo Werneck mantinha com Wenceslau Brás e Júlio Bueno Brandão, principais políticos mineiros do período.

A aliança com o grupo silvianista, ou viuvinhas, garantiu a Werneck e aos aquáticos as verbas necessárias para a construção da estância balneária. Werneck partiu para a Europa, a fim de tomar conhecimento das cidades que compunham o circuito europeu das estâncias hidrominerais e, a partir desse modelo, imaginar perspectivas e novas influências para a sua estância que seria construída pelo estado em Águas Virtuosas. De volta ao Brasil, Werneck entrou em contato com a firma Poley & Ferreira, do Rio de Janeiro, para a elaboração de diversas ideias acumuladas com a viagem, dentre as quais a construção de um cassino, sendo escolhido para implantação do referido prédio o local denominado Alto da Fortaleza. O local pertencia a Jorge Ribeiro da Luz e foi comprado pela Prefeitura em 5 de junho de 1909, por quatrocentos mil réis (BARBOSA, 1980).

As obras em Águas Virtuosas foram atacadas de tal forma que no curto intervalo de dois anos, embora o prazo fosse de quatro anos, foi concluído esse grande melhoramento, tornando-se Águas Virtuosas uma cidade de veraneio, provida de recursos necessários para oferecer aos hóspedes perfeito conforto.

No dia 24 de abril de 1911 encontrava-se uma grande multidão de pessoas na estação ferroviária de Águas Virtuosas. Animados por uma banda de música, o grupo aguardava a chegada do presidente da República, Hermes da Fonseca, e do presidente do Estado, Júlio Bueno Brandão, convidados para a inauguração das obras e melhoramentos construídos na cidade. Além da multidão também estavam presentes autoridades locais para recepcionar os convidados ilustres.

---

11 Relatório do Presidente de Estado de Minas Gerais, Wenceslau Brás, 1910

As pessoas vibraram com a chegada do trem e as autoridades responderam à simpática recepção com vivas ao Brasil, a Minas Gerais e a Águas Virtuosas. A caravana seguiu junto das autoridades para o cassino, recebendo por todo o trajeto novas manifestações de apreço, cumprimentos e vivas. Durante o caminho a banda não parou de tocar e suas músicas confundiam-se com o atroar de inúmeras girândolas de foguetes.

> No cassino, realizou-se às oito da noite, o banquete, sendo o serviço da Casa Colombo, do Rio.
> O vasto salão apresentava deslumbrante aspecto, tal a ornamentação caprichosa que ostentava o mesmo e a iluminação feita por milhares de lâmpadas multicores, artisticamente dispostas.
> Durante o banquete tocou uma excelente orquestra, vinda do Rio. Seguiu-se o baile, que correu muito animado, etc. (BARBOSA, 1980, p. 72-73)

Na suntuosa festa de inauguração do cassino, fogos de artifício, raríssimos na concepção e na confecção, deram a nota de gala ao lago, que refletiu um feérico cenário dos contos das *Mil e uma noites* (JARDIM, 1943).

De todo complexo inaugurado em 24 de abril de 1911, composto pela instalação elétrica, obras do Parque das Águas, construção do lago, compra de dez gôndolas vindas de *Veneza*, construção do embarcadouro, edifício para alojamento dos barcos e Farol, o que mais se destacava era o Cassino das Águas:

> As salas do Cassino, encontravam-se distribuídas cada uma conforme a sua função: salão de honra, salão de visitas ou sala japonesa, salão restaurante, sala de jogos de diversão para senhoras e salas de jogos para homens. Nelas, por sua vez, dispunham-se os mais variados aparelhos de jogos, obras de arte, móveis e objetos, ricos em um liberalismo estético. Mesclavam-se nos espaços: cadeiras austríacas *Thonet*, cadeiras metálicas, mobília de assento e encosto estofados, cadeiras de braço e encosto de palhinha ou bambú, *cache-pots* ricos de metal, com respectivas colunas de madeira; piano pianola *schubert* de *Nova York*, de armário, piano de cauda inteiro do fabricante *Steinway*; escarradeiras de ferro e louça esmaltado policromadas, aparelhos de ginástica e esportivos (raquetes, tacos, argolas, basttes, bolas, cordas), balanços comuns e em forma de cadeira, velocípedes para crianças, *guignol*, capachos, tapetes e máquinas caça níquel. Dos aparelhos de jogos, prescriam-se mesas para jogos de bacarat, roleta e boule, e, cristais finos, aparelhos de louça para jantar, café e chá compunham parte dos bens do restaurante.

> Para a decoração dos interiores foram trazidas levas de peças do Japão e da China, harmonizando-se com os lustres, tapetes e móveis europeus, além dos quadros encomendados a um artista contratado especialmente para retratar as paisagens naturais da cidade. Os desenhos à grafite17 já propunham a presença de dragões, fênix, jarrões e estatuetas de gueichas em porcelana, quadros e espelhos em madre-pérola e ônix, entalhes em madeira reproduzindo plantas e animais do oriente, móveis em bambu, cortinas e estofados de seda bordados manualmente. Os *chinesismos* irão se inserir nos detalhes das varas que serviam de suporte para as cortinas, demonstrando águias, dragões e elefantes em suas extremidades e no centro, além dos quatro grupos de painéis do salão nobre narrando as quatro estações na ilha japonesa. (SILVA, 2006)

O Cassino ocupava uma área de 2.800 metros quadrados e pretendia-se ser um oásis fantástico distante dos grandes centros, numa época em que as dificuldades de transporte e comunicação eram grandes. O Cassino do Lago, cartão-postal do município, até hoje possui uma arquitetura suntuosa, semelhante a uma fortaleza, que representava o poder dos coronéis do início do século XX, principal edifício de uma iniciativa empreendedora de se aproveitar as águas minerais para alavancar o turismo regional e a exploração de jogos ainda permitidos no país. O complexo turístico do Cassino ficou completo com a perfuração de um lago artificial à sua frente, a arborização de um parque no seu entorno e a edificação de um farol à Oeste.

Foto 1 – Cassino do Lago atualmente

Foto atual. Fonte: Prefeitura Municipal de Lambari. Disponível em: <www.google.com.br/imgres?q=cassino+lambari&num=10&hl=pt->. Acesso em: dez. 2011

À frente do Cassino foi escavado um lago artificial, o lago Guanabara, com 1.600 metros de comprimento e oitocentos metros de largura, contornado por uma avenida e calçadão de cinco quilômetros. Tem em média oito metros de profundidade. À época era utilizado para passeios turísticos de pequenas embarcações que ancoravam em sua pequena ilha, a Ilha dos Amores, uma área arborizada e aprazível. Para o escoamento das águas foi feita uma cascata de dez metros de altura, outro ponto turístico da estância balneária.

Situado a oeste do Cassino e à frente da cascata, foi edificado um farol de dezesseis metros: o Farol da República, que iluminava o lago e produzia um belo efeito nos vitrais do Cassino. O projeto do engenheiro Paulo Schroeder guardava algumas curiosidades, como a simetria da construção em relação ao solstício e ao equinócio. A escolha do nome em homenagem ao regime republicano foi ideia de Werneck, um republicano histórico locupletado no poder.

Foto 2 – Farol da República

O Farol da República, erigido para simbolizar o republicanismo de Américo Werneck. Disponível em: <www.google.com.br/imgres?num=10&hl=pt->. Acesso em: dez. 2011

Por último, como parte do complexo turístico, foi constituído o Parque Wenceslau Brás: um bosque repleto de eucaliptos, magnólias e pinheiros, no centro da cidade. Possui um pequeno lago com aves aquáticas e grande variedade de árvores, cujas mudas foram importadas pelo estado.

A rebuscada arquitetura do palacete do Cassino, suas obras acessórias (lago, farol e parque), assim como seus móveis e decorações, demonstravam um ecletismo exagerado, denunciando certo mau gosto da elite que o projetou. Ao mesmo tempo, a janota construção impunha-se por sua grandeza e custos explícitos, conferindo o *status* esperado por seus idealizadores. As edificações do complexo do Cassino originaram um investimento desmedido numa aventura no interior de Minas Gerais que jamais traria retornos para os cofres públicos. Serviu apenas para que caprichosos políticos pudessem materializar sua ambição, além de promover uma enorme confusão entre o que era bem público e privado, gerando um conflito jurídico e um desgastante processo judicial.

O PROCESSO DE ARRENDAMENTO DA ESTÂNCIA BALNEÁRIA DE ÁGUAS VIRTUOSAS E DISSÍDIO JURÍDICO ENTRE AMÉRICO WERNECK E O ESTADO DE MINAS GERAIS

Um ano após a inauguração dos melhoramentos construídos em Águas Virtuosas, por decisão do governo do estado, as estâncias balneárias e suas construções foram arrendadas a empresas e pessoas físicas. Júlio Bueno Brandão justificou o arrendamento de todas as estâncias balneárias do sul de Minas por entender que a gestão e exploração direta das águas era assunto por demais complexo para o estado. Então conferiu plenos poderes aos arrendatários de cada uma das estâncias, que assinaram contratos comprometendo-se a investir grandes somas em construções e melhoramentos de seus parques.[12] Os arrendatários tirariam do movimento de turistas em seus parques, hotéis e cassinos a quantia necessária de recursos para realizar as obras.

Entre diversas propostas para arrendamento da estância hidromineral de Águas Virtuosas, foi aceita, pelo governo do estado de Minas Gerais, a do engenheiro Américo Werneck. Convertida em contrato de 16 de maio de 1912, a concessão previa a duração de noventa anos. Em geral o arrendamento das estâncias hidrominerais era concedido por um prazo de trinta anos e nunca superior a sessenta,[13] mas Águas Virtuosas foi arrendada a Américo Werneck por um prazo bem maior. Dessa forma, além de receber maiores investimentos, a estância balneária de Águas Virtuosas também foi arrendada por um período bastante superior. Américo Werneck era favorecido devido às boas relações que mantinha com o vice-presidente da República e com o presidente de estado, Wenceslau Brás e Júlio Bueno Brandão, respectivamente. O favorecimento caracterizava a já indefectível confusão entre a coisa pública e privada.

O contrato firmado entre Américo Werneck e o estado de Minas Gerais compreendia a construção de obras públicas de toda natureza, dentre elas: edificar um

12 Relatório do Presidente de Estado de Minas Gerais, Júlio Bueno Brandão. 1912. p.51.

13 Júlio Bueno Brandão fez concessão das estâncias minerais do sul de Minas aos seguintes arrendatários: "concedeu, por contrato, o arrendamento por 60 anos, a contar de 18-08-1908, das fontes sulfurosas de Caldas, à Companhia Thermal de Poços de Caldas; das fontes medicinais de Caxambu, pelo prazo de 30 anos, a contar de 08-03-1911, à Empresa das Águas de Caxambu; das de Cambuquira por 30 anos, a contar de 6-3-1912; ao Sr., Azarias de Brito Sobrinho; das de Contendas por 30 anos, a contar de 28-11-1911, aos srs. coronéis Joaquim José Bernardes e José Paschoal Ribeiro; e finalmente as fontes de Lambary, em Águas Virtuosas ao Sr. Dr. Américo Werneck, pelo prazo de 90 anos, a contar de 16-05-1912". Relatório do Presidente de Estado, Júlio Bueno Brandão, 1912, p. 54.

estabelecimento balneário modelo, com todos os aperfeiçoamentos modernos; construir, reformar e conservar jardins e parques; concluir um grande parque, dotando-o de benfeitorias de todo o gênero, inclusive tanque de natação; aterrar, nivelar e preparar ruas e avenidas; limpar anualmente o grande parque florestal, rasgando nele seis mil metros de caminhos; conservar limpo o grande lago; ampliar o serviço de abastecimento de água e iluminação elétrica; concluir a estrutura mobiliária do Cassino, instalando alí toda a espécie de jogos, e ainda muitas outras obras específicas nas demais cláusulas do contrato, no que tudo devia empregar o capital de 1.200:000$000 (mil e duzentos contos de réis).

Américo Werneck ainda se responsabilizou em prestar o serviço de engarrafamento e exportação da água mineral, pagando mil réis por cada caixa exportada; construir um grande hotel no valor de 1.600:000$000 (mil e seiscentos contos de réis); construir um teatro no valor de 200:000$000 (duzentos contos de réis); construir um hipódromo e, ainda, oferecer os serviços de iluminação e distribuição de força elétrica na cidade e de abastecimento de água.

O arrendatário assumiu todos esses compromissos e obrigações, num total de 46 cláusulas e, depois de assinado o contrato, iniciou a segunda etapa de obras na estância balneária. Em troca de avultados capitais que Américo Werneck iria empregar nas obras e serviços acertados, o estado de Minas Gerais cedeu-lhe e transferiu-lhe todos os terrenos e prédios municipais e estaduais adquiridos por meio de compra, desapropriação ou permuta pela Comissão de Melhoramentos de Águas Virtuosas, chefiada pelo primeiro prefeito nomeado, o próprio Werneck (BARBOSA, 1980, p. 103-105).

O preço desses terrenos e prédios foi calculado no valor de 2.200:000$000 (dois mil e duzentos contos de réis). O governo obrigava-se a ratificar a cessão desses terrenos, com isenção de impostos de transmissão. Todos esses bens e imóveis se incorporaram ao patrimônio do arrendatário, que obrigava-se a aplicar no beneficiamento e saneamento de tais terrenos a quantia de cento e dez contos de réis.

Na posse do contrato, completadas as formalidades legais para a sua inteira validade, e tendo indicado desde logo as obras do contrato e providenciado para que prosseguisse com regularidade, Américo Werneck partiu em uma segunda viagem para a Europa e os Estados Unidos, a fim de se aparelhar dos meios para execução do empreendimento que assumira (BARBOSA, 1980, p. 106).

Mas, quando Américo Werneck ainda se encontrava no estrangeiro, começou a chegar-lhe rumores de maquinações e atentados contra a efetividade dos seus direitos firmados no contrato com o estado de Minas Gerais.

Chegando do estrangeiro e dirigindo-se para Águas Virtuosas, Américo Werneck não ficou satisfeito com o andamento das obras e, principalmente, com os entraves colocados pelo poder municipal. Constatou que havia atos positivos de violação manifesta do contrato nas suas cláusulas fundamentais. Em ofício de 8 de janeiro de 1913 o arrendatário fez minuciosa exposição ao governo do Estado denunciando os atos de seus prepostos, principalmente da parte do prefeito Raul de Noronha Sá, infringentes do contrato e altamente prejudiciais aos seus interesses. Reiteradas vezes o arrendatário dirigiu-se ao governo, mas não obteve nenhuma resposta (BARBOSA, 1980, p. 108).

Em um resumo das alegações de Américo Werneck, ele acusava o prefeito de Águas Virtuosas, Raul de Noronha Sá, de reter e, em grande parte, empregar em obras de sua alçada, o material de almoxarifado que, no valor de algumas dezenas de contos, o Estado vendera ao arrendatário. O prefeito ainda demoliu seis dos prédios que pelo contrato haviam sido vendidos e transferidos a Américo Werneck. e ocupou o edifício da "Leiteria", impedindo a execução dos trabalhos que ali deviam ser feitos. Igualmente o prefeito ocupou uma grande parte do prédio destinado ao escritório dos trabalhos e onde passou a funcionar a Prefeitura do município, mas que havia sido vendido ao arrendatário, prédio do qual, ao retirar-se, o prefeito permaneceu com as chaves e ainda mandou arrancar as instalações elétricas, mantendo-o no seu poder e em péssimo estado de conservação. Sob a administração de Noronha Sá, ampliou-se a confusão entre coisa pública e privada. Não se sabia mais o que era propriedade particular e o que era edifício público. A Prefeitura funcionava em um prédio particular e outros tantos foram demolidos por ação do prefeito.

No Cassino, que deveria ser entregue ao arrendatário em perfeito estado de funcionamento, entretanto, a luz elétrica não funcionava. Também foi impedida a iluminação a gás acetileno, por ter sido a matéria-prima o carbureto de cálcio, confiscado pelo prefeito com os demais materiais do almoxarifado. O arrendatário reclamou, protestou e, afinal fez ir de Belo Horizonte para Águas Virtuosas uma empresa para fazer o serviço de iluminação, pagando ele próprio os custos do conserto, mas quando os funcionários da empresa lá estiveram, o prefeito negou-se a fornecer corrente para ser verificado o estado da instalação e os reparos de que necessitava. Decorreu desse procedimento que o Cassino, que deveria ser a principal fonte de renda para o arrendatário, deixou de funcionar (BARBOSA, 1980).

A impossibilidade de funcionamento do Cassino era o maior agravante da questão, já que estava estipulado no contrato que do funcionamento do mesmo e da exploração dos jogos é que Américo Werneck retiraria dividendos para implementar as demais obras que se comprometera a fazer no contrato de arrendamento, ou seja, esse único entrave impossibilitava o cumprimento de todas as obrigações contidas no contrato, e como o responsável pelo impedimento fora o prefeito Noronha Sá, a culpa recairia sobre o estado, uma vez que o prefeito das estâncias balneárias, de acordo com legislação específica e recente, era considerado funcionário do estado.

Nos documentos compilados pela Fundação Casa de Rui Barbosa encontramos depoimentos de Américo Werneck nos quais ele considerava a sucessão de atos do prefeito como perseguição política. Werneck acusava Noronha Sá de arruinar o correto cumprimento do contrato, causando problemas para a sequência das obras. O prefeito teria agido assim por "ciúmes regionais e inexplicável cobiça" (BARBOSA, 1980, p. 108).

Américo Werneck apontava que as rixas locais impediram a execução do contrato. Ele relata que quando foram iniciados os melhoramentos em Águas Virtuosas que o governo do Estado mandara executar, nos quais avultadas somas foram empregadas, "surgiram a maledicência e a inveja a murmurejar suspeitas e aleives" (BARBOSA, 1980, p. 109). Noronha Sá, natural de Cambuquira, teria se ressentido dos melhoramentos governamentais concentrarem-se em Águas Virtuosas em detrimento das demais estâncias hidrominerais da região, então ele teria sabotado as obras.

A imprensa oposicionista passou a ver no empreendimento realizado pelo arrendatário uma "mina oriental entregue de mão beijada" à exploração de um particular.[14] Fez-se assim uma atmosfera de implacável hostilidade em torno da obra. Aumentavam os boatos de favorecimento e corrupção em Águas Virtuosas.

Américo Werneck se defendia das acusações e estranhava a mudança de atitude do governo do estado para consigo, uma vez que participara como Secretário da Agricultura dos governos de Silviano Brandão e Wenceslau Brás, recebendo máxima confiança dos dois líderes. Também mantinha excelentes relações com o atual presidente Júlio Bueno Brandão. A ponto de, quando teve sua honestidade contestada por murmúrios locais, pediu uma verificação de suas contas junto ao presidente do Estado, ao que Bueno Brandão respondeu em correspondência oficial que Américo Werneck gozava de uma reputação imaculada junto ao governo e sempre fora um honesto e digno servidor do Estado (BARBOSA, 1980, p. 107).

Mas, com as seguidas violações das cláusulas cometidas pelo prefeito Noronha Sá, demonstrando o propósito de impedir a execução do contrato, o negócio tornara-se impraticável e Américo Werneck pediu sua extinção, alegando não ter mais possibilidade de organizar companhia, nem de levantar capitais para novos trabalhos, depois de ter ali empregado todos os recursos seus e os de sua família, e de ter esgotado os meios suasórios. Procurou o Poder Judiciário pedindo a rescisão legal do contrato e o ressarcimento de seus prejuízos.

Durante o governo de Delfim Moreira teve início o litígio entre Américo Werneck e o estado de Minas Gerais. O contrato de 16 de maio de 1912 fora suspenso em julho de 1913 e todos os serviços de conservação e melhoramentos das obras existentes e construção estavam parados.[15] Mediante o litígio com Américo Werneck, o governo de Delfim Moreira decidiu cessar os serviços de melhoramento das prefeituras, suspendendo todo e qualquer empréstimo às estâncias balneárias, alegando falta de

14 *A Campanha,* 13 de junho de 1912, p. 3.

15 Relatório do Presidente de Estado, Delfim Moreira da Costa Ribeiro, 1915, p. 110-111.

recursos do Estado. Chegara ao fim a fase dos pesados investimentos governamentais nas estâncias hidrominerais do sul de Minas. O governo definitivamente fechara as torneiras.

Aqui se fazem necessárias algumas explicações quanto às datas e às construções para melhor entendimento do processo. As edificações que compunham o complexo do Cassino foram construídas entre 1909 e 1911 e inauguradas em abril de 1911. Mas muitos outros melhoramentos ainda estavam previstos. Para conclusão dessas obras a estância balneária foi arrendada a Américo Werneck em contrato de maio de 1912. Porém, muito pouco foi feito, já que o contrato foi rescindido em julho de 1913 e anulado em março de 1915. Desta forma, as obras e edifícios que foram construídos no lugarejo datam do primeiro momento, 1909 a 1911, e foram realizadas com os recursos do estado de Minas Gerais. As obras que deveriam ser realizadas com recursos de Américo Werneck depois de 1912 sequer saíram do papel.

O dissídio travado entre Américo Werneck e o estado de Minas Gerais não disputava a posse dos edifícios e melhoramentos construídos na estância balneária, mas a indenização por perdas e danos que Werneck teria sofrido com a não conclusão do contrato de arrendamento. O contrato celebrado em 16 de maio de 1912 conferia o arrendamento da estância hidromineral a Américo Werneck por noventa anos. Mas, devido a perturbações que ocorreram na execução do mesmo, já em 29 de julho de 1913, o arrendatário propôs uma ação judicial contra o Estado na qual pedia a rescisão do contrato e a consequente indenização por perdas e danos que tivera.

Américo Werneck requereu a rescisão do contrato bem como a respectiva indenização de 6.450:000$000 (seis mil e quatrocentos e cinqüenta contos de réis). Embora os danos emergentes e lucros cessantes, oriundos das ações do Prefeito, importavam no mínimo, segundo os cálculos dos seus advogados, em 33.000:000$000 (trinta e três mil contos de réis), ele reduziu o pedido alegando não ser sua intenção tirar proveito dos descuidos e desvios do poder público e, ao contrário, queria apenas ressarcir uma parte do prejuízo sofrido, pedindo um valor suficiente para arcar com as perdas que tivera (BARBOSA, 1980, p. 115).

Quando Américo Werneck procurou a Justiça do estado, o governo de Minas Gerais contatou-o, por intermédio do Secretário de Obras Públicas, Soares de Moura, propondo a solução por meio de um juízo arbitral, que além de decidir a questão mais rapidamente livraria o estado de uma decisão desfavorável e colocaria o governo a salvo das censuras da opinião pública, como expressou o secretário em sua carta oficial de 26 de janeiro de 1915:

> O que o governo acha que não deve fazer é decidir uma reclamação de tamanho vulto sem uma decisão insuspeita que o coloque a salvo da opinião pública do Estado.

> Creia V. Exa que a única solução verdadeiramente prática, racional, que salvaguardará os interesses morais e materiais de V. senhoria e a honorabilidade do Governo é, fora do pleito judicial, o juízo arbitral, com prazo marcado, irrecorrível, sem outras formalidades que as necessárias à regularidade de sua constituição. Tudo que não for isso será protelar o termo de uma situação que não pode continuar (BARBOSA, R. 1908, p. 109).

Assim, o Estado propôs a transformação da instância judicial em juízo arbitral, cuja decisão seria definitiva e inapelável. Américo Werneck aceitou a proposta do governo. Ressaltamos que à frente do estado não estava mais o aliado de Werneck, Bueno Brandão, mas o político itajubense Delfim Moreira. Antigas rixas locais indisponibilizavam Américo Werneck e Delfim Moreira, que haviam se desentendido quanto às instalações dos núcleos coloniais na região, quando os dois políticos defenderam posições opostas. Embora ambos compusessem o grupo viuvinha e obedecessem à liderança de Wenceslau Brás, as rusgas e desentendimentos pessoais eram inevitáveis na convivência dos coronéis que entravam em atrito quando defendiam interesses particulares e de suas respectivas regiões. Werneck apoiou a construção do núcleo colonial de Nova Baden em Águas Virtuosas e Delfim Moreira o núcleo colonial de Itajubá (CASTILHO, 2009). Pela leitura dos relatórios do presidente de estado podemos perceber que Delfim Moreira não aprovava as contas que o Estado fizera ao investir na infraestrutura das estâncias hidrominerais e tampouco estava disposto a facilitar a vida de Werneck.

Como as duas partes estavam em acordo quanto à instauração de um juízo arbitral, o estado de Minas nomeou como primeiro árbitro o presidente do Superior Tribunal de Justiça, desembargador Edmundo Lins. O outro árbitro escolhido foi o jurisconsulto José Xavier Carvalho de Mendonça, indicado por Américo Werneck.

O acordo selado entre as partes previa que os árbitros analisassem o mérito das alegações e reclamações dos dois lados litigantes e declarassem a culpa da parte que nela tivesse incidido e fixariam o *quantum* da punição ou estimariam o valor da indenização devida. Dessa forma, a sentença arbitral julgaria a procedência ou improcedência das alegações e reclamações das duas partes, e, averiguando que alguma delas era verdadeira e jurídica, declararia qual o compromitente culposo e, imediatamente, fixaria o valor da indenização devida pelo inadimplente. A decisão dos árbitros seria proferida em última e decisiva instância, irrecorrível para as duas partes. A análise dos árbitros não deveria ultrapassar oito meses.

Aceita a proposta, lavrou-se em 1º de julho de 1915 o compromisso arbitral no qual, desde logo, declarou-se rescindido o contrato com ressalva da indenização a ser fixada.

Na mesma oportunidade, em vista do novo rumo que a questão tomou, Américo Werneck, na perspectiva de pronta e definitiva liquidação da pendência, reduziu seu pedido de indenização a 2.754:000$000 (dois mil setecentos e cinqüenta e quatro contos de réis), alegando ser esta a soma estritamente precisa para pagamento das quantias que despendeu e das indenizações a que estava obrigado a pagar pela rescisão forçada dos sub-contratos que celebrara com terceiros dentro das forças de seu contrato (BARBOSA, 1980, p. 85).

No desempenho da missão confiada à sua competência e honorabilidade os altos juízes, dentro do prazo compromissal, proferiram a sentença a 13 de março de1915 em que: reconheceram culpado o estado de Minas, condenando-o, consequentemente, a pagar ao dr. Américo Werneck a quantia pedida de 2.754:000$000, reconhecendo, entretanto, que muito maior deveria ser a condenação se o autor não houvesse limitado e fixado o seu pedido (BARBOSA, 1980, p. 87).

É interessante notar que, apesar de reconhecerem a razão de Américo Werneck, os magistrados fizeram graves considerações quanto à falta de equidade do contrato assinado entre as partes. Ao proferir a sentença, os dois juízes consideraram o contrato extremamente danoso ao estado, mas nada podiam fazer senão julgar como determinara os princípios do acordo do juízo arbitral. Os juízes salientaram que observaram rigorosamente as regras do Direito Civil aplicáveis à espécie, isto é, as regras contratuais e cumpriram sua obrigação proferindo a sentença. Mas ressaltaram que a redação do contrato impunha a Américo Werneck uma pena irrisória e ao estado de Minas uma pena "revoltantemente lesiva", por ser o contrato "extremamente lesivo, revoltantemente leonino contra o estado de Minas" (BARBOSA, 1980, p. 88).

Em observância ao contrato, Américo Werneck deveria pagar, por qualquer infração que cometesse, no máximo, duzentos mil réis. Já o estado de Minas, também por qualquer infração, pagaria no mínimo, nos dez primeiros anos 21:000$000 (vinte e um contos de réis) anuais e nos outros oitenta restantes, 81:000$000 (oitenta e um contos de réis).

Dessa forma, os árbitros imputaram a Américo Werneck a pena máxima de que poderia impor, 2:000$000 (dois contos de réis), isto é 200$000x10=2:000$000. Uma vez que Werneck incorrera em dez faltas alegadas pelo Estado. Quantia insignificante diante do vulto do contrato. Por outro lado, ao estado de Minas, que incorreu em diversas culpas contratuais cometidas pelo prefeito Noronha Sá seria enormemente punido. Desde que o estado de Minas ficou com os materiais para as reformas retidos, ocupou os edifícios, destruiu os prédios, não entregou o serviço de iluminação, principalmente do Cassino (BARBOSA, 1980, p. 90).

Os juízes consideraram que bastava o fato de o Estado não haver consertado a iluminação do Cassino para daí resultar a impossibilidade do cumprimento do contrato. Conforme cláusula expressa deste, Werneck tiraria os lucros necessários ao cumprimento das obrigações que, sem aquelas garantias, não teria assumido. Os magistrados ficaram estupefatos com a parcialidade do contrato, que era de forma notória favorável ao arrendatário:

> Ora, é incrível, mas lá (cláusula 15ª) está escrito com todas as letras: o direito primacial que o Estado conferiu ao dr. Américo Werneck, o direito de que ele tiraria (são palavras textuais do contrato) as quantias necessárias ao cumprimento de todas as suas obrigações contratuais, sem o qual não as teria assumido, é... o monopólio ou como lhe chama a cláusula 15ª, alínea 2ª o privilégio do jogo, jogo lícito e de jogo ilícito, o de azar, é, em uma palavra, o monopólio ou privilégio de um delito – a contravenção punida pelo art. 369 do Código Penal. E que privilégio?!! Basta considerar-se que, salvo o bilhar, nenhum outro jogo podia haver em Lambari, fora do Cassino ou dos outros edifícios do Autor.
> Ora, era no Cassino que o Autor tinha, não só o direito, mas até a obrigação contratual de explorar o jogo e, tendo o mesmo ficado sem luz, não pode ser aproveitado para tal fim. Assim, pois, as culpas contratuais do réu tornaram impossível o cumprimento do contrato. (BARBOSA, 1980, p. 92)

Agravava a situação a duração do contrato. O cálculo da indenização levava em conta o lucro cessante dos noventa anos de duração. Os juízes interpretaram que os atos do estado e prefeito não permitiram que Werneck terminasse as obras e serviços que exploraria por toda a duração do contrato. Julgaram que houve culpas do estado de Minas na vigência do contrato, e que os efeitos dessas culpas se estendiam a todo o tempo em que o contrato deveria durar, uma vez que o arrendatário se viu na impossibilidade de explorá-lo. Os juízes calcularam que de acordo com a cláusula 24 do contrato o estado devia a Américo Werneck 6.648:000$000 (seis mil seiscentos e quarenta e oito contos de réis) só de lucros cessantes (BARBOSA, 1980, p. 92).

A decisão do juízo arbitral, extremamente lesiva ao estado de Minas Gerais, deve-se ao fato de que o contrato assinado entre as duas partes colocava o arrendatário em excelente condição. O resultado foi o endividamento do governo. Salientamos que só se chegou a esse veredito porque o contrato fora elaborado e assinado durante o governo de Júlio Bueno Brandão com a intenção de favorecer um aliado em troca de ganhos políticos dentro da lógica que norteava a troca de favores dos coronéis da Primeira República, mas dessa vez os favores concedidos a Américo Werneck acarretaram em enorme prejuízo.

Diante da decisão dos árbitros, o estado de Minas apelou, a despeito da cláusula que colocava como exclusiva e definitiva o laudo arbitral. Como fundamento da apelação, alegava que os árbitros excederam os poderes conferidos pelo compromisso porque: a) incluíram no cômputo da indenização todo o prazo de duração do contrato e b) tornaram responsável o estado por atos culposos do prefeito de Águas Virtuosas.

Quanto à primeira causa, pretendia o Estado que, tendo se dado a rescisão do contrato, por acordo das partes, não cabia computar na indenização senão àqueles prejuízos que tivessem sido apurados como verificados no período entre a assinatura do contrato e a sua rescisão – três anos e dois meses. Mas na lógica dos juízes que proferiram a sentença cabia ressarcimento porque o apelado deixou de perceber as vantagens que adviriam da continuação do contrato até o seu termo. Os árbitros concluíram que houve culpa do estado e que essa culpa se estendia a todo o tempo em que o contrato deveria durar, reconhecendo direito ao ex-arrendatário a perdas e danos contados sobre anos posteriores à rescisão do contrato, uma vez que o culpado pela rescisão fora o estado. Essa interpretação foi a mesma adotada pelo Tribunal Federal que julgou o recurso do estado de Minas Gerais.

Quanto à segunda causa alegada, a questão era que a maior parte dos atos culposos, apontados e articulados pela sentença arbitral, eram atos atribuídos ao prefeito de Águas Virtuosas e alegava que ele era meramente funcionário municipal e seus atos só podiam afetar a responsabilidade do município.

Mas em sua decisão os árbitros levaram em conta a legislação que criara o cargo de prefeito nas estâncias hidrominerais. O cargo fora criado pelo art. 10 da Reforma Constitucional n. 5, de 1903, para os municípios ou parcelas de municípios em que houvesse, em exploração, fontes de água mineral, do patrimônio privado do Estado. Essa caracterização estava nitidamente especificada no Decreto n. 1777, de 1904, por força do qual o prefeito funcionava como intermediário do presidente do estado, "seu vigia e seu representante" (BARBOSA, 1980, p. 169).Consequentemente as culpas dos prefeitos, cometidas na execução do contrato, eram legítimas culpas contratuais do estado.

Apesar de o estado de Minas Gerais ter apelado da sentença do juízo arbitral, o Supremo Tribunal Federal confirmou a primeira sentença e, mantendo-a, condenou-o a pagar as custas do processo além do que pedia o apelado na primeira sentença. A sentença foi lavrada a 8 de agosto de 1917, mas a dívida só seria quitada com Américo Werneck em 1921, sob o governo de Arthur Bernardes.

CONSIDERAÇÕES FINAIS

A gravidade do dissídio jurídico entre Américo Werneck e o estado de Minas Gerais arrastou-se por muitos anos. O efeito do desentendimento das partes foi o completo abandono da estância balneária, principal prejudicada pelo conflito, uma vez que não recebeu os melhoramentos previstos. No seu último ano de governo, Delfim Moreira descreveu a situação da estância de Águas Virtuosas:

> A perturbação havida na existência desta estância, em consequência do contrato de 15 de maio de 1912, não permitiu que ela se

> desenvolvesse e melhorasse convenientemente, de então para cá. O contratante destas águas continua na posse das obras destinadas a melhoramentos, que ali executou com dinheiro fornecido pelo Estado. (...) Visitando ultimamente esta estância, o fiscal geral das águas medicinais informa ter notado falta de cuidado nos jardins, tendo-lhe constado também que os edifícios estavam estragados. (Relatório do Presidente de Estado de Minas Gerais, Delfim Moreira Costa Ribeiro. 1918. p.105-107)

Em litígio com o estado, Américo Werneck recusara-se a fornecer as informações que anualmente todas as estações balneárias prestavam ao governo de Belo Horizonte. O problema de difícil solução foi passado ao novo presidente de estado, Arthur da Silva Bernardes, que durante seu governo se empenharia para solucionar a crise das cidades balneárias do sul de Minas.

O novo presidente fez um balanço das últimas administrações, reconhecendo o esforço do estado em dar às estâncias hidrominerais e balneários o conforto de que precisavam para atrair o veranista, despendendo para tal fim somas consideráveis e melhoramentos locais. Bernardes identificou nos arrendatários os maiores culpados pelo impasse em que as estações hidrominerais se encontravam. Em seu relatório, o presidente reconhecia que, de todas as estâncias do território mineiro que receberam investimento, o caso de Águas Virtuosas permanecia como o mais grave:

> A estância de Águas Virtuosas de Lambari, onde o prefeito dr. Américo Werneck gastou cerca de 3.000:000$000 do Estado, é a que se acha em piores condições, faltando-lhe todos os melhoramentos essenciais.
> Arrendada em 1912 ao ex-prefeito, dr. Américo Werneck, moveu esta ação de indenização contra o Estado, logrando em juízo arbitral sentença favorável, pela qual foi o Estado condenado a pagar-lhe 2.754:000$000.
> Entendendo o meu antecessor, de acordo com pareceres de eminentes juristas, que os árbitros haviam excedido os poderes outorgados no compromisso, recorreu para o Supremo Tribunal, que manteve a decisão proferida.
> Os bens do Estado, que se achavam arrendados, ficaram pelo termo de compromisso entregues ao ex-contratante até que fosse proferida a decisão. O dr. Werneck, porém, em vez de restituí-los ao Estado, na ocasião devida, continuou a usufruí-los, sem se incomodar com a sua conservação, o que levantou reiteradas queixas do povo de Águas Virtuosas e de forasteiros que ali vão em busca das maravilhosas águas medicinais.

> Foi essa situação que meu governo encontrou (...).
> Convém que o Poder Legislativo examine a situação e providencie como entender sobre os meios necessários à liquidação do débito do Estado.
> Cumpria, porém, ao governo cuidar dos bens confiados à guarda e conservação do ex-arrendatário, visto como o estabelecimento balneário não se abrira na última estação, porque todas as instalações estavam arruinadas e o prédio ameaça cair, sendo desolador o estado de abandono e ruína em que o dr. Werneck deixara os bens, que eram objeto do contrato de arrendamento rescindido no termo de compromisso.
> Pedindo-lhe a restituição dos bens nos termos do ato rescisor, recusou-se o dr. Werneck, forçando o Estado a tomar conta deles sem a sua aquiescência.
> O governo estudará oportunamente a situação jurídica resultante do péssimo estado de conservação dos bens e dos danos causados pelo respectivo zelador.[16]

No ano seguinte, diante de dificuldades e sem o vislumbre de solução, Bernardes propôs ao governo de Minas Gerais uma ação de despejo, que também foi declarada improcedente pelo juízo arbitral, reconhecendo a Américo Werneck o direito de retenção dos bens até que se efetuasse o pagamento da importância líquida da condenação. Constituindo-se, assim, uma terceira vitória do arrendatário na esfera jurídica.[17]

O litígio entre Werneck e o estado de Minas Gerais se arrastou por muitos anos. Apenas em 1921 encerrou-se a contenda, quando a Assembleia Legislativa reconheceu a dívida e realizou o pagamento da mora decidida em juízo. Nesse mesmo ano o presidente Arthur Bernardes relatou o retorno das edificações da estância balneária de Águas Virtuosas para o controle do estado, entrando a vida daquela estância em "período de normalização".[18]

O que destacamos na análise desse episódio é a absurda confusão entre o que é público e o que é privado. Américo Werneck, em excelente situação política, apoiado pela principal oligarquia do período, conseguiu obter um contrato extremamente favorável que lhe traria enormes vantagens. No entanto, multiplicaram-se as dificuldades contra os planos de Werneck e o mesmo foi emperrado por disputas locais. Impossibilitado de levar adiante seu contrato, Américo Werneck acionou o estado na Justiça e obteve grandiosa indenização. O grande prejudicado foi o município que permaneceu abandonado

16 Relatório do Presidente de Estado de Minas Gerais, Arthur da Silva Bernardes, 1919, p. 93-94.

17 Relatório do Presidente de Estado de Minas Gerais, Arthur da Silva Bernardes, 1920, p. 95.

18 Relatório do Presidente de Estado de Minas Gerais, Arthur da Silva Bernardes, 1920, p. 95.

em meio às disputas coronelísticas. Ressaltamos que os vícios da República Velha não se restringiam à fraude eleitoral, exclusão da população e à violência física impetrada por capangas, mas também troca de favores. Um coronel poderia pleitear construções e melhoramentos para a sua região de domínio em troca do apoio nas urnas, mas essa troca poderia acarretar graves prejuízos para a administração pública, como os que foram observados na estância hidromineral de Águas Virtuosas.

FONTES

Periódicos:

Águas Virtuosas, 1883 e 1884.

Relatórios

Relatórios dos Presidentes de Estado de Minas Gerais, de 1898 a 1921.

REFERÊNCIAS BIBLIOGRÁFICAS

BARBOSA, Rui. *Obras Completas de Rui Barbosa: Questão Minas X Werneck.* v. 45, t. 5. Rio de Janeiro: Ministério da Educação e Cultura / Fundação Casa de Rui Barbosa. 1980.

CARROZZO, João. *Lambari: outrora Cidade de Águas Virtuosas da Campanha.* Bragança Paulista, SP: Faculdades Franciscanas, 1977.

CASTILHO, Fábio Francisco de Almeida. *Como Esaú e Jacó: As oligarquias sul-mineiras no final do Império e Primeira República.* Tese; Unesp, Franca, 2012.

JARDIM, D. Conceição. *Uma vilegiatura em Lambari: expressões da vida e de algumas vidas de 1943.* Rio de Janeiro: Henrique Velho, 1943.

LEAL, Victor Nunes. *Coronelismo enxada e voto: o município e o regime representativo no Brasil.* São Paulo: Alfa-ômega. 1949.

RESENDE, M. E. L. *Formação da estrutura de dominação em Minas Gerais: o novo PRM – 1889-1906.* Belo Horizonte: UFMG/Proed, 1982.

SILVA, Francislei Lima. *Das influências estéticas à idealização da "Europa Brasileira": o desenho urbano e os melhoramentos da cidade de Lambari no início do século XX.* In.: *XV Encontro Regional de História.* São João Del Rei: Seção e Minas Gerais da Anpuh. 2006.

VEIGA, Bernardo Saturnino. *Almanach Sul-mineiro para 1874.* Campanha: Typ. do Monitor Sul-Mineiro, 1874.

VISCARDI, C.M.R. *O teatro das oligarquias, uma revisão da "política do café com leite".* Belo Horizonte: C/Arte, 2001.

Guaxupé

Av. Paulo Carneiro no início do século XX. Fonte: Museu Histórico e Geográfico de Guaxupé. Disponível em: <www.gxp.com.br/2014/06/29/av-paulo-carneiro-inicio-seculo-xx-3/>. Acesso em: 5 nov. 2014.

CAFÉ E A CIA MOGIANA

a cidade de Guaxupé entre 1860-1920

Leandro Aparecido Lopes

O presente artigo tem como objeto compreender a formação da cidade de Guaxupé, no sul de Minas Gerais, por meio da evolução de sua lavoura de café e a chegada do Ramal de Guaxupé da Companhia Mogiana de Estradas de Ferro (CMEF). A cidade de Guaxupé, até meados do século XIX, era apenas uma passagem de tropeiros e viajantes que cortava Minas Gerais rumo ao Triângulo Mineiro, apresentando terras férteis e abundantes. Este texto procura apresentar as transformações ocorridas na cidade, assim como compreender como o desenvolvimento da cultura do café, chamado de "ouro verde" na época, teria proporcionado a projeção de Guaxupé na região. Englobando o período dos anos 1860 a 1920, buscamos enfatizar os principais eventos da formação do município e as alterações sociais, culturais, econômicas e políticas, assim como a modernização de seu espaço urbano.

Situada na microrregião Sudoeste, no sul de Minas, a cidade de Guaxupé faz fronteira com o estado de São Paulo. A articulação com o estado vizinho se dava, num primeiro momento, com o transporte de mercadorias pela recebedoria de rendas da província, e, num segundo momento, com os trilhos da ferrovia Mogiana, consolidando a órbita de influência da dinâmica econômica paulistana e o fluxo comercial rumo ao porto de Santos (SAES, MARTINS, 2012).

A ferrovia foi fundamental para o transporte do café da região de Guaxupé até o porto de Santos nas primeiras décadas do século XX. As ferrovias se constituíram como possibilidade de superação das dificuldades de conexão e de transporte entre as novas regiões produtoras de café e o seu embarque no porto para exportação. Contemplaremos, brevemente, a formação do Ramal de Guaxupé e a influência das elites locais e regionais na definição do traçado dos trilhos. Iremos retratar o papel dos negociantes e dos mascates sírios e libaneses que atuaram na Guaxupé da primeira metade do século XX, que contribuíram para que a cidade consolidasse sua situação de polo comercial do sudoeste mineiro. Esses imigrantes realçaram os vínculos fortes e diretos de Guaxupé com São Paulo, fortalecendo o núcleo urbano no período de transição para o século XX.

PRIMÓRDIOS DE GUAXUPÉ: DE FREGUESIA À CIDADE

O povoamento de Guaxupé, em comum aos outros casos estudados, é anterior ao início do século XIX, resultante das entradas paulistas em busca de regiões auríferas em Minas Gerais, que levaram algumas famílias a se estabelecerem na área próxima à fazenda Nova Floresta, propriedade na origem de Paulo Carneiro Bastos. Em suma, Guaxupé, nos primórdios do século XIX era apenas mais um caminho de tropeiros e viajantes que cortavam Minas Gerais, no caso, rumo ao Triângulo Mineiro. Segundo Cyrino Filho (2008), posseiros em busca de terras virgens e férteis e novas lavras de ouro talvez tenham se estabelecido no percurso e explorado a terra, sem formar um núcleo populacional até a doação de terras por Paulo Carneiro Bastos.

A região era visitada, periodicamente, pelos padres que atuavam na paróquia de Jacuí, na primeira metade do século XIX, segundo a *Enciclopédia dos Municípios brasileiros* (IBGE, 1959), administrando os sacramentos em datas programadas aos domingos. Foi numa dessas reuniões dominicais, realizadas na fazenda Nova Floresta, quese decidiu pela construção de uma capela.O fazendeiro Paulo Carneiro Bastos foi responsável pela doação de 24 alqueires, próximos a uma casa de residência, que veio a servir de casa paroquial, onde foi erguida a Capela Nossa Senhora das Dores, feita de taipa e coberta de sapé. Em torno da pequena capela foram traçadas as primeiras ruas aonde foram construídas as primeiras casas. Surge, assim, o arraial com a capela em louvor à Nossa Senhora das Dores, inaugurada em 15 de setembro de 1839.

A elevação do arraial Dores de Guaxupé ocorreu no dia 30 de maio de 1853, por meio da Lei n. 623, em seu artigo 6º, § 1º.O Curato de Nossa Senhora das Dores do Guaxupé, do Município de Jacuí, foi elevado na oportunidade a Distrito de Paz.[1] Em 1856, o Curato de Nossa Senhora das Dores, passou a pertencer à Câmara Eclesiástica de Caconde, do bispado da Província de São Paulo, sendo o primeiro Pároco, Padre João José de Paiva.O Padre João José de Paiva, por volta de 1853, começou a construir a "Capela Curada de Nossa Senhora das Dores do Guaxupé", matriz da paróquia, que,

1 A elevação do arraial tem uma primeira proposta a ser elevada à condição de Distrito na Seção do dia 13 de setembro de 1848, através do projeto n. 98 à Assembleia Provincial de Minas. Jornal O itamontano, 09 dez. 1848. Posteriormente, Brunswik propõe elevação do Curato de Nossa Senhora das Dores do Guaxupé a Distrito de Paz pelo projeto n. 28 em 2 de maio de 1853 em Seção Ordinária na Assembleia Legislativa Provincial.

com a criação da diocese, em 1916, torna-se Catedral da Diocese de Guaxupé. A nova igreja foi construída na atual Praça Américo Costa, antigo Largo da Matriz, abrindo dessa forma um novo vetor de ocupação urbana ao Sul, subindo a encosta do morro (CYRINO FILHO, 2008).

Em 1878, por meio da Lei n. 2500, Muzambinho foi elevada a vila e foram anexadas a esta as freguesias de Dores de Guaxupé e Santa Bárbara das Canoas, sendo desmembradas do município de São Sebastião do Paraíso da qual faziam parte. Muzambinho seria elevado à cidade através da Lei n. 2687, de 30 de novembro de 1880, enquanto o distrito de Guaxupé teria sua criação confirmada pela Lei estadual n. 2, de 14 de setembro de 1891. A elevação à categoria de vila, com denominação de Guaxupé, foi realizada somente anos mais tarde, pela Lei n. 556, de 30 de agosto de 1911, por meio do desmembramento de Muzambinho.

No *Almanach Sul-Mineiro de 1874* (VEIGA, 1874, p. 358), a freguesia de Guaxupé é descrita contendo "180 casas colocadas em sete ruas e três praças, nomeadas de Matriz, do Rosário e a terceira, em forma triangular, do Comércio". Era considerada uma calma e tranquila vila, com pouco desenvolvimento, tendo como principal reclamação da população as precárias vias de comunicação e a falta de uma agência dos correios. Já na edição do *Almanach de 1884* a localidade era descrita como tendo cerca de trezentas casas, sendo duas de sobrado, a igreja Matriz e uma capela dedicada a Nossa Senhora do Rosário:

> Tem o lugar uma bonita igreja matriz com duas bonitas torres e uma lindíssima capela do Santíssimo Sacramento, trabalho do inteligente e hábil cidadão Francisco Pereira do Nascimento, sendo a igreja consagrada à padroeira, Nossa Senhora das Dores, e uma capela dedicada à Nossa Senhora do Rosário, possui cerca de trezentas casas, sendo duas de sobrado, e um cemitério, totalmente reconstruído à custa do povo. (VEIGA, 1884)

O desenvolvimento da freguesia de uma edição para outra do *Almanach* pode ser explicado com a implantação da sede da Recebedoria de Rendas. Ao se instalar uma recebedoria, Guaxupé tornou-se uma "passagem obrigatória" para exportação e importação de produtos no comércio de mercadorias na região limítrofe com a província de São Paulo. Com o Regulamento n. 55, de 22 de agosto de 1864, foram criadas outras recebedorias próximas a Guaxupé: Caldas, Monte Santo, Cabo Verde.As principais exportações, segundo Restitutti (2006; 2008), contabilizado via Guaxupé e Monte Santo em 1874/75 eram: toucinho (138 toneladas), café (40t), cal branca (23t), fumo (9t), açúcar (7t), feijão (3t) e panos (2t). Conforme o *Almanach de 1874*, "cultiva-se ali em não pequena escala cana, café, fumo e cuida-se da criação de gado vacum e suíno e de engordar bois e porcos que se importa das províncias de Goiás e S. Paulo".

Em 1857, segundo o *Correio Official de Minas*, em sua edição n. 9 de 5 de fevereiro de 1857, página 4, a população da 25ª comarca eclesiástica, a freguesia de Guaxupé, apresentava uma população de 1319 almas. Já no Recenseamento Geral de 1872, a paróquia de Guaxupé continha um total de 4451 almas, sendo livres 3588, com 1888 homens, 1700 mulheres. Segundo o mesmo recenseamento, Guaxupé tinha 863 escravos, com 471 homens e 392 mulheres.

No recenseamento de 31 de dezembro de 1890, a freguesia contava com 6453 habitantes, sendo 3420 homens e 3033 mulheres, mas, segundo estatísticas publicadas sobre as freguesias da diocese de Pouso Alegre em 1908, Guaxupé tinha uma população calculada em 5200 almas entres nacionais e estrangeiros. A imigração estrangeira que converge para a localidade era um dos fatores que proporcionava o crescimento populacional, bem como a expansão das funções da localidade.

Tabela 1 – População de Guaxupé 1857-1925

Ano	1857	1873	1890	1913 [2]	1920	1925
População	1319	4451	6453	19671	16701	19.032

O processo de urbanização foi um produto da atuação dos coronéis e a sua inserção nas atividades econômicas da cidade (VARGAS, 2000), investindo no melhoramento urbano, e, no caso guaxupeano, podemos destacar o esforço em levar a estrada de ferro para a localidade, a construção de hotéis, do teatro, além de outros melhoramentos públicos.

Entre esses personagens que fizeram parte da trajetória de Guaxupé é preciso destacar Manoel Joaquim Ribeiro do Valle, conhecido como Barão de Guaxupé. Nascido em São João Del Rei, em 22 de abril de 1821, o personagem se estabeleceu em Guaxupé por volta de 1854, onde presidiu a mesa administrativa da construção da igreja Matriz, trazendo para a construção o português Francisco Pereira do Nascimento (1817-1894), do qual se tornou amigo e compadre (CYRINO FILHO, 2008). Manoel Joaquim Ribeiro do Valle foi nomeado em 15 de outubro de 1867 a tenente-coronel da Guarda Nacional e, nesse período, evita o recrutamento para a Guerra do Paraguai de designados em Guaxupé, desembolsando uma importante soma de dinheiro. Em 3 de agosto de 1889 foi distinguido com o título de Barão de Guaxupé, tendo falecido em 14 de julho de 1893.

O conde Joaquim Augusto Ribeiro do Valle, outra figura de destaque da região, entre fins do século XIX e início do XX teve respeitável influência no desenvolvimento de Guaxupé, além de possuir a maior plantação de café da região limítrofe com São

2 O ano de 1912 é quando Guaxupé é desmembrado de Muzambinho. Estatísticas 1912, p. 330.

Paulo. Filho de Manoel Joaquim Ribeiro do Valle, Joaquim Augusto Ribeiro do Valle, nasceu em 1862 em Guaxupé, sendo senador por Minas Gerais no período 1912-1918. Foi o responsável direto pela construção do ramal da Mogiana para Guaxupé, onde Senna (1907, p. 438) o considera "importantíssimo fazendeiro, que possui seis fazendas de café, tem um pessoal de mil e poucos empregados e é dono de parte do ramal férreo de Guaxupé (da E. F. Mogiana). Esse milionário mineiro conquistou fortuna pela lavoura de café". Como veremos a seguir, o papel desses homens, juntamente com o desenvolvimento da economia cafeeira, foram decisivos para a formação da cidade de início do século XX.

O "OURO VERDE" EM GUAXUPÉ

A partir do último quartel do século XIX, iniciam-se mudanças significativas na região do sul de Minas devido à expansão cafeeira que foi introduzida por volta de 1870, sendo uma história recente, se comparada com outras regiões agroexportadoras de café, como o Vale do Paraíba fluminense, o oeste paulista e a Zona da Mata Mineira. O café teria sido o responsável pelas transformações que apresentaria o "progresso" ao sul mineiro com a ferrovia, imigração, urbanização, além de integra a região de forma a levar a uma homogeneidade interna (MARTINS, 2014).

A expansão da cafeicultura no sul de Minas transformou a agricultura de abastecimento, alterando o perfil regional para uma região agroexportadora. Segundo Wirth (1982), o sul de Minas adquire, nas primeiras décadas do século XX, um lugar de destaque na economia e política mineira. Para Paul Singer (*apud* MARTINS, 2012), a agricultura cafeeira foi uma projeção do oeste paulista, originando no Vale do Paraíba e expande, atingindo Jacuí, Aiuruoca, Baependi e Santa Rita do Sapucaí, tendo no ano de 1809 o início das exportações de café sul-mineiras pelo porto de Santos. Para Martins e Martins (*apud* MARTINS, 2012), a cafeicultura no sul de Minas está ligada a desorganização da produção na Zona da Mata mineira devido aos processos abolicionistas.

Para Martins (2014), o avanço da cafeicultura sul-mineira não foi aberta às inovações técnicas que a cafeicultura do oeste paulista implementou. A ideia de uma cafeicultura sul-mineira moderna não resiste a uma análise mais acurada, ao menos no caso dos municípios de Alfenas, Machado, Três Pontas e Guaxupé entre o período 1890-1930.

Segundo Filleto e Alencar (2001), a cafeicultura no sul de Minas irá se expandir pelos municípios de Aiuruoca, Jacuí e Baependi, no Vale do rio Sapucaí, em fins do século XVIII. Na segunda metade do século XIX, o café ganha espaço mais para o Norte e o Oeste, alcança Lavras, Nepomuceno, Perdões, Bom Sucesso e Campo Belo. Ao Leste, as fazendas de café avançariam pelas localidades de Monte Santo de Minas, São João da Fortaleza (Arceburgo), Santa Bárbara das Canoas (Guaranésia) e Cabo

Verde. As terras férteis, abundantes e a um baixo custo, aliados à mão de obra ociosa, crescimento das linhas ferroviárias e, principalmente, os preços atraentes do café, contribuem para a rápida expansão da cafeicultura no sul de Minas.

Para Restitutti (2006),[3] a cultura do café sempre esteve presente na agricultura local, pois já em 1842-1843 são remetidos excedentes e, em 1847-1848, catorze toneladas. O cultivo para exportação é datado da década de 1860, a partir de Ouro fino, sendo escoado para o Rio de Janeiro em direção as novas ferrovias. Nos anos 1880 os cafezais ganham força, reduzindo as exportações dos produtos de todos os principais gêneros da produção local, que era o fumo, mel, toucinho, gado suíno, gado vacum e queijos. A decadência dessas exportações reflete a substituição pela produção do café e o surgimento de novas rotas de transporte. Restitutti (2006) afirma que é mais intensa a cultura do café com a fronteira paulista, com a dinâmica exportadora centrada em Passos, com maior passagem desse produto nos registros de Monte Santo e Guaxupé.

O café seguirá sua expansão pelo sul de Minas, na freguesia de Dores de Guaxupé, em 1875, quando alguns fazendeiros firmaram contratos com prestadores de serviços para o plantio de lavouras de café. Os produtores locais fecharam contratos detalhados sobre o sistema em que as lavouras deveriam ser formadas, assim como as obrigações, os direitos e os valores de pagamento ajustados com os trabalhadores (VALLE; VALLE, 1984). Embora já existissem cafeeiros em algumas propriedades da região destinados ao consumo familiar, o investimento na produção em larga escala, visando interesses econômicos, tem seu princípio. Para Martins (2012), as referências ao café nas obras de memorialistas da região apontam as décadas de 1860 e 1870 como período de introdução da lavoura cafeeira no sul de Minas, embora Moacyr Brêtas Soares (1940), autor de uma crônica histórica de Muzambinho, assinale que o café foi introduzido naquela localidade na década de 1840:

> Além de Pedro de Alcântara Magalhães, outro fazendeiro em evidência era José Alves do 'Cafesal'. As aspas do seu último nome são sugestivas. Foi ele quem primeiro cuidou do plantio do 'ouro verde', doze anos antes da fundação de São José da Boa Vista [ocorrida em 1852]. Foi por iniciativa sua que ali se plantaram os primeiros pés da fanatizante rubiácea – a monocultura de que cuidaram os brasileiros até há bem pouco tempo. José Alves do 'Cafesal' serviu-se de sementes que adquirira na Zona da Mata (...) para formar sua lavoura de café (SOARES, 1940, *apud* MARTINS, 2012, p. 20).

3 Restitutti (2006) realiza uma análise sobre as exportações do sul de Minas entre 1815 e 1884, assinalando que a região sul-mineira criava gado, produzia fumo e derivadosda pecuária, intermediava o comércio de gado e seus derivados era também a fronteira com maior participação nas exportações mineiras de todos os cereais (grãos efarinhas).

Outro memorialista, Campanhole (1979), ao descrever a história de Caconde (SP), cidade próxima a Guaxupé, afirma que foi a cultura do café o responsável pelo impulso à povoação, sendo verificado a entrada da rubiácea nos anos de 1844.

No *Almanach Sul-Mineiro de 1874* (VEIGA, 1874, p. 346), as referências sobre o estado da economia em São Sebastião do Paraíso apontam que "cultivam-se café, cana, fumo e cereais; cuida-se da criação de gado vacum e suíno, regulando a exportação em cerca de 2 mil bois e 1.500 porcos". Sobre São Francisco das Chagas do Monte Santo "a cultura do café, hoje muito desenvolvida (...) constitui sua maior riqueza e assegura-lhe um futuro de grandeza; entretanto, nem todos os lavradores cuidam dessa cultura, empregando-se muitos na criação de gado vacum e porcos" (VEIGA, 1874, p. 355). Já a freguesia de Nossa Senhora das Dores do Guaxupé, o *Almanach* (1874, p. 358) afirma que "cultivam-se aí em não pequena escala, cana, café, fumo, e cuida-se da criação de gado vacum e suíno e de engordar bois e porcos que se importam das províncias de Goiás e São Paulo". Conforme Martins (2014, p. 307), a região em que está situada Guaxupé, nos anos 1870 "dominava a produção diversificada para o abastecimento, sendo o café uma entre outras lavouras nas propriedades da sub-região". As fazendas mantinham atividades econômicas diversificadas, com lavouras de grãos (milho, feijão, arroz), de cana e criação de gado vacum e suíno, durante o investimento nas lavouras de café.

No *Almanach de 1884*, Veiga realiza a observação: "Cultiva-se muito o café, principal produto da freguesia, seguindo a cana e depois fumo e algodão (...) É grande a exportação do gado para corte, e abunda as caças do mato e campo". Podemos observar que o café já estava estabelecido em Guaxupé na década de 1870, levando o autor a afirmar que o cultivo não era em pequena escala. Em posse dessa afirmação, podemos acreditar que o café estava já estabelecido e difundido em Guaxupé e, como afirma Restitutti (2006), que a estrutura fiscal passa por mudanças na década de 1860, com a criação dos postos de Guaxupé e Monte Santo, acompanhando o movimento das plantações de café. O autor ainda afirma que "o café chegou a Ouro Fino na década de 1860, mas esta cultura prosperava no segmento mais ao norte, especialmente em Passos e Guaxupé" (2006, p. 137).

No censo de 1920 temos a especialização dos fazendeiros guaxupeanos, tendo os cafezais somados 5.309.333 pés, tomando 65,2% da área total cultivada no município, com 7.079 hectares plantados, seguidos pelo milho com 3.382 hectares. O número total de propriedades rurais no município era de 202, das quais havia 139 (68,8%) que cultivavam cafezais, 186 (92,0%) cultivavam milho. As fazendas cafelistas tinham em média 38.197 pés de café e área de 50,9 hectares, produzindo no ano de 1919 o total de 115.840 arrobas, ficando atrás do milho em quantidade de (284.084) arrobas colhidas. Apesar de ter uma capacidade plantada neste ano de 212.373 arrobas,[4] a diferença entre a capacidade e o colhido pode ser explicado com a existência de aproximadamente de 45% de pés jovens.

4 Estimativa calculada a partir da informação de Rodolpho Jacob de que a produção média no sul de Minas era de quarenta arrobas de café por mil cafeeiros, 1911 p. 56.

No jornal Diário de Minas, edição n. 195, do dia 27 de janeiro de 1874, página 2, temos um edital de Arrematação de Rendas das Recebedorias da Província, em que encontramos uma tabela constando as 31 recebedorias da província, sendo chamada "Tabela do termo máximo do rendimento das recebedorias, e que servira de base para arrematação, já incluído o aumento do meio por cento do café". As rendas da estação de Dores de Guaxupé e, representam 24:518$201 com o aumento de ½% do café, concebendo $989, perfazendo o total de 24:519$190. A recebedoria de Guaxupé torna-se um centro comercial regional relativamente importante, rendendo 20:000$000 anuais (VEIGA, 1884, p. 246).

No último quarto do século XIX, Guaxupé, devido ao acelerado crescimento do café, tornou-se área de fronteira agrícola extremamente valorizada, disparando o valor das terras (MARTINS, 2014). Entre os anos 1880 e 1920, o café produzido na região de Guaxupé destinado à exportação foi adquirido, sobretudo, por casas comissionadas paulistas. A Companhia Brasileira de Café, com sede em Santos, terá forte participação nas negociações de café na região nas primeiras décadas do século XX.

As relações de trabalho na cafeicultura foram as mais diversas, já que "todos os sistemas de custeio são usados – a meação, a empreitada e o salário" (JACOB, 1911, p. 56). Através do censo de 1920, é evidente a exploração através dos seus próprios proprietários com 184 propriedades, dezesseis com administradores e interessados e somente dois com arrendatários.

Para Castilho (2009) a produção cafeeira contribui para o fenômeno de crescimento das cidades médias, transformando os caminhos do progresso aos moldes francês, trazendo consigo a eletricidade, o automóvel, o telefone, os tecidos finos, o calçamento das ruas e a construção de palacetes, teatros e outras "novidades". O valor do café no inicios dos anos 1890 agregava lucratividade aos fazendeiros que plantam a rubiácea, permitindo o investimento e aplicação dos lucros advindo da agricultura em melhoramentos das freguesias e municípios.

A COMPANHIA MOGIANA DE ESTRADA DE FERRO

A partir da crescente lavoura cafeeira, faz-se necessário pensar em um meio que sustentasse a expansão da cafeicultora e permitisse escoar a produção regional. Os interesses ligados ao café permitiram a instalação da ferrovia em Guaxupé, que a exemplo do desenvolvimento ferroviário geral na economia cafeeira (do oeste) paulista, o "desenvolvimento do café era autoalimentado pela própria construção de ferrovias, pois o declínio no custo de transporte criava margem adicional de resistência à queda de preços" (SAES, 1981, p. 82).

Os reflexos imediatos da implantação ferroviária em uma economia cafeeira extrapolam os cafezais e criam uma intrínseca relação com as cidades por onde passa, sendo associadas ao surgimento, expansão ou decadência destas, definindo os municípios que desempenhariam as funções de centros e polos regionais (SAES, 1981). Segundo Matos (1990, p. 77), as ferrovias paulistas não tinham um plano, apenas seguiam a "itinerância do café, uma vez que a maior parte delas foi construída para atender às necessidades do desenvolvimento da cultura cafeeira".

A economia cafeeira permitiu que ocorresse o binômio café-ferrovia em Guaxupé, seguindo o exemplo do oeste paulista. A ferrovia permitia o transporte rápido e eficiente, barateando os custos, reduzindo as perdas e admitindo uma maior lucratividade. A implantação do ramal ferroviário de Guaxupé pela Cia. Mogiana, iria capturar a economia da região do oeste do sul de Minas para o estado de São Paulo.

As ferrovias no sul de Minas, em sua maioria, mas não totalidade, se instalam para atender uma região voltada para o comércio de abastecimento do Rio de Janeiro e São Paulo e com o passar dos anos passam a se preocupar com o plantio e a exportação de café. Em diversas análises sobre o crescimento e desenvolvimento das cidades e da urbanização, encontramos as ferrovias como motivadores da modernização e desenvolvimento capitalista. Segundo Silva (2012) o único trabalho que tem como ponto central uma ferrovia no sul de Minas é a monografia de Maria Lúcia Prado Costa, "A Cia. Estrada de Ferro Muzambinho, de 1887 a 1910". Em seu trabalho, a autora critica as afirmativas de que o café é o fator que incentiva a implantação das ferrovias no sul de Minas, e defende que elas visavam canalizar a produção sul-mineira para o Rio de Janeiro e desvinculá-la da influência paulista. Após sua implantação em Poços de Caldas e posteriormente em Guaxupé, a Cia. Mogiana captará boa parte da produção da região, mesmo de algumas localidades que contavam com estações da estrada de ferro Muzambinho e a Viação Férrea Sapucaí,[5] procurando encontrar "melhores preços ao ser direcionado para Santos e não o Rio (de Janeiro)" (SILVA, 2012, p. 139).

5 Tanto a Cia. estrada de ferro Muzambinho, como a Cia. Viação Férrea Sapucaí, são estradas de ferro que nasceram e atuaram no sul de Minas. No geral, estas empresas precederam sua atuação à chegada do café em sua região de atuação, diferente da Cia. Mogiana com Guaxupé, que vem para a região devido a lavoura cafeeira já em pleno desenvolvimento. A estrada de ferro Muzambinho por meio da Lei n. 3420 de 30 de agosto de 1887, é concedida privilégios para a construção de uma estrada de ferro partindo no município de Muzambinho (divisa de Minas Gerais com São Paulo) e terminando em São Joaquim da Serra Negra, município de Alfenas. Através das Leis 3754 e 3756 de 16 de agosto de 1889, a estrada de ferro Muzambinho obtém autorização para o prolongamento da ferrovia até São Sebastião do Paraíso e depois Passos, onde iriam encontrar com a estrada de ferro Minas & Rio (SILVA, 2012). No *Annuario de Minas Gerais de 1907*, a estrada de ferro Muzambinho não tem recursos para construir suas linhas pois "não tem podido conseguir a prosperidade que esperava" e, continua, "a Companhia Mogyana tem o plano de levar a ponta de seus trilhos, pelo ramal de Guaxupé, a linha concedida à Muzambinho". As companhias ferroviárias, Minas& Rio, Sapucaí e a Muzambinho são integradas em 1910 como Rede Sul-Mineira.

Com a expansão e consolidação da economia cafeeira na freguesia, os coronéis do café, especialmente o "Barão de Guaxupé" e, posteriormente "conde Ribeiro do Valle" não mediram esforços para trazer os trilhos para a localidade. Segundo Valle e Valle (1984, p. 367), o Barão de Guaxupé "trabalhou e venceu sérias dificuldades opostas à tiragem do ramal da estrada de ferro Mogiana para São José do Rio Pardo, a partir de Casa Branca e prosseguimento da linha tronco dessa cidade para o interior de São Paulo", sendo relevante sua colaboração nos projetos de expansão da Mogiana, antecipando a atuação de seu filho "conde Ribeiro do Valle":

> O conde Ribeiro do Valle entrou com seu poder econômico e suas relações com os demais fazendeiros, cedendo terras para a construção do leito da estrada. Tanto ele com os demais produtores tinham interesse direto na estrada de ferro, para escoar a produção de café que, até então, tinha de ir em carroças, puxadas a burro, até São José do Rio Pardo, já no estado de São Paulo, para ser embarcada. (DIAS; CORNILS, 2009, p. 20)

O transporte das mercadorias, antes da implantação da ferrovia era feito em carros de bois ou em tropas de burros até o destino final (VALLE; VALLE, 1984). Com a proximidade da estrada de ferro, inicialmente Casa Branca, Mococa e, posteriormente, São José do Rio Pardo, diminui o percurso e o gasto com o transporte.

A Companhia estrada de ferro Mogiana foi organizada em 1872, por iniciativa dos fazendeiros dr. Antônio de Queiroz Telles (Barão de Parnaíba) e José Egídio de Souza Aranha, na província de São Paulo, aproveitando os favores da Lei provincial n. 18, de 21 de março de 1872, que concedia privilégios e garantia de juros de 7% sobre o capital de 3 mil contos de réis. Essa lei autorizava ainda ao governo conceder privilégios e garantia de juros à empresa que construísse uma ligação em via férrea entre as cidades de Campinas e Mogi-Mirim em bitola estreita, com um ramal a cidade de Amparo.

A Mogiana foi de fundamental importância na ligação entre a região e São Paulo, sendo um empreendimento financiado por capitalistas ligados à cafeicultura paulista. Em agosto de 1873 a ligação Campinas e Mogi-Mirim inicia suas operações. Em 14 de abril de 1875 é realizado o contrato com o governo da província de São Paulo para a ligação entre Casa Branca e Campinas, sendo inaugurada em 14 de janeiro de 1878. Segue para Ribeirão Preto (1883) via São Simão (1882); em 1887, em Franca e, em 1888, se encontra às margens do Rio Grande pronto para penetrar o Triângulo Mineiro. Com a construção desse tronco e de sua extensão até Ribeirão Preto, a companhia passa a obter excelentes rendimentos, uma vez que está atendendo área em franca expansão cafeeira.

A Mogiana em 1886 entrará em território mineiro com a inauguração do ramal que ligava Cascavel a Poços de Caldas. A empresa se interessava no potencial das águas termais do município, cuja exploração se desenvolvia, desde a década de 1870, por intermédio de empresários paulistas.

A Cia. Mogiana procura junto ao Parlamento mineiro a concessão que pertencia a Muzambinho, mas o presidente de Minas Gerais não concordava que uma empresa "estrangeira" (sediada no Estado de São Paulo) detivesse a concessão. A Muzambinho já tinha se comprometido a construir o trecho da cidade de Muzambinho à Passos, passando por São Sebastião do Paraíso. Segundo Dias e Cornils (2009), devido as "desavenças" entre os cafeicultores que detinham ações da Cia. Muzambinho e ao não cumprimento do contrato da Cia., gerou-se protestos da região que seria servida pela linha férrea, alimentando a cisão entre o governo e a Cia. Muzambinho. As causas do não cumprimento do contrato estavam ligadas as dificuldades financeiras e do traçado sinuoso proposta pela Cia. Muzambinho, o que elevou os custos.

O então deputado Júlio Tavares, que mais tarde seria o responsável político para a Mogiana conseguir a autorização para assentar trilhos rumo a Guaxupé, era defensor da Cia. Muzambinho instalar e administrar a linha até Passos, argumentando a favor da concessão de novos empréstimos, tornando produtivo o investimento já realizado pelos cafeicultores acionistas e pelo estado, além de gerar impostos aos cofres de Minas, impedindo o desvio de produtos mineiros para São Paulo. Com o tempo, Júlio Tavares abandona a empreitada, passa a ser adepto e apoiador da concessão à Cia. Mogiana, não sabendo "como, quando e por que se deu a mudança, não há registros nos documentos disponíveis", mas a alteração "iria influenciar decisivamente o futuro do sul de Minas, economicamente muito mais ligado a São Paulo do que a Minas Gerais" (DIAS; CORNILS, 2009, p. 25). Ao longo do ano de 1900, o deputado Júlio Tavares usou de "seu poder político para convencer as autoridades e resolver o impasse da concessão da estrada de ferro na região, vital para transportar o café, o principal produto de exportação, até o porto de Santos" (DIAS & CORNILS, 2009, p. 19-20). Em janeiro de 1901 foi realizada a transferência da concessão à Cia. Mogiana, tendo Joaquim Augusto Ribeiro do Valle assinado o contrato para a construção do ramal de Guaxupé. O fator político também esteve no centro das concessões no sudoeste mineiro, em especial no caso de da construção do Ramal de Guaxupé.

O senador Júlio Tavares, ao investir na defesa da Cia. Mogiana, adquiriu ações desta, e, como patrimônio adquirido, foi categórico em suas recomendações no seu leito de morte à sua mulher: "Recomendo a minha mulher e aos meus filhos que não vendam uma só das ações adquiridas ou que vier a adquirir. Quero que as conservem, religiosamente, como patrimônio da família para viverem, na minha falta, dos seus rendimentos". O seu seguro de vida,[6] quando da sua morte, foi convertido

6 Consta em Dias & Cornil (2009, p. 63) que "seu mais valioso bem, no entanto, como ele escreveu a sua mulher Biela, eram as ações que possuía da Cia. Mogiana: cem em seu

em ações da Cia. Mogiana e os filhos foram estudados com os dividendos (DIAS; CORNILS, 2009).

Segundo Giovanini (2006), o interesse da Mogiana em Minas Gerais estava ligado às restrições em sua área de concessão em São Paulo, circunscrita apenas à margem direita do rio Mogi-Guaçu. Tendo atingindo o seu limite de expansão em terras paulistas já em 1890, a empresa passa a procurar novas localizações, conseguindo acordos com o governo de Minas nesse sentido. Também existiam vínculos familiares fortes entre integrantes da Mogiana e famílias importantes do sul de Minas, conforme afirma Costa (1995, p. 41 *apud* GIOVANINI, 2006, p. 187):

> (...) o Barão Ataliba Nogueira (presidente da Companhia comprovadamente em 1879, e provavelmente entre 1882 e 1885 e em 1890) era ligado aos Nogueira de Baependi e Aiuruoca; Joaquim Augusto Ribeiro do Valle (também presidente da Companhia) era mineiro de Guaxupé, onde tinha a maior plantação de café desta área limítrofe com São Paulo.

A partir do ano de 1890 passa a funcionar o ramal Casa Branca-Mococa e que teve sua origem no Ramal Férreo do Rio Pardo, empresa particular aberta em 1884, entre Casa Branca e São José do Rio Pardo e adquirida em junho de 1888 pela Cia. Mogiana, que a transformou no ramal de Mococa, concluído em 1890, quando atinge Canoas.

Com a aprovação do governo de São Paulo, é iniciada em 1901 a construção de um ramal partindo do Ramal de Mococa, na estação Ribeiro do Valle, rumo à divisa de Minas Gerais, numa extensão de 31 quilômetros. De acordo com a concessão que o conde Ribeiro do Vale obtivera do governo mineiro, partiria um ramal de Guaxupé até a divisa com o estado de São Paulo, entroncando-se com a futura linha de Ribeiro do Vale a Júlio Tavares.

O assentamento dos trilhos e as linhas telegráficas prosseguiram, sendo a estação de Itaiquara, inaugurada em 1º de junho de 1903, com a presença da Diretoria da Mogiana. Prosseguindo a construção, foram sucessivamente inauguradas as estações de: Moraes Salles, em 15 de setembro de 1903; Júlio Tavares, em 1º de abril de 1904 e, finalmente, Dores de Guaxupé, em 15 de maio de 1904. Em 3 de dezembro de 1908 foi adquirido pela Cia. Mogiana o trecho mineiro do ramal, de Júlio Tavares até Guaxupé, tendo sido assinado em 31 do mesmo mês, na Secretaria de Finanças do Estado de Minas Gerais, o termo de responsabilidade, aceitação e observância pela Mogiana,

---

nome, 69 no de sua mulher, e nove ações em nome de cada um de seus oito filhos, sendo que a mais nova delas, Fernandina, era detentora de dez ações. Júlio Tavares deixou ainda duzentas ações da Cia. Muzambinho e dois seguros de vida, um na Ness York, no valor de US$ 3.280, e outro na Companhia Sul-Americana, no valor de 10 mil contos de réis".

do contrato de 5 de janeiro de 1901, celebrado com o conde Joaquim Augusto Ribeiro do Vale, para a construção, uso e gozo desse Ramal de Guaxupé, a partir das divisas do estado de São Paulo, pela soma de 676 contos de réis.

No primeiro ano de funcionamento, o Ramal de Guaxupé da Mogiana capturara parte da receita da estrada de ferro Rio minas, em que a "receita proveniente do transporte de café foi de 514:835$800 em 1903 e baixou a 349:961$580 em 1904, isto é, apresentou uma diferença, para menos, no valor de 164:874$220" (RELATÓRIO MINISTÉRIO DA AGRICULTURA, 1904, p. 364). O Relatório ainda apresenta que "parece ter sido a inauguração do ramal de Guaxupé, da estrada de ferro Mogiana, determinando o desvio de cafés produzidos nos municípios de Cabo-Verde e Muzambinho, no extremo da estrada de ferro Muzambinho". É evidente a captação daeconomia sul-mineira através da Mogiana, sendo em seu primeiro ano uma diferença significativa apresentada no relatório e a causa da diminuição suposta da receita, como Silva (2012, p. 170) resume "o golpe dado pela Mogiana na Muzambinho, e por consequência na Minas & Rio, foi fato".

A Mogiana se tornara uma empresa com um grande número de pequenos ramais que visavam alargar ainda mais a sua faixa de influência, atingindo diversas localidades. Os ramais iriam caracterizar a Mogiana como a "estrada de ferro dos pequenos ramais", atendendo em muitos casos aos interesses e necessidades dos fazendeiros, ligando suas propriedades ao porto de embarque, exercendo um importante papel na reordenação e dinamização da cafeicultura (PEREIRA, 2005, p. 39). Para Silva (2012) o "sul de Minas, até aproximadamente 1910, ainda não era uma região tipicamente cafeeira como a Zona da Mata" o que é atestado pelo embarque do café desigual nas zonas de influência das estradas de ferro Minas & Rio, Sapucaí e Muzambinho, apesar de nas estações da Mogiana, o embarque da rubiácea ser significativo.

De Guaxupé saíram três ramais, todos da Mogiana e com percurso em território mineiro: o de Passos, o da Biguatinga e o de Tuiuti (Jureia), em cuja estação terminal se baldeava para os trens mineiros da Cia. Muzambinho (Três Corações) e o ramal da E. F. Central do Brasil (Cruzeiro, no vale do Paraíba). As cidades de Guaranésia, Monte Santo, São Sebastiao do Paraiso, Passos e Muzambinho, foram ligadas pela Cia. Mogiana, embora tivessem, originalmente, concessão à estrada de Minas & Rio e depois à estrada de ferro Muzambinho (SILVA, 2012, p. 91).

O Ramal de Passos foi inaugurado em seu primeiro trecho de quinze quilômetros ligando Guaxupé a Guaranésia, em 1912. Foi sendo prolongado aos poucos, chegando a Passos somente em 1921. Em São Sebastião do Paraíso (1911), o ramal permitia a ligação com a linha da E. F. São Paulo-Minas. Essa era uma importante rota de engorda de gado em fins do século XIX, tendo um importante peso na pecuária, e, posteriormente, no café (RESTITUTTI, 2008; SILVA, 2012).

O Ramal de Tuiuti, teve sua origem na E. F. Muzambinho, adquirida pela Mogiana junto ao governo daquele estado em 30 de julho de 1907, antes inclusive da ferrovia ter suas obras iniciadas. Em 1913, a linha foi finalmente aberta de Guaxupé a Muzambinho, e em 1914 chegava a Tuiuti, antigo nome da estação de Jureia, onde se encontrava com a linha da Rede Mineira que vinha de Cruzeiro, na Central do Brasil, no leste do estado de São Paulo e atravessava boa parte o sul ou porção Sul Central do estado de Minas Gerais. Em 1944, o ramal passou a se chamar Ramal de Jureia. Ele foi fechado em 07 de novembro de 1966.

O Ramal da Biguatinga que saía da estação de Guaxupé foi construído entre 1914 e 1915, chegando em 1914 a Jabuti e em 1915 a Biguatinga. Tendo menos de trinta quilômetros em bitola métrica, foi suprimido em 1961. O traçado da Mogiana de Guaxupé a Biguatinga deveria chegar até Passos, passando por Jacuí, o que não aconteceu. Era considerado como um capricho dos mineiros satisfeitos pela Cia. Mogiana, pois, tratava de um ramal deficitário e antieconômico (ZAMBONI, 1993, p. 108).

Tabela 2 – Movimento financeiro e embarque de mercadorias no trecho mineiro do Ramal de Guaxupé, 1906 e 1907

	1906		1907	
Item	Quantidade	valor em réis	quantidade	valor em réis
Receita	-	46:316$574	-	65:363$424
Despesa	-	44:611$550	-	51:873$308
Passageiros	14233	-	17277	-
Mercadorias	5167630			
Café	659284	20:093$780	8283788	37:283$510
Sal	497499	1:526$980	569855	1:345$090
Açúcar	169	2:043$620	354612	1:496$040
Algodão	1452	$660	29	$190
Fumo		9$930	4998	23$420
Cereais	535739	445$580	749353	657$100
Toucinho	11568	17$370	2364	3$690
Aguardente	145793	740$260	122930	557$020
Couros	5881	23$040	6317	28$180
diversos	2025210	5:612$870	1745227	5:838$130
Total mercadorias	9052225	30:514$090	11830473	47:232$370

Fonte: Silva (2012, p. 143).

Para o ano de 1907, as exportações de café pelo ramal de Guaxupé registraram o embarque de 8.283.350 kg de grãos, ou seja, mais de 138 mil sacas de 60 kg. Quando analisarmos as estimativas no biênio de 1909-1910 da safra para Guaxupé, temos aproximadas 100 mil sacas de 60 kg. É evidente que neste período a estação ferroviária de Guaxupé irá capturar o café na região de forma concentrar o embarque da rubiácea até que os ramais da Mogiana alcancem as cidades da região circunvizinha.

A exportação elevada do café na estação de Guaxupé nas primeiras décadas do século XX, demonstra a captação econômica regional, tornando a cidade um centro agroexportador. Mesmo com a implantação dos ramais que partiram de Guaxupé, a cidade tornará passagem obrigatória dos grãos exportados, uma vez que era caminho para o porto de Santos, o que ratifica a importância regional da cidade no primeiro quarto do século.

A chegada da ferrovia representa uma verdadeira revolução econômica na cidade, como a valorização das terras cortadas pela ferrovia e no largo da estação o surgimento de algumas fábricas e o desenvolvimento comercial projetando a cidade de forma regional, sendo considerado um polo comercial na região. A ferrovia em Guaxupé contribuira para mudanças significativas no entorno de sua localização, dinamizando o comércio e a circulação de forasteiros e imigrantes, o transporte de mercadorias trazidas de São Paulo e as informações culturais passando a chegar com maior frequência, com os diários, as revistas, os últimos livros lançados, surgindo um mercado de trabalho mais dinâmico, dada à possibilidade de locomoção rápida e fácil para outras regiões.

IMIGRANTES SÍRIOS E LIBANESES EM GUAXUPÉ

A partir do ano de 1904, o uso do trem como meio de transporte pela população de Guaxupé foi sacramentado. A ferrovia estava ligada ao porto de Santos e passava por São Paulo, o que fora marcante para o desenvolvimento da cidade sul mineira. A presença da ferrovia criou um mercado integrado, movimentos de mercadorias e pessoas, além de ser utilizada pelos imigrantes, sírios, libaneses, espanhóis e italianos, no transporte de seus parentes e/ou amigos a Guaxupé, sendo a linha férrea utilizada pelos imigrantes não somente para o seu deslocamento e para a veiculação de mercadorias, mas também como um caminho que estava aberto à atividade de mascateação.

O início da emigração em massa dos sírios e libaneses estava profundamente ligada a soma de vários fatores de ordem econômica, religiosa, política, social e cultural (LOPES, 2011). Podemos destacar os de natureza econômico-demográficos que desagregaram a economia de subsistência, já que, com a melhoria significativa dos transportes no século XIX, ocorreu uma invasão de produtos manufaturados mais baratos na região da "Grande Síria",[7] minando, dessa forma, a produção de pequenos artesãos e trabalhadores rurais. A rápida expansão e modernização das cidades criaram um mercado de grandes proporções, inviabilizando, portanto, a agricultura de subsistência a qual eram acostumados.

A cidade de Guaxupé ainda não era emancipada quando chegaram os primeiros imigrantes sírios e libaneses. A data da chegada dos primeiros imigrantes é imprecisa, pois não há registros concretos. Porém, somos levados a pensar que eles se encontravam na região de Guaxupé já na segunda metade do século XIX, graças à Ata de "Comemoração do Quarto Centenário do Descobrimento do Brasil", em que se acha o nome de três imigrantes sírios e/ou libaneses: João José Nahum, Nicolau Elias Francisco e Felipe José Joaquim Meziara. De acordo com Valle e Valle (2003, p. 56-65), no documento manuscrito "Monografia de Dores de Guaxupé (1900)", nos deparamos com a informação de que o "comércio é composto de três elementos primordiais: nacional, italiano e turco".[8]

A presença dos primeiros imigrantes sírios e libaneses em Guaxupé pode remontar a década de 1870, pois o poeta Assis Féres, nascido em 11 de agosto de 1912, em Belo Horizonte, sendo seus pais George Abdalah Féres Haddid e Faustina Elias Curie Féres Haddid, eram imigrantes originários da cidade libanesa de Trípoli. Segundo Féres, por volta de 1878 George Féres encontrava-se no sul de Minas, mais precisamente em Guaxupé, e, ainda em 1908 aproximadamente, transferiu-se para o Triângulo Mineiro (LAIAZUL, 1958 *apud* NAMUR, 2007, p. 89). Em início do século XX, ocorre a vinda do padre José Elias, bem como a construção da Igreja Ortodoxa em Guaxupé, constituindo, assim, uma característica singular da comunidade guaxupeana.

Os sírios e libaneses, ao sair de sua terra natal e adentrar em um novo território, tiveram que se adaptar. Sua cultura, seus valores, suas práticas, não seriam mais vivenciados da mesma maneira. Ao compartilhar o espaço territorial, os imigrantes compartilharam também valores, símbolos culturais, identidades. Este compartilhamento de concepções e acepções aponta para a possibilidade da transformação permanente do indivíduo, ou seja, a pessoa que se desloca no espaço – o migrante – e se relaciona com o outro, tem na alteridade a dimensão das inúmeras possibilidades de viver a sua própria identidade particular.

É através da observação da relação entre o espaço e o sujeito e a história oral que podemos entender o espaço e seus significados. São, portanto, simples e ambíguos, naturais e artificiais; lugares no sentido material, simbólico e funcional da palavra, simultaneamente, mas em diferentes graus. O que os constitui é o jogo entre memó-

7 Até o início da Primeira Guerra Mundial, a região conhecida como *Grande Síria*, ou simplesmente, Síria, pertencia ao Império Turco-Otomano e incluía o Líbano entre suas fronteiras, bem como a Jordânia e parte do Iraque. Cf. Truzzi (2001, p. 20-21).

8 Designação incorreta e pejorativa que rotulava os sírios e libaneses.

ria e história, sendo preciso, primeiramente, a vontade de memória. Os lugares de memória", espaços que – sendo uma referência simbólica, material e funcional – são reservados para que a memória seja protegida e vivida em seus significados dinâmicos e sua temporalidade específica. Exemplo de como a memória se apropria da Mogiana no sul de Minas é o relatado em entrevista a José Oliveira e Lúcia Grinberg:

> Com o desenvolvimento da cultura de café, principalmente depois que a Mogiana veio para cá, Guaxupé tornou-se um polo comercial muito importante. Com isso, vieram muitos sírios com o seu comércio e formou-se aqui uma colônia síria bem grande. (OLIVEIRA; GRINBERG, 2007, p. 121)

Com a ferrovia era possível fazer uma viagem mais rápida e tranquila. O Ramal de Guaxupé foi muito importante para o estabelecimento dos sírios e libaneses, pois, além de encurtar as distâncias, era utilizada no trabalho de mascateação pela região, abrindo novos mercados consumidores e facilitando a vinda de produtos e de parentes para Guaxupé. A estação da Mogiana marcou a vida de muitos imigrantes. Nádia Cury nos afirma que, quando suas tias chegaram ao Brasil, aportaram no porto de Santos e, em seguida tomaram a Mogiana para Guaxupé. Quando chegaram na estação, havia uma comitiva esperando-as.

> (...) aí de Santos vieram de trem. Dizem minhas tias, elas contavam que quando elas chegaram tinha uma comitiva lá na estação, aqui esperando, a família, a minha avó, por parte do meu pai, né, a mulher do meu avô e as filhas. Uma comitiva aqui esperando. Cheia, a estação cheia de gente. Até pensaram que tinha festa, eles foram esperá-los... (Nádia Cury: depoimento para o autor, 2014)

Dona Salma Tauil demonstra a importância comercial que a estrada de ferro tinha ao contar-nos que, quando seu marido precisava comprar mercadorias, embarcava na Mogiana e seguia para São Paulo, efetuando as compras e retornando de trem para Guaxupé: "(...) tinha Mogiana aí. Pegou o trem e foi para São Paulo de noite. Chegou São Paulo cedo, fez a compra e veio embora noutra noite, pegou trem. A mala muito grande..."(Depoimento de Nádia Cury).

A linha férrea não foi utilizada pelos imigrantes libaneses somente para o seu deslocamento e para a veiculação de mercadorias, mas também como um caminho que estava aberto à atividade de mascateação. O imigrante sírio e libanês partia da estação férrea, com seu pesado baú de mercadorias nas costas, e saia a percorrer as novas fazendas, realizando os seus negócios. Vendia o que o colono necessitava e comprava dele o que ele tinha de sobra para vender (LOPES, 2011).

A atividade da mascateação era árdua, pois consistia, em geral, em levar uma mala lotada quase sempre com aviamentos, rendas e tecidos, geralmente com produtos comprados na cidade de São Paulo de fornecedores árabes, sendo a estação ferroviária ponto de partida e chegada de mercadorias e os imigrantes mascates. Chegada, primeiramente, do centro fornecedor que era São Paulo; partida como a possibilidade de sair para outras cidades, pois o Ramal de Guaxupé chegava a outras cidades com um mercado consumidor promissor. Vários autores fazem referência que, após alguns anos de trabalho, era possível acumular um certo capital. Com o capital acumulado, os imigrantes sírios e libaneses abriam a sua tão sonhada "lojinha".

O ofício de mascate foi fundamental na definição da imagem que os brasileiros faziam dos imigrantes e serve de instrumento para a ascensão social tanto de cada indivíduo como do próprio grupo. Os comerciantes sírios e libaneses se dedicaram, em Guaxupé, principalmente ao ramo dos tecidos, armarinhos e aviamentos. Houve outros que se dedicaram ao ramo alimentício, profissionais liberais, jornaleiros. Os comerciantes libaneses conquistaram espaço e se tornavam, em muitos casos, empresários. O comércio de Guaxupé atualmente se concentra, em sua maioria, nas mãos de descendentes ou imigrantes.

Devido a sua colônia expressiva, ocorre a vinda de um padre ortodoxo, José Elias, a pedido da própria colônia, para construir a igreja ortodoxa Antioquina Santo Elias Profeta,considerada a segunda igreja ortodoxa construída no Brasil, cujo início da construção remonta a 1908, tendo sua ereção canônica[9] no ano de 1927 (LOPES, 2010). A igreja ortodoxa constitui como uma territorialidade e um lugar de memória, sendo uma forte referência aos imigrantes e seus descendentes, construindo um espaço de sociabilidade que assegurasse a permanência de seus costumes e tradições, um espaço no qual pode encontrar suas raízes e suprir sua carência cultural. A construção social em torno da igreja ortodoxa Santo Elias foi o modo que os imigrantes encontraram para dar significados e demarcar sua cultura em Guaxupé.

Pode-se enumerar os motivos para o grande desenvolvimento do imigrante sírio e libanês no comércio de Guaxupé:

1. O primeiro, refere-se ao sistema de ajuda dentro da colônia: as facilidades que encontravam os recém-chegados, pois havia uma relação de ajuda mútua entre eles; as facilidades eram promovidas pelos fornecedores de mercadorias - que as entregavam a crédito ou até mesmo as emprestava. Os patrícios já estabelecidos e que dominavam a atividade de mascatear, ensinavam os recém-chegados a eles; as facilidades eram promovidas pelos fornecedores de mercadorias - que as entregavam a crédito ou até mesmo as emprestava. Os patrícios já estabelecidos e que do-

9 Ereção Canônica é o momento de constituição da paróquia – nota explicativa via e-mail da Catedral Metropolitana Ortodoxa de São Paulo.

minavam a atividade de mascatear ensinavam os recém-chegados a mascatearem.

2. O segundo se refere à maioria dos que vieram após as primeiras décadas do século XX. Estes vieram para encontrar parentes ou amigos em Guaxupé, já estabelecidos, ou seja, não vieram sem uma referência.
3. A construção da igreja ortodoxa Antioquina Santo Elias Profeta com objetivos a difusão da religião ortodoxa, bem como a manutenção da prática religiosa dos patrícios residentes em Guaxupé e região circunscrita, tem significativa importância no desenvolvimento da colônia. A presença de um padre ortodoxo e da igreja ortodoxa, faz de Guaxupé uma cidade onde poderiam relembrar seus ritos religiosos em uma igreja própria, além de poderem externar sua identidade religiosa.

Os imigrantes sírios e libaneses, ao adentrarem em espaços físicos totalmente diferentes, buscaram construir uma rede de ajuda na nova sociedade, unindo e se constituindo enquanto grupo. No entanto, conflitos e tensões faziam parte da vida cotidiana de muitos imigrantes que procuravam inserir-se na sociedade guaxupeana. Estes eram em maior número de caráter socioeconômico do que étnico-cultural. A religião foi um fator marcante no estabelecimento destes imigrantes em Guaxupé, devido a construção em inícios do século XX da igreja ortodoxa. Existe, dessa forma, uma preocupação em manter e reforçar esta identidade étnica, buscando estreitar os laços, realizando trocas culturais para facilitar a convivência na sociedade guaxupeana.

ALGUMAS PALAVRAS SOBRE GUAXUPÉ EM INÍCIOS DO SÉCULO XX

A monografia redigida pelo professor Luiz Antônio Dias (VALLE; VALLE, 1984, p. 36) sustenta que o "verdadeiro desenvolvimento e progresso datam de doze anos mais ou menos, a esta parte, pois, para isto, diversos fatores têm concorrido, de entre os quais destacaremos os principais: a via férrea 'Mogiana', que aproximou-se desta localidade a distância de sete léguas mais ou menos". A *Revista de Guaxupé*[10] também afirma que o progresso de Guaxupé teve início em 1904 com a chegada da estrada de ferro, onde a cidade "até então era modorrenta e emperrada, poucas construções, paralisados por longas temporadas, sem atrativos, sem novidades, resultando grande número de casebres mal alinhados, construídos geralmente de pau a pique, sem conforto; nenhuma indústria, um comércio regular e instrução primária sofrível". Continua que a "fase vertiginosa do progresso local" teve início em 1913, aproximadamente após ser elevado a cidade adotando, dessa forma, a localidade com todos os melhoramentos que fossem possíveis:

10 A *Revista de Guaxupé*, foi publicada em setembro de 1922, em uma única edição, sob responsabilidade dos senhores dr. Luiz Ribeiro do Valle, Dolor Amâncio de Carvalho e José Benedicto de Rezende, para celebrar o Centenário de Independência do Brasil.

> Iniciaram-se as boas construções; a instrução foi aperfeiçoada e enriquecida com a criação de alguns e importantes estabelecimentos de ensino; as ruas alinhadas e melhoradas; o comércio tornou-se mais vultuoso e intenso; diariamente mudanças chegavam de outros lugares, com novas famílias que vinham se estabelecer, em fim, Guaxupé assumiu logo um outro aspecto, parecendo mais uma capital em miniatura do que uma cidadela do interior, que de dia com o seu movimento geral, quer de noite com o tumultuar de gente, com a luz elétrica, recentemente inaugurada.

Com a implantação das estradas de ferro, muitas cidades sentiram o desenvolvimento em diversos aspectos: a expansão do comércio, o surgimento das primeiras casas bancárias, a imigração, a transição da mão de obra de cativa para assalariada e a urbanização (SILVA, 2012). Com a ferrovia, Guaxupé, em inicios do século XX, inicia um período de progresso:

A 16 de maio de 1904, Guaxupé recebia um dos seus mais importantes melhoramentos, com a inauguração do Ramal férreo de Guaxupé, construindo das divisas de São Paulo até aqui, a custa do próprio bolso, pelo se. Coronel Joaquim Augusto Ribeiro Valle, ex Senador ao Congresso Mineiro (...) Pode-se dizer que o progresso em Guaxupé, foi começado em 1904, com a chegada aqui da estrada de ferro. Até então era modorrento, emperrado, poucas construções, paralisado longas temporadas, sem atrativos, sem novidade, ressaltando do grande número de casebres... Mas a verdadeira fase, fase vertiginosa do progresso local foi inaugurada em 1913, mais ou menos, época sugestiva em que só se cogitava elevar... elevar Guaxupé (...) Iniciaram boas construções (...) as ruas alinhadas e melhoras, um comércio tornou-se mais vultuoso e intenso (...) Guaxupé assumiu logo um novo aspecto, parecendo mais uma capital em miniatura, que a uma cidadela do interior... (SILVEIRA, 1926, p. 694),

Com o ramal férreo, Guaxupé se transforma em um centro de escoamento da produção agrícola, principalmente o café, gerando riqueza e transformando a cidade e sua feição. Surgem os melhoramentos com a expansão dos equipamentos urbanos, sendo erguidos imponentes prédios públicos e privados, casas comerciais, hotéis, teatros, cinemas, administrativos, serviços de saneamento básico, instalação da energia elétrica, abertura de ruas, praças, sistema de calçamento, casas comerciais e financeiras, implantação de instituições educacionais, imprensa local. Cyrino Filho (2008, p. 72) alerta que "não se pode afirmar que estas inovações vieram com a estrada de ferro, mas, com certeza, pode-se dizer que a estrada de ferro dinamizou e acelerou o processo".

A cidade de Guaxupé torna neste processo de mutação com a implantação de ferrovia um centro de escoamento da produção agrícola da região. A ferrovia e o telégrafo implicaram uma verdadeira revolução na lógica da atividade econômica, do deslocamento de pessoas e da divulgação de informações, com crescimento do mercado interno, fazendo da cidade de simples ponto exportador para centro comercial de acentuada importância. Com a estrada de ferro, os impactos não foram apenas materiais, mas transformações no campo humano e social são igualmente percebidas. A percepção do tempo é alterada com a estrada de ferro e medir o tempo é uma questão primordial, pois o horário de partida e chegada devem ser cumpridos.

Entre o final do século XIX e início do século XX, as expressões arquitetônicas trazidas da Europa, com a riqueza do café, transformam a cidade de São Paulo, sendo ela reconstruída em tijolos e refeita em vários estilos, com a manifestação do ecletismo. Com as mudanças atingindo São Paulo, logo elas se espalharam pelas cidades interioranas, indo não só os profissionais da construção, especialmente italianos, mas também materiais importados para atender as elites cafeeiras do interior. A cidade de Guaxupé, de arquitetura simples e com construções de pau a pique e taipa, sofreria uma modificação em sua urbanização com a riqueza gerada pelo café, alterando sua feição, em uma mutação alimentada com a importação dos padrões de consumo avançados na cidade de São Paulo. Os casarões passam a ser de tijolo cerâmico, representando a modernidade na época (CYRINO FILHO, 2008).

Seguindo o fortalecimento urbano e as atividades comerciais, a cidade se torna sede de bancos regionais voltados para financiamento e crédito: Banco Guaxupé – 1909; Banco Hipotecário – 1912 (filial); Ferreira Alves e Cia Ltda – 1922. A expansão bancária demonstra as transformações que a economia guaxupeana expunha, demandando crédito em quantidade e qualidade, o que representa "reflexos de uma economia agroexportadora em transição" (GAMBI, 2012, p. 328). É possível que o desenvolvimento dos bancos na cidade de Guaxupé esteja ligado a captação da economia mineira pela paulista, ocorrendo o enfraquecimento da economia fluminense perante a paulista (MEGDA, 2012). É possível que esses bancos sejam movidos pelo capital econômico do café e proporcionavam o movimento comercial na cidade, havendo uma possível correlação entre o café e os bancos no sul de Minas, mas é necessário aprofundar os estudos (GAMBI, 2012, p. 329).

Com a criação da Diocese de Pouso Alegre em 1901, a região de Guaxupé, que outrora pertencia a Diocese de São Paulo, passa a compreender agora o bispado de Pouso Alegre. Em 19 de novembro de 1913, dom Antônio Augusto de Assis, então bispo de Pouso Alegre, obteve um decreto da Santa Congregação Consistorial para estabelecer uma residência episcopal em Guaxupé. Em fevereiro de 1914 é iniciado os cursos do Ginásio Diocesano, sendo, em 9 de agosto daquele mesmo ano, lançada e benta a "pedra fundamental" do edifício onde funcionaria o Seminário Menor e o Colégio Diocesano. Nesse período também se estabelecem as primeiras religiosas concepcionistas, instalando estabelecimento para educação de meninas e moças, sob o regime de internato e externato. Com o desenvolvimento da cidade e a política expansionista da Igreja Católica,[11] é criado a diocese de Guaxupé, pelo Papa Bento XV, no dia 3 de fevereiro de 1916, sendo o primeiro bispo, dom Antônio Augusto de Assis, que já residia na cidade. Com a implantação da diocese, em 1926 é inaugurado o Palácio Episcopal, demonstrando a opulência e riqueza da cidade dos inicios dos anos de 1920.

No dia 27 de setembro de 1908, por iniciativa do dr. João Augusto da Silva Pena[12] e de Alfredo Ribeiro da Silva, ocorre a fundação da Santa Casa de Misericórdia de Guaxupé, com a presidência do coronel Antônio Costa Monteiro, onde são estabelecidos os estatutos, a planta, o orçamento e a lista de donativos necessários para a construção do prédio, ficando a cargo do dr. João Augusto da Silva Penna a edificação do prédio. No dia 10 de julho de 1910, era instalada a Santa Casa de Misericórdia.

Em janeiro de 1912, tem início o Cine Avenida. A solução encontrada com a falta de energia elétrica foi celebrar um contrato com empresa Pedro Nicola Prosperi & Cia, que equipou o local com uma cadeira a vapor e gerador até a chegada da energia elétrica na cidade. No ano de 1913, a cidade passa a contar com a energia elétrica fornecida pela Empresa Nacional de Eletricidade de Pedro Nicola.[13] Os telefones são instalados através da The Rio de Janeiro and São Paulo Telephone Cia. em 1911, tendo a linha a extensão de 126 quilômetros e o total de 167 aparelhos em 1920.

Em 15 de junho de 1917, é instalado o Termo Judiciário Em 1925, pela Lei Estadual n. 879, de 24 de fevereiro, foi elevada à Comarca de Guaxupé, e a sua instalação se deu em 1º de janeiro de 1926. Em fins dos anos 1920 é iniciada a construção do prédio que abrigara por várias décadas o Fórum de Guaxupé, em construção feita de tijolos cerâmicos e com a cobertura em madeira e telhas francesas, tendo, no jardim em frente, onze palmeiras reais que se destacam na paisagem.

---

11 Com a lacicização do Estado brasileiro, uma das estratégias da Igreja Católica foi a implantação de dioceses em todos os estados e municípios interioranos. Podemos chamar de "processo expansionista de estadualização da Igreja Católica", e essa política visava ampliar a circunscrição para se manter enquanto instituição religiosa com maior número de fiéis. Cf. Barreto (2009).

12 Segundo Valle e Valle (1984) dr. João Augusto da Silva Pena vem para Guaxupé no ano de 1907 com sua esposa e filho a convite do coronel Antônio Costa Monteiro.

13 A cidade de Guaxupé foi atendida pelo empreendimento da Central Geradora Hidrelétrica (CGH) Santa Cleonice, aproveitando a cachoeira de José Elias, tendo 1.530 cav. no rio Canoas na cidade de Guaranésia, sendo inaugurada em 30 de janeiro de 1913, pela empresa Nacional de Eletricidade de Pedro Nicola formada na cidade de Mococa-SP em 1912, e que na época fornecia energia para as cidades de Guaxupé, Guaranésia e Muzambinho. Além da usina situada em Guaranésia, fornecia energia para o serviço de eletricidade no município uma usina que a empresa possuía em Caconde-SP. Cf. Campanhole (1979).

CONSIDERAÇÕES FINAIS

O avanço avassalador da cafeicultura em Guaxupé, catalisado pela aproximação da estrada de ferro e a própria presença do meio de transporte moderno como fator decisivo de desencravamento regional, deram os contornos do processo de crescimento e de modernização da cidade. O lugarejo que havia adquirido algum papel, ao sediar uma nova recebedoria provincial, tornou-se, nesta dinâmica de expansão do café e da Mogiana, espaço de "vertiginoso progresso" que buscava amoldar-se à São Paulo em crescimento ainda mais acelerado.

> Com o trem, era possível fazer uma viagem mais rápida e tranquila. O ramal de Guaxupé foi muito importante para o estabelecimento dos sírios e libaneses, pois, além de encurtar as distâncias, era utilizada no trabalho de mascateação, pela região, abrindo assim, novos mercados consumidores e facilitando a vinda de produtos e de parentes para Guaxupé. A ferrovia representa uma verdadeira transformação da economia de Guaxupé, reduzindo as distâncias e permitindo a entrada de produtos que concebiam a modernidade, como os pórticos das casas, os tecidos, as informações através do telégrafo, as notícias, permitiram o deslocamento da mão de obra, imigrantes. Com a ligação ferroviária, também permitiu o aumento das margens de lucro por reduzir o custo dos fretes e as perdas decorrentes do transporte, possibilitando uma acumulação capitalista que seria reinvestido no melhoramento da cidade e dos meios urbanos.

No período de transição entre os séculos XIX e XX, Guaxupé assistiu ao crescimento, desenvolvimento e urbanização da cidade com a formação do mercado de trabalho, comercial, dos meios de transporte com a Cia. Mogiana, a expansão das lavouras, bancos que se desenvolveram ou se estabeleceram na cidade bem como os serviços públicos, sendo um dos casos específicos do sul de Minas nesse "mosaico" mineiro. A transformação ocorrida com a expansão das lavouras de café acomodou a força econômica, mas o potencial econômico não se concretizou de forma rápida e crescente, sendo suscetível às crises do "ouro verde", criando resistências à transformação econômico-social, diferentemente do que ocorreu em cidades do estado de São Paulo no mesmo período.

FONTES

Correio Official de Minas Geraes
Diário de Minas Gerais

Folha do Povo
O Itamontano
Disponíveis em: <hemerotecadigital.bn.br>

Relatórios do Ministério da Agricultura. Rio de Janeiro: Imprensa Oficial, 1904. Disponíveis em: <www.crl.edu/brazil>

Revista Laiazul. Santiago do Chile, nov./dez. 1958.

BIBLIOGRAFIA

CAMPANHOLE, Adriano. *Memória da cidade de Caconde.* São Paulo: 1979. Disponível em: <www.imaculada.org/memorias/menu.htm>. Acesso em: 26 jun. 2014.

CASTILHO, F. F. A. *Entre a locomotiva e o fiel da balança: a transição da mão-de-obra no sul de Minas.* Dissertação (mestrado) – UFJF, Juiz de Fora, 2009.

CASTRO, Pérola Maria Goldfeder e. "Regionalismo político no sul de Minas Gerais: notas sobre o movimento separatista de 1892". In: SAES, Alexandre Macchione; MARTINS, Marcos Lobato (org.). *Sul de Minas em transição: a formação do capitalismo na passagem para o século XX.* v. 01. Bauru: Edusc, 2012, p. 39-68.

CYRINO FILHO, Moacyr Albino de Almeida. *Edifícios tombados na cidade de Guaxupé – MG.* Dissertação (mestrado) – USP, São Paulo, 2008.

DIAS, Lia Ribeiro; CORNILS, Patrícia. *Julio Tavares, 1863-1906: café, Mogiana e PRM.* São Paulo: Momento, 2009.

FERRAZ, Renato. "Imigrantes impulsionaram o progresso de Guaxupé". *Jornal da Região,* p. 12, 12 jul. 2005.

FILLETO, Ferdinando; ALENCAR, Edgar. "Introdução e expansão do café na região sul de Minas", *Revista de administração da UFLA,* v. 3, n. 1, jan./jun, 2001.

GAMBI, Thiago Fontelas Rosado. "Expansão bancária no sul de Minas em transição (1889-1930)". In: SAES, Alexandre Macchione; MARTINS, Marcos Lobato. (org.). *Sul de Minas em transição: a formação do capitalismo na passagem para o século XX.* v. 1, Bauru: Edusc, 2012, p. 303-329.

GATTAZ, André Castanheira. "Libano uno e diverso: as múltiplas identidades entre imigrantes libaneses no Brasil", *História Oral,* Rio de Janeiro, v. 10, p. 43-62.

GIOVANINI, Rafael Rangel. *Regiões em movimento: um olhar sobre a Geografia Histórica do sul de Minas e da Zona da Mata Mineira (1808-1897).* Dissertação (mestrado) – UFMG, Belo Horizonte, 2006.

IBGE – *Enciclopédia dos Municípios Brasileiros*. v. 25, 1959.

JACOB, Rodolpho. *Minas Gerais no XX° século*. Rio de Janeiro: Gomes, Irmão & C., 1911.

LOPES, Leandro Aparecido. "Cidade, ferrovia e imigrantes: a Cia. Mogiana e os sírios e libaneses em Guaxupé-MG", *XXVI Simpósio Nacional de História - Anpuh 50 anos, 2011*. São Paulo: Anpuh-SP, 2011.

______. "Cultura, identidade e memória: a colônia síria e libanesa e a Igreja Ortodoxa em Guaxupé". *Anais do X Encontro Nacional de História Oral - Testemunhos: história e política*, Recife, 2010.

MARTINS, Marcos Lobato. "A agricultura diversificada e a introdução do café na Vila Formosa de Alfenas, MG: décadas de 1850-1890". *XV Seminário sobre a Economia Mineira*, 2012, Diamantina. Belo Horizonte: UFMG/Cedeplar, 2012.

MARTINS, Marcos Lobato. "A marcha do café no sul de Minas, décadas de 1880-1920: Alfenas, Guaxupé, Machado e Três Pontas". *Territórios e Fronteiras* (Online), v. 7, p. 287-320, 2014.

MATOS, Odilon Nogueira de. *Café e ferrovias: a evolução ferroviária de São Paulo e o desenvolvimento da cultura cafeeira*. 4ª ed. Campinas, SP: Pontes, 1990.

MEGDA, Andréa Vieira. *Uma análise histórica dos bancos do sul de Minas Gerais (1900-1930)*. Trabalho de Conclusão de Curso (Graduação em Interdisciplinar em Ciência e Economia) – Unifal, Alfenas, 2012.

MISSURA, Fábio Augusto. "Ramal Férreo do Rio Pardo". *Revista Eletrônica*. Disponível em: <www.franca.unesp.br/revistaeletronica/interno-artigos_historia.php>. Acessado em: 22 mar. 2010.

NAMUR, Miriam. *Sincretismo cultural e imagens de mulher na literatura árabe-brasileira*. Dissertação (mestrado) – UEPG, Ponta Grossa, 2007.

OLIVEIRA, José Geraldo Rodrigues de; GRINBERG, Lúcia. *A saga dos cafeicultores no sul de Minas*. Rio de Janeiro: Casa da Palavra, 2007.

PEREIRA, Reginaldo de Oliveira. *Nas margens da Mogiana: as repercussões da cafeicultura no município de Orlândia (1901-1940)*. Dissertação (mestrado) – Unesp, Franca, 2005.

RESTITUTTI, Cristiano Corte. *As fronteiras da província: rotas de comércio interprovincial – Minas Gerais, 1839-1884*. Dissertação (Mestrado) – Unesp, Araraquara, 2006.

SAES, Alexandre Macchione; MARTINS, Marcos Lobato (org.). *Sul de Minas em transição: a formação do capitalismo na passagem para o século XX*. Bauru: Edusc, 2012.

SAES, Flávio Azevedo Marques de. *As ferrovias de São Paulo: 1870-1940*. São Paulo: Hucitec, 1981.

SECRETARIA DA AGRICULTURA. *Anuário estatístico de Minas Gerais – 1921*. Belo Horizonte: Imprensa Oficial, 1924, 5 v.

SENNA, Nelson. *Anuário de Minas Gerais*. Belo Horizonte: Imprensa Oficial, 1906.

______. *Anuário de Minas Gerais*. Belo Horizonte: Imprensa Oficial, 1913.

SILVA, Marcel Pereira da. *De gado a café: as ferrovias no sul de Minas Gerais (1874-1910)*. Dissertação (Mestrado), USP, São Paulo, 2012.

SILVEIRA, Victor. *Minas Gerais em 1925*. Belo Horizonte: Imprensa Oficial, 1926.

VALLE, José Ribeiro do; VALLE, Geraldo Ribeiro (editores). *Guaxupé: memória histórica*. 2ª ed. revisada. São Paulo, 2003.

______. *Guaxupé: memória histórica*. São Paulo, 1984.

VARGAS, Claudia Regina. *As várias faces da cidade: Bento de Abreu e a modernização de Araraquara (1908-1916)*. Dissertação (mestrado) – Unesp, Franca, 2000.

VEIGA, Bernardo Saturnino da. *Almanach Sul-Mineiro para 1874*. Campanha: Typ. Do Monitor Sul-Mineiro, 1874.

______________. *Almanach Sul-Mineiro para 1884*. Campanha: Typ. Do Monitor Sul-Mineiro, 1884.

WIRTH, John. *O fiel da balança: Minas Gerais na federação brasileira (1889-1937)*. Rio de Janeiro: Paz e Terra, 1982.

ZAMBONI, Maria Célia. *A Mogiana e o café: contribuição para a história da Estrada de ferro Mogiana*. Dissertação (mestrado) – Unesp, Franca, 1993.

São Sebastião do Paraíso

Estação da Companhia Mogiana de Estradas de Ferro em São Sebastião do Paraíso, hoje sede da Casa da Cultura da cidade, a qual abriga documentação histórica e museu. Fonte: Secretaria de Cultura de São Sebastião do Paraíso.

SÃO SEBASTIÃO DO PARAÍSO

o café e o gado na segunda década do século XX

Paulo Roberto de Oliveira

"Isto aqui é um paraíso".

Essa afirmação, aceita por muitos como verdadeira, é atribuída a Antônio Soares Coelho, o qual a teria proferido ao se deparar com a paisagem onde seria erigida a capela que deu origem ao núcleo urbano de São Sebastião do Paraíso. Segundo o relato repassado de livro em livro ao longo das décadas, tratava-se de uma campina verde, ocupada por alguns ipês e uma fonte de água cristalina. A narrativa, além de buscar a origem do nome da cidade, também serviu como fonte de uma das expressões muito utilizadas para tratá-la de forma afetiva: Cidade dos Ipês (CALAFIORI, 2005).

Quem chega à cidade mineira nos dias de hoje a partir do estado de São Paulo, cruzando cidades como a pequena Itirapuã, na fronteira paulista e São Tomás de Aquino, já do lado mineiro, facilmente impressiona o cenário que, apesar da sua proximidade, em muito difere do nordeste paulista. Ao contrário do mar verde-claro que marca a paisagem desta região tomada pela lavoura de cana de açúcar, ao chegar a São Sebastião do Paraíso o visitante se depararara com o mesmo verde, porém, de tonalidade distinta: a dos pés de café do Circuito das Montanhas Cafeeiras.[1]

Apesar da rubiácea atualmente concorrer com outras atividades menos representativa no cenário paraisense,[2] a sua implantação e persistência diz respeito a um

1 O Circuito das Montanhas Cafeeiras é um circuito turístico mineiro que agrega cidades cujo café desempenhou importante papel em suas formações e ainda permanece como importante atividade econômica. São elas São Sebastião do Paraíso, Guaxupé, Monte Santo, Arceburgo, Muzambinho, Guaranésia, Bom Jesus da Penha, Itamogi, Juruaia, Jacui, São Pedro da União e Bom Jesus da Penha.

2 Em 31 de dezembro de 2006, o município de São Sebastião do Paraíso possuía 556

processo que remete à mudança pela qual não só a economia regional, mas a brasileira também, passaram a partir das últimas décadas do século XIX e primeira do século XX com a expansão da lavoura cafeeira para além do estado de São Paulo, substituindo ou convivendo com atividades que antes marcavam as economias locais, como é o caso do gado para São Sebastião do Paraíso.[3]

O objetivo do texto que se segue é acompanhar as mudanças pelas quais passou a cidade mineira de São Sebastião do Paraíso do final do século XIX até a segunda década do século XX, momento em que a região já se dedicava com maior afinco à lavoura cafeeira, principalmente com a chegada da Companhia Mogiana de Estradas de Ferro (CMEF), sem deixar, contudo, de se vincular à criação e intermediação de gado que há muito a caracterizava. Para alcançar esses objetivos utilizaremos diferentes grupos de fontes: Atas da Câmara Municipal, dados do tráfego da Companhia Mogiana de Estradas de Ferro para a cidade, além do *Almanach Sul-Mineiro para 1874* e o Censo de 1920. O texto será dividido nas seguintes seções: no tópico 1 será realizada a contextualização da cidade no panorama mineiro e suas principais características; no tópico 2, acompanharemos as principais mudanças pelas quais a cidade passava na segunda década do século XX, por meio da Atas da Câmara Municipal. No tópico 3, articularemos as mudanças pelas quais a cidade passou desde o final do século XIX, destacando os esforços para a transformação no panorama urbano e os dilemas que surgiram a partir deste processo.

DO GADO AO CAFÉ? A TRANSIÇÃO PARAISENSE DO FINAL DO SÉCULO XIX ÀS PRIMEIRAS DÉCADAS DO SÉCULO XX

Podemos contextualizar melhor a cidade de São Sebastião do Paraíso e sua região, o sudoeste mineiro, por meio do que foi escrito a respeito de outro centro regional importante, até hoje em destaque: a cidade de Passos. Antônio Grilo, ao estudar esta última, pontuou que não se pode entender a história de Minas Gerais sem se recorrer à configuração de sua rede fluvial. Sendo assim, é na convergência das bacias do rio São Francisco e do rio Grande que se pode entender a história do sudoeste

---

estabelecimentos agropecuários com plantação permanente de café "arábica", na categoria com mais de cinquenta pés. O valor médio da produção anual de cada uma das unidades era de 76.963 reais. O número de estabelecimentos com plantio de cana de açúcar era de 42 unidades, com produção média de 2.804 reais. Disponível em: <www.cidades.ibge.gov.br/xtras/temas.php?lang=&codmun=316470&idtema=3&search=minas-gerais|sao-sebastiao-do-paraiso|censo-agropecuario-2006>. Acesso em: 4 nov. 2014.

3 Muitos trabalhos identificam a convivência entre a lavoura cafeeira e diferentes atividades durante o seu avanço pelo interior do estado de São Paulo. Podemos citar, por exemplo, Lélio Luís de Oliveira, que demonstra como o café na cidade de Franca conviveu com atividades que já existiam antes da chegada da rubiácea (OLIVEIRA, 2006).

mineiro e, dentro dele, a de São Sebastião do Paraíso (GRILO, 2009). O povoamento das regiões das nascentes, Canastra e suas vizinhanças, "refletiu a combinação entre unidades produtivas modestas, baseadas, sobretudo, no trabalho familiar, mas capazes de produzir excedentes à malha das barganhas, em todas as suas variáveis". Estes estabelecimentos se formaram pela fixação de antigos boiadeiros e negociantes, com grande presença paulista, ampliada mais tarde por entrantes vindos da comarca do Rio das Mortes (GRILO, 2009, p. 132-133). A importância dos rios na formação socioeconômica regional ficou registrada no *Almanach Sul Mineiro para o ano de 1874*, em que se descreve o papel dos mesmos para o desenvolvimento da economia regional por meio da sua utilização como meio de transportes. Destacavam-se, já àquela altura, o rio Grande, rio Sapucaí e rio Verde (VEIGA, 1874, p. 23).

Fundado em 1873, o município de São Sebastião do Paraíso teve sua origem no município de Jacuí o qual, por sua vez, se desmembrou do município de Campanha em 1814. Ao longo do século XIX Jacuí se desmembrou e deu origem a novos municípios, entre eles Alpinópolis, Aceburgo, Cabo Verde, Conceição Aparecida, Capetinga, Cássia, Claraval, Fortaleza de Minas, Guaranésia, Guaxupé, Ibiraci, Itamogi, Itaú de Minas, Juruáia, Monte Santos de Minas, Muzambinho, Nova da União, São Sebastião do Paraíso e São Tomás de Aquino (CALAFIORI, 2005, p. 27-28). Podemos reforçar a tese da importância da pecuária na formação regional recorrendo às atividades empreendidas pelas famílias que ali chegaram. A família Antunes, que esteve na origem desta empreitada, dedicava-se à criação e venda de gado (CALAFIORI, 2005, p. 42).[4]

Em 1874 a maior parte da produção de São Sebastião do Paraíso era voltada para os mercados locais, na falta de meios de comunicação que poderiam fazer com ela alcançasse mercados mais distantes:

> (...) particularmente o milho, feijão, arroz, gado cavalar, muar, etc, cultivam-se e criam-se para o consumo local, sendo portanto exclusivamente objeto de comércio interno; devido isto à falta ou à dificuldade de transportes para exportá-los para os grande mercados consumidores. (VEIGA, 1874, p. 31)

No panorama regional, o café era exportado somente pelos municípios mais próximos das fronteiras com São Paulo e com o Rio de Janeiro, principalmente Pouso

4 A importância do gado para a ocupação do interior do Brasil é assunto explorado por diversos autores. Entre os clássicos, podemos citar Furtado, 1963, além de Prado Júnior, 1967. Os dois autores reconhecem a pecuária como atividade que escapava ao domínio metropolitano e permitia a acumulação dentro da colônia, além de ser responsável pela ocupação de áreas interiores que vão desde o atual nordeste brasileiro, até o atual estado do Rio Grande do Sul.

Alegre e Jaguari. O gado era o item com maior importância, produzido em todos os municípios da região, com destaque para Alfenas, Passos, São Sebastião do Paraíso, Caldas, Três Pontas e Dores da Esperança. As exportações anuais da região para Rio de Janeiro e São Paulo eram estimadas em 70 mil cabeças. No total das médias de exportações, o café ocupava o terceiro lugar, atrás do fumo e do toucinho, com 34 mil arroubas (VEIGA, 1874, p. 31-33).

O predomínio das exportações de gado em uma região carente de meios de comunicação modernos e eficazes é algo que caracteriza não só o sul-mineiro. Outras regiões, como Goiás, na mesma situação, também tinham o gado como seu principal produto. Isso se explica pela maior possibilidade que o gado, por sua natureza, possui para alcançar mercados mais distantes: é um produto que se autotransporta. As vias de comunicação da região de São Sebastião do Paraíso eram descritas como "trilhos feitos a casco de animal e conservados pelo sol", com raros trechos de caminho sofrível mantido pelos municípios ou pela província. Os mais concorridos eram aquelas que levavam a São Paulo. Em 1874 era esperada a chegada dos trilhos de companhias paulistas e do Rio de Janeiro, os quais viriam a integrar a economia regional em um panorama mais amplo, em conjunto com a navegação dos rios sul-mineiros (VEIGA, 1874, p. 36).

Outra consideração que deve ser feita é sobre a posição sul-mineira como produtora para a Corte ou então como rota para produtos das regiões centrais brasileiras que desciam naquela direção. Muitos pesquisadores já destacaram rotas de comércio que do Rio de Janeiro passavam pelo sul de Minas Gerais rumo aos "sertões".[5] Apesar dessas pesquisas não se deterem no caso específico de São Sebastião do Paraíso, temos que considerar a cidade como possível parte ativa deste circuito; as barreiras pelas quais o comércio de importação e exportação sul-mineiros eram realizados mostram que parte do que era importado provinha da região de Uberaba, via Ponte Alta e Jaguará (VEIGA, 1874, p. 35). Essa é uma informação importante, pois era por Uberaba, no Triângulo Mineiro, que desciam as boiadas que até o final do século XIX encaminhavam-se ao Rio de Janeiro e, mais tarde, no novo século, cada vez mais à economia paulista. (OLIVEIRA, 2014)[6]

A manutenção da passagem do comércio goiano por Minas Gerais continuou a ser uma preocupação décadas mais tarde, durante o governo republicano. Em 1893 era defendida a ampliação das estradas de ferro para que essa prática se perpetuasse.[7]

5 Alcir Lenharo, por exemplo, trata da produção sul-mineira que alcançava a Corte no século XIX e como a ligação entre sul de Minas e capital fez surgirem importantes grupos políticos na região. Ver Lenharo (1979).

6 Esta tese mostra como o gado que descia via Uberaba rumo à Corte e mais tarde capital federal teve seu fluxo redirecionado para São Paulo a partir da expansão da economia paulista, pelo desenvolvimento de seu complexo cafeeiro.

7 Mensagens dos presidentes do estado de Minas Gerais, 1893, p. 14, a partir de agora,

Nesse panorama, na década de 1870, mesmo período em que a cidade de Jacuí parecia estagnada, São Sebastião do Paraíso se destacava por um núcleo urbano que contava com 239 casas, duas sendo sobrados, duas igrejas, uma capela no distrito do Prata, oito ruas, três praças. Cultivava café, cana, fumo e cereais. Havia criação de bois e suínos, com a exportação anual de 2 mil bois e 1500 porcos (VEIGA, 1874, p.246). O *Almanach Sul-Mineiro para o ano de 1874* ao descrever a cidade testemunha a situação do núcleo urbano e seu isolamento:

> Colocada no cimo de uma montanha arenosa, de longe se avista a vila de São Sebastião do Paraíso, orgulhosa por não desmentir seu nome. Quem a procura sente expandir-se sua alma; o pavor da temerosa solidão, que se alongou diante dos olhos do viajante e assaltou seu espírito dissipa-se ao aproximar-se ele da florecente povoação. (VEIGA, 1874, p. 345)

Segundo J. D. Wirth, até as primeiras décadas do século XX muitas regiões mineiras possuíam uma articulação precária com o centro administrativo estadual (WIRTH, 1982). Com São Sebastião do Paraíso e o sul de Minas como um todo, a situação não era diferente. A distância de São Sebastião do Paraíso em relação ao centro administrativo mineiro se nota, entre outras coisas, pelo itinerário dos correios àquela altura: a ligação era feita via São Paulo, pelo correio que seguia de Passos a Cajuru de cinco em cinco dias (VEIGA, 1874, p. 347).

Foi o potencial da região e sua próxima localização à fronteira paulista que atraíram os trilhos da estrada de ferro São Paulo-Minas. Em 1889 a ascensão da cidade no panorama sul-mineiro pode ser notada pela inversão dos papéis com relação a Jacuí. Nessa data, eram as posturas de São Sebastião do Paraíso que eram as aplicadas naquela cidade.[8]

A ASCENSÃO DO CAFÉ E A PERMANÊNCIA DO GADO

Em 1900 a cidade de São Sebastião do Paraíso já contava com uma população de 25.623 pessoas. Ao final da primeira década do século XX já era colocada como uma das maiores produtoras de café do sul mineiro, com a produção de 187.500 sacas de 60 quilos de café na safra de 1909-1910. Nessa época havia uma significativa

---

abreviadas como MPEMG. Todas as mensagens de presidentes de província consultadas estão disponíveis em: <www.crl.edu/brazil/provincial> e foram consultadas no primeiro semestre de 2014.

8 Fala que à Assembleia Provincial de Minas Gerais dirigiu por ocasião da instalação da Segunda Sessão da 27ª legislatura, em 4 de julho de 1889, o 1º presidente de província. Disponível em: <www.crl.edu/brazil/provincial/minas_gerais>. Acesso em: jun. 2014.

importação de produtos do Rio de Janeiro, como o açúcar, álcool e água ardente (JACOB, 1910). Foi esse potencial que atraiu as ferrovias.

Em 1915, o estado de Minas Gerais possuía em seu território um total de 5.745 quilômetros em estradas de ferro. Destes, 31 quilômetros pertenciam à estrada de Ferro São Paulo-Minas, partindo da divisa do estado até o município de São Sebastião do Paraíso (MPEMG, 1915, p. 103.). No ano anterior, no dia 7 de setembro, a Companhia Mogiana de Estradas de Ferro havia inaugurado a sua estação na cidade, localizada na mesma rua que a da São Paulo-Minas, separadas por algumas centenas de metros. A linha da CMEF que alcançava São Sebastião do Paraíso fazia parte da Rede Sul-Mineira, adquirida por ela dentro de seus esforços para continuar tendo o café como o produto mais transportado em seus carros (OLIVEIRA, 2007, p. 65). Resumir a questão das ferrovias e seu papel para economia brasileira ao transporte de café, além de fortalecer um "sudoestecentrismo" – pois foi ali que o café teve o seu papel mais importante – desconsidera o importante desempenho de outras mercadorias para a composição do tráfego das ferrovias, mesmo quando nos referimos às que ficaram conhecidas por parte da bibliografia como ferrovias do café, como a CMEF.[9]

De início a Mogiana, formada a partir da iniciativa de produtores paulistas de café, aparentemente buscava desdobrar-se em direção às áreas para onde essa lavoura se encaminhou. Contudo, uma análise mais detida nos revela que a diretoria da ferrovia possuía em seu horizonte a possibilidade de ganho com o mercado interno brasileiro, pela chegada até as regiões centrais do Brasil, ultrapassando o Triângulo Mineiro e o estado de Goiás.[10] Foi a experiência frustrada com o transporte de produtos ligados ao mercado interno, em tráfego nas estações do Triângulo Mineiro, que forçou a ferrovia a rever seus planos e direcionar os investimento para as regiões potenciais produtoras de café, como é o caso do sul e sudoeste de Minas Gerais (OLIVEIRA, 2007). Durante o seu avanço, a CMEF possuiu grande importância na ligação de regiões mineiras – Sul e Triângulo – e goianas à economia paulista.[11] A busca do setor de transportes paulista por regiões que ultrapassavam as suas fronteiras articulava uma série de interesses: companhias ferroviárias, produtores e administradores das áreas a serem servidas e, com destaque, os administradores do estado de São Paulo, os quais buscavam drenar a produção das diferentes regiões para o seu porto[12] e também a ma-

---

9 Sobre a importância do café para o tráfego das ferrovias paulistas, ver Matos (1974), além de Saes (1981); sobre a importância de outros produtos para o tráfego das ferrovias e a relativização do papel do café ver Queirós (2004), além de Nunes (2005).

10 Sobre os planos da CMEF para chegada até as regiões centrais do Brasil, ver Pêssoa Júnior (1886. p. 383).

11 Ver Matos (1974); Saes (1981).

12 Já no final do século XVII e início do século XVIII o porto de Santos possuía importante papel ligado à comercialização de produtos alimentícios e gêneros diversificados

nutenção de circuitos comerciais que serviam como garantia nos momentos de quebra da safra de alimentos paulista (OLIVEIRA, 2014).

Desde o final do século XIX as lavouras de café em terrenos mineiros se proliferaram, como demonstram os dados a seguir, tendo como região privilegiada a Zona da Mata e secundária o sul de Minas:

Tabela 1 – Produção de café pelo estado de Minas Gerais, 1860 – 1908, em quilos

Ano	Produção	Ano	Produção	Ano	Produção
1860-61	8.631	1878-79	60.887	1894	61.154
1864-65	22.140	1879-80	42.590	1895	101.022.
1865-66	19.556	1880-81	1880-81	1896	107.362
1866-67	32.254	1881-82	52.753	1897	172.244
1867-68	31.964	1882-83	84.128	1898	132.470
1868-69	41.903	1883-84	53.883	1899	139.954
1869-70	22.340	1884-85		1900	104.196
1870-71	45.515	1885-86	86.653	1901	188.215
1871-72	18.507	1886-87	96.849	1902	178.121
1872-73	39.591	1888	75.714	1903	187.278
1873-74	22.575	1889	69.445	1904	129.504
1874-75	47.359	1890	58.253	1905	137.401
1875-76	30.015	1891	69.633	1906	173.788
1876-77	39.355	1892	67.909	1907	159.729
1877-78	36.958	1893	62.397	1908	

Fonte: Jacob (1910).

As referências à lavoura cafeeira e sua importância econômica apareciam como pautas recorrentes nas mensagens dos presidentes de estado de Minas Gerais. No início do século XX essa lavoura era a responsável pela maior parte das rendas estaduais provenientes do imposto de exportações; teve seu lugar ameaçado somente durante a segunda década, quando o mercado mundial, fechado para este item, passou a demandar o gado em maior quantidade e fez aumentar as suas exportações por Minas Gerais. No ano de 1917 o café cedeu, temporariamente, o primeiro lugar para o gado

(MOURA, 2013). No início do século XX, a *interland* do porto de Santos já se estendia até o sul de Goiás e Mato Grosso, sul de Minas Gerais e Paraná (ARAÚJO FILHO, 1969, p. 74).

no quadro de exportações mineiras, segundo o seu valor (MPEMG, 1918, p. 122).[13]

O café com o avançar dos anos ganhou cada vez mais importância na região de São Sebastião do Paraíso:

Tabela 2 – Produção de café em municípios da região de São Sebastião do Paraíso, 1909 - 1910

Zonas	Avaliação em sacas de 60 quilos
São Sebastião do Paraíso	187.500
Monte Santo	125.000
Guaranésia	125.000
Guaxupé	100.000
Jacutinga	87.500

Fonte: Jacob (1910).

São Sebastião do Paraíso era um dos municípios que poderiam dar continuidade aos ganhos da CMEF com o transporte de café. Como podemos notar pela comparação entre os dados do *Almanach Sul Mineiro para o ano de 1874* e o Censo de 1920, nas quatro décadas e meia entre a publicação desses dois levantamentos, São Sebastião do Paraíso passou por mudanças significativas no que tange à sua estrutura econômica e, como veremos em tópico posterior, no seu panorama urbano. O café, pouco representativo para toda a região na década de 1870, alcançou novos patamares na segunda década do século XX, o que pode ser acompanhado pelos dados de tráfego da CMEF na cidade.

13 Naquele ano as exportações agropecuárias alcançaram o valor de 164.211:081$870, contribuindo com 46,1% do valor total, contra 104.273:454$830 das agrícolas, que contribuíram com 29,25% do total. É possível notar uma diversificação da produção dos estados de São Paulo e Minas Gerais durante a segunda década do século XX, ligada à Primeira Guerra Mundial. Com o conflito, a economia mundial se fechou para o café e aumentou a sua demanda por gado, fazendo com que as exportações brasileiras desse item – produzido ou intermediado por São Paulo e Minas Gerais – se expandisse. Ao mesmo tempo, com o deslocamento dos fatores produtivos ligados tradicionalmente ao café, outras lavouras aumentaram a sua produção. Winston Fritsch (1990) registrou a mudança da estrutura das exportações brasileiras durante o período. O assunto também é tratado por Wilson Suzigan, o qual afirmou que o conflito trouxe a necessidade de diversificação da estrutura industrial brasileira. A expansão dos frigoríficos em busca de quantidades cada vez maiores de gado de Minas Gerais, Goiás e Mato Grosso faz parte deste contexto. Ver Suzigan (1986).

Gráfico 1 – tráfego de produtos selecionados na estação da CMEF em SSP, em toneladas

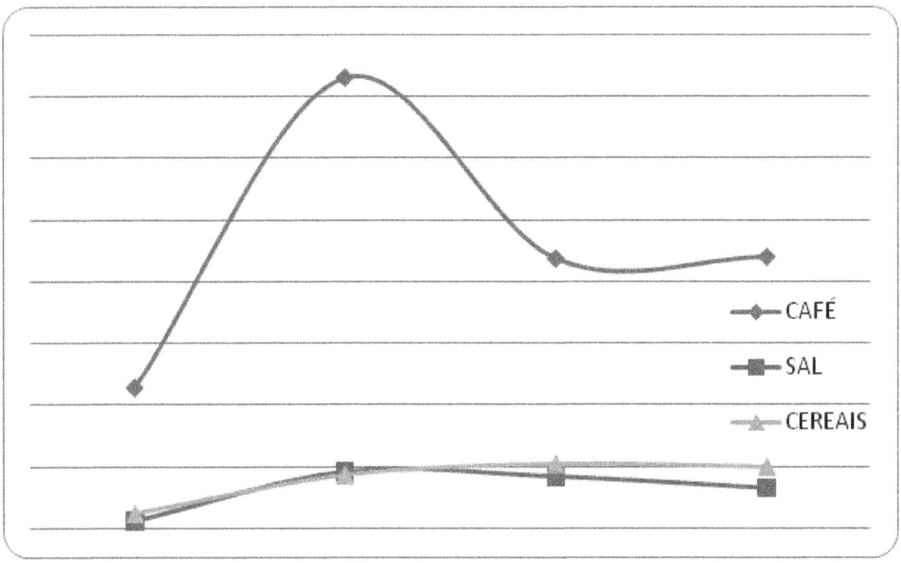

Fonte: Relatórios da CMEF para aprovação em Assembleia Geral, 1915–1918.
Os dados de tráfego somam embarques e desembarques na estação para cada ano.

A movimentação de alguns produtos selecionados na estação da Companhia Mogiana, em São Sebastião do Paraíso, conforme o gráfico acima, revela certa estabilidade no que se refere ao tráfego de sal e cereais. O sal era item relevante, importado em quantidades consideráveis por áreas criadoras de gado ou por centros a partir dos quais este item poderia ser redistribuído para estas áreas. Em Uberaba, cidade com estas características, o tráfego de sal foi de 1.612,36 toneladas em 1914, de 1.573,45 em 1915, de 1.756,68 em 1916 e, finalmente, de 1.948,62, em 1917. Ao mesmo tempo, em São Sebastião do Paraíso os dados para o tráfego de sal foram de 130,83, 932,40, 852,77 e 666,99 nos respectivos anos.

Quanto ao café, após o pico de 1915, seguiu-se a estabilidade nos dois anos seguintes. O quadro constituído a partir dos dados disponíveis não é o mais propício para uma análise mais profunda por tratar-se de um período atípico. Com a eclosão da Primeira Guerra Mundial, como aconteceu no estado de São Paulo, também em Minas Gerais as exportações de café diminuíram. Essa pode ser a explicação para a queda após o pico de 1915. Apesar disso, é importante ressaltar que em São Sebastião do Paraíso era embarcado café até mesmo do estado de São Paulo.[14]

14 Atas da Câmara Municipal de São Sebastião do Paraíso (de agora em diante abreviadas como ACMSSP) 18 de julho de 1915.

A ressalva acerca da Primeira Guerra Mundial também é necessária para o caso do gado, que se vê no Gráfico 2:

Gráfico 2 – comparação entre o tráfego de animais na estação da CMEF em São Sebastião do Paraíso e o tráfego geral de animais na Rede de Viação Sul-Mineira, em cabeças

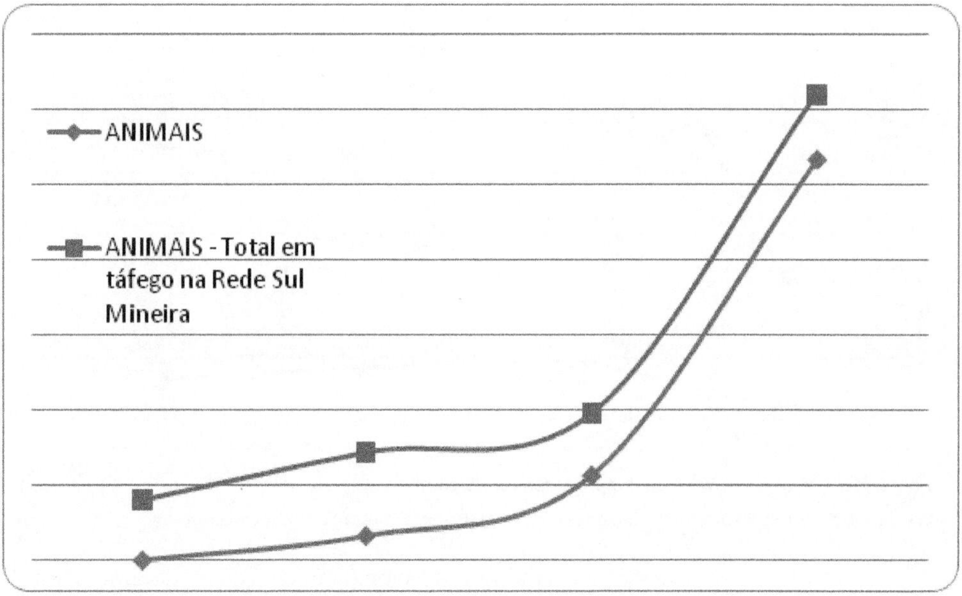

Fonte: Relatórios da CMEF para aprovação em Assembleia Geral, 1915–1918.
Os dados de tráfego somam embarques e desembarques na estação para cada ano.

Durante o conflito mundial, o gado rivalizou com o café na pauta de exportações do estado de Minas Gerais, o que não consituiu uma situação atípica, dado o aumento da procura mundial por carne durante a guerra. Como está registrado na mensagem de Delfim Moreira para no ano de 1916:

> A guerra européia veio impulsionar fortemente a nossa indústria pastoril. Os países em luta, obrigados a suspender ou, pelo menos, reduzir a produção pastoril, precisam de grandes suprimentos de carnes para seus exércitos e estão recorrendo aos mercados estrangeiros.
>
> Este fato veio a reanimar a indústria, até então limitada ao consumo interno e fazer dela um considerável fator econômico. (MPEMG, 1916, p. 92)

Neste ano de 1916, as exportações de gado foram feitas principalmente pelo porto de Santos, com 7.946.745 quilos, no valor de 5.789:112$000. Pelo Rio de Janeiro foram exportados 563.633 quilos, no valor de 379:687$000. Os principais destinos eram Inglaterra, Itália, Estados Unidos e França (MPEMG, 1916, p. 93).

A retração das exportações regionais de café se confirma se compararmos as oscilações do tráfego na estação de São Sebastião do Paraíso com a do Ramal Sul--Mineiro:

Gráfico 3 – Comparação entre o tráfego de café na estação da CMEF em São Sebastião do Paraíso e o total em tráfego na Rede de Viação Sul Mineira, em toneladas

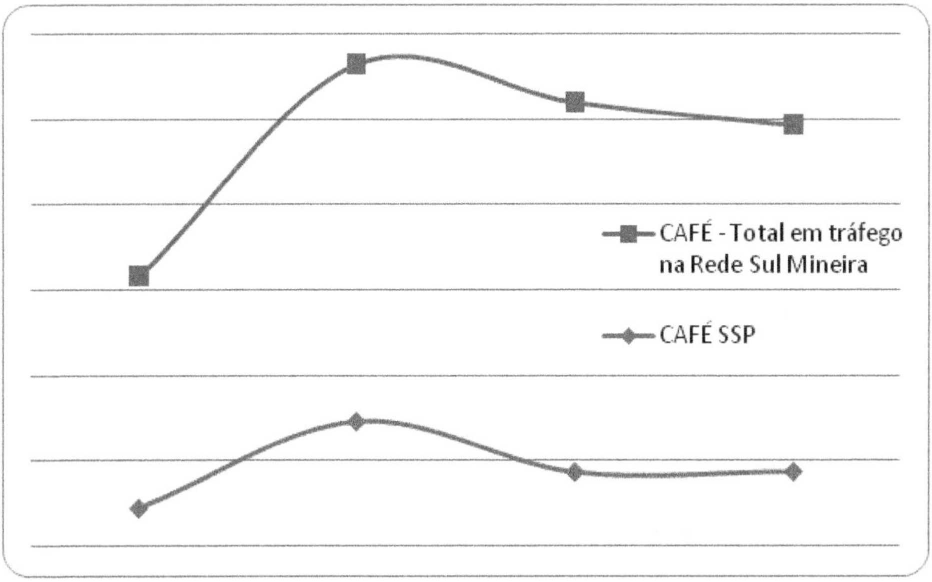

Fonte: Relatórios da CMEF para aprovação em Assembleia Geral, 1915–1918.
Os dados de tráfego somam embarques e desembarques na estação para cada ano.

Se em relação ao gado o tráfego em São Sebastião do Paraíso alcançou posição privilegiada dentro da Rede de Viação Sul-Mineira sob administração da CMEF, o café alcançou importância menor. A oscilação denota a esperada diminuição dos embarques durante a Primeira Guerra Mundial. No ano de 1914, foram 2.283,57 toneladas em tráfego na estação de São Sebastião do Paraíso, contra 15.788,17 no ramal sul-mineiro. Em 1915, ano de maior tráfego entre os selecionados na estação da CMEF em São Sebastião do Paraíso, registrou-se 7.311,40 nesta, contra 28.195,34 no ramal. No quinquênio foram 18.370,08 toneladas em tráfego na estação de São Sebastião do Paraíso, contra 94.595,99 toneladas no ramal. Na média, portanto, o tráfego em São Sebastião do Paraíso constituiu 19% do total.

De fato, muitas das preocupações da Câmara Municipal da cidade na década de 1910 eram ligadas ao gado, e não ao café. Há ações para o tabelamento dos preços das carnes verdes fornecidas aos habitantes da cidade, tentativas de atração de empresas para construção de frigoríficos e, o que é sintomático, com os prejuízos que a linha da estrada de ferro São Paulo-Minas poderiam trazer aos produtores de gado, por não serem cercadas. Em 16 de junho de 1915 as principais discussões da Câmara Municipal giravam em torno do pedido ao governo estadual de instalação de um posto zootécnico na cidade e sobre a concessão para o abate de gado no município. A procura do gado mineiro nos mercados municipais, e o consequente aumento do preço da carne, fizeram com que os representantes municipais abrissem nova concorrência para o fornecimento do produto em 18 de julho de 1915.

Os organizadores do *Almanach de 1874* conheciam muito bem a premissa de que os meios de transporte se apresentam como um limite para a economia.[15] Segundo esse documento, a pequena relevância dos produtos para exportação do sul-mineiro na década de 1870 devia-se à falta de meios de transporte mais eficazes, que levassem ao aumento da produção de itens destinados a mercados mais distantes. O Censo de 1920 mostra mudanças no que se refere aos itens produzidos na região. Essa mudança pode ser entendida pelo avanço do café, irradiado de São Paulo, e pela expansão dos trilhos que também levavam a este Estado: em um primeiro momento a estrada de ferro São Paulo-Minas[16] e, mais tarde, a Companhia Mogiana de Estradas de Ferro, em 1914. Menções a EFSPM não eram raras nas Sessões da Câmara Municipal de São Sebastião do Paraíso. A companhia aparecia em alguns momentos como provedora de melhorias, como os reparos na rua na qual se encontrava a sua estação, e em outros em meio a polêmicas, como a ameaça constituída pela passagem de seus trilhos por entre as fazendas criadoras de gado.

> Considerando que as linhas abertas no trecho percorrido pela São Paulo-Minas no território deste município constituem um grande perigo e prejudica seriamente os proprietários e criadores e têm sido muitas as morte de animais ocasionadas pelos trens daquela companhia, que com desrespeito à lei tem se recusado a indenizá-los pelos prejuízos (...) indico que seja oficiado o o superintendente daquela estrada (...) fazendo-lhe sentir a necessidade de cercar os trilhos.[17]

---

15 A problemática dos meios de comunicação e sua importância para o desenvolvimento econômico é abordado, por exemplo, em Braudel (1977).

16 De agora em diante abreviada como EFSPM.

17 ACMSSP, 2 jul. 1913, p. 82.

É interessante que as críticas mais contundentes feitas até o momento com relação a EFSPM tiveram lugar na mesma sessão da câmara cuja a abertura foi marcada pelo convite ao presidente do estado de Minas Gerais para que comparecesse às festividades de inauguração dos trilhos da Companhia Mogiana em São Sebastião do Paraíso.

Apesar da chegada da EFSPM ter sido anterior, quando a Mogiana instalou-se a poucas centenas de metros na mesma rua, a companhia mostrou-se incapaz de concorrer com a grande empresa paulista e recorreu à Câmara Municipal para que pudesse se manter. Na sessão de 18 de julho de 1915 foi lido requerimento que exaltava os serviços prestados pela companhia à cidade e a necessidade de solicitar auxílio ao Ministério da Viação Pública para que fosse dada à empresa garantia de juros. Na falta de dados para a elaboração do pedido ao governo federal, a Câmara decidiu oficiar a sede da empresa no estado de São Paulo, para que esta fornecesse os dados de movimentação da ferrovia, no intuito de fortalecer a argumentação em torno da necessidade de manter sua linha na cidade e de protegê-la.[18]

OS ESFORÇOS PARA A TRANSFORMAÇÃO NO PANORAMA URBANO DE SÃO SEBASTIÃO DO PARAÍSO E A CONCRETIZAÇÃO DE CIRCUITOS POLÍTICOS E COMERCIAIS

As mudanças no panorama urbano da cidade de São Sebastião do Paraíso na segunda década do século XX não diferem, à primeira vista, das mudanças que as cidades que se incorporavam de alguma maneira ao complexo cafeeiro paulista testemunhavam. No caso em questão assistimos a uma cidade que, além de ser tocada por ferrovias que levavam a São Paulo, ainda mantinha algumas características já notadas no final do século XIX. Era uma cidade que passava juntamente com a região na qual se inseria a produzir em maior quantidade o principal item da economia nacional àquela altura: o café.

Ao contrário do que possa parecer, a chegada da ferrovia não resolvia todos os problemas de transportes de mercadorias das cidades que tocava. Podemos notar nas Atas da Câmara Municipal de São Sebastião do Paraíso as tentativas constantes de reformas das estradas e de construção de pontes. Em 1912 os representantes do município trataram da necessidade de coordenação entre as cidades da região para que fossem feitas a manutenção das estradas e construção de outras necessárias. Na ocasião a Câmara Municipal autorizou o Agente Municipal a entrar em contato com os representantes das cidades de Monte Santo, Passos, Jacuí, Santa Rita de Cássia e Santo Antônio da Alegria para que o plano fosse colocado em prática, incluindo a construção de ponte que melhoraria a comunicação entre os núcleos urbanos.[19]

---

18 ACMSSP, 1915.

19 ACMSSP, 1 jun. 1912.

As estradas de terra necessitavam de manutenção constante. Para os paraisenses, no início da segunda década do século XX esse foi um grande problema, visto que as condições financeiras do município não possibilitavam esse cuidado. Naquele mesmo ano, foi aprovada a tomada de empréstimo de 350 contos de réis, com o oferecimento dos impostos municipais como garantia. O empréstimo não trouxe total alívio à condição delicada na qual o município encontrava-se, sem condições de arcar com todos os serviços e melhoramentos urbanos necessários.

Na falta de verbas públicas para a construção e manutenção de estradas, a saída encontrada pelos municípios que necessitavam empreender esses serviços, em muitos casos, era a concessão à iniciativa privada. Em São Sebastião do Paraíso, no início de 1913 (18 de janeiro) foi aprovada concessão para que se estabelecesse uma linha de automóveis entre o núcleo urbano e São Tomás de Aquino, com a necessidade de ainda se discutir os impostos que a empresa pagaria e os que seriam isentados.[20]

Outra concessão importante – e que demonstra as ligações privilegiadas da cidade com o estado de São Paulo, já dinamizadas por meio de suas duas ferrovias – foi a requerida por José de Oliveira Rezende para uso e gozo de uma linha de automóveis que iria no mesmo sentido da requisição anterior, de 1913, saindo de São Sebastião do Paraíso até as raias do estado de São Paulo, passando pela povoação de São Tomás de Aquino. Pedia o privilégio pelo prazo de 25 anos. Solicitava a desapropriação dos terrenos necessários à passagem da estrada assim como dos terrenos necessários à edificação de armazéns e garagens. Requeria também isenção de impostos municipais.[21] A estrada que ia da cidade até a vila de São Tomás de Aquino recebia atenção especial da municipalidade. Sempre eram solicitadas as melhorias necessárias, a manutenção de pontes e a construção de outras; era por meio dessa rota que se chegava à fronteira paulista e a cidades importantes do nordeste deste estado, como Franca. As preocupações com as estradas continuaram a fazer parte dos debates da Câmara mesmo após o estabelecimento dos trilhos da CMEF.

O governo do estado também se esforçava para a melhoria dos meios de circulação, visando a integração econômica de algumas áreas e a dinamização da economia de outras. Foram registradas, por exemplo, as seguintes linhas na MPEMG para o ano de 1917:

> No Brasil, assim como em todos os países novos, o problema das estradas e dos caminhos é relevante e fundamental. Da multiplicação das estradas e dos caminhos surgirão soluções para diversos outros problemas em foco. A educação e a instrução da mocidade, a produção e a exportação, o povoamento do solo e o movimento

20 ACMSSP, 18 jan. 1913.

21 ACMSSP, 26 set. 1914.

> econômico geral, tomam grande impulso se é bem intensificada a viação geral e facilitada a comunicação entre os povos.(MPEMG, 1917, p. 76)

Outra preocupação presente, que precede a chegada dos trilhos e a ultrapassa, é aquela que se refere às melhorias urbanas e ao estabelecimento de serviços públicos. Havia preocupação com o reparo de ruas existentes e a construção de novas, com o abastecimento de água, com as linhas telegráficas etc.

Em 1908, alguns habitantes se organizaram para cobrar das autoridades municipais a instalação de luz elétrica na cidade. Como resposta, o Agente Executivo declarou que a concessão para o serviço já havia sido dada, mas que, após pouco tempo, o privilégio fora abandonado. O maior problema apresentado para que o município levasse adiante os planos de eletrificação eram as condições financeiras da Câmara. O Agente Executivo declarava que a municipalidade não tinha meios para adquirir uma queda d'água que viabilizasse a concessão. Contudo, o município poderia declarar a desapropriação dos terrenos necessários, desde que a empresa que assumisse os trabalhos arcasse com os custos.[22] Em 1910 a questão do fornecimento de força e luz ainda não estava resolvida. Naquele ano foi dada nova concessão.[23]

O governo estadual defendia a qualidade das quedas d'água existentes em todo o estado para a geração de eletricidade; em 1918 estavam registradas 1200 quedas d'água e cem já estavam aproveitadas na geração de força e luz não só para cidades mineiras, mas também para as de estados vizinhos. A Lei Estadual n. 573, regulamentada pelo Decreto 3735 originou diversas concessões provisórias para o estudo de quedas d'água localizadas em rios públicos, o que foi aproveitado por diversos municípios naquele ano. Entre eles, não estava relacionado São Sebastião do Paraíso (MPEMG, 1918, p. 109).

Além destes serviços citados, também havia a articulação para a canalização de rios, regularização para o tráfego de veículos de carregamento, pedidos de privilégio para a construção de um mercado e de um teatro municipal. Cada um destes temas recebeu um tratamento cuidadoso por parte dos representantes, não só por sua importância para o estabelecimento do novo panorama urbano pretendido, mas, principalmente, porque essas pretensões via de regra colidiam com o estado financeiro do município. A discussão sobre a canalização do rio nem ao menos foi estudada; as verbas do município em 1911 não eram suficientes para tanto.[24]

Em muitos casos, assim como acontecia com a construção de estradas, as melhorias urbanas eram concretizadas por meio de concessões. Foi o caso da tentativa

22 ACMSSP, 24 jun. 1908.

23 ACMSSP, 19 set. 1910.

24 ACMSSP, 13 jun. 1911.

de construção de um novo mercado municipal e de um teatro, em 1912. No dia 22 de abril desse ano, a Câmara Municipal de São Sebastião do Paraíso se reuniu em sessão extraordinária para tratar de diversos requerimentos, entre eles o que pediam privilégios para a construção do teatro e do mercado municipal. Infelizmente não há maiores informações sobre os privilégios pedidos e o período pelo qual as concessões vigorariam.[25]

Todos estes casos nos apresentam uma cidade que se moderniza e busca regulamentar este momento de expansão de suas atividades urbanas. É um processo que, dadas as especificidades, ocorria em outros centros regionais importantes, como Corumbá – que buscava o melhoramento constante do seu panorama urbano e a regulamentação das diferentes atividades, como as de grupos religiosos – e Uberaba, que no início do século XX discutia a necessidade de livrar as ruas de animais mortos, além de questões mais prementes, como o abastecimento de água e a iluminação pública.[26]

Os governos locais e o estadual se articulavam, não só para a abertura e a manutenção de vias de comunicação, mas também para a realização das melhorias urbanas necessárias. Para São Sebastião do Paraíso no período estudado há relações aparentemente bem estabelecidas entre o governo municipal e Delfim Moreira, quando este ainda exercia cargo de secretário estadual do presidente de estado Bueno Brandão. Em junho de 1913 um ofício de Delfim Moreira anunciava a liberação de 40:000$000 para a construção do prédio destinado ao grupo escolar da cidade.[27] Em setembro de 1914, quando Delfim Moreira já havia alcançado o cargo de presidente do estado, a Câmara Municipal de São Sebastião do Paraíso aprovou uma homenagem a ser feita ao mesmo e a Júlio Bueno Brandão, ex-presidente de Minas Gerais.[28]

Existia uma política permanente do estado de Minas Gerais destinadas aos governos municipais para o auxílio às melhorias urbanas necessárias. Foi a Lei n. 546 de 17 de setembro de 1910 que criou o serviço de empréstimos municipais. Ela foi regulamentada no mesmo ano, pelo Decreto n. 2.977, de 27 de setembro, e colocada em prática em 6 de maio de 1911, com a assinatura do primeiro contrato. Seu objetivo era auxiliar no saneamento das cidades mineiras, no aproveitamento das quedas d'água para o desenvolvimento das indústrias locais, entre outros assuntos. Em 1912, 43 municípios já haviam assinado o contrato (MPEMG, 1912, p. 30-31).

---

25 ACMSSP, 22 abr. 1912.

26 Sobre Corumbá e os esforços para a normatização do espaço urbano ver Souza (2008); sobre Uberaba, ver Oliveira (2012).

27 ACMSSP, 13 jul. 1913.

28 ACMSSP, 26 set. 1914.

CONCLUSÃO: UMA CIDADE, DIFERENTES PROCESSOS

Os caminhos – as estradas por terra ou sobre trilhos, os caminhos fluviais etc. – podem ser entendidos como um limite para a economia. Da década de 1870 até a segunda década do século XX, em que empreendemos análise mais detida, São Sebastião do Paraíso teve possibilidades de manter e aprimorar as suas ligações por terra com outros centros regionais e, o que é mais significativo do ponto de vista de sua economia, foi tocada pelos trilhos de duas ferrovias que levavam a São Paulo. Ao mesmo tempo em que a cidade voltava-se em grande medida para a economia paulista, buscava relações estreitas com o governo estadual mineiro para a aquisição de auxílio que ajudasse a resolver questões urbanas prementes, típicas de cidades que passavam por momentos de expansão econômica e urbana.

A chegada de ferrovias paulistas à região denota a integração da mesma à economia que maior dinamismo alcançou durante a Primeira República – a economia cafeeira, representada pelo complexo cafeeiro paulista (CANO, 1977). As ferrovias carregam consigo um significado econômico e cultural em muitos casos difícil de apreender, como a esfinge que ao não ser desvendada consome o seu interlocutor; carregam o significado do *catch me if you can*, muito bem colocado por Francisco Foot Hardman (1988, p. 39). Para São Sebastião do Paraíso, a recepção dos trilhos da CMEF, feita com festa não só nesse núcleo urbano, mas nas cidades pelas quais cruzava enquanto se aproximava, acelerou a incorporação da cidade à economia mundial via economia paulista.[29]

Ao mesmo tempo em que os paraisenses podiam servir-se do sistema de transportes paulista, buscavam junto ao seu governo estadual verbas para as melhorias urbanas de que necessitava, valendo-se de política estabelecida pelo governo estadual em busca de auxiliar o desenvolvimento dos municípios mineiros e, tanto quanto isso, estreitar os laços políticos entre o centro e os municípios. A distribuição de verbas feitas por Delfim Moreira certamente auxiliou na costura política em torno do seu nome para que assumisse a presidência do estado.

Em 1920, os números para São Sebastião do Paraíso eram os seguintes:

29 Eric Hobsbawm coloca a ferrovia, fruto da segunda etapa da Revolução Industrial, como um dos fatores responsáveis pela formação de uma economia mundial já ao final do século XIX. Ver Hobsbawm (1986).

Tabela 3 – Rebanho em São Sebastião do Paraíso no ano de 1920

Tipo de rebanho	Número de cabeças
Bovino	38.244
Equino	5.089
Sinino	1.435
Ovino	866
Caprino	645
Suíno	21.318

Fonte: Recenseamento Geral do Brasil realizado em 1 de setembro de 1920.

O rebanho bovino era o mais representativo, seguida pelo rebanho suíno. A preocupação constante da Câmara Municipal se justifica pela sua importância. O café, como atestam as Atas da Câmara Municipal de São Sebastião do Paraíso, também alcançou grande importância para o município, embarcando-se em sua estação café proveniente até mesmo do estado de São Paulo. Segundo o Censo de 1920, o município possuía uma lavoura total que contava com 23.046 ha, dos quais 19.253 eram ocupados com 14.739.633 pés de café.

Portanto, desde a década de 1870 até a década de 1920 a cidade de São Sebastião do Paraíso, assim como a região na qual está inserida, passou por um processo crescente de mercantilização, de adequação aos jogos das trocas em um sentido mais amplo, respondendo aos estímulos dos mercados vizinhos – como São Paulo – e do mercado mundial. Esse movimento deu-se pela expansão da principal lavoura nacional rumo ao sul de Minas Gerais, seguida pelo desdobramento do complexo cafeeiro por meio do seu setor de transportes, neste caso representado pela Companhia Mogiana.

Importante destacar que mudanças na economia paraisense do final do século XIX e primeiras décadas do século XX envolvem frações de classe do capital cafeeiro,[30] interesses locais – de fazendeiros e políticos que visavam expandir o sua influência – e do governo mineiro, associado do capital cafeeiro a nível nacional, o qual ao mesmo tempo em que vê suas regiões fronteiriças atraídas pelo complexo cafeeiro, lucra com o avanço da economia nestas áreas. Mesmo com a relação estreita entre São Sebastião do Paraíso – no nosso caso – e a economia cafeeira paulista, os impostos continuavam a ser pagos ao estado de Minas Gerais.

30 Renato M. Perissinotto (1999) pesquisou os conflitos dentro do capital cafeeiro entre suas frações de classe, pelo choque de interesses entre a lavoura e o grande capital cafeeiro, este ligado a interesses diversificados, como o comércio de café e negócios urbanos.

BIBLIOGRAFIA

ARAÚJO FILHO, J. R. de. *Santos, o porto do café.* Rio de Janeiro: IBGE, 1969.

Atas da Câmara Municipal de São Sebastião do Paraíso(ACMSSP). Câmara Municipal de São Sebastião do Paraíso, 18 jul. 1915.

BRAUDEL, F. *Civilização material, economia e capitalismo. As estruturas do cotidiano.* São Paulo: Martins Fontes, 1977.

CALAFIORI, L. F. *São Sebastião do Paraíso: história e tradição.* Cidade dos Ipês: São Sebastião do Paraíso, 2005.

CANO, W. *Raízes da concentração industrial em São Paulo.* São Paulo: Difel, 1977.

FRITSCH, W. "Apogeu e crise na Primeira República: 1900 – 1930". ABREU, M. de P. (org.) *A ordem do progresso: cem anos de política econômica republicana.* Rio de Janeiro: Campus, 1990.

FURTADO, C. *Formação econômica do Brasil.* Brasília, ed. da UNB, 1963.

HARDMAN, F. F. *Trem fantasma: a modernidade na selva.* São Paulo: Companhia das Letras, 1988.

GRILO, A. T. *Tocaia no fórum. Violência e modernidade.* Tese (Doutorado em História). FHDSS – Unesp, Franca, 2009.

HOBSBAWM, E. *Da Revolução industrial inglesa ao imperialismo.* Rio de Janeiro: Forense – Universitária, 1986.

JACOB, Rodolpho. *Minas no XX° século.* Rio de Janeiro: Gomes e Irmão, 1910.

LENHARO, A. *As tropas da moderação: o abastecimento da corte na formação política do Brasil 1808-1842.* São Paulo: Símbolos, 1979.

MATOS, O. N. de. *Café e ferrovias: evolução ferroviária de São Paulo e o desenvolvimento da cultura cafeeira.* São Paulo: Alfa-ômega, 1974 (Sociologia Política).

MINAS GERAIS. Mensagem dirigida pelo presidente do estado de Minas Gerais, Afonso Augusto Moreira Penna ao Congresso Mineiro. Ouro Preto: Imprensa do Estado de Minas Gerais, 1893.

MOURA, D. "Entre o Atlântico e a costa: confluência de rotas mercantis num porto periférico da América portuguesa (Santos, 1808–1822)". *Revista Tempo*, v. 17 n. 34, Jan./Jun. 2013.

NUNES, I. *Douradense: a agonia de uma ferrovia.* São Paulo: Annablume, 2005.

OLIVEIRA L. L. de. *Heranças guardadas e transições ponderadas: história econômica do interior paulista.* Franca: ed. da Unesp/Unifacef, 2006.

OLIVEIRA, P. R de. *Entre rios e trilhos: as possibilidades de integração econômica de Goiás na Primeira República, 1889 – 1930.* Dissertação (Mestrado em História). FHDSS – Unesp, Franca, 2007.

_____. "Entre São Paulo e o Sertão: a intermediação mineira do comércio goiano no início do século XX", *Revista de História,* São Paulo, n. 167, Jul./dez., 2012.

_____. *Um caminho voltado para dentro: o circuito goiano e o comércio entre Goiás e São Paulo na Primeira República.* Tese (Doutorado em História Econômica). FFLCH – USP, São Paulo, 2014.

PERINELLI NETO, H. *Nos quintais do Brasil: homens, pecuária, complexo cafeeiro e modernidade – Barretos (1854 – 1931).* Tese (Doutorado em História). FHDSS – Unesp, Franca, 2009.

PRADO JÚNIOR, C. *História econômica do Brasil.* São Paulo: Brasiliense, 1967.

QUEIRÓS, P. R. C. *Uma ferrovia entre dois mundos: A E. F. Noroeste do Brasil na primeira metade do século XX.* Bauru: Edusc; Campo Grande, MS: UFMT, 2004.

SAES, F. A M. de. *As ferrovias de São Paulo (1870-1914).* São Paulo: Hucitec, 1981.

SOUZA, J. C de. *Sertão cosmopolita: tensões da modernidade de Corumbá.* São Paulo: Alameda, 2008.

SUZIGAN, W. *Indústria brasileira: origem e desenvolvimento.* São Paulo: Brasiliense, 1986.

VEIGA, B. S. da. *Almanach Sul-Mineiro para o ano de 1874.* Campanha: Typographia do Monitor Sul-Mineiro, 1874.

WIRTH, J. D. *O fiel da balança: Minas Gerais na federação brasileira 1889-1937.* Rio de Janeiro: Paz e Terra, 1982.

Varginha

Chegada do trem a Varginha na inauguração da linha em 1892 pela estrada de ferro Muzambinho (http://www.blogdomadeira.com.br)
Fonte: <http://www.memoriasdevarginha.com/2010/11/fotos-antigas.html>. Acesso em: 13 jul. 2014.

EXPANSÃO DA CAFEICULTURA E MODERNIZAÇÃO EM VARGINHA

1882-1920

Natânia Silva Ferreira
Alexandre Macchione Saes

A cidade do Espírito Santo da Varginha foi constituída em 1882. Para o sul de Minas Gerais, era um momento de expansão da produção de café que teria capacidade de abastecer mercados nacionais e internacionais. Como visto na primeira parte deste livro, se a introdução da rubiácea na região pode ser observada algumas décadas antes de 1880, sua produção ainda dominante em chácaras e mediante plantações com reduzido número de pés dificilmente teria condições de participar do comércio nacional. Todavia, ao longo das duas décadas finais do século XIX, reproduzindo o deslocamento da produção da região do Vale do Paraíba para o oeste paulista, em Minas Gerais é possível observar não somente a expansão das áreas produtoras no norte da Zona da Mata, mas também a abertura de nova fronteira agrícola voltada ao café no estado, a região do sul de Minas.[1]

Varginha, dessa forma, pode ser considerada como uma cidade que foi resultado dessa nova dinâmica econômica criada pela expansão da cafeicultura, tendo seus personagens e suas atividades nucleares intimamente conectadasà economia cafeeira. É importante lembrar, todavia, que a introdução do café na região foi bastante desigual. Ainda que a cafeicultura possa ter impulsionado transformações que impactavam mais estruturalmente todas as cidades do sul de Minas, como com a implantação das ferrovias, a abertura de agências bancárias, a ampliação das atividades mercantis na sociedade sul-mineira, apenas duas áreas da região aprofundaram a produção de café: de um lado, os municípios que

1 Para a introdução do café na região, conferir nesta coletânea os artigos de Marcos Lobato Martins (2015a) e Alexandre Saes e Fábio Castilho (2015).

margeavam a fronteira de São Paulo, fazendo parte do transbordamento da cafeicultura atendida pela ferrovia Mogiana, e de outro lado, mais ao centro da região, daqueles municípios que estavam ligados ao comércio com o Rio de Janeiro, atendidos pelas ferrovias Minas & Rio e Muzambinho. A cidade de Varginha, possivelmente, foi o núcleo dessa segunda área produtora, concentrando já nos primeiros anos do século XX não somente uma grande quantidade de estabelecimentos de beneficiamento de café, mas também os mais diversos serviços urbanos que atenderiam os municípios ao redor.

O presente artigo pretende, portanto, apresentar a trajetória da urbanização de Varginha durante suas primeiras décadas de existência como município, momento em que a localidade conseguiu se consolidar como uma das principais cidades da região. A pesquisa se valeu, para tanto, dos inventários depositados no Fórum do Município de Varginha para o período entre 1882 e 1920, assim como as Atas da Câmara Municipal de Varginha para este mesmo período. Acreditamos que será possível observar como essa trajetória de urbanização da cidade esteve associada, se de um lado, com a expansão da cafeicultura, o que daria a substância material para a transformação da cidade, de outro lado, no que diz respeito ao modelo do espaço urbano, à concepção de modernização como apresentada na introdução deste livro.[2]

A FORMAÇÃO DE VARGINHA: DE FREGUESIA À CIDADE

Era final do ano de 1882, a então freguesia de Espírito Santo da Varginha se movimentava para a primeira reunião da recém instalada Câmara Municipal, decretando a definitiva emancipação da comarca de Três Pontas. A Lei n° 2950 de 7 de outubro daquele ano teria garantido a elevação da vila de Varginha à cidade, mas ainda era preciso uma última solenidade para efetivar que Varginha fosse governada por meio de seus próprios cidadãos. Para comandar a solenidade, vieram de Três Pontas o presidente daquela municipalidade e o secretário da Câmara Municipal. Juntos teriam percorrido aquelas quatro léguas e meia que separavam a sede da cidade de sua maior freguesia, seguindo pelas sedutoras curvas das montanhas de Minas Gerais.

Para alcançar a freguesia de Varginha os dois representantes de Três Pontas precisavam cruzar o rio Mascatinho e seguir pela tradicional estrada em direção à cidade de Campanha. Varginha era demarcada também pelo rio Verde e o ribeirão do Tacho, uma região cujas primeiras referências datavam de 1763, especialmente por conta de ranchos e pousos que subsistiam pelo comércio regional empreendido pelas tropas de muares que seguiam de Sorocaba para as cidades mineradoras. O padroeiro da capela construída na localidade seria responsável por batizá-la de Espírito Santo – então chamado de Espírito Santo de Catanduvas por conta do mato cerrado que cobria seus campos –, e ao seu redor se elevava o arraial que, em 1806, agrupava cerca de mil habi-

2 Cf. Saes, Gambi e Bruzzi (2016).

tantes.[3] Como nos informa o *Almanach Sul-Mineiro*, editado por Bernardo Saturnino da Veiga,[4] o local passou a ser chamado anos mais tarde de Varginha, pois "situado em uma formosa eminência", mantinha "uma planície baixa que existe na distancia de 2 kilometros da povoação..." (VEIGA, 1884, p. 182).

Em meados do século XIX, quando o arraial de Varginha tornou-se uma freguesia de Três Pontas, poucos poderiam apostar que aquele povoado com suas quatro ruas, três praças e uma modesta agricultura, poderia eclipsar a importância de sua sede. Entretanto, em 1874 a localidade com seus quase 6 mil habitantes livres já era formada por 288 casas, sendo dez sobrados, com dez ruas, cinco praças e "vários becos e travessas", não perdendo muito em tamanho para sua sede, que na oportunidade contava com 350 casas, os mesmos dez sobrados na cidade e uma população livre de 770 habitantes (VEIGA, 1874, p. 144 e 175). Chegara a passar, inclusive, por um surto de Varíola em 1873 – típica doença dessas recentes aglomerações urbanas – com a morte de trinta pessoas. O núcleo da freguesia vivia, portanto, um crescimento típico das povoações brasileiras do período: um avanço contraditório, em que o moderno e o arcaico, a riqueza e a pobreza, o rural e o urbano, se enfrentavam diariamente. Por exemplo, independentemente do número de habitações da freguesia, inexistia um sistema de abastecimento de águas ou de iluminação: dependiam seus moradores de cisternas nas casas centrais e dos córregos onde a população buscava água e durante as noites ficavam às escuras, lembrando muito as antigas cidades coloniais brasileiras.

A força que impulsionava a nova dinâmica daquele povoado de Varginha, como não podia ser diferente, vinha em boa parte do campo. Sua estrutura produtiva ainda não diferia das outras da proximidade: a base da produção local se originava de fazendas diversificadas, com plantações de cana, fumo, cereais e alguns poucos pés de café que rapidamente iam se disseminando pelas propriedades. Nas redondezas da freguesia de Varginha eram 106 fazendas de cultura e, apesar do mato cerrado típico da região, apenas dezoito fazendas de criação para bois – atividade intensa nas localidades vizinhas. A herança de um passado rústico e simples se manifestava por sua população livre e pobre, vivendo nos arrabaldes dessas fazendas em "innumeras outras habitações de aggregados, de camponezes pobres, de pescadores e outros indivíduos menos favorecidos de *fortuna* e talvez mais de felicidade" (VEIGA, 1874, p.175).

3 Conforme relata José Roberto Sales, em fins do século XVIII o casal Francisco Alves da Silva e dona Tereza Clara Rosa da Silva adquiriu as terras onde mais tarde se localizaria Varginha. Esse casal vendeu essas terras ao alferes Manoel Francisco de Oliveira no ano de 1806 e, mais tarde, essas terras foram doadas à diocese da Campanha (SALES, 2013).

4 Bernardo Saturnino da Veiga (1842-1901) foi importante membro da sociedade campanhense, editor do *Monitor Sul-Mineiro*, jornal que defendia a emancipação do sul de Minas de sua província, e autor de dois almanaques centrais para a descrição da região, publicados respectivamente em 1874 e 1884. Para o autor, cf. Pérola Maria Goldfeder e Castro (2012) e Marcos Lobato Martins (2016).

Para o ano de 1874, o relato de Bernardo Saturnino da Veiga destaca o desenvolvimento recente do comércio na freguesia de Varginha, ilustrado pelo crescimento do número de casas e de outras tantas construções, mas também por conta das transformações no campo, cujas culturas se valiam da apropriada terra para o plantio. "Nos fallando dos gêneros alimentícios cujo consumo pertence quasi exclusivamente a própria população local, a primeira cultura da freguezia é a da canna e do fumo, generos que – com o toucinho – constituem o melhor de sua exportação" (VEIGA, 1874, p. 175). Essas mercadorias locais eram levadas de Varginha para Campanha, de onde podiam ser distribuídas pelas cidades do sul de Minas. No caso dos porcos e dos queijos, por outro lado, chegavam a alcançar inclusive o mercado da Corte no Rio de Janeiro (VEIGA, 1884, p. 184).

Certamente era visível aos moradores que percorriam os caminhos entre Três Pontas e a freguesia de Varginha a ascensão das atividades agrícolas movimentadas por varginhenses. Suas maiores fazendas eram predominantemente voltadas à produção de cana, todavia, não deixavam de ter áreas para outras culturas também: era a clássica grande fazenda mineira com uma estrutura produtiva diversificada. Destas fazendas com produção de cana, 35 possuíam engenho para moê-la, sendo 18 movidos por água, catorze por animais e três de serrar. Em comparação com as localidades ao redor, a freguesia mostrava certa pujança: Três Pontas possuía apenas quinze fazendas com engenho, Pouso Alegre onze, Campanha dezoito e Três Corações 25 (VEIGA, 1884). Mesmo que representativo o número de engenhos, especialmente aqueles com água que ordenavam maiores sofisticações, eram poucos os fazendeiros que somavam mais de quarenta escravos.

A disseminação da escravidão era completa pelo sul de Minas. Não obstante, sua presença nas vilas e freguesias dependia do passado econômico dessas localidades ao longo do século XIX. Cidades de tradicional atividade mercantil, como Lavras e Campanha, concentravam grandes escravarias por conta da riqueza gerada com as rendas comerciais com o Rio de Janeiro. Neste sentido, em todo o município, era a sede – Três Pontas –, que concentrava a maior escravaria local: possuía cerca de metade dos escravos de todo o município, 3059 almas, enquanto a freguesia de Varginha e a de Carmo do Campo Grande tinham aproximadamente 1500 escravos cada (RGB, 1872, p. 119). Em suma, ainda que não fosse um grande plantel considerando cidades tradicionalmente escravistas como Campanha e Lavras, que respectivamente mantinham 6.750 e 8.380 escravos (DELFINO, 2010, p. 77), Três Pontas na década de 1870 mantinha-se como residência da elite local e principal área produtora em comparação com Varginha. Mas, ao que parece, não por muito tempo.

Varginha, no fundo, tinha algumas justificativas para sustentar sua emancipação: o número fazendas e de sua produção agrícola, o crescimento da população de sua freguesia, a participação de alguns comerciantes locais nos circuitos mercantis regionais, enfim, um dinamismo tão representativo quanto aquele de Três Pontas. Buscar a emancipação era alcançar autonomia para gerir seus gastos, criar projetos para as prioridades dos munícipes que lá viviam. O núcleo urbano de Varginha crescia e não acompanhava suas necessidades: com mais de cinquenta casas levantadas no período de 1874 e 1884, que já não atendiam a demanda local, vivia o encarecimento do aluguel.

No que diz respeito ao comércio local, o *Almanach de 1884* informava: "Possue a cidade diversas fabricas de licôres, cerveja, vinho e de velas de cera para exportação" (ASM, 1884, p. 185). Dentre as profissões e atividades urbanas eram listados três açougues, quatro advogados, quatro alfaiates, duas fábricas de cerveja e licores e sete casas de fazenda. Mas a verdade era que, apesar de um dinamismo recente, a freguesia não passava de uma povoação urbana pequena e pobre, como tantas outras. Varginha não tinha encontrado ainda sua vocação econômica. Esta, curiosamente, estava em gestação justamente no momento de elevação da freguesia à cidade.

Foi então, no domingo 17 de dezembro de 1882, dia de São Lázaro, que a primeira eleição do município de Varginha finalmente se realizou:

> O senhor presidente installador da villa, convidou o senhor vereador Joaquim Antonio da Silva para ocupar a cadeira da presidência, e presidir a eleição do presidente effectivo que tem de servir nesta Camara, pôr reconhecer ser ele o mais velho dos vereadores presentes conforme percutira a lei a tal respeito. (ACV, 1882, p. 2)

A votação que se seguiu determinou a vitória do major Matheus Tavares da Silva como primeiro presidente eleito da Câmara Municipal de Varginha, com José Maximiano Baptista eleito para vice-presidente. Estavam postas as bases para a criação do fôro civil e da nova divisão política do termo de Varginha em três distritos especiais: a freguesia da cidade, e as povoações de Salto e da freguesia de Carmo da Cachoeira.

Eleitos os novos chefes municipais, a sessão dominical foi encerrada para dar lugar "as solenidades religiosas" (ACV, 1882, p. 2). Afinal, não poderiam negar a tradicional devoção ao catolicismo, como os bons costumes mineiros prezavam: negócios são negócios, política é política e domingo é dia dos sacramentos religiosos, e no caso em questão, dia de São Lázaro. Sendo assim, "o senhor presidente convidou os Senhores Vereadores a comparecerem no Paço desta Câmara, as dez horas" do dia seguinte e seguiram para a missa (ACV, 1882, p. 2). Afinal, Varginha era conhecida por suas "concorridíssimas e magnificas festas consagradas ahi todos os annos padroeiros de suas capelas..." (VEIGA, 1874, p. 176). Eram ainda poucas ruas, mas na sua fundação a cidade era sede de cinco igrejas: duas delas maiores, a matriz e a São Sebastião, ambas com duas torres, um marco de fortuna dos templos religiosos.

A partir de então, a cidade teria autonomia para decidir seu futuro, legislar sobre as determinações de seu mundo urbano que crescia e demandava um programa de transformações econômicas, e garantir que os recursos arrecadados na localidade pudessem ser gastos na própria localidade. Sua elite em ascensão poderia assegurar as rédeas econômicas locais, e fortalecer sua presença política entre seus pares na região. Afinal, a vocação de Varginha se cristalizava enquanto o sul de Minas assimilava uma de suas maiores mudanças na segunda metade do século XIX: a produção de café voltada ao mercado exportador.

Conforme nos lembra Bernardo Saturnino da Veiga, em 1884 já se evidenciava que o café tinha criado nova dinâmica na região frente aos outros produtos agrícolas, uma transformação substancial para o curto período de dez anos:

> Já fizemos referencia à cultura de plantas e criação de animais, que constituem a renda mais importante dos habitantes do sul de Minas, e com mais minuciosidade ocupamo-nos do café, que em 1874 dissemos ser plantado em alguns lugares quase que para o consumo local, fazendo alguma exportação desse produto em um ou outro município. Actualmente está essa cultura com grande desenvolvimento, como mostramos, e tudo annuncia que irá em augmento. (ASM, 1884, p.49)

No sul de Minas eram 104 freguesias produzindo café, e Bernardo Saturnino da Veiga afirmava que eram quase 20 milhões de pés nas 54 freguesias em que ele conseguiu recolher informações mais precisas. Com um discurso efusivo do poder econômico de sua região, inclusive para defender a emancipação do sul de Minas, concluía Saturnino da Veiga: "Este facto já é um indício seguro de nosso progresso, e com satisfação verificaremos adiante que não se limita ao engrandecimento da lavoura a salutar modificação operada nas condições de nossa vida nestes últimos annos" (VEIGA, 1884, p. 46). Entretanto, também não esquecia que no início de 1880 os problemas centrais para o desenvolvimento da cultura eram a falta de mão de obra no momento de crise da escravidão e a dificuldade do transporte. Poucas pontes, estradas ruins e, naquele momento, um desenvolvimento ferroviário bastante incipiente caracterizava toda a região do sul de Minas (VEIGA, 1884, p.55-58).

Mas o café chegava para transformar a realidade da economia sul-mineira, como tinha promovido na Zona da Mata. Essa seria a nova tônica para algumas cidades da região. As tropas passavam a carregar cada vez mais sacas de café; as fazendas abriam cada dia mais espaço para a cultura da rubiácea; nas cidades, movimentavam-se os debates sobre a cotação das sacas que subia a serra da Mantiqueira por meio de informações dos comerciantes provenientes do mercado do Rio de Janeiro; e, finalmente, a nova riqueza de algumas cidades no sul de Minas estava diretamente relacionada aos bons negócios que o café produzia. Varginha, agora como município, passava a entrar numa nova era.[5]

5 Ao que parece, ajudava a boa reputação do café "Varginha" no mercado brasileiro,

A DIFÍCIL TAREFA DE GOVERNAR: AS PRIMEIRAS SESSÕES DA CÂMARA MUNICIPAL DE VARGINHA

A produção de café avançava rapidamente pelos campos de Varginha, e sua elite local, agora com plenos poderes conquistados pela emancipação da cidade, buscaria todos os meios para viabilizar essa nova cultura e a modernização da cidade. O major Matheus Tavares da Silva, o primeiro presidente da Câmara Municipal de Varginha, era um dos habitantes varginhenses mais ricos do períodoe sua riqueza advinha também da produção de café.[6] Sua residência construída na década de 1880 seria símbolo de opulência da sociedade varginhense, pois com dois pavimentos e várias janelas, se localizava junto ao largo da Matriz e próximo de onde seria instalada anos mais tarde, por esforços do próprio major, a estação ferroviária da cidade. Mas não era o único cafeicultor no comando da cidade: o vice-presidente da Câmara, José Maximiano Baptista, era outro importante produtor de café. Assim, a elite política do município recém-criado aos poucos se aglutinava em torno de um grande interesse econômico: garantir a expansão dos negócios do café.

É evidente que a tarefa não era tão simples. Governar um município exigia a construção de um aparato burocrático – que embora pequeno – levaria tempo para ser efetivado. No dia seguinte as celebrações da elevação da posse da vila, dia 18 de dezembro, foram nomeados os primeiros funcionários da Câmara Municipal: o secretário, sr. Francisco Saturnino da Fonseca, o contínuo, sr. Ribeiro da Silva Barra, o fiscal, sr. Francisco Antonio de Oliveira, e o procurador, sr. João Baptista da Fonseca (ACV, 1882, p. 3). Esses personagens passaram a ser corriqueiros nas sessões da Câmara, especialmente para cobrar seus ordenados em atraso. A Câmara nos primeiros anos de funcionamento não conseguia construir uma dinâmica de funcionamento adequada para atender às suas demandas.

Somente cinco anos mais tarde, entretanto, é possível observar uma rotina mais objetiva e sistemática para a resolução das questões do município de Varginha. Na abertura da legislatura de 1887, depois da eleição de Evaristo Gomes de Paiva para presidente da Câmara em 7 de janeiro, a sessão do dia seguinte foi tomada para a

---

conforme as palavras de um entusiasmado personagem local no início do século XX: "As terras do município são ubérrimas e prestam-se a qualquer cultura. (...) O município de Varginha é o verdadeiro *Eldorado do Café* do sul de Minas, sendo essa preciosa rubiácea muito conhecida e apreciada em todos os mercados – nacionais e estrangeiros – pela sua excelente qualidade que igual não se encontra em parte nenhuma" (CAPRI, 1918 *apud* SALES, 2003, p. 284).

6 Classificado também como "capitalista", tropeiro e detentor de uma fazenda com engenho movido à água, em seu nome estavam registrados negócios na cidade como: Açougue, Casa de Fazenda, Casa de Secos e Molhados e Rancho. Cf.: ASM (1884, p. 188) e Inventário do Major Matheus Tavares da Silva, Fórum de Varginha, caixa 598, 1905.

criação de comissões permanentes de trabalho: uma para a redação das posturas da cidade, outra para o orçamento e contas da Câmara, mais uma para a as obras públicas da vila e das estradas e pontes do município e, por fim, a última comissão voltada para saúde e instrução pública (ACV, 1887, p.71).

Varginha àquela altura lidava com os problemas mais comuns de qualquer município brasileiro que buscava seguir em sua transição para um mundo urbano e moderno.[7] Nas reuniões da Câmara, que ocorriam normalmente concentradas em três dias corridos a cada quatro meses, tornou-se bastante corriqueiro os debates a respeito das andanças dos porcos nas ruas principais da vila, da necessidade de criação de impostos, das dificultadas de transitar entre as cidades ao redor pelas precárias estradas e pontes e, até mesmo, da necessidade de disciplinar a presença dos vereadores em seus compromissos por meio de multas. Em suma, o nascimento jurídico da cidade estava distante do nascimento de uma sociabilidade urbana "moderna", como desejada por alguns membros da elite.

A separação de um mundo urbano e rural não era algo trivial para uma sociedade que nascera entre ranchos e tropas de muares. A tradição era de um mundo imbricado destes dois espaços, entre chácaras, sítios de chão batido e algumas poucas casas aglomeradas. A separação do espaço dos cidadãos dos animais não era uma preocupação presente décadas antes. Mas, conforme as próprias Atas da Câmara manifestam, agora, em fins do século XIX, idealizava-se o mundo urbano da higienização e da cidade moderna: em 14 de janeiro de 1884 circulou o requerimento para a "prorrogação do praso que prohibe os porcos nas Praças e ruas destra cidade", mas sem constar nas posturas da cidade, a lei estava em caráter provisório (ACV, 1884, p. 20). As leis, porém, não cooptavam ou mesmo geravam coerção aos habitantes, pois três meses depois de prorrogar a proibição, os porcos "andão fasendo estragos, não só pelas ruas desta cidade..." (ACV, 1884, p. 26).

A valorização do espaço urbano passava também pela reconstrução do calçamento, como reforçado na sessão de 10 de janeiro de 1883 (ACV, 1883, p. 6), ou dos primeiros projetos para iluminação da cidade como exigido na sessão do dia 9 de julho de 1883 (ACV, 1883, p. 12). No ano seguinte, a preocupação era organizar racionalmente a cidade que devia ganhar numeração em suas casas e denominação de suas ruas: "Leo-se mais um officio do cidadão José Cornéllio de Oliveira Sobrinho, apresentando uma proposta, a esta Camara, para numerar e pôr nomes nas ruas desta Cidade" (ACV, 1884, p. 20).

Se mudanças no ordenamento do mundo urbano eram prioridade, não menos importantes eram as preocupações com as ligações com os outros municípios. Afinal, com o comércio em expansão e o enriquecimento dos fazendeiros varginhenses, a comunicação com cidades como Campanha, centro mercantil regional e, a partir de 1884,

7 Cf.: Saes (2010, cap. 5); Saes & Martins (2012) e Saes, Gambi e Bruzzi (2016).

com Três Corações, ponto final da estrada de ferro Minas & Rio, eram decisivas. Seria o caminho para escoar as crescentes produções de café. Assim, determinavam-se nas sessões "examinar e estrada que desta cidade segue para a freguesia dos Três Corações do Rio Verde, e promover os reparos necessários afim de desaparecer as ruínas da mesma estrada" (ACV, 1883, p. 8). O vereador Joaquim Antonio da Silva, em 14 de janeiro de 1885, por outro lado reclamava do descuido do município de Campanha com a passagem do porto para travessia do rio Verde: "Esta proposta é fundada no facto de ter a Camara da Campanha deixado em abandono aquelle posto, de maneira a causar serias dificuldades a quem tem de transpor aquelle rio" (ACV, 1885, p. 37).

Essa preocupação com a comunicação se revelava também com a necessidade exposta pela Câmara em ampliar a frequência da passagem da linha dos correios de quatro para dois dias (ACV, 1885, p. 44). As informações chegadas em Varginha vinham de Campanha, sede regional dos correios, e também importante centro jornalístico. O primeiro jornal de Varginha apareceria somente na década de 1890, antes as informações eram trazidas de outras cidades. Mas, de maneira geral, a elite local nutria profundo conhecimento das mudanças urbanas, no setor de serviços públicos, ocorridas em cidades como Rio de Janeiro e São Paulo, e já manifestavam o desejo de reproduzir essas transformações em Varginha.

Para que muitas dessas idealizações entrassem em funcionamento, a municipalidade teria que lidar com um sério problema, típico dos municípios brasileiros, a falta de recurso.[8] Os recursos vindouros dos cofres públicos da província eram praticamente inexistentes: entre 1874-84 a cidade teria recebido apenas 300$000 réis por conta da epidemia de varíola, sem que suas demandas para obras como as pontes sobre o Rio Verde, ou reparo de estradas fossem atendidas. Por isso, aos poucos eram criados os impostos municipais, seguindo a legislação do período, que autorizava a cobrança de tarifas por atividades não reguladas por instâncias provinciais ou imperiais:

> (...) que se cobre pôr cada um carro que atravessar o municipio desta cidade com carregamentos para as estações da estrada de ferro de d. Pedro segundo, ou mercados de qualquer ponto da provincia, o imposto de dois mil reis pôr cada um, e os que atravessarem o municipio desta cidade, com cargas de allugueis recebidos nas estações da estrada de ferro de d. Pedro segundo, o imposto de quatro mil reis. Excetuão se os carros deste municipio, e aquelles que neste municipio venderem todo carregamento. E se marque o prazo de trinta dias aos proprietários de eguas, cabras, e cabritos para retirarem-os do patrimonio desta cidade. (ACV, 1884, p. 6)

8 Cf. Victor Nunes Leal (1976) e Maria Sylvia de Carvalho Franco (1983).

A arrecadação municipal, todavia, estava longe de atender às demandas locais. Assim, abria-se um importante espaço para que se estabelecesse uma intensa relação entre público e privado. As sessões da Câmara Municipal, por exemplo, ocorriam no andar superior da cadeia, cuja construção era obra de João Gonzaga Branquinho,[9] com investimento na importância de 20:000$000, importante cidadão que participou ativamente na criação do município. Gaspar José de Paiva,[10] outro tradicional membro da sociedade varginhense, vivendo mais de quarenta anos na localidade, era delegado de ensino responsável pela instrução pública na freguesia desde 1874. Para a construção da escola pública contou Gaspar José de Paiva com a ajuda financeira de Domingos Teixeira de Carvalho.[11]A própria Câmara buscava mecanismos para obrigar que os munícipes investissem na conservação do espaço público que crescentemente se valoriza, como no ofício de 13 de janeiro de 1885: "A Camara deliberou que, se officie ao Fiscal desta Cidade para examinar as ruas e praças que necessitão de reformas, e obrigar os proprietários a faserem os reparos necessários o mais (...) possivel, o que pondo em discução, foi aprovado" (ACV, 1885, p. 32).

Por isso mesmo, como a construção desse mundo urbano dependia dos investimentos da elite local, num cenário de desenvolvimento econômico recente, Varginha ainda não podia contar com bibliotecas, teatros, hospitais de caridade, praças do mercado e correio logo na década de 1880 (VEIGA, 1884, p. 59-61). Ao que parece, portanto, a década de 1880 foi uma preparação de terreno para o desenvolvimento de uma nova sociabilidade urbana que se intensificaria durante a década seguinte. Era a década de 1880 uma fase de novidades: da formação da cidade, da abolição da escravidão, da chegada da ferrovia Minas & Rio à cidade de Três Corações – nas proximidades de Varginha – e da disseminação da produção de café. Viveriam os habitantes de Varginha na década de 1890 uma aceleração do tempo histórico, em que as mudanças lentas de outrora se efetivavam cada vez mais rápido, e a cidade caminhava, sem deixar suas contradições, ao desejado modelo de urbe moderna. E como aceitar o fim da escravidão, imagem daquele passado colonial?

Mesmo que não fosse um município entre os mais escravistas da região, a elite agrária de Varginha não tinha intenção de aceitar a abolição da escravidão. Somente em sessão do dia 20 de abril de 1888, menos de um mês antes da abolição, mostravam-se os vereadores preocupados com o "estado anormal em que se achão as relações dos escravos com os senhores e temendo um desastre para a lavoura" (ACV, 1888, p. 108).

9 Nascido em Ayruoca, detentor de um engenho movido à água, era descende de uma importante família sul-mineira. (VEIGA, 1884, p.59-61).

10 Inventariante do vice presidente da Câmara e vereador José Maximiano Baptista em 1900 (VEIGA, 1884, p. 59-61).

11 Capitalista, com engenho movido por água, participou da construção da escola, Igreja de São Sebastião e asilo. (VEIGA, 1884, p. 59-61).

Até abril de 1888 nada havia sido discutido entre os vereadores de Varginha a respeito da escravidão, enquanto municípios como Pouso Alegre e Campanha já tinham criado seus livros de ouro para libertação de cativos.[12] A única preocupação local era que a fuga dos escravos poderia gerar uma crise na agricultura local. Na presente sessão foi marcada uma reunião com os fazendeiros escravistas da cidade para o dia 3 de maio de 1888, com o intuito de tratar sobre a transição do trabalho escravo ao assalariado. Contudo, sem nenhum outro registro sobre o assunto nas Atas da Câmara nos meses seguintes, o assunto calou-se pela determinação da princesa Isabel: dez dias depois, no dia 13 de maio a abolição era promulgada pelo Império. A questão da escravidão estava resolvida, mas do trabalho não.

A questão da transição da mão de obra em Minas Gerais não parece ter sido resolvida de forma nada trivial. Estudos têm mostrado como a abolição acabou por impulsionar uma diversidade de relações de trabalho, por meio da reinserção dos escravos, da incorporação de trabalhos livres ou até mesmo com chegada de imigrantes.[13] O trabalho assalariado dividia espaço com outros "contratos" de trabalho. Os estudos locais indicam que Varginha recebeu inicialmente imigrantes italianos e, em comparação os municípios vizinhos, em grande quantidade.[14] Afirma José Roberto Sales (2003) que em 1888 as primeiras famílias de italianos chegaram a cidade. Além de se dedicarem à produção do café e de outras culturas, esses imigrantes foram proprietários de comércios e indústrias. Foram capitalistas, que ajudaram no desenvolvimento econômico da cidade. A verdade é que pelo Censo de 1920, Varginha efetivamente contava com 870 imigrantes italianos – dentre os seus 1030 imigrantes –, e sua presença podia ser observada pela fundação da Sociedade Italiana de Beneficência, em 1895, e personificada por meio de personagens como Rafaelo Romaniello, proprietário da primeira fábrica de massas, Roque Rotundo, líder da comunidade italiana, da família Navarra, de fabricação de objetos de ferro, da família Maselli, dos mais variados negócios na cidade (VIDAL, 1999). A cidade era a oitava maior em imigrantes no sul de Minas, e estes representavam cerca de 5% da população total de Varginha.

Apesar de se instalarem no núcleo urbano e construírem a história nos ramos comercial e industrial de Varginha, a principal razão do deslocamento de imigrantes para a cidade deve ter sido o êxito da produção de café em fins do século XIX. A década final do século XX parece dar nova condição ao papel do município na região: em 1890 a cidade tornava-se a sede da comarca, conforme sua Câmara Municipal: "Acta da sessão solene da instituição da comarca. Aos vinte dias do mes de maio de mil oitocentos

12 Cf. Alexandre Macchione Saes & Antoniel Ferreira Avelino Filho (2012).

13 Cf. Ana Lúcia Duarte Lanna (1988) e Daniel do Val Cosentino (2006).

14 Para a imigração em Minas Gerais, cf. Norma de Góes Monteiro (1973). No sul de Minas, cf.: Maria Lúcia Prado Costa e Fábio Castilho (2011)

e noventa, nesta cidade da Varginha, na salla do edifício da Intendencia, presentes os cidadãos: o presidente e demais membros (...)". (ACV, 1890, p. 19). Em maio de 1892 era a chegada da estrada de ferro Muzambinho, barateando o custo do comércio do café e reduzindo o tempo de viagem com a capital da então proclamada República.[15]

Novamente a relação entre público e privado transparecia na decisão da construção da ferrovia. Sua chegada era resultado dos esforços financeiros do primeiro presidente da Câmara, o major Matheus Tavares da Silva. O major teria investido cem contos de réis nas obras, levando a ferrovia praticamente para o quintal de sua casa. Passava a possuir parte da ferrovia, como fica registrado em seu inventário. "Declarou mais o inventariante [dos bens do major Matheus Tavares da Silva] que o espólio possui uma cautela da estrada Muzambinho". Essa "cautela" da estrada correspondia cinquenta contos de réis.[16] O major reforçava seu poder e influência na localidade, enquanto a localidade, com a abertura da ferrovia, pareceria abrir suas portas para sua urbanização.

Assim, em uma geração a cidade de Varginha transformou-se de maneira radical. De uma pobre freguesia, foi com a economia cafeeira que a cidade alcançou um desenvolvimento pouco imaginável no século XIX. Conforme o depoimento de Roberto Capri de 1918:

> O café constitui a principal fonte de riqueza do município. Depois (...) da Zona da Mata, Varginha é o município do estado de Minas que mais café exporta, com a diferença que por sua qualidade, o café "Varginha" é reputado único e excepcional (...). O grau de desenvolvimento a que atingiu a lavoura do café neste próspero município, deve-se à prodigiosa fertilidade da terra, cuja composição química mais homogênea e resistente à vida do cafeeiro, faz que se avantaje até mesmo a terra cafeeira por excelência, que é São Paulo. (CAPRI, 1918 *apud* Sales, 2003, p. 284)

Ainda que o depoimento de Roberto Capri possa valorizar em demasia a qualidade do café da cidade, não restam dúvidas de que a cafeicultura foi sim negócio fundamental para a população varginhense. Foi por meio do comércio de café que Vargi-

15 Nas palavras de Affonso Celso Ávila "O decênio 1852/1892 foi de marcante importância, pois nele ocorreram três fatos relevantes para a vida de Varginha: a criação do município e cidade (1882), a sua elevação a sede de comarca (1890) e a inauguração da ferrovia (1892). Com isso, a nova cidade tornou-se centro de expressão regional, integrando-se a um então moderno sistema de transporte que a colocava em ligação permanente com São Paulo e Rio de Janeiro, além de facilitar o acesso de suas safras cafeeiras aos principais portos de escoamento do produto para o exterior" (1983, p. 3).

16 Inventário de Matheus Tavares da Silva, caixa 598, 1905.

nha diversificou suas atividades e se especializou como importante centro exportador e de beneficiamento do produto. Contudo, conforme os dados do Censo de 1920, o município não era um dos maiores produtores de café do sul de Minas. Apesar de ser o sexto maior produtor do sul de Minas, com seus 4.394 mil pés de café, a produção municipal estava bastante distante das maiores da região, as cidades de Monte Santo de Minas e de São Sebastião do Paraíso, que mantinham na casa dos 20 milhões de pés (SAES; CASTILHO, 2016). Por outro lado, a cidade de Varginha conseguiu se firmar como centro de negócios entre as cidades ao seu redor, especialmente antes que a estrada de ferro Muzambinho tivesse conseguido se ligar com a E.F. Mogiana. Com isso, a cidade podia escorrer a produção de outros municípios produtores de café e próximos como Três Pontas, Paraguaçu e Elói Mendes, mas também como Alfenas e Machado. Os empresários de Varginha buscavam reforçar essa centralidade do município, como ilustra o interesse do senhor João de Castro Megda, que em 1912 apresentou requerimento para a Câmara Municipal para instalar um serviço de bonde elétrico que ligasse Varginha com as vilas de Elói Mendes e Paraguaçu (ACM, 1912). O projeto foi aprovado, mas não se efetivou nos anos seguintes.

Com a chegada da ferrovia Muzambinho, mais tarde dos bancos e da própria riqueza impetrada pelo comércio de café, Varginha caminhou para se tornar um centro regional, concentrando cada vez mais funções comerciais, de comunicação e culturais. Essa capacidade de concentração dos serviços que era evidente não somente com a instalação da estrada de ferro, mas também com a disseminação das atividades voltadas ao beneficiamento do café: em 1893 foi inaugurada a primeira máquina de beneficiar na cidade. Em 1920, já eram 113 estabelecimentos de beneficiar café, boa parte deles, próximos à estação ferroviária (LEFORT, 1950).

A Câmara Municipal foi, neste sentido, juntamente com a elite da cidade ligada ao desenvolvimento da cultura cafeeira, que assumiu parte dos projetos de modernização urbana implementados nessa transição para o século XX. Era a personagem que garantira a prioridade no direcionamento dos projetos econômicos e dos desejos de modernização da cidade.

A SOCIEDADE VARGINHENSE POR MEIO DOS INVENTÁRIOS *POST MORTEM*

O estudo de uma sociedade por meio dos inventários pode revelar algumas tendências interessantes sobre sua estrutura de riqueza. Não negamos os limites existentes na documentação cartorial, que por se tratar de um arrolamento de bens para fins de divisão destes entre os herdeiros, os inventários acabam por representar apenas uma amostra da população, uma amostra possivelmente da parcela mais abastada desta população.[17] Seus valores são declarados, com possível variação de critérios usados entre

17 Dentre os inúmeros trabalhos que se valem da análise de inventários, cf. Cardoso de

os avaliadores. Ademais, o inventário é um retrato estático da vida dos inventariados: do momento de seu falecimento. Nada garante que esse tivesse sido o momento em que ele concentrou a maior parcela de seus bens, quanto muito de que foi o próprio inventariado que concentrou tal riqueza, pois a composição podia ter sido resultado do acúmulo de riquezas pretéritas. Finalmente, a existência de determinada atividade econômica não responde necessariamente ao que teria sido a principal atividade do indivíduo ao longo de sua vida. Em detrimento de todos esses limites, os inventários ainda são instrumentos valiosos para construir um retrato dessas sociedades por meio da composição da riqueza de parcela de sua população.

Elaborada a partir de 275 documentos presentes no Fórum de Varginha, do período entre os anos de 1880 e 1920, a tabela abaixo apresenta a composição da riqueza dos inventariados, com destaque para as principais categorias de bens.[18]

Tabela 1 - Porcentagem da composição das maiores riquezas de Varginha (1880-1920)

Descrição	Período			
	1880-1889	1890-1899	1900-1909	1910-1920
Bens móveis	6,8%	3,7%	4,9%	1,8%
Animais	5,8%	6,6%	6,8%	3,8%
Escravos	8,6%	-	-	-
Imóveis rurais	58,4%	38,0%	44,3%	51,2%
Culturas	5,0%	19,5%	8,2%	3,7%
Imóveis urbanos	3,3%	4,0%	6,9%	7,6%
Dinheiro	0,4%	4,1%	7,7%	3,2%
Dívidas ativas	11,7%	24,1%	20,9%	28,6%
Monte-mor	100,0%	100,0%	99,8%	99,9%
Dívidas passivas	4,4%	10,5%	8,9%	9,0%
Monte-partível	95,6%	89,5%	91,1%	91,0%

Fonte: Inventários do Fórum de Varginha (1880-1920)

A análise da evolução da composição da riqueza entre as décadas de 1880 e 1920, por meio da percentagem de cada grupo de bens, revela algumas transformações sugestivas. Se o fim da escravidão, em 1888, liquidou a possibilidade de alocação de bens como escravos, duas tendências – presentes em outras localidades como Pouso Alegre – são interessantes de serem observadas no período: de um lado o cresci-

Mello (1985) e Marcondes (1998).

18 Inventários por década: 33 entre 1880-89; 52 entre 1890-99; 66 entre 1900-1909; 124 entre 1910-1920.

mento da parcela de riqueza alocada como dívidas ativas, como também, por outro lado, como bens imóveis urbanos.

Se a década de 1880 foi marcada pelas primeiras transformações no espaço urbano, aquelas relacionadas às questões de infraestrutura e organização da cidade, entre a riqueza dos inventariados na década, somente 3,3% fora destinada para bens urbanos. Assim, mesmo que os vereadores da Câmara Municipal almejavam uma cidade livre de animais, com calçamento das ruas, praças limpas e muros das casas cuidados pelos seus moradores, essas transformações no espaço urbano eram ainda vividas pela minoria que ocupava aquele espaço. Afinal, a dinâmica da cidade e, parcela considerável da população do município, ainda ocupava o campo e, dessa forma, possuía maiores investimentos na categoria de bens imóveis rurais.

No período de 1880 a 1889, 58% do patrimônio dos inventariados estava concentrado nos bens imóveis rurais, demonstrando que, apesar do nascimento de uma estrutura urbana, Varginha ainda era uma cidade essencialmente agrária, reproduzindo o padrão das cidades do país. Dentro dessa categoria de bens estavam as casas de fazendas, os pastos e culturas, as extensões de terras virgens e os engenhos. As dívidas ativas estavam em segundo lugar na alocação da riqueza da sociedade varginhense, representando cerca de 11% da riqueza total. Os escravos apareciam como a terceira maior riqueza da população varginhense naquela década, mas como valores abaixo de outras localidades como Campanha, Pouso Alegre e Lavras.[19]

Os primeiros anos da década de 1890 foram de importantes mudanças para Varginha: a cidade se transformou em sede de Comarca eviu sua comunicação com a região ser facilitada por meio da construção da estação ferroviária. No período entre 1890 a 1899 o investimento nos bens imóveis decresce, correspondendo a aproximadamente 38% da riqueza total da cidade. Todavia, se somarmos com o valor dos investimentosem culturas, que passou de 5% para 19,5%, a proporção permanece a mesma. Por meio dos registros de imóveis da cidade é possível perceber já a disseminação da produção de café na cidade: são pequenas e médias propriedades com cafezais de seis, doze e até trinta alqueires. Apenas uma grande propriedade localizada em Carmo da Cachoeira, vendida pela morte do Barão de Lavras, possuía mais de mil alqueires, mas apesar de possuir máquina de café e terreiro, seu registro não informa o tamanho da área destinada à produção de café.[20] Outro elemento comum entre os registros em que as plantações de café estavam presentes é que estas ainda dividiam espaço dentro das propriedades com outras culturas ou pastos. O valor reservado aos animais perfaz cerca de 6%, média que será mantida até a década de 1910. Entre os inventários das grandes riquezas da sociedade é possível ver uma quantidade significativa de bois e

19 Cf. Vieira (2015) e Saes e Avelino (2012)

20 CRI. Cartório de Registro de Imóveis de Varginha. *Registro de compra e venda de imóveis*, Livro 1 (1891-1900), registro 337.

porcos, reproduzindo a estrutura da grande fazenda mineira, estrutura presente na elite de cidades como Campanha, Pouso Alegre, Lavras, entre outras.

Em relação aos bens imóveis urbanos, na segunda década de análise, eles representam por volta de 4% da riqueza total da cidade. Em relação às dívidas ativas e passivas, elas também sofrem uma expansão, tendo mais que duplicado de valor, o que pode estar relacionado com o aumento da movimentação da cultura cafeeira e a necessidade de financiamento desta nova cultura, assim como com a própria expansão do número de habitantes da cidade. A primeira década do século XX, por sua vez, reforça a tendência de concentração da riqueza entre os imóveis rurais, com aumento para a parcela de riqueza alocada entre imóveis urbanos e dinheiro. O aumento dos bens imóveis urbanos, mesmo que pequeno, pode ser explicado também pelo aumento da população e pelo próprio movimento de expansão das atividades econômicas de Varginha: a cidade em 1900 já possuía quase 30 mil habitantes e seu centro se dinamizava com o movimento da ferrovia.

A cafeicultura nesse período parece já assumir maior solidez: entre os imóveis transacionados na década, tornam-se mais presentes as fazendas com cafeeiros e com máquinas de beneficiar, tulhas e terreiros para café. As principais fazendas de café naquela oportunidade se concentravam na direção de Alfenas, na então freguesia do Pontal, emancipada em 1911 como Elói Mendes. Não é possível falar categoricamente numa tendência de redução da diversidade de bens produzidos nas fazendas, mas certamente durante o século XX, quando, a partir de 1902, proibiu-se a realização de novas plantações de café no estado de São Paulo em função da superprodução que se vislumbrava (DELFIM NETTO, 2009, p. 58), existiu um incentivo para o aprofundamento da especialização produtiva.[21]

No período abordado por esse estudo, os anos entre 1910 e 1920 foram aqueles que mais contaram com transformações no espaço urbano. A década de 1910 foi marcada por transformações importantes para a urbanização de Varginha: a criação de escolas; estabelecimentos destinados à cultura, como teatros e um clube para a realização de esportes; a instalação da luz elétrica, em 1914; a criação do mercado municipal em 1915 e; a abertura das primeiras agências bancárias na cidade. Em conformidade com a maior presença de aparelhos urbanos, foi durante esses anos que maior aplicação da riqueza da sociedade nos bens imóveis urbanos pode ser observada. Vale lembrar que parte relevante dos inventariados na década de 1910 eram de personagens que teriam consolidado sua riqueza entre uma e duas décadas antes, de maneira que, o crescimento da presença de riqueza entre imóveis urbanos poderia ser ainda maior no período. Outra variável que merece atenção é o crescimento das dívidas ativas, que alcançaram quase

21 Para o período todo, entre 1880-1920, os inventários que indicaram o tipo de cultura existente entre seus bens 90% possuíam café, 55% possuíam milho, 27% cana e feijão e cerca de 18% fumo, algodão e arroz.

trinta por cento nessa década. Como o sistema bancário ainda era bastante restrito e recente, em Varginha as primeiras agências seriam estabelecidas somente depois de 1915, o crescimento da parcela de dívidas ativas parece representar o atendimento da demanda por crédito na praça, possivelmente relacionado também ao papel desempenhado pelo mundo urbano, que seria atendido por meio dos capitalistas da cidade.

Tabela 2 – Composição das maiores fortunas de Varginha no período de 1881 a 1920 (em contos de réis)

Inventariado (a)	Data do processo	Monte-mor	Bens móveis	Bens imóveis	Animais	Dinheiro	Dívidas ativas	Escravos ($)
Joana Maria de Jesus	1883	315:101$740	3:365$000	249:454$740	21:327$000	38$900	0	37:010$000
Manoel Paulino de Almeida	1885	30:217$900	331$900	18:710$000	2:686$500	0	770$000	6:150$000
Marcellino José de Carvalho	1894	43:045$100	1:511$600	37:142$00	4:058$000	0	26$000	0
Marianna Mendes de Jesus	1896	25:479$000	157$000	22:302$000	3:020$000	0	0	0
João Villela Fialho	1897	84:644$600	0	26:000$000	0	0	89:644$600	0
José Francisco de Carvalho	1902	28:720$500	657$500	24:670$000	1:755$000	1:065$000	455$000	0
Joaquina Rosa do Carmo	1903	40:271$713	499$000	22:350$000	4:833$000	0	8:783$847	0
Matheus Tavares da Silva	1905	443:079$264	21:524$340	297:623$000	10:010$000	70:786$670	58:480$754	0
Gabriel dos Reis Silva	1907	274:752$690	906$000	117:185$000	21:850$000	0	90:978$010	0
Francisco Severo da Costa	1907	107:298$000	4:303$500	56:680$000	19:555$000	10:000$000	18:000$000	0
João Pedro Mendes	1908	67:192$670	0	39:730$670	9:155$000	5:000$000	688$000	0
José Antonio Patrocinio Salles	1915	43:633$770	12:674$500	18:900$000	0	4:840$000	8:613$770	0
Silvestre Francisco de Oliveira	1916	54:430$242	583$000	81:986$000	5:647$000	0	9:916$042	0
Antonio Alves Ferreira	1916	37:215$777	330$000	53:105$000	2:265$000	7:010$200	460$000	0
Amaro de Souza Prado	1917	59:917$700	440$000	55:950$000	1:180$000	0	1:226$900	0

Antonio Justiniano dos Reis	1918	315:874$166	13:970$000	239:751$250	0	0	66:272$916	0
Anna Jacintha de Rezende	1918	51:994$215	5:969$215	29:400$000	400$000	0	16:401$500	0
Antonio Garcia dos Reis	1918	43:884$832	0	6:200$000	0	0	43:800$000	0
José Custódio Pereira	1918	36:580$065	0	20:850$000	1:880$000	0	14:387$265	0
Maria Luiza Mendes	1919	39:771$000	226$000	37:220$010	2:315$000	0	0	0

Fonte: Inventários do Fórum de Varginha (1880-1920).

Como é possível observar na Tabela 2, entre as maiores fortunas de Varginha para o período do estudo, dois inventariados, João Villela Fialho e Antonio Garcia dos Reis, possuíam mais de 75% de sua riqueza alocada como dívidas ativas. João Villela Fialho, inclusive, é um caso bastante particular para o perfil da elite local, pois parcela significativa de sua fortuna era composta por títulos da dívida pública. Seus bens imóveis urbanos estavam estabelecidos no largo da Matriz e na rua da Cadeia, locais de prestígio da cidade no período e, como bens imóveis rurais, Fialho possuía quatro terrenos com pastos, sendo um com culturas. Já Antonio Garcia dos Reis, falecido em 1918, além de sua residência na cidade, sustentava crédito com cinco pessoas.[22]

Outros personagens da elite varginhense que figuram entre capitalistas são Gabriel dos Reis Silva, Matheus Tavares da Silva e Antonio Justiniano dos Reis. Os três estão entre os quatro mais ricos personagens do período, mas a principal riqueza destes é composta de bens imóveis, isto é, são típicos grandes produtores agrícolas da região. Gabriel dos Reis Silva, falecido em 1907, era produtor de café. Em seu inventário encontramos 1.250 arrobas de café, 42 sacas de café em coco, fazenda com terreiro e cafezais. Todavia suas propriedades eram bastante diversificadas, com outras tantas culturas presentes. Ainda como parte de suas extensas propriedades, composta de mais de 1.280 alqueires, é possível observar uma grande quantidade de pastos, já que era detentor de uma significativa criação de animais: mais de 120 vacas, cerca de 150 novilhos, sessenta bois de carro, mais uma dezena de burros e cavalos e porcos para o consumo doméstico. Finalmente, como parte de sua diversificada fortuna,o personagem detinha algumas apólices da dívida pública.[23]

Nesse sentido, tanto Matheus Tavares como Antonio Justiniano dos Reis tam-

22 Inventário de João Villela Fialho, Fórum de Varginha, caixa 584, n. 7; Inventário de Antonio Garcia dos Reis, Fórum de Varginha, caixa 517, n. 58.

23 Inventário de Gabriel dos Reis Silva, Fórum de Varginha, caixa 509 – G11.

bém procuravam diversificar sua riqueza, algo bastante comum para os cafeicultores paulistas que compunham o chamado grande capital cafeeiro: se Matheus Tavares possuía parte de sua riqueza alocada na ferrovia, Antonio Justiniano sustentava 21% de seu monte-mor com apólices da dívida pública. No caso do coronel Antonio Justiniano do Reis, cujo inventário é de 1919, parte da explicação pode ser encontrada na herança recebida de seu pai, Gabriel dos Reis Silva. O que salta aos olhos da diferença entre os inventários de pai e filho é quantidade de propriedades agrícolas adquiridas pelo segundoem doze anos. Justiniano não somente manteve alguma parte de suas terras com cafezais, mas teve arrolado em seu inventário 172 pequenas propriedades rurais, que em sua grande maioria não ultrapassam os vinte alqueires.[24]

Matheus Tavares, por sua vez, além de ter sido o responsável pela construção da estrada de ferro da região – inclusive com interesse de escoamento de sua própria produção de café –, conforme o registro de imóveis, adquiriu em sociedade, no período de expansão da cultura na região, duas fazendas com produção de café em Varginha: Santo Antonio do Bom Jardim (1898) e Serra Negra (1902). Em seu inventário de 1905 encontramos, entre suas diversas propriedades, cerca de duas dezenas de cafezais – inclusive alguns terrenos que foram indicados como compostos por pés recém-plantados, o que reforça a tese de expansão da cultura pós 1902 –, além de terreiros e máquina de beneficiar café. Apesar de grande extensão de pastos existente entre suas propriedades, seus animais deviam servir ao abastecimento da propriedade, como por exemplo, as poucas dezenas de vacas e porcos, ou ao transporte do que era produzido em suas propriedades pelos 58 bois de carro e as dezenas de cavalos, éguas e burros.[25]

Seja como for, a economia varginhense movimentava-se a partir da expansão da cafeicultura, que não somente sustentava as grandes fortunas da cidade, como também multiplicava-se para os investimentos voltados ao comércio local.

A MODERNIZAÇÃO DE VARGINHA: A CONSTRUÇÃO DO ESPAÇO URBANO

Com a expansão da cafeicultura e a chegada da ferrovia a cidade de Varginha passou a concentrar outras atividades econômicas que fortaleciam a construção do projeto de urbanização de sua elite. Evidentemente que ao longo das primeiras décadas do século XX, a pujança econômica continuava a ser proveniente do campo, a cafeicultura não perderia sua predominância como atividade central no enriquecimento da população.[26] Contudo, nas franjas da economia cafeeira eram abertos outros

24 Inventário de Antonio Justiniano dos Reis, Fórum de Varginha, caixa 517, n. 69 A.

25 Inventário do major Matheus Tavares da Silva, Fórum de Varginha, caixa 598, 1905.

26 Como nos informam os relatos de Capri e Rubião, respectivamente de 1918 e 1919, a indústria pastoril também aparecia como relevante nos campos de Varginha. É preciso lembrar que o período de Primeira Guerra Mundial foi de crise para a cafeicultura e

negócios, alguns diretamente relacionados ao comércio de café, e outros já atendendo a população urbana que habitava a sede do município.

Conforme o Atlas Corográfico Municipal do Estado de Minas Gerais de 1926, o município contava com 22.457 habitantes no ano de 1920, sendo que destes 8.430 eram residentes no núcleo urbano de Varginha. Não estava entre as maiores cidades de Minas Gerais, mas conseguiu se firmar como uma localidade com variada gama de serviços urbanos que lhe asseguravam alguma centralidade regional. Ao longo desses quarenta anos, da emancipação do município em 1882 ao início dos anos 1920, a cidade passaria de suas aproximadamente de trezentas casas e prédios para alcançar cerca de 2.400 construções no núcleo urbano. Conforme o gráfico abaixo, a partir das transações de compra e venda registradas no Cartório de Registro de Imóveis da cidade, é possível observar a evolução das transações de imóveis urbanos e rurais de Varginha. Se numa primeira fase a quantidade de transações parece seguir a tendência do preço do café no mercado nacional, com expansão na década de 1890 e queda no início do século XX, num segundo momento há um descolamento a partir da Primeira Guerra Mundial, resultado de uma dinâmica econômica de setores que se beneficiaram com o fechamento do comércio internacional.

Gráfico 1 – Número de imóveis urbanos e rurais transacionados no município de Varginha, 1891-1916.[27]

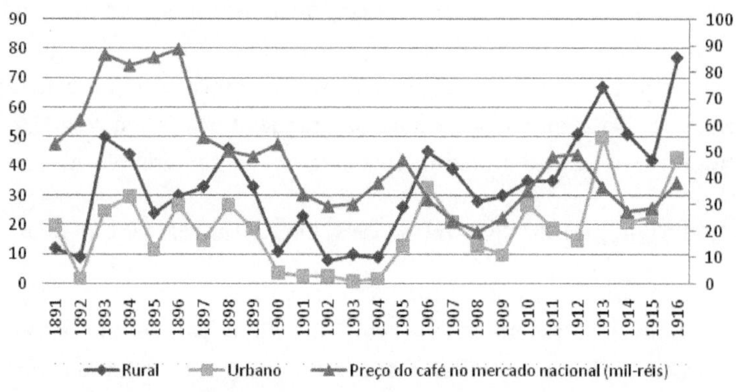

Fonte: CRI. Cartório de Registro de Imóveis de Varginha. *Registro de compra e venda de imóveis*, Livro 1 (1891-1916); e Marcellino Martins e E. Johnston. *150 anos de café*. S/L: Salamandra, 1992, p. 333-5.

expansão das exportações de gado do Brasil. Acreditamos que essa ênfase no crescimento da pecuária é motivada muito mais por uma questão conjuntural, lembrando que na cidade vizinha de Três Corações se constitui no período a "maior feira de gado da América Latina". Para notícias sobre a Feira de Gado, cf. Saes e Rosa (2013).

27 Agradecemos a colaboração de Thiago Gambi na coleta do material e elaboração da pesquisa sobre a compra e venda de imóveis na cidade de Varginha.

A construção de casas se acelera no século XX, alcançando um crescimento de cerca de cinquenta edificações novas por ano, um valor não desprezível, especialmente levando em conta que, até 1922 a propriedade dos terrenos estavam sob o regime jurídico do aforamento, isto é, as terras eram propriedade eclesiástica e concedidas para usufruto dos habitantes da cidade em troca de um foro anual. Em suma, "à Câmara Municipal competia apenas, na mecânica desse antiquado sistema que prevaleceu ali até 1922, a intermediação administrativa e financeira nos processos de aforamento e a arrecadação de impostos e taxas destinados a obras e serviços de interesse comum" (ÁVILA, 1983, p.10). Apenas depois de longas disputas entre a diocese de Campanha e a Câmara Municipal de Varginha que, em 4 de novembro de 1922, a Igreja cedeu à municipalidade a gleba patrimonial que fora delimitada e recebida como doação do Alferes Manoel Francisco de Oliveira em 1806. O compromisso da Câmara, a partir de então, seria de quitar os débitos de 33 contos ao longo de cinquenta anos.

Para Affonso Ávila (1983, p. 10) essa particularidade do regime jurídico das terras do município teria limitado o crescimento populacional da cidade no período. Trata-se de uma leitura bastante sugestiva como também especulativa, considerando que esse fato é de difícil confirmação: conforme os censos populacionais existentes para o século XX, apesar da população de Varginha se manter próxima ao tamanho de outros municípios da região, como Alfenas, Itajubá e São Sebastião do Paraíso, por outro lado, foi uma das poucas cidades que não cresceu entre 1912 e 1920, sofrendo um decréscimo de quase 3 mil habitantes – sem contar os outros quase 7 mil resultantes da emancipação de Elói Mendes em 1911. A tendência de estagnação populacional da década de 1910, se reverte em 1920, quando durante a década o município acabaria por receber outros 10 mil habitantes. Esse novo crescimento teria sido uma resposta ao fim do aforamento em 1922?

É possível que a questão acima possa ser respondida positivamente, contudo, não há muitas dúvidas de que nos anos 1920 a cidade conseguiu alcançar uma diversificação de suas atividades urbanas que reforçava a atração de novos moradores. Como o próprio Affonso Ávila considera, Varginha teria passado por uma intensa modernização urbana no período, materializada na abertura de vias de maior largura ou avenidas de pistas duplas, isto é, naquela concepção de modernização que valoriza o espaço num sentido paisagístico e ornamental. "Assim se deu com a Avenida Rio Branco, notável para a época por suas dimensões e concepção visual,avenida que poderia dentro de um princípio mais arrojado de planejamento urbano, constituir-sena grande via de ligação do centro histórico com a área nova da Estação" (ÁVILA, 1983, p.6). Como discutido no capítulo inicial desta coletânea, essa modernização não deixava de ocorrer dissociada de suas contradições: o crescimento das construções realçava uma "nítida hierarquização social do espaço urbano, já que na parte mais antiga e central da cidade predominavam os moradores demais alta renda – comerciantes, fazendeiros, titulares de serviços etc.-, enquanto a população emergentee de menor renda passava acondensar-se na área próxima oualém da ferrovia (ÁVILA, 1982, p. 6).

A setorização da cidade era construída conforme a própria utilização do espaço urbano: a denominação da rua dos Comissários, por exemplo, é uma alusão bem clara ao papel que já exerciam emVarginha os intermediários da comercialização do café. Atividades comerciais, mas também financeiras. Nessa rua seria instalada, em 1918, a primeira agência local do Banco do Brasil,[28] valorizando ainda mais umamovimentada parte da cidade vitalizada também, naquela altura, pela presença de dois hotéis principais: Megda e dos Viajantes (ÁVILA, 1983, p. 6). Era a cidade que se constituída ao redor da estação ferroviária.

Essa dimensão do moderno pode ser reproduzida para os mais diversos serviços que começavam a ser disponibilizados para a sociedade varginhense. Talvez o caso mais emblemático seja da iluminação: um serviço rudimentar de iluminação pública por gás era oferecido pela Câmara Municipal desde 1902.[29] Pela expansão do município e da demanda de energia elétrica, especialmente requerida pelas empresas de beneficiamento de café que se localizavam próximas as margens da ferrovia, buscou-se uma companhia que pudesse atender essa demanda. Em agosto de 1911 começam os debates na Câmara Municipal sobre a instalação da luz elétrica no município:

> Em seguida foi aprezentado um projeto de lei pelo o Agente Executivo para contractar com qualquer empresa a installação da luz eletrica para a cidade da Varginha, pelo espaço de vinte e cinco anos, e continha outras disposições, sendo posta em discussão, em substituição do projeto; foi apresentado um outro assignado pelos vereadores coronel Olympio Liberal, Antonio Rotundo, Domingos José Rodrigues, capitão Antonio Justiniano de Paiva e capitão Francisco Horario Nogueira, de accordo com a autorização approvada na acta anterior: Art. 1º. Fica o Agente Executivo, o cidadao Manoel Joaquim da Silva Bittencourt autorizado a levantar um emprestimo a juros de dez por cento ao anno para a instalação elétrica nesta cidade da Varginha (...) caso que seja possivel. (ACV, 1911, p. 18).

---

28 Anos antes da instalação do Banco do Brasil, em 1915, foi inaugurada na cidade uma agência do Banco Hypotecário e Agrícola do Estado de Minas Geraes.

29 Antes, porém, o sistema de iluminação por meio de lampiões era não somente precário, mas deixava o município numa penúria financeira: em reunião de 26 de outubro de 1893, decidia-se que: "O orçamento para a iluminação pública, que foi proposto em seis contos (6:000$000), foi reduzido para quatro contos (4:000$000), já que a Câmara Municipal não liberou mais que esse valor" (ACV, 1893).

Na sessão extraordinária de 1º de fevereiro de 1912, sem uma solução encontrada, retomava-se as propostas para a instalação do serviço de luz elétrica na cidade. As discussões se estenderam até o ano de 1914, sempre tratando de propostas que eram apresentadas aos vereadores, com discussões sobre os materiais adequados e da quantidade de recurso que seria necessário para a execução das obras. A solução encontrada foi a contratação da empresa Vivaldi, de comerciantes estabelecidos no Rio de Janeiro, que construiria um sistema de energia elétrica tanto para atender a iluminação pública, mas também para fornecer energia aos negócios da cidade. Na reunião extraordinária de 30 de março de 1914, nomeou-se a comissão que seria responsável pelo evento da inauguração da eletricidade que, no dia 12 de abril de 1914, contaria com a presença de ilustres personagens: "Tomou a presidência o Excelentissimo Senhor Doutor Wenceslau Braz Pereira Gomes [vice-presidente da República] e o Excelentissimo Senhor Doutor Delfim Moreira da Costa Ribeiro [governador de Minas Gerais] apertando o botão eletrico, fez-se a luz, orando nesta ocasião, em nome da Camara". (ACV, 1914, p. 73).

A energia era gerada numa usina hidrelétrica, com força de 1.500 cavalos e aproveitamento de uma queda d'agua do rio Verde, distantes a seis quilômetros da cidade. A partir de então as ruas centrais seriam iluminadas, as principais empresas da cidade receberiam a energia necessária e as residências da elite também seriam cobertas pelo novo serviço. "Entretanto, o atendimento público se manteve durante vários anos em índice bastante limitado, sendo que em1926 apenas 462 prédios eram servidos de luz e força, número que representava menos de um terço dos prédios então existentes" (ÁVILA, 1983, p.13).

A década de 1910 foi, portanto, o momento de um esplendor urbano. Se valendo do movimento ocorrido no estado, com oferta de empréstimos para reformas urbanas, a Câmara Municipal de Varginha se reuniu em 9 de junho de 1910 para aprovar os planos de instalação da energia elétrica, como apresentamos, mas também de outros projetos como distribuição de água e coleta de esgoto (ACV, 1910). Assim, anos mais tarde, em 30 de abril de 1913,

> foi proposto que o agente executivo que fizesse um empréstimo de até 40:000$000 (quarenta contos de réis), em apólices de 100$000 (cem mil réis) cada uma a juros de 10% ao ano, pagos semestralmente, para um segmento de água potável para a cidade. Posto em discussão, foi aprovado em primeira discussão.

Na mesma reunião determinou-se a abertura de mais crédito no valor de 5:000$000 para outras obras públicas (ACV, 1910).

Portanto, paralelamente ao serviço de iluminação elétrica, durante a década de 1910 outras benfeitorias seriam instaladas na cidade de Varginha: em 1912, foi construído o jardim municipal, em 1913, a cidade já contava com um sistema telefônico, fornecido pela Companhia Telefônica Varginhense de propriedade de José Lisboa de Paiva. O mercado municipal foi outro importante marco na construção dessa vida urbana, que acabava por atrair habitantes de outras cidades para o centro de Varginha.[30] As discussões sobre a construção do mercado municipal começaram a acontecer na Câmara Municipal no dia 2 de janeiro de 1911. No final do mesmo ano, no dia 11 de novembro, Augusto Lopes de Vasconcellos, morador da cidade, ofereceu à Câmara um terreno localizado na região central para a construção do mercado pelo valor de três contos de réis. Apesar de aceito, por meio do pagamento de apólices a juros de 10% ao ano, os vereadores resolveram não construir o mercado naquele momento.

As discussões sobre a construção do mercado voltaram a acontecer no ano de 1913, quando no dia 27 de janeiro a Câmara resolveu nomear uma comissão que pudesse averiguar onde se encontrava o melhor terreno para a construção do mercado municipal, pois o terreno que havia sido oferecido, no final do ano de 1911, foi desconsiderado pela Câmara. Assim, em 25 de junho de 1913: "Pelo vereador capitão Rabello foi appresentado um projecto que aucthoriza o presidente da Camara a mandar levantar uma planta do mercado sendo julgado objecto de deliberação foi approvado em primeira discussão" (ACV, 1914, p. 57).

No dia 13 de outubro de 1914, as discussões sobre a construção do mercado municipal já estavam adiantadas e numa reunião extraordinária, foi comentado sobre como seria a captação de recursos para a execução do prédio. No dia 14 de novembro de 1914, numa sessão extraordinária, o principal assunto da reunião dizia respeito às propostas para a construção do mercado. A ata dizia o seguinte:

> Em seguida o senhor presidente disse que tinha convocado a presente reunião para apresentar a Camara o parecer da Comissão de Obras Publicas sobre as propostas para construção do mercado publico. Tendo a Camara estudado o referido parecer foi approvado, ficando assim escolhida a do senhor Antonio Ribeiro do mesmo edificio. (ACV, 1914, p. 83)

Em 1915, no dia 13 de setembro, começou a ser elaborada a tabela de impostos do mercado municipal, que entraria em vigor assim que o mercado fosse inaugurado. Essa seria uma importante renda do município a partir de então. Pelo que se lê nas Atas da Câmara, o início das atividades no mercado ocorreu no próprio ano de 1915. Como seria caracterizada, a cidade deixava de ser apenas a cidade do café, mas tam-

30 A construção do matadouro da cidade tinha sido aprovada em reunião de 3 de janeiro de 1894, que determinava passar o serviço para um particular, mas com apoio de dois contos e quinhentos mil reis da Câmara Municipal para a compra do terreno e construção do prédio (ACV, 1894).

bém um centro comercial representativo.[31] Nas palavras de Luiz José Álvares Rubião, em relato de 1919: "O comércio de Varginha pode ser considerado o mais importante de todo o Sul de Minas, pois importantes casas atacadistas servem as praças de Elói Mendes, Três Pontas, Dores de Boa Esperança, Campos Gerais, Paraguaçu, Carmo da Cachoeira e Vila Nepomuceno". E de uma maneira conclusiva dizia: "Pode-se afirmar, sem receio de exagero, que Varginha é o grande empório comercial do sul-mineiro" (RUBIÃO, 1919 *apud* SALES, 2003, p. 277).

Para financiar as atividades comerciais e agrícolas em expansão, nasceram também as primeiras instituições bancárias da cidade: "Como elementos propulsionadores do grande comércio varginhense, que se irradia por grande extensão do sul do Estado, de modo a dar-lhes merecidamente a primazia comercial, conta a cidade dois magníficos estabelecimentos" (FONSECA; LIBERAL, 1920 *apud* SALES, 2003, p. 281). Em 1915, foi inaugurada a agência do Banco Hypotecário e Agrícola do Estado de Minas Geraes. Também foi inaugurada nessa época uma agência do Banco do Brasil, que atendiam em parte as demandas por crédito que como eram ressaltadas por José Luiz A. Rubião em 1919: "As necessidades crescentes de nossa lavoura, o movimento sempre em progressão do nosso comércio, o lugar em destaque que gozava no sul de Minas, Varginha, como centro produtor e comercial do café, vinha de longa data exigindo um estabelecimento de crédito nesta praça" (RUBIÃO, 1919 *apud* SALES, 2003, p. 281/282). Os bancos sediados em Varginha, por outro lado, surgiriam já durante a década de 1920: o Banco de Varginha e o Banco Comercial e Agrícola de Varginha. O Banco de Varginha era propriedade de Dias, Ferreira & Cia, também localizado na rua dos Comissários. O Banco Comercial e Agrícola foi presidido na origem por Domingos Ribeiro Resende, deputado estadual durante a década de 1920. Conforme nos conta Thiago Gambi, este último banco, diferentemente do perfil dos bancos do sul de Minas, já era um banco formado com um capital nominal elevado, comparável aos bancos de Crédito Real de Juiz de Fora e Comércio e Indústria de Minas Gerais de Belo Horizonte (2012).

Com suas 2.200 casas e aproximadamente quatrocentos prédios, em 1918 a cidade conseguia ampliar a oferta de serviços para seus cidadãos. Nesse ano, segundo a Câmara Municipal, o Colégio Marista se estabeleceu na cidade. Em 1923 foi a vez do Colégio Santos Anjos. Esses dois serão os principais colégios na formação da elite

31 Considerando as fontes de renda municipais, em 1º de janeiro de 1912: "Foi proposto um projeto para a criação de um imposto de cinquenta réis por arroba de café exportado pelas estações de Fluvial-Varginha e pela Flora. O imposto seria cobrado pelos exportadores e por intermédio dos funcionários da Rede Sul-Mineira, mediante contrato de porcentagem que a Câmara estabeleceria com a diretoria da referida via férrea. A porcentagem paga a via férrea não excederia 20%, sendo esse imposto destinado ao cofre municipal no final de cada mês" (AVC, 1912).

local, por algum tempo, dividindo espaço com o Colégio Varginhense, a instituição privada mais antiga do município, de 1896. Com relação à instrução pública, em 1907, eram registradas nove classes, quatro para homens, três para mulheres e duas mistas (SALES, 2003, p. 311). Para Ávila o atendimento ao público era ainda bastante limitado: em 1920 a taxa de analfabetismo da cidade alcançava os 80% (1983, p. 14). É preciso frisar que essa não era uma especificidade de Varginha: a educação não era um investimento difundido entre os municípios brasileiros até 1930. Afinal, a taxa de alfabetização do país em 1890 era de 14,8% da população e em 1920 teria crescido para 30% (OLIVEIRA, 2014, p. 45).

Na década de 1920, foi construído o Hotel do Comércio e o primeiro cinema da cidade, segundo a Câmara Municipal, o Cine Brasil. Em 8 de outubro de 1917, o presidente da Câmara foi autorizado a despender até a quantia de duzentos mil réis para o aluguel de um campo para a cidade, o "Sport Club" (ACV, 1887, p. 26).Na década de 1920 surge o Cinema Íris, um empreendimento de imigrantes italianos. A grande obra que coroa este período de "modernização" urbana, entretanto, foi inaugurada somente em 1927, empreendimento também de italianos: o Teatro Capitólio. Segundo a Câmara Municipal, a construção demorou dois anos para ficar pronta e foram gastos cerca de 403:000$000. A cidade já contava com o Teatro Municipal construído em 1904, mas será o luxuoso Capitólio o espaço de encontro da elite: local dos debates das grandes questões do município, dos rumos da economia cafeeira e, especialmente, das amenidades de uma vida urbana.

CONCLUSÃO

Como esta coletânea apresentou por meio da trajetória do desenvolvimento urbano de algumas cidades do sul de Minas, não é possível afirmar a existência de um único padrão de transformação que tenha influenciado a urbanização de início do século XX. Cada sub-região do sul de Minas, cada município, cada elite local, dispunha em suas mãos uma estrutura econômica, política e social particular: como maiores ou menores heranças escravistas, com maiores ou menores articulações com o comércio exportador ou regional, com maiores ou menores vínculos com grupos políticos estaduais ou federais, em suma, desafios bastantes particulares para que cada cidade pudesse absorver a onda de inovações oriundas da Segunda Revolução Industrial que vinha sendo disseminada a partir dos países centrais do capitalismo. O que a experiência de Varginha reforça, todavia, é a característica das elites locais de tentarem, independentemente do desafio a ser superado, absorver de alguma maneira essa onda de "modernização", cuja materialização era a formação do mundo urbano.

Nesse sentido, o caso de Varginha é exemplar: uma elite que com esforços ora particulares e individuais, ora institucionais conduzidos pelas determinações da Câmara Municipal, remodelou o espaço urbano de sua cidade. Uma freguesia que vivia às escuras, sem saneamento, sem calçamento, sem serviços públicos, foi dando lugar a uma cidade com ruas e praças calçadas e arborizadas, luz elétrica, telefone, teatros e um pujante comércio regional. Ainda que limitadamente, a dinâmica de diversificação parecia reproduzir o modelo paulista do grande capital cafeeiro, com lideranças como o major Matheus Tavares diversificando seu capital por meio da construção da ferrovia local ou dos imigrantes italianos que assumiam parte dos negócios voltados ao mundo urbano, com a criação de novas indústrias.

Mas é preciso reforçar, essa capacidade de diversificação era limitada pelo próprio mercado local e pelas articulações externas do município com os outros estados. Assim, de um lado o sul de Minas como região constituída por pequenos e médios municípios, com pouquíssimas sedes (os núcleos urbanos) com mais de 10 mil habitantes, limitou a possibilidade de diversificação da economia, de montagem de uma ampla elite nos moldes do "grande capital urbano" que pudesse participar da formação de variados negócios como ferrovias, bancos, serviços públicos etc. Ademais, conforme os depoimentos de Rubião e Capri, a agricultura varginhense estava fundada em pequenas e médias propriedades. Aqui pode ser que existisse uma diferença ao padrão das elites do grande capital cafeeiro paulista, formada por grandes famílias proprietárias de enormes territórios no interior de São Paulo.

Por outro lado, a proximidade com as cidades do Rio de Janeiro e de São Paulo e, ainda mais importante, a profunda articulação comercial com essas duas fronteiras estaduais, fez com que escorresse muito mais do que os produtos das terras sul-mineiras, mas junto com elas o capital por lá acumulado. A ligação com as casas comerciais, bancos, empresas e todo e qualquer tipo de produto originário tanto das praças do Rio de Janeiro como de São Paulo reduziram a capacidade de acumulação da elite de Varginha. Varginha conseguiu, portanto, construir sua modernização. A cidade passou por um amplo processo de urbanização durante as primeiras décadas do século XX, participando do processo de globalização do período e reproduzindo os padrões de consumo mais modernos que o capitalismo podia oferecer. Se esse processo produzia de um lado desigualdade na difusão dessas inovações introduzidas na cidade, por outro lado a elite varginhense conseguiu conduzir sua modernização conforme suas condições: ora por meio dos investimentos de sua elite local, ora por meio do apoio do governo, limitação que tornava o processo econômico ainda mais político.

FONTES

ACV. *Atas da Câmara Municipal de Varginha*. Museu Municipal de Varginha (1882-1920).

VEIGA, Bernardo Saturino da. *Almanach Sul-Mineiro*. Campanha: Typhographia do Monitor Sul-Mineiro, 1874 e 1884.

CRI. Cartório de Registro de Imóveis de Varginha. *Registro de compra e venda de imóveis*, Livro 1-3 (1891-1916).

CAPRI, Roberto. *Minas Gerais: Varginha.* São Paulo: Pocai & Co., 1916.

FONSECA, Sylvestre; Liberal, João. *Álbum de Varginha.* São Paulo: Pocai & C., 1920.

MINAS GERAIS. *Atlas corográfico municipal.* Belo Horizonte: Imprensa oficial, 1926, v. 2.

RGB – Recenseamento Geral do Brasil. IBGE, 1872. Disponível em: <biblioteca.ibge.gov.br>.

RUBIÃO, Luiz José Álvares. *Álbum de Varginha.* Varginha: Casa Maltese, 1919.

REFERÊNCIAS BIBLIOGRÁFICAS

ÁVILA, Affonso. "Varginha: formação e evolução", *Revista da Fundação João Pinheiro.* v. 13, n. (7/8). 1983.

CARDOSO DE MELLO, Zélia M. *Metamorfoses da riqueza: São Paulo, 1845-1895.* São Paulo: Hucitec, 1985.

CASTRO, Pérola Maria Goldfeder e. "Regionalismo político no sul de Minas Gerais: notas sobre o movimento separatista de 1892" In: SAES, Alexandre Macchione; MARTINS, Marcos Lobato (Org.). *Sul de Minas em transição: a formação do capitalismo na passagem para o século XX.* Bauru: Edusc, 2012.

CASTILHO, Fábio Francisco de Almeida. *A transição da mão-de-obra no sul de Minas.* Jundiaí: Paco, 2011.

COSENTINO, Daniel do Val. *Um múltiplo de transições: a transição do trabalho escravo para o trabalho livre em Minas Gerais.* Dissertação (Mestrado) – Unicamp, Campinas, 2006.

COSTA, Maria Lúcia Prado. *Fontes para a história social do sul de Minas: os trabalhadores de Paraguaçu e Machado, 1850-1900.* Belo Horizonte: Mazza, 2002.

DELFIM NETTO, Antonio. *O problema do café.* Campinas: Facamp/Ed. da Unesp, 2009.

DELFINO, Leonara Lacerda. *A família negra na freguesia de São Bom Jesus dos Mártires: incursões em uma demografia de escravidão no sul de Minas (1810-1873).* Dissertação (mestrado) – UFJF, Juiz de Fora, 2010.

FRANCO, Maria Sylvia de Carvalho. *Homens livres na ordem escravocrata.* 3ª Edição. São Paulo: Kairós, 1983.

GAMBI, Thiago. "Expansão bancária no sul de Minas em transição (1889-1930)". SAES, Alexandre Macchione; MARTINS, Marcos Lobato (Org.). *Sul de Minas em transição: a formação do capitalismo na passagem para o século XX.* Bauru: Edusc, 2012.

LANNA, Ana Lúcia. *A transformação do trabalho: a passagem para o trabalho livre na Zona da Mata Mineira, 1870-1920.* Campinas: Ed. da Unicamp, 1988.

LEAL, Victor Nunes Leal. *Coronelismo, enxada e voto.* São Paulo: Alfa-ômega, 1976.

LEFORT, José do Patrocínio. *Varginha: monografia histórico-geográfica e estatístico-religiosa pelo centenário da paróquia a 1 de junho de 1950.* São Paulo: São José, 1950.

MARCONDES, Renato Leite. *A arte de acumular na economia cafeeira: Vale do Paraíba século XIX.* Lorena, Stiliano, 1998.

MARTINS, Marcellino & JOHNSTON, E. *150 anos de café.* S/L: Salamandra, 1992.

MARTINS, Marcos Lobato. "A marcha do café no sul de Minas, décadas de 1880-1920: Alfenas, Guaxupé, Machado e Três Pontas".SAES, Alexandre; MARTINS, Marcos Lobato; GAMBI, Thiago (Org.). *Sul de Minas em urbanização.* São Paulo: Alameda, 2016a.

MARTINS, Marcos Lobato. "Três visões oitocentistas do sul de Minas: situação e perspectivas regionais". In: SAES, Alexandre; MARTINS, Marcos Lobato; GAMBI, Thiago (Org.). *Sul de Minas em urbanização.* São Paulo: Alameda, 2016.

MONTEIRO, Norma de Góes. *Imigração e colonização em Minas Gerais.* Belo Horizonte: Imprensa Oficial, 1973.

OLIVEIRA, Vinícius Bragança Muller e. *Autonomia regional e financiamento da educação básica: Pernambuco, São Paulo e Rio Grande do Sul, 1850-1930.* São Paulo: Tese (doutorado) – FFLCH/USP, São Paulo, 2014.

SAES, Alexandre Macchione; MARTINS, Marcos Lobato. *Sul de Minas em transição: a formação do capitalismo na passagem para o século XX.* Bauru: Edusc, 2012.

SAES, Alexandre Macchione; AVELINO FILHO, Antoniel. "Trajetórias das elites locais: Campanha e Pouso Alegre no ocaso da escravidão", *Cultura Histórica e Patrimônio*, v. 1, p. 39-64, 2012.

SAES, Alexandre Macchione; ROSA, Elton Rodrigo. "Mercado pontual: atuação estatal na formação da Feira de Gado de Três Corações (1900-1920)". *Estudos Econômicos*, São Paulo, FEA-USP, v. 43, n. 4, dez. 2013.

SAES, Alexandre Macchione; CASTILHO, Fábio Francisco de Almeida. "Cortando a Mantiqueira: entre café e abastecimento no sul de Minas (1880-1920)".

SAES, Alexandre; MARTINS, Marcos Lobato; GAMBI, Thiago (Org.). *Sul de Minas em urbanização.* São Paulo: Alameda, 2016.

SAES, Alexandre Macchione; GAMBI, Thiago Fontelas Rosado, CURI, Luiz Felipe Bruzzi."O processo de urbanização no sul de Minas em transição". In: SAES, Alexandre; MARTINS, Marcos Lobato; GAMBI, Thiago (Org.). *Sul de Minas em urbanização.* São Paulo: Alameda, 2016.

SALES, José Roberto. *Espírito Santo da Varginha (1763- 1920).* Varginha: Sul-Mineira, 2003.

VIDAL, Nico. "Influência da comunidade italiana, em Varginha", *Jornal Varginha,* n. 60, set. 1999.

VIEIRA, Eduardo José. *Produção, comércio e acumulação de riqueza em um município escravista mineiro: Lavras/MG (1870-1888).* Dissertação (Mestrado em História Econômica) - FFLCH-USP, 2015.

OS AUTORES

Alexandre Macchione Saes. Professor do Departamento de Economia da FEA-USP e do Programa de Pós-Graduação em História Econômica da FFLCH-USP. Cientista Social – Unesp/Araraquara (2003) e Doutor em História Econômica pelo Instituto de Economia da Unicamp (2008). É bolsista produtividade CNPq.

Eduardo José Vieira. Mestre em História Econômica na FFLCH-USP (2015), Graduado em História pela Universidade Estadual de Montes Claros (2008) e Técnico em Assuntos Educacionais na Unifal-MG.

Fábio Francisco de Almeida Castilho. Professor de História do Instituto Federal de Alagoas, Campus Murici. Possui Graduação em História pela Universidade Federal de São João Del-Rei (UFSJ), Mestrado em História pela Universidade Federal de Juiz de Fora (UFJF), Doutorado em História Política pela Universidade Estadual Paulista Júlio de Mesquita Filho (Unesp) e Pós-doutorado em História Econômica pela Faculdade de Economia e Administração da Universidade de São Paulo (FEA-USP).

Fernando Henrique do Vale. Licenciado em História pela Universidade do Vale do Sapucaí (2013), graduado no curso livre de Filosofia pela Faculdade Católica de Pouso Alegre (2007) e é mestrando em História Econômica pela FFLCH-USP.

Juliano Custódio Sobrinho. Professor do Departamento de História da Universidade Nove de Julho (SP) e doutor em História Social pela Universidade de São Paulo. Mestre e graduado em História (licenciatura e bacharelado, com ênfase em Patrimônio Histórico) pela Universidade Federal de Juiz de Fora. É consultor da área de ensino de História para a *Revista Nova Escola*, Editora Abril.

Leandro Aparecido Lopes. Possui Graduação em História pelo Centro Universitário da Fundação Educacional de Guaxupé - Unifeg (2003-2005) e em Filosofia (2009-2011) pelo Centro Universitário Claretiano – Ceuclar. Possui pós-graduação em Filosofia em Ensino de Filosofia (2008) na mesma instituição. Atualmente é professor de História e Filosofia da Secretaria de Estado da Educação de Minas Gerais.

Luiz Felipe Bruzzi Curi. Mestre em História Econômica pela Universidade de São Paulo (2014) e bacharel em Ciências Econômicas pela Universidade Federal de Minas Gerais (2011), está cursando o Doutorado em História Econômica pela USP.

Marcel Pereira da Silva. Possui Graduação em História pela Universidade Federal de Ouro Preto (2006). Tem Mestrado (2012) e cursa o Doutorado em História Econômica pela Universidade de São Paulo. Atualmente é Técnico em Assuntos Educacionais pela Universidade Federal de Alfenas/UNIFAL-MG.

Marcos Lobato Martins. Possui Graduação em História pela Universidade do Estado de Minas Gerais (1993), Mestrado em Sociologia pela Universidade Federal de Minas Gerais (1997) e Doutorado em História Econômica pela Universidade de São Paulo (2004). Atualmente é professor da Universidade Federal dos Vales do Jequitinhonha e Mucuri (UFVJM), Campus Diamantina.

Natânia Silva Ferreira. Graduada em Ciências Econômicas com ênfase em Controladoria (2013) e em Ciência e Economia (2011) pela Universidade Federal de Alfenas. Mestranda em História Econômica pela Universidade de São Paulo.

Patrícia Vargas Lopes de Araújo. Possui Graduação em História Licenciatura e Bacharelado pela Universidade Federal de Ouro Preto (1997), Mestrado em História pela Universidade Federal de Minas Gerais (2000) e Doutorado em História pela Universidade Estadual de Campinas (2008). Atualmente é professora adjunts da Universidade Federal de Viçosa.

Paulo Roberto de Oliveira. Possui Graduação em História pela Universidade Estadual Paulista Júlio de Mesquita Filho (2004), Mestrado em História pela Universidade Estadual Paulista (2007) e Doutorado em História Econômica pela Universidade de São Paulo (2014). É Pós-Doutorando em História Econômica pela FEA-USP.

Pedro Geraldo S. Tosi. Cursou Graduação em Administração Pública pela Fundação Getúlio Vargas - SP (1980) e estudou Ciências Sociais na Universidade de São Paulo (1976-1981), obteve grau de Mestre em História pela Universidade Estadual Paulista Júlio de Mesquita Filho (1992) e Doutorado em Ciência Econômica pela Universidade Estadual de Campinas (1998). Cursou Pós-Doutorado em Pedagogia na Université Paris-Nord (2002). Atualmente é professor assistente doutor da Universidade Estadual Paulista Júlio de Mesquita Filho exercendo suas funções na Faculdade de Ciências Humanas e Sociais, câmpus de Franca.

Pérola Maria Goldfeder e Castro. Possui Graduação em História pela Pontifícia Universidade Católica de Minas Gerais (2008), Mestrado em História pela Universidade Federal de Ouro Preto (2012) e é Doutoranda em História Econômica pela FFLCH-USP.

Rafaela Rodrigues da Silva Carvalho. Graduada em Ciências Econômicas com ênfase em Controladoria (2013) e em Ciência e Economia (2011) pela Universidade Federal de Alfenas. Mestranda em História Econômica pela Universidade de São Paulo.

Rodrigo Fontanari. Doutor em História Econômica pela FFLCH-USP. Possui graduação em História pela Faculdade de Filosofia Ciências e Letras de São José do Rio Pardo (2006), Especialização em História, Cultura e Sociedade pelo Centro Universitário Barão de Mauá (2008) e Mestrado em História e Cultura Social pela Unesp-Franca (2011), como bolsista CNPq.

Thiago Fontelas Rosado Gambi. Possui Graduação em Ciências econômicas pela Pontifícia Universidade Católica de São Paulo (2000), Mestrado em Planejamento Urbano e Regional pela Universidade Federal do Rio de Janeiro (2004) e Doutorado em História Econômica pela Universidade de São Paulo (2010). Atualmente, é professor do Instituto de Ciências Sociais Aplicadas da Universidade Federal de Alfenas.

Esta obra foi impressa em São Paulo pela UmLivro no inverno de 2016. No texto foi utilizada a fonte Adobe Caslon em corpo 10,5 e entrelinha de 14 pontos.